KB139725

이보다 더 쉬울 수 없는

자바 머신러닝 with Weka

이보다 더 쉬울 수 없는

자바 머신러닝 with Weka

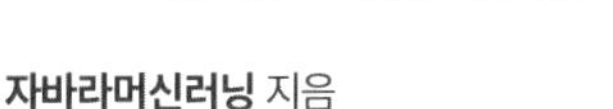

자바라머신러닝 지음

코딩의 압박에서 벗어나는
새로운 머신러닝 예제 학습

서문

모두가 힘든 시기가 도래했다. 작금의 코로나 사태는 인간의 자연 파괴에서 야기된 인재다. 당분간은 끝나지 않을 글로벌 질병은 지금까지 화두가 되었던 미래의 모든 기술들을 현 시점부터 시작하게끔 만들었다.

컴퓨터에서 작동 중인 다양한 프로그램들을 한번에 다시 시작하는 행위를 리부트ReBoot라고 한다. 코로나의 역설이란 것은 인간의 활동을 극한까지 제한하면서 맑은 하늘과 물을 볼 수 있는 환경의 정화뿐만 아니라, 영상 회의, 전기차, 데이터 분석 등의 디지털 트랜스포메이션 기술들이 미래가 아닌 현실로 다가오는 시간의 정화도 제공했다.

필자가 데이터 분석을 처음 접하게 된 계기는 텍스트 마이닝이었다. SNS를 비롯한 디지털로 적힌 문장들 속에서 의미 있는 통찰을 도출해 달라는 요청 사항은 나를 당황스럽게 했다. 지금까지는 데이터베이스에 엑셀처럼 단순한 숫자와 짧은 문장을 저장하고 보여 주는 역할만 하다가 전혀 새로운 형태의 데이터에서 의미를 찾아내 성과를 만들어 내는 것은 신선한 충격이었다.

데이터 과학자들과 데이터 분석가들의 용어는 20년 넘게 IT업에 종사한 필자에게 데이터를 바로 보는 관점이 다르다는 생각을 갖게 했다. 그렇지만 그들의 용어는 도무지 이해되지 않았다. 그래서 늦은 나이에도 데이터분석 준전문가(ADsP) 자격증을 취득하면서 용어를 이해할 수 있는 수준까지는 끌어올렸다.

그럼에도 모바일이 도래할 때 iOS처럼 새로운 환경에 적응해야 했다. 바로 R과 파이썬이었다. Java 또한 데이터 분석을 적용한 API가 존재할 텐데 도무지 찾을 수 없었다. Java 유료화 때문인지 아니면 파이썬의 쉬운 접근성 때문인지 이유는 모르겠지만 하여튼 Java 머신러닝과 통계 분석은 자료가 극히 드물었다. 그러면서 우연히 Weka를 접하게 되었고 본격적으로 파고들었다. 이유는 간단했다. 버린 것들에 역습을 당하지 않기 위해서였다.

인프런 강의

유튜브

네이버 블로그

인터넷과 모바일 혁명이 도래하면서 수많은 IT 시스템들이 탄생했고 상당한 IT 시스템들이 Java로 구축되었다. 그리고 데이터 분석에서 Java는 큰 역할을 할 것으로 예상한다. R과 파이썬으로 구축된 데이터 분석 모듈이 Java에서 돌아가기 위해서는 이기종 간의 데이터 연동이 필요하고 구축 비용이나 투입되는 인력도 더 많이 소요될 것이다. 그렇다고 Java로 구축된 IT 시스템을 버리고 파이썬으로 고치는 것은 천문학적인 비용이 들어갈 것이다. 그렇다면 데이터 분석도 Java로 구현해야 순조롭게 전이될 것이라고 생각한다.

또한 데이터 분석에 코딩이란 것은 보이지 않는 장벽을 만들고 과도한 작업 시간을 강요한다. 하지만 Weka는 다양한 UI 를 제공하고 코딩을 몰라도 기본적인 머신러닝이 가능하며, 설계 후에 머신러닝을 배포하고 시스템에 체계화하기 위한 Java 코딩까지 가능하다. 필자는 왜 이런 훌륭한 소프트웨어가 국내에는 전혀 알려지지 않았는지 의문이 들어 공부를 하면서 블로그를 운영하고 온라인 강의를 강의 플랫폼에 개설했으며, 결국에는 본서를 집필하기에 이르렀다.

처음에는 출판의 기회가 오리라고는 생각지도 못한 채 묵묵히 블로그를 운영하던 중 다행히 비제이퍼블릭에서 좋은 기회를 제공하여 본서가 세상에 나오게 되었다. 이 자리를 빌어 비제이퍼블릭과 한글 Weka 사용법에 대한 내용을 도와주신 Waikato 대학의 Eibe Frank 교수님에게도 감사의 말을 전하고 싶다. 그리고 적지 않은 시간 동안 살아가면서 필자의 시각을 넓혀 준 아내와 사춘기를 한창 겪고 있는 윤서, 윤지가 건강하고 행복한 미래를 살아가기를 기원한다. 하루빨리 모두에게 현실의 어려움이 사라지기를 기도하면서 지금까지 힘들었던 시기를 벗어나 장밋빛 미래가 다가오기를 기다린다.

저자 소개

자바라머신러닝

19년 동안 정보화 기획, 구축, 진단 업무를 수행하였고 스몰 데이터 분석을 실무에 적용하고 있습니다. 12년간 IT 시스템 구축과 운영을 담당하였고 5년간 정보화 전략, 예산, 조직을 담당하는 기획 업무를 거쳐 2년간 데이터 분석으로 실제 사회의 문제점을 찾아내고 개선하는 진단 업무를 수행했습니다.

데이터 분석 준전문가(ADsP) 자격증을 취득하면서 데이터 분석에 대한 이론을 좀 더 이해하게 되었지만, 현실 세계의 데이터 분석 분야는 코딩이라는 과대 포장된 진입장벽을 만들었다는 것을 알게 되었습니다. 이제는 거품을 걷어내고 데이터 분석의 저변화와 자바 머신러닝의 대중화를 같이할 동료들을 만나는 것이 저의 목표입니다. 더 나아가 포스트 정보화 시대를 대비하고 영위하는 미래의 모습을 그려봅니다.

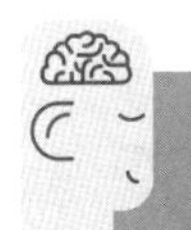

베타 리더 리뷰

머신러닝 분야에서 Java가 다른 프로그래밍 언어에 비해 여러모로 부족한 현실에서 이 책이 Java로 시작하는 머신러닝 입문서가 될 것이라 충분히 믿습니다. 사실 그동안 프로그래밍 언어의 국제 공용어로 통용되는 Java가 그 위상에 비해 머신러닝 분야에선 너무나 미약했는데, 이 책을 통해 Java 머신러닝 도구를 이용하는 경험을 시작하게 되어서 기쁩니다. 아무쪼록 이 책을 통해 Weka라는 머신러닝 도구를 이용하여 Java에 친숙한 많은 이들이 머신러닝을 각자의 분야에 적용하는 첫걸음을 시작하길 바랍니다.

김용찬

인공지능 분야는 대부분 파이썬을 사용하기 때문에 머신러닝, 딥러닝을 공부하려면 파이썬을 배워야 합니다. 수많은 SI 프로젝트들이 Java로 만들어지고 있지만 인공지능 분야는 파이썬으로만 해야 하는 난점이 있습니다. 그래서 보통 웹 프로젝트는 Java, 머신러닝 부분은 파이썬으로 개발하고 있습니다. 이번에 Weka를 알게 되면서 저도 이제는 Java로 개발된 프로젝트에서 데이터 마이닝 분석 및 머신러닝을 한번에 할 수 있을 거라고 생각합니다. 많은 Java 프로젝트에서 Weka를 이용해서 머신러닝을 웹과 연동해서 배울 수 있는 좋은 기회를 잡아 보시기 바랍니다. Java 개발자와 Java 프로젝트에서 머신러닝을 도입하려는 분들에게 이 책을 적극 추천해드립니다.

이석곤

Weka는 개인이 Java를 통해 머신러닝을 빠르고 쉽게 무료로 구현할 수 있는 도구입니다. Java는 이미 과거 수년 간, 여러 사람들이 사용해오며 익숙해진 언어로, Weka는 Java를 통해 머신러닝을 할 수 있는 장점이 있으며 Explorer 기능을 통해 머신러닝의 구현, 검증, 모델 평가까지 한번에 가능하다는 장점이 있습니다. 초보자는 클릭만으로 머신러닝이 가능하며 숙련자에겐 코딩이 가능한 API를 제공하므로 숙련도에 따라 결과를 확인할 수 있

습니다. 이 책이 Java를 통해 머신러닝을 구현하고자 하는 분들께 많은 도움이 되면 좋겠습니다.

이승표

머신러닝을 처음 접하는 사람들뿐만 아니라 R, 파이썬 등의 다양한 언어로 머신러닝을 다루던 사람들에게 꼭 추천하고 싶은 책입니다. 최신 트렌드는 GUI 기반에서 머신러닝을 할 수 있는 형태이고 Weka는 Java로 코딩하는 것과 함께 GUI 기반에서도 할 수 있어서 빠르게 프로그램을 만들 수 있습니다. 저자는 다양한 머신러닝 기법에 대해서 꼼꼼하게 소개하고 있고 분량이 적지 않음에도 불구하고 한번 읽다 보면 금세 마지막 장까지 손을 뗄 수 없게 이끌어주고 있습니다. 기존에 사용하던 Java를 머신러닝에 도입하려는 개발자에게 꼭 필요한 책이 아닐까 합니다.

최희욱

파이썬, R 주류의 머신러닝 진영에서 Java 기반의 Weka가 가지는 매력을 빠르고 쉽게 파악할 수 있는 책입니다. Weka를 활용하면 타 언어와의 호환성 고민 없이 머신러닝을 활용할 수 있으며, 프로그래밍을 몰라도 머신러닝을 수행할 수 있는 UI 인터페이스가 장점입니다. 새로운 딥러닝 라이브러리인 wekaDeeplearning4j, k-means과 유사한 iBk 알고리즘 등 타 프레임워크와 달리 새로운 시각으로 Weka를 익히며 머신러닝 능력을 일반화할 수 있습니다. 더불어 다양한 알고리즘 및 Metric에서 공통점을 추출하여 한정된 UI에 담아내려는 설계자의 고민을 엿보는 과정에서 머신러닝 메타 지식을 형성하는 데 많은 도움이 되었습니다.

허민

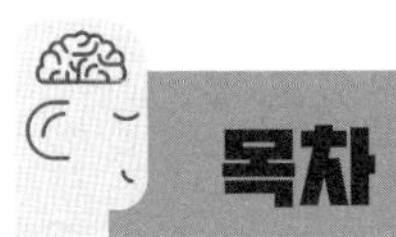

목차

CHAPTER 01

Why: Weka를 사용하는 이유

1장. Why: Weka를 사용하는 이유

1.1 왜 데이터 분석인가? 임계의 가시화

IT 업의 길을 걸어온 지 오랜 시간이 지났다. 한동안 IT 기획과 IT 진단 업무를 수행하면서 코딩을 멀리했는데 그게 6년이나 지났다. 그러면서 IT가 아닌 ICT로, 전통 IT가 신기술 IT로 기술의 흐름이나 사회 통념의 흐름이 변해 가고 있다. 전통 IT는 현실을 반영한 데이터를 수집하는 역할을 해 왔다면, 신기술 IT는 적재된(푹 익은) 데이터를 머신러닝 기술과 융합하여 현실 세계의 사각지대를 가시화할 수 있고 해야 하는 시점

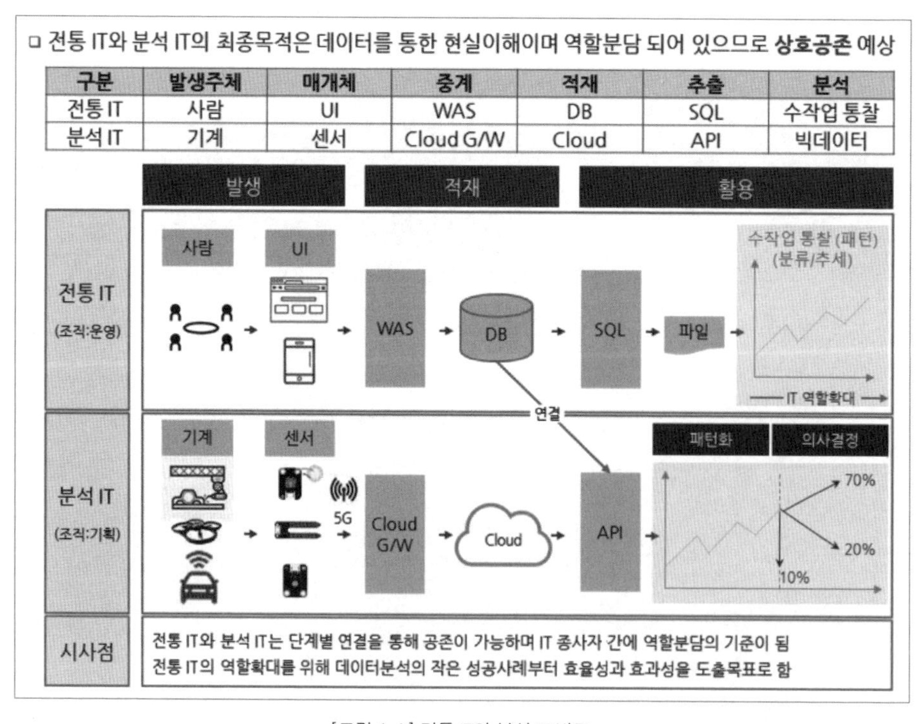

[그림 1-1] 전통 IT와 분석 IT 비교

이다. 필자는 이를 융합이 용이한 디지털 기술의 장점을 십분 활용한 "임계의 가시화"로 명명한다. 너무 어려우면 우스갯소리로 과거 데이터를 봐서 현재와 미래 데이터를 때려 맞히는 행위가 데이터 분석이다. 현재를 맞히면 분류이고 미래를 맞히면 추세(예측)이다.

따라잡거나 시대 흐름에 동승하자는 거창한 목표보다는 일기 예보와 같이 미래 예측은 100%가 될 수 없는데도 알파고 이후 식을 줄 모르는 데이터 분석의 긍정적인 현실을 파악하기 위함이다.

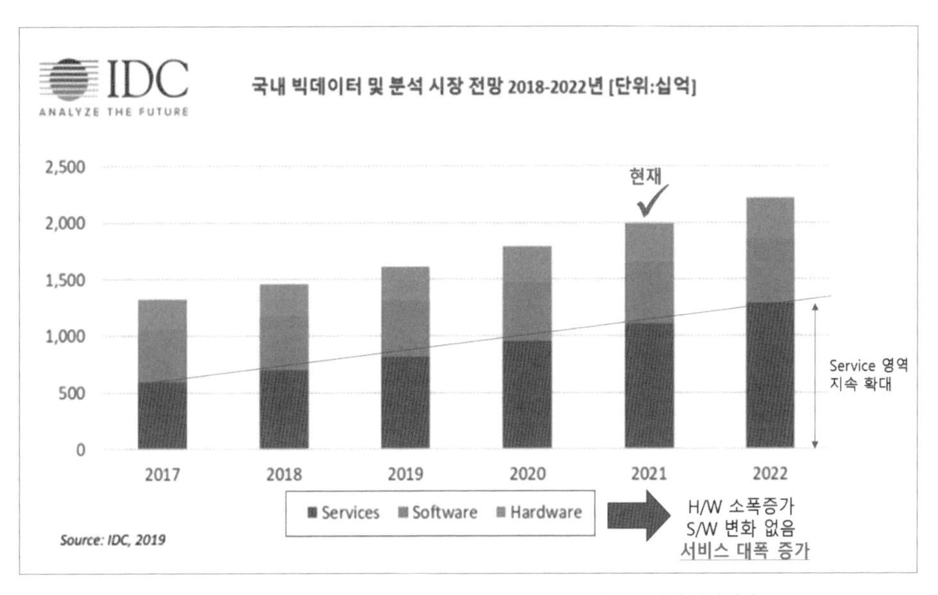

[그림 1-2] 이 그래프에서 Services 포지션이 계속 증가하는 것이 핵심이다

앞의 그래프는 한창 데이터 분석이 유행했을 때 많이 사용한 IDC 발표 자료이다. 분석 시장이 계속 증가한다고 참조 자료로 많이 사용했던 것으로 안다. 그러나 내용을 보면 Software나 Hardware 포지션은 크게 변화가 없으나 Services 포지션이 지속해서 증가하면서 전체 성장을 견인하고 있다. Services라는 것이 무엇인지를 생각하면 데이터 분석을 적용한 각종 IT 시스템을 뜻할 것이다. 그러면 그 IT 시스템은 무엇으로

만들어져 있을까? 기업에서는 SAP와 Java/.Net으로 구성된 시스템을 10년간 투자해서 구축해 왔다. 본서는 Java 기반으로 구성된 시스템을 기준으로 소개하려고 한다.

1.2 왜 자바 머신러닝인가? Web → 모바일 → 분석(?)

서비스 구분	적용 시기	경쟁자	결과
Web 확산	2000년대 초반~	ASP, .Net (MS)	Java 우세
모바일 확산	2000년대 후반~	iOS (Apple)	Java와 양립 (안드로이드)
머신러닝 (과도기)	2010년대 중반~	Python R	Java 확산 미흡

Java 인프라 (HW, 인적) 누적

[그림 1-3] 2000년대 Java의 역사, 향후 파이썬/R과 공존 예상

2000년 초반부터 웹web이 전방위로 적용되고 모바일 안드로이드가 적용되면서 Java라는 프로그램 언어는 범용어가 되었다.

현재도 광범위하게 사용되고 오라클에서 Java를 인수하면서 유료화까지 진행되고 있지만 최소 10년 이상은 Java로 모바일이나 WEB IT 시스템을 구축하는 모습은 변함없을 것으로 예상된다. 지난 20여 년간 투자해 온 Java 기반 IT 시스템에 의해 축적된 인프라와 인력들이 건재하기 때문이다. Web과 모바일 시대를 지나면서 Java는 .Net과 iOS와 공존해 왔듯이 머신러닝 시대에는 파이썬/R과 공존할 것으로 예상된다.

그러나 "머신러닝" 단계로 들어가면 Java 관련 내용이 드물다. 머신러닝 Java API가 공개되었고 많은 분야에 적용되었을 텐데 적용 사례가 너무 적다. 아니 없다고 보는 게 맞을 것이다.

Java 머신러닝을 구글이나 유튜브에서 검색해 봐도 초보적인 개념도 설명이 전부이고 R이나 파이썬과 비교해 아예 사장되었다 싶을 정도이다. 이렇게 된 이유도 간간이 보이지만 R이나 파이썬 문법이 Java보다 쉽다는 것 말고는 자세한 내용이 없다. 그래서 다음과 같이 추측해 봤다.

Java의 치명적 단점은 "무겁다"이다. JDK 1.0 이후 메모리를 많이 차지하는 특성상 OutOfMemoryException은 여전히 두려움의 대상이다. 즉, 대용량 데이터를 전처리하는 것만으로도 하드웨어 장비의 디스크, 메모리 등의 자원을 많이 사용할 텐데, 이를 분석하는 Java도 무거우면 하드웨어가 버티지 못할 것이라는 예단 때문이라고 감히 추측해 본다. 그러면 머신러닝을 적용할 데이터는 항상 많은가? 그렇지는 않다.

1개의 단일 IT 시스템에서 소량의 숫자/문자 데이터를 분석할 때도 Java로 가능하다는 것을 실험 결과 입증했다. 그러면 2개 이상의 IT 시스템에서 데이터를 대상으로 대량의 데이터를 분석한다는 빅데이터 플랫폼은 분명 필요하나 Java로 구축된 단일 IT 시스템 소량 데이터 분석은 해당 시스템에서만 자체적으로 구현하면 좋을 것이다.

Java로 구축된 단일 IT 시스템 소량 데이터 분석은 투자비 절감, 데이터 인터페이스의 관리 주체 모호함 불식, 빅데이터 플랫폼의 오남용 방지 등의 효과를 만들 수 있다고 생각한다.

1.3 왜 Weka인가? 무료/쉽고/신속 적용 가능

필자는 Weka 찬성론자는 아니다. 검토해 보고 부적합하면 다른 방법을 찾을 것이다. 그러나 Weka를 활용하면 Java로 구축된 단일 IT 시스템에 적재된 소량 데이터의 Java 머신러닝을 무료로, 쉽게, 빠르게 적용 가능하다고 생각한다.

①Java 구축 시스템 대상은 Java 머신러닝 적용을 원활하게 하기 위함이다. 개발자 수급과 운영자 적응이 용이할 것으로 예상되며 투자를 담당하는 기획자로서는 투자비 절감의 기회로 삼을 수 있다.

② 단일 IT 시스템 대상은 분석을 위해 타 IT 시스템에서 인터페이스를 연동한다는 것이 또 다른 문제를 유발할 수 있다. 만약 단일 IT 시스템이 업무를 위해 원래 타 IT 시스템에서 인터페이스를 해 온 데이터를 분석해야 한다면 이는 업무를 위해서 이미 체계가 정립되어 있으니 분석 대상에 포함해도 된다.

③ 소량 데이터의 기준은 Weka에서 소개한 기준을 보면 1백만 건 25개 속성까지 제한하며 이를 기준으로 설정한다.

1.3.1 장점: 무료/쉽고/신속 적용 가능

① 무료로 배포되었다. 그래도 상업용으로 사용하려고 한다면 라이선스는 꼭 검토가 필요하다.

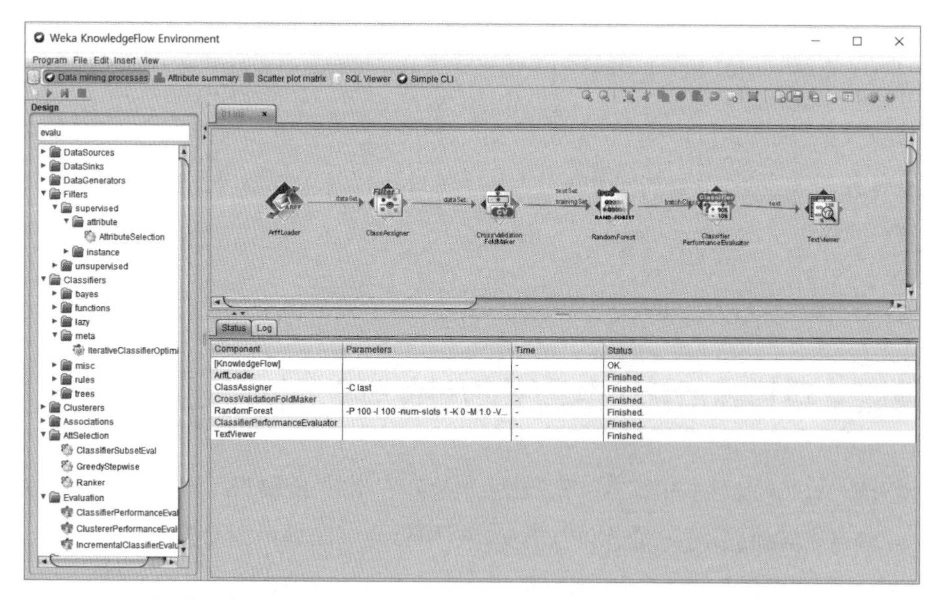

[그림 1-4] 머신러닝의 기초 iris 데이터를 KnowledgeFlow 설계(시뮬레이션) 결과

②KnowledgeFlow 기능으로 머신러닝을 설계/시뮬레이션할 수 있다. 직역하면 지식흐름인데 의역하면 머신러닝을 시뮬레이션해 볼 수 있다. 앞의 KnowledgeFlow 내 textviewer의 결괏값은 95.3%이다. 설계 후 실행까지 5분도 안 걸린다.

③ 머신러닝을 Explorer로 구현/검증이 가능하다. 쉽게 클릭만으로 모델평가까지 가능하다. 단 1회성이나 검증용이다.

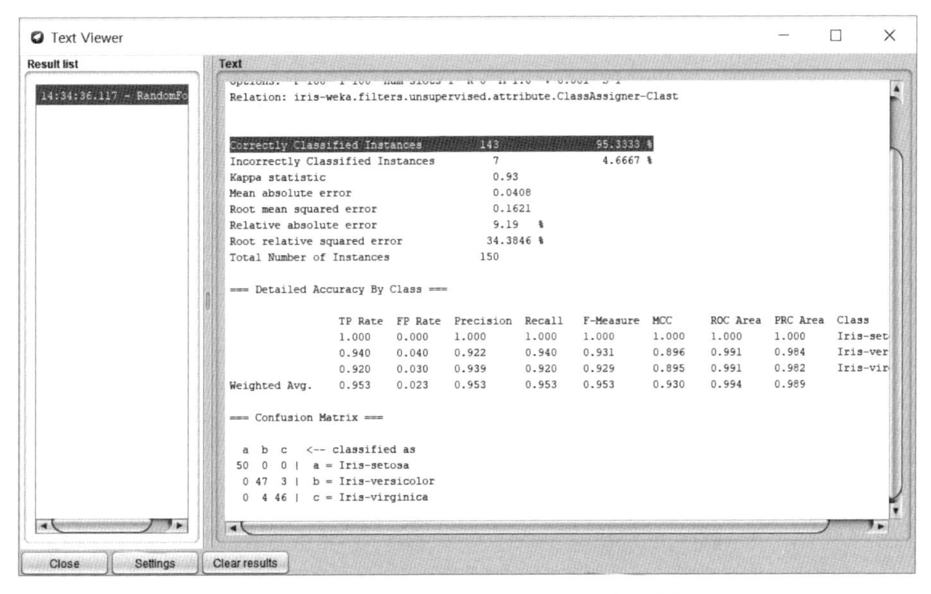

[그림 1-5] Explorer에서 RandomForest 분석 결과: 95.3%

④java 코딩이 가능하다. Explorer 분석이나 시뮬레이션 결과를 그대로 코딩 가능한지는 좀 더 검토해야 하나 jar 파일을 제공하여 Explorer, KnowledgeFlow와 같은 과정을 코딩으로 구현 가능하다.

```
SimpleWeka.java    WekaLinearRegressionTest.java    WekaLogisticRegressionTest.java    AnnExam.java
1  package _1_intro;
2
3  import java.io.*;
4  import java.util.Random;
5  import weka.classifiers.Evaluation;
6  import weka.classifiers.trees.RandomForest;
7  import weka.core.*;
8
9  public class SimpleWeka {
10
11     public static void main(String args[]) throws Exception{
12         int numfolds = 10;
13         int numfold = 0;
14         int seed = 1;
15         // 1) data loader (훈련 데이터와 텍스트 데이터를 기본 8:2 로 분리한다.)
16         Instances data=new Instances(new BufferedReader(new FileReader("D:\\Weka-3-9\\data\\iris.arff")));
17         Instances train = data.trainCV(numfolds, numfold, new Random(seed));
18         Instances test  = data.testCV (numfolds, numfold);
19
20         RandomForest model=new RandomForest();
21
22         // 2) class assigner
23         train.setClassIndex(train.numAttributes()-1);
24         test.setClassIndex(test.numAttributes()-1);
25
26         // 3) cross validate setting
27         Evaluation eval=new Evaluation(train);
28
29         eval.crossValidateModel(model, train, numfolds, new Random(seed));
30
31         // 4) random forest run
32         model.buildClassifier(train);
33 //      model.setOptions(Utils.splitOptions("-P 100 -I 100 -num-slots 1 -K 0 -M 1.0 -V 0.001 -S 1"));
34
35         // 5) evaluate
36         eval.evaluateModel(model, test);
37
38         // 6) print Result text
39         System.out.println(model);                    // model info
40         System.out.println(eval.toSummaryString()); // === Evaluation result ===
41         System.out.println(eval.toMatrixString());  // === Confusion Matrix ===
42     }
```

[그림 1-6] KnowledgeFlow 설계 후 Explorer 검증한 분석 모델을 코딩한 모습(train, test 데이터 분할 필수)

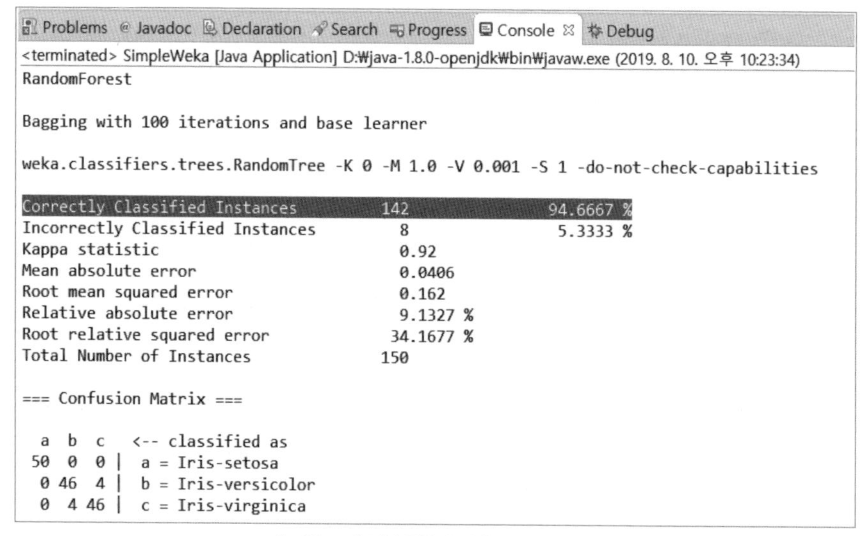

```
Problems  Javadoc  Declaration  Search  Progress  Console  Debug
<terminated> SimpleWeka [Java Application] D:₩java-1.8.0-openjdk₩bin₩javaw.exe (2019. 8. 10. 오후 10:23:34)
RandomForest

Bagging with 100 iterations and base learner

weka.classifiers.trees.RandomTree -K 0 -M 1.0 -V 0.001 -S 1 -do-not-check-capabilities

Correctly Classified Instances         142               94.6667 %
Incorrectly Classified Instances         8                5.3333 %
Kappa statistic                          0.92
Mean absolute error                      0.0406
Root mean squared error                  0.162
Relative absolute error                  9.1327 %
Root relative squared error             34.1677 %
Total Number of Instances              150

=== Confusion Matrix ===

  a  b  c   <-- classified as
 50  0  0 |  a = Iris-setosa
  0 46  4 |  b = Iris-versicolor
  0  4 46 |  c = Iris-virginica
```

[그림 1-7] 정분류율이 산출된 분석 결과

분석 결과 정분류율 94.7%로 KnowledgeFlow/Explorer 결과와 상이하다. 코딩과 Weka 자체 로직은 뭔가 상이함을 알 수 있으나 이 정도 차이는 무시해도 된다.

```
// Java 프로그래밍: RandomForest with iris in SimpleWeka
package _1_base;

import java.io.*;
import java.util.Random;
import Weka.classifiers.Evaluation;
import Weka.classifiers.trees.RandomForest;
import Weka.core.*;

public class SimpleWeka {

    public static void main(String args[]) throws Exception{
            int numfolds = 10;
            int numfold = 0;
            int seed = 1;
            // 1) data loader(훈련 데이터와 텍스트 데이터를 기본 8:2로 분리한다.)
            Instances data=new Instances(
                                    new BufferedReader(
                                    new FileReader("D:\\Weka-3-9\\data\\
iris.arff")));
            Instances train = data.trainCV(numfolds, numfold, new
Random(seed));
            Instances test = data.testCV(numfolds, numfold);

            RandomForest model=new RandomForest();

            // 2) class assigner
            train.setClassIndex(train.numAttributes()-1);
            test.setClassIndex(test.numAttributes()-1)
```

```
            // 3) cross validate setting
            Evaluation eval=new Evaluation(train);
            eval.crossValidateModel(model, train, numfolds, new 
Random(seed));

            // 4) random forest run
            model.buildClassifier(train);
//   model.setOptions(Utils.splitOptions("-P 100 -I 100 -num-slots 1 -K 0 
-M 1.0 -V 0.001 -S 1"));

            // 5) evaluate
            eval.evaluateModel(model, est);

            // 6) print Result text
            System.out.println(model);
            // model info
            //Evaluation result
            System.out.println(eval.toSummaryString());
            // Confusion Matrix
            System.out.println(eval.toMatrixString());
    }
}
```

작업 순서는 다음과 같이 진행하면 머신러닝을 신속히 적용할 수 있다.

KnowledgeFlow로 시뮬레이션해 보고 Explorer로 검증한 뒤 jar 파일의 API를 활용해 코딩한다. 머신러닝 코딩을 처음 시작한다면 역량 확보 장시간 소요도 문제지만 익숙해져도 시행착오는 피할 수 없다. 앞의 3단계로 진행하면 조기 역량 확보 및 신속한 머신러닝 적용이 가능하다.

아무리 코딩이 대중화되었다고 해도 머신러닝과 코딩을 병행하기는 어려우므로 다음과 같이 역할 분담을 할 것을 추천한다. 이때는 분석 담당자가 2) Explorer 검증까지 한 후 프로그래머와 협의하여 진행하는 것이 좋으리라 생각된다. 만약 1회성, 비주기적, 머신러닝 과정(결과 아님)을 타인과 공유할 필요가 없다면 2) Explorer 검증까지 하면 된다.

1.3.2 단점: 메모리 문제, 무료 s/w 한계, 한글 인코딩

아래 단점들은 Weka 홈 폴더 밑에 "RunWeka.ini"의 설정을 수정하거나 Explorer에서 변경 가능하다.

① 메모리 부족은 피할 수 없다.

역시 java로 구현되어서 그런지 자연어 처리와 같은 대용량 데이터를 dl4j와 같은 GPU까지 사용해야 할 경우 여지없이 메모리 부족으로 KnowledgeFlow나 Explorer가 꺼진다. 소량으로 조금씩 데이터양을 늘려야 하는 이유이며, RunWeka.ini 파일의 maxheap 사이즈를 예전에는 사용자가 임의 수정하도록 허용하였으나 지금은 Explorer에서도 메모리 사이 증량이 가능하다.

② 무료 소프트웨어의 한계가 가끔 보인다.

KnowledgeFlow의 경우 시뮬레이션 결과를 json 형태로 파일이 저장되는데 가끔 다시 불러오기가 안 된다. 이는 파일 경로를 짧게 하면 해결되는데 이런 문제가 지속해서 나타날 것으로 보인다.

③ 한글 인코딩 처리 문제이다.

영어를 기반으로 제작된 Weka는 한글 인식이 안 되는데 다음과 같이 해결하면 된다. RunWeka.ini 파일의 `"fileEncoding = Cp1252"` 설정을 `"fileEncoding = Cp949"`로 변경하면 바로 해결된다. 단, Weka 재실행이 필요하다.

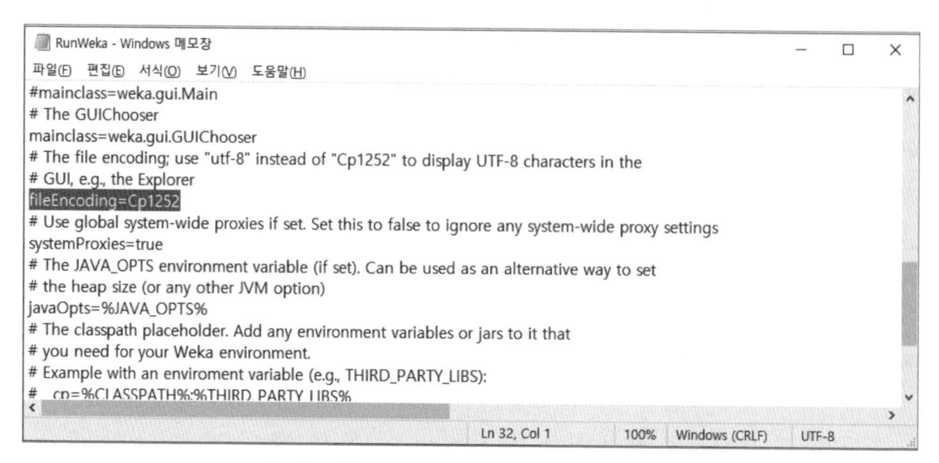

[그림 1-8] Cp1252 인코딩은 한글 데이터가 깨진다

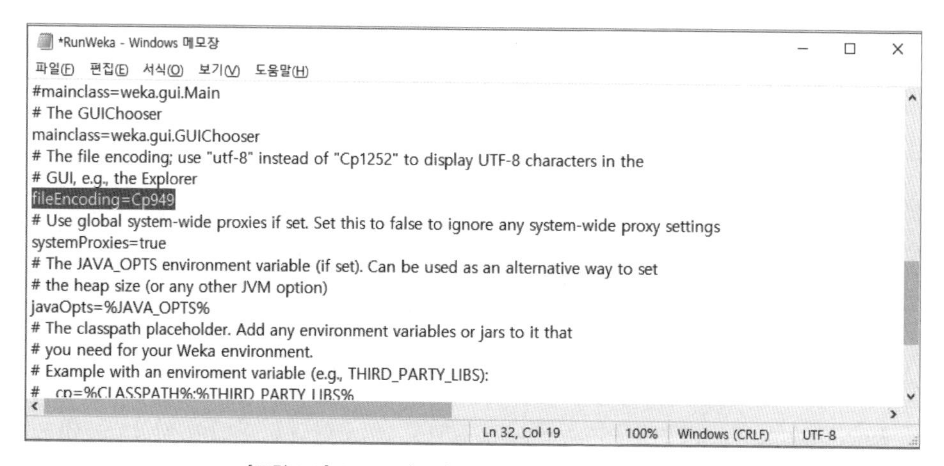

[그림 1-9] Cp949 인코딩은 한글 데이터 인식이 가능하다

1.4 먼저 알아야 할 2개 지표(정분류율, 상관계수)

학습하면 그 결과가 지표로 나와야 한다. 학생은 시험 결과로 석차를 판별하듯이 알고리즘도 학습하고 나서도 성능을 판별하는 지표가 있다. 2가지가 있는데, 정분류율과 상관계수이다.

정분류율은 분류 학습 알고리즘에 적용되는 지표이며 학습된 알고리즘이 학습 대상 데이터를 다시 비교해서 제대로 분류했는지 확인한 결과이다. 이때 사용하는 표가 있는데 오분류표confusion matrix나 혼동행렬이라고 한다. 아래의 경우 yes와 no 2가지로만 분류되는 답(목표변수, class)에 대해 다시 비교했을 때 결과이다. 이론적으로는 참은 yes로 거짓은 no로 나와야 하는데 아닌 경우가 반드시 발생한다. 어쨌든 제대로 분류된 결과를 정분류율이라고 한다. 이 예시의 정분류율은 57%(=8/14)이다. 정분류율은 분류 알고리즘의 성능을 나타낼 때 자주 언급되므로 꼭 알고 넘어가야 한다.

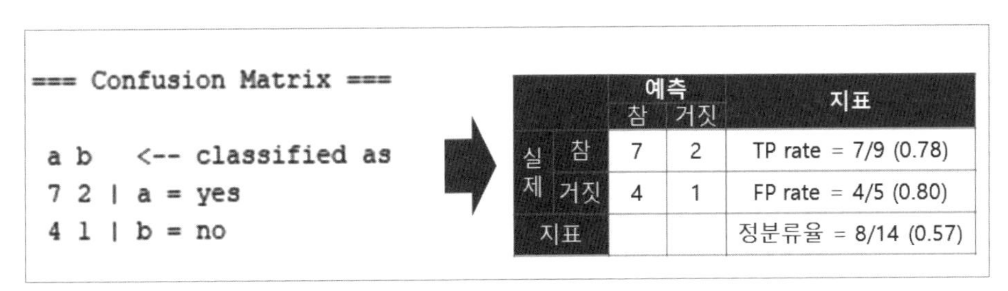

		예측 참	예측 거짓	지표
실제	참	7	2	TP rate = 7/9 (0.78)
실제	거짓	4	1	FP rate = 4/5 (0.80)
지표				정분류율 = 8/14 (0.57)

[그림 1-10] 오분류표(confusion matrix)와 정분류율

상관계수는 회귀분석 알고리즘의 성능을 나타내는 지표이다. 회귀분석은 보통 선형 그래프로 표현되어서 상관계수와 기울기를 혼돈하는데 다른 개념이다. 다음 그림의 예시는 선형회귀분석의 사례이다. 회귀방정식은 y = 16.857x-13이고 16.857은 기울기이며 가중치라고 한다. 상관계수가 아니다. -13은 y 절편 또는 편향이라고 한다.

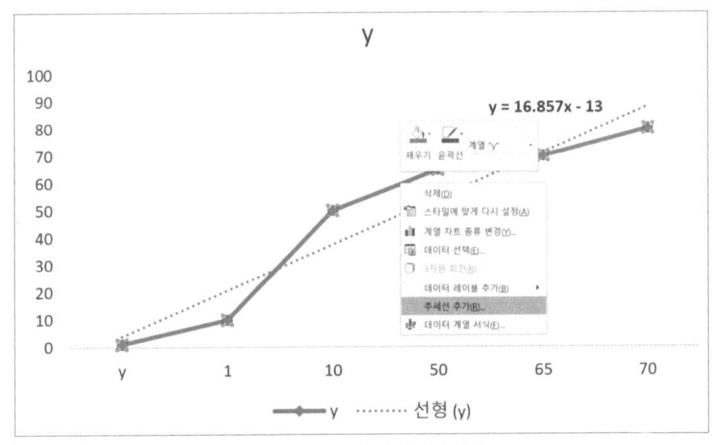

[그림 1-11] 선형회귀분석 예시

상관계수라는 것은 목표변수(y)와 독립변수(x)의 관계가 동반 움직임의 정도를 뜻한다. x가 증가하면 y도 증가할 때는 양의 상관관계, 반대로 x가 증가하면 y는 감소할 때는 음의 상관관계를 가지며 상관계수의 수치 값은 목표변수(y)와 독립변수(x)의 상호 의존 정도라고 보면 된다. 그러면 기울기 또는 가중치와 같다고 볼 수 있지만 이는 1차원 선형 회귀식에서는 유사 개념이지만 다항 회귀분석과 같이 독립변수(x)가 여러 개이거나 지수형 회귀식의 경우에는 기울기와 상관계수는 유사한 개념이 아니다.

프로그램 설치 전에 정분류율과 상관계수를 먼저 설명한 이유는 본서를 선택한 독자들은 머신러닝 학습이라는 명확한 목적을 가진 분들로 판단되므로 꼭 정분류율과 상관계수 개념은 이해하고 다음 장으로 넘어가는 것이 좋다고 생각했기 때문이다.

CHAPTER 02

What: 설치 프로그램

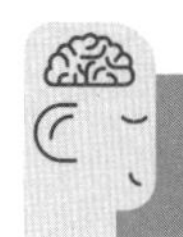

2장. What: 설치 프로그램

본론에 들어가기에 앞서 설치가 필요한 프로그램 3가지를 안내하려고 한다. Jdk, Weka, eclipse이다. Weka와 eclipse는 모두 Java 기반으로 실행되므로 jdk 또는 jre를 먼저 설치해야 한다.

첫 번째, jre 또는 jdk는 유료화 이슈를 피하기 위해 오라클 jdk가 아닌 openjdk를 설치한다. 물론 오라클 jdk에서도 Weka는 정상적으로 실행된다.

두 번째, Weka는 2018년 릴리즈된 jre가 내장되지 않은 Weka 3.8.3/3.9.3을 설치한다. 최신 버전은 아직까지 한글을 인식하지 못하는 문제가 있어 본서에서는 Weka 3.8.3/3.9.3을 설치한다.

세 번째, eclipse는 eclipse.org에서 제공하는 어떤 버전이든 사용해도 상관없다.

앞서 소개한 3가지 프로그램은 웹사이트를 통해 다운로드 받고 실행하는데, 시간이 지남에 따라 웹사이트 URL이나 웹사이트 디자인 변경으로 다운로드 위치가 변경될 수 있다.

2.1 jre/jdk(Open JDK)

java에 익숙하거나 이미 jre/jdk를 설치하여 사용하는 독자는 본 절을 생략해도 된다. jre/jdk가 처음인 독자는 아래처럼 따라 하되, 환경변수 설정을 꼭 주의하길 바란다.

점(.) 하나만 잘못 작성해도 실행되지 않을 수 있다.

openjdk 웹사이트가 존재하지만 원하는 버전의 jre/jdk를 찾기 쉽지 않으므로 GitHub에서 직접 다운로드 받는 방법을 소개한다.

URL: https://github.com/ojdkbuild/ojdkbuild

URL이 어려우면 구글에서 "github openjdk"로 검색해도 쉽게 접속할 수 있다. 접속 후 마우스 스크롤을 약간 내리면 다음과 같이 zip 파일로 된 open jdk 설치 파일인 압축 파일을 다운로드 받을 수 있다. 64비트 또는 32비트별로 jdk 버전별로 다운로드 받을 수 있는데 본서에서는 jdk1.8 위주로 설명한다.

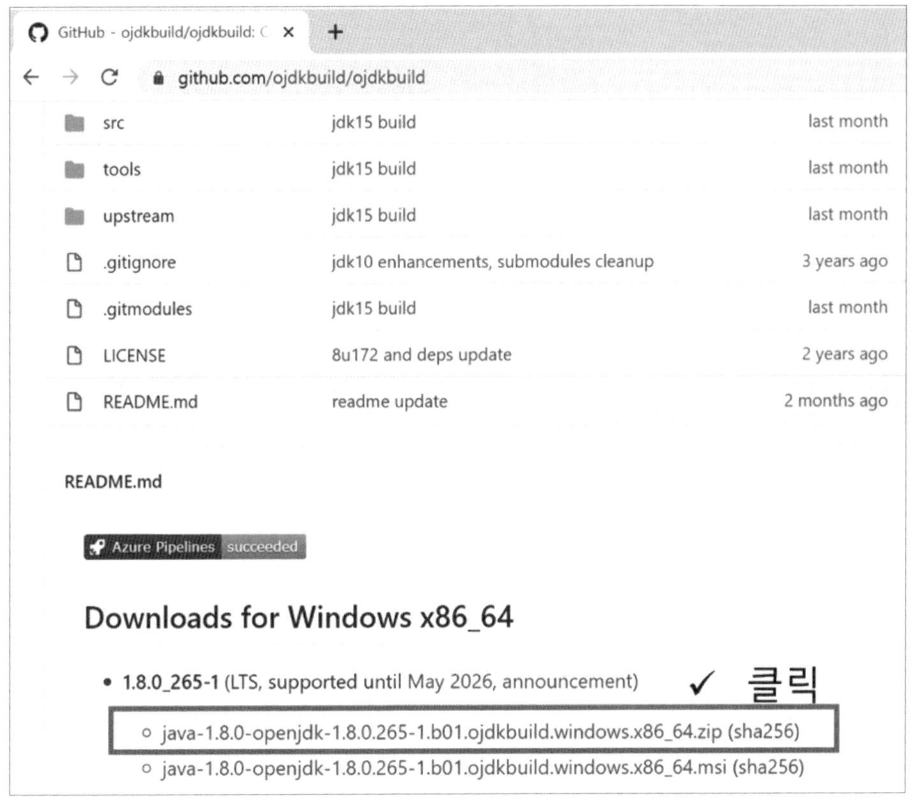

[그림 2-1] zip 파일을 다운로드 받는다(시간이 지남에 따라 jdk 버전은 변경될 수 있다)

zip 파일을 특정 디렉터리에 압축 해제하면 별도의 설치 과정 없이 환경변수로 path를 지정하기만 하면 바로 사용 가능하다. 필자의 경우 "D:₩Program Files (x86)₩openJdk_181"에 압축을 해제했다. 압축 경로는 독자의 상황과 취향에 따라 변경할 수 있다.

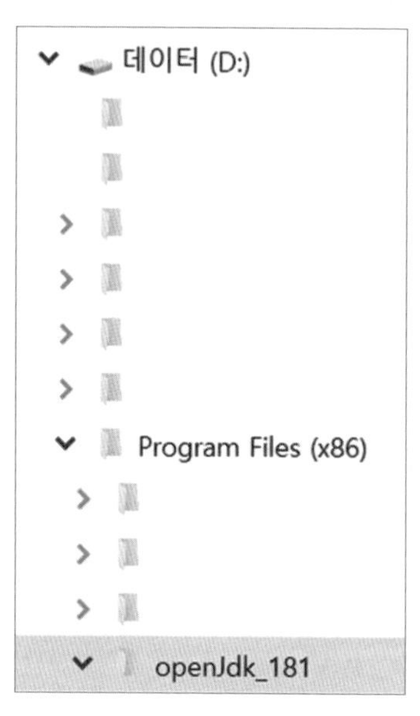

[그림 2-2] jdk 압축 해제 경로는 독자의 취향대로 변경할 수 있다

다음으로 환경변수를 설정해 준다. 탐색기에서 내 PC를 마우스 오른쪽 클릭하여 "속성"을 클릭한 후 시스템에서 "고급 시스템 설정"을 클릭하면 시스템 속성창을 볼 수 있다. 그리고 "환경변수" 버튼을 클릭한다.

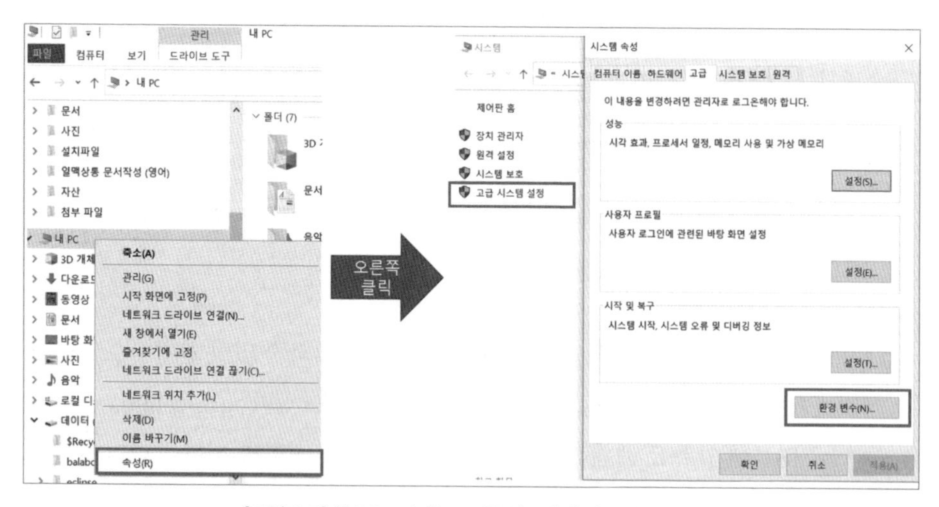

[그림 2-3] 내 PC → 속성 → 고급 시스템 설정 → 환경변수

환경변수에 1번째 JAVA_HOME 경로를 설정한다. JAVA_HOME이라는 변수는 긴 디렉터리를 기억하는 단축키와 같은 역할을 하므로 꼭 설정할 필요는 없지만 오타에 의한 실행 불가를 방지하기 위해 설정하기를 권장한다. 필자는 jdk 압축 해제를 "D:₩Program Files (x86)₩openJdk_181" 밑에 하였으므로 이 경로를 설정값으로 추가했다. 사용자 변수 또는 시스템 변수 중 아무 곳에서나 한 번만 설정해 주면 된다.

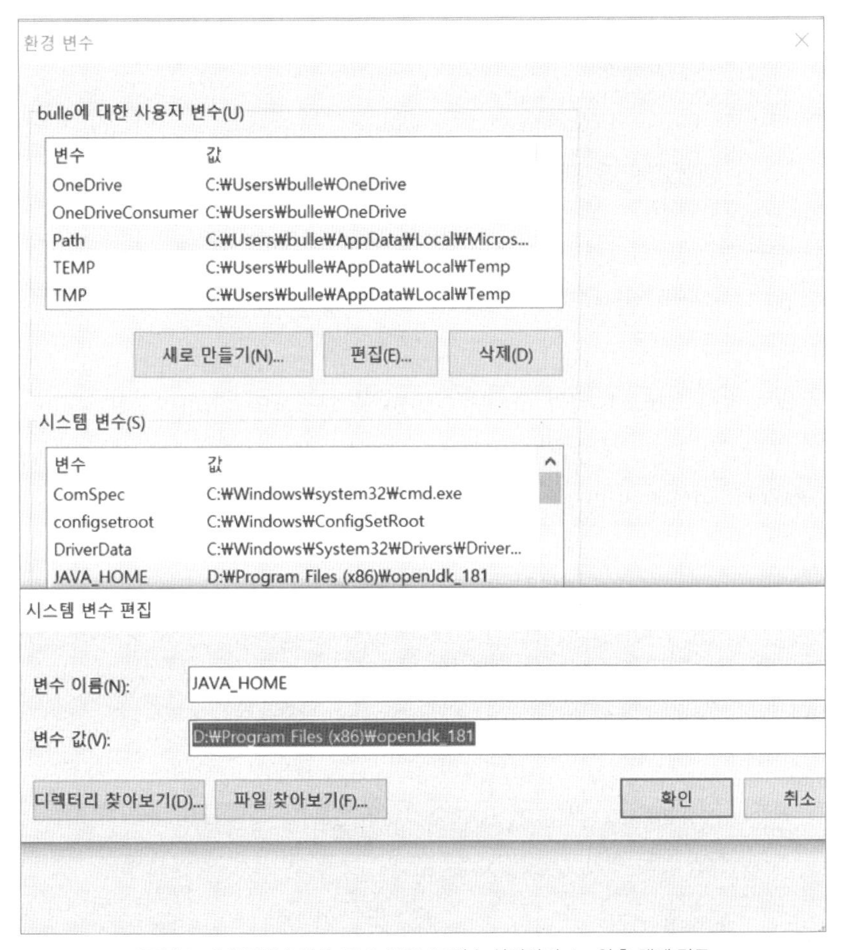

[그림 2-4] 환경변수에서 JAVA_HOME 변수 설정하기: jre 압축 해제 경로

환경변수 2번째는 path에 "%JAVA_HOME%₩bin"이라고 설정값을 추가한다.

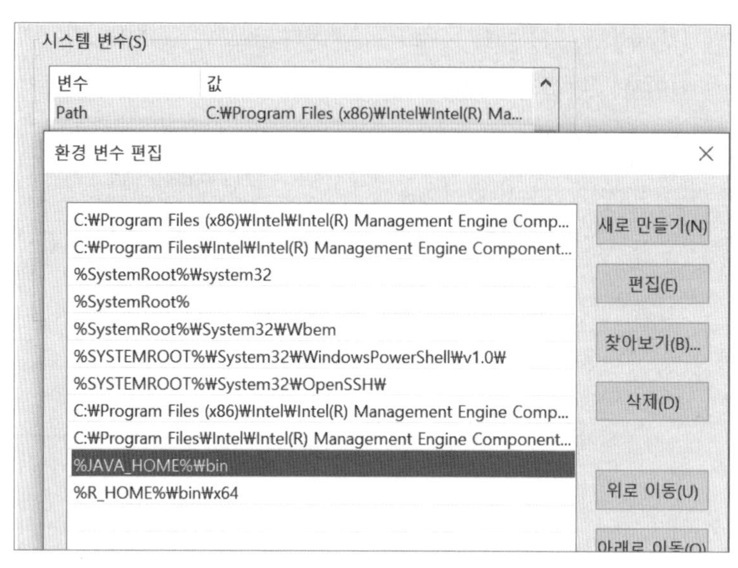

[그림 2-5] 환경변수에서 path 변수 설정하기: %JAVA_HOME%₩bin

마지막으로 명령 프롬프트에서 "java -version"을 실행하여 jdk/jre 정상 설치 여부와 버전까지 확인해 본다. 명령 프롬프트는 시작 버튼 옆의 검색란에서 "명령 프롬프트"로 검색하면 확인할 수 있다.

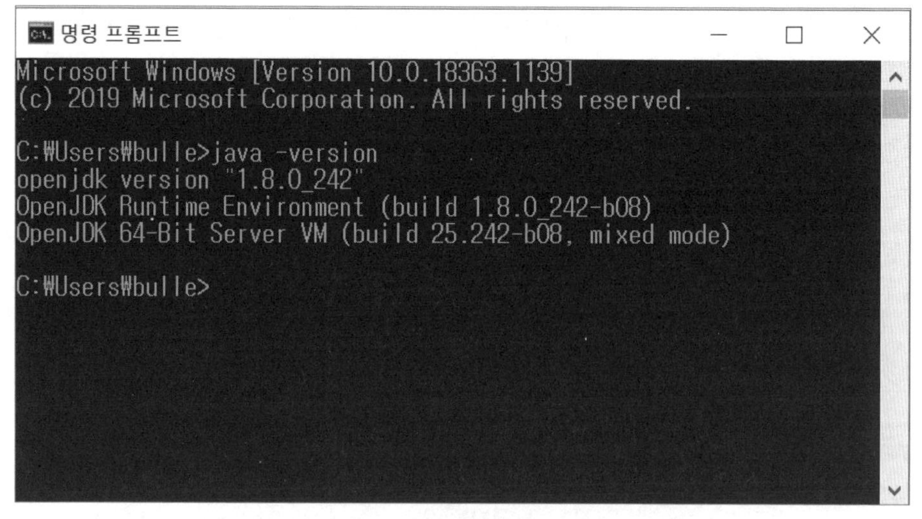

[그림 2-6] 명령 프롬프트에서 jdk 버전 정보를 알 수 있으면 정상적으로 설치된 것

2.2 Weka 3.8.3 또는 Weka 3.9.3

Weka는 공식 웹사이트에서 다운로드 받으려면 결국 sourceforge 사이트로 링크되므로 https://sourceforge.net/projects/weka/ 경로에서 다운로드 방법을 설명한다. 먼저 접속 후 아래로 내려가면 "See All Activity"를 클릭한다.

[그림 2-7] SourceForge 접속 후 See All Activity 클릭

그리고 Ctrl + F를 클릭해서 3.9.3으로 검색하여 "weka-3-9/3.9.3/weka-3-9-3jre-x64.exe"를 찾아 클릭하면 다운로드 받을 수 있다.

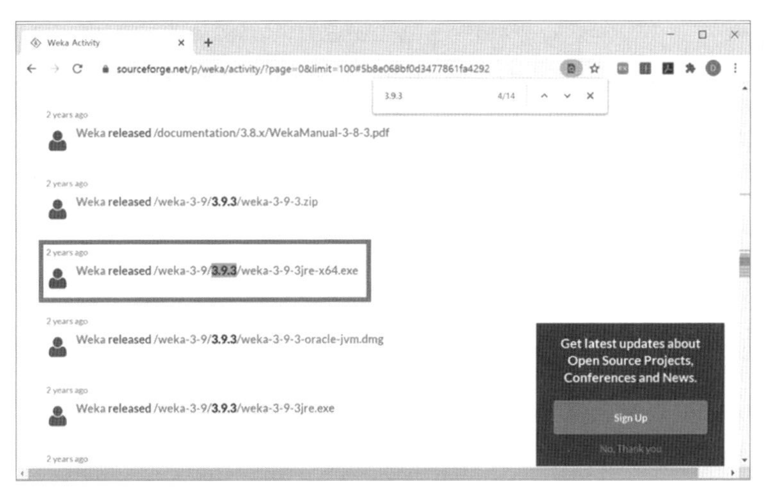

[그림 2-8] Ctrl + F로 3.9.3을 검색하여 "weka-3-9-3jre-x64.exe"를 찾아 클릭한다

설치 파일이 다운로드 되었으므로 설치 실행을 하면 설치 경로를 지정하는 것 외에는 모두 "Next"를 클릭한다. 필자는 "D:₩Weka-3-9"에 설치했다.

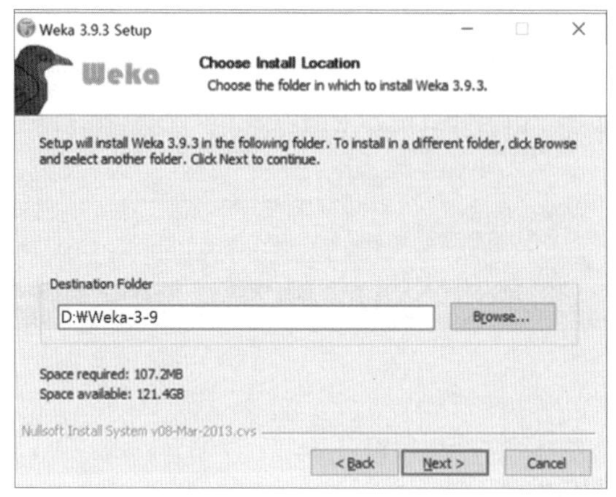

[그림 2-9] 설치 경로를 지정하는 것 외에는 Next를 계속 클릭한다

jdk 경로가 제대로 환경변수에 설정되어 있다면 바로 Weka를 실행할 수 있다. 바탕화면에 "Weka 3.9" 아이콘이 생성된 후 더블 클릭하면 다음과 같이 Weka가 정상적으로 실행된다.

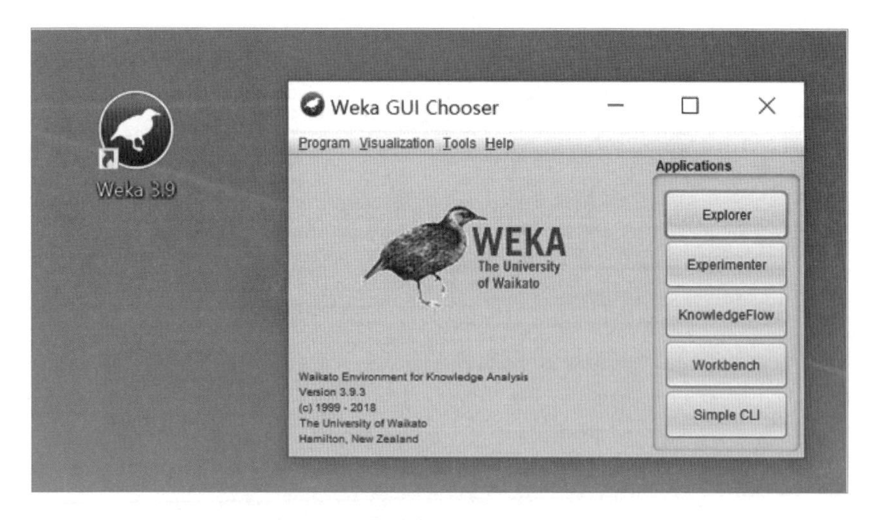

[그림 2-10] Weka 3.9를 더블 클릭하여 정상적으로 실행된 모습

Weka에서 기본적으로 제공하는 arff 파일을 불러와 머신러닝 분석을 진행할 수 있지만 아직 한글 데이터를 인식하기 위한 설정 작업이 남았다. 한글 데이터 인식을 위해서 Weka가 설치된 경로에서 RunWeka.ini(구성 설정 유형)를 메모장으로 열어서 fileEncoding=Cp949로 변경해야 한다. 이 부분은 Weka 단점 부분에서 다시 설명한다.

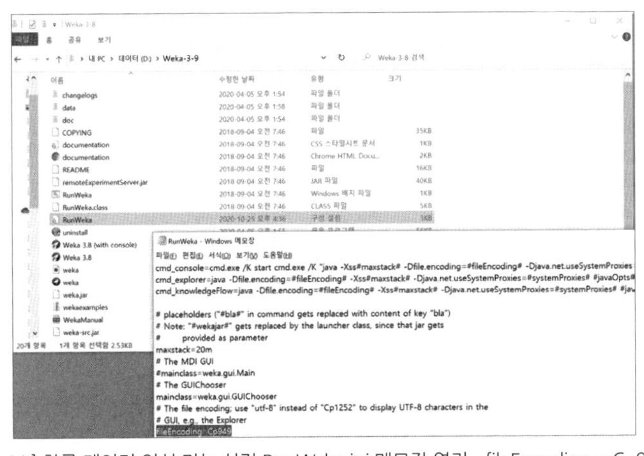

[그림 2-11] 한글 데이터 인식 가능 설정 RunWeka.ini 메모장 열기 - fileEncoding = Cp949 변경

정상 실행과 함께 탐색기에서 weka.jar 파일의 위치를 확인해야 한다. weka.jar 파일은 Eclipse에서 코딩할 때 필요한 필수 파일이다.

› 내 PC › 데이터 (D:) › Weka-3-9

이름	수정한 날짜	유형
changelogs	2020-04-05 오후 1:54	파일 폴더
data	2020-04-05 오후 1:58	파일 폴더
doc	2020-04-05 오후 1:54	파일 폴더
COPYING	2018-09-04 오전 7:46	파일
documentation	2018-09-04 오전 7:46	CSS 스타일시트 문서
documentation	2018-09-04 오전 7:46	Chrome HTML Docu...
README	2018-09-04 오전 7:46	파일
remoteExperimentServer.jar	2018-09-04 오전 7:46	JAR 파일
RunWeka	2018-09-04 오전 7:46	Windows 배치 파일
RunWeka.class	2018-09-04 오전 7:46	CLASS 파일
RunWeka	2020-10-25 오후 4:36	구성 설정
uninstall	2020-04-05 오후 1:55	응용 프로그램
Weka 3.8 (with console)	2020-04-05 오후 1:55	바로 가기
Weka 3.8	2020-04-05 오후 1:55	바로 가기
weka	2018-09-04 오전 7:46	GIF 파일
weka	2018-09-04 오전 7:46	아이콘
weka.jar	2018-09-04 오전 7:46	JAR 파일

[그림 2-12] Weka 설치 시 생성되는 weka.jar 파일 위치

2.3 Eclipse

지금까지 설명한 2가지 프로그램만으로도 코딩 없이 자바 머신러닝이 가능하다. 그러나 머신러닝을 자동화해야 한다면 코딩의 힘이 필요하므로 Java 프로그램을 쉽게 해주는 Eclipse 설치를 설명한다. Eclipse를 사용하는 독자는 3절을 넘어가도 된다.

Eclipse는 https://www.eclipse.org/에서 다운로드 받을 수 있다. 그러나 eclipse 사이트에서 다운로드 아이콘 위치는 자주 변경되므로 주의해야 한다.

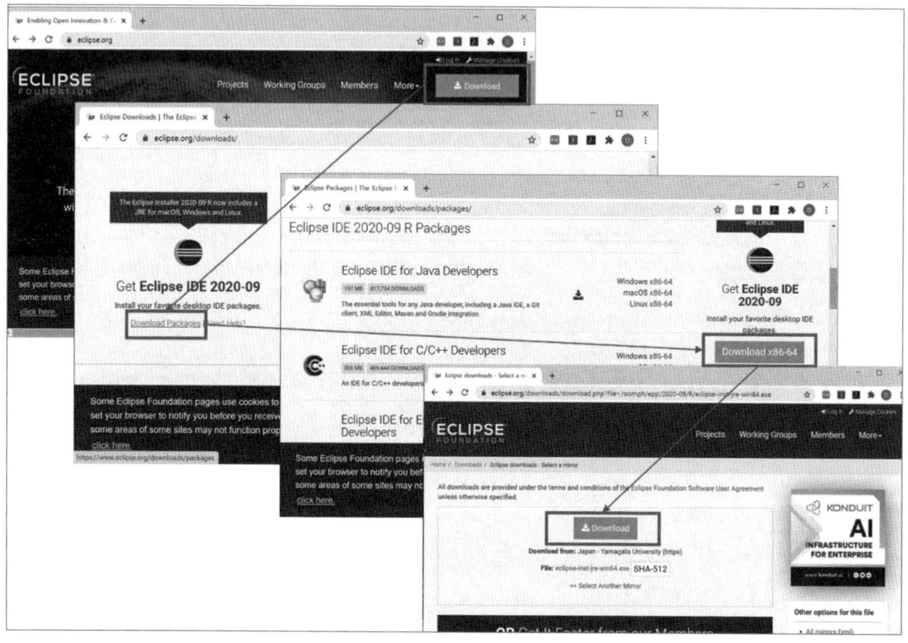

[그림 2-13] eclipse 웹사이트에서 다운로드 받는 순서(자주 변경되니 그때그때 다운로드 아이콘을 찾아야 한다)

다운로드 파일이 설치 파일이면 바로 실행해서 원하는 경로에 설치만 하면 되고, 압축 파일이면 압축을 원하는 경로에 해제하면 된다. 탐색기로 설치 경로에 가면 "eclipse.exe" 파일을 확인할 수 있으며, 마찬가지로 jdk/jre가 정상적으로 환경변수에 설정되어 있으면 eclipse가 정상적으로 실행된다.

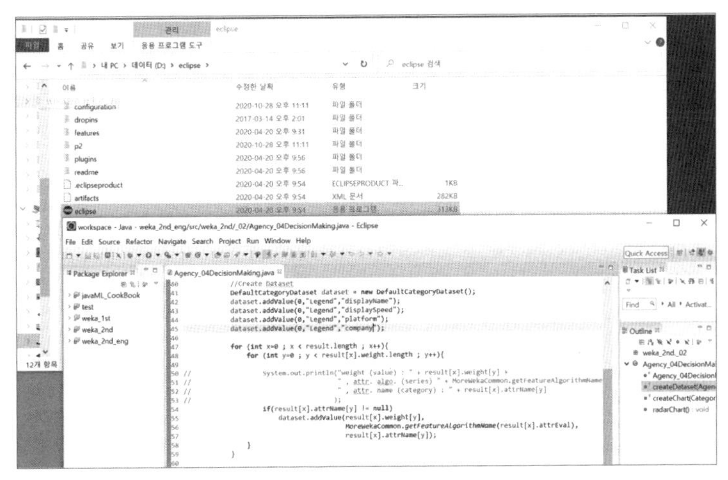

[그림 2-14] 설치된 경로에서 eclipse.exe를 실행하여 정상적으로 작동하는 eclipse

그다음 eclipse 프로젝트에 weka.jar 파일을 추가하는 방법은 다음 절에서 설명한다.

2.4 다운로드 자료 강의 활용

아래의 GitHub에서 Code를 클릭하면 초급용 강의 자료를 다운로드 받을 수 있다.

https://github.com/bjpublic/weka

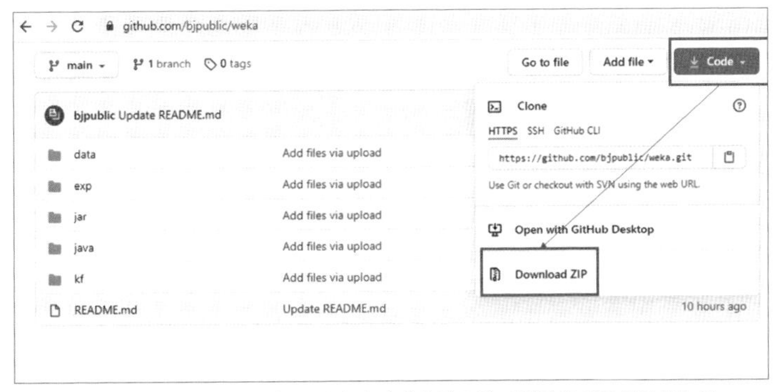

[그림 2-15] Code 버튼을 클릭하여 강의에 필요한 파일들을 다운로드 받는다

압축 파일로 다운로드 되며 3개의 폴더로 구성되어 있다. 일단 임의의 경로에 압축을 해제한다. 필자는 다운로드 경로 밑에 바로 해제했다.

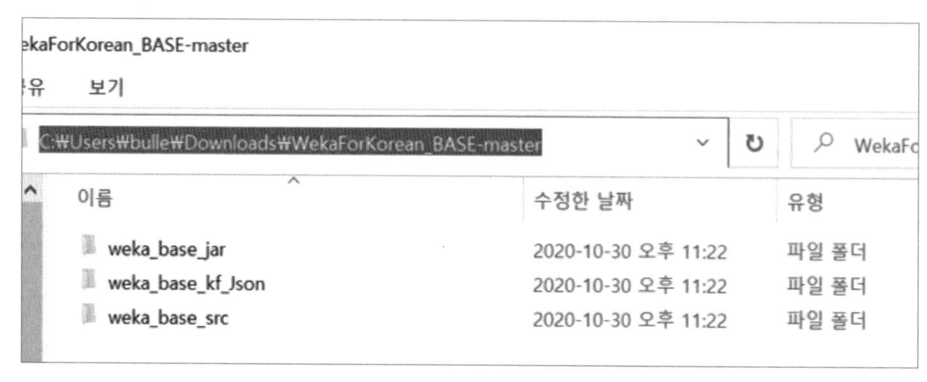

[그림 2-16] 압축을 해제하면 3개 폴더가 보인다

weka_base_kf_Json은 KnowledgeFlow로 설계한 결과물로 확장자 kf이고, json 파일 형태로 되어 있다. 필자는 "D:₩Weka-3-9₩kf₩weka_base_kf_Json" 경로에 저장했다. 독자들은 github에서 다운로드 받은 후 취향에 맞게 경로를 조정할 수 있다.

D:₩Weka-3-9₩kf₩weka_base_kf_Json

weka_base_kf_Json 검색

이름	수정한 날짜	유형	크기
base week 1 class 1 lession 1~6	2020-10-30 오후 10:35	KF Flow File	7KB
base week 1 class 4 updatable	2020-12-02 오전 8:41	KF Flow File	3KB
base week 2 class 2 lession 2	2020-10-30 오후 10:35	KF Flow File	8KB
base week 2 class 2 lession 3	2020-10-30 오후 10:35	KF Flow File	12KB
base week 2 class 2 lession 4	2020-10-30 오후 10:35	KF Flow File	8KB
base week 2 class 2 lession 5~6	2020-10-30 오후 10:35	KF Flow File	6KB
base week 2 class 2 lession 21	2020-11-23 오후 11:26	KF Flow File	9KB
base week 3 class 3 lession 3	2020-10-30 오후 10:35	KF Flow File	6KB
base week 3 class 3 lession 6	2020-10-30 오후 10:35	KF Flow File	9KB

[그림 2-17] D 디렉터리 → Weka-3-9 → kf → weka_base_kf_Json에 저장된 KnowledgeFlow 파일들

weka_base_jar 안에는 회귀분석과 통계분석을 위한 jar 파일들이 있다. 다운로드 후 eclipse에 Add External JARs를 통해 반입import해야 한다. weka_base_src/_1_ base에는 강의에서 소개할 java 소스코드다. Eclipse를 설치한 후 java 프로젝트를 생성하고 import하면 된다. 먼저 Eclipse에서 java 프로젝트를 생성해 보도록 한다. 프로젝트명은 임의로 weka_book_1로 했다.

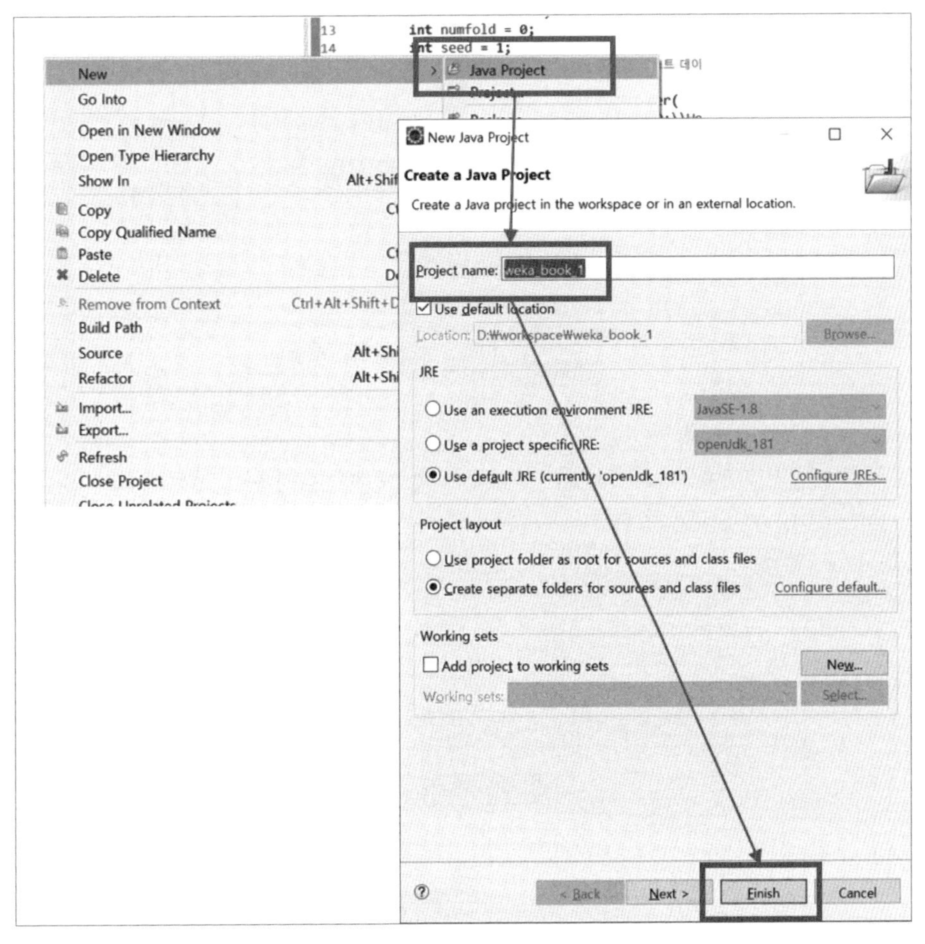

[그림 2-18] Eclipse에서 프로젝트를 생성하는 순서

다음에 weka.jar 파일과 GitHub에서 다운로드 받은 압축 파일에서 weka_base_jar의 jar 파일들을 Add External JARs를 통해 반입import한다.

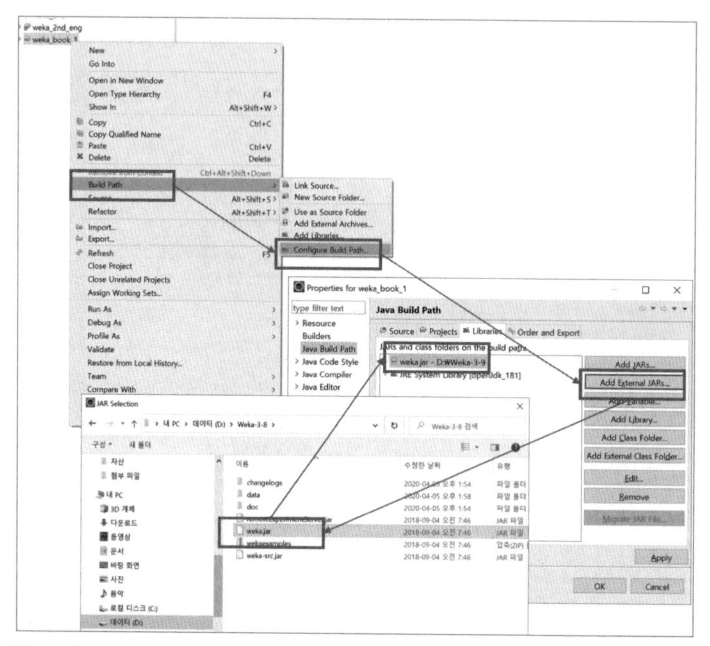

[그림 2-19] Build path → Configuration Build Path → Add External JARs → weka.jar 선택

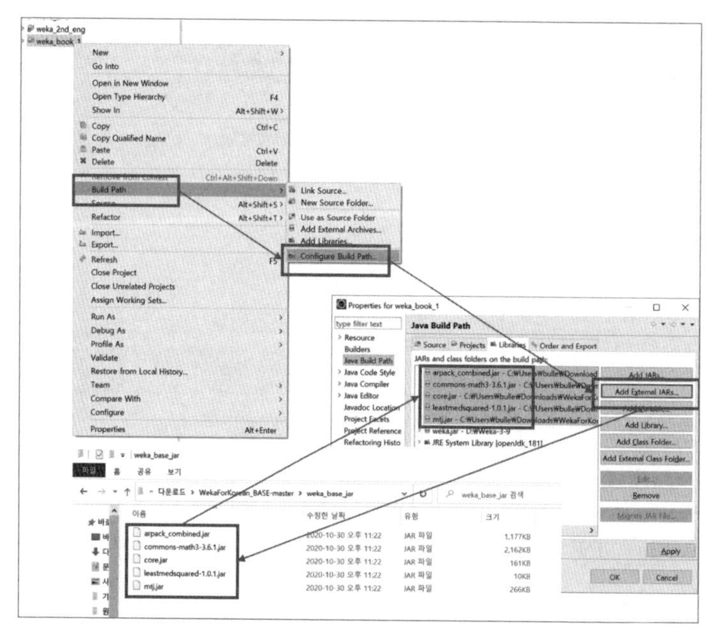

[그림 2-20] Build path → Configuration Build Path → Add External JARs → 다운로드 받은 jar들 선택

마지막으로 GitHub에서 다운로드 받은 압축 파일에서 소스코드를 복사하여 java 프로젝트에 붙여 넣는다.

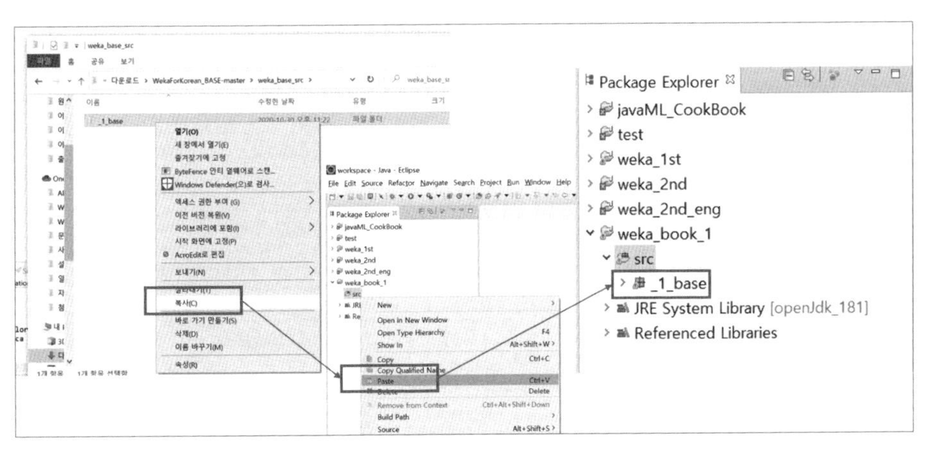

[그림 2-21] 탐색기에서 _1_base 복사 → eclipse 프로젝트에 붙여넣기

한 가지 주의할 점은 java 코드에 정의된 arff 파일 경로와 KnowledgeFlow 설계 결과인 kf 파일 내의 arff 파일 경로는 필자의 경우 "D:₩Weka-3-9₩data"로 저장했다.

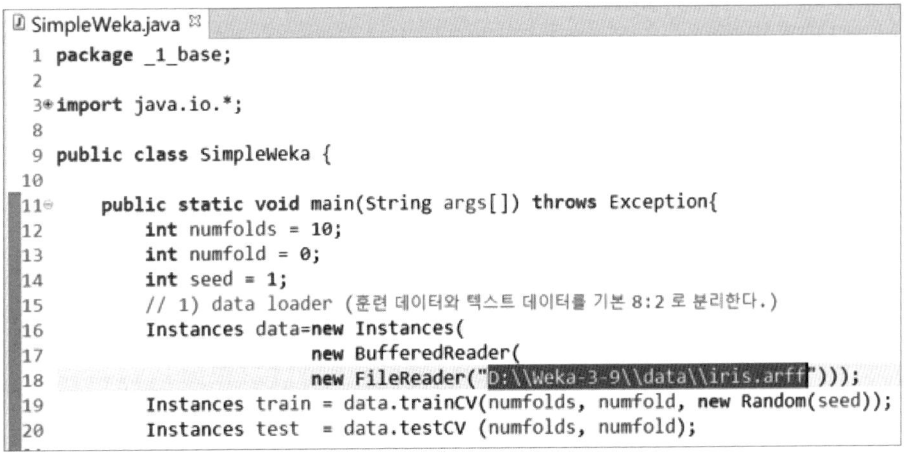

```
SimpleWeka.java
 1 package _1_base;
 2
 3⊕import java.io.*;
 8
 9 public class SimpleWeka {
10
11⊖    public static void main(String args[]) throws Exception{
12        int numfolds = 10;
13        int numfold = 0;
14        int seed = 1;
15        // 1) data loader (훈련 데이터와 텍스트 데이터를 기본 8:2 로 분리한다.)
16        Instances data=new Instances(
17                       new BufferedReader(
18                       new FileReader("D:\\Weka-3-9\\data\\iris.arff")));
19        Instances train = data.trainCV(numfolds, numfold, new Random(seed));
20        Instances test  = data.testCV (numfolds, numfold);
```

[그림 2-22] Eclipse에서 arff 파일을 불러오는 경로

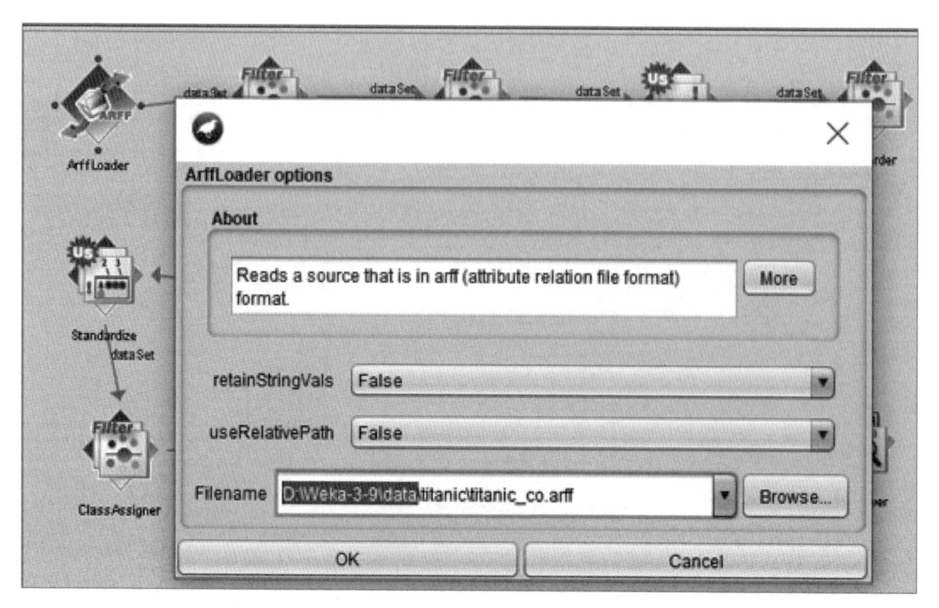

[그림 2-23] KnowledgeFlow에서 arff 파일을 불러오는 경로

독자의 상황에 맞게 arff 파일 경로를 변경할 수 있다. 다만 주의할 점은 arff 파일 경로가 변경되면 java 코드와 kf 내에 명시적으로 정의된 arff 파일 경로도 변경해야 java 프로그램 및 KnowledgeFlow가 정상적으로 실행된다.

CHAPTER 03

What: Weka 3.9.3

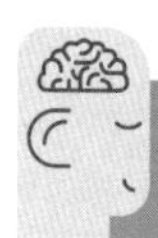

3장. What: Weka 3.9.3

Weka라는 종류의 새가 있으며 Weka를 검색하면 조류와 함께 결과가 나오기도 한다.

3.1 Weka

3.1.1 DIKW 관점 활용(why)

구분	대상선정	단위설계	통합설계	체계화
작업 순서 (how)	DataBase	Weka GUI Explorer	Weka KnowledgeFlow	Java Code (with weka API)
담당 (who)	도메인전문가	도메인전문가	도메인전문가 IT 종사자	도메인전문가 IT 종사자
효과 (IF)	Data	Information	Knowledge	Wisdom
역할 (what)	분석대상 선정	머신러닝 단위설계	머신러닝 통합설계	머신러닝 배포
범위 (where)	1회성 or 비주기적 or 결과공유 불필요 머신러닝 (대상선정~통합설계) 주기적 & 결과공유 필요 머신러닝 (대상선정~체계화)			

[그림 3-1] Weka를 활용한 머신러닝 DIKW 관점의 적용 과정

Weka는 Java로 구성되어 있으면서 클릭만으로도 머신러닝이 가능하다. 더불어 코딩이 가능한 API(weka.jar 외)들을 제공한다. 이 점이 Weka의 장점이다. 코딩을 모르지

만 머신러닝을 분석하려는 사람들에게는 코딩이 진입 장벽이 된다. 그러나 Weka는 Explorer나 KnowledgeFlow 등의 UI 기반 머신러닝이 가능하기에 코딩을 몰라도 머신러닝이 가능하다. 즉, 설계가 가능해진다. 더 나아가 머신러닝을 자동화까지 해야 한다면 코딩이 필요한데 이를 위한 API까지 제공하므로 체계화까지 가능해진다. 결국 Weka는 UI 및 API를 제공함으로써 설계부터 체계화까지 모든 과정이 가능한 all-in-one 패키지를 제공한다. 설계는 1회성이나 주기적이지 않으면서 결과 공유가 불필요한 경우이고, 코딩(체계화)은 주기적으로 분석하면서 결과를 공유하는 경우이다.

앞에서 설명한 내용을 DIKW 관점에서 설명하면 다음과 같다. Data는 실생활에서 변화된 사실의 기록이다. 그 Data가 데이터마이닝의 입력으로 사용되면 데이터마이닝의 결과는 정보Information 또는 패턴이다. 즉 현실 세계에서 유용한 분야에 데이터의 기초가 되는 기댓값과 예측에 사용될 수 있는 패턴들이다.

Knowledge는 컴퓨터가 아닌 사람들의 세계로 정보를 끌어올린다. 보유한 모든 정보와 함께 작동되는 방식과 적용되는 다양한 상황에 적용하고 응용한다. Wisdom은 지식의 knowledge의 가치로 정의한다.

3.1.2 Weka 소개(what)

Weka는 Waikato Environment for Knowledge Analysis의 약자로 뉴질랜드 Waikato 대학교에서 개발하고 배포하는 무료 소프트웨어이다. Weka는 1999년부터 꾸준히 버전 업이 이루어졌고, 2018년 11월 기준으로 Weka 버전은 3.9.3까지 공개되었다.

Java 기반으로 개발된 S/W이므로 설치하고 실행하려면 기본적으로 JRE가 필요하다. Weka 설치 방법은 이미 소개했으나 3가지를 재차 강조한다. 첫 번째는, path 등 환경변수 설정을 반드시 해야 하고 두 번째는, sourceforge에서 설치 파일을 다운로드 하는데 가끔 경로가 막혀서 다운로드 받지 못하는 경우가 있다. 세 번째는, 3.8.4와 3.9.4가 2019년에 출시되었는데, 한글 지원이 약하여 한국에서 사용하기에는 적합하지 않다.

[그림 3-2] Weka 3.9.3

3.1.3 본서 구성(how)

본서는 각종 알고리즘을 설명하고 그 알고리즘들을 사용하는 방법을 Knowledge Flow → Explorer → Java 프로그래밍 순으로 설명한다. 모든 설계는 단위설계를 하고 통합 설계 순으로 진행하나 본서는 학습을 위한 것이므로 KnowledgeFlow를 먼저 설명한다. KnowledgeFlow를 통해서 통합 설계라는 큰 그림을 그려 본다. 일단 머릿속에 큰 그림이 그려져야 세부적인 설명을 이해하기 쉽다. 그다음 Explorer에 의한 단위설계를 KnowledgeFlow 통합 설계 결과를 검증하는 방법으로 사용한다. 마지막으로 코딩을 설명한다. 책 제목에는 코딩을 몰라도 가능하다고 하면서 코딩을 설명하는 이유는 머신러닝을 지속해서 자동화할 때 필요하기 때문이다.

3.1.4 학습 기대 효과(IF)

데이터 분석은 다음과 같은 로직 트리로 요약된다.

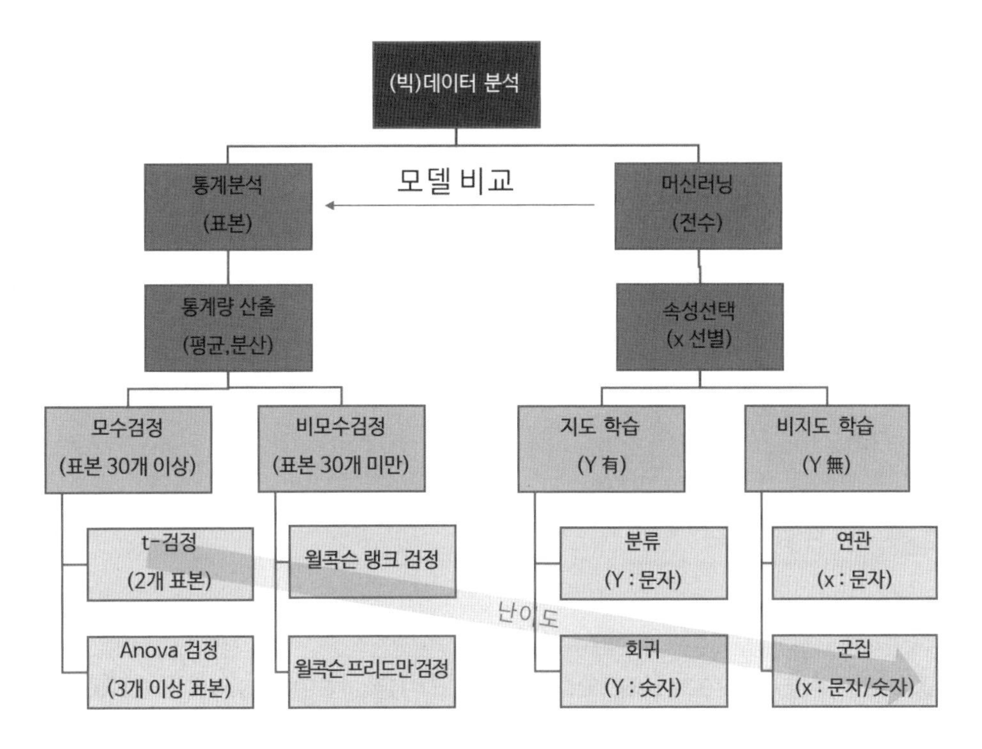

[그림 3-3] (빅)데이터 분석 로직 트리

대량 데이터 분석이든 소량 데이터 분석이든 방법은 2가지로 분류된다. 그래서 로직 트리 최상단에 "(빅)"이라는 문구를 삽입한 것이다. 통계분석은 전체 데이터 중 샘플링을 통해 분석하기에 표본을 추출하여 평균과 분산이라는 통계량을 산출하고 그 통계량을 검정한다. 머신러닝은 전체 데이터를 대상으로 속성을 선택하는 패턴화 과정을 통해 과거 데이터에 답이 있으면 지도 학습, 답이 없으면 비지도 학습으로 분류된다.

통계분석과 머신러닝은 2개로 분류되므로 서로 평행선을 그리는 것 같지만 상호 보완적인 관계이다. 머신러닝은 각종 알고리즘을 상황에 맞게 학습하는데 어떤 알고리즘 학습 결과가 최적인지 검정하려면 통계분석 기법을 사용한다. 머신러닝의 학습 결과를 통계분석으로 검정하는 과정은 차후 Experimenter에서 구체적으로 설명하겠다.

통계분석의 t-검정이 가장 쉬운 분석 방법이며, 머신러닝의 비지도 학습의 군집분석 쪽으로 갈수록 점점 난이도가 높아진다고 생각하면 된다. 통계분석은 전체 데이터가 아니라 표본 검정을 하고 기준 데이터군과 비교하기에 답이 이미 정해져 있다. 머신러닝의 비지도 학습은 과거 데이터에 학습 대상인 답이 없어 답을 찾아가야 하므로 무엇을 해야 할지 모르는 상태에서 시작하므로 가장 어렵다고 본다.

본서는 앞의 로직 트리 왼쪽의 통계분석은 모델 성능 검정할 때만 설명하고, 오른쪽에 있는 머신러닝의 지도/비지도 학습의 각종 알고리즘을 학습한다. 그러면 지도 학습에서 꼭 알아야 할 중요한 지표 2가지를 살펴보겠다. 오분류표와 상관계수다.

3.2 학습 방법 예시

3.2.1 실습: LinearRegression 알고리즘, regression_outliers.csv/arff 데이터셋

전처리 작업 중 하나는 이상값을 처리하는 일이다. 이상값도 분석 대상에 포함할지 제외할지를 결정해야 하는데, 이상값을 제거하여 LinearRegression(선형회귀)의 성능을 향상하는 과정을 소개한다.

3.2.2 KnowledgeFlow 설계

base week 5 class 5 lesson 1.kf

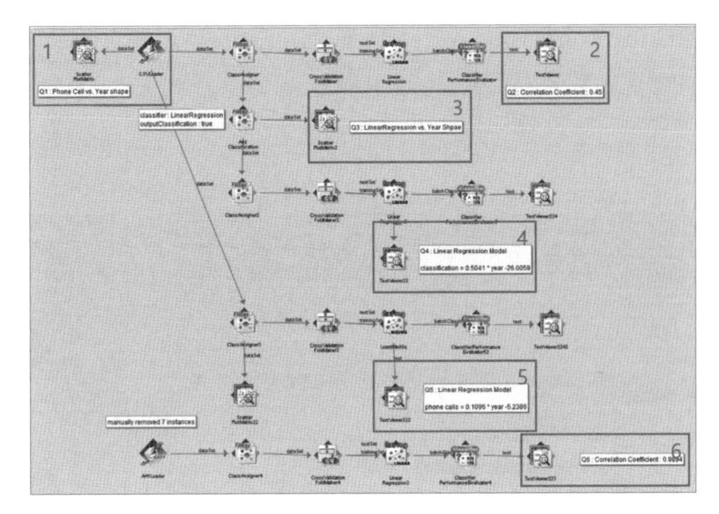

[그림 3-4] 총 6개로 분류되는 KnowledgeFlow

다운로드 받은 regression-outlier의 데이터 구조를 시각화하여 구조를 파악한다. 특히 regression-outlier는 csv 파일로 되어 있어 csv 파일 불러오기를 사용했다. 아래 그래프를 보면 직선형이 아닌 이상값이 식별된다.

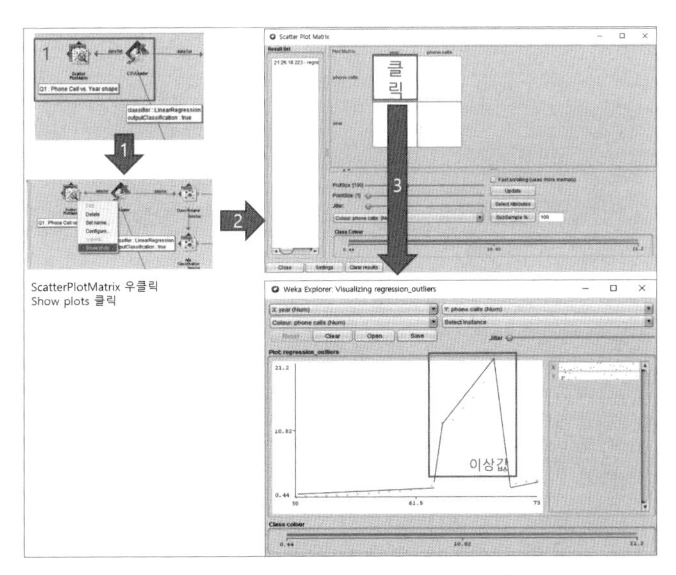

[그림 3-5] 입력 데이터의 구조를 시각화하여 이상값을 식별한다

이 상태에서 LinearRegression을 실행한 후의 상관계수는 0.45로 매우 낮아 회귀식이 이 데이터 구조를 설명하는 데 어려움이 있다.

상관계수는 1에 가까울수록 설명력이 높다고 정의된다.

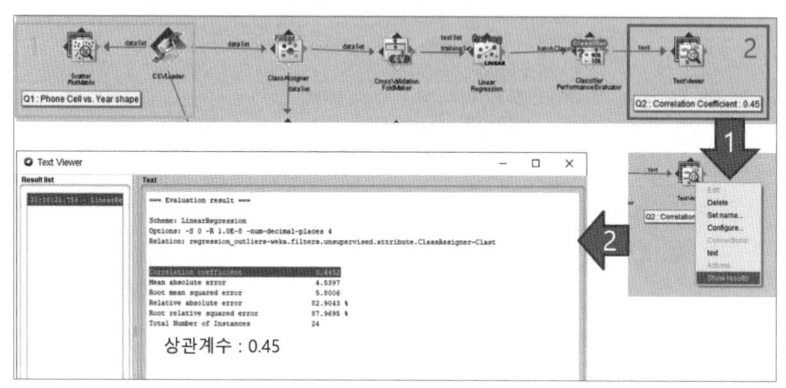

[그림 3-6] 상관계수: 0.45

AddClassification 필터를 사용하면 이상값을 무시한 선형 구조의 데이터셋으로 필터링할 수 있다. 필터의 옵션은 classifier를 LinearRegression으로 설정하고, outputClassification을 true로 설정하면 classification이라는 속성이 추가된다.

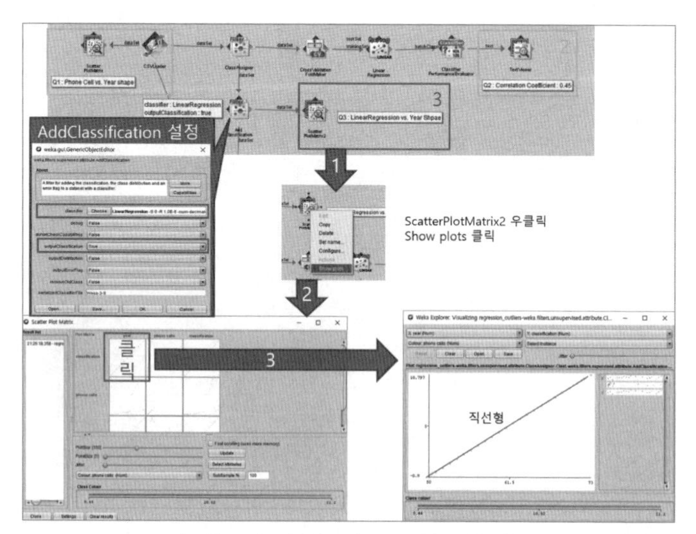

[그림 3-7] AddClassification 필터 적용 후

AddClassification 필터 적용 후 LinearRegression을 학습한다. 그러나 상관계수가 1이라는 이상적인 회귀식이 산출된다.

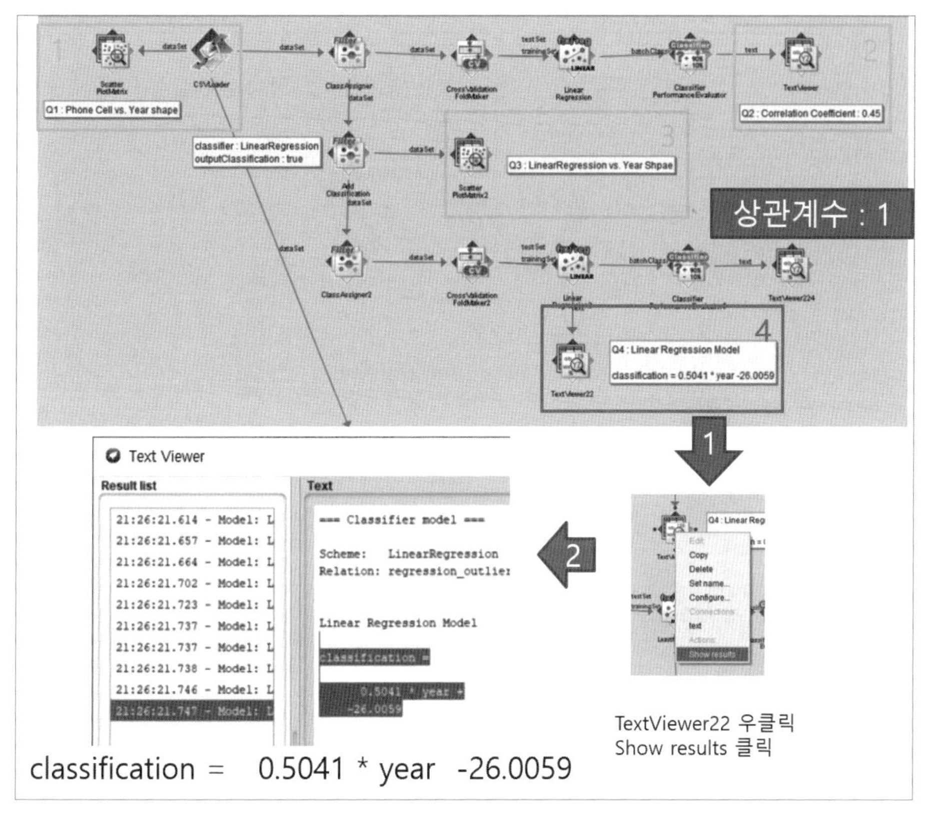

[그림 3-8] 상관계수 1의 회귀식 생성

다른 형태의 회귀분석 분류 알고리즘인 LeastMedSq를 실행하려면 package manager에서 다운로드 받아야 한다.

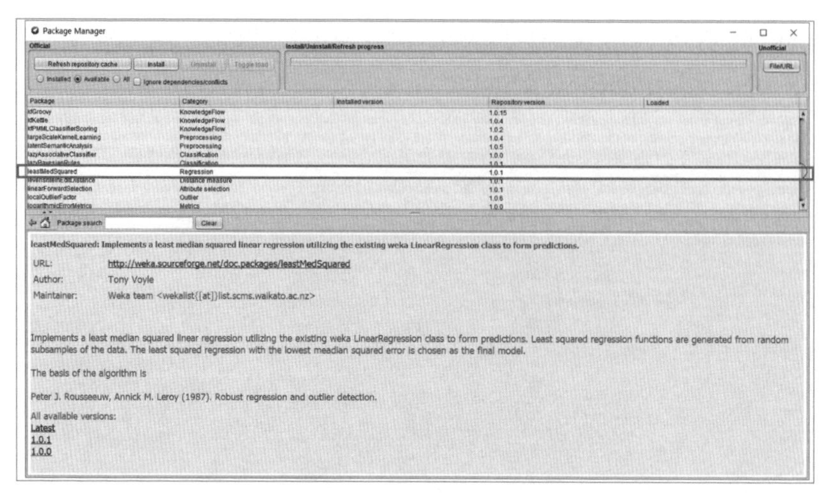

[그림 3-9] package manager에서 LeastMedSq 다운로드

이상값이 존재한 데이터셋을 LeastMedSq 분류 알고리즘을 실행한 후 상관계수 0.54의 회귀식이 생성되며 설명력이 여전히 떨어진다.

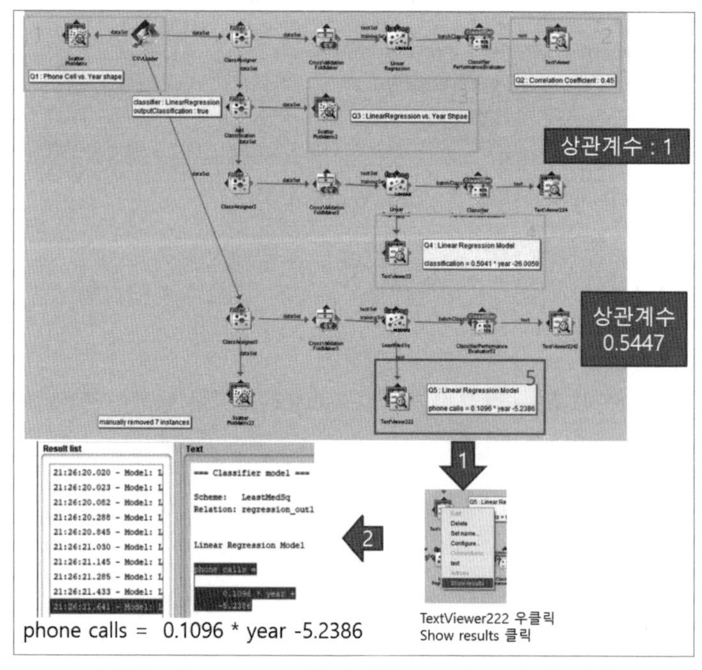

[그림 3-10] LeastMedSq 실행 후 상관계수 0.5447의 회귀식 생성

이상값 8건을 Explorer에서 수동으로 삭제한 후 별도의 arff 파일을 생성하고 그 데이터를 불러온 후 LinearRegression을 실행한 결과는 상관계수 0.9894의 회귀식이 생성된다.

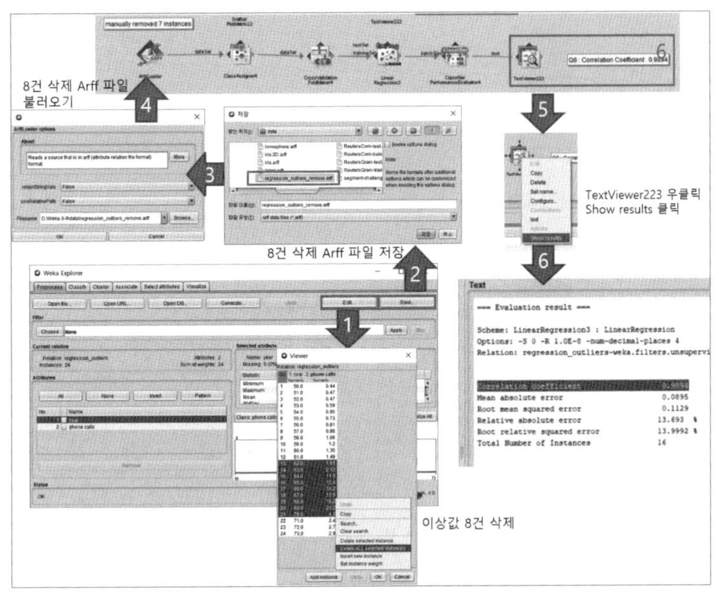

[그림 3-11] 이상값 삭제 후 상관계수 0.9894의 회귀식 생성

그러면 이상값이 왜 발생했을까? 아래 링크를 요약하면 다음과 같다. (출처: https://www.sciencedirect.com/topics/computer-science/regression-line)

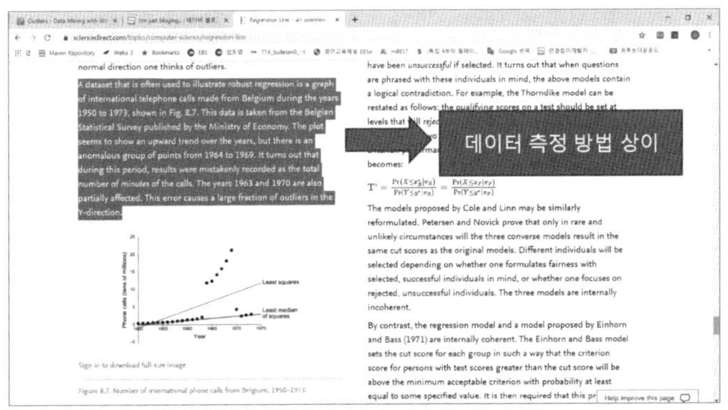

[그림 3-12] 요약하면 데이터 측정 방법이 상이(연도별로 데이터 측정 방법이 상이)

이게 데이터의 현실이다. 측정 방법 상이, 업무 변경, 법 개정, 시스템 변경 시 테스트 미흡 등등 다양한 외부 요인에 의해 데이터의 이상값 발생은 흔한 일이며, 이런 이상값을 삭제하든 대체하든 데이터 분석 전에 의사 결정이 반드시 수반되어야 한다.

3.2.3 Explorer 실습

Q1: regression-outlier.csv 파일을 불러온 후 데이터 구조를 visualizer를 클릭하여 시각화한 결과 이상값이 식별된다.

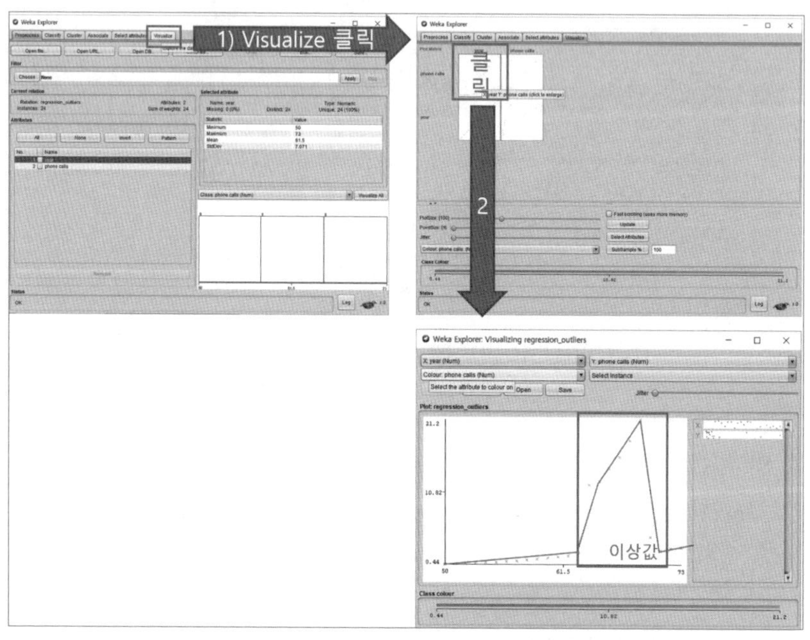

[그림 3-13] 입력 데이터의 구조를 시각화하여 이상값을 식별한다

Weka는 csv 파일도 파일 유형만 변경하면 불러올 수 있다. 파일 유형만 변경하면 다양한 포맷의 데이터 구조를 불러올 수 있다. 엑셀은 안 된다. Q2: regression-outlier.csv 파일을 불러온 후 설정 변경 없이 LinearRegression을 실행한 상관계수는 0.4452이다.

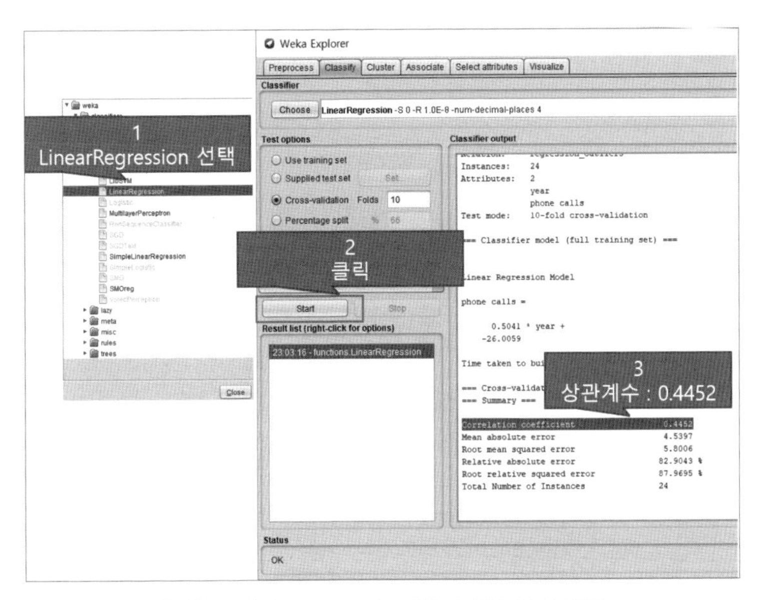

[그림 3-14] LinearRegression 학습 후 상관계수 0.4452

Q2: AddClassification 필터를 사용하여 이상값을 무시하고 데이터셋을 직선형으로 간주한다.

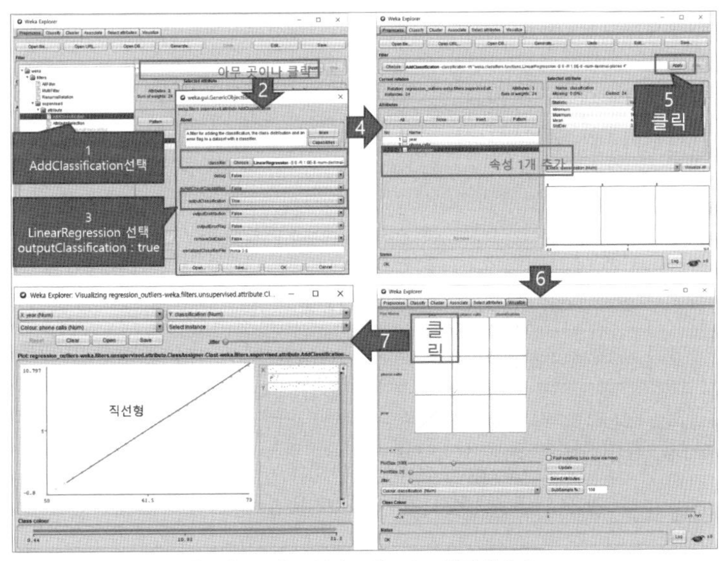

[그림 3-15] AddClassification 필터 적용 후

Q3: AddClassification 필터 적용 후 LinearRegression 학습 결과 상관계수 1의 회귀식이 생성된다.

[그림 3-16] 상관계수 1의 회귀식 생성

그러나 Q2 AddClassification 필터 적용 전(이상값이 보유된 상태)의 회귀식과 동일하다. 즉, 상관계수가 너무 이상적이므로 이 회귀식은 보편적이라 볼 수 없다.

경우	회귀식	상관계수
Q2	phone call = 0.5041 * year -26.0059	0.4452
Q4	classification = 0.5041 * year -26.0059	1

Q4: AddClassification 필터를 적용하지 않은 상태. 즉, 이상값 존재 상태에서 LeastMedSq 분류 알고리즘 실행한 후 상관계수 0.54의 회귀식이 생성되며 설명력이 여전히 떨어진다.

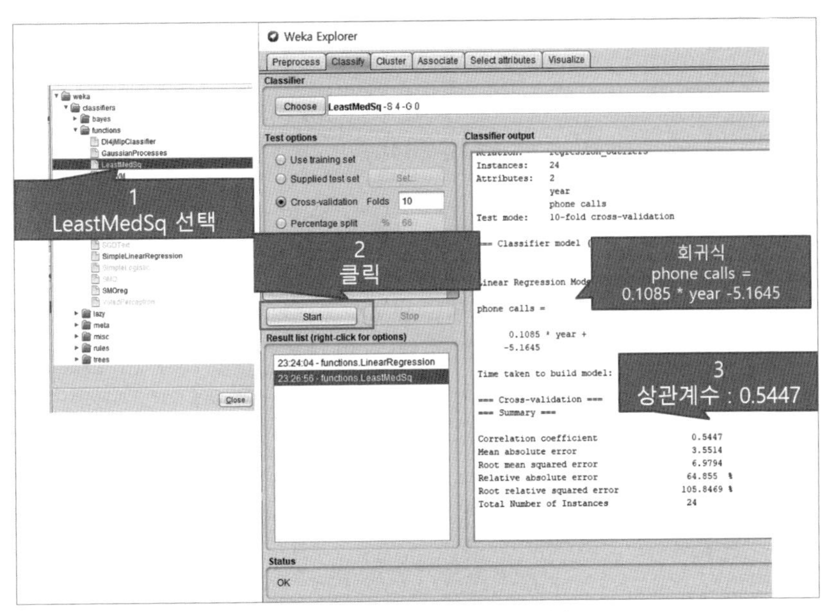

[그림 3-17] 설명력은 여전히 떨어진다

Q5: 이상값 8건을 강제로 삭제한 후 LinearRegression 실행 결과 상관계수는 0.9894의 높은 설명력을 갖는 회귀식을 생성하며, Q5 LeastMedSq 분류 알고리즘의 회귀식과 동일하다.

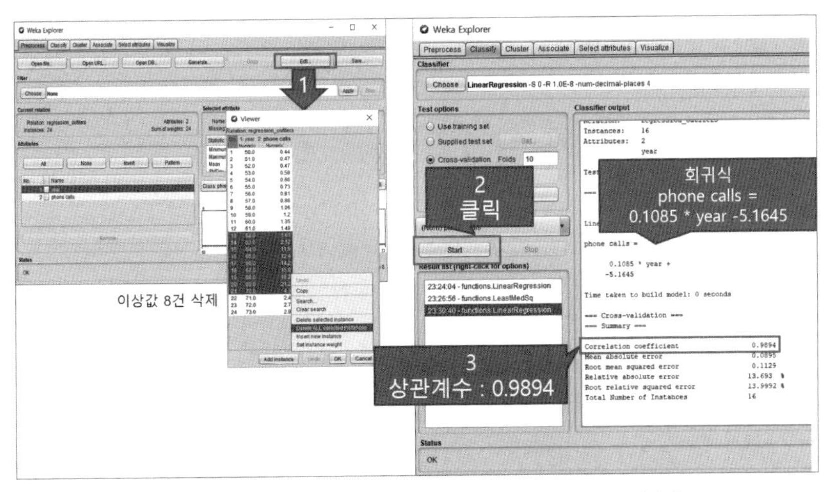

[그림 3-18] 이상값 삭제 후 상관계수 0.9894의 회귀식이 생성된다

경우	회귀식	상관계수
Q5	phone calls = 0.1085 * year - 5.1645	0.5447
Q6	phone calls = 0.1085 * year - 5.1645	0.9894

즉, Q5의 LeastMedSq 알고리즘의 회귀식이 상관계수는 상대적으로 낮게 산출되지만(0.5447 〈 0.9884), Q6의 LinearRegression과 회귀식은 동일하므로 보편적인 회귀식을 생성한다고 볼 수 있다. 그러면 이상값이 발생한 사유는 KnowledgeFlow 마지막에 설명했다.

3.2.4 Java 프로그래밍: W5_L1_OutlierWithCSV.Java

```
package _1_base;

import Java.awt.BorderLayout;
import Java.awt.Dimension;
import Java.io.*;
import Java.util.ArrayList;
import Java.util.Random;

import Javax.swing.JFrame;

import Weka.classifiers.*;
import Weka.classifiers.functions.LeastMedSq;
import Weka.classifiers.functions.LinearRegression;
import Weka.core.*;
import Weka.core.converters.CSVLoader;
import Weka.filters.Filter;
import Weka.filters.supervised.attribute.AddClassification;

public class W5_L1_OutlierWithCSV {
```

```
public W5_L1_OutlierWithCSV() {
}

public static void main(String args[]) throws Exception{
        W5_L1_OutlierWithCSV obj = new W5_L1_OutlierWithCSV();
        String fileName= "regression_outliers";
        System.out.println(fileName + " : ");

        // http://www.Java2s.com/Code/Jar/l/Downloadleastmed
        squared101jar.htm에서
        // jar 파일 다운로드 후 압축 해제 및 외부 jar 반입

        // 1~2) 이상값, 상관계수
        obj.outlierWithCSV(fileName,new LinearRegression(), false, false);
        // 3) AddClassification 필터 적용 + 4) 선형 회귀식 생성
        obj.outlierWithCSV(fileName,new LinearRegression(), true, false);
        // 5) LeastMedSq 실행
        obj.outlierWithCSV(fileName,new LeastMedSq(), true, false);
        // 6) 8개 이상값 삭제 후 선형 회귀식 생성
        obj.outlierWithCSV(fileName,new LinearRegression(), true, true);

}

public void outlierWithCSV(String csvFileName, Classifier model,
                           boolean applyAddClassificationFilter,
                           boolean eraseOutlier) throws Exception{
        int numfolds = 10;
        int numfold = 0;
        int seed = 1;

        // 1) csv data loader
        CSVLoader csvloader = new CSVLoader();
        csvloader.setSource(
            new File("D:\\Weka-3-9\\data\\"+ csvFileName+".csv"));;
```

```
Instances data = csvloader.getDataSet();

if(!eraseOutlier) {
// AddClassification 필터 적용 여부에 따른 데이터셋 반환
// (8개 이상값 삭제 경우 이외에만 실행)
        data = this.applyAddClassificationFilter(applyAddClas
        sificationFilter, model, data);
}else{
        // 이상값 삭제 여부에 따른 데이터셋 반환(8개 이상값 삭제 경우에만 실행)
        data = this.eraseOutlier(model, data);
}

Instances train = data.trainCV(numfolds, numfold, new
Random(seed));
Instances test  = data.testCV(numfolds, numfold);

// 2) class assigner
train.setClassIndex(train.numAttributes()-1);
test.setClassIndex(test.numAttributes()-1);

// 3) cross validate setting
Evaluation eval=new Evaluation(train);

// 4) model run
model.buildClassifier(train);
eval.crossValidateModel(model, train, numfolds, new Random(seed));

// 5) evaluate
eval.evaluateModel(model, test);

// 6) print Result text
this.printResultTitle(model, applyAddClassificationFilter,
eraseOutlier);
```

```
        System.out.println(model.toString() +"\n"+eval.toSummaryString());
    }

/******************************
* AddClassification 필터 적용 함수
******************************/
    public Instances applyAddClassificationFilter(boolean applyAdd
    ClassificationFilter, Classifier model, Instances data) throws Exception{
        if(model instanceof LeastMedSq) return data;
        if(!applyAddClassificationFilter){
                System.out.println("\n**************************");
                System.out.println("\t\t 1) outlier recognition");
                System.out.println("\**************************");
        }else{
                AddClassification filter = new AddClassification();
                filter.setClassifier(model);
                filter.setOutputClassification(true);
                // class assigner
                data.setClassIndex(data.numAttributes()-1);
                filter.setInputFormat(data);
                data = Filter.useFilter(data, filter);
                System.out.println("\n**************************");
                System.out.println("\t\t 3) data linearization ");
                System.out.println("\**************************");
                this.plot2DInstances(data,
                                    "3) data linearization",2);
        }
        return data;
}

/**************************
* 8건 강제 삭제(63 ~ 70년)
**************************/
```

```
public Instances eraseOutlier(Classifier model, Instances data) throws
Exception{
          if(model instanceof LeastMedSq) return data;
              // 새로운 데이터셋 생성
              ArrayList<Attribute> attr = new ArrayList<Attribute>();
              attr.add(new Attribute("year"));
              attr.add(new Attribute("phone calls"));
              Instances erasedData = new Instances("ErasedData",
              attr,0) ;

              // 63 ~ 70년 데이터 외의 인스턴스를 새로운 데이터셋으로 적재
              for(int i = 0; i < data.size(); i++) {
                      Instance instance = data.get(i);
                      int year = (int) instance.value(0);
                      if(63 <= year && year <=70){
                              // System.out.println(i + " , year = " +
                              //                     year + " erased ");
                      }else{
                              erasedData.add(instance);
                      }
              }
              this.plot2DInstances(erasedData, "erased Data",1);
              return erasedData;
      }

/**************************
* Weka 제공 시각화(plot2D)
**************************/
public void plot2DInstances(Instances data, String graphName, int
yIndex) throws Exception {
   Weka.gui.visualize.Plot2D panel = new Weka.gui.visualize.Plot2D();
   panel.setInstances(data);
   panel.setXindex(0);
```

```
    // AddClassification 필터 적용 후 속성이 추가되기에 index = 2를 대입해야 함
    // (그 외는 index = 1)
    panel.setYindex(yIndex);
    panel.setCindex(data.numAttributes() - 1);

    JFrame frame = new JFrame(graphName);
    frame.setDefaultCloseOperation(JFrame.EXIT_ON_CLOSE);
    frame.getContentPane().setLayout(new BorderLayout());
    frame.getContentPane().add(panel);
    frame.setSize(new Dimension(600, 400));
    frame.setLocationRelativeTo(null);
    frame.setVisible(true);
    System.out.println("See the " + graphName + " plot");
}

/**************************
* 결과 출력 title 결정
**************************/
public void printResultTitle (Classifier model,
                              boolean applyAddClassificationFilter,
                              boolean eraseOutlier){
        System.out.println("\n**************************************
        *****************");
        if(!eraseOutlier){
                if(!(model instanceof LeastMedSq)
                        System.out.println("\t\t " +
                           ((!applyAddClassificationFilter)?
                           "2)Correlation coefficient":
                           "4) LinearRegression Model Fomular"));
                else
                        System.out.println("\t\t 5) LeastMedSq
                        Correlation coefficient");
        }else{
```

```
            System.out.println("\t\t 6) outlier erased Correlat
            ion coefficient");
        }
        System.out.println("******************************************
        *********************");
    }
}
```

코드 설명 전에 package manager로 설치된 LeastMedSq 분류 알고리즘의 jar 파일을 eclipse로 "Add External JARs"시켜야 한다. package manager로 설치되면 당연히 해당 jar 파일이 로컬 PC에 있을 줄 알았는데 찾지 못해 별도로 다운로드 후 import시켰다.

http://www.Java2s.com/Code/Jar/l/Downloadleastmedsquared101jar.htm

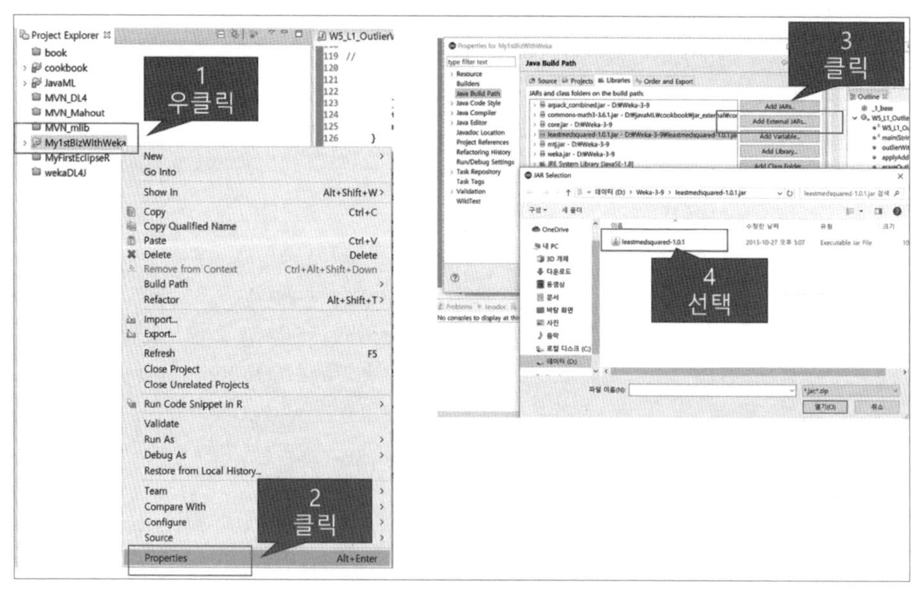

[그림 3-19] 외부 jar 파일 반입 방법

main 함수에서 outlierWithCSV 함수를 4번 호출하는 main 함수에서 outlierWith CSV 함수를 4번 호출한다.

1번째 obj.outlierWithCSV 함수 호출은 이상값을 식별할 수 있는 그래프를 출력하고 이상값이 있는 상태에서 선형 회귀식을 생성하고 상관계수를 알아본다.

2번째 obj.outlierWithCSV 함수 호출은 AddClassification 필터를 적용하여 선형 회귀식 및 상관계수를 알아본다.

3번째 obj.outlierWithCSV 함수 호출은 또 다른 회귀 분류 알고리즘인 LeastMedSq 분류 알고리즘을 실행한다.

4번째 obj.outlierWithCSV 함수 호출은 8개 이상값을 삭제한 후 선형 회귀식을 생성하고 상관계수를 알아본다.

csv 파일 불러오기, AddClassification 필터 적용 함수 및 데이터 강제 삭제 함수 호출, 출력 title 함수 호출, 모델학습으로 구성된다.

이번 소스코드는 특이하게 csv 파일을 불러오기에 그에 맞는 함수를 사용하여 csv 파일을 불러왔다. outlierWithCSV 함수는 이상 데이터 삭제 유무에 따라 AddClassification 필터를 적용하는 applyAddClassificationFilter 함수 및 데이터를 삭제하는 eraseOutliner 함수를 호출한다.

마지막으로 printResultTitle 함수는 워낙 다양한 경우가 출력되기에 출력 title만 따로 조건별로 출력되도록 코딩했다.

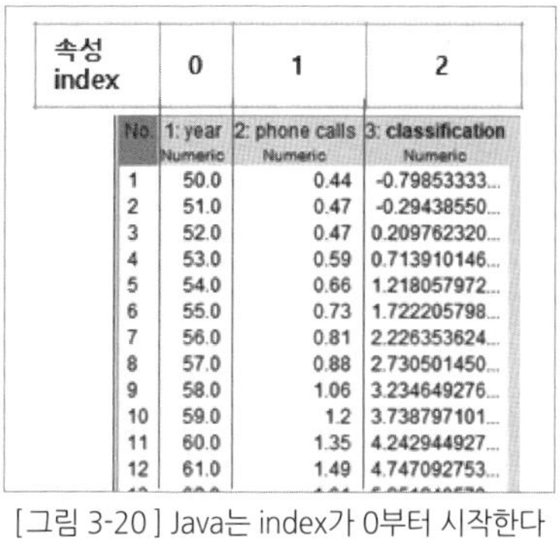

속성 index	0	1	2
No.	1: year Numeric	2: phone calls Numeric	3: classification Numeric
1	50.0	0.44	-0.79853333...
2	51.0	0.47	-0.29438550...
3	52.0	0.47	0.209762320...
4	53.0	0.59	0.713910146...
5	54.0	0.66	1.218057972...
6	55.0	0.73	1.722205798...
7	56.0	0.81	2.226353624...
8	57.0	0.88	2.730501450...
9	58.0	1.06	3.234649276...
10	59.0	1.2	3.738797101...
11	60.0	1.35	4.242944927...
12	61.0	1.49	4.747092753...

[그림 3-20] Java는 index가 0부터 시작한다

Java에서 인식하는 속성 index 순서를 앞 표에 기입했다. 첫 번째 속성 year는 "1:year" 로 표기되었는데 Weka Explorer나 Experimenter에서는 속성 index가 1부터 시작하지만 Java 프로그램에서는 속성 index가 0부터 시작한다. 이것은 Java 데이터 구조의 원칙이므로 따질 필요가 없다. 다만 R은 index를 1부터 시작해 이 점에서 혼선이 발생할 수 있다.

AddClassification 필터를 적용한 함수 내용은 다음과 같다.

LeastMedSq 분류 알고리즘일 경우는 아무것도 실행하지 않고 원천 데이터를 반환한다. 필터를 적용하지 않을 때는 결과 title만 출력하고 원천 데이터를 plot2D 그래프화한다. 필터를 적용할 때는 분류 알고리즘을 지정하고 classification 속성을 새로 추가하는 설정을 하며 필터링된 데이터를 plot2D 그래프화한다. 이때 마지막 매개변수 = 2를 넘기는 이유는 새로운 속성의 index가 2이기 때문이다.

```
/**************************
 * 8건 강제 삭제(63 ~ 70년)
 **************************/
public Instances eraseOutlier(Classifier model, Instances data)
throws Exception{
        if(model instanceof LeastMedSq) return data;
        // 새로운 데이터셋 생성
        ArrayList<Attribute> attr = new ArrayList<Attribute>();
        attr.add(new Attribute("year"));
        attr.add(new Attribute("phone calls"));
        Instances erasedData = new Instances("ErasedData", attr,0) ;

        // 63~70년 데이터 외의 인스턴스를 새로운 데이터셋으로 적재
        for(int i = 0; i < data.size(); i++) {
                Instance instance = data.get(i);
                int year = (int) instance.value(0);
                if(63 <= year && year <=70){
                        // System.out.println(i + " , year = " +
```

```
                    //                    year + " erased ");
year + " erased ");
                }else{
                        erasedData.add(instance);
                }
            }
            this.plot2DInstances(erasedData, "erased Data",1);
            return erasedData;
    }
```

앞의 코드는 63~70년 데이터 8건의 이상값(63~70년 데이터)을 강제로 삭제하는 함수이다. LeastMedSq 분류 알고리즘일 경우는 아무것도 실행하지 않고 원천 데이터를 반환한다. 속성부터 새로 정의하고 새로운 instances 객체를 생성한다. 데이터를 1줄씩 추출하여 이상값으로 식별된 63년부터 70년 이외의 데이터만 새로운 instances 객체에 적재한다.

```
    /**************************
     * Weka 제공 시각화(plot2D)
     **************************/
    public void plot2DInstances(Instances data, String graphName,
    int yIndex) throws Exception {

        weka.gui.visualize.Plot2D panel
                = new weka.gui.visualize.Plot2D();
        panel.setInstances(data);
        panel.setXindex(0);

        // AddClassification 필터 적용 후 속성이 추가되기에 index = 2를
        대입해야 함
        // (그 외는 index = 1)
```

```java
        panel.setYindex(yIndex);
        panel.setCindex(data.numAttributes() - 1);

        JFrame frame = new JFrame(graphName);
        frame.setDefaultCloseOperation(JFrame.EXIT_ON_CLOSE);
        frame.getContentPane().setLayout(new BorderLayout());
        frame.getContentPane().add(panel);
        frame.setSize(new Dimension(600, 400));
        frame.setLocationRelativeTo(null);
        frame.setVisible(true);
        System.out.println("See the " + graphName + " plot");
    }
```

앞의 코드는 Weka에서 기본적으로 제공하는 시각화 코드이며 생각보다 간단하다. 다른 그래프도 사용법이 유사하다. plot2D의 X축은 1번째 속성인 phone call로 고정되어 index = 0으로 지정했다. plot2D의 Y축이 year냐 아니면 새로 생성된 속성인 classification이냐에 따라 index가 달라진다.

```java
    /**************************
     * 결과 출력 title 결정
     **************************/
    public void printResultTitle (Classifier model,
                                  boolean applyAddClassificationFilter,
                                  boolean eraseOutlier){

        System.out.println("\n********************************
        ************************");
        if(!eraseOutlier){
            if(!(model instanceof LeastMedSq) )
```

```
                System.out.println("\t\t " +
                    ((!applyAddClassificationFilter)?
                    "2)Correlation coefficient":
                    "4) LinearRegression Model Fomular"));
            else
                System.out.println("\t\t 5) LeastMedSq
                Correlation coefficient");
        }else{
            System.out.println("\t\t 6) outlier erased
            Correlation coefficient");
        }
        System.out.println("*************************************
        ***************************");
    }
```

앞의 코드는 이상값 상제 여부, 분류 알고리즘 종류에 따라 출력 title만 따로 조건별로 출력되도록 코딩했다. 앞의 자바코드를 실행하면 다음과 같은 결과를 확인할 수 있다.

Q1: 이상값 식별

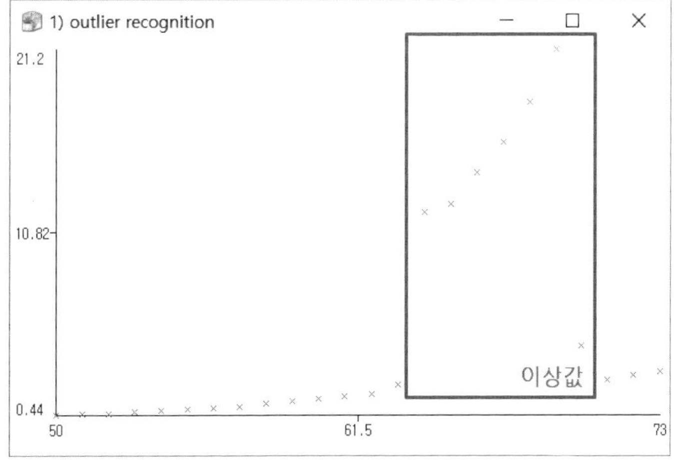

[그림 3-21] Weka 제공 시각화 기능을 활용한 plot2D 결과로 이상값 식별

Q2: 이상값이 있는 상태의 상관계수 및 회귀식

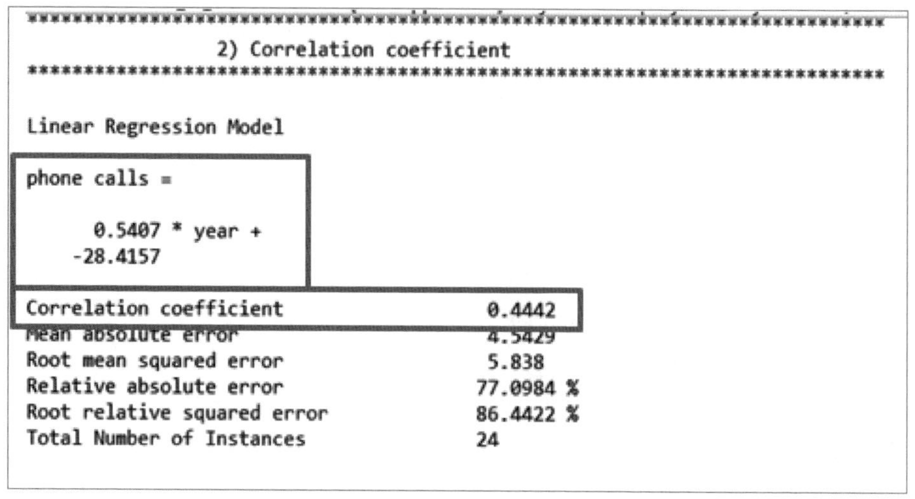

```
*****************************************************************************
              2) Correlation coefficient
*****************************************************************************

Linear Regression Model

phone calls =

      0.5407 * year +
    -28.4157

Correlation coefficient                  0.4442
Mean absolute error                      4.5429
Root mean squared error                  5.838
Relative absolute error                 77.0984 %
Root relative squared error             86.4422 %
Total Number of Instances               24
```

[그림 3-22] 이상값이 존재할 경우의 회귀식

Q3: AddClassification 필터 적용 후 이상값을 무시한 데이터의 직선화 결과

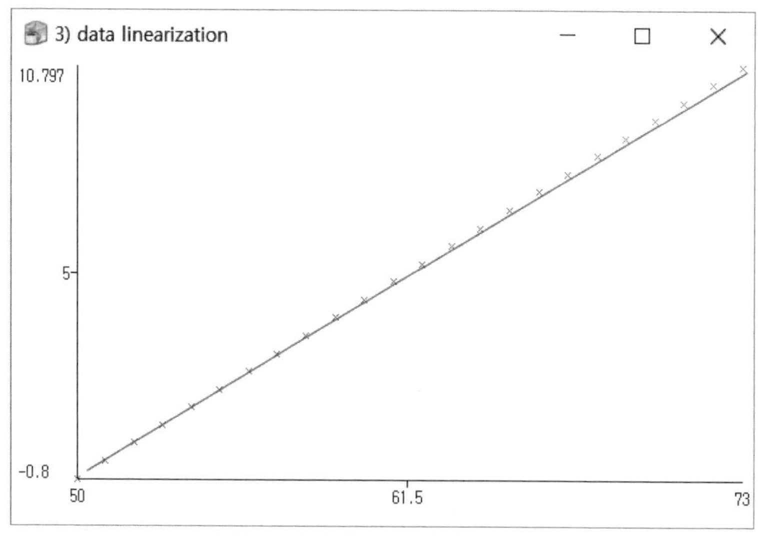

[그림 3-23] 이상값을 무시한 데이터 직선화

Q4: AddClassification 필터 적용 후 데이터 직선화 후 회귀식과 상관계수

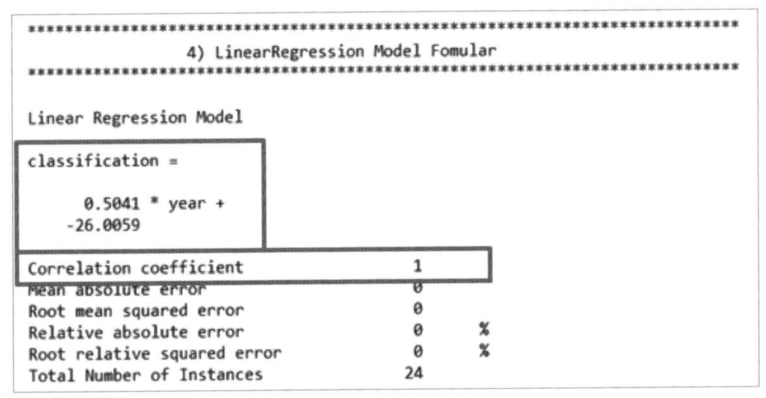

```
*****************************************************************************
              4) LinearRegression Model Fomular
*****************************************************************************

Linear Regression Model

classification =

      0.5041 * year +
    -26.0059

Correlation coefficient                  1
Mean absolute error                      0
Root mean squared error                  0
Relative absolute error                  0      %
Root relative squared error              0      %
Total Number of Instances               24
```

[그림 3-24] Q2의 회귀식과 유사하다

경우	회귀식	상관계수
Q2	phone call = 0.5407 * year -28.4157	0.4442
Q4	classification = 0.5041 * year -26.0059	1

Q5: LeastMedSq 분류 알고리즘 실행 후 회귀식과 상관계수

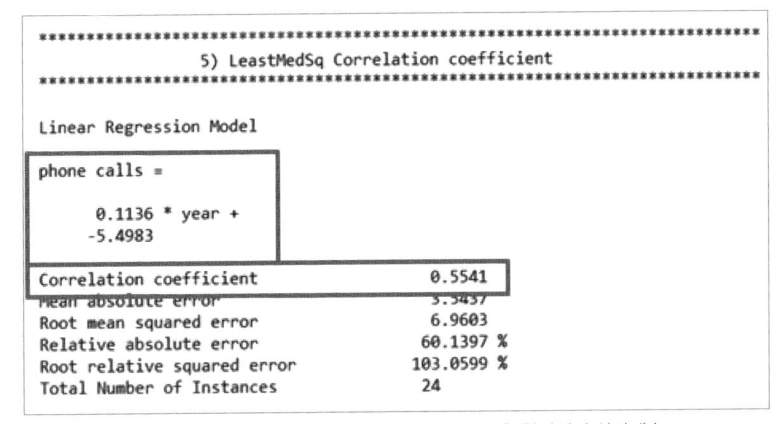

```
*****************************************************************************
              5) LeastMedSq Correlation coefficient
*****************************************************************************

Linear Regression Model

phone calls =

      0.1136 * year +
     -5.4983

Correlation coefficient                  0.5541
Mean absolute error                      3.5437
Root mean squared error                  6.9603
Relative absolute error                 60.1397 %
Root relative squared error            103.0599 %
Total Number of Instances               24
```

[그림 3-25] LeastMedSq 분류 알고리즘 실행 후 회귀식과 상관계수

Q6: 8건 이상값 강제 삭제 후 LinearRegression을 실행하여 얻은 회귀식과 상관계수

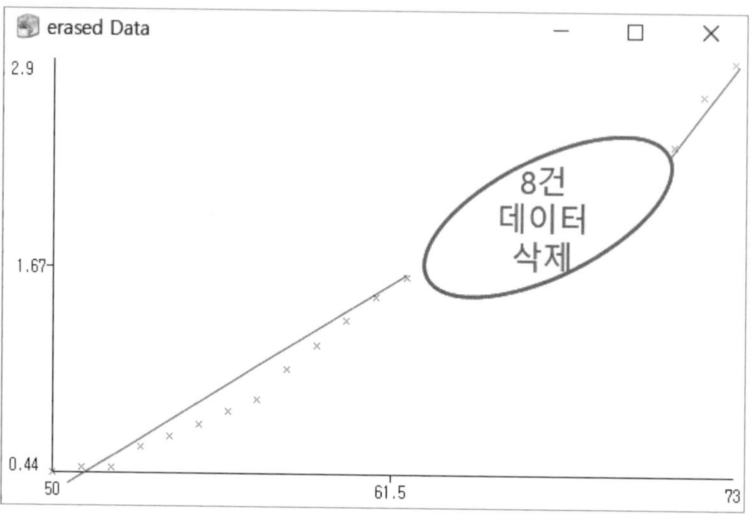

[그림 3-26] 8건 이상값 삭제 후 데이터의 부분적인 직선화가 된다

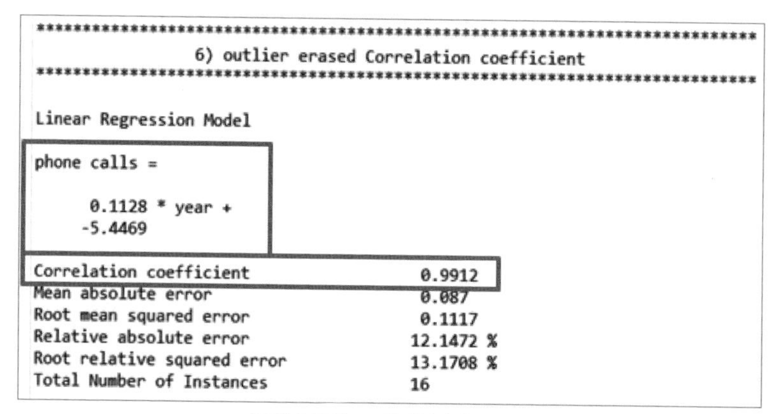

```
******************************************************************************
                6) outlier erased Correlation coefficient
******************************************************************************

Linear Regression Model

phone calls =

      0.1128 * year +
     -5.4469

Correlation coefficient                   0.9912
Mean absolute error                       0.087
Root mean squared error                   0.1117
Relative absolute error                  12.1472 %
Root relative squared error              13.1708 %
Total Number of Instances                16
```

[그림 3-27] Q5 회귀식과 유사하다

경우	회귀식	상관계수
Q5	phone calls = 0.1136 * year - 5.4983	0.5441
Q6	phone calls = 0.1128 * year - 5.4469	0.9912

여전히 Java와 KnowledgeFlow의 교차검증과 Explorer의 교차검증 간의 회귀식을 보면 미묘한 차이가 있다. 지금까지 실습해 얻은 회귀식은 다음과 같다.

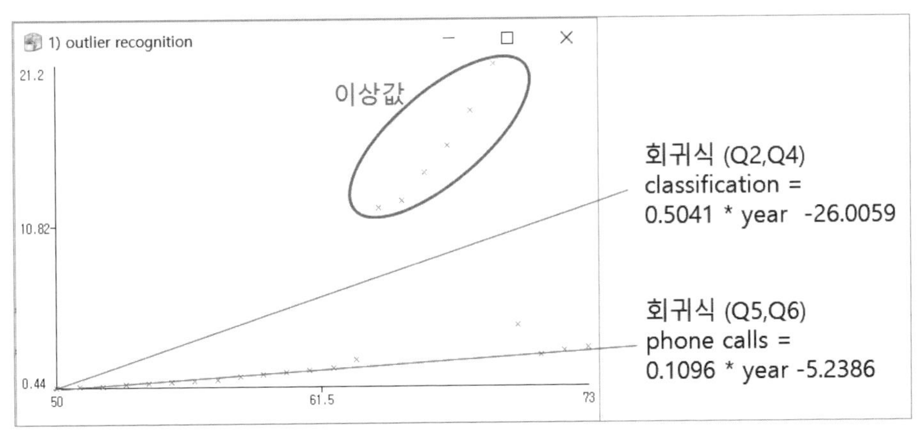

[그림 3-28] 상관계수를 보면 2개 회귀식의 설명력은 우수하다(상관계수: 1, 상관계수: 0.99)

따라서 이상값을 포함할 때는 회귀식 (Q2, Q4)가 적절하며 이상값을 제외할 때는 회귀식 (Q5, Q6)가 적합하기에, 이상값 포함 여부에 따라 어떤 회귀식을 선택할지 의사결정을 해야 한다.

CHAPTER 04

How: Weka 사용(전반)

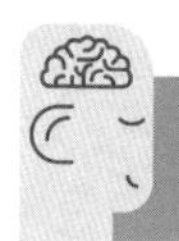

4장. How: Weka 사용(전반)

4.1 인트로: arff 포맷, 필터링, 알고리즘, 시각화

머신러닝은 데이터 전처리(데이터셋 불러오기, 필터링)와 모델링(모델 생성, 모델평가) 등 2단계로 진행된다. 본서에서는 전체 단계를 소개하면서 KnowledgeFlow, Explorer, Java 코딩을 순서대로 설명한다.

4.1.1 소개

데이터마이닝은 데이터에서 패턴을 찾아내고, 머신러닝은 그 패턴을 학습하여 모델링을 한다. 이렇게 학습된 모델은 새로운 데이터의 패턴을 과거 데이터 기준으로 식별하여 분석 용도에 따라 분류/군집/연관분석을 하게 된다.

Weka 기능은 100개 이상 분류 알고리즘 + 75개 전처리 기능 + 25개 피처 선택 + 20개 군집/연관규칙으로 구성되어 있다.

4.1.2 KnowledgeFlow

초급 과정에서 머신러닝을 쉽게 접근할 수 있게 해 준 KnowledgeFlow의 실제 소개 단계이다. 대부분의 기능은 Weka Explorer와 동일하지만 데이터 불러오기, 필터링, 학습 후 데이터 등을 확인하기가 가능은 하지만 쉽지 않다. 그래도 머신러닝의 통합 설계의 중요한 역할을 담당할 UI이다.

Weka 실행 후 GUI Chooser에서 우측 "KnowledgeFlow"를 클릭하면 새로운 창이 생성되면서 KnowledgeFlow 실행 환경이 제공된다. 크게 5개 영역으로 나뉘며, 각 영역의 구성이나 역할을 보면 다른 많은 설계 및 IDE 소프트웨어 구성과 유사하다.

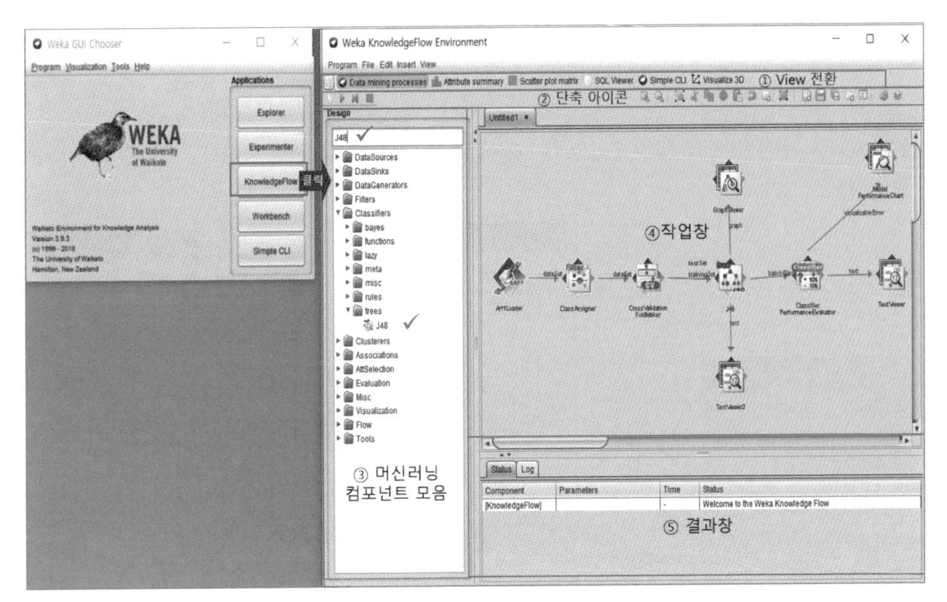

[그림 4-1] KnowledgeFlow의 구조

① View 전환은 데이터셋을 불러온 후 속성 분포 확인부터 SimpleCLI까지 창 전환을 위한 영역이다. Visual3D는 별도 패키지 매니저에서 설치한 add-on 기능이므로 별도 설치가 없으면 보이지 않는다.

② 단축 아이콘은 제일 왼쪽 실행(▶)부터 도움말(?)까지 작업 시 필요한 기능을 아이콘 클릭으로 실행할 수 있다.

③ 머신러닝 컴포넌트 모음은 머신러닝을 실행할 필요한 데이터 불러오기, 필터링, 알고리즘, 평가, 시각화, 결과 출력 등의 역할별로 폴더 묶음을 했다. 갈매기 "V" 표기처럼 검색창에서 필요한 기능을 검색하면 해당 컴포넌트를 쉽게 찾을 수 있다. Explorer에는 이 검색 기능이 없다.

④ 작업창은 머신러닝 컴포넌트를 배치하고 컴포넌트 간 연결을 통해 머신러닝 통합 설계가 가능하다. 위의 예제는 가장 기본적인 구성이며 복잡한 과정을 설계할 때는 큰 도움이 될 것이다.

⑤ 결과창은 작업창에서 설계된 머신러닝 결과를 컴포넌트 단위별로 설정값, 소요 시간 및 상태 등을 출력한다.

실행(▶) 후 작업창에 구성된 컴포넌트 들에서 확인해야 할 중요 포인트는 다음과 같다.

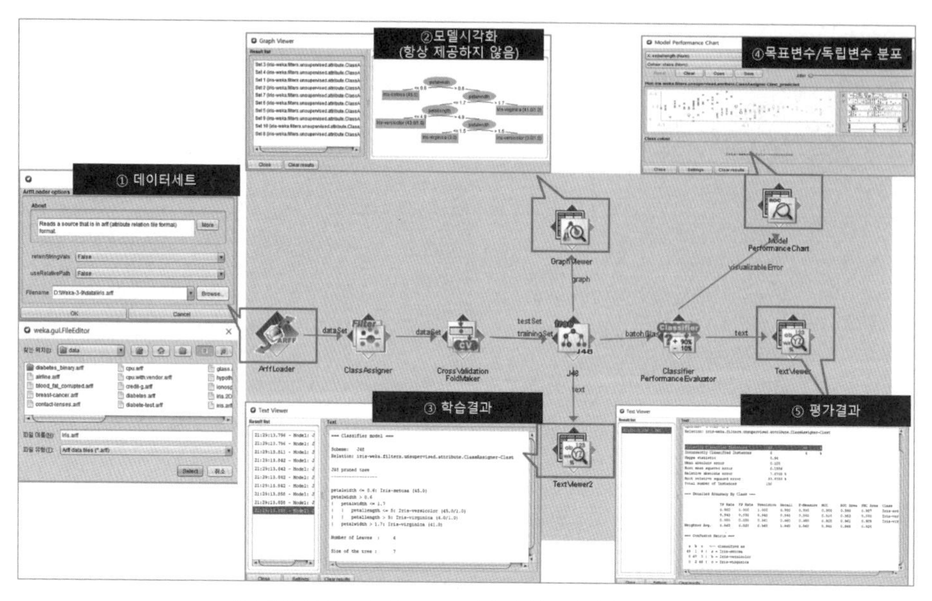

[그림 4-2] KnowledgeFlow 작동 후 컴포넌트별 확인 사항

① 데이터셋 불러오기는 Weka의 arff 파일 또는 csv/xml 등 다양한 분석 대상 데이터셋을 불러온다.

② 모델 시각화는 모든 알고리즘에 제공되지 않아 굉장히 아쉬운 부분이나 의사결정나무 종류의 알고리즘에서는 제공하는 기능이다. 만약 회귀분석, IBk, SVM 등 대중적인 알고리즘의 학습 결과가 시각화되었으면 훌륭했을 기능이다.

③ 학습 결과는 모델의 학습 내용을 Text 형식으로 보여 준다.

④ 목표변수/독립변수의 데이터 분포는 모델학습 후 이상값/결측값 식별 및 패턴을 시각적으로 확인할 수 있다.

⑤ 평가 결과는 학습된 모델의 성능을 Text 형식으로 보여 줄 뿐 아니라 분류 알고리즘의 정분류율, 오분류표 등을 출력하며 회귀 알고리즘은 회귀식 및 상관계수를 확인할 수 있다.

그 외에도 KnowledgeFlow에서 확인할 수 있는 머신러닝 기법이 "증분 분류 평가"이다.

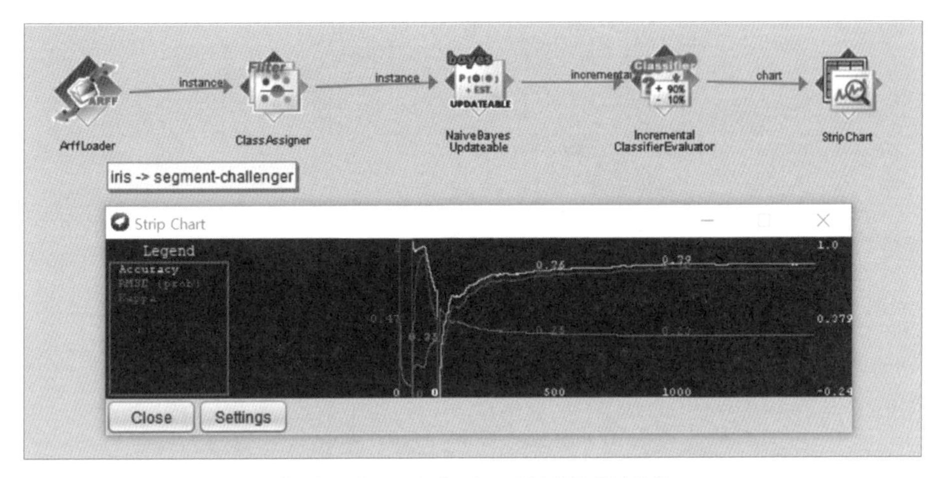

[그림 4-3] KnowledgeFlow 증분 분류 평가 예시

Weka에서는 "IncreamentalClassifierEvaluation"이라고 하는데, 항상 새로운 데이터만 학습과 평가를 하는 것이 아니고, 이미 학습된 모델이 신규로 추가된 데이터만을 재학습하는 경우를 말한다. 모든 알고리즘에 적용되지 않으나 "updatable" 기능이 있는 알고리즘만 제공되는 기능이다. 또한 StripChart 컴포넌트를 활용하면 학습곡선을 확인할 수 있다. KnowledgeFlow는 복잡한 머신러닝 과정을 설계할 때 중요한 역할을 하므로 꼭 익숙해져야 할 UI이다.

4.1.3 Explorer 사용

Explorer 외 4개 인터페이스로 구성된다. 데이터 탐색을 위한 Explorer, 다양한 성능 비교를 위한 Experimenter, 모델링 시뮬레이션을 위한 KnowledgeFlow, 테스트 명령어 인식기 Simple CLI가 있으며, 4개 기능을 통합한 Workbench가 있다.

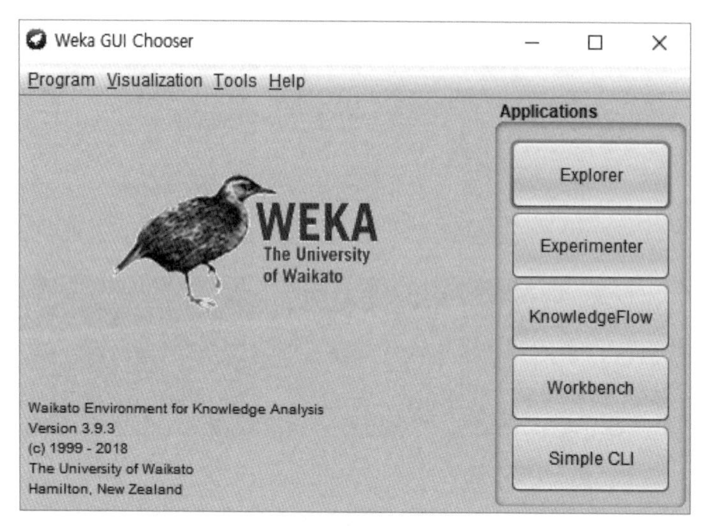

[그림 4-4] 5개 핵심 기능

Explorer는 6개 패널로 구성된다. Preprocess(전처리), Classify(분류 알고리즘), Cluster(군집분석), Associate(연관분석), Select attributes(속성 선택), Visualize(시각화)이다. 향후 강의는 전처리, 분류 알고리즘 패널이 주로 사용된다.

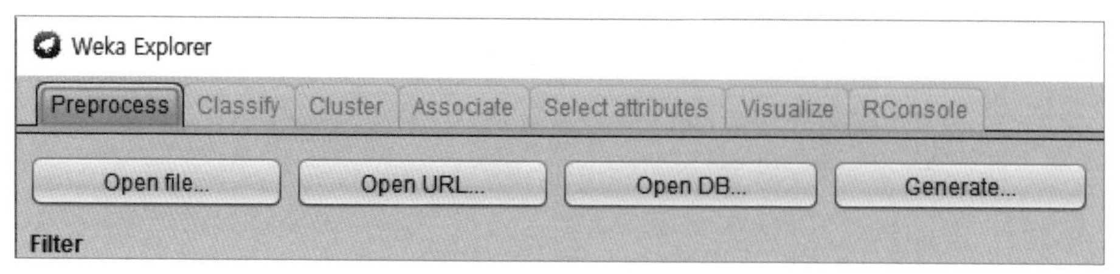

[그림 4-5] Explorer 6개 패널

4.1.4 Datasets 살펴보기

데이터는 엑셀이나 데이터베이스 테이블처럼 2×2, 두개의 축axis으로 구성되어 있고, 가로 행은 attribute(속성 또는 필드, 이하 속성으로 명명)/세로열은 instance(데이터값들, 이하 인스턴스로 명명)로 부른다.

Weka는 기본적으로 제일 오른쪽 마지막 속성을 목표변수 또는 class로 암묵적으로 인식하고, 그 외 속성은 이 class를 맞추기 위한 분류 및 머신러닝을 지도 학습하게 된다. 만약 class가 없으면 비지도 학습이라고 한다.

세로형으로 볼 때는 아래 예시의 "Type"과 같이 맨 마지막 속성이 class이다. 그리고 class 변수의 자료형은 명목형Nominal이어야 하며 숫자/문자를 절대 허용하지 않는다. Weka는 특이하게 arff라는 파일을 불러오며 csv나 txt 파일도 불러와 arff 형으로 변경이 가능하다.

```
%
%
%
% Relabeled values in attribute 'Type'
%     From: '1'                        To: 'build wind float'
%     From: '2'                        To: 'build wind non-float'
%     From: '3'                        To: 'vehic wind float'
%     From: '4'                        To: 'vehic wind non-float'
%     From: '5'                        To: containers
%     From: '6'                        To: tableware
%     From: '7'                        To: headlamps
%
@relation Glass
@attribute 'RI' real
@attribute 'Na' real
@attribute 'Mg' real
@attribute 'Al' real
@attribute 'Si' real
@attribute 'K' real
@attribute 'Ca' real
@attribute 'Ba' real
@attribute 'Fe' real
@attribute 'Type' { 'build wind float', 'build wind non-float',
'vehic wind float', 'vehic wind non-float', containers,
tableware, headlamps}
@data
1.51793,12.79,3.5,1.12,73.03,0.64,8.77,0,0,'build wind float'
1.51643,12.16,3.52,1.35,72.89,0.57,8.53,0,0,'vehic wind float'
1.51793,13.21,3.48,1.41,72.64,0.59,8.43,0,0,'build wind float'
1.51299,14.4,1.74,1.54,74.55,0,7.59,0,0,tableware
1.53393,12.3,0,1,70.16,0.12,16.19,0,0.24,'build wind non-float'
1.51655,12.75,2.85,1.44,73.27,0.57,8.79,0.11,0.22,'build wind
non-float'
1.51779,13.64,3.65,0.65,73,0.06,8.93,0,0,'vehic wind float'
1.51837,13.14,2.84,1.28,72.85,0.55,9.07,0,0,'build wind float'
1.51545,14.14,0,2.68,73.39,0.08,9.07,0.61,0.05,headlamps
1.51789,13.19,3.9,1.3,72.33,0.55,8.44,0,0.28,'build wind non-
float'
```

[그림 4-6] arff 포맷: @relation에 자료명, @attribute에 속성명/자료 형태, 하단(@data)에 데이터 명시

arff 파일을 Weka에서 불러오면 preprocess(전처리) 패널에서 속성 개수/인스턴스 건수/인스턴스의 간단한 통계치를 볼 수 있다.

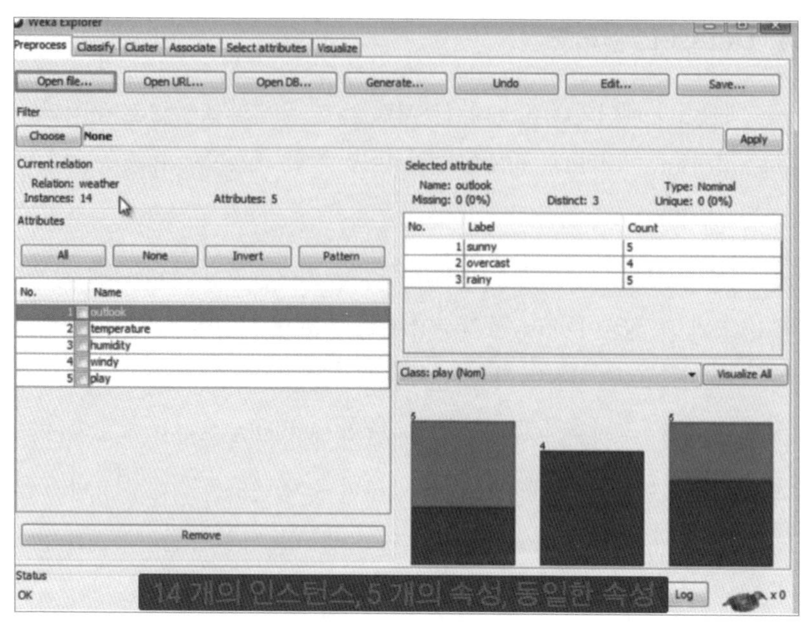

[그림 4-7] 우측 상단 표에서 문자형 속성은 값별(sunny, overcast, rainy)로 데이터 건수를,
숫자형 속성은 최대/최소/평균값 등 통계치를 보여 준다

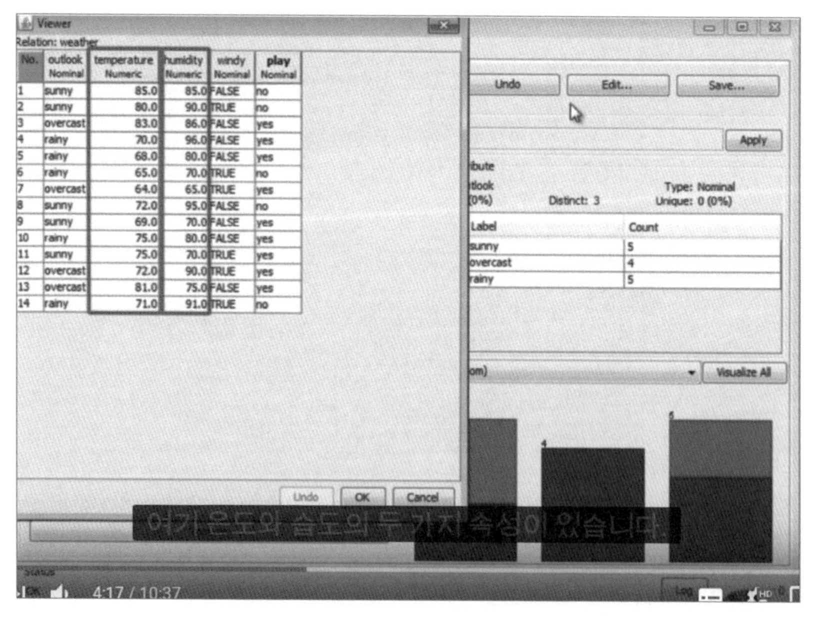

[그림 4-8] 오른쪽 위의 "Edit"를 클릭하면 좌측 새 창에 데이터 내용을 두 개의 축 형태로 보여 준다

4.1.5 분류 알고리즘 학습하기

1장에서 설명한 정분류율 개념은 반드시 숙지해야 한다. 분류 알고리즘 또는 분석 모델을 설명하며 C4.5에서 발전된 J48이란 의사결정나무 분류 알고리즘을 강의에서 주로 사용한다. 이를 분류 알고리즘으로 통칭한다.

모든 분류 알고리즘은 분류 정확도Correctly Classified Instances를 기준으로 성능 평가를 하게 되고 오분류표Confusion Matrix를 출력하여 분류 결과를 열람할 수 있다.

모든 의사결정나무는 pruned라는 옵션으로 가지치기 정도를 정할 수 있는데, 기본적으로 가지치기를 실행하는 상태로 설정되어 분류된다. pruned 설정True 상태의 분류 알고리즘 결과는 모든 데이터를 반영하지 않고 중요한 속성들만으로 의사 결정을 생성하므로 전체 속성의 가지치기 모습을 보고 싶으면 pruned를 False로 변경해야 한다.

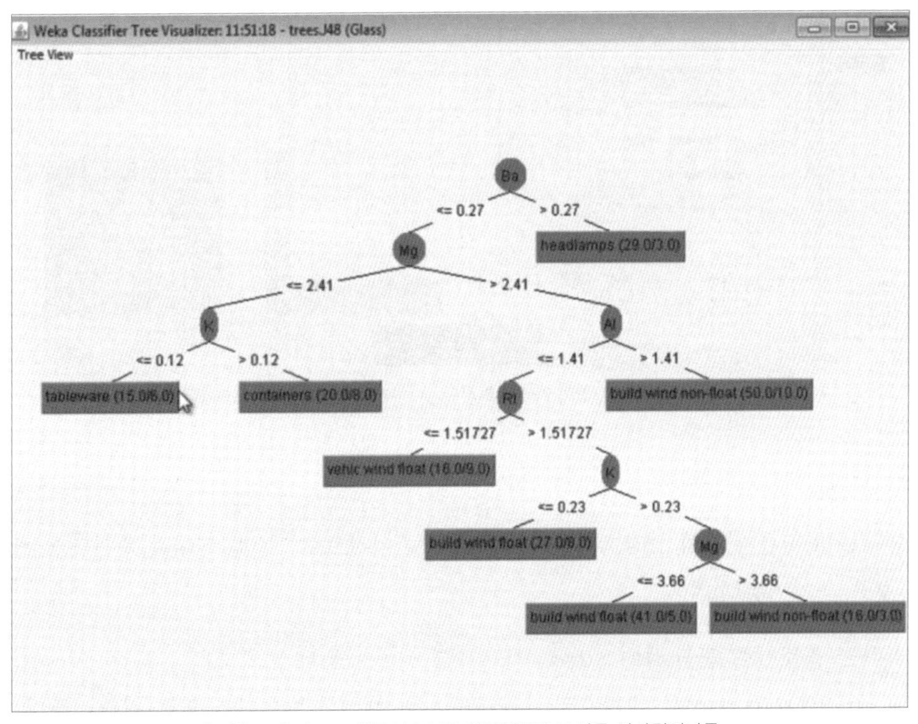

[그림 4-9] glass.arff를 J48 분류 알고리즘으로 만든 의사결정나무

4.1.6 필터 사용하기

필터는 전처리의 핵심 기능이며 이상값 또는 결측값이 데이터셋에 포함될 때 인스턴스 치환 및 삭제, 속성 위치 변경 및 삭제 등의 기능을 제공함으로써 필터링을 통한 분류 알고리즘의 성능을 향상시킬 수 있다. 그러나 오히려 성능을 떨어뜨릴 수도 있다.

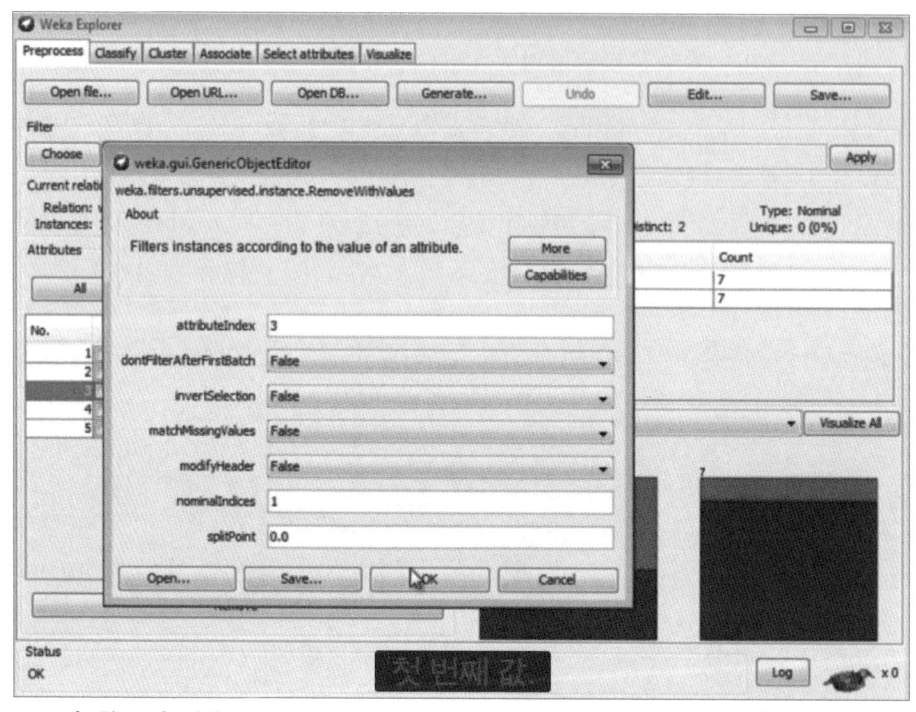

[그림 4-10] 3번째 속성의 1번째 값의 7건(우측 상단 첫 번째)을 삭제하는 RemoveWithValues 필터

상단 edit 버튼 왼쪽의 undo를 클릭하면 필터링 이전으로 데이터셋이 원복된다. Ctrl + Z와 같은 기능이다.

필터는 3가지로 분류되며 supervised는 class를 대상으로, unsupervised의 attribute는 속성을 대상으로, instance는 인스턴스를 대상으로 필터링한다. supervised를 제외한 2개는 이름만으로 역할 식별이 가능하다.

4.1.7 Dataset을 시각화로 확인하기

분류 학습 전에 시각화는 입력 데이터셋의 속성별 분포도를 육안으로 확인 가능하여 유용한 속성들을 식별하기 위해 사용한다. 다만 학습 전이므로 분류 예측값은 볼 수 없다. Jitter를 증가하면 거리가 가까운 군집된 인스턴스들을 묶어서 보여 준다. 인스턴스 선택 방법은 클릭, 사각형 선택, 무작위 선택 등이 있다. 분류 학습 후에는 visualize Error를 선택하면 분류 예측 class와 입력 데이터셋의 속성 간의 분포를 식별할 수 있다.

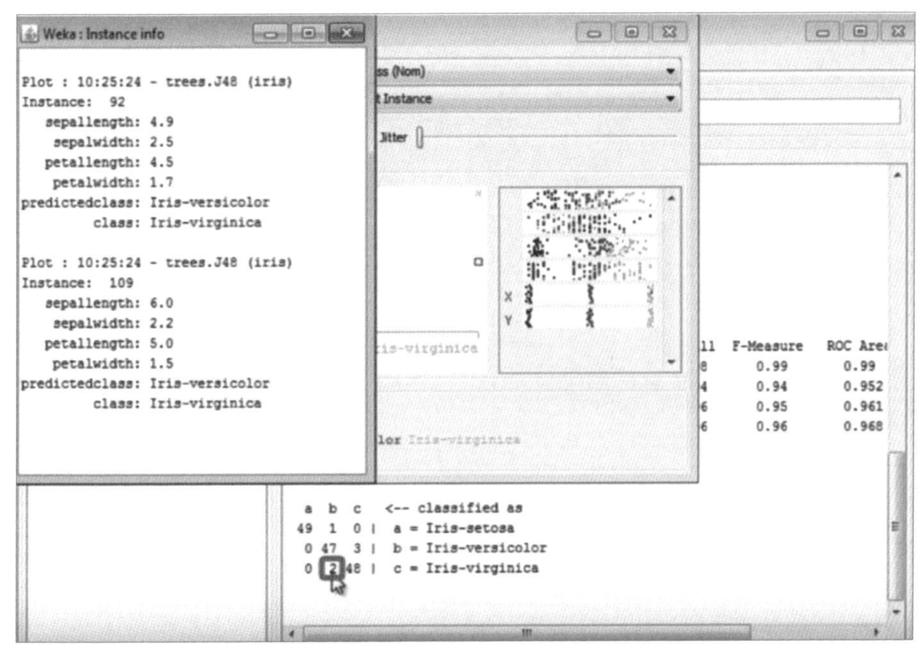

[그림 4-11] 분류 학습 후 시각화는 오분류표의 분류 오류 데이터(이상값)의 상세 내용을 확인할 수 있다

아래부터는 KnowledgeFlow, Explorer, 자바코딩을 순서대로 구현 내용을 작성했다. 1~6 lesson에는 여러 arff 파일과 다양한 필터가 사용되었기에, labor.arff 파일을 RemoveWithValues 필터를 사용하여 SimpleLogistic 분류 알고리즘을 사용한 사례를 작성했다.

권장할 것은 필터링은 Explorer에서 먼저 검증 후 KnowledgeFlow를 작성하는 것이 좋다. 데이터셋을 확인하지 않고 필터링을 바로 적용하기 어렵기 때문이다.

① 실습: SimpleLogistic 알고리즘, labor.arff 데이터셋

② KnowledgeFlow 설계: base week 1 class 1 lesson 1~6.kf

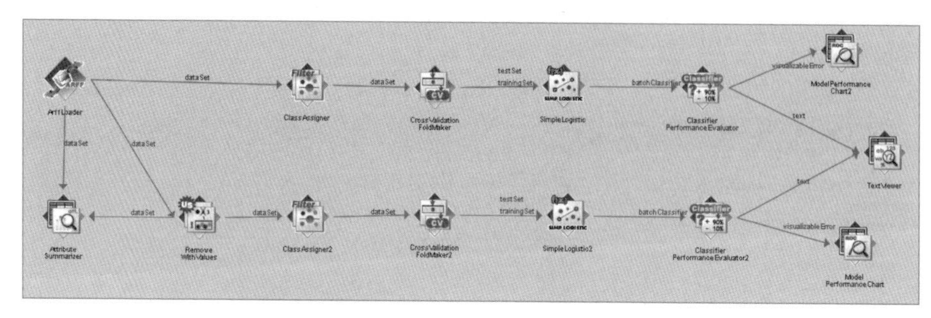

[그림 4-12] KnowledgeFlow: 상단 흐름은 필터링 미적용 분석,
하단 흐름은 5번째 속성의 1번째 값 삭제한 필터링을 적용한 분석

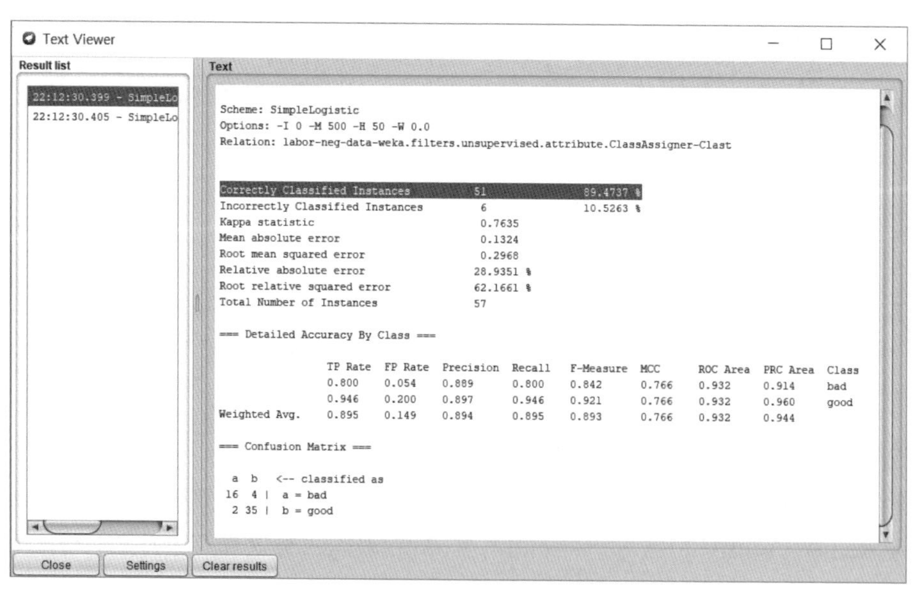

[그림 4-13] 상단 흐름 정확도: 87.5%(제일 왼쪽 textviewer를 오른쪽 클릭한 후 → show text)

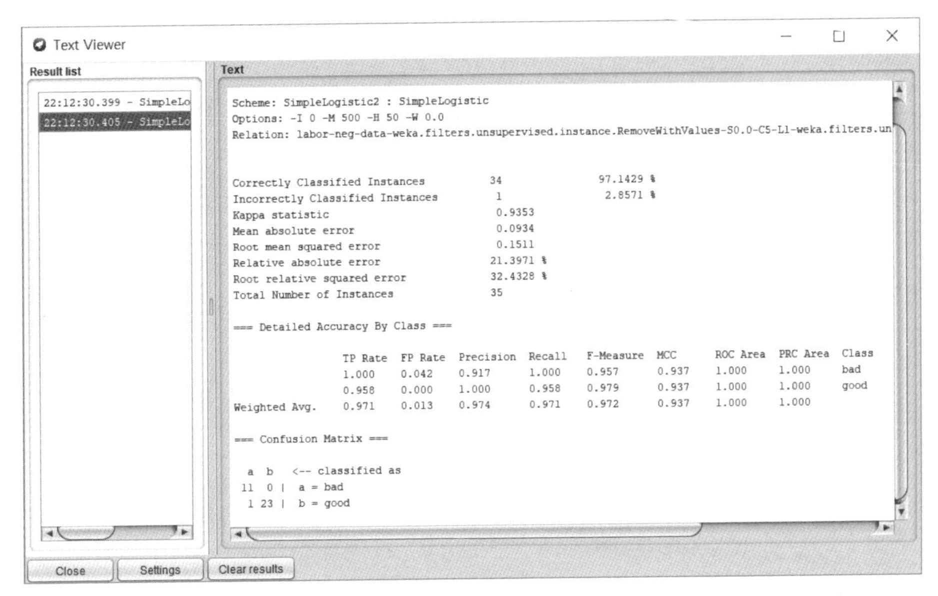

[그림 4-14] 하단 흐름 정확도: 97.1%(제일 왼쪽 textviewer를 오른쪽 클릭한 후 → show text)

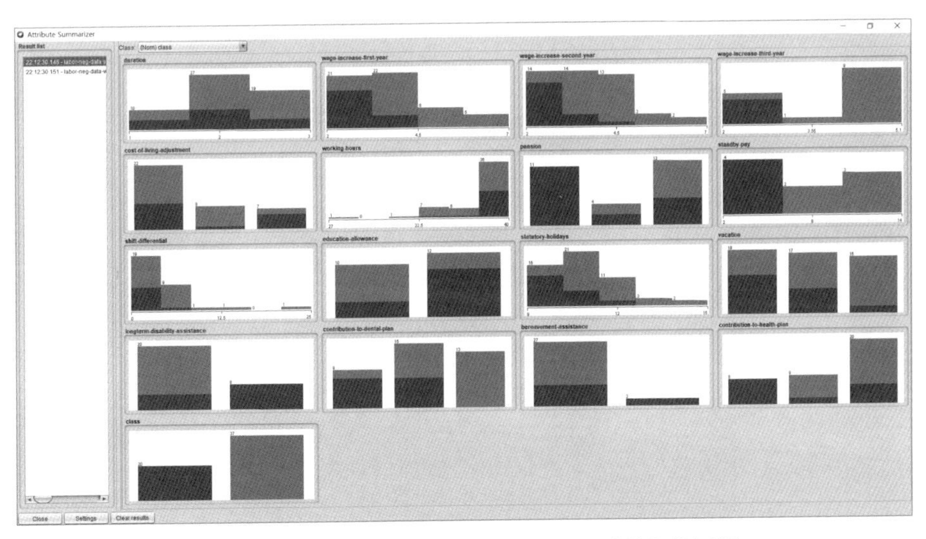

[그림 4-15] 필터링 미적용 데이터셋(정확도 87.5%의 입력 데이터셋)
- 제일 왼쪽 하단 attribute Summarizer를 오른쪽 클릭

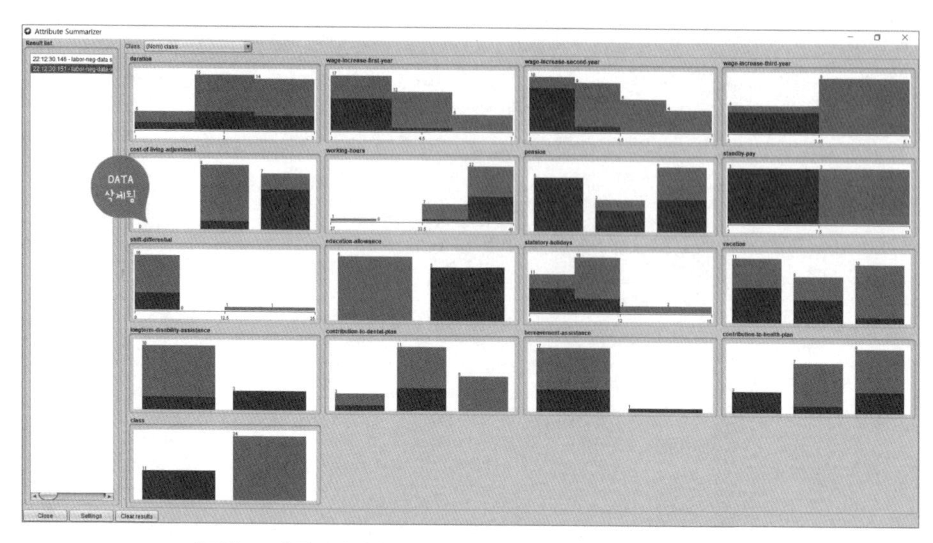

[그림 4-16] 필터링 적용된 데이터셋(정확도 97.1%의 입력 데이터셋)
- 제일 왼쪽 하단 attribute Summarizer를 오른쪽 클릭하면(2번째 줄 1번째 주목) 첨부 파일

RemoveWithValues의 속성 지정 패널은 다음과 같다.

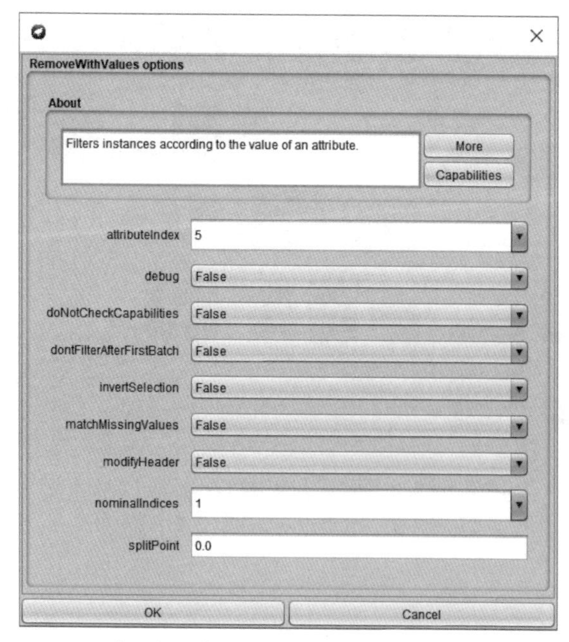

[그림 4-17] 5번째 속성 1번째 값 분포 삭제

③ Explorer 실행

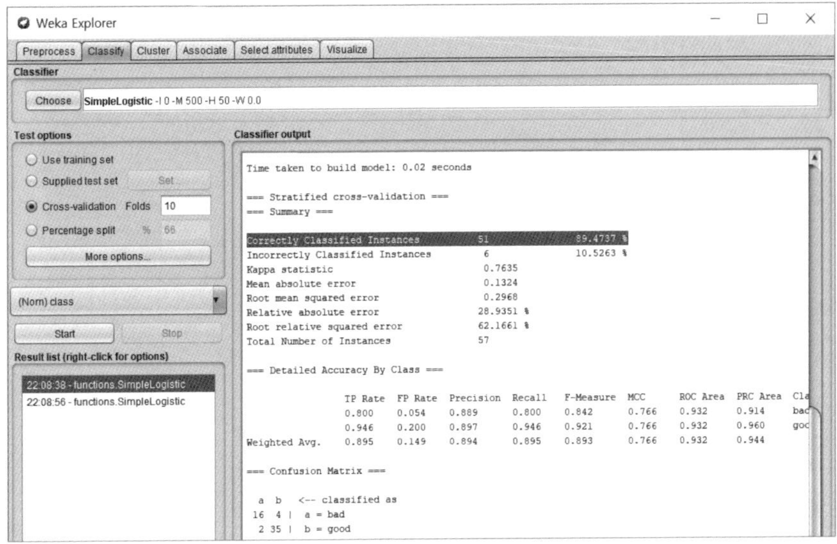

[그림 4-18] 필터링 미적용 분류 정확도 89.5%(KnowledgeFlow와 동일)

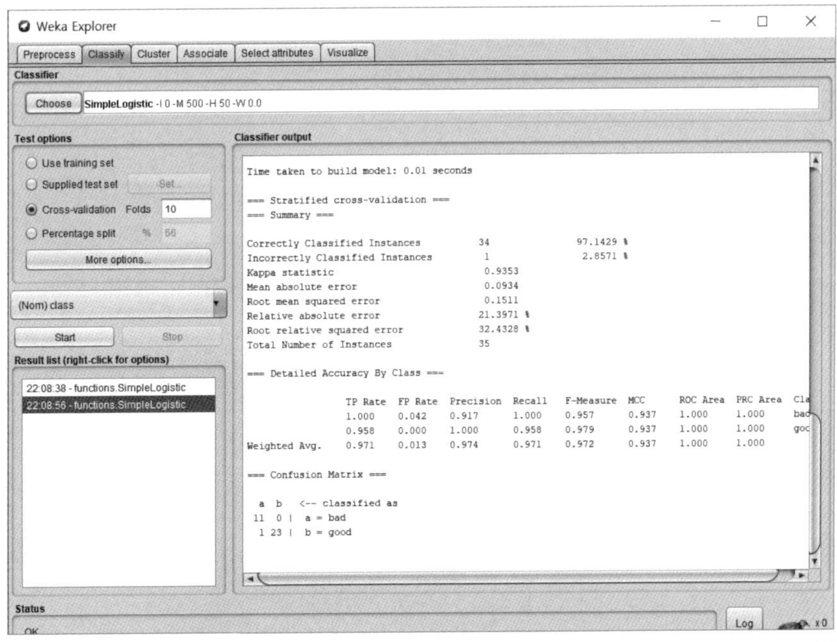

[그림 4-19] RemoveWithValues 필터에서 5번째 속성 1번째 분포 적용 후 결과 97.1%(KnowledgeFlow와 동일)

④ Java 프로그래밍: W1_L1_6_Arff_Filter_Classifier_Visualizer.Java

```
package _1_base;

import Java.io.*;
import Java.util.Random;
import Weka.classifiers.Classifier;
import Weka.classifiers.Evaluation;
import Weka.classifiers.functions.SimpleLogistic;
import Weka.filters.Filter;
import Weka.filters.unsupervised.instance.*;
import Weka.core.*;

public class W1_L1_6_Arff_Filter_Classifier_Visualizer {
    public static void main(String args[]) throws Exception{
            W1_L1_6_Arff_Filter_Classifier_Visualizer obj =
                    new W1_L1_6_Arff_Filter_Classifier_Visualizer();
            System.out.println("필터 미적용");
            obj.RemoveWithValues(false);
            System.out.println("필터 RemoveWithValues 적용");
            obj.RemoveWithValues(true);
    }
    public void RemoveWithValues(boolean isFilter) throws Exception{
            int numfolds = 10;
            int numfold = 0;
            int seed = 1;
            // 1) data loader(훈련 데이터와 텍스트 데이터를 기본 8:2로 분리한다.)
            Instances data=new Instances(
                                new BufferedReader(
                                new FileReader("D:\\Weka-3-9\\data\\
                                labor.arff")));
            /**********************************************************
```

```
* 1-1) 필터 적용 시작
/**********************************************************
if(isFilter){
        RemoveWithValues filter = new RemoveWithValues();
        //filter.setOptions(
        //        Utils.splitOptions("-S 0.0 -C 5 -L 1"));
        filter.setAttributeIndex("5");
        filter.setNominalIndices("1");
        filter.setInputFormat(data);
        data = Filter.useFilter(data, filter);
}
/**********************************************************
* 1-1) 필터 적용 종료
**********************************************************/
Instances train = data.trainCV(numfolds, numfold, new
Random(seed));
Instances test = data.testCV(numfolds, numfold);

// 2) class assigner
train.setClassIndex(train.numAttributes()-1);
test.setClassIndex(test.numAttributes()-1);

// 3) cross validate setting
Evaluation eval=new Evaluation(train);
Classifier model=new SimpleLogistic();
eval.crossValidateModel(model, train, numfolds, new
Random(seed));

// 4) model run
model.buildClassifier(train);

// 5) evaluate
eval.evaluateModel(model, test);
```

```
        // 6) print Result text (Evaluation result)
        System.out.println(eval.toSummaryString());
    }
}
```

```
Problems @ Javadoc Declaration Search Progress Console Debug
<terminated> W1_C1_6_Arff_Filter_Classfier_Visualizer [Java Application] D:₩java-1.8.0-openjc
필터 미적용

Correctly Classified Instances          51               89.4737 %
Incorrectly Classified Instances         6               10.5263 %
Kappa statistic                          0.7741
Mean absolute error                      0.1494
Root mean squared error                  0.2694
Relative absolute error                 31.8377 %
Root relative squared error             56.1776 %
Total Number of Instances               57

필터 RemoveWithValues 적용

Correctly Classified Instances          32               91.4286 %
Incorrectly Classified Instances         3                8.5714 %
Kappa statistic                          0.7961
Mean absolute error                      0.1378
Root mean squared error                  0.2569
Relative absolute error                 30.5982 %
Root relative squared error             54.9009 %
Total Number of Instances               35
```

[그림 4-20] 필터링 미적용 및 적용 후 실행 결과

필터링은 잘하면 득, 잘못하면 해가 되는 기능이므로 기준이 명확해야 한다. 필터링 기준을 수립하는 방법은 다양할 수 있으나, 이번 장을 바탕으로 권장할 것은 분류 후 시각화를 통해 이상값이 식별되면 그 이상값들을 삭제하는 필터링을 수행하는 것이다. 물론 관련자들과 협의는 선행되어야 한다.

4.2 모델평가

4.2.1 모델평가를 먼저 설명하는 이유

보통 머신러닝을 설명할 때 각종 알고리즘을 먼저 설명하고 모델평가는 중간이나 마지막에 설명한다. 머신러닝 과정이 그렇다. 그러나 본서는 귀납적인 Top-down 방식으로 결과를 먼저 알고 학습하기에 모델평가를 먼저 설명한다. 모든 알고리즘은 적용한 것으로 끝나는 것이 아니라 모델검증을 거쳐야 학습이 완료된다. 모델평가 방법을 알아야 알고리즘을 선택할 때 도움이 될 것이다.

4.2.2 분할검증(Holdout): 훈련 데이터와 테스트 데이터를 처음부터 나눠서 검증한다

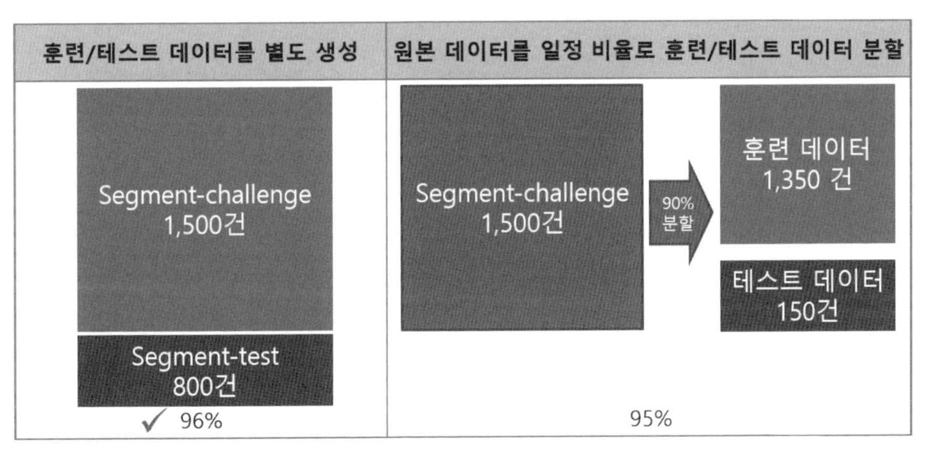

[그림 4-21] Holdout 모델평가 개념도

분할검증Holdout 모델평가는 원본 데이터를 일정 비율로 분할하여 훈련/테스트 데이터 생성 후 검증하는데 단 1회만 실시한다.

과적합Overfitting이란 과거 데이터로 열심히 모델링을 했는데도 현재와 미래 데이터를 동일한 모델로 분석했을 때 결과가 좋지 않은 것을 말한다.

머신러닝 중 지도 학습이란 결국 "과거 데이터를 기준으로 미래 데이터를 맞히는 과정"인데, 제대로 맞히기 위해 주의해야 할 지표가 과적합이다. 맞힌다는 말이 모호한가? 그래서 예측 또는 분류라는 말로 포장할 뿐 결국 본질은 이렇게 쉽다.

과적합을 극복하는 방법의 하나가 훈련 데이터로 모델링하고 테스트 데이터로 검증하는 것이다. 시각화는 머신러닝의 진행 과정이지 최종 단계가 아니다. 학습된 모델평가가 최종 목적지이다.

이번 장은 데이터 분석 모델링을 위한 마지막 단계로 훈련 데이터와 테스트 데이터 개념을 공부한다. 상식적인 2가지 방법이 있다. 첫 번째는 훈련 데이터와 테스트 데이터를 처음부터 별도의 arff 파일로 불러오는 방법이고, 두 번째는 분석 대상 데이터를 훈련 데이터와 테스트 데이터로 일정 비율로 분할하는 방법이다. 명심해야 할 내용은 훈련 데이터양이 결국 분류 정확도를 결정한다.

① 실습: J48 알고리즘, segment-challenge.arff/segment-test.arff 데이터셋

② KnowledgeFlow 설계: base week 2 class 2 lesson 2.kf

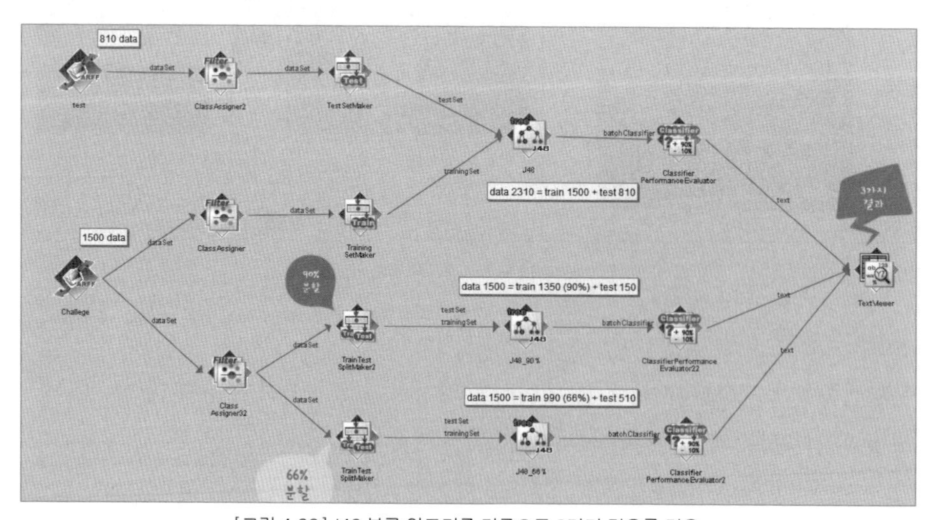

[그림 4-22] J48 분류 알고리즘 기준으로 3가지 경우를 적용

TrainTestSplitMaker에서 분할 비율을 설정하면 분석 대상 데이터를 비율에 맞게 훈련/테스트 데이터로 분할한다. 기본값은 66이다. 66%로 분석 대상의 2/3를 훈련 데이터 건수로 할당한다. 앞 그림의 중간 "90% 분할"로 표기된 TrainTestSplitMaker의 설정값은 다음과 같다.

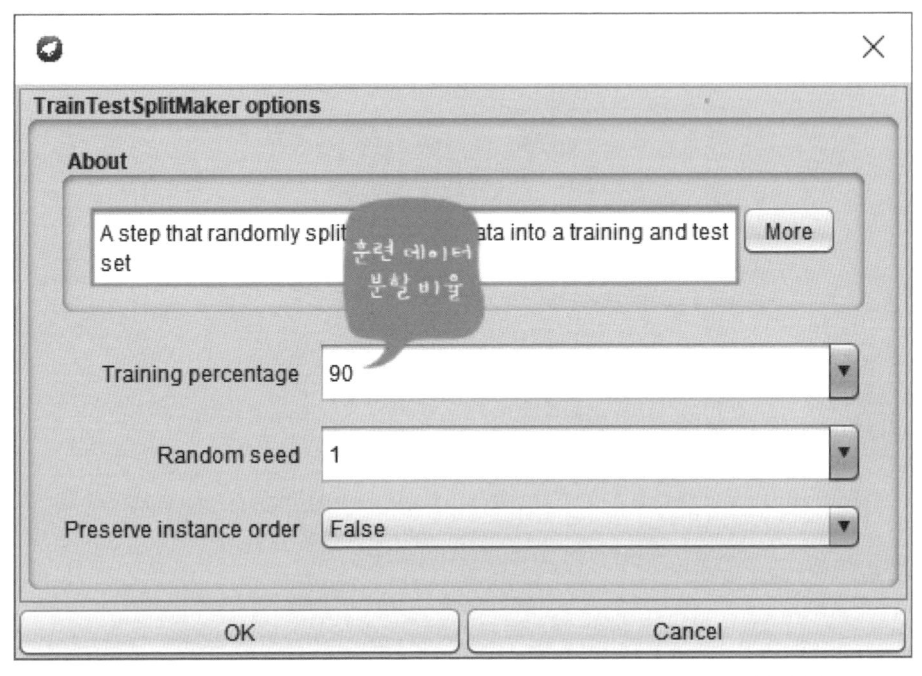

[그림 4-23] Training percentage를 90으로 기입하면 훈련 : 테스트 = 90 : 10으로 분할한다

3가지 분석 결과 모습은 다음과 같으며, 훈련 데이터 건수가 분류 정확도에 직접적인 영향을 미친다는 것이 증명된다.

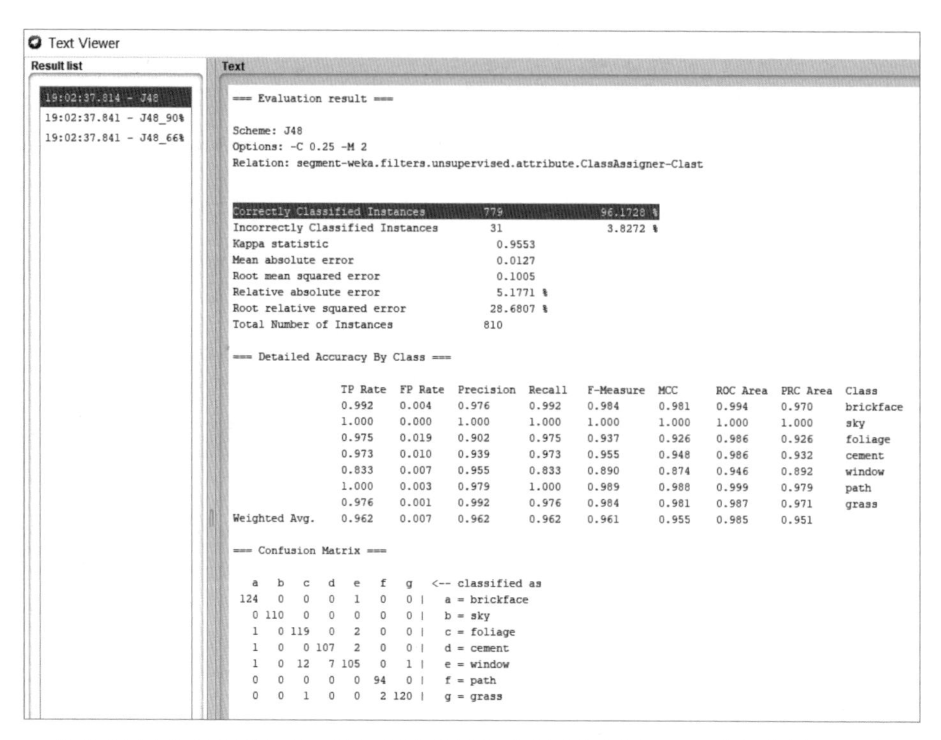

```
Text Viewer
Result list
19:02:37.814 - J48
19:02:37.841 - J48_90%
19:02:37.841 - J48_66%

Text
=== Evaluation result ===

Scheme: J48
Options: -C 0.25 -M 2
Relation: segment-weka.filters.unsupervised.attribute.ClassAssigner-Clast

Correctly Classified Instances         779               96.1728 %
Incorrectly Classified Instances        31                3.8272 %
Kappa statistic                          0.9553
Mean absolute error                      0.0127
Root mean squared error                  0.1005
Relative absolute error                  5.1771 %
Root relative squared error             28.6807 %
Total Number of Instances              810

=== Detailed Accuracy By Class ===

                 TP Rate  FP Rate  Precision  Recall   F-Measure  MCC      ROC Area  PRC Area  Class
                 0.992    0.004    0.976      0.992    0.984      0.981    0.994     0.970     brickface
                 1.000    0.000    1.000      1.000    1.000      1.000    1.000     1.000     sky
                 0.975    0.019    0.902      0.975    0.937      0.926    0.986     0.926     foliage
                 0.973    0.010    0.939      0.973    0.955      0.948    0.986     0.932     cement
                 0.833    0.007    0.955      0.833    0.890      0.874    0.946     0.892     window
                 1.000    0.003    0.979      1.000    0.989      0.988    0.999     0.979     path
                 0.976    0.001    0.992      0.976    0.984      0.981    0.987     0.971     grass
Weighted Avg.    0.962    0.007    0.962      0.962    0.961      0.955    0.985     0.951

=== Confusion Matrix ===

   a   b   c   d   e   f   g   <-- classified as
 124   0   0   0   1   0   0 |   a = brickface
   0 110   0   0   0   0   0 |   b = sky
   1   0 119   0   2   0   0 |   c = foliage
   1   0   0 107   2   0   0 |   d = cement
   1   0  12   7 105   0   1 |   e = window
   0   0   0   0   0  94   0 |   f = path
   0   0   1   0   0   2 120 |   g = grass
```

[그림 4-24] 첫 번째 훈련/테스트 데이터를 처음부터 분리한 경우(분류 정확도 96.2% - 훈련 데이터 1,500건)

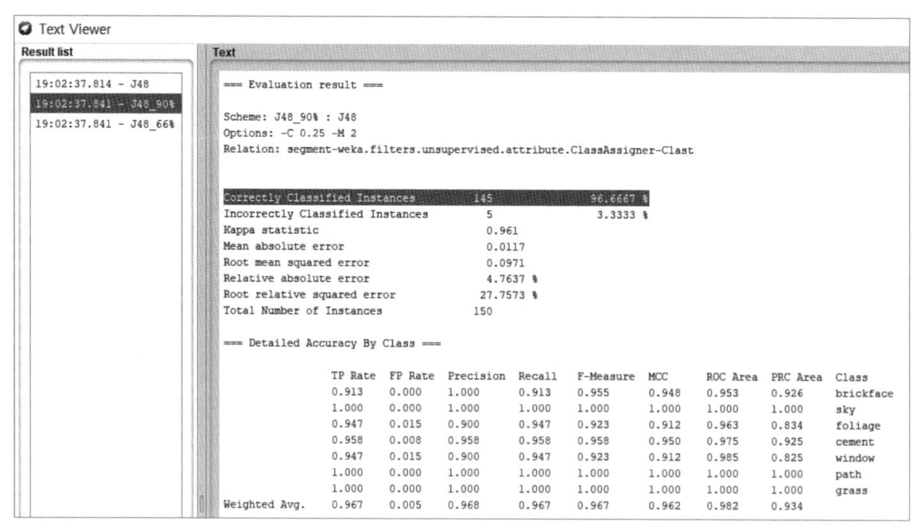

```
Text Viewer
Result list
19:02:37.814 - J48
19:02:37.841 - J48_90%
19:02:37.841 - J48_66%

Text
=== Evaluation result ===

Scheme: J48_90% : J48
Options: -C 0.25 -M 2
Relation: segment-weka.filters.unsupervised.attribute.ClassAssigner-Clast

Correctly Classified Instances         145               96.6667 %
Incorrectly Classified Instances         5                3.3333 %
Kappa statistic                          0.961
Mean absolute error                      0.0117
Root mean squared error                  0.0971
Relative absolute error                  4.7637 %
Root relative squared error             27.7573 %
Total Number of Instances              150

=== Detailed Accuracy By Class ===

                 TP Rate  FP Rate  Precision  Recall   F-Measure  MCC      ROC Area  PRC Area  Class
                 0.913    0.000    1.000      0.913    0.955      0.948    0.953     0.926     brickface
                 1.000    0.000    1.000      1.000    1.000      1.000    1.000     1.000     sky
                 0.947    0.015    0.900      0.947    0.923      0.912    0.963     0.834     foliage
                 0.958    0.008    0.958      0.958    0.958      0.950    0.975     0.925     cement
                 0.947    0.015    0.900      0.947    0.923      0.912    0.985     0.825     window
                 1.000    0.000    1.000      1.000    1.000      1.000    1.000     1.000     path
                 1.000    0.000    1.000      1.000    1.000      1.000    1.000     1.000     grass
Weighted Avg.    0.967    0.005    0.968      0.967    0.967      0.962    0.982     0.934
```

[그림 4-25] 2번째 분석 대상 데이터를 90% 훈련 데이터로 분할한 결과(분류 정확도 96.7% - 훈련 데이터 1,350건)

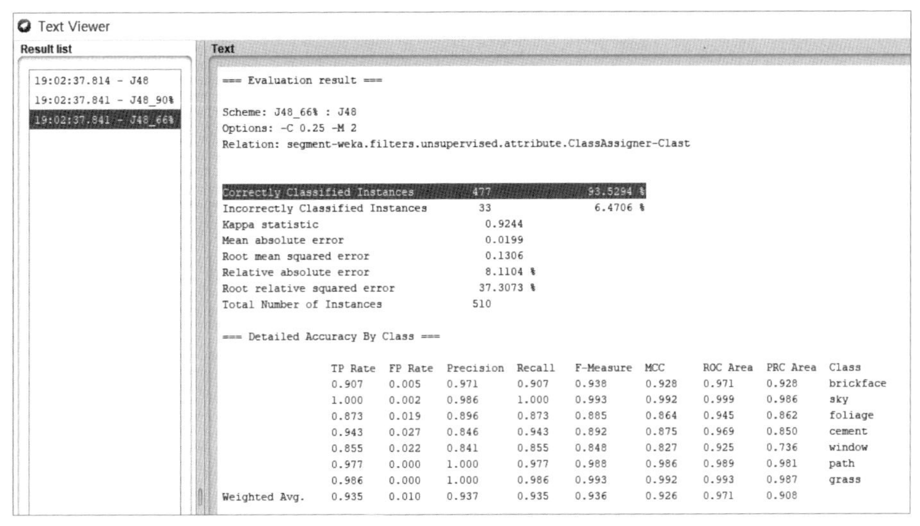

[그림 4-26] 3번째 분석 대상 데이터를 66% 훈련 데이터로 분할한 결과(분류 정확도 93.5% - 훈련 데이터 990건)

③ Explorer 실행

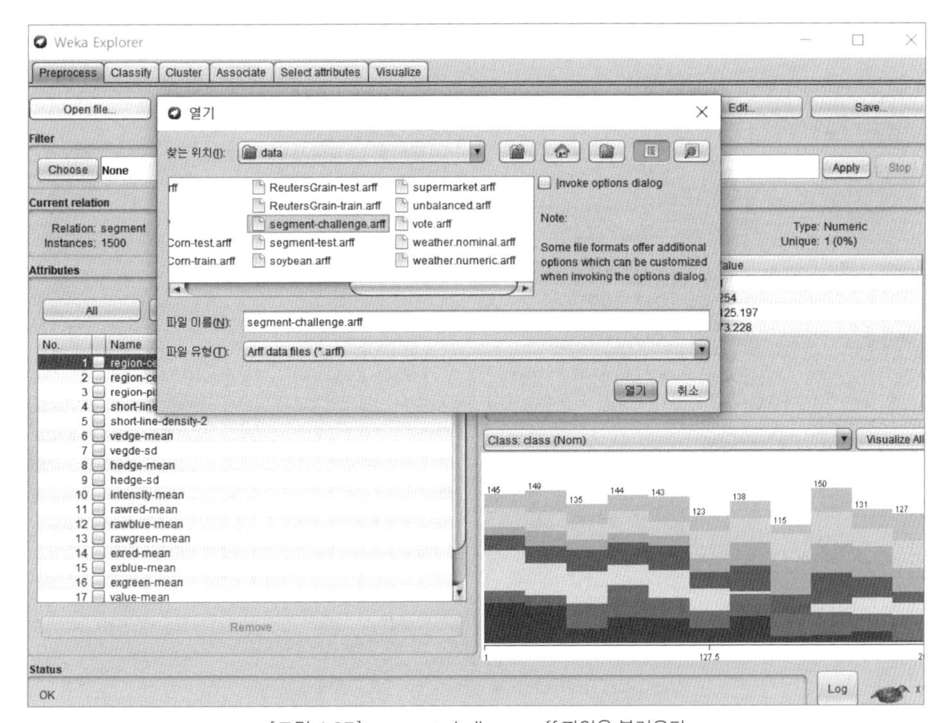

[그림 4-27] segment-challenge.arff 파일을 불러온다

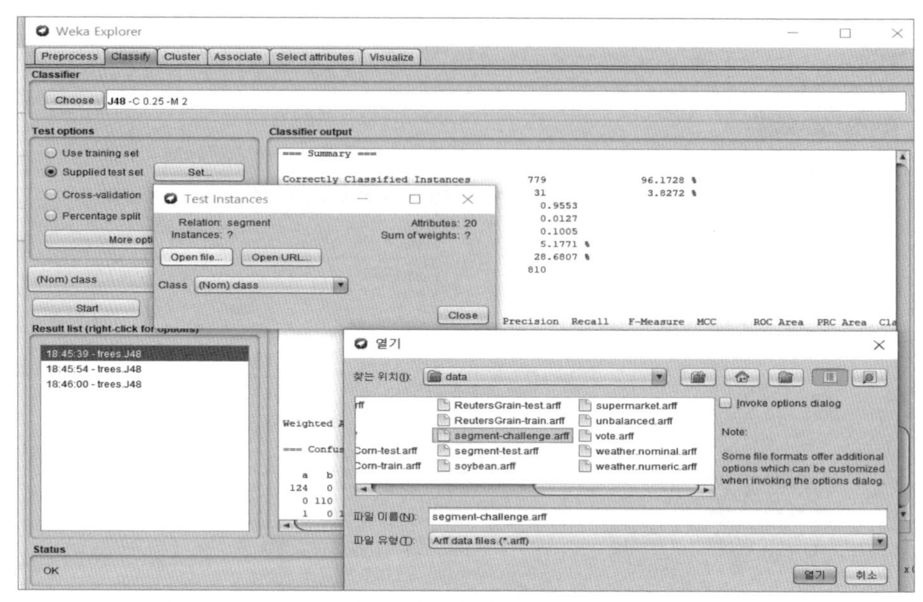

[그림 4-28] 첫 번째 1,500건 challenge 데이터를 훈련 데이터로 810건 test 데이터를 테스트 데이터로 처음부터 분리해서 분석하는 방법(96.2%)

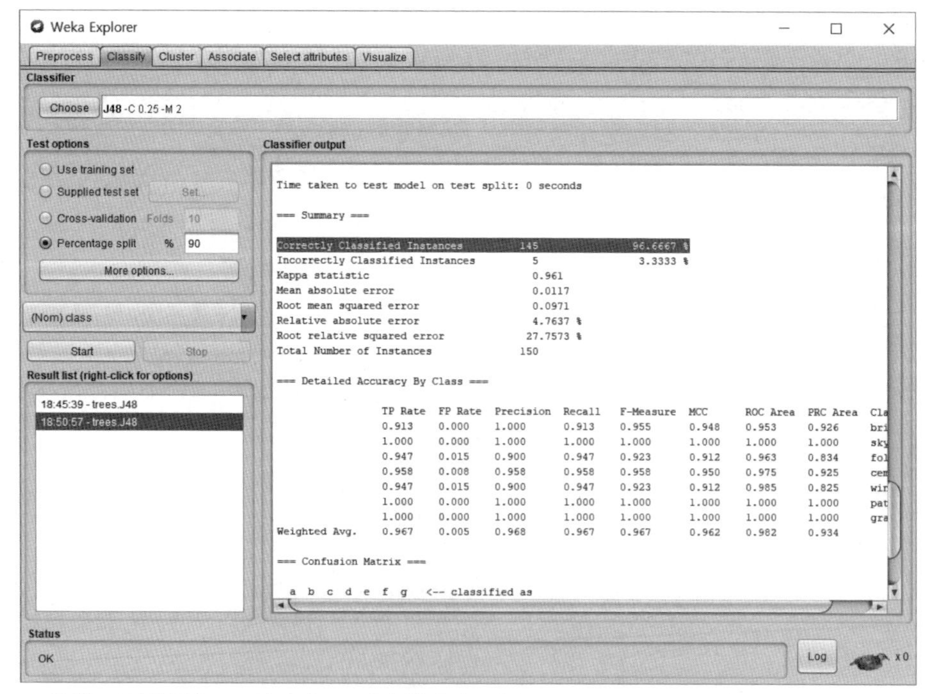

[그림 4-29] 두 번째 1,500건 challenge 데이터를 훈련 데이터로 90%(1,350건) 할당 분류하는 방법(96.7%)

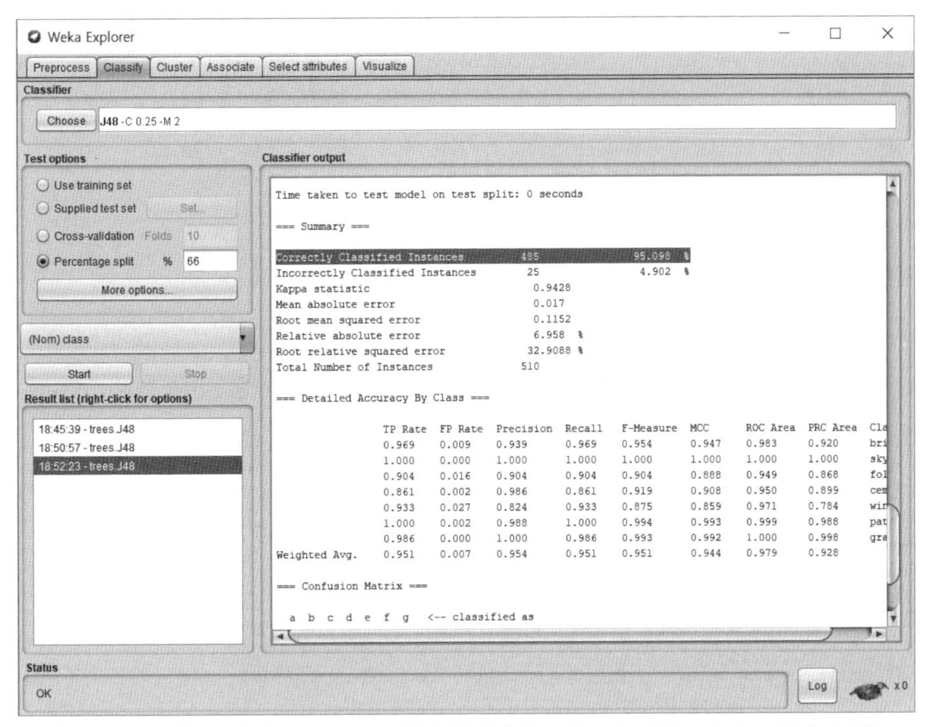

[그림 4-30] 두 번째 1,500건 challenge 데이터를 훈련 데이터로 66%(990건) 할당 분류하는 방법(95.1%)

④ Java 프로그래밍: W2_L2_TrainTest.Java

이번 프로그래밍은 훈련 데이터와 테스트 데이터를 처음부터 분리해서 불러오는 방법이므로 10 교차검증(10-fold)은 필요 없다. 실행하면 다음과 같이 훈련 데이터 건수가 많을수록 분류 정확도는 높아진다.

```
Problems @ Javadoc Declaration Search Progress Console Debug
<terminated> W2_C2_TrainTest [Java Application] D:₩java-1.8.0-openjdk₩bin₩javaw.exe (2019. 8. 15. 오
suppliedTestSet , 전체 데이터 건수 : 2310, 훈련 데이터 건수 : 1500, 테스트 데이터 건수 : 810

Correctly Classified Instances         779               96.1728 %
Incorrectly Classified Instances        31                3.8272 %
Kappa statistic                          0.9553
Mean absolute error                      0.0127
Root mean squared error                  0.1005
Relative absolute error                  5.1771 %
Root relative squared error             28.6807 %
Total Number of Instances              810

90% split, 전체 데이터 건수 : 1500, 훈련 데이터 건수 : 1350, 테스트 데이터 건수 : 150

Correctly Classified Instances         145               96.6667 %
Incorrectly Classified Instances         5                3.3333 %
Kappa statistic                          0.961
Mean absolute error                      0.0117
Root mean squared error                  0.0971
Relative absolute error                  4.7637 %
Root relative squared error             27.7573 %
Total Number of Instances              150

66% split, 전체 데이터 건수 : 1500, 훈련 데이터 건수 : 990, 테스트 데이터 건수 : 510

Correctly Classified Instances         485               95.098  %
Incorrectly Classified Instances        25                4.902  %
Kappa statistic                          0.9428
Mean absolute error                      0.017
Root mean squared error                  0.1152
Relative absolute error                  6.958  %
Root relative squared error             32.9088 %
Total Number of Instances              510
```

[그림 4-31] 훈련 데이터 건수가 많을수록 분류 정확도는 상승한다

```
package _1_base;

import Java.io.*;
import Java.util.Random;
import Weka.classifiers.Classifier;
import Weka.classifiers.Evaluation;
```

```
import Weka.classifiers.functions.SimpleLogistic;
import Weka.classifiers.trees.J48;
import Weka.filters.Filter;
import Weka.filters.unsupervised.instance.*;
import Weka.core.*;

public class W2_L2_TrainTest {

public static void main(String args[]) throws Exception{
    W2_L2_TrainTest obj = new W2_L2_TrainTest();
    System.out.print("suppliedTestSet , ");
    obj.suppliedTestSet();
    System.out.print("90% split, ");
    obj.split(90);
    System.out.print("66% split, ");
    obj.split(66);
}

public void suppliedTestSet() throws Exception{


    // 1) data loader
    /*********************************************************
    * 1-1) 훈련/테스트 데이터를 별도로 불러옴 시작
    *********************************************************/
    Instances train=new Instances(
                    new BufferedReader(
                    new FileReader("D:\\Weka-3-9\\data\\segment-
                    challenge.arff")));
    Instances test =new Instances(
                    new BufferedReader(
                    new FileReader("D:\\Weka-3-9\\data\\segment-test.
                    arff")));
    *********************************************************/
```

```
    * 1-1) 훈련/테스트 데이터를 별도로 불러옴 시작 종료
    ***********************************************************/

    // 2) class assigner
    train.setClassIndex(train.numAttributes()-1);
    test.setClassIndex(test.numAttributes()-1);

    // 3) holdout setting
    Evaluation eval=new Evaluation(train);
    Classifier model=new J48();
    // 훈련/테스트 데이터 분리되어 있으므로 교차검증 불필요
    //eval.crossValidateModel(model, train, numfolds, new Random(seed));

    // 4) model run
    model.buildClassifier(train);

    // 5) evaluate
    eval.evaluateModel(model, test);

    // 6) print Result text
    System.out.println("전체 데이터 건수: " + (train.size()+test.size()) +
                            ", 훈련 데이터 건수: " + train.size() +
                            ", 테스트 데이터 건수: " + test.size());
    System.out.println(eval.toSummaryString()); // === Evaluation result
    ===
}

public void split(int percent) throws Exception{
      int seed = 1;

    // 1) data loader
    Instances data=new Instances(
                            new BufferedReader(
```

```
                new FileReader("D:\\Weka-3-9\\data\\segment-
                challenge.arff")));
/*********************************************************
* 1-1) 원본 데이터를 불러온 후 훈련/테스트 데이터로 분리 시작
*********************************************************/
int trainSize = (int)Math.round(data.numInstances() * percent / 100);
int testSize = data.numInstances() - trainSize;
data.randomize(new Java.util.Random(seed));

Instances train = new Instances(data, 0 ,trainSize);
Instances test  = new Instances(data, trainSize ,testSize);
/*********************************************************
* 1-1) 원본 데이터를 불러온 후 훈련/테스트 데이터로 분리 종료
*********************************************************/

// 2) class assigner
train.setClassIndex(train.numAttributes()-1);
test.setClassIndex(test.numAttributes()-1);

// 3) holdout setting
Evaluation eval=new Evaluation(train);
Classifier model=new J48();
//eval.crossValidateModel(model, train, numfolds, new Random(seed));
//--> 훈련/테스트 데이터 분리되어 있으므로 교차검증 불필요

// 4) model run
model.buildClassifier(train);

// 5) evaluate
eval.evaluateModel(model, test);

// 6) print Result text
System.out.println("전체 데이터 건수: " + (data.size()) +
```

```
            ", 훈련 데이터 건수: " + train.size() +
            ", 테스트 데이터 건수: " + test.size());
    System.out.println(eval.toSummaryString()); // === Evaluation result
    ===
}
}
```

이번 장의 결론은 훈련/테스트 데이터를 처음부터 분리하든 분석 대상 데이터를 분할하든 과적합을 극복하기 위해 분류 정확도를 높이려고 한다면 훈련 데이터를 최대한 확보해야 한다는 것이다.

KnowledgeFlow로 분석할 때 가급적 경로를 분리하는 것이 좋다. 원래 아래 그림이 정석이지만 text 출력을 한 번에 비교하기 위해 통합했으나 결과가 잘 안 나오는 경우가 종종 발생한다.

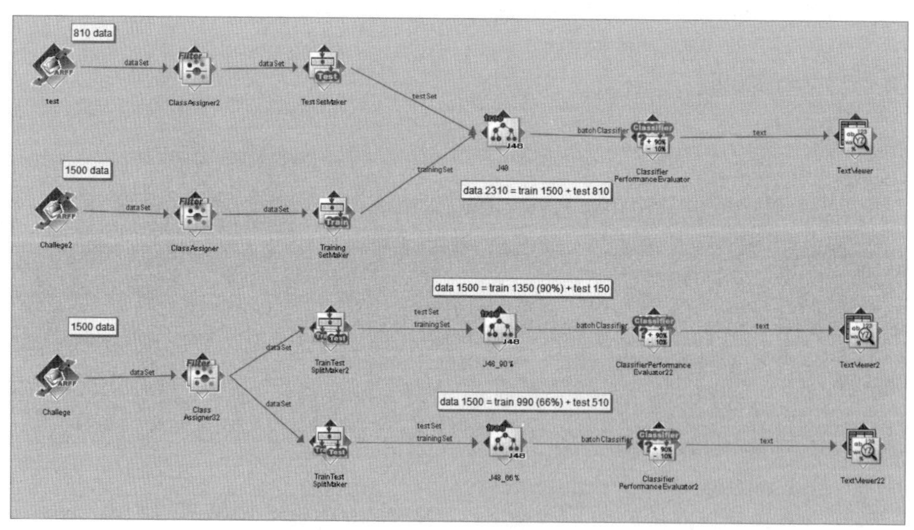

[그림 4-32] 왼쪽 아래 challenge 파일 불러오기 부분과 우측 textviewer 분리

4.2.3 RandomSeed: 무작위로 데이터를 훈련과 테스트 데이터로 나눠 검증한다

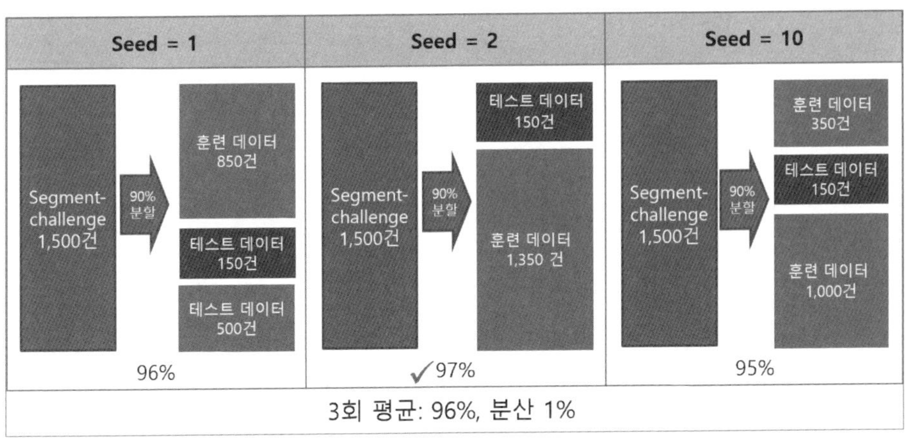

[그림 4-33] RandomSeed 모델평가 개념도

RandomSeed 모델평가는 분할검증과 같이 원본 데이터를 무작위로 일정 비율로 분할 후 검증하여 변동성을 추정한다. 과적합을 줄이기 위한 모델 성능 분석 2번째 방법으로 RandomSeed라는 기능을 사용한다. 목적은 seed별 분류 알고리즘의 평균과 편차를 산출하여 향후 분류 알고리즘의 성능 변동성을 추정하기 위함이다. 결국 반복 실험 후 결과를 산출해야 하는 작업인데, 최소 10회의 반복 실험을 위해 KnowledgeFlow나 Explorer는 10번을 시뮬레이션하거나 검증해야 한다. 그러나 Java 코드로 구현하면 한 번에 10회 반복 실험의 결과를 얻을 수 있다.

① 실습: J48 알고리즘, segment-challenge.arff 데이터셋

② KnowledgeFlow 실행: base week 2 class 2 lesson 3.kf

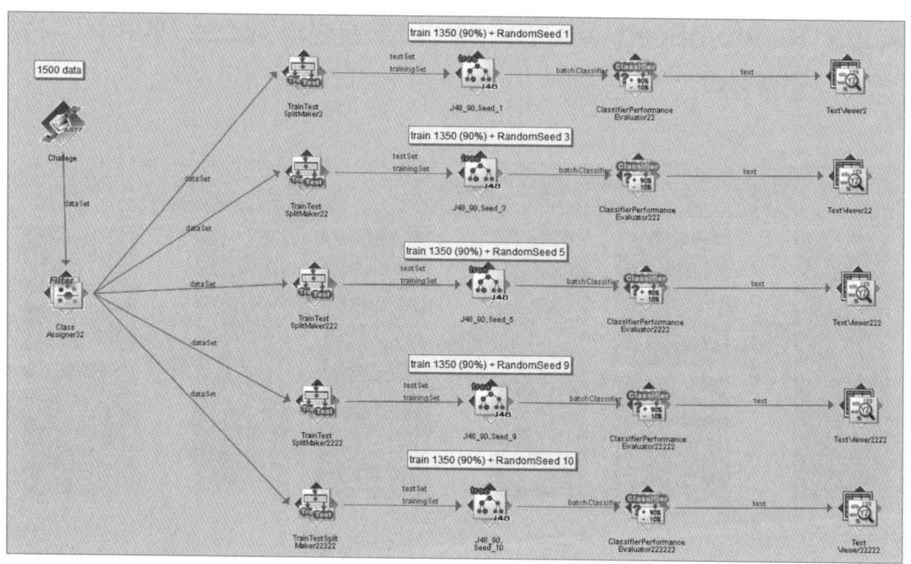

[그림 4-34] 10회 RandomSeed 결과를 산출하기 위해 1, 3, 5, 9, 10회 설정만 5번 시뮬레이션한 모습으로, 10번의 시뮬레이션은 비효율적이다

③ Explorer 실행

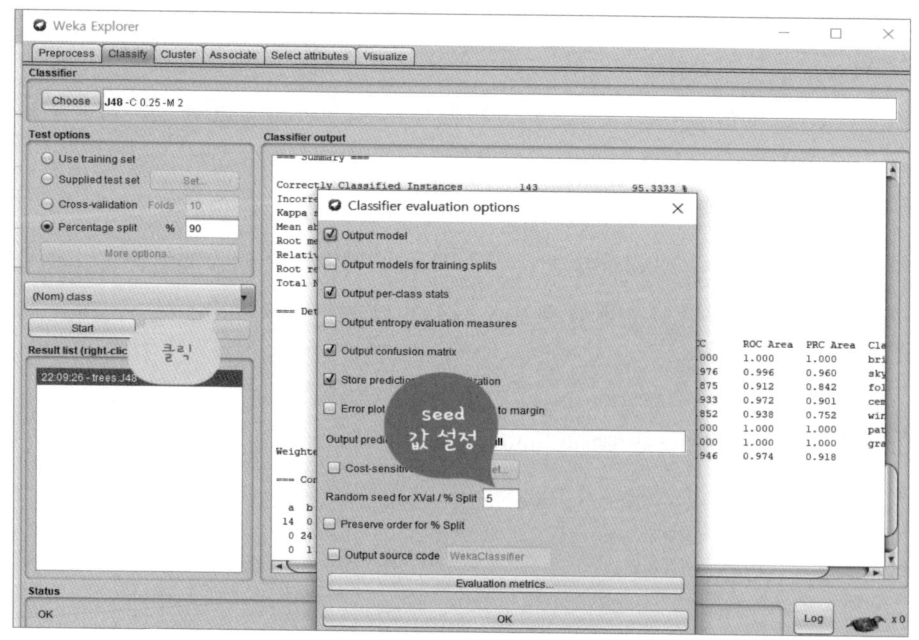

[그림 4-35] 10회 반복하기 위해 10번 설정값 변경 작업을 해야 하니 비효율적이다

④ Java 프로그래밍: W2_L3_RandomSeed

```
package _1_base;

import Java.io.*;
import Java.util.Random;
import org.apache.commons.math3.stat.descriptive.Aggregate
SummaryStatistics;
import org.apache.commons.math3.stat.descriptive.SummaryStatistics;
import Weka.classifiers.Classifier;
import Weka.classifiers.Evaluation;
import Weka.classifiers.functions.SimpleLogistic;
import Weka.classifiers.trees.J48;
import Weka.filters.Filter;
import Weka.filters.unsupervised.instance.*;
import Weka.core.*;

public class W2_L3_RandomSeed {
    double correctRatio = 0.0;
    public static void main(String args[]) throws Exception{
            W2_L3_RandomSeed obj = new W2_L3_RandomSeed();
            double sum[] = new double[10];
            /********************************************************
            * RandomSeed를 1씩 증가시켜 정확도를 출력 후 성능 평균 산출 시작
            ********************************************************/
            for(int x=1 ; x<=10 ; x++){
                    System.out.print("90% split, RandomSeed = " + x);
                    sum[x-1] = obj.randomSeed(90,x);
            }
            obj.aggregateValue(sum);
            /********************************************************
            * RandomSeed를 1씩 증가시켜 정확도를 출력 후 성능 평균 산출 종료
```

```
        ********************************************************/
}

public double randomSeed(int percent, int seed) throws Exception{
        // 1) data loader
        Instances data=new Instances(new BufferedReader(
              new FileReader("D:\\Weka-3-9\\data\\segment-
              challenge.arff")));

        int trainSize = (int)Math.round(data.numInstances() *
        percent / 100);
        int testSize = data.numInstances() - trainSize;
        data.randomize(new Java.util.Random(seed));

        Instances train = new Instances(data, 0 ,trainSize);
        Instances test = new Instances(data, trainSize ,testSize);

        // 2) class assigner
        train.setClassIndex(train.numAttributes()-1);
        test.setClassIndex(test.numAttributes()-1);

        // 3) learn and evaluate setting
        Evaluation eval=new Evaluation(train);
        Classifier model=new J48();

        // 4) model run
        model.buildClassifier(train);

        // 5) evaluate
        eval.evaluateModel(model, test);

        // 6) print Result text(분류 정확도 누적)
        this.correctRatio += eval.correct() / eval.numInstances() * 100;
        System.out.println("\t분류 대상 테스트 데이터 건수: " +
```

```
                    eval.numInstances() + ", 정분류 건수: " + eval.
                    correct() + ",
                    분류 정확도: " + eval.pctCorrect() + " %");

            return eval.pctCorrect(); // 정분류율 반환
    }

    /**
    * common-math jar 다운로드 위치: http://apache.mirror.cdnetworks.com/
    commons/math/binaries/
    * **/
    public void aggregateValue(double[] sum){
            AggregateSummaryStatistics aggregate
                        = new AggregateSummaryStatistics();
            SummaryStatistics sumObj
                        = aggregate.createContributingStatistics();
            for(int i = 0; i < sum.length; i++)  sumObj.addValue(sum[i]);

            System.out.println("평균: " +
                              String.format("%.1f",aggregate.getMean()
                              + " %, 분산: " +
                              String.format("%.1f",
                               aggregate.getStandardDeviation()) +" %");
    }
}
```

앞의 코드에서 중요한 것은 seed를 1씩 증가시켜서 RandomSeed 함수를 10번 호출하는 것이다.

```
    public static void main(String args[]) throws Exception{
            …
```

```
        /********************************************************
        * RandomSeed를 1씩 증가시켜 정확도를 출력 후 성능 평균 산출 시작
        ********************************************************/
        for(int x=1 ; x<=10 ; x++){
                System.out.print("90% split, RandomSeed = " + x);
                sum[x-1] = obj.randomSeed(90,x);
        }
        obj.aggregateValue(sum);
        /********************************************************
        * RandomSeed를 1씩 증가시켜 정확도를 출력 후 성능 평균 산출 종료
        ********************************************************/
}

public double randomSeed(int percent, int seed) throws Exception{
        …

        return eval.pctCorrect(); // 정분류율 반환
}
```

10번 반복해서 호출하게 되면 다음 그림처럼 seed 값별로 결과를 확인할 수 있다.

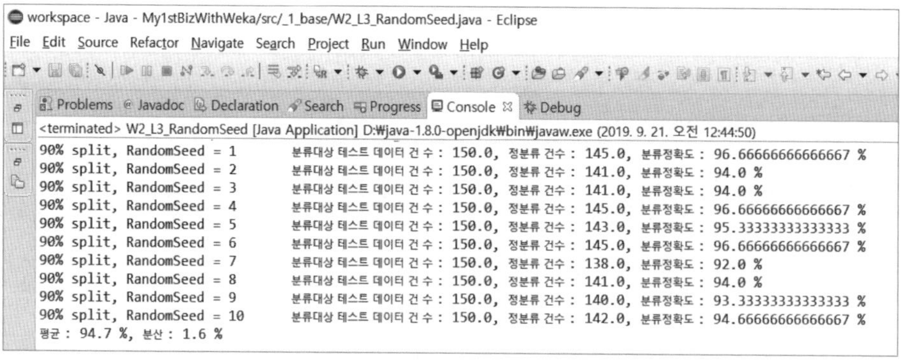

```
workspace - Java - My1stBizWithWeka/src/_1_base/W2_L3_RandomSeed.java - Eclipse
File Edit Source Refactor Navigate Search Project Run Window Help
Problems  Javadoc  Declaration  Search  Progress  Console  Debug
<terminated> W2_L3_RandomSeed [Java Application] D:₩java-1.8.0-openjdk₩bin₩javaw.exe (2019. 9. 21. 오전 12:44:50)
90% split, RandomSeed = 1     분류대상 테스트 데이터 건 수 : 150.0, 정분류 건수 : 145.0, 분류정확도 : 96.66666666666667 %
90% split, RandomSeed = 2     분류대상 테스트 데이터 건 수 : 150.0, 정분류 건수 : 141.0, 분류정확도 : 94.0 %
90% split, RandomSeed = 3     분류대상 테스트 데이터 건 수 : 150.0, 정분류 건수 : 141.0, 분류정확도 : 94.0 %
90% split, RandomSeed = 4     분류대상 테스트 데이터 건 수 : 150.0, 정분류 건수 : 145.0, 분류정확도 : 96.66666666666667 %
90% split, RandomSeed = 5     분류대상 테스트 데이터 건 수 : 150.0, 정분류 건수 : 143.0, 분류정확도 : 95.33333333333333 %
90% split, RandomSeed = 6     분류대상 테스트 데이터 건 수 : 150.0, 정분류 건수 : 145.0, 분류정확도 : 96.66666666666667 %
90% split, RandomSeed = 7     분류대상 테스트 데이터 건 수 : 150.0, 정분류 건수 : 138.0, 분류정확도 : 92.0 %
90% split, RandomSeed = 8     분류대상 테스트 데이터 건 수 : 150.0, 정분류 건수 : 141.0, 분류정확도 : 94.0 %
90% split, RandomSeed = 9     분류대상 테스트 데이터 건 수 : 150.0, 정분류 건수 : 140.0, 분류정확도 : 93.33333333333333 %
90% split, RandomSeed = 10    분류대상 테스트 데이터 건 수 : 150.0, 정분류 건수 : 142.0, 분류정확도 : 94.66666666666667 %
평균 : 94.7 %, 분산 : 1.6 %
```

[그림 4-36] 분류 알고리즘 성능 평균을 한 번에 획득

KnowledgeFlow나 Explorer에는 RandomSeed 함수와 같은 반복 실험 기능이 없다. 따라서 반복 실험이 추후에도 필요하면 KnowledgeFlow나 Explorer보다는 자바코드로 실행하는 것이 더 효율적일 수 있다.

4.2.4 Baseline: 가장 성능이 낮은 ZeroR 알고리즘보다 정분류율이 높은지 비교한다

Weka는 100개 이상의 분류 알고리즘을 제공하므로 어떤 데이터에 어떤 분류 알고리즘이 적합한지 실험을 통해 확인해야 한다. 데이터 분석 방법의 최종 결론은 어떤 분류 알고리즘이 적합한지를 결정해야 하는데 상대적인 비교로 결정해야 한다. 절대적 기준은 없다.

4.2.4.1 Baseline Accuracy

ZeroR은 작동 원리가 단순하여 기준 분류 알고리즘으로 가정할 수 있고, 더 복잡한 분류 알고리즘의 성능을 비교해 볼 때 사용 가능하다. 기준 분류 알고리즘으로 가정한 ZeroR 대비 각종 분류 알고리즘의 성능을 비교하되, 1~2% 분류 오차는 무시하더라도 10~20% 이상 오차는 실험 대상 제외를 고려해야 한다.

① 실습: J48/NaiveBayes/IBk/PART 알고리즘, supermarket.arff 데이터셋

② KnowledgeFlow 설계: base week 2 class 2 lesson 4.kf

supermarket.arff 데이터셋을 Explorer와 동일하게 Training set 66%를 지정하여 설계했다.

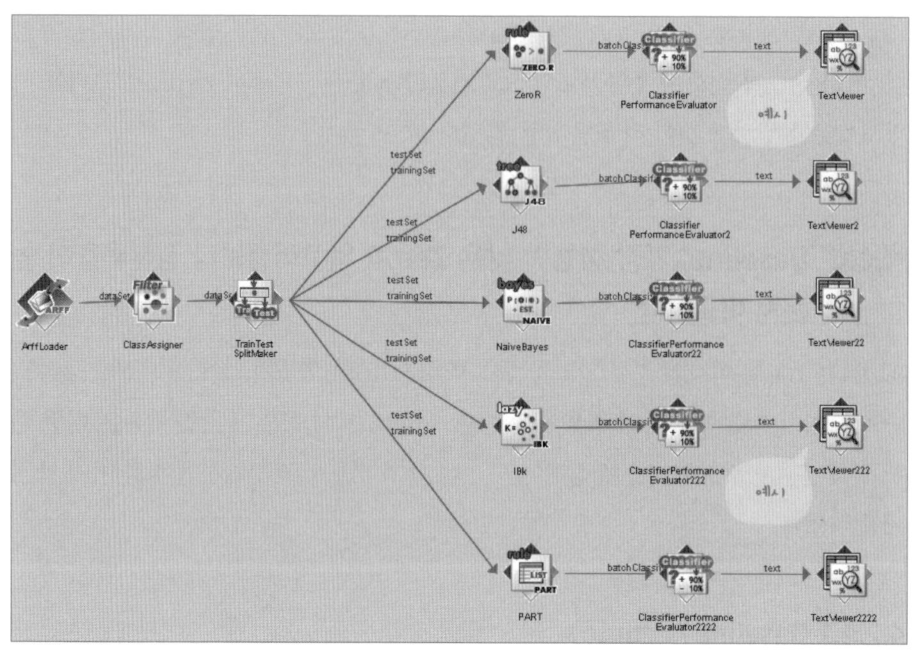

[그림 4-37] 기준 분류 알고리즘 ZeroR을 필두로 J48, NaiveBayes, IBK, PART 등 5개 분류 알고리즘 비교 시뮬레이션

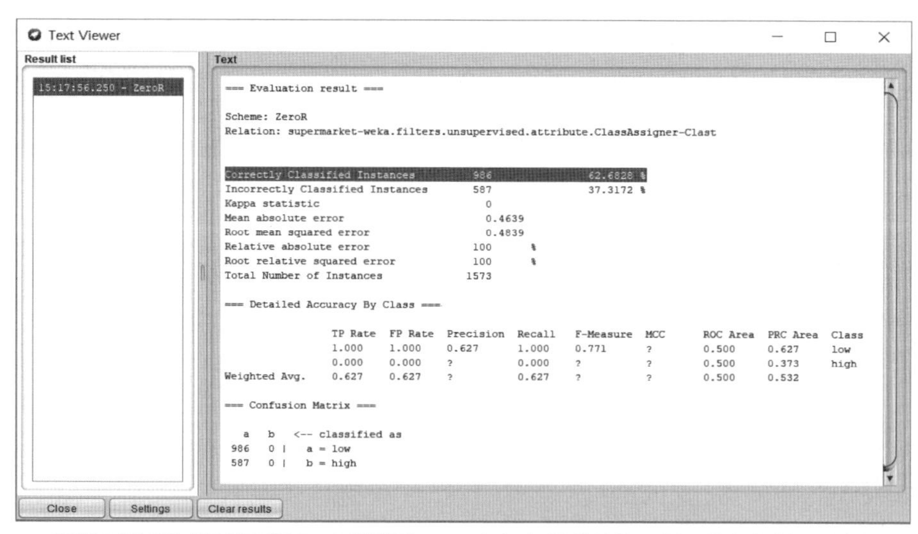

[그림 4-38] 기준 분류 알고리즘 ZeroR 정분류율 62.7%(IBk 외 다른 분류 알고리즘도 동일 결과를 나타낸다)

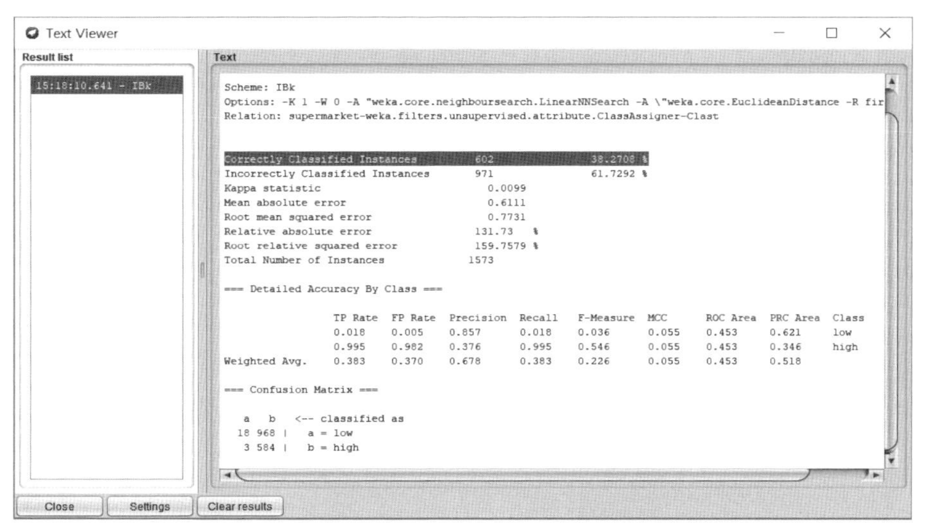
```
Scheme: IBk
Options: -K 1 -W 0 -A "weka.core.neighboursearch.LinearNNSearch -A \"weka.core.EuclideanDistance -R fir
Relation: supermarket-weka.filters.unsupervised.attribute.ClassAssigner-Clast

Correctly Classified Instances         602               38.2708 %
Incorrectly Classified Instances       971               61.7292 %
Kappa statistic                          0.0099
Mean absolute error                      0.6111
Root mean squared error                  0.7731
Relative absolute error                131.73   %
Root relative squared error            159.7579 %
Total Number of Instances             1573

=== Detailed Accuracy By Class ===

                 TP Rate  FP Rate  Precision  Recall   F-Measure  MCC      ROC Area  PRC Area  Class
                 0.018    0.005    0.857      0.018    0.036      0.055    0.453     0.621     low
                 0.995    0.982    0.376      0.995    0.546      0.055    0.453     0.346     high
Weighted Avg.    0.383    0.370    0.678      0.383    0.226      0.055    0.453     0.518

=== Confusion Matrix ===

   a   b   <-- classified as
  18 968 |   a = low
   3 584 |   b = high
```

[그림 4-39] IBk 정분류율 38.2%(현저히 낮다)

③ Explorer 실습

KnowledgeFlow와 동일하게 66% training set을 할당하였고, 결과도 모두 동일하며, 아래 예시에 분류 알고리즘 경로를 표기하였다.

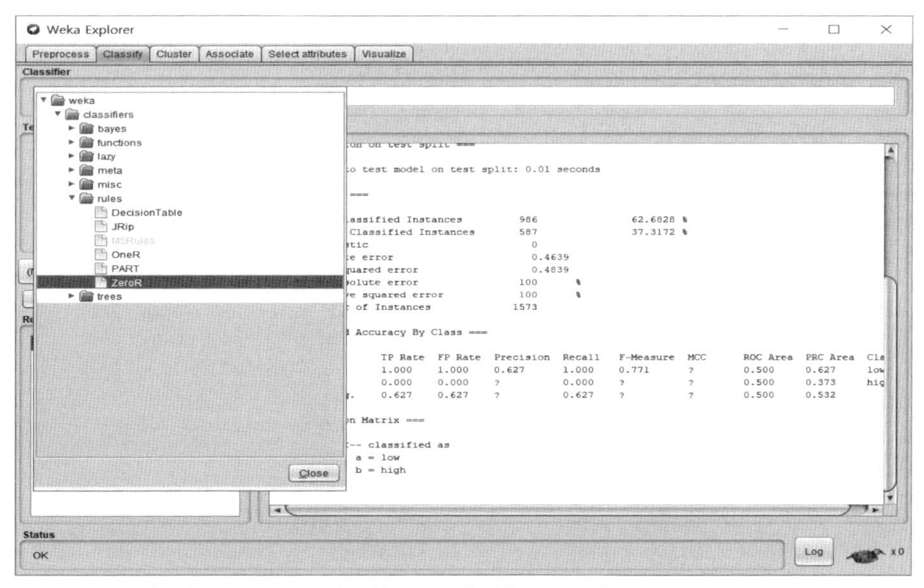

[그림 4-40] 기준 분류 알고리즘 ZeroR 정분류율 62.7%(경로: classifiers → rules)

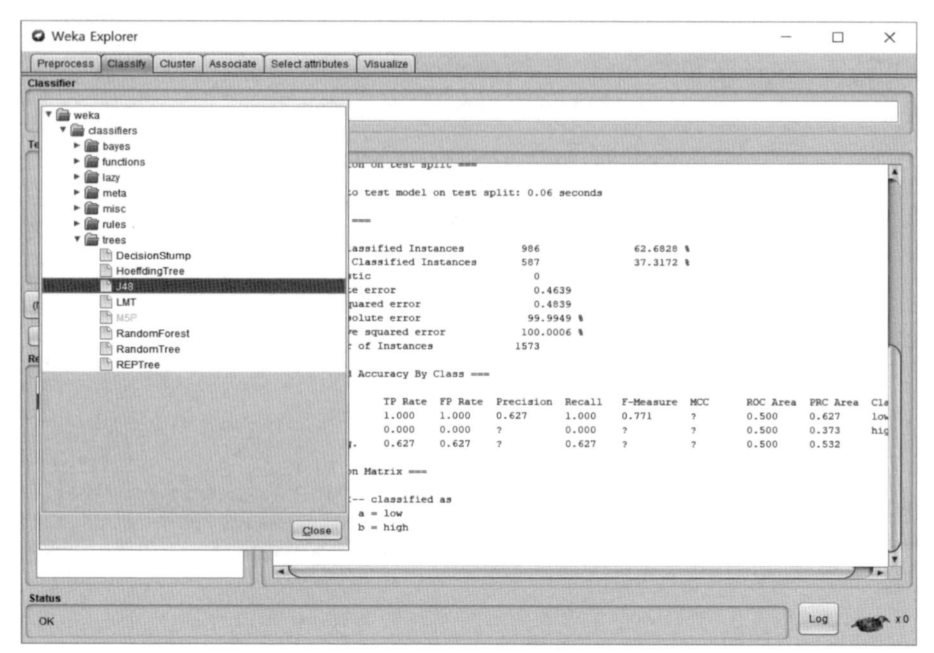

[그림 4-41] J48 정분류율 62.7%(경로: trees → rules)

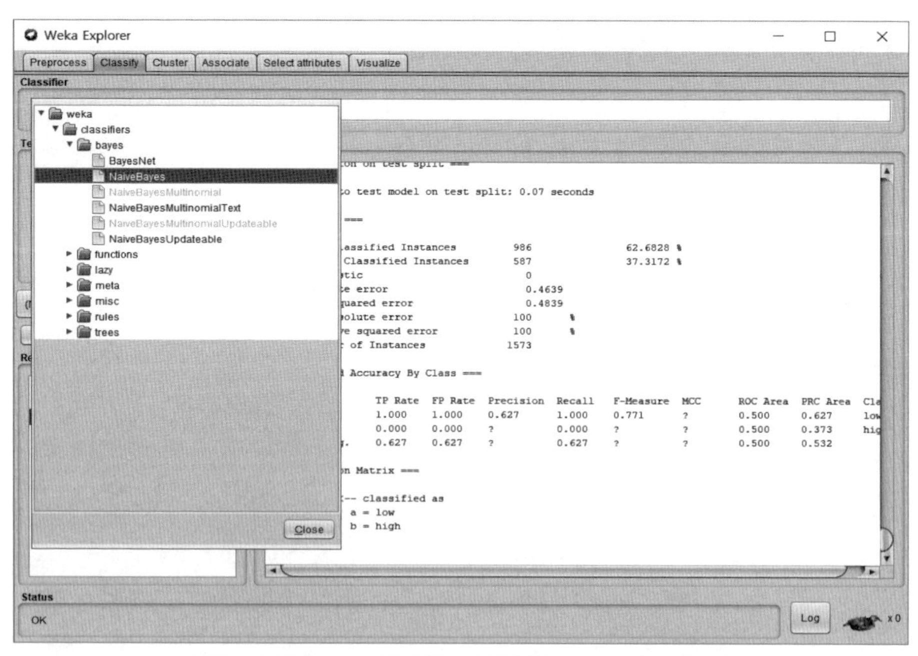

[그림 4-42] NaiveBayes 정분류율 62.7%(경로: bayes → NaiveBayes)

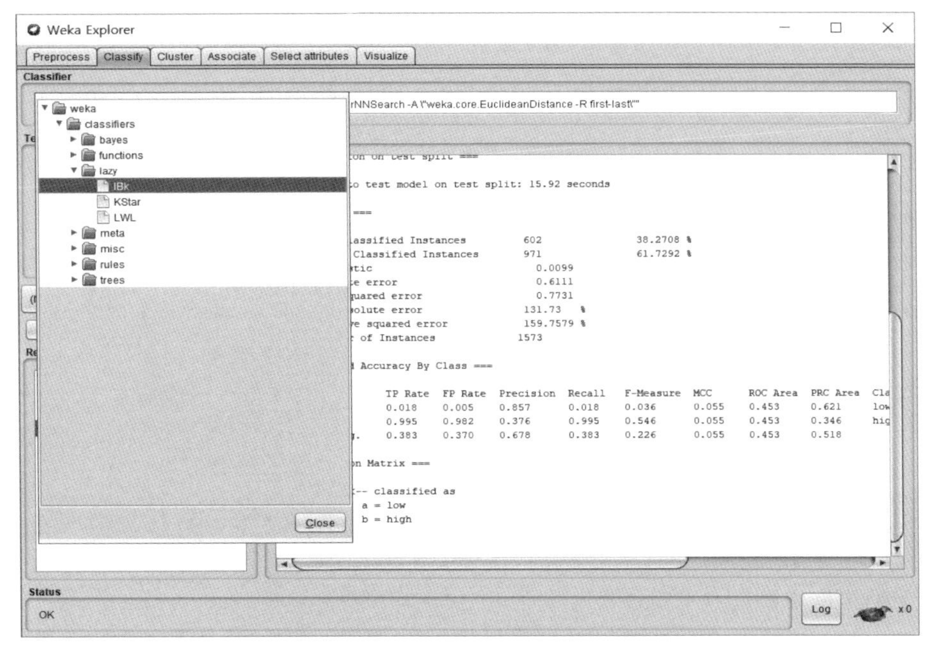

[그림 4-43] IBk 정분류율 38.3%(경로: lazy → IBk))

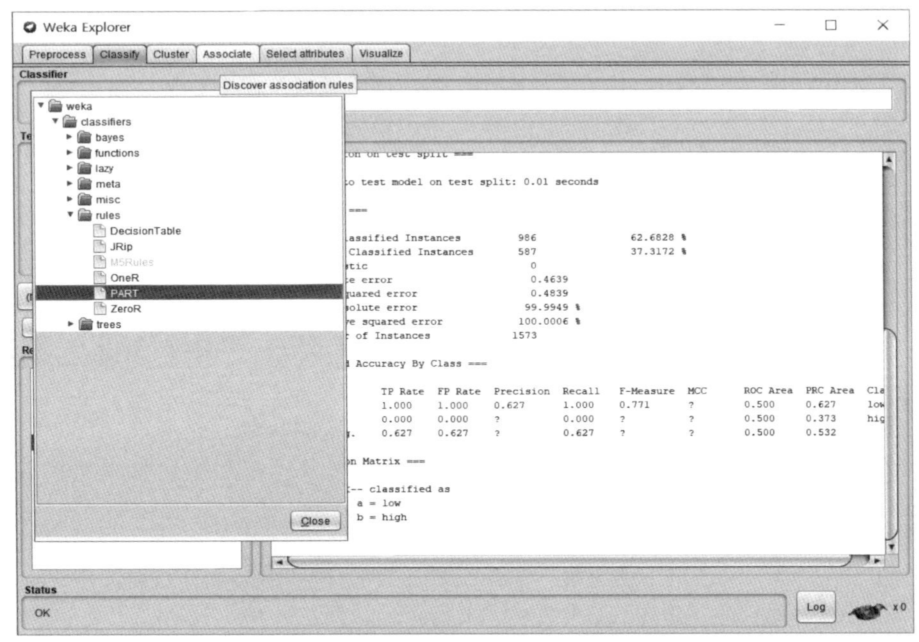

[그림 4-44] PART 정분류율 62.7%(경로: rules → PART)

④ Java 프로그래밍: W2_L4_BaseLine.Java

기준 분류 알고리즘 ZeroR을 필두로 4개 분류 알고리즘 정확도를 출력해 본다.

```
Problems @ Javadoc Declaration Search Progress Console Debug
<terminated> W2_C4_BaseLine [Java Application] D:\java-1.8.0-openjdk\bin\javaw.exe (2019. 8. 16. 오후 2:14:41)
ZeroR    분류대상 데이터 건 수 : 1574.0, 정분류 건수 : 987.0, 분류정확도 : 62.70648030495553 %
J48      분류대상 데이터 건 수 : 1574.0, 정분류 건수 : 987.0, 분류정확도 : 62.70648030495553 %
NaiveBayes      분류대상 데이터 건 수 : 1574.0, 정분류 건수 : 987.0, 분류정확도 : 62.70648030495553 %
IBk      분류대상 데이터 건 수 : 1574.0, 정분류 건수 : 602.0, 분류정확도 : 38.246505717916136 %
PART     분류대상 데이터 건 수 : 1574.0, 정분류 건수 : 987.0, 분류정확도 : 62.70648030495553 %
```

[그림 4-45] 출력 결과(IBK 정확도가 38.2%로 현저히 낮다)

```
// 기준 분류 알고리즘 ZeroR을 필두로 4개 분류 알고리즘 정확도 출력
package _1_base;

import Java.io.*;
import Weka.classifiers.Classifier;
import Weka.classifiers.Evaluation;
import Weka.classifiers.bayes.NaiveBayes;
import Weka.classifiers.lazy.IBk;
import Weka.classifiers.rules.PART;
import Weka.classifiers.rules.ZeroR;
import Weka.classifiers.trees.J48;
import Weka.core.*;

public class W2_L4_BaseLine {

public W2_L4_BaseLine(){
        try{
                Classifier model = new J48();
                model.buildClassifier(null);
        }catch(Exception e){
```

```
                System.out.println("\n\n\n\n\n\n\n\n\n\n\n\n\
                n\n");
        }
}

public static void main(String args[]) throws Exception{
        W2_L4_BaseLine obj = new W2_L4_BaseLine();
        /*********************************************************
        * 기준 분류 알고리즘 ZeroR을 필두로 4개 분류 알고리즘 정확도 출력 시작
        *********************************************************/
        System.out.print("ZeroR");obj.baseLine(new ZeroR(),66);
        System.out.print("J48");obj.baseLine(new J48(),66);
        System.out.print("NaiveBayes");obj.baseLine(new NaiveBayes(),66);
        System.out.print("IBk");obj.baseLine(new IBk(),66);
        System.out.print("PART");obj.baseLine(new PART(),66);
        /*********************************************************
        * 기준 분류 알고리즘 ZeroR을 필두로 4개 분류 알고리즘 정확도 출력 시작
        *********************************************************/
}

public void baseLine(Classifier model, int percent) throws Exception{
        // 1) data loader
        Instances data=new Instances(new BufferedReader(
                new FileReader("D:\\Weka-3-9\\data\\supermarket.
                arff")));

        int trainSize = (int)Math.round(data.numInstances() * percent /
        100);
        int testSize = data.numInstances() - trainSize;
        data.randomize(new Java.util.Random(1));

        Instances train = new Instances(data, 0 ,trainSize);
        Instances test  = new Instances(data, trainSize ,testSize);
```

```
        // 2) class assigner
        train.setClassIndex(train.numAttributes()-1);
        test.setClassIndex(test.numAttributes()-1);

        // 3) object creation
        Evaluation eval=new Evaluation(train);

        // 4) model run
        model.buildClassifier(train);

        // 5) evaluate
        eval.evaluateModel(model, test);

        // 6) print Result text
        System.out.println("\t분류 대상 데이터 건수: " + eval.numInstances()
                    + ",정분류 건수: " + eval.correct()
                      + ", 분류 정확도: "
                      + eval.correct() / eval.numInstances() * 100 + " %");

    }
}
```

100개 이상의 분류 알고리즘 중 데이터 유형별로 어떤 것이 적합할지는 아무도 모른다. 실험을 통해 정분류율로 입증해야 하지만 100개를 모두 일일이 코딩이나 KnowledgeFlow, Explorer에서 일일이 지정하고 실행하면 너무 오랜 시간이 소요될 것이다. 향후에는 Java Code로 100개 이상의 분류 알고리즘을 한 번에 실행하고 정분류율을 우선순위로 출력하는 기능을 구현해 봐야겠다.

4.2.5 n Cross-Validation: 훈련 및 테스트 데이터를 균등 분할하여 교차 검증한다

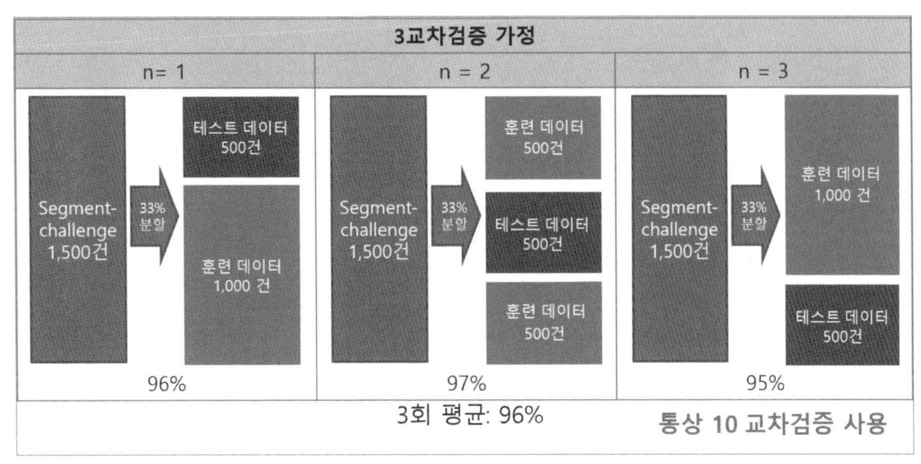

[그림 4-46] 교차검증 모델평가 개념도

n 교차검증은 모델평가를 n회 균등 분할해서 반복 실시한다. 이때 데이터셋을 1/n만큼 분할하여 테스트 데이터로 자동 할당한다. 2번째 이후부터는 중복되지 않게 다시 1/n 분할하여 테스트 데이터로 할당한다. 예를 들어 10 교차검증은 모델검증을 10회 실시한다.

1번째 모델검증 시 데이터셋을 1/10(10%)만큼 분할하여 0~10%만큼 테스트 데이터로 자동 할당한다. 2번째 모델검증 시 데이터셋을 10% 다음의 10~20%의 1/10(10%)을 테스트 데이터로 자동 할당한다. 3번째 모델검증 시 데이터셋을 20% 다음의 20~30%의 1/10(10%)을 테스트 데이터로 자동 할당한다. 마지막 10번째 모델검증 시 데이터셋을 90% 다음의 90~100%의 1/10(10%)을 테스트 데이터로 자동 할당한다. 5 교차검증은 모델검증을 5회 실시한다.

1번째 모델검증 시 데이터셋을 1/5(20%)만큼 분할하여 0~20%만큼 테스트 데이터로 자동 할당한다. 2번째 모델검증 시 데이터셋을 20% 다음의 20~40%의 1/5(20%)을 테스트 데이터로 자동 할당한다. 3번째 모델검증 시 데이터셋을 40% 다음의 40~60%의

1/5(20%)을 테스트 데이터로 자동 할당한다. 마지막 10번째 모델검증 시 데이터셋을 80% 다음의 80~100%의 1/5(20%)을 테스트 데이터로 자동 할당한다.

모델평가 방법은 데이터양에 따라서 수행 시간이 상이하므로, 일반적으로 10,000건을 기준으로 많으면 반복, 홀드아웃으로 적으면 교차검증을 선택하기를 권장한다.(반복 홀드아웃은 훈련/테스트 데이터 분할 후 반복 검증하는 방법이다.)

동일 데이터셋의 건수에 대해 교차검증이 홀드아웃보다 분산이 적다. 즉 변동 가능성이 적다.

Cross-Validation 10 교차검증 적용 방법은 11번째 검증에서 실제 적용된다. 데이터양이 적으면 훈련/테스트 데이터 분할 방법으로, 양이 많으면 10 교차검증이 유리하다. 많고 적음의 기준으로 각자 재량에 맡겨야 하며, 강의에서는 그 기준을 10,000건으로 제시한다.

4.2.5.1 Cross-Validation Result

교차검증은 반복 홀드아웃보다 분산을 줄이기 위해 사용하며 보통 10번 반복 실행하여 10 교차검증이라고 한다.

① 실습: J48 알고리즘, diabetes.arff 데이터셋

② KnowledgeFlow 설계: base week 2 class 2 lesson 5~6.kf

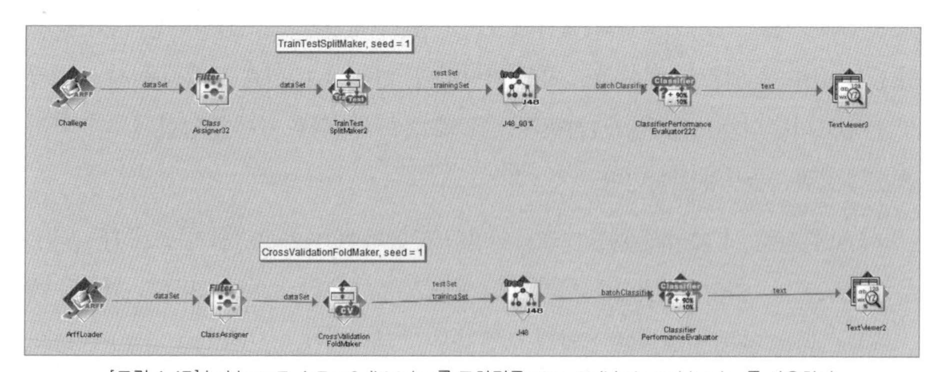

[그림 4-47] holdout: TrainTestSplitMaker를 교차검증: CrossValidationFoldMaker를 사용한다

seed 값을 1씩 증가시켜 10번을 실행해야 하므로 holdout과 교차검증만 소개하고 통계량은 Java 코드에서 실행한다.

③ Explorer 실습

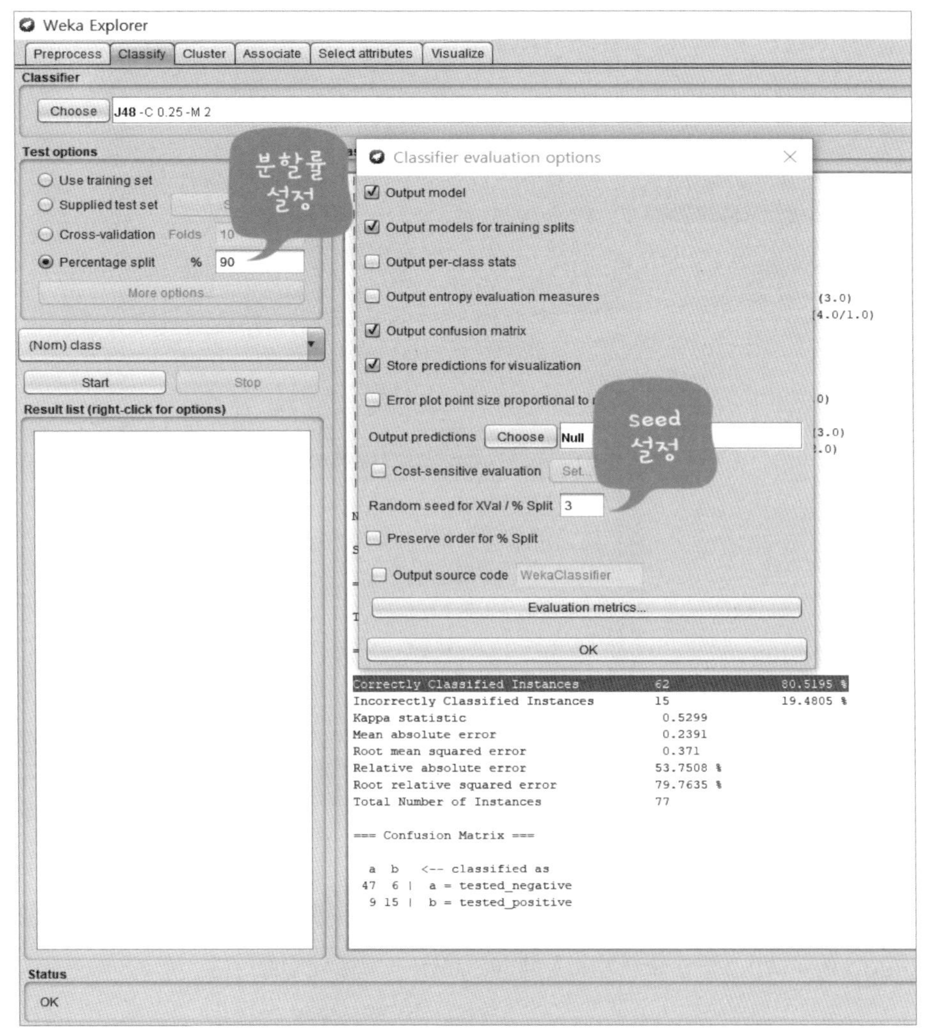

[그림 4-48] 90% 분할 holdout(Seed = 3) 예시

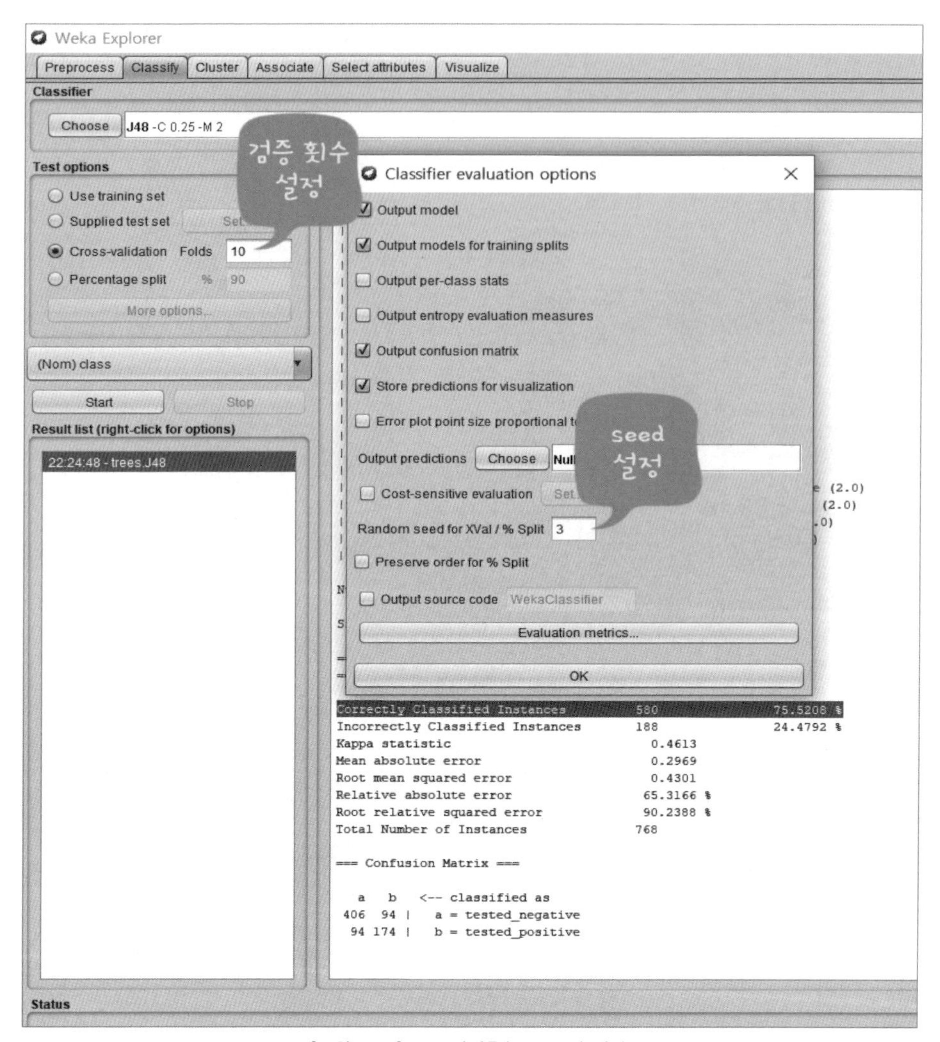

[그림 4-49] 10 교차검증(Seed = 3) 예시

KnowledgeFlow와 마찬가지로 seed 값을 1씩 증가시켜 10번을 실행해야 하므로 holdout과 교차검증만 소개하고 통계량은 Java 코드에서 실행한다.

④ Java 프로그래밍: W2_L56_CrossValidation.Java

```
package _1_base;

import Java.io.*;
import Java.util.Random;

import org.apache.commons.math3.stat.descriptive.AggregateSummary
Statistics;
import org.apache.commons.math3.stat.descriptive.SummaryStatistics;

import Weka.classifiers.Classifier;
import Weka.classifiers.Evaluation;
import Weka.classifiers.trees.J48;
import Weka.core.*;

public class W2_L56_CrossValidation {

      public W2_L56_CrossValidation(){
            try{
                  Classifier model = new J48();
                  model.buildClassifier(null);
            }catch(Exception e){
                  System.out.println("\n\n\\n\n\n\n\n\n\n\n\n\n\n");
            }
      }

      public static void main(String args[]) throws Exception{
            W2_L56_CrossValidation obj = new W2_L56_CrossValidation();

            /** holdout seed 1씩 증가 호출 **/
```

```
        System.out.println("90% holdouts , ");
        double sum[] = new double[10];
        for(int x = 1 ; x <= 10 ; x ++)
                sum [x-1] = obj.holdout(x); // 정분류율 누적
        obj.aggregateValue(sum); // 통계량 출력

        System.out.println("");

        /** 10 교차검증 seed 1씩 증가 호출 **/
        System.out.println("10 교차검증, ");
        sum = new double[10];
        for(int x = 1 ; x <= 10 ; x ++)
                sum [x-1] = obj.crossValidation(x); // 정분류율 누적
        obj.aggregateValue(sum); // 통계량 출력
}

/**
* common-math jar 다운로드 위치:
  http://apache.mirror.cdnetworks.com/commons/math/binaries/
* **/
public void aggregateValue(double[] sum){
        AggregateSummaryStatistics aggregate
                    = new AggregateSummaryStatistics();
        SummaryStatistics sumObj
                    = aggregate.createContributingStatistics();
        for(int i = 0; i < sum.length; i++)  sumObj.addValue(sum[i]);

        System.out.println("평균: " + String.format("%.1f",aggregate.
        getMean()) + " %, 분산: "
                +  String.format("%.1f",aggregate.getStandard
                Deviation()));
}

public double crossValidation(int seed) throws Exception{
```

```
int numfolds = 10;
int numfold = 0;
// 1) data loader
Instances data=new Instances(
                    new BufferedReader(
                    new FileReader("D:\\Weka-3-9\\data
                    \\diabetes.arff")));

Instances train = data.trainCV(numfolds, numfold, new
Random(seed));
Instances test  = data.testCV(numfolds, numfold);

// 2) class assigner
train.setClassIndex(train.numAttributes()-1);
test.setClassIndex(test.numAttributes()-1);

// 3) cross validate setting
Evaluation eval=new Evaluation(train);
Classifier model=new J48();
eval.crossValidateModel(model, train, numfolds, new
Random(seed));

// 4) model run
model.buildClassifier(train);

// 5) evaluate
eval.evaluateModel(model, test);

// 6) print Result text
System.out.println("\t분류 대상 데이터 건수: " + (int)eval.
numInstances() +
                    ", 정분류 건수: " + (int)eval.correct() +
```

```
                                  ", 정분류율: " + String.format("%.1f",
                                  eval.correct() /
                                  eval.numInstances() * 100) +" %"+
                                  ", seed: " + seed );
        // 7) 분류 정확도 반환
        return eval.correct() / eval.numInstances() * 100;
}

public double holdout(int seed) throws Exception{
        // 1) data loader
        Instances data=new Instances(
                                  new BufferedReader(
                                  new FileReader("D:\\Weka-3-9\\data\\
                                  diabetes.arff")));
        int trainSize = (int)Math.round(data.numInstances() * 90 / 100);
        int testSize = data.numInstances() - trainSize;
        data.randomize(new Java.util.Random(seed));

        Instances train = new Instances(data, 0 ,trainSize);
        Instances test = new Instances(data, trainSize ,testSize);

        // 2) class assigner
        train.setClassIndex(train.numAttributes()-1);
        test.setClassIndex(test.numAttributes()-1);

        // 3) cross validate setting
        Evaluation eval=new Evaluation(train);
        Classifier model=new J48();

        // 4) model run
        model.buildClassifier(train);

        // 5) evaluate
```

```
        eval.evaluateModel(model, test);

        // 6) print Result text
        System.out.println("\t분류 대상 데이터 건수: " + (int)eval.
        numInstances() +
                ", 정분류 건수: " + (int)eval.correct() +
                ", 정분류율: " + String.format("%.1f",eval.correct()
                / eval.numInstances() * 100)
                +"%"+ ", seed : " + seed );

        // 7) 분류 정확도 반환
        return eval.correct() / eval.numInstances() * 100;
    }

}
```

앞의 코드는 3가지 함수로 구분된다.

첫 번째 함수는 교차검증 코드이며, 1) data loader에서 train/test를 numfolds 규칙으로 분할하고 3) crossValidateModel 함수를 실행한다.

```
    public double crossValidation(int seed) throws Exception{

        int numfolds = 10;
        int numfold = 0;
        // 1) data loader
        Instances data=new Instances(
                            new BufferedReader(
                            new FileReader("D:\\Weka-3-9\\data\\
                            diabetes.arff")));
```

```
        Instances train = data.trainCV(numfolds, numfold, new
        Random(seed));
        Instances test  = data.testCV(numfolds, numfold);

        // 2) class assigner
        train.setClassIndex(train.numAttributes()-1);
        test.setClassIndex(test.numAttributes()-1);

        // 3) cross validate setting
        Evaluation eval=new Evaluation(train);
        Classifier model=new J48();
        eval.crossValidateModel(model, train, numfolds, new
        Random(seed));

        // 4) model run
        model.buildClassifier(train);

        // 5) evaluate
        eval.evaluateModel(model, test);

        // 6) print Result text
        System.out.println("\t분류 대상 데이터 건수: " + (int)eval.
        numInstances() +
                            ", 정분류 건수: " + (int)eval.
                            correct() +
                            ", 정분류율: " + String.format
                            ("%.1f",eval.correct() /
                            eval.numInstances() * 100) +"%"+
                            ", seed: " + seed );
        // 7) 분류 정확도 반환
        return eval.correct() / eval.numInstances() * 100;
    }
```

두 번째 함수는 holdout 모델검증 코드이며, 1) data loader에서 train/test를 90% 분할하고 crossValidateModel 함수는 실행하지 않는다.

```
public double holdout(int seed) throws Exception{
        // 1) data loader
        Instances data=new Instances(
                         new BufferedReader(
                         new FileReader("D:\\Weka-3-9\\data\\
                         diabetes.arff")));
        int trainSize = (int)Math.round(data.numInstances() * 90 / 100);
        int testSize = data.numInstances() - trainSize;
        data.randomize(new Java.util.Random(seed));

        Instances train = new Instances(data, 0 ,trainSize);
        Instances test = new Instances(data, trainSize ,testSize);

        // 2) class assigner
        train.setClassIndex(train.numAttributes()-1);
        test.setClassIndex(test.numAttributes()-1);

        // 3) cross validate setting
        Evaluation eval=new Evaluation(train);
        Classifier model=new J48();

        // 4) model run
        model.buildClassifier(train);

        // 5) evaluate
        eval.evaluateModel(model, test);

        // 6) print Result text
```

```
        System.out.println("\t분류 대상 데이터 건수:  " + (int)eval.
        numInstances() +
                ", 정분류건수: " + (int)eval.correct() +
                ", 정분류율: " + String.format("%.1f",eval.correct() /
                eval.numInstances() * 100)
                + "%"+ ", seed: " + seed );

        // 7) 분류 정확도 반환
        return eval.correct() / eval.numInstances() * 100;
}
```

main 함수에서 holdout과 crossvalidate 함수의 seed를 1씩 증가시켜 호출하고 통계량을 출력한다.

```
public static void main(String args[]) throws Exception{
        W2_L56_CrossValidation obj = new W2_L56_CrossValidation();

        /** holdout seed 1씩 증가 호출 **/
        System.out.println("90% holdouts , ");
        double sum[] = new double[10];
        for(int x = 1 ; x <= 10 ; x ++)
                sum [x-1] = obj.holdout(x); // 정분류율 누적
        obj.aggregateValue(sum); // 통계량 출력

        System.out.println("");

        /** 10 교차검증 seed 1씩 증가 호출 **/
        System.out.println("10 교차검증, ");
        sum = new double[10];
```

```
        for(int x = 1 ; x <= 10 ; x ++)
                sum [x-1] = obj.crossValidation(x); // 정분류율 누적
        obj.aggregateValue(sum); // 통계량 출력
}
```

통계량 출력을 위해 common-math.jar API를 Add External JARs import했다.

```
Problems  @ Javadoc  Declaration  Search  Progress  Console  Debug
<terminated> W2_L56_CrossValidation [Java Application] D:₩java-1.8.0-openjdk₩bin₩javaw.ex
90% holdouts ,
        분류대상 데이터 건 수 : 77, 정분류 건수 : 58, 정분류율 : 75.3 %, seed : 1
        분류대상 데이터 건 수 : 77, 정분류 건수 : 60, 정분류율 : 77.9 %, seed : 2
        분류대상 데이터 건 수 : 77, 정분류 건수 : 62, 정분류율 : 80.5 %, seed : 3
        분류대상 데이터 건 수 : 77, 정분류 건수 : 57, 정분류율 : 74.0 %, seed : 4
        분류대상 데이터 건 수 : 77, 정분류 건수 : 55, 정분류율 : 71.4 %, seed : 5
        분류대상 데이터 건 수 : 77, 정분류 건수 : 54, 정분류율 : 70.1 %, seed : 6
        분류대상 데이터 건 수 : 77, 정분류 건수 : 61, 정분류율 : 79.2 %, seed : 7
        분류대상 데이터 건 수 : 77, 정분류 건수 : 55, 정분류율 : 71.4 %, seed : 8
        분류대상 데이터 건 수 : 77, 정분류 건수 : 62, 정분류율 : 80.5 %, seed : 9
        분류대상 데이터 건 수 : 77, 정분류 건수 : 52, 정분류율 : 67.5 %, seed : 10
평균 : 74.8 %, 분산 : 4.6

10 교차검증 ,
        분류대상 데이터 건 수 : 768, 정분류 건수 : 562, 정분류율 : 73.2 %, seed : 1
        분류대상 데이터 건 수 : 768, 정분류 건수 : 569, 정분류율 : 74.1 %, seed : 2
        분류대상 데이터 건 수 : 768, 정분류 건수 : 573, 정분류율 : 74.6 %, seed : 3
        분류대상 데이터 건 수 : 768, 정분류 건수 : 584, 정분류율 : 76.0 %, seed : 4
        분류대상 데이터 건 수 : 768, 정분류 건수 : 570, 정분류율 : 74.2 %, seed : 5
        분류대상 데이터 건 수 : 768, 정분류 건수 : 569, 정분류율 : 74.1 %, seed : 6
        분류대상 데이터 건 수 : 768, 정분류 건수 : 580, 정분류율 : 75.5 %, seed : 7
        분류대상 데이터 건 수 : 768, 정분류 건수 : 577, 정분류율 : 75.1 %, seed : 8
        분류대상 데이터 건 수 : 768, 정분류 건수 : 575, 정분류율 : 74.9 %, seed : 9
        분류대상 데이터 건 수 : 768, 정분류 건수 : 583, 정분류율 : 75.9 %, seed : 10
평균 : 74.8 %, 분산 : 0.9
```

[그림 4-50] holdout 평균 74.8%, 분산 4.6, 교차검증 평균 74.8%(holdout과 같다), 분산 0.9(holdout보다 작다)

holdout보다 교차검증의 분산이 작음을 증명했다. 즉, 교차검증 방식의 변동폭이 holdout보다 상대적으로 작다 .

4.3 결측값(pitfall)과 이상값(pratfall) 처리

만약 다음과 같은 의사결정나무 중 1개를 선택하라면 어떤 것을 선택할 것인가?

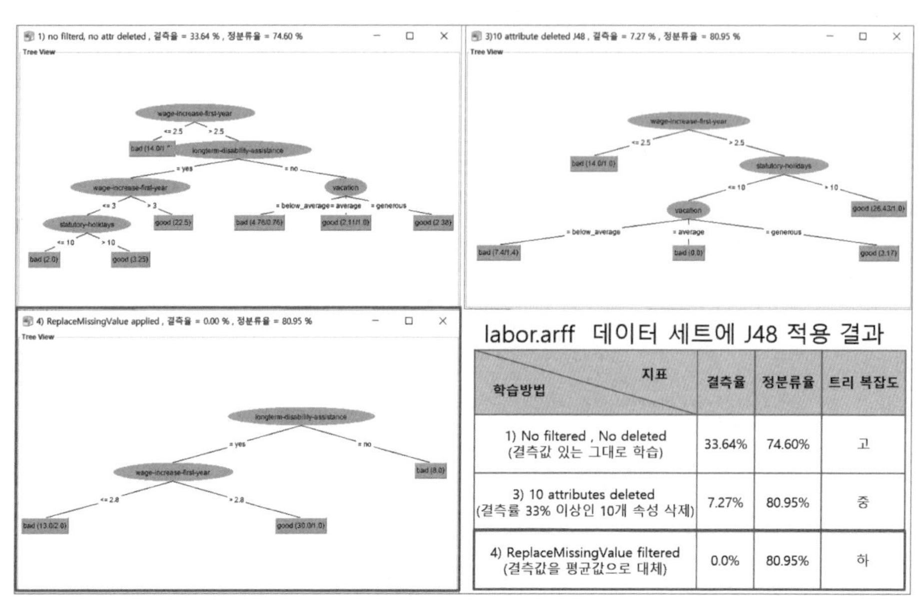

labor.arff 데이터 세트에 J48 적용 결과

학습방법 \ 지표	결측율	정분류율	트리 복잡도
1) No filtered , No deleted (결측값 있는 그대로 학습)	33.64%	74.60%	고
3) 10 attributes deleted (결측률 33% 이상인 10개 속성 삭제)	7.27%	80.95%	중
4) ReplaceMissingValue filtered (결측값을 평균값으로 대체)	0.0%	80.95%	하

[그림 4-51] 3가지 학습 방법별 지표

우측 하단의 학습 방법별 지표를 비교하면 3번째 ReplaceMissingValue 필터를 적용한 경우가 가장 우수하며 이를 채택하는 것이 옳다고 보일 수 있다. 그러나 함정이 있다. 필터를 적용하면 결측값을 임의로 평균값으로 대체하는데, 정말 평균으로 대체하기만 하면 우수한 모델이라고 할 수 있을까? 정답은 상황에 따라 다르다. 즉, 3가지 모델을 분석 상황에 따라 선택할 줄 알아야 한다. 그것이 질문에 대한 적합한 머신러닝의 답이다.

결측값pitfall은 숨겨지거나 의심되지 않는 위험이나 어려움이고, 이상값pratfall은 어리석고 굴욕적인 행동으로 작업할 때 데이터와 함께 매우 쉽게 수행할 수 있다.

주의점

첫 번째, 회의적이어야 한다. 데이터마이닝에서는 부정행위가 매우 쉽다. 결과의 중요성에 대해 의식적이든 무의식적이든 자신을 오도하거나 다른 사람을 오도하기 쉽다. 신뢰할 수 있는 테스트를 하려면 이전에는 볼 수 없었던 완전히 새로운 데이터 샘플을 사용해야 한다. 선택하기 전까지는 사용하지 않도록 무언가를 저장해야 한다. 알고리즘, 적용 방법 및 필터 등을 결정했다. 모든 일을 마쳤으면 새로운 데이터로 실행하여 견적을 얻는다. 그 데이터에서 더 나은 결과를 얻을 수 있도록 그것을 향상하려고 하지 말아야 한다. 항상 새로운 데이터로 최종 실행하도록 한다.

두 번째, 과적합에 대해서 많은 이야기를 했으며 과적합은 기본적으로 같은 종류의 문제이다. 물론 훈련 데이터셋으로 테스트하지 않아야 한다는 것을 알고 있다. 테스트 데이터를 수집하는 과정 등에서 어떤 식으로든 개발에 필요한 데이터는 변형되어 있다. 필터나 분류 알고리즘을 선택하는 데 도움이 되는 데이터를 사용할 때마다 또는 문제를 어떻게 처리할 것인지, 그 데이터는 변형되어 있다. 평가 결과를 얻으려면 완전히 새로운 데이터를 사용해야 한다. 데이터마이닝 절차 마지막 부분에서는 일부 평가 데이터를 남겨 두어야 한다.

Missing Value(결측값, 다른 의미로 pitfall)

실제 데이터셋에서 일부 데이터셋이 누락되는 일은 일반적이다. 인지하기 쉽지 않고 그것을 기획하는 것을 잊었을 수도 있고 관련이 없을 수도 있다. 결측값을 처리하기 위한 2가지 방법이 있다. 첫 번째 방법은 속성값이 누락된 인스턴스를 생략하거나 방법을 찾을 수 있다. 해당 인스턴스에서 특정 속성을 생략한다. 두 번째 방법은 누락을 별도의 가능한 값으로 취급할 수 있다.

스스로 물어볼 필요가 있다. 가치가 없는 사실에 의미가 있는가? 만약 몸이 아파서 의사에게 가면 그는 테스트 결과가 아닌 그가 수행한 테스트만 기록하면 그가 선택한 것을 선택해야 한다. 일을 해결할 수 있는 좋은 기회가 있다. 결과가 아닌 테스트의 존재로 인해 잘못되었다. 의사가 지능적으로 검사를 선택하기 때문이며, 그가 테스트를 선택하지 않았다고 해서 그 값이 없거나 실수로 있다는 것을 의미하지는 않는다. 그가 특정 테스트를 수행하지 않기로 선택했다는 사실에는 큰 의미가 있다. 이것은 "누락"이 별도의 가능한 값으로 취급되어야 하는 상황이다. 가치 없다는 사실에는 의미가 있다. 다른 상황에서는 단순히 장비 한 조각 때문에 가치가 사라질 수 있다. 오작동 또는 다른 이유로 인해 누군가가 무언가를 잊었을 수 있다. 그렇다면 그것이 없다는 사실에는 의미가 없다. 모든 머신러닝에는 결측값을 처리한다. arff 파일에서 물음표를 데이터값으로 입력하면 누락값으로 간주한다. Weka의 모든 메소드는 결측값을 처리할 수 있다. 그러나 다른 가정을 해야 한다. 이것을 이해하지 못하면 쉽게 오해된다.

OneR은 값이 중요한 것으로 누락되었다는 사실을 사용하여 분기한다. J48은 누락과 관련된 분기가 없으며 결측값에 대해 다르게 취급한다.

No Free Lunch 이론

이진속성으로 이루어진 100개 속성이 있다고 가정해 본다. 훈련 데이터셋에 백만 개의 인스턴스와 분류로 구성된 거대한 훈련 세트가 있다고 가정해 본다. 이진속성이 100개이므로 가능한 인스턴스 수는 2 ~ 100(2^100)이다. 그중에서 10^6을 알고 있다고 할 때 2^100 ~ 10^6까지의 목표변수를 모른다.

2^100 ~ 10^6은 99.999%이다. 결국 목표변수를 모르는 수많은 예제가 있다. 어떻게 알아낼 수 있을까? 여기에 데이터마이닝 체계를 적용하면 나머지를 알 수 있을 것이다. 그러나 어떻게 알고 있는 적은 양의 데이터에서 모든 것을 알아낼 수 있을까?

일반화하기 위해 모든 분류 알고리즘은 그 이상의 지식이나 가정을 구현해야 한다. 이 가정에 대해 인지하기 쉬운 방법은 Boundary Visualizer로 다시 생각하는 것이다. 서로 다른 머신러닝 체계가 서로 다른 인스턴스 공간의 경계는 우리가 결정할 수 있는 일련의 가정에 해당한다. 보편적인 최상의 알고리즘이나 분류 알고리즘은 없다. 즉, 무료 점심은 없다는 말이다. 데이터마이닝은 실험적인 과학이다.

의심의 여지가 있다. 사람들이 데이터마이닝 결과를 이야기할 때 정확성을 확인한 다음 분류 알고리즘을 테스트해야 한다. 이전에는 본 적이 없는 새롭고 신선한 데이터에 대해 과적합이 많이 발생할 수 있다. 다른 학습 체계는 결측값에 대해 다른 가정을 한다. 실제로 결과를 변경하도록 한다.

보편적인 최고의 학습 알고리즘/분류 알고리즘은 없다. 데이터마이닝은 실험적인 과학이며 사람들이 인용하기가 매우 쉽다. 데이터셋의 구조는 다음과 같다.

Viewer

Relation: labor-neg-data

No.	1: duration	2: wage-increase-first-year	3: wage-increase-second-year	4: wage-increase-third-year	5: cost-of-living-adjustment	6: working-hours	7: pension	8: standby-pay
	Numeric	Numeric	Numeric	Numeric	Nominal	Numeric	Nominal	Numeric
1	1.0	5.0				40.0		
2	2.0	4.5	5.8			35.0	ret_allw	
3						38.0	empl_c...	
4	3.0	3.7	4.0	5.0	tc			
5	3.0	4.5	4.5	5.0		40.0		
6	2.0	2.0	2.5			35.0		
7	3.0	4.0	5.0	5.0	tc		empl_c...	
8	3.0	6.9	4.8	2.3		40.0		
9	2.0	3.0	7.0			38.0		12.0
10	1.0	5.7			none	40.0	empl_c...	
11	3.0	3.5	4.0	4.6	none	36.0		
12	2.0	6.4	6.4			38.0		
13	2.0	3.5	4.0		none	40.0		
14	3.0	3.5	4.0	5.1	tcf	37.0		
15	1.0	3.0			none	36.0		
16	2.0	4.5	4.0		none	37.0	empl_c...	
17	1.0	2.8				35.0		
18	1.0	2.1			tc	40.0	ret_allw	2.0
19	1.0	2.0			none	38.0	none	
20	2.0	4.0	5.0		tcf	35.0		13.0
21	2.0	4.3	4.4			38.0		
22	2.0	2.5	3.0			40.0	none	
23	3.0	3.5	4.0	4.6	tcf	27.0		
24	2.0	4.5	4.0			40.0		
25	1.0	6.0				38.0		8.0
26	3.0	2.0	2.0	2.0	none	40.0	none	
27	2.0	4.5	4.5		tcf			
28	2.0	3.0	3.0		none	33.0		

Add instance Undo OK Cancel

[그림 4-52] 회색으로 표기된 부분이 결측값이다

① 실습: J48 알고리즘, labor.arff 데이터셋

② KnowledgeFlow 설계: base week 5 class 5 lesson 2.kf

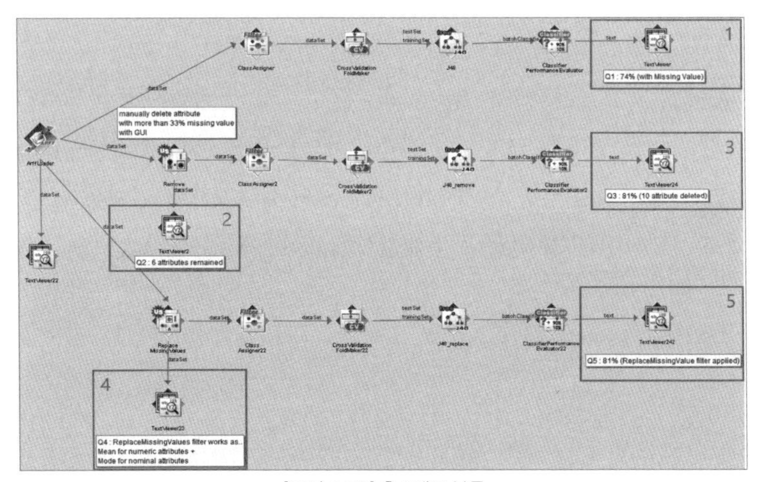

[그림 4-53] 총 5개로 분류

Q1: labor.arff 데이터셋을 어떤 전처리 없이 J48 분류 알고리즘으로 실행한 결과는 다음과 같다. 정분류율은 73.68%이다.

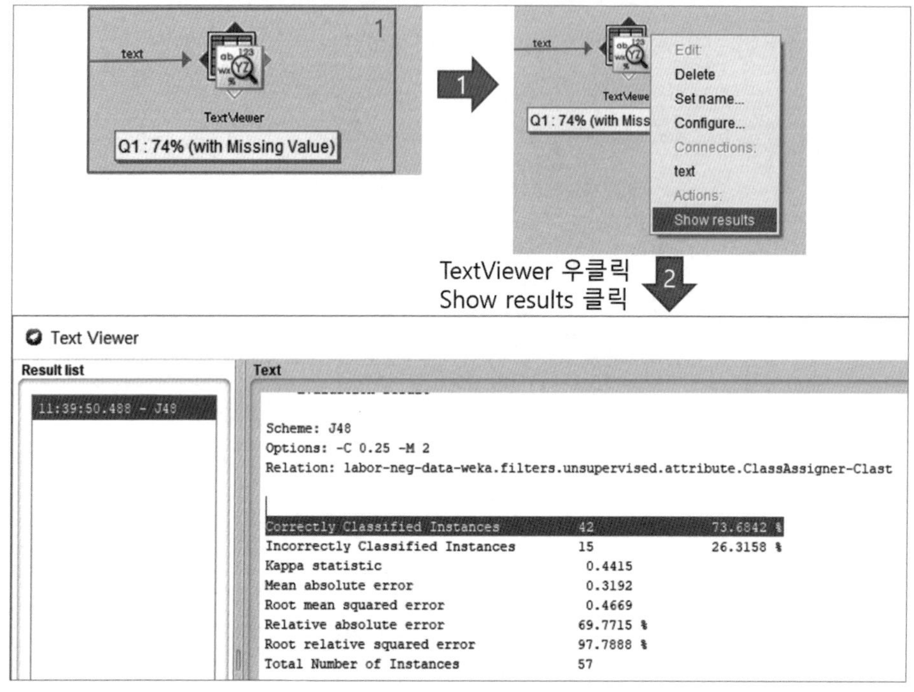

[그림 4-54] 어떤 전처리 없는 J48 실행 결과

Q2: 결측률이 33% 이상인 속성을 수동으로 삭제하라는 문제의 내용을 Remove 필터로 똑같이 실행한 모습이다. 33% 이상 결측률 데이터를 포함하는 속성은 Explorer에서 식별하였고, 속성의 순서를 attribute Indices의 설정값으로 입력했다. 그 결과 처음에 17개 속성에서 10개의 속성을 강제로 삭제하여 7개 속성만 남은 상태이다.

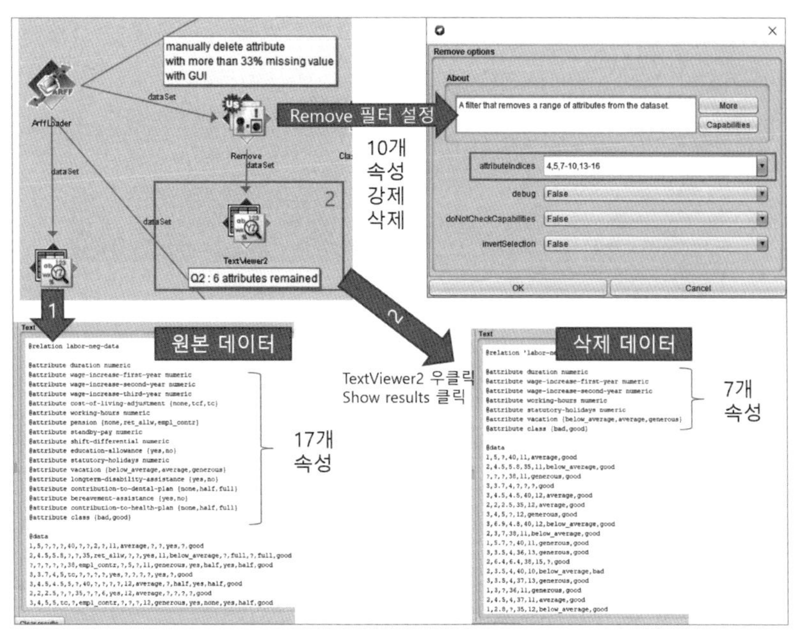

[그림 4-55] 10개 필터를 강제 삭제한 결과의 데이터셋 구조

Q3: 7개 속성만으로 실행한 J48 분류 알고리즘의 결과는 정분류율 80.7%이다.

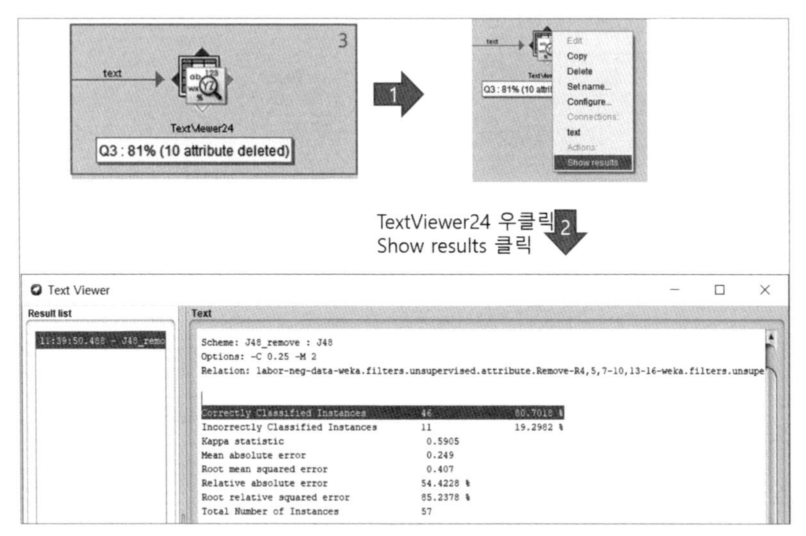

[그림 4-56] 7개 속성만으로 분류한 J48 분류 알고리즘의 정분류율은 80.7%이다

Q4: ReplaceMissingValue 필터를 기본 설정으로 적용하면 결측값이 평균과 mode 값으로 대체된다. Weka에서는 결측값을 물음표(?)로 표기한다.

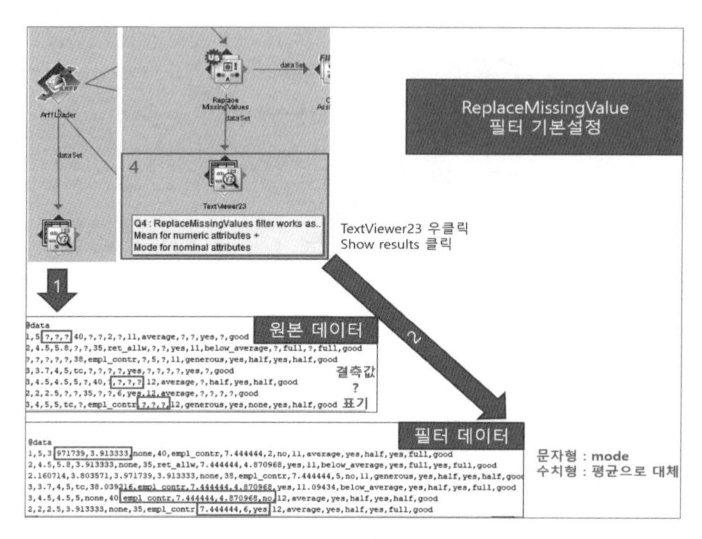

[그림 4-57] ReplaceMissingValue 필터를 적용한 평균과 mode로 대체된 데이터셋 구조

Q5: ReplaceMissingValue 필터 후 실행한 J48 분류 알고리즘의 정분류율은 80.7%이다.

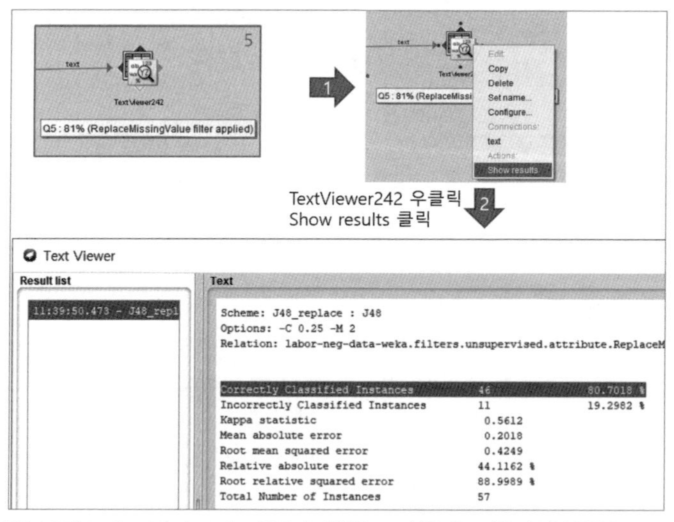

[그림 4-58] ReplaceMissingValue 필터 후 실행한 J48 분류 알고리즘의 정분류율은 80.7%

Q6: 다소 미묘하면서도 거의 확실하지 않은 문제가 있다. ReplaceMissingValues 필터는 전체 데이터 집합에 대한 평균과 모드를 계산한다. 따라서 교차검증의 각 fold에 대해 훈련 세트의 일부 속성값이 테스트 세트의 정보로 왜곡되었다. 아마도 효과는 매우 적다. 이로 인해 결측값이 해당 테스트 세트의 평균/모드로 대체되는 완전히 독립적인 테스트 세트에서 얻은 결과와 약간 다른 결과가 생성될 수 있다.

③ Explorer 실습

Q1: labor.arff 데이터셋을 어떤 전처리 없이 J48 분류 알고리즘으로 실행한 결과는 다음과 같다. 정분류율은 73.68%이다.

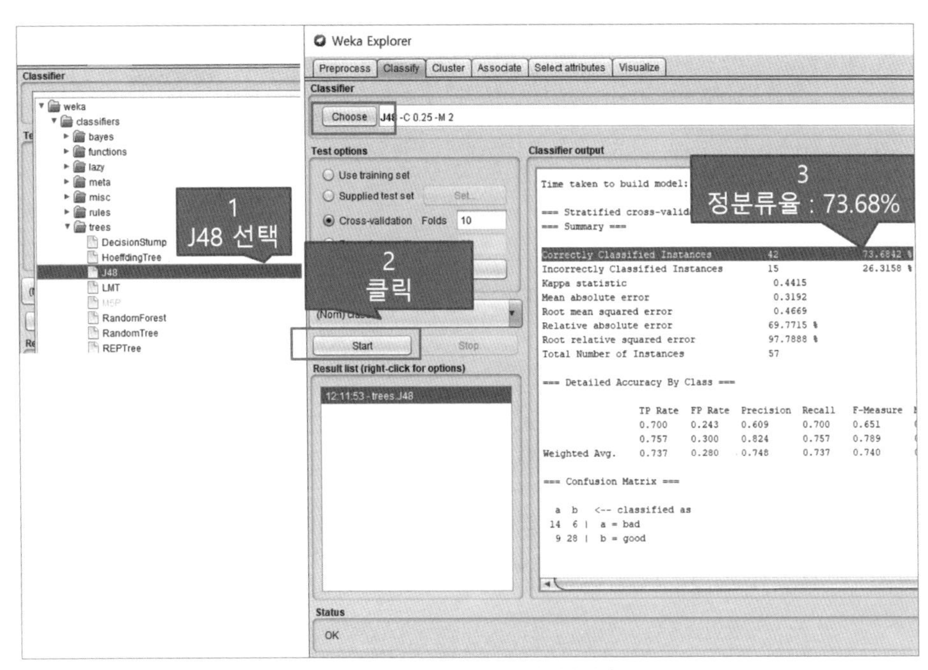

[그림 4-59] Explorer로 필터링 없이 학습하면 73.6%

Q2: 결측률이 33% 이상인 속성을 수동으로 삭제하라는 문제의 내용을 Remove 필터로 똑같이 실행한 모습이다. 33% 이상 결측률 데이터를 포함하는 속성은 Explorer에

서 식별하였고, 속성의 순서를 attributeIndices의 설정값으로 입력했다. 그 결과 처음에 17개 속성에서 10개의 속성을 강제로 삭제하여 7개 속성만 남은 상태이다.

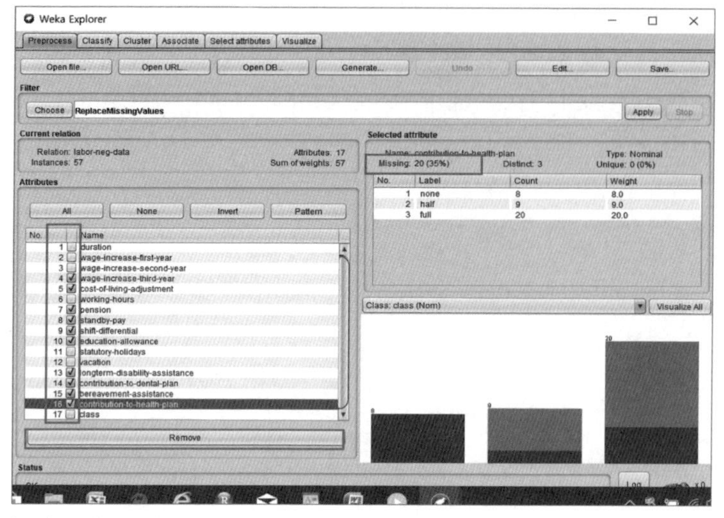

[그림 4-60] 17개 속성 중에 우중간 결측률(Missing) 33% 이상인 속성을 수동으로 삭제한다

Q3: 7개 속성만 남게 되며, 데이터셋을 보면 결측값이 중간중간 보이지만 해당 속성의 결측률이 33% 미만이므로, 이 상태로 학습한 정분류율은 80.78%이다.

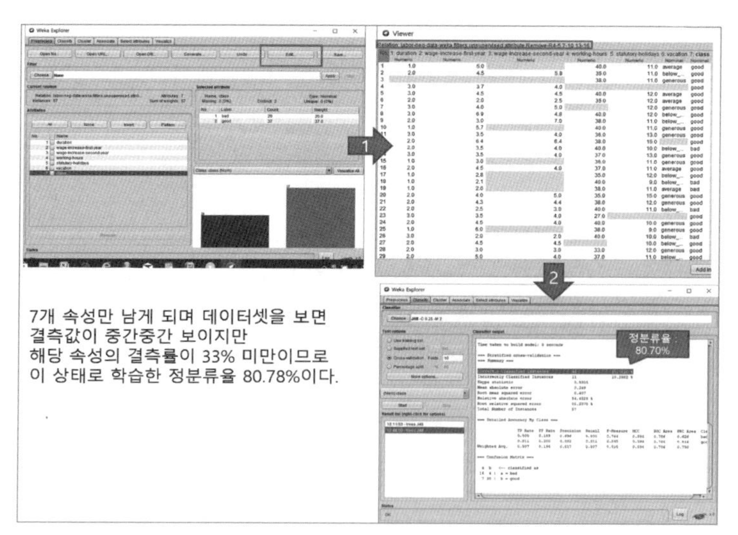

[그림 4-61] 결측이 많은 속성을 삭제해도 일부 회색이 보이므로 아직 결측값이 존재한다

Q4: ReplaceMissingValue 필터를 기본 설정으로 적용하면 결측값이 평균과 mode 값으로 대체된다. Weka에서는 결측값을 물음표(?)로 표기한다.

Q5: 필터링 된 데이터를 J48로 분류하면 정분류율은 80.70%이다.

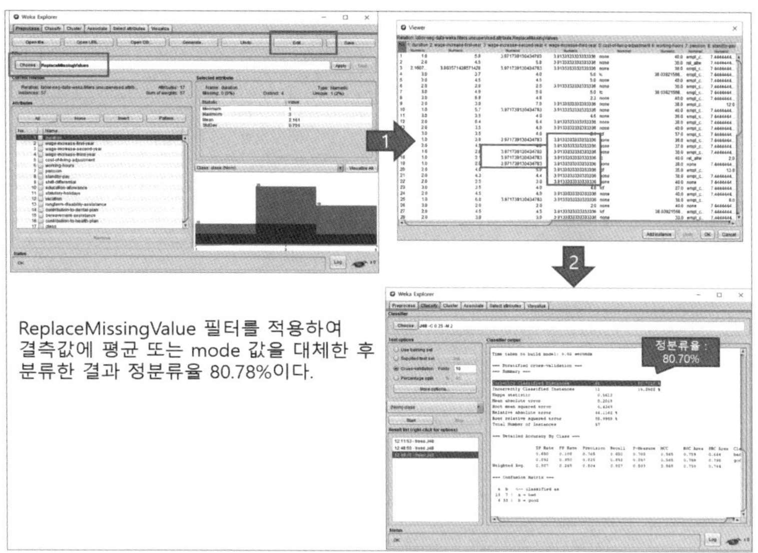

1
2
ReplaceMissingValue 필터를 적용하여
결측값에 평균 또는 mode 값을 대체한 후
분류한 결과 정분류율 80.78%이다.
정분류율 :
80.70%

[그림 4-62] 평균과 모드값으로 대체된 데이터셋의 정분류율은 80.7%

④Java 프로그래밍: W5_L2_MissingValue.Java

```
package _1_base;

import Java.awt.BorderLayout;
import Java.awt.Dimension;
import Java.io.*;
import Java.util.ArrayList;
import Java.util.Random;
import Javax.swing.JFrame;
import Weka.classifiers.*;
import Weka.classifiers.trees.J48;
import Weka.core.*;
```

```
import Weka.filters.Filter;
import Weka.filters.unsupervised.attribute.Remove;
import Weka.filters.unsupervised.attribute.ReplaceMissingValues;
import Weka.gui.treevisualizer.PlaceNode2;
import Weka.gui.treevisualizer.TreeVisualizer;

public class W5_L2_MissingValue {

        ArrayList<Integer> attrIndexWithMissingValue = new ArrayList<
        Integer>();

        public static void main(String args[]) throws Exception{
                W5_L2_MissingValue obj = new W5_L2_MissingValue();
                String fileName= "labor";
                System.out.println(fileName + " : ");

                // 1) 필터나 속성 삭제 없이 순수하게 분류
                obj.missingValue(fileName,new J48(), false, false);
                // 2) 속성 강제 삭제 + 3) 분류
                obj.missingValue(fileName,new J48(), false, true);
                // 4) 필터만 적용 + 5) 분류
                obj.missingValue(fileName,new J48(), true, false);
        }

        public void missingValue(String fileName, Classifier model,
                  boolean applyReplaceMissingValueFilter,
                  boolean eraseMissingValue) throws Exception{
                int numfolds = 10;
                int numfold = 0;
                int seed = 1;

                // 1) data loader
                Instances data=new Instances(new BufferedReader(
                                new FileReader("D:\\Weka-3-9\\data\\"+f
                                ileName+".arff")));
```

```
data.setClassIndex(data.numAttributes()-1);

if(eraseMissingValue) {
        // 결측률 33% 이상 속성 삭제
        data = this.deleteAttributeWithMissingValue
             (model, data);
}else{
        // ReplaceMissingValueFilter 필터 적용 여부에 따른 데이
        터셋 반환
        // (숫자는 평균, 명목형은 mode값으로 대체)
    data = this.applyReplaceMissingValueFilter(applyRep
    laceMissingValueFilter, model, data);
}

// 결측값 비율 출력 및 저장 함수
double totalMissingCount = this.missingCount(data);

Instances train = data.trainCV(numfolds, numfold, new
Random(seed));
Instances test  = data.testCV(numfolds, numfold);

// 2) class assigner
train.setClassIndex(train.numAttributes()-1);
test.setClassIndex(test.numAttributes()-1);

// 3) cross validate setting
Evaluation eval=new Evaluation(train);
eval.crossValidateModel(model, data, numfolds, new
Random(seed));

// 4) model run
model.buildClassifier(train);

// 5) evaluate
eval.evaluateModel(model, test);
```

```
            // 6) print Result text
            this.printResultTitle(model,
                    applyReplaceMissingValueFilter,
                    eraseMissingValue);
            System.out.println(model.toString() +
                                "\n"+eval.toSummaryString());

            //7) view tree model
            this.treeVeiwInstances(data, totalMissingCount,
                (J48)model, eval,applyReplaceMissingValueFilter,
                eraseMissingValue);
    }

/*****************************
 * ReplaceMissingValues 필터 적용 함수
 *****************************/
    public Instances applyReplaceMissingValueFilter(boolean applyRepl
    aceMissingValueFilter,
                                Classifier model, Instances data)
                                throws Exception{
        if(!applyReplaceMissingValueFilter) return data;
        ReplaceMissingValues filter = new ReplaceMissingValues();
        data.setClassIndex(data.numAttributes()-1); // class assigner
        filter.setInputFormat(data);
        data = Filter.useFilter(data, filter);
        System.out.println("\n*****************************
        ********************");
        System.out.println("\t\t 4) ReplaceMissingValue applied ");
        System.out.println("****************************************
        ************");

        return data;
    }
```

```
/*****************************************************************
 * 10개 속성 강제 삭제(Explorer 또는 missingCount 함수에서
 결측률 33% 이상 속성 index를 식별할 수 있다.)
 ****************************************************************/
 public Instances deleteAttributeWithMissingValue(Classifier
 model, Instances data) throws Exception{
        Remove filter = new Remove();

//      filter.setAttributeIndices("4,5,7-10,13-16");
        String s_index_array = "";
        for(Integer index : attrIndexWithMissingValue) s_index_
        array += index + ", ";
        filter.setAttributeIndices(s_index_array); // 끝에 콤마가 있어
        도 실행 가능
        data.setClassIndex(data.numAttributes()-1); // class assigner
        filter.setInputFormat(data);
        data = Filter.useFilter(data, filter);
        System.out.println("\n************************************
        **************");
        System.out.println("\t\t 2) delete " + attrIndexWith
        MissingValue.size() + " attribute ");
        System.out.println("************************************
        ************");
        System.out.println("deleted index =" + s_index_array);

        return data;
}

/*************************************************************
 * 결측값 33% 기준 및 33% 이상 결측값 보유 속성 index 추출(최대 결측률이 33.6%임)
 ************************************************************/
public double missingCount(Instances data) throws Exception {
        double totalMissingCount = 0.0;
```

```
            double[] missingCountByAttr = new double[data.
            numAttributes()];
            for(int x=0 ; x < data.size() ; x++){
                    Instance row = data.get(x);
                    for(int y=0 ; y < data.numAttributes(); y++){
                            try{
//                                  System.out.print(row.string
                                    Value(y) + " , ");
                            }catch(Java.lang.IllegalArgument
                            Exception iia){
//                                  System.out.print(row.value(y) + "
                                    , ");
                            }
                            if(row.isMissing(y) ) {
                                    totalMissingCount++;
                                    missingCountByAttr[y]++;
                            }
                    }
//                  System.out.println("");
            }

            double totalDataCount = data.size() * data.numAttributes();
            double missingRatio = totalMissingCount / totalDataCount;

            System.out.println("\n-----------------------------------
            ---------------------------------------");
            System.out.println("\t\t Missing ratio: "+String.format
            ("%.2f",missingRatio*100) + " %" );

            System.out.println("-----------------------------------
            -------------------------------------");
            for(int y=0 ; y < data.numAttributes(); y++){
//                  System.out.println("y = " + y + " = " + missing
                    CountByAttr[y]);
```

```
                if(missingCountByAttr[y] / data.size() > 0.33){
                // missingRatio = 0.33
//                      System.out.println("deleted attr index =
                        " + y);
                        attrIndexWithMissingValue.add((y+1));
                }
        }

        return totalMissingCount;
}
/**************************
 * Weka 제공시각화(treeView)
 **************************/
public void treeViewInstances(Instances data, double total
MissingCount, J48 tree, Evaluation eval,
                boolean applyReplaceMissingValueFilter,
                boolean eraseMissingValue)
            throws Exception {

        double missingRation = totalMissingCount/(data.size() *
        data.numAttributes()) * 100;
        String graphName = "";
        if(applyReplaceMissingValueFilter){
                graphName= "4) ReplaceMissingValue applied";

        }else{
                if(eraseMissingValue){

               graphName= "3)" + attrIndexWithMissingValue.
               size() + " attribute deleted J48";
                }else{
                        graphName= "1) no filterd, no attr deleted";

                }
        }
```

```
        graphName += " , 결측률 = " + String.format("%.2f",
        missingRation) + " %";
        graphName += " , 정분류율 = " + String.format("%.2f",eval.
        pctCorrect()) + " %";
            TreeVisualizer panel = new TreeVisualizer(null,tree.
            graph(),new PlaceNode2());
            JFrame frame = new JFrame(graphName);
            frame.setDefaultCloseOperation(
                      JFrame.EXIT_ON_CLOSE);
            frame.getContentPane().setLayout(new Border
            Layout());
            frame.getContentPane().add(panel);
            frame.setSize(new Dimension(800,500));
            frame.setLocationRelativeTo(null);
            frame.setVisible(true);
            panel.fitToScreen();
            System.out.println("See the " + graphName + "
            plot");
}

/*************************
 * 결과출력 title 결정
 *************************/
public void printResultTitle(Classifier model,boolean applyReplac
eMissingValueFilter,
                 boolean eraseOutlier){
        System.out.println("\n*******************************
        ***********");
        if(!eraseOutlier){
                 System.out.println("\t\t " +
                      ((!applyReplaceMissingValueFilter)?
                          "1) no filterd, no attr deleted ":
                          "5) filtered J48"));
        }else{
```

```
                    System.out.println("\t\t 3) " +
                        attrIndexWithMissingValue.size() +
                        "attribute deleted J48");
            }
            System.out.println("************************
            **************");
    }
}
```

앞의 코드를 찬찬히 살펴보자. 삭제할 속성의 순서를 저장할 객체변수attrIndexWithMissingValue를 정의했다. main 함수는 3가지 학습 방법별로 missingValue 함수를 호출한다. 그리고 22라인의 arrIndexWithMissingValue라는 배열로 정의된 객체변수(Java 클래스 내 변수)는 아래의 결측률 33% 이상인 속성의 index 번호를 순서대로 저장한다.

```
public class W5_L2_MissingValue {

    ArrayList<Integer> attrIndexWithMissingValue = new ArrayList<Integer>();

    public static void main(String args[]) throws Exception{
            W5_L2_MissingValue obj = new W5_L2_MissingValue();
            String fileName= "labor";
            System.out.println(fileName + " : ");

            // 1) 필터나 속성 삭제 없이 순수하게 분류
            obj.missingValue(fileName,new J48(), false, false);
            // 2) 속성 강제 삭제 + 3) 분류
            obj.missingValue(fileName,new J48(), true, false);
```

```
                    // 4) 필터만 적용 + 5) 분류
            obj.missingValue(fileName,new J48(), true, false);
    }
```

missingCount 함수는 속성 삭제, ReplaceMissingValue 필터 적용, 결측 개수 반환, 모델학습, 트리 시각화로 구성되어 있다. 데이터를 불러온 후 속성을 강제 삭제하는 경우와 필터를 적용하는 경우로 나뉘며 속성 삭제 및 필터 적용이 없을 경우 48라인에서 실행하는 함수 내에서 바로 데이터셋을 반환하기에 데이터 형태 변환이 없다. 3가지 학습 방법별로 결측된 개수를 계산하였고, 이 값은 트리 시각화 때 title로 사용된다.

```
    /*************************************************************
     * 결측값 33% 기준 및 33% 이상 결측값 보유 속성 index 추출(최대 결측률이 33.6%임)
     *************************************************************/
    public double missingCount(Instances data) throws Exception {
            double totalMissingCount = 0.0;
            double[] missingCountByAttr = new double[data.
            numAttributes()];
            for(int x=0 ; x < data.size() ; x++){
                    Instance row = data.get(x);
                    for(int y=0 ; y < data.numAttributes(); y++){
                            try{
//                                  System.out.print(row.string
                                    Value(y) + " , ");
                            }catch(Java.lang.IllegalArgumentExce
                            ption iia){
//                                  System.out.print(row.value(y) + "
                                    , ");
```

```
                    }
                    if(row.isMissing(y) ) {
                        totalMissingCount++;
                        missingCountByAttr[y]++;
                    }
                }
//              System.out.println("");
            }

            double totalDataCount = data.size() * data.numAttributes();
            double missingRatio = totalMissingCount / totalDataCount;

            System.out.println("\n-----------------------------------
            --------------------------------------");
            System.out.println("\t\t Missing ratio: "+String.
            format("%.2f",missingRatio*100) + " %" );
            System.out.println("-----------------------------------
            ------------------------------------");
            for(int y=0 ; y < data.numAttributes(); y++){
//              System.out.println("y = " + y + " = " + missing
                CountByAttr[y]);
                if(missingCountByAttr[y] / data.size() > 0.33){
                // missingRatio = 0.33
//                  System.out.println("deleted attr index =
                    "+ y);
                    attrIndexWithMissingValue.add((y+1));
                }
            }

            return totalMissingCount;
        }
```

applyReplaceMissingValueFilter 함수는 ReplaceMissingValue 필터를 적용하는 함수이다. 특별한 옵션값을 설정하지 않은 기본 필터를 적용했다. 기본 필터는 결측값이 숫자형인 경우 평균으로 범주형/문자형은 mode형으로 대체된다.

```
/******************************
 * ReplaceMissingValues 필터 적용 함수
 ******************************/
    public Instances applyReplaceMissingValueFilter(boolean applyRepl
    aceMissingValueFilter,
                                    Classifier model, Instances
                                    data) throws Exception{
            if(!applyReplaceMissingValueFilter) return data;
            ReplaceMissingValues filter = new ReplaceMissingValues();
            data.setClassIndex(data.numAttributes()-1); // class
            assigner
            filter.setInputFormat(data);
            data = Filter.useFilter(data, filter);
            System.out.println("\n***********************************
            ****************");
            System.out.println("\t\t 4) ReplaceMissingValue applied
            ");
            System.out.println("************************************
            ****************");

            return data;
    }
```

deleteAttributeWithMissingValue 함수는 Remove 필터를 적용하여 결측률 33% 이상 속성을 삭제하는 함수이다.

퀴즈에서는 Explorer에서 수동으로 삭제하기로 했으나 이 기능을 수행하는 Remove 필터가 존재하여 적용했다. 그러면 삭제할 속성을 정해야 하는데, 101라인처럼 속성 index를 저장하지 않았다. 그 대신 객체변수인 arrIndexWithMissingValue에 저장된 속성 index를 이용하여 삭제할 속성을 문자열로 생성했다.

생성된 문자열을 setAttributeIndices 옵션의 설정값으로 대입하면 해당 속성을 삭제된 데이터셋으로 구조가 변경된다.

```
	/**********************************************************************
	 * 10개 속성 강제 삭제(Explorer 또는 missingCount 함수에서
	 결측률 33% 이상 속성 index를 식별할 수 있다.)
	 *********************************************************************/
	public Instances deleteAttributeWithMissingValue(Classifier
	model, Instances data) throws Exception{
		Remove filter = new Remove();

//		filter.setAttributeIndices("4,5,7-10,13-16");
		String s_index_array = "";
		for(Integer index : attrIndexWithMissingValue)
		    s_index_array += index+",";
		filter.setAttributeIndices(s_index_array); // 끝에 콤마가 있어
		도 실행 가능
		data.setClassIndex(data.numAttributes()-1); // class
		assigner
		filter.setInputFormat(data);
		data = Filter.useFilter(data, filter);
		System.out.println("\n*********************************
		*****************");
		System.out.println("\t\t 2) delete " +
		   attrIndexWithMissingValue.size() + " attribute ");
		System.out.println("************************************
		**********");
```

```
        System.out.println("deleted index =" + s_index_array);

        return data;
    }
```

missingCount 함수는 전체 데이터셋별로 결측값 개수를 누적한다. 한 가지 알고 가야 할 점은 33%란 비율은 그냥 1/3이 아니라 전체 데이터의 결측률이다.

총 결측 개수는 결측률 출력 때 사용되며, 결측값이 33% 이상인 경우 객체변수 arrIndexWithMissingValue에 순차적으로 적재 후 Replace 필터에서 속성 삭제에 사용된다.

```
    /***********************************************************
     * 결측값 33% 기준 및 33% 이상 결측값 보유 속성 index 추출(최대 결측률이 33.6%임)
     ***********************************************************/
    public double missingCount(Instances data) throws Exception {
        double totalMissingCount = 0.0;
        double[] missingCountByAttr = new double[data.
        numAttributes()];
        for(int x=0 ; x < data.size() ; x++){
            Instance row = data.get(x);
            for(int y=0 ; y < data.numAttributes(); y++){
                try{
//                  System.out.print(row.string
                    Value(y) + " , ");
                }catch(Java.lang.IllegalArgument
                Exception iia){
//              System.out.print(row.value(y) + " , ");
```

```
                    }
                    if(row.isMissing(y) ) {
                            totalMissingCount++;
                            missingCountByAttr[y]++;
                    }
            }
//          System.out.println("");
        }

        double totalDataCount = data.size() * data.
        numAttributes();
        double missingRatio = totalMissingCount / totalDataCount;

        System.out.println("\n---------------------------------
        --------------------------------------");
        System.out.println("\t\t Missing ratio : "+String.
        format("%.2f",missingRatio*100) + " %" );
        System.out.println("----------------------------------
        --------------------------------------");
        for(int y=0 ; y < data.numAttributes(); y++){
//          System.out.println("y = " + y + " = " + missing
            CountByAttr[y]);
            if(missingCountByAttr[y] / data.size() > 0.33){
            // missingRatio = 0.33
//                  System.out.println("deleted attr index =
                    " + y);
                    attrIndexWithMissingValue.add((y+1));
            }
        }

        return totalMissingCount;
    }
```

treeViewInstance 함수는 Weka에서 기본적으로 제공하는 의사결정나무 그래프 기능을 사용하여 Java 코드 실행 후 그래프를 출력하게 했다. 그래프명에 학습 방법별로 지정하되 결측률과 정분류율도 포함되게 했다.

```
/**************************
 * Weka 제공 시각화(treeView)
 **************************/
public void treeViewInstances(Instances data, double total
MissingCount, J48 tree, Evaluation eval,
                    boolean applyReplaceMissingValue
                    Filter, boolean eraseMissingValue)
            throws Exception {

        double missingRation = totalMissingCount/(data.size() *
        data.numAttributes()) * 100;
        String graphName = "";
        if(applyReplaceMissingValueFilter){
                graphName= "4) ReplaceMissingValue applied";

        }else{
                if(eraseMissingValue){
                   graphName= "3)" + attrIndexWithMissingValue.
                   size() + " attribute deleted J48";

             }else{
                        graphName= "1) no filterd, no attr deleted";

                }
        }
        graphName += " , 결측률 = " + String.format("%.2f",missing
        Ration) + " %";
        graphName += " , 정분류율 = " + String.format("%.2f",eval.
```

```
            pctCorrect()) + " %";
            TreeVisualizer panel = new TreeVisualizer(null,tree.
            graph(),new PlaceNode2());
            JFrame frame = new JFrame(graphName);
            frame.setDefaultCloseOperation(JFrame.EXIT_ON_CLOSE);
            frame.getContentPane().setLayout(new BorderLayout());
            frame.getContentPane().add(panel);
            frame.setSize(new Dimension(800,500));
            frame.setLocationRelativeTo(null);
            frame.setVisible(true);
            panel.fitToScreen();
            System.out.println("See the " + graphName + " plot");
    }
```

printResultTitle 함수는 출력 콘솔에 있는 문자열을 그대로 의사결정나무 타이틀에 표기한다. 앞의 코드에서 나타내려는 것은 필터 적용 또는 데이터 삭제 경우에 따른 학습 방법별로 출력 title을 설정한 함수이다.

```
    /**************************
     * 결과 출력 title 결정
     **************************/
    public void printResultTitle(Classifier model,boolean applyReplac
    eMissingValueFilter,
                    boolean eraseOutlier){
            System.out.println("\n*****************************
            *************");
            if(!eraseOutlier){
System.out.println("\t\t " + ((!applyReplaceMissingValueFilter)?"1) no
filterd, no attr deleted ":"5) filtered J48"));
```

```
                    }else{
System.out.println("\t\t 3) " + attrIndexWithMissingValue.size() + "
attribute deleted J48");
                    }
                    System.out.println("*********************************
                    *****");
        }
}
```

학습 방법 중 1번째인 있는 그대로 J48 분류 알고리즘을 적용한 결과이다. 결측률 33.64%, 정분류율 74.6%이다. 여기서 결측률 33.64%는 결측률이 33% 이상 속성만 삭제하라는 기준값이 된다.

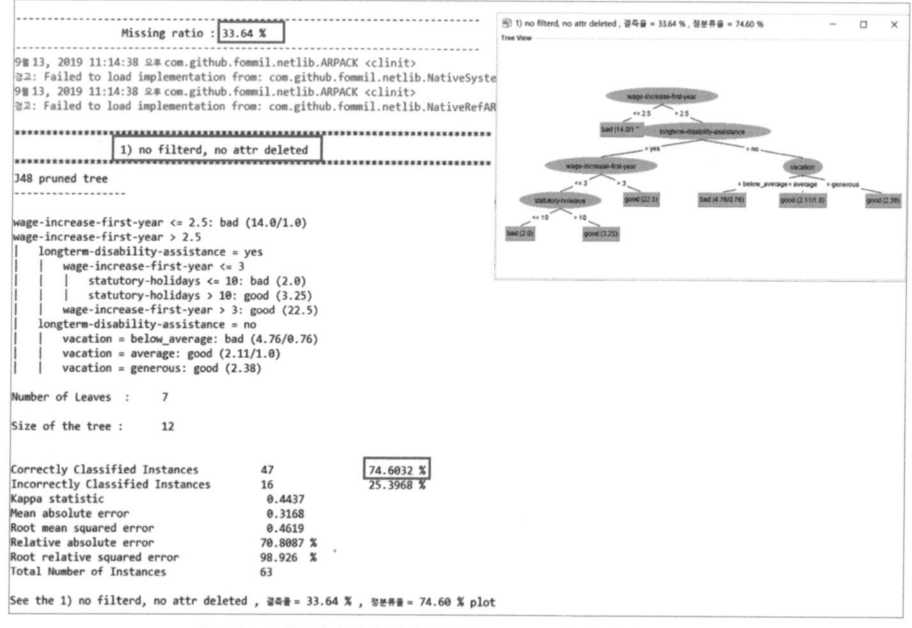

[그림 4-63] 1번째 학습 결과 결측률 33.64% 및 정분류율 74.6%

학습 방법 중 2번째인 있는 그대로 J48 분류 알고리즘을 적용한 결과이다. 출력 결과 상단의 결측값을 33% 이상 보유한 deleted index에 출력된 값들은 실제로 삭제하기 위해 코드에서 산출해 놓은 결과를 출력했다. 결측률 7.27%, 정분류율 80.95%이다. 33% 이상 결측된 값을 보유한 속성을 모두 삭제한 후 J48을 실행했으니 정분류율이 더 높게 나왔다. 의사결정나무의 가지를 봐도 있는 그대로 분류한 것보다는 단순하다.

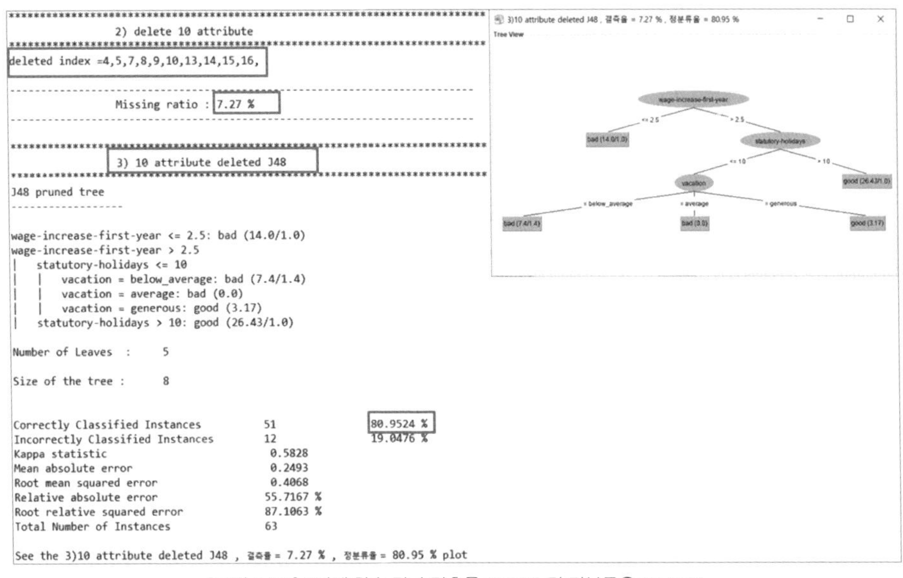

[그림 4-64] 2번째 학습 결과 결측률 7.27% 및 정분류율 80.95%

학습 방법 중 3번째인 있는 그대로 J48 분류 알고리즘을 적용한 결과이다. Replace-MissingValue 필터를 적용하여 결측값에 평균 또는 mode값을 대체했다. 결측률 0%, 정분류율은 80.95%이며, 앞의 33% 이상 결측값 보유 속성을 삭제한 것과 동일한 정분류율이다. 이때의 의사결정나무가 가장 단순하다. 처음에 소개한 그림을 다시 살펴보도록 한다.

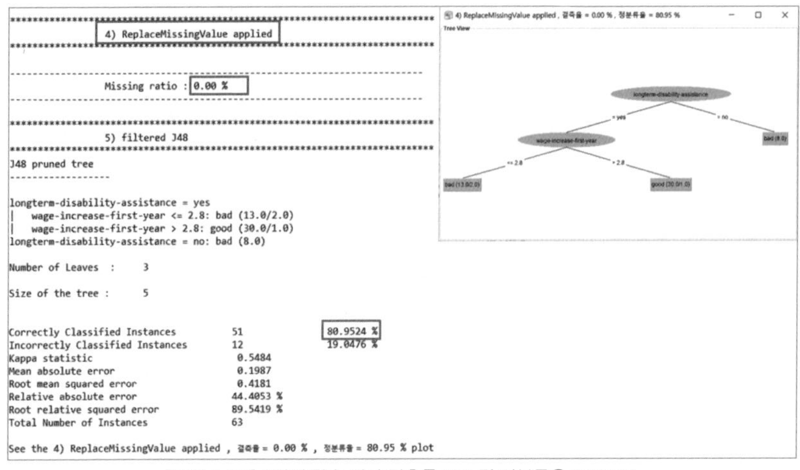

[그림 4-65] 3번째 학습 결과 결측률 0% 및 정분류율 80.95%

3개 중에 단순히 비교하면 ReplaceMissingValue 필터를 적용한 경우가 우수하다. 그러나 단순히 평균값과 모드값을 대체하여 값만 채운다고 분류 알고리즘이 우수하다고 판단하면 큰 오산이다. 관계자들과 협의하여 어떤 경우의 분류 알고리즘이 적합한지를 결정하는 것이 반드시 필요하다.

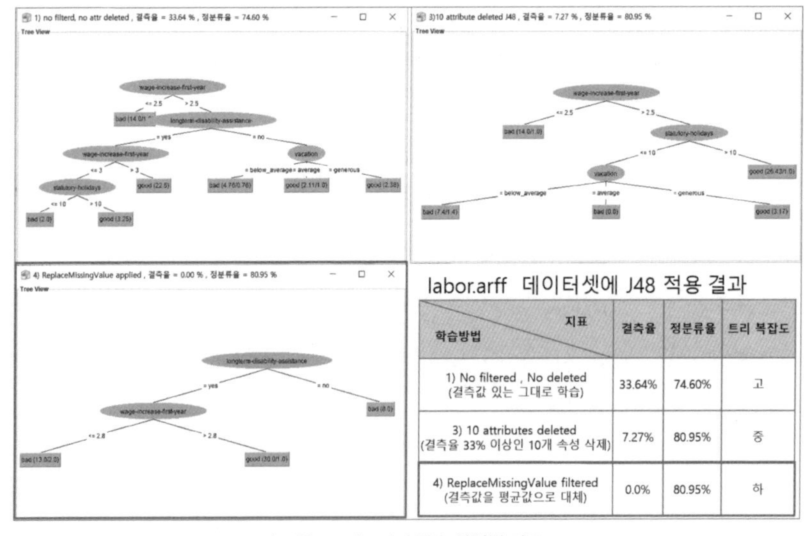

학습방법 \ 지표	결측율	정분류율	트리 복잡도
1) No filtered , No deleted (결측값 있는 그대로 학습)	33.64%	74.60%	고
3) 10 attributes deleted (결측율 33% 이상인 10개 속성 삭제)	7.27%	80.95%	중
4) ReplaceMissingValue filtered (결측값을 평균값으로 대체)	0.0%	80.95%	하

[그림 4-66] 3가지 학습 방법별 지표

4.4 초등 분류 알고리즘

4.4.1 OneR: 모든 목표변수는 단 한 개 속성으로 결정된다

지금까지는 기본적인 머신러닝 과정에 대해 설명했다. 데이터 불러오기, 필터링, 분류 알고리즘 적용, 시각화, 모델검증 5단계로 나뉘며 Java 코드도 이 순서로 작성했다. 이제는 각종 분류 알고리즘에 대해 구체적으로 설명하며 다음과 같은 순서로 진행된다.

간단한 분류 알고리즘이 종종 잘 작동하는 경우도 있으니 데이터마이닝은 복잡한 것을 시도하기 전에 간단한 것부터 해 보는 것이 좋다. 왜냐하면 데이터마이닝은 도메인에 종속된 실험적인 과학이므로 시행착오를 줄이기 위해서이다. 주 내용은 다음과 같다.

① 1개 속성이 모든 일을 한다.
② 속성은 동일하게 독립적으로 기여한다.
③ 소수의 속성으로 테스트하는 의사결정나무이다.
④ 알 수 없는 샘플에서 가장 가까운 훈련 데이터의 거리 측정이다.

4.4.1.1 Simplicity first

OneR은 1개의 특정 속성이 모든 것을 대표할 수 있다는 가정에서 출발하는 1단계 의사결정나무이다. 1993년에 발표된 제일 간단한 의사결정나무 분류 알고리즘이며 매우 간단한 분류규칙이 가장 잘 수행된다는 논문에서 발표되었다. 16개뿐인 데이터셋을 OneR 분류 알고리즘으로 교차검증했을 때 복잡한 분류 알고리즘보다 더 성능이 좋다는 것을 발견한다. 그 이유는 실제 일부 데이터셋의 구조는 정말 간단하기 때문이며, 간섭이 많고 복잡한 데이터셋들은 오히려 머신러닝이 제대로 작동하지 않을 수 있다.

OneR의 전개 순서는 다음과 같다.

① 각 속성에 몇 가지 규칙을 생성한다.
② 속성값에 대해 각 class의 빈도를 카운트하는 규칙을 생성한다.

③ 가장 빈번한 class를 찾고 규칙이 가장 빈번한 class들을 속성값 조합에 지정한다.
④ 오류율을 계산한다.
⑤ 데이터셋의 각 속성에 반복하고 오류율이 가장 작은 속성을 선택한다.

4.4.1.2 Overfitting

과적합이란 과거 데이터 기준으로 학습한 분류 알고리즘이 현재 또는 미래의 데이터에 적용하면 정분류율이 낮아지거나 정분류율의 변동폭이 예상보다 큰 경우를 말한다. 다시 말해 열심히 머신러닝을 시켰는데 쓸모가 없어진다는 말이다.

훈련 데이터 구조가 밀접하게 연관되어 있고 독립적으로 일반화되지 않으면 과적합이 발생하기 쉽다. 이러한 속성 간 연관성이 너무 조밀하며 일반화가 어려운 데이터셋의 과적합을 방지하기 위해 OneR을 적용해 본다.

OneR에는 규칙의 복잡성을 제한하는 매개변수가 있다. 기본값이 6으로 지정된 minBucketSize라는 매개변수가 그것이다. 이 값을 1로 지정하면 훈련 데이터셋에 대한 매우 정확한 규칙을 생성하지만 독립적으로 잘 일반화되지 않아 과적합이 발생할 가능성이 매우 높다.

diabetes 데이터셋에 OneR을 적용하면 plas(포도당 농도)라는 1개의 속성에 의해 71% 정분류율을 나타낸다. 이때는 minBucketSize = 6(기본값) 상태이다. 그러면 minBucketSize를 1로 설정하면 pedi라는 다른 1개 속성에 의해 분류되는 것으로 변경되며 56% 정분류율을 보인다. minBucketSize = 1 설정 상황에서 훈련 데이터 사용을 클릭하면 87.5%의 정분류율을 보인다. minBucketSize 설정값에 따라 정분류율의 변동폭은 크게 중요하지 않다. 요점은 이러한 정분류율의 큰 변동은 훈련 데이터로 교차검증했기 때문이다. 즉 평가는 훈련 데이터로 하지 말고 테스트 데이터로 해야 한다.

테스트 데이터만 가지고도 과적합을 피할 수 없어 심지어 훈련, 테스트, 검증용 데이터셋 3가지로 분리해야 머신러닝 알고리즘의 과적합을 최소화할 수 있다. 결국 OneR처럼 1개 속성만으로 분류규칙을 찾을 수 있는 경우는 현실 세계에 없고, 과적합이란 머신러닝의 어려움을 실험해 극복해야 한다.

① 실습: OneR 알고리즘, weather.numeric.arff 데이터셋

② KnowledgeFlow설계: base week 3 class 3 lesson 12.kf

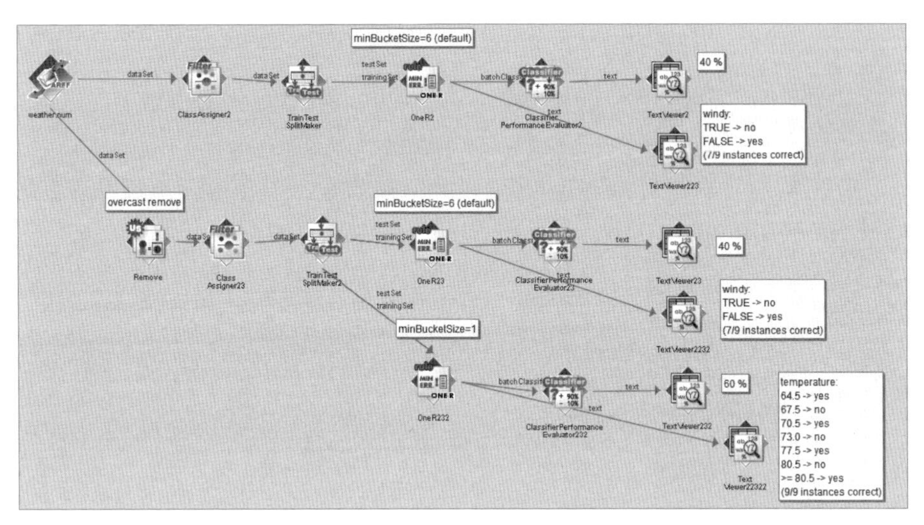

[그림 4-67] weather.numeric 데이터를 OneR 분류 알고리즘과 minBucketSize 설정값을 변경한 결과

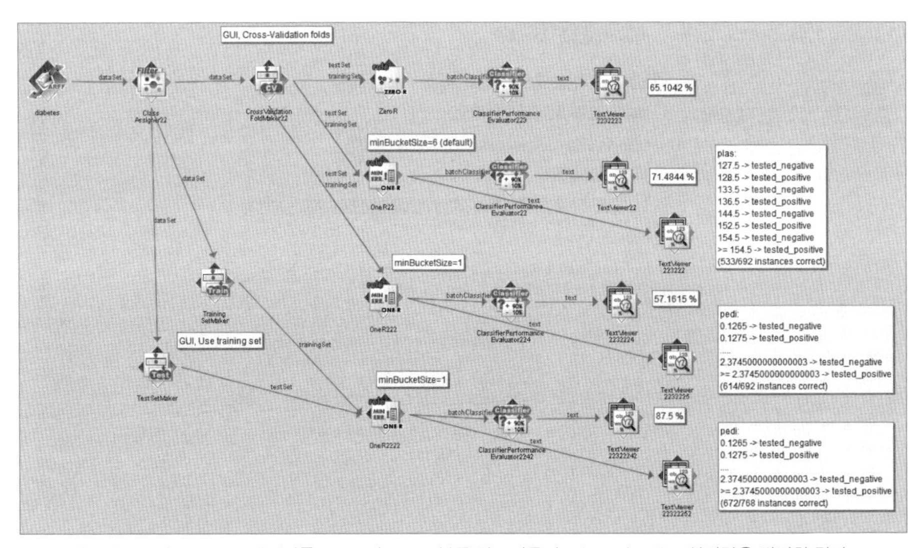

[그림 4-68] diabetes 데이터를 ZeroR과 OneR 분류 알고리즘과 minBucketSize 설정값을 변경한 결과

minBucketSize 설정값이 변경됨에 따라 정분류율이 변하는 것을 볼 수 있다. 그렇다고 정분류율이 높아지는 설정값이 무조건 옳은 것은 아니다. 즉, 과적합의 위험이 있다. 강의에서는 87.5% 정분류율이 나온 훈련 데이터로만 모델평가하고 minBucket-Size = 1 설정값의 결과는 일반화되지 않았다고 한다. 즉, 모델 생성 때는 정분류율이 높지만, 새로운 데이터를 분류하면 정분류율이 대폭 하락한다고 한다.

③ Explorer 실습

총 7번의 실험 결과 중에서 KnowledgeFlow 기준으로 제일 첫 번째와 제일 마지막 실행 결과만 작성했다.

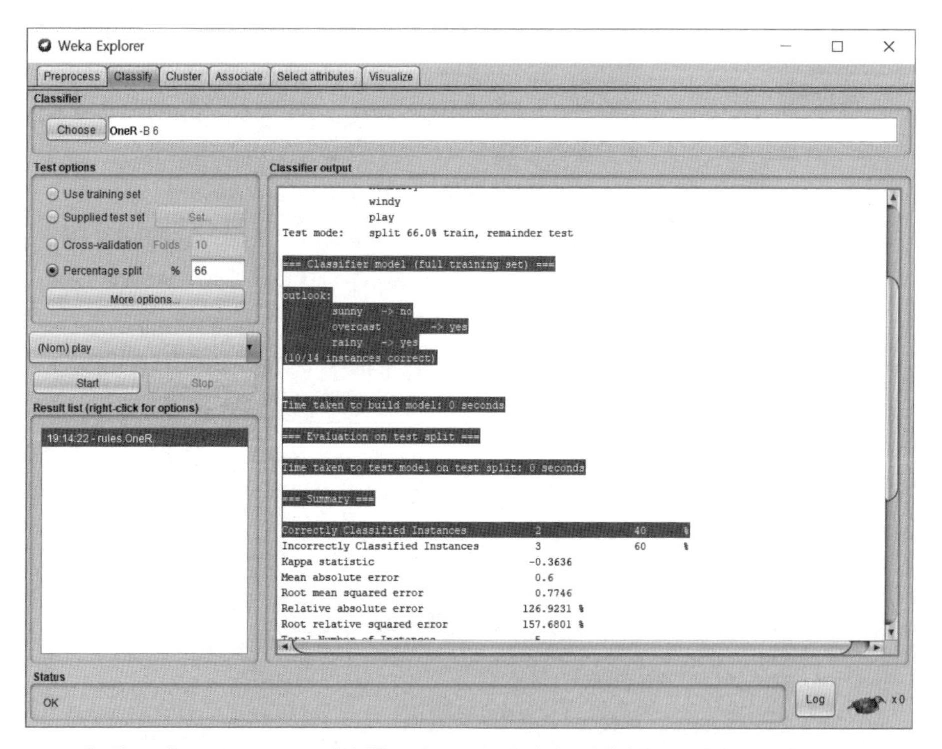

[그림 4-69] weather.numeric 데이터를 OneR로 66% 훈련 데이터 할당한 분류 결과(정분류율 40%)

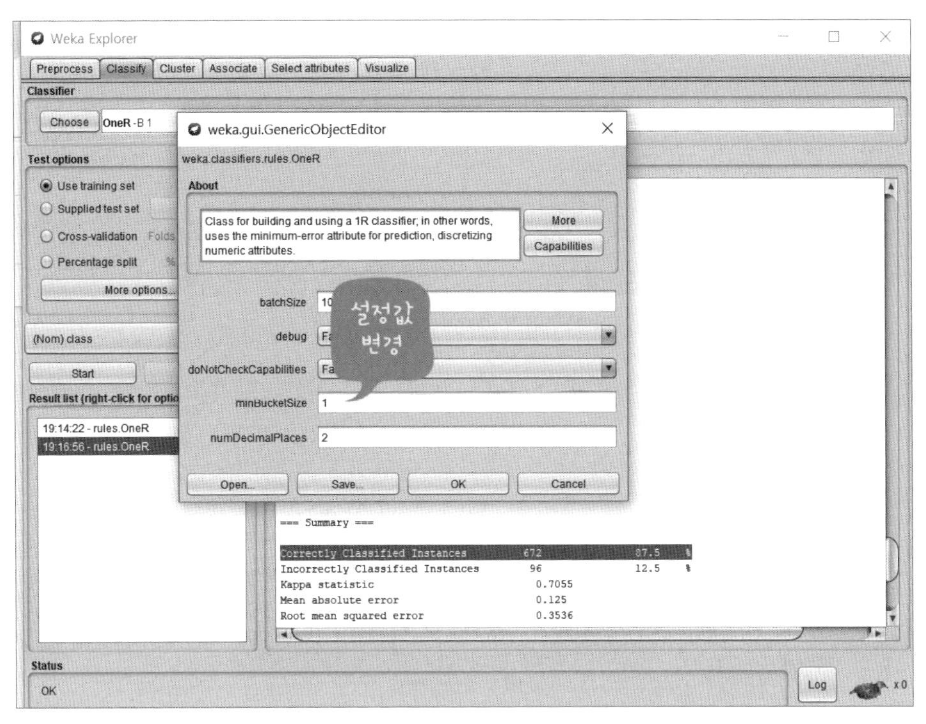

[그림 4-70] diabetes 데이터를 OneR의 minBucketSize = 1로 설정하여 Use training set로 분류한 결과 정분류율 87.5%

④ Java 프로그래밍: W3_L12_OneR_Overfitting.Java

```
package _1_base;

import Java.io.*;
import Java.util.Random;
import Weka.classifiers.*;
import Weka.classifiers.rules.*;
import Weka.classifiers.trees.J48;
import Weka.core.*;
import Weka.filters.Filter;
```

```
import Weka.filters.unsupervised.attribute.Remove;

public class W3_L12_OneR_Overfitting {

        public W3_L12_OneR_Overfitting(){
                try{
                        Classifier model = new J48();
                        model.buildClassifier(null);
                }catch(Exception e){
                        System.out.println("\n\n\n\n\n\n\ n\n\n\n\n\n\n");
                }
        }

        public static void main(String args[]) throws Exception{
                W3_L12_OneR_Overfitting obj = new W3_L12_OneR_Overfitting();

                /** weather.numeric 호출 **/
                System.out.println("weather.numeric : ");
                // 필터 미적용,minBucketSize = 6
                obj.weatherNumericHoldOutOneR(false,6);
                // 필터 적용,minBucketSize = 6
                obj.weatherNumericHoldOutOneR(true,6);
                // 필터 적용,minBucketSize = 1
                obj.weatherNumericHoldOutOneR(true,1);

                System.out.println("");

                /** diabetes 호출 **/
                System.out.println("diabete : ");
                //zeroR,crossValidate,minBucketSize = 6
                obj.diabeteCrossValidationOneR(new ZeroR(),false,6);
                //OneR,crossValidate,minBucketSize = 6
                obj.diabeteCrossValidationOneR(new OneR() ,false,6);
                //OneR,crossValidate,minBucketSize = 1
```

```
        obj.diabeteCrossValidationOneR(new OneR() ,false,1);
        //OneR,Use training set,minBucketSize = 1
        obj.diabeteCrossValidationOneR(new OneR() ,true,1);
}

public void weatherNumericHoldOutOneR(boolean isRemove, int
minBucketSize) throws Exception{
        int seed = 1;
        // 1) data loader
        Instances data=new Instances(new BufferedReader(
                        new FileReader("D:\\Weka-3-9\\data\\
                        weather.numeric.arff")));
        if(isRemove){
                Remove filter = new Remove();
                filter.setAttributeIndices("1");
                filter.setInputFormat(data);
                data = Filter.useFilter(data, filter);
        }
        int trainSize = (int)Math.round(data.numInstances() * 66
        / 100);
        int testSize = data.numInstances() - trainSize;
        data.randomize(new Java.util.Random(seed));
        Instances train = new Instances(data, 0 ,trainSize);
        Instances test  = new Instances(data, trainSize
        ,testSize);

        // 2) class assigner
        train.setClassIndex(train.numAttributes()-1);
        test.setClassIndex(test.numAttributes()-1);

        // 3) cross validate setting
        Evaluation eval=new Evaluation(train);
        OneR model=new OneR();
        /************************
```

```
         * MinBucketSize 설정
         ************************/
        model.setMinBucketSize(minBucketSize);

        // 4) model run
        model.buildClassifier(train);

        // 5) evaluate
        eval.evaluateModel(model, test);

        // 6) print Result text
        System.out.println("\t분류 대상 데이터 건수: " + (int)eval.
        numInstances() +
                            ", 정분류건수: " + (int)eval.correct() +
                            ", 정분류율: " + String.format("%.
                            1f",eval.correct() /
                            eval.numInstances() * 100) +" %"+
                            ", minBucketSize : " + minBucketSize +
                            ", 분류 알고리즘: OneR" + ", 홀드아웃 모델
                            평가");
        System.out.println(model);
}

public void diabeteCrossValidationOneR(Classifier obj, boolean
isUseTrainingSet, int minBucketSize)
      throws Exception{
        int seed = 1;
        int numfolds = 10;
        int numfold = 0;

        // 1) data loader
        Instances data=new Instances(new BufferedReader(
                                   new FileReader("D:\\Weka-3-
                                   9\\data\\diabetes.arff")));
```

```
Instances train = null;
Instances test  = null;
if(isUseTrainingSet){
        // 분석 대상 데이터를 그대로 훈련/테스트 데이터로 설정(Use
        training set)
        train = new Instances(data);
        test  = new Instances(data);
}else{
        // crossValidation
        train = data.trainCV(numfolds, numfold, new
        Random(seed));
        test  = data.testCV(numfolds, numfold);
}

// 2) class assigner
train.setClassIndex(train.numAttributes()-1);
test.setClassIndex(test.numAttributes()-1);

// 3) cross validate setting
Evaluation eval=new Evaluation(train);
Classifier model = obj;
if(obj instanceof OneR){
        /************************
         * MinBucketSize 설정 시작
         ************************/
        ((OneR)model).setMinBucketSize(minBucketSize);
}
if(!isUseTrainingSet) // Use Training set Only(훈련 데이터 限)
아닌 경우만 실행
        eval.crossValidateModel(model, train, numfolds,
        new Random(seed));

// 4) model run
model.buildClassifier(train);
```

```
            // 5) evaluate
            eval.evaluateModel(model, test);

            // 6) print Result text
            System.out.println("\t분류 대상 데이터 건수: " + (int)eval.
            numInstances() +
              ", 정분류 건수: " + (int)eval.correct() +
              ", 정분류율: " + String.format("%.1f",eval.correct() /
              eval.numInstances() * 100) +" %"+
              ", minBucketSize: " + minBucketSize +
             ", 분류 알고리즘: " + ((obj instanceof ZeroR)?"ZeroR"
             :"OneR") +
             ", " + ((isUseTrainingSet)?"Use Training set Only(훈련 데이
             터限)": "crossvalidation(교차검증)") + " 모델평가"
                        );
            System.out.println(model);
        }
}
```

앞의 코드에서 main 함수는 weather.numeric과 diabetes 데이터를 OneR과 ZeroR로 분석하기 위해 함수를 호출한다.

```
        public static void main(String args[]) throws Exception{
                W3_L12_OneR_Overfitting obj = new W3_L12_OneR_Overfitting();

                /** weather.numeric 호출 **/
                System.out.println("weather.numeric : ");
```

```
        // 필터 미적용,minBucketSize = 6
        obj.weatherNumericHoldOutOneR(false,6);
        // 필터 적용,minBucketSize = 6
        obj.weatherNumericHoldOutOneR(true,6);
        // 필터 적용,minBucketSize = 1
        obj.weatherNumericHoldOutOneR(true,1);

        System.out.println("");

        /** diabetes 호출 **/
        //zeroR,crossValidate,minBucketSize = 6
        obj.diabeteCrossValidationOneR(new ZeroR(),false,6);
        //OneR,crossValidate,minBucketSize = 6
        obj.diabeteCrossValidationOneR(new OneR() ,false,6);
        //OneR,crossValidate,minBucketSize = 1
        obj.diabeteCrossValidationOneR(new OneR() ,false,1);
        //OneR,Use training set,minBucketSize = 1
        obj.diabeteCrossValidationOneR(new OneR() ,true,1);
}
```

weatherNumericHoldOutOneR 함수는 weather.numeric 데이터를 OneR 분류 알고리즘을 적용하면서 58번째 줄에서 minBucketSize를 설정한다.

```
public void weatherNumericHoldOutOneR(boolean isRemove, int
minBucketSize) throws Exception{
        int seed = 1;

        (중략)
```

```
        /************************
         * MinBucketSize 설정
         ************************/
        model.setMinBucketSize(minBucketSize);

        // 4) model run
        model.buildClassifier(train);

        // 5) evaluate
        eval.evaluateModel(model, test);

        // 6) print Result text
        System.out.println("\t분류 대상 데이터 건수: " + (int)eval.
        numInstances() +
                                    ", 정분류 건수: " + (int)eval.
                                    correct() +
                                    ", 정분류율: " + String.format
                                    ("%.1f",eval.correct() / eval.
                                    numInstances() * 100) +" %"+
                                    ", minBucketSize : " +
                                    minBucketSize +
                                    ", 분류 알고리즘: OneR" + ", 홀드아
                                    웃 모델평가");
        System.out.println(model);
    }
```

diabeteCrossValidationOneR 함수도 diabetes 데이터를 ZeroR과 OneR을 매개변수로 받아서 분류 알고리즘을 학습하면서 105번째 줄에서 minBucketSize를 설정한다.

```
public void diabeteCrossValidationOneR(Classifier obj, boolean
isUseTrainingSet, int minBucketSize)
       throws Exception{
         int seed = 1;
         int numfolds = 10;
         int numfold = 0;

         // 1) data loader
         Instances data=new Instances(new BufferedReader(
                                    new FileReader("D:\\Weka-3-
                                    9\\data\\diabetes.arff")));
         (중략)

         if(obj instanceof OneR){
                 /************************
                  * MinBucketSize 설정 시작
                  ************************/
                 ((OneR)model).setMinBucketSize(minBucketSize);
         }
         if(!isUseTrainingSet) // Use Training set Only(훈련 데이터 限)
         아닌 경우만 실행
                 eval.crossValidateModel(model, train, numfolds,
                 new Random(seed));

         // 4) model run
         model.buildClassifier(train);

         // 5) evaluate
         eval.evaluateModel(model, test);

         // 6) print Result text
         System.out.println("\t분류 대상 데이터 건수: " + (int)eval.
         numInstances() +
           ", 정분류 건수: " + (int)eval.correct() +
```

```
                ", 정분류율: " + String.format("%.1f",eval.correct() /
                eval.numInstances() * 100) +" %"+
                ", minBucketSize: " + minBucketSize +
               ", 분류 알고리즘: " + ((obj instanceof ZeroR)?"ZeroR":
               "OneR") +
               ", " + ((isUseTrainingSet)?"Use Training set Only(훈련 데이
               터 限)": "crossvalidation(교차검증)") + " 모델평가"
                    );
              System.out.println(model);
    }
}
```

그러면 결과들이 다음과 같이 콘솔에 출력된다.

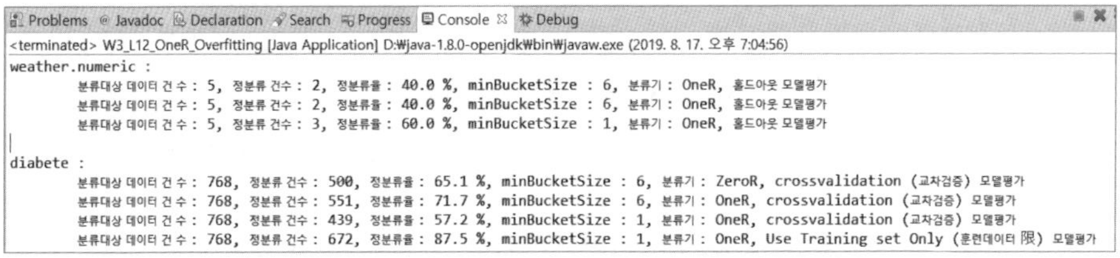

```
Problems  Javadoc  Declaration  Search  Progress  Console  Debug
<terminated> W3_L12_OneR_Overfitting [Java Application] D:￦java-1.8.0-openjdk￦bin￦javaw.exe (2019. 8. 17. 오후 7:04:56)
weather.numeric :
        분류대상 데이터 건 수 : 5, 정분류 건수 : 2, 정분류율 : 40.0 %, minBucketSize : 6, 분류기 : OneR, 홀드아웃 모델평가
        분류대상 데이터 건 수 : 5, 정분류 건수 : 2, 정분류율 : 40.0 %, minBucketSize : 6, 분류기 : OneR, 홀드아웃 모델평가
        분류대상 데이터 건 수 : 5, 정분류 건수 : 3, 정분류율 : 60.0 %, minBucketSize : 1, 분류기 : OneR, 홀드아웃 모델평가

diabete :
        분류대상 데이터 건 수 : 768, 정분류 건수 : 500, 정분류율 : 65.1 %, minBucketSize : 6, 분류기 : ZeroR, crossvalidation (교차검증) 모델평가
        분류대상 데이터 건 수 : 768, 정분류 건수 : 551, 정분류율 : 71.7 %, minBucketSize : 6, 분류기 : OneR, crossvalidation (교차검증) 모델평가
        분류대상 데이터 건 수 : 768, 정분류 건수 : 439, 정분류율 : 57.2 %, minBucketSize : 1, 분류기 : OneR, crossvalidation (교차검증) 모델평가
        분류대상 데이터 건 수 : 768, 정분류 건수 : 672, 정분류율 : 87.5 %, minBucketSize : 1, 분류기 : OneR, Use Training set Only (훈련데이터 限) 모델평가
```

[그림 4-71] 실행 결과

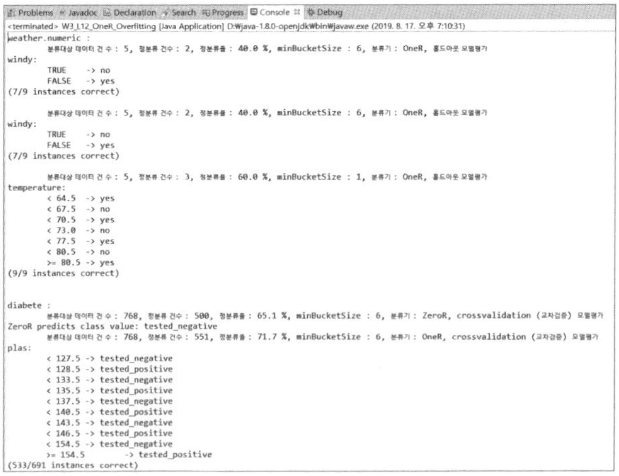

```
Problems  Javadoc  Declaration  Search  Progress  Console  Debug
<terminated> W3_L12_OneR_Overfitting [Java Application] D:￦java-1.8.0-openjdk￦bin￦javaw.exe (2019. 8. 17. 오후 7:10:31)
weather.numeric :
        분류대상 데이터 건 수 : 5, 정분류 건수 : 2, 정분류율 : 40.0 %, minBucketSize : 6, 분류기 : OneR, 홀드아웃 모델평가
windy:
        TRUE    -> no
        FALSE   -> yes
(7/9 instances correct)

        분류대상 데이터 건 수 : 5, 정분류 건수 : 2, 정분류율 : 40.0 %, minBucketSize : 6, 분류기 : OneR, 홀드아웃 모델평가
windy:
        TRUE    -> no
        FALSE   -> yes
(7/9 instances correct)

        분류대상 데이터 건 수 : 5, 정분류 건수 : 3, 정분류율 : 60.0 %, minBucketSize : 1, 분류기 : OneR, 홀드아웃 모델평가
temperature:
        < 64.5  -> yes
        < 67.5  -> no
        < 70.5  -> yes
        < 73.0  -> no
        < 77.5  -> yes
        < 80.5  -> no
        >= 80.5 -> yes
(9/9 instances correct)


diabete :
        분류대상 데이터 건 수 : 768, 정분류 건수 : 500, 정분류율 : 65.1 %, minBucketSize : 6, 분류기 : ZeroR, crossvalidation (교차검증) 모델평가
ZeroR predicts class value: tested_negative
        분류대상 데이터 건 수 : 768, 정분류 건수 : 551, 정분류율 : 71.7 %, minBucketSize : 6, 분류기 : OneR, crossvalidation (교차검증) 모델평가
plas:
        < 127.5 -> tested_negative
        < 128.5 -> tested_positive
        < 133.5 -> tested_negative
        < 135.5 -> tested_positive
        < 137.5 -> tested_negative
        < 140.5 -> tested_positive
        < 143.5 -> tested_negative
        < 146.5 -> tested_positive
        < 154.5 -> tested_negative
        >= 154.5        -> tested_positive
(533/691 instances correct)
```

[그림 4-72] 함수별로 마지막 줄 System.out.println(model);을 주석 해제하면 보이는 모델 분류 기준(minBucketSize = 6)

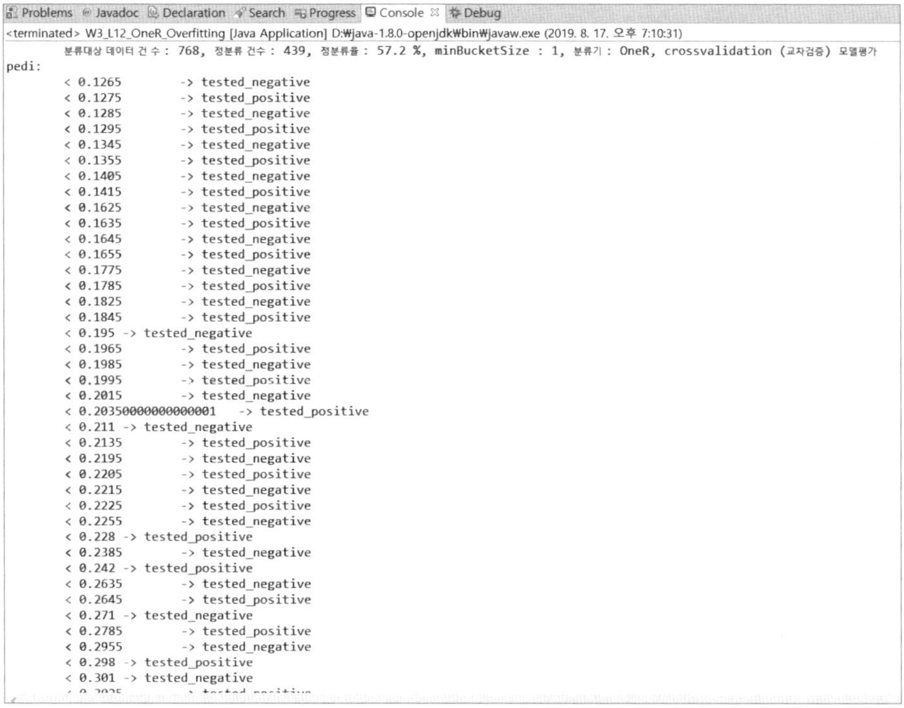

```
Problems  Javadoc  Declaration  Search  Progress  Console  Debug
<terminated> W3_L12_OneR_Overfitting [Java Application] D:\java-1.8.0-openjdk\bin\javaw.exe (2019. 8. 17. 오후 7:10:31)
        분류대상 데이터 건 수 : 768, 정분류 건수 : 439, 정분류율 : 57.2 %, minBucketSize : 1, 분류기 : OneR, crossvalidation (교차검증) 모델평가
pedi:
        < 0.1265        -> tested_negative
        < 0.1275        -> tested_positive
        < 0.1285        -> tested_negative
        < 0.1295        -> tested_positive
        < 0.1345        -> tested_negative
        < 0.1355        -> tested_positive
        < 0.1405        -> tested_negative
        < 0.1415        -> tested_positive
        < 0.1625        -> tested_negative
        < 0.1635        -> tested_positive
        < 0.1645        -> tested_negative
        < 0.1655        -> tested_positive
        < 0.1775        -> tested_negative
        < 0.1785        -> tested_positive
        < 0.1825        -> tested_negative
        < 0.1845        -> tested_positive
        < 0.195 -> tested_negative
        < 0.1965        -> tested_positive
        < 0.1985        -> tested_negative
        < 0.1995        -> tested_positive
        < 0.2015        -> tested_negative
        < 0.20350000000000001   -> tested_positive
        < 0.211 -> tested_negative
        < 0.2135        -> tested_positive
        < 0.2195        -> tested_negative
        < 0.2205        -> tested_positive
        < 0.2215        -> tested_negative
        < 0.2225        -> tested_positive
        < 0.2255        -> tested_negative
        < 0.228 -> tested_positive
        < 0.2385        -> tested_negative
        < 0.242 -> tested_positive
        < 0.2635        -> tested_negative
        < 0.2645        -> tested_positive
        < 0.271 -> tested_negative
        < 0.2785        -> tested_positive
        < 0.2955        -> tested_negative
        < 0.298 -> tested_positive
        < 0.301 -> tested_negative
```

[그림 4-73] 정분류율이 57.2%인데 분류 깊이가 너무 깊다. 즉, 과적합을 발행하기 쉬운 사례(minBucketSize = 1)

minBucketSize의 목적은 OneR 분류 알고리즘의 분류 깊이의 복잡도를 제한하는 역할이다.

그러나 복잡성을 낮출 경우 분류 깊이가 깊어지는데 과적합에 빠지기 쉬워 좋은 분류 알고리즘 성능을 유도한다고 볼 수 없다.

그렇다면 과적합을 극복할 방법은 무엇일까? 명확한 답은 없는 것 같다. Weka에서 제공하는 100개 이상의 분류 알고리즘을 모두 정분류율을 측정하여 최적의 분류 알고리즘을 찾아내는 것이 가장 현실적인 방법이지만 비효율적이다. 그러면 효율적인 방법은? 선지자들이 시행착오를 거치면서 터득한 적절하다고 생각되는 분류 알고리즘을 사용하면 된다. 다음 페이지부터 대중적인 분류 알고리즘에 관해 설명한다.

4.4.2 NaiveBayes - 모든 속성을 중시함

데이터셋의 모든 속성이 목표변수의 정분류율을 산출하는 데 기여할 것인가? 답은 아니다.

속성의 개수를 줄이기 위해 차원 축소를 하고 필터링하는 전처리 작업이 중요한 방법인 것을 보면 모든 속성이 머신러닝에 필요하지는 않다. 다만 모든 속성 간의 연관성을 높든 낮든 정량화할 수 있을까? NaiveBayes가 답일 수 있다.

NaiveBayes의 정의를 보면 복잡한 수학 공식과 2개의 중요한 가정만 강조할 뿐 분류 결과의 시각화나 정분류율을 중요시하지 않는다. 즉, 전처리를 위해 모든 속성 간의 class를 위한 연관성을 정량적인 확률로 확인할 때 사용하면 된다. NaiveBayes는 지도 학습으로서 용도는 텍스트 분류에 사용되며, 스팸 분류, 신문기사 분류 등에 보편적으로 사용되고, SVM과 같은 분류 알고리즘보다 더 경쟁력 있다고 판단된다.

분류 방식은 모든 속성의 발생 확률로 분류 알고리즘을 삼는다고 소개하지만 다른 의사결정나무도 발생 빈도를 기준으로 삼는 차이만 있을 뿐, 발생 기준으로 분류한다는 점에서 동일하기에 다른 의사결정나무와 특별히 차이점은 없다. 또한 중복 속성이 많으면 정분류율 성능이 차이가 날 수도 있다고 하는데, 이 점도 다른 분류 알고리즘도 동일하다. 지금부터는 NaiveBayes 이론 내용이며, 향후 응용 과정에서 상세히 설명 예정이므로 실습으로 넘어가도 무방하다.

Using probabilities

NaiveBayes는 OneR과 반대로 모든 속성이 분류 알고리즘에 기여한다고 2가지 가정을 준용한다. 첫째 속성들은 우선순위와 상관없이 동등하게 중요하다. 둘째 속성들은 통계적으로 독립적이다. 하나의 속성값을 안다고 해서 다른 속성값을 알 수 없다.

NaiveBayes는 가설(H)을 클래스로, 증거(E)는 속성으로 하는 가설로 하는 수학 공식을 따르지만, 자세한 수학 공식 설명은 생략한다. NaiveBayes는 모든 속성이 동등하게 독립적으로 기여하고 독립성이라는 가정이 침해되더라도 의외로 잘 작동한다. 그 이유는 분류에 있어서 정확한 확률 추정치는 불필요하며 단지 가장 큰 확률로 결과를 class로 선택하려고 한다. 중복 속성값이 혼재되면 분류 혼선을 야기할 수 있다. 분류 모델의 모든 값은 빈도수가 0인 것을 피하려고 1씩 더한다.

Classifier output

```
Naive Bayes Classifier

                 Class
Attribute          yes      no
                 (0.63)  (0.38)
================================
outlook
  sunny            3.0     4.0
  overcast         5.0     1.0
  rainy            4.0     3.0
  [total]         12.0     8.0

temperature
  hot              3.0     3.0
  mild             5.0     3.0
  cool             4.0     2.0
  [total]         12.0     8.0

humidity
  high             4.0     5.0
  normal           7.0     2.0
  [total]         11.0     7.0

windy
  TRUE             4.0     4.0
  FALSE            7.0     3.0
  [total]         11.0     7.0
```

개수 : outloo 열 레이블			
행 레이블	yes	no	총합계
sunny	2	3	5
rainy	3	2	5
overcast	4		4
총합계	9	5	14

개수 : tempe 열 레이블			
행 레이블	yes	no	총합계
mild	4	2	6
hot	2	2	4
cool	3	1	4
총합계	9	5	14

개수 : humid 열 레이블			
행 레이블	yes	no	총합계
high	3	4	7
normal	6	1	7
총합계	9	5	14

개수 : windy 열 레이블			
행 레이블	yes	no	총합계
TRUE	3	3	6
FALSE	6	2	8
총합계	9	5	14

[그림 4-74] 분류 결과와 피벗으로 분류한 결과 비교로 모든 발생 횟수에 1을 더했다.
그 이유는 빈도수 0을 방지하기 위해서다.

vote.arff 데이터셋을 열고 기본 옵션과 평가 방법으로 10배 교차검증을 한 Naive-Bayes 분류 알고리즘을 학습해 보겠다. vote.arff 데이터셋은 1984년 미국 의회 투표 기록 데이터베이스에서 가져온 역사적인 데이터셋이다.

1번째 필터링 없이 학습하면 정분류율은? 90.1149%이다.

2번째 copy 필터를 사용해서 12번째 속성 education-spending을 10번 복사한 후 NaiveBayes 정분류율은? 86.667%(총 27 속성 대상)이다.

3번째 copy 필터를 사용해서 12번째 속성 education-spending을 10번 더 복사한 후 NaiveBayes 정분류율은? 86.4368%(총 37 속성 대상)이다.

정리하면 특정 속성을 계속 복사할 경우 NaiveBayes는 지속해서 저하되는데, 이때 해당 속성을 제거하면 정분류율이 개선될 수 있다.

① 실습: J48 vs. NaiveBayes 알고리즘 비교, weather.norminal.arff 데이터셋

② KnowledgeFlow 설계: base week 3 class 3 lesson 3.kf

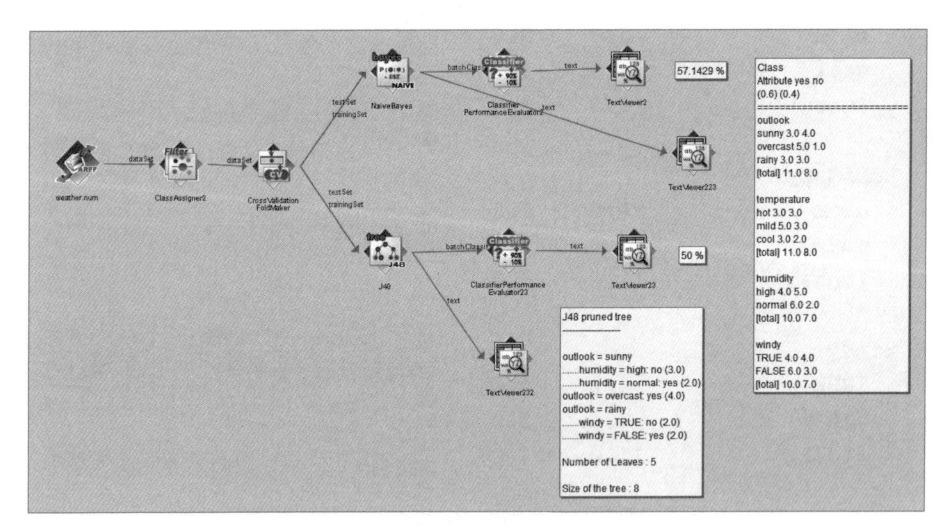

[그림 4-75] NaiveBayes와 J48 분류 알고리즘 모델의 출력 결과(형태만 다를 뿐 본질은 동일)

③ Explorer 실습

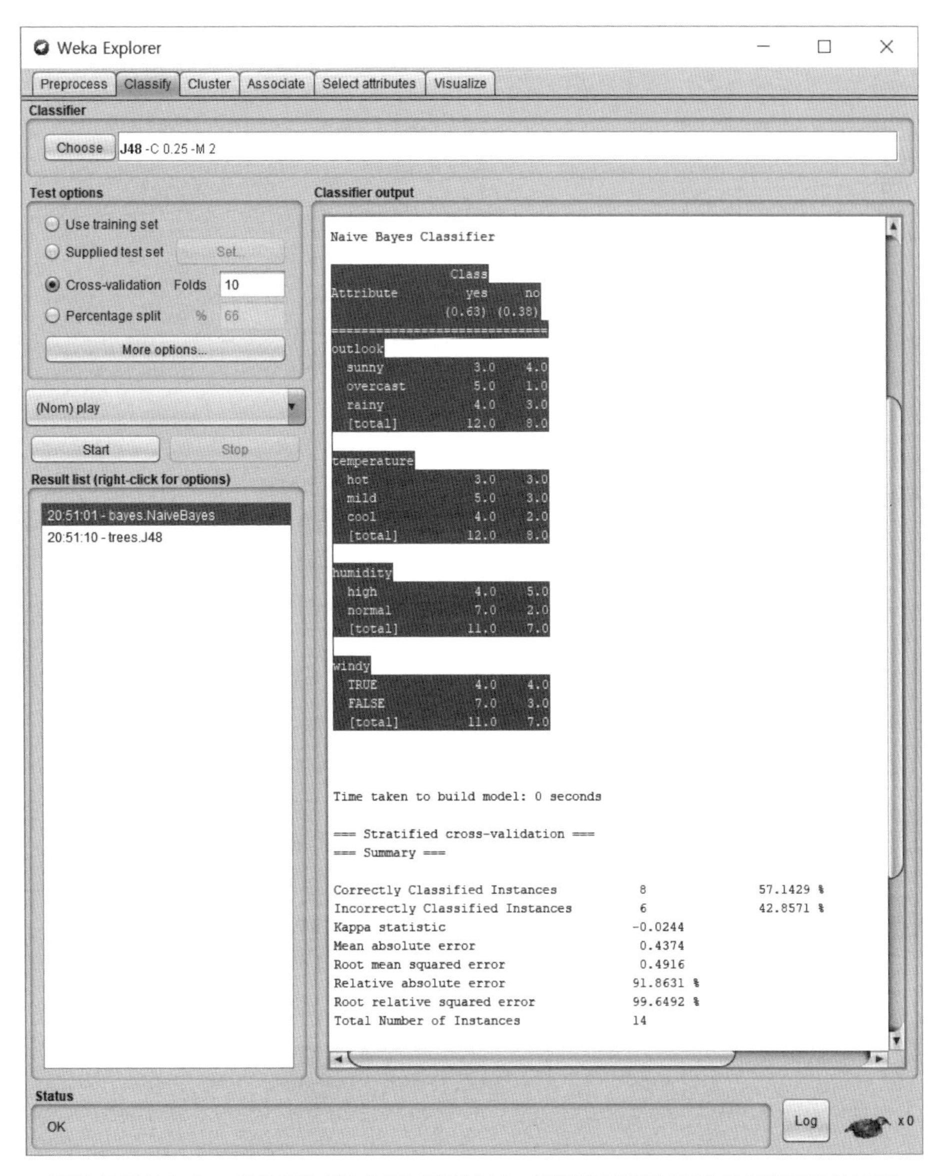

[그림 4-76] NaiveBayes의 큰 특징: 모든 속성이 목표변수(class)에 얼마나 영향을 미치는지 정량적으로 분석한다

④Java 프로그래밍: W3_L3_NaiveBayes.Java

```
package _1_base;

import Java.io.*;
import Java.util.Random;
import Weka.classifiers.*;
import Weka.classifiers.bayes.NaiveBayes;
import Weka.core.*;

public class W3_L3_NaiveBayes {
	public static void main(String args[]) throws Exception{
		W3_L3_NaiveBayes obj = new W3_L3_NaiveBayes();
		System.out.println("weather.norminal : ");
		obj.weatherNominalNaiveBayes(new NaiveBayes());
	}
	public void weatherNominalNaiveBayes(Classifier obj) throws
	Exception{
		int seed = 1; int numfolds = 10; int numfold = 0;
		// 1) data loader
		Instances data=new Instances(new BufferedReader(
							new FileReader("D:\\Weka-3-
							9\\data\\weather.nominal.
							arff")));
		Instances train = data.trainCV(numfolds, numfold, new
		Random(seed));
		Instances test  = data.testCV(numfolds, numfold);

		// 2) class assigner
		train.setClassIndex(train.numAttributes()-1);
		test.setClassIndex(test.numAttributes()-1);

		// 3) cross validate setting
```

```
            Evaluation eval=new Evaluation(train);
            Classifier model=obj; // 매개변수로 받은 분류 알고리즘 대입

            eval.crossValidateModel(model, train, numfolds, new
            Random(seed));

            // 4) model run
            model.buildClassifier(train);

            // 5) evaluate
            eval.evaluateModel(model, test);

            // 6) print Result text
            System.out.println("\t분류 대상 데이터 건수: " + (int)eval.
            numInstances() +
                                            ", 정분류 건수: " + (int)eval.
                                            correct() +
                                            ", 정분류율: " + String.format
                                            ("%.1f",eval.correct() /
eval.numInstances() * 100) +" %"
                                            + ", 분류 알고리즘: " + obj + "교차
                                            검증 모델평가"
                                            );
      }
}
```

앞의 코드를 보면 다른 분류 알고리즘과 크게 다르지 않으며, 대부분의 분류 알고리즘이 Classifier 인터페이스를 상속받는 방식은 동일하다.

```
public class W3_L3_NaiveBayes {
```

```
        public static void main(String args[]) throws Exception{
                (중략)
                obj.weatherNominalNaiveBayes(new NaiveBayes());
        }
        public void weatherNominalNaiveBayes(Classifier obj) throws
        Exception{
                (중략)

                Classifier model=obj; // 매개변수로 받은 분류 알고리즘 대입

                (후략)
}
```

```
Problems @ Javadoc Declaration Search Progress Console Debug
<terminated> W3_L3_NaiveBayes [Java Application] D:₩java-1.8.0-openjdk₩bin₩javaw.exe (2019. 8. 19. 오후 10:10:(
weather.norminal :
        분류대상 데이터 건 수 : 14, 정분류 건수 : 8, 정분류율 : 57.1 %, 분류기 : Naive Bayes Classifier

                  Class
Attribute           yes      no
                  (0.71) (0.29)
==============================
outlook
  sunny              3.0     2.0
  overcast           5.0     1.0
  rainy              4.0     3.0
  [total]           12.0     6.0

temperature
  hot                3.0     1.0
  mild               5.0     3.0
  cool               4.0     2.0
  [total]           12.0     6.0

humidity
  high               4.0     3.0
  normal             7.0     2.0
  [total]           11.0     5.0

windy
  TRUE               4.0     3.0
  FALSE              7.0     2.0
  [total]           11.0     5.0

교차검증 모델평가
```

[그림 4-77] Java에서 출력한 모델 모습은 Explorer와 동일
(모든 속성이 목표변수(class)에 얼마나 영향을 미치는지 정량적으로 분석)

결국 발생 확률 기준으로 사전/사후 확률로 나눈다는 수학적 접근 말고는 다른 분류 알고리즘과 차이점은 없으나 향후 텍스트마이닝에서 나오는 NaiveBayesMultinominal과 같이 응용이 가능하다.

4.4.3 J48: 대중적인 의사결정나무 But 과적합은 운명

J48의 가장 중요한 장점은 신뢰할 수 있고 강력하며 사람이 이해할 수 있는 나무 구조로 결과를 만드는 것이다.

J48은 하향식 유도, 재귀 분할 및 정복 전략을 기반으로 한다. 속성 선택 → 분할 → 각 가지의 재귀적 반복 → 중지 의사결정나무의 목표는 가장 작은 나무를 획득하는 것이며, 하향식 나무 유도 방법은 일종의 휴리스틱을 사용한다. 순수 노드를 생성하는 가장 인기 있는 휴리스틱은 정보이론 기반 휴리스틱이다. 정보를 측정하는 엔트로피를 공식으로 만들었다. 속성의 가치를 알면 얼마나 많은 정보를 비트 단위로 얻을 수 있을까? 복잡한 수학 공식으로 귀결되나 설명은 하지 않는다. 다만 일반적으로 아는 비트 단위가 아닌 소수점 비트로 계산되며, 가장 높은 비트를 획득한 속성이 상위 노드가 되는 식으로 의사결정나무를 생성한다. 그리고 하위 노드의 비트를 계산할 때 1과 근접하면 더는 분기하지 않는다. 결국 최말단 노드가 결정되는 것이다.

J48은 하향식 유도 및 정보이론에 기반을 둔다. 10년 전에는 J48이 최고의 데이터마이닝 알고리즘(분류 알고리즘)이라고 알려졌으나 실제 J48을 사용할 때 더 복잡한 것을 통합하여 다른 상황에서 작동하도록 한다.

Pruning decision trees(의사결정나무 가지치기)

가지치기는 가치가 없다면 과감히 보여 주지 않아 분류 간섭을 방지한다. 가지치기를 하면 훈련 데이터의 성능을 저하할 수 있지만 오히려 테스트 데이터는 일반화가 더 잘 된다.

인스턴스별로 ID 속성을 부여하면 ID 속성의 정보이론 비트는 1에 수렴하여 바로 루트 노드로 된다. 그러나 이는 일반화되지 않은 상태라 올바르지 않다. 이 점이 New IT의 머신러닝과 전통 IT의 데이터를 바라보는 관점이 완전히 반대임을 알 수 있다. 전통 IT는 데이터의 무결성(중복/누락 방지)을 위한 데이터(인스턴스)별로 Unique한 ID 즉, key를 부여한다. 그러나 머신러닝에서는 무결성이 오히려 데이터 모델링의 일반화를 침해한다.

가지치기 옵션(minNumObj, confidenceFactor, subtreeRaising)

minNumObj는 노드당 최소 인스턴스 수 설정값이 커질수록 의사결정나무의 노드 수가 줄어들면서 나무의 깊이도 낮아진다.

confidenceFactor는 각 단계별 통계 테스트를 적용한다. 가지치기에 사용되는 신뢰 요인 값이 작을수록 정리가 더 많이 발생한다.

subtreeRaising은 가지치기 중 하위 노드를 올리기 작업을 고려할지 여부를 설정한다. true로 설정하면 분류 알고리즘의 복잡성을 증가시키므로 false로 하면 빨리 작동한다. 그다음 종종 내부 노드를 제거하고 그 아래에 하위 노드를 올리는 것이 좋다. 내부 노드를 한 수준 위로 올린다. 가지치기는 정분류율을 높이면서 간단하고 작은 의사결정 구조를 얻을 수 있으나 과적합을 방지하는 일반적인 기술이다.

① 실습: J48 알고리즘, breast-cancer.arff 데이터셋

② KnowledgeFlow 설계: base week 3 class 3 lesson 45.kf

Base에서는 각 분류 알고리즘별 습득이 목적이므로 유사한 분류 알고리즘 간 비교 내용이 많다.

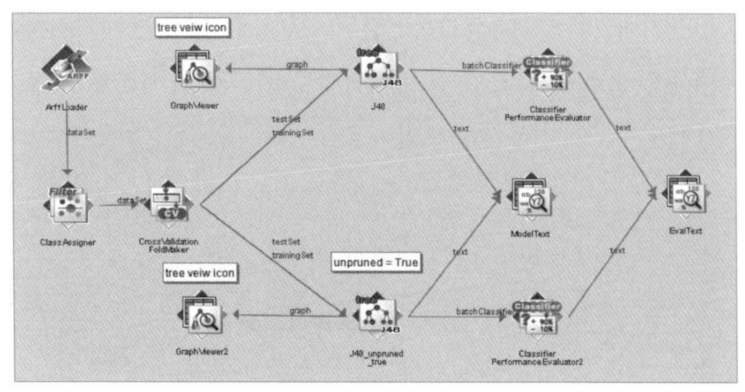

[그림 4-78] breast-cancer 데이터셋을 unpruned 옵션별 J48 분류 알고리즘 모델 생성 모습
(unpruned의 기본값은 false로 주석 표기하지 않음)

J48 컴포넌트를 오른쪽 클릭 후 configuration을 선택하면 다음과 같은 선택 옵션이 있고 하단의 unpruned 옵션을 변경한다. unpruned는 단어 그대로 가지치기를 하지 않는다는 뜻이다. 여기서 주의해야 할 점은 가지치기를 실행하려면 unpruned를 false로 지정해야 한다. 즉, 이중 부정을 해야 긍정적인 수행(가지치기 실행)을 할 수 있기 때문에 약간 헷갈릴 수 있으니 주의해야 한다.

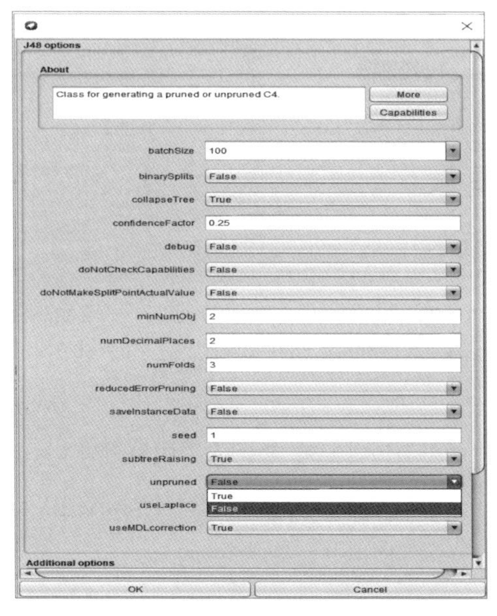

[그림 4-79] J48 컴포넌트에서 가지치기(unpruned) 설정 - 이중 부정 = 긍정 주의

아래 2개 그림은 지식흐름의 ModelText 컴포넌트를 오른쪽 클릭 후 showText를 선택한 결과이며 육안으로 봐도 가지 깊이의 복잡도가 다르다. Unpruned(가지치기 안 함) = True일 때 가지 분류가 복잡해 보인다.

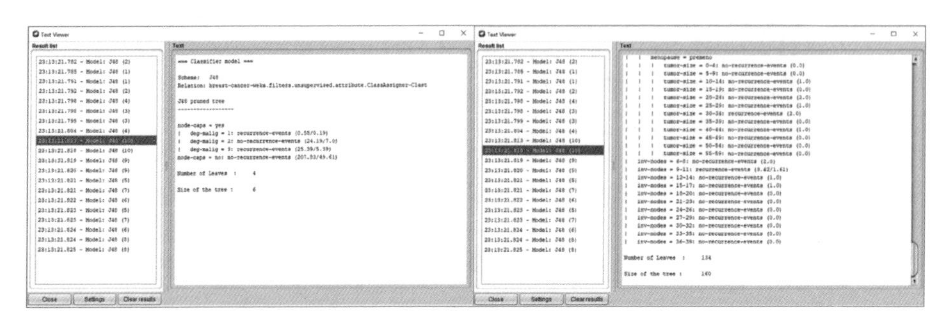

[그림 4-80] 좌측 unpruned 기본값(false)일 때 vs.
우측 unpruned 기본값(true)일 때 가지 깊이 모습 비교(우측이 더 복잡)

그러나 EvalText의 showText 결과를 보면 unpruned(가지치기 안 함) = true일 때 정분류율이 낮다.

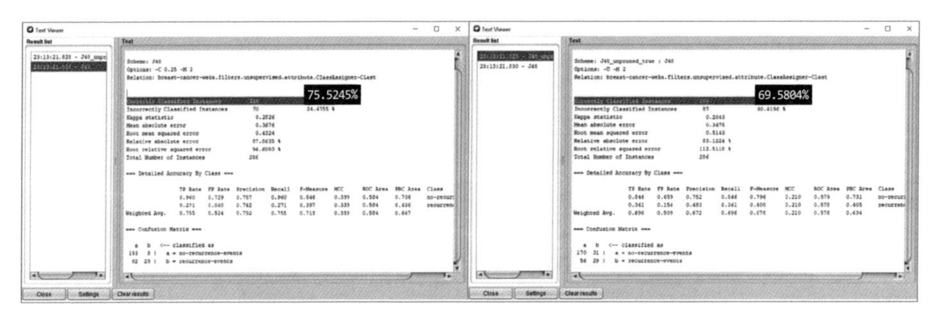

[그림 4-81] 좌측 unpruned 기본값(false)일 때 정분류율 75.3%
vs. 우측 unpruned 기본값(true)일 때 정분류율 69.9%

지식흐름에서 생성된 의사결정나무의 모습을 확인하려면 다음과 같이 분류 모델에 GraphViewer를 graph로 연결하고 오른쪽 클릭 후 show plots를 선택하면 된다.

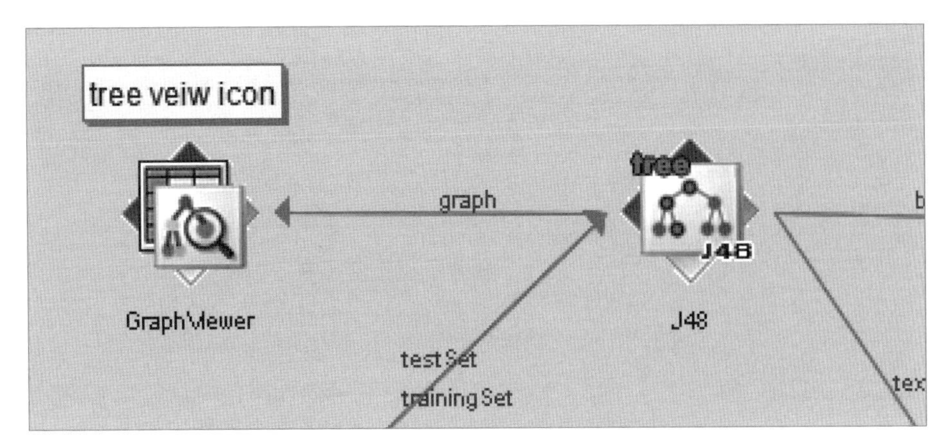

[그림 4-82] 의사 결정 모델의 treeview를 보도록 연결한 모습

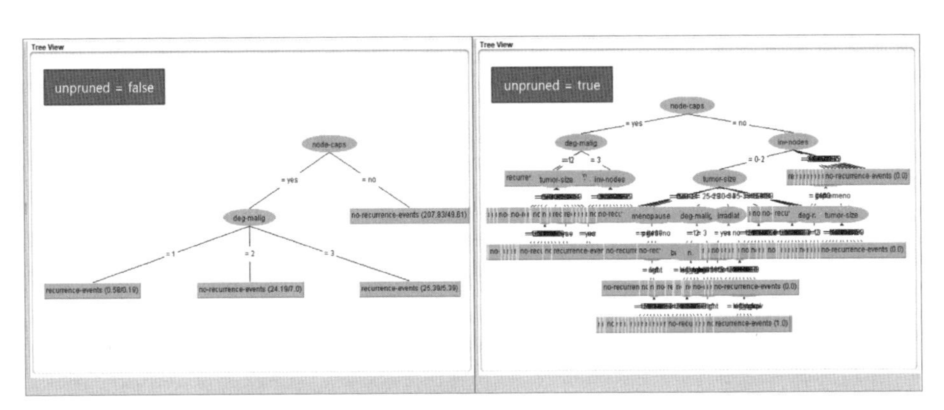

[그림 4-83] unpruned 설정값에 따라 의사결정나무의 노드 분포가 다르다

③ Explorer 실습 J48 with breast-cancer.arff

KnowledgeFlow(지식흐름)와 동일한 결과로 비교된다.

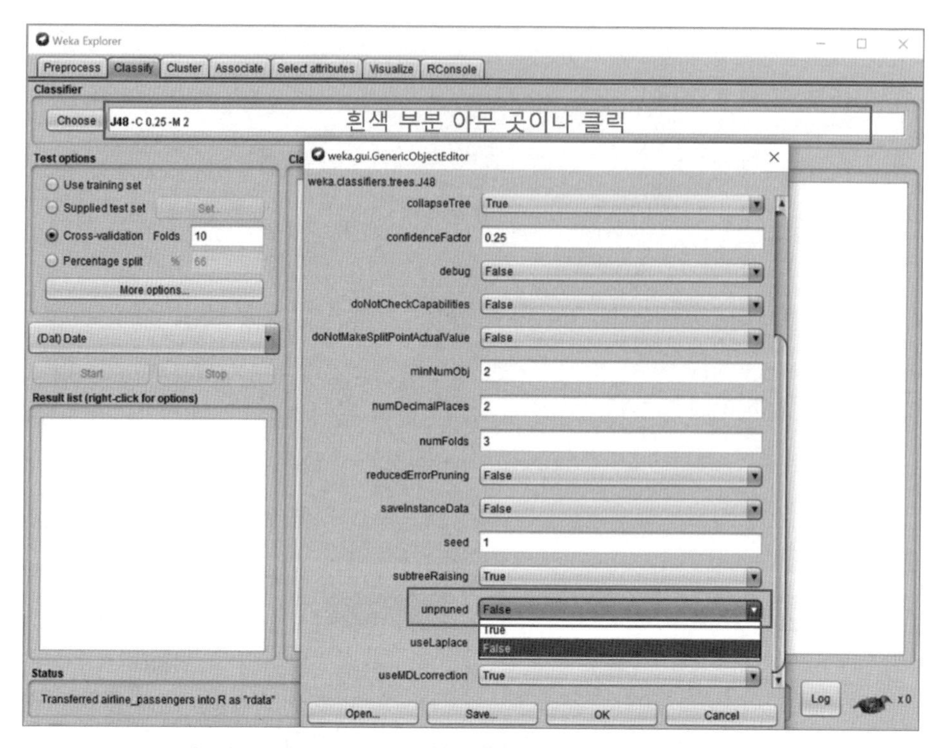

[그림 4-84] Weka Explorer에서 J48 분류 알고리즘 unpruned 옵션 설정

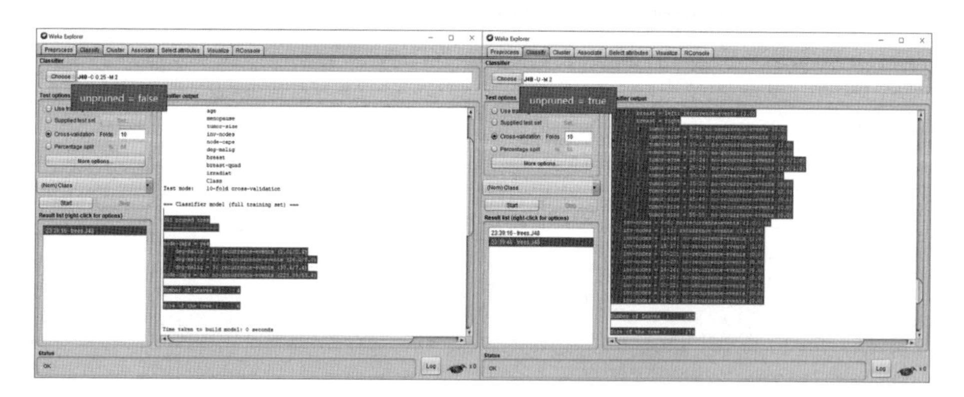

[그림 4-85] 좌측 unpruned 기본값(false)일 때 vs.
우측 unpruned 기본값(true)일 때 가지 깊이 모습 비교(우측이 더 복잡)

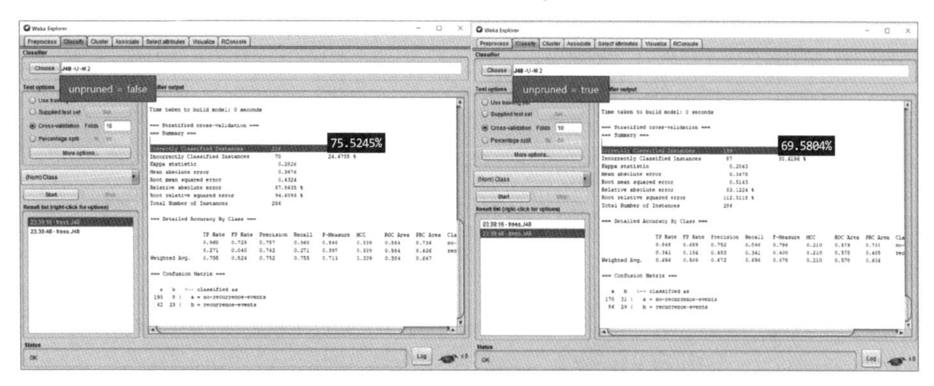

[그림 4-86] 좌측 unpruned 기본값(false)일 때 정분류율 75.3%
vs. 우측 unpruned 기본값(true)일 때 정분류율 69.9%

④ Java 프로그래밍: W3_L45_J48.Java

```
package _1_base;

import Java.awt.BorderLayout;
import Java.awt.Dimension;
import Java.io.*;
import Java.util.Random;

import Javax.swing.JFrame;

import Weka.classifiers.*;
import Weka.classifiers.trees.J48;
import Weka.core.*;
import Weka.gui.treevisualizer.PlaceNode2;
import Weka.gui.treevisualizer.TreeVisualizer;

public class W3_L45_J48 {
```

```
public static void main(String args[]) throws Exception{
        W3_L45_J48 obj = new W3_L45_J48();

        System.out.println("breast-cancer : ");
        obj.breastCancerJ48crossValidation(false);
        obj.breastCancerJ48crossValidation(true);
}

public void breastCancerJ48crossValidation(boolean isUnpruned)
throws Exception{
        int seed = 1;
        int numfolds = 10;
        int numfold = 0;
        // 1) data loader
        Instances data=new Instances(new BufferedReader(
                              new FileReader("D:\\Weka-
                              3-9\\data\\breast-cancer.
                              arff")));
        Instances train = data.trainCV(numfolds, numfold, new
        Random(seed));
        Instances test  = data.testCV(numfolds, numfold);

        // 2) class assigner
        train.setClassIndex(train.numAttributes()-1);
        test.setClassIndex(test.numAttributes()-1);

        // 3) cross validate setting
        Evaluation eval=new Evaluation(train);
        J48 model=new J48();
        /*****************************
         * unpruned(가지치기 안 함) 설정 시작
         *****************************/
        model.setUnpruned(isUnpruned);
        /*****************************
```

```
        * unpruned(가지치기 안 함) 설정 시작
        ****************************/
        eval.crossValidateModel(model, train, numfolds, new
        Random(seed));

        // 4) model run
        model.buildClassifier(train);

        // 5) evaluate
        eval.evaluateModel(model, test);

        // 6) print Result text
        System.out.println("\t분류 대상 데이터 건수: " + (int)eval.
        numInstances() +
                                ", 정분류 건수: " + (int)eval.
                                correct() +
                                ", 정분류율: " + String.format
                                ("%.1f",eval.correct() / eval.
                                numInstances() * 100) +" %"
                              + ", 분류 알고리즘: J48 , unprunded
                              (가지치기 안 함): " + isUnpruned
                                );

        // 7) tree view
        this.treeViewInstances(data, model, eval);
        System.out.println(model);
}

/*************************
 * Weka 제공 시각화(treeView)
 **************************/
public void treeViewInstances(Instances data, J48 tree,
Evaluation eval) throws Exception {
```

```
            String graphName = "";
            graphName += " 정분류율 = " + String.format("%.2f",eval.
            pctCorrect()) + " %";
        TreeVisualizer panel = new TreeVisualizer(null,tree.
        graph(),new PlaceNode2());
        JFrame frame = new JFrame(graphName);
        frame.setDefaultCloseOperation(JFrame.EXIT_ON_CLOSE);
        frame.getContentPane().setLayout(new BorderLayout());
        frame.getContentPane().add(panel);
        frame.setSize(new Dimension(800,500));
        frame.setLocationRelativeTo(null);
        frame.setVisible(true);
        panel.fitToScreen();
        System.out.println("See the " + graphName + " plot");
    }

}
```

breastCancerJ48crossValidation 함수에서 crossValidateModel 함수 실행 전 unpruned를 설정한다.

```
        public void breastCancerJ48crossValidation(boolean isUnpruned)
        throws Exception{
            (중략)

            // 3) cross validate setting
            Evaluation eval=new Evaluation(train);
            J48 model=new J48();
            /****************************
             * unpruned(가지치기 안 함) 설정 시작
             ****************************/
```

```
            model.setUnpruned(isUnpruned);
            /*****************************
             * unpruned(가지치기 안 함) 설정 시작
             *****************************/
            eval.crossValidateModel(model, train, numfolds, new
            Random(seed));

            // 4) model run
            model.buildClassifier(train);

            // 5) evaluate
            eval.evaluateModel(model, test);

            (후략)
    }
```

가지치기를 실행할 때와 실행하지 않을 때의 차이점은 다음과 같이 콘솔에서 확인 가능하다. Unpruned 설정은 가지치기 실행 여부가 J48 알고리즘의 성능을 결정하지는 않지만 상황에 따라 사용해야 한다.

```
Problems  @ Javadoc  Declaration  Search  Progress  Console ⌧  Debug
<terminated> W3_L45_J48 [Java Application] D:₩java-1.8.0-openjdk₩bin₩javaw.exe (2019. 8. 20. 오후 9:59:55)
breast-cancer :
        분류대상 데이터 건 수 : 286, 정분류 건수 : 208, 정분류율 : 72.7 %, 분류기 : J48 , unprunded (가지치기 안함) : false
        분류대상 데이터 건 수 : 286, 정분류 건수 : 191, 정분류율 : 66.8 %, 분류기 : J48 , unprunded (가지치기 안함) : true
```

[그림 4-87] unpruned 설정값에 따른 정분류율

J48은 결과의 시인성이 좋고 신뢰할 수 있으나 과적합 문제가 자유롭지 않다. 그래서 대안으로 사용되는 분류 알고리즘이 RandomForest이다. 또한 이번 강의를 통해 머신러닝과 전통적인 데이터 저장/조회 방식의 관점 차이를 알 수 있었다. 머신러닝은 데이터셋의 모델 일반화를 위해 인스턴스별 ID 또는 Key를 지양하나, 전통 데이터 관리 방식은 무결성 확보를 위해 ID 또는 Key를 부여하여 Unique화한다.

```
Problems  Javadoc  Declaration  Search  Progress  Console  Debug
<terminated> W3_L45_J48 [Java Application] D:₩java-1.8.0-openjdk₩bin₩javaw.exe (2019. 8. 20. 오후 10:04:11)
breast-cancer :
        분류대상 데이터 건 수 : 286, 정분류 건수 : 208, 정분류율 : 72.7 %, 분류기 : J48 , unprunded (가지치기 안함) : false
J48 pruned tree
------------------

node-caps = yes
|   deg-malig = 1: no-recurrence-events (0.78/0.39)
|   deg-malig = 2: no-recurrence-events (23.2/7.0)
|   deg-malig = 3: recurrence-events (26.39/5.39)
node-caps = no: no-recurrence-events (206.63/50.61)

Number of Leaves  :     4

Size of the tree :      6

        분류대상 데이터 건 수 : 286, 정분류 건수 : 191, 정분류율 : 66.8 %, 분류기 : J48 , unprunded (가지치기 안함) : true
J48 unpruned tree
------------------

node-caps = yes
|   deg-malig = 1: no-recurrence-events (0.78/0.39)
|   deg-malig = 2
|   |   tumor-size = 0-4: no-recurrence-events (0.0)
|   |   tumor-size = 5-9: no-recurrence-events (0.0)
|   |   tumor-size = 10-14: no-recurrence-events (0.0)
|   |   tumor-size = 15-19: no-recurrence-events (1.0)
|   |   tumor-size = 20-24
|   |   |   age = 10-19: no-recurrence-events (0.0)
|   |   |   age = 20-29: no-recurrence-events (0.0)
|   |   |   age = 30-39: no-recurrence-events (2.0/1.0)
|   |   |   age = 40-49: recurrence-events (2.0)
|   |   |   age = 50-59: no-recurrence-events (2.0)
|   |   |   age = 60-69: no-recurrence-events (0.0)
|   |   |   age = 70-79: no-recurrence-events (0.0)
|   |   |   age = 80-89: no-recurrence-events (0.0)
|   |   |   age = 90-99: no-recurrence-events (0.0)
|   |   tumor-size = 25-29: no-recurrence-events (3.2)
|   |   tumor-size = 30-34
|   |   |   irradiat = yes: recurrence-events (4.0/1.0)
|   |   |   irradiat = no: no-recurrence-events (4.0)
|   |   tumor-size = 35-39: no-recurrence-events (2.0)
```

[그림 4-88] unpruned 설정값에 따른 가지 깊이 결과

4.4.4 IBk: k 군집 거리 측정 알고리즘, 적정 군집수 선별이 목적이다

Weka의 IBk는 Instance Based parameter k 약어를 사용하는 학습법이 있다.

IBk 분류분석은 k-means 군집분석과 유사하다. 데이터 간 거리 측정 즉, 유사도를 기준으로 군집화를 하는 것까지는 똑같다. 그러나 k-means는 군집화까지만 수행한다. IBk는 더 나아가 군집 간에 기준선을 만들어 새로운 데이터가 어느 군집에 분류될지 결정한다.

하나 더 큰 차이점은 k-means 군집분석은 군집 개수를 수동으로 지정하여 어느 정도 군집 개수가 적절한지 일일이 실험해야 하나, IBk는 crossvalidate 옵션을 사용하면 적정 군집수를 제안해 준다. 만약 IBk를 활용한다면 적정 군집 개수를 IBk로 파악한 후 k-means 군집분석을 실행하는 것이 적절한 방법으로 보인다.

데이터 분석은 통계분석과 머신러닝으로 분류된다. 통계분석은 표본 데이터를 전체 데이터의 대표로 간주하여 평균과 분산과 같은 통계량을 산출한다면, 머신러닝은 전체 데이터를 패턴화하여 거리를 측정해 분류/군집화/연관성을 찾아낸다.

이번 강의는 IBk라는 거리 측정 분류법을 채택하며 인스턴스 기반 학습 또는 가장 가까운 이웃 학습법이라고도 한다. 가장 중요한 것은 분류할 때 각 군집 간의 기준선을 설정한 후 분류한다.

Nearest neighbor

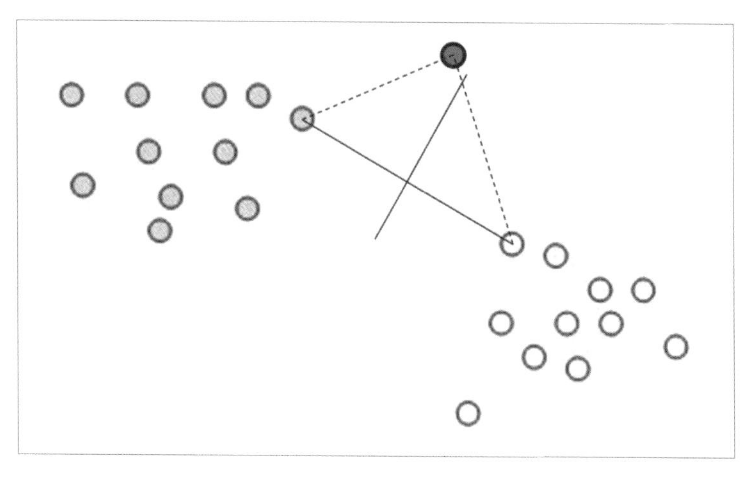

[그림 4-89] 가운데 기준선을 기점으로 검은색 점은 회색 점들로 분류된다는 IBk 개념

앞의 개념도를 보면 IBk와 k-means 군집분석은 데이터셋을 군집화하는 것까지는 공통점이나 IBk는 더 나아가 군집화된 기준으로 새로운 데이터를 분류한다. k-mean은 군집화까지만 수행한다. 회전식 학습법을 차용하며 다양한 거리 계산법을 사용한다.

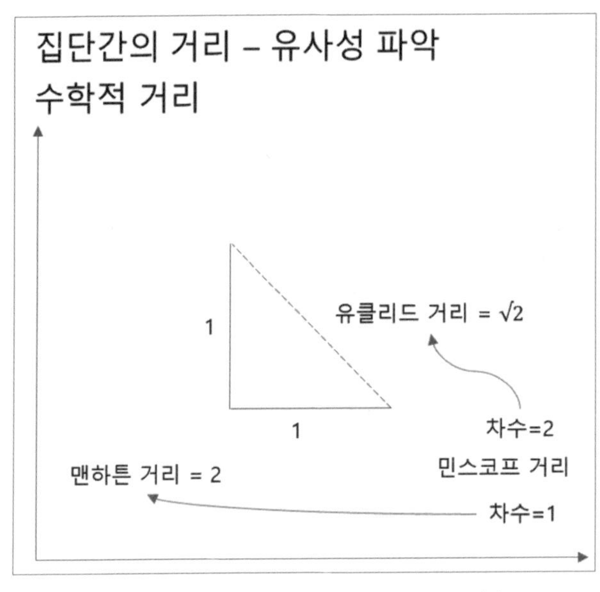

[그림 4-90] 유클리드, 맨해튼, 민스코프 거리 계산법

명목형 속성들이 서로 다르면 거리는 1, 같으면 0으로 간주하며 가장 가까운 이웃 학습을 통해 속성을 정규화하는 것이 좋다. 사유는 명목형 속성이 0과 1 사이에 있으므로 거리가 발생하는 일부 속성에 의해 심각한 왜곡이 발생하지 않는다. 노이지 인스턴스란? 인스턴스의 분포가 뒤섞여 있는 경우이며 k-최근접 이웃을 통해 잘못된 분류를 방지할 수 있다. 노이지 인스턴스라고 해서 잡음이 아니고, 약한 군집성을 띠는 군집 내의 데이터를 분석이 쉽게 증폭한다고 보면 된다. k 의미는 데이터를 유사한 것끼리 묶는 군집화를 할 수 있는 숫자를 말한다. 예를 들어, k = 5이면 데이터 군집을 5개 미리 설정하고 거리 계산한다.

Weka Explorer로 실행하면 정분류율은 산출되지만 모델은 출력되지 않으며, 노이지 데이터셋의 경우 k가 적을수록 정분류율이 향상된다. IBk는 종종 느릴 수 있지만 좋은 머신러닝 방법이며, NaiveBayes처럼 모든 속성은 똑같이 중요하다고 가정한다. IBk의 흥미로운 결과는 훈련 인스턴스의 수(n)와 k가 무한대에 도달하고 k/n가 0에 수렴할 때 오차는 최소화된다. 결국 많은 양의 데이터셋과 큰 값의 k를 사용하면 이론적으로 분류 정확도가 보장된다.

① 실습: IBk 알고리즘, glass.arff 데이터셋

② KnowledgeFlow 설계: base week 3 class 3 lesson 6.kf

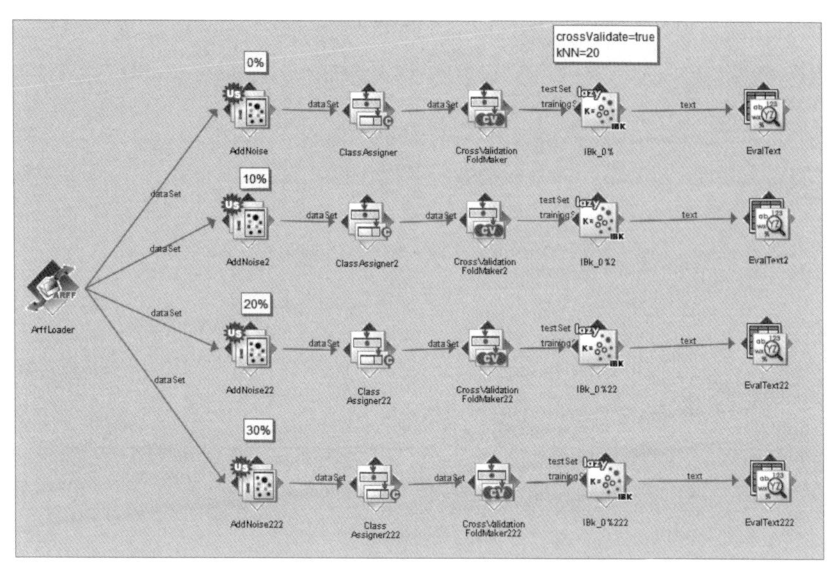

[그림 4-91] IBk의 정분류율보다 모델에서 제안하는 군집수 출력 위주로 지식흐름을 구성

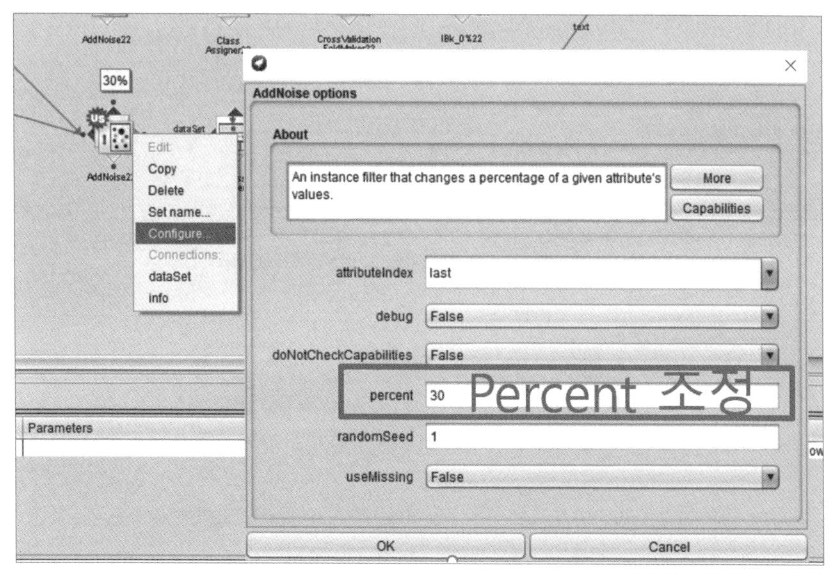

[그림 4-92] AddNoise 아이콘 오른쪽 클릭 후 configuration 선택하여 percentage 조정

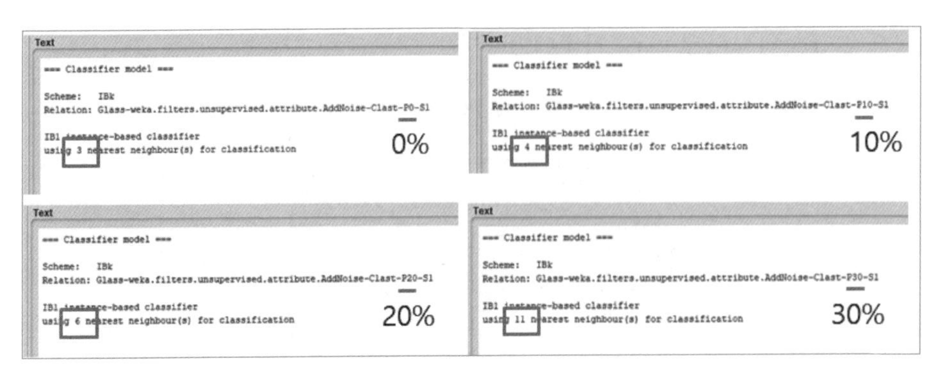

[그림 4-93] Text 아이콘별로 클릭 후 percentage별 제안된 군집수

③ Explorer 실습

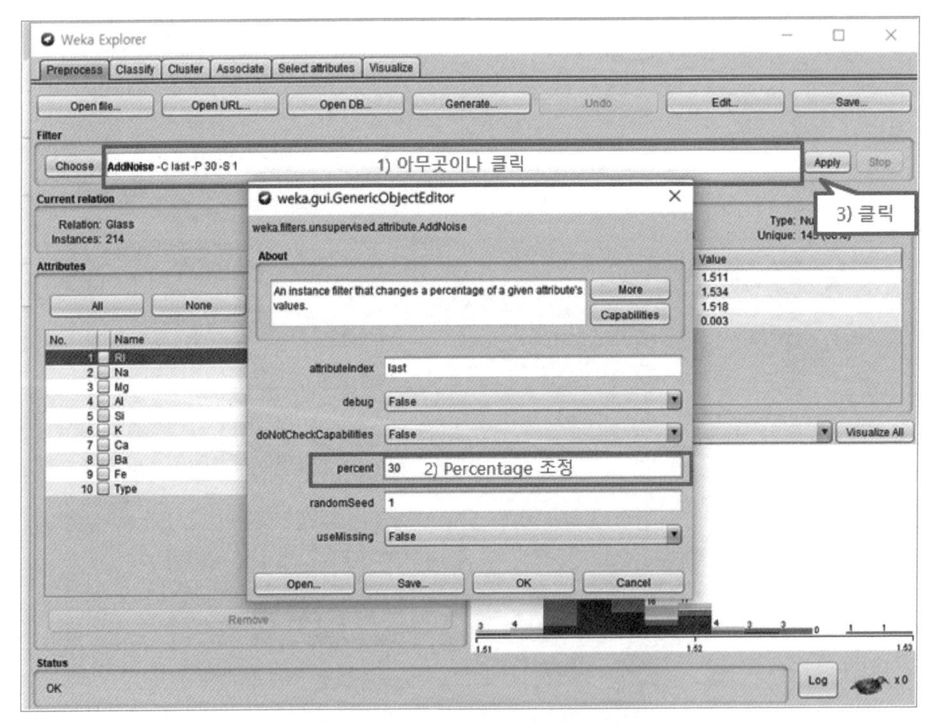

[그림 4-94] glass 데이터셋을 불러온 후 AddNoise 필터 설정

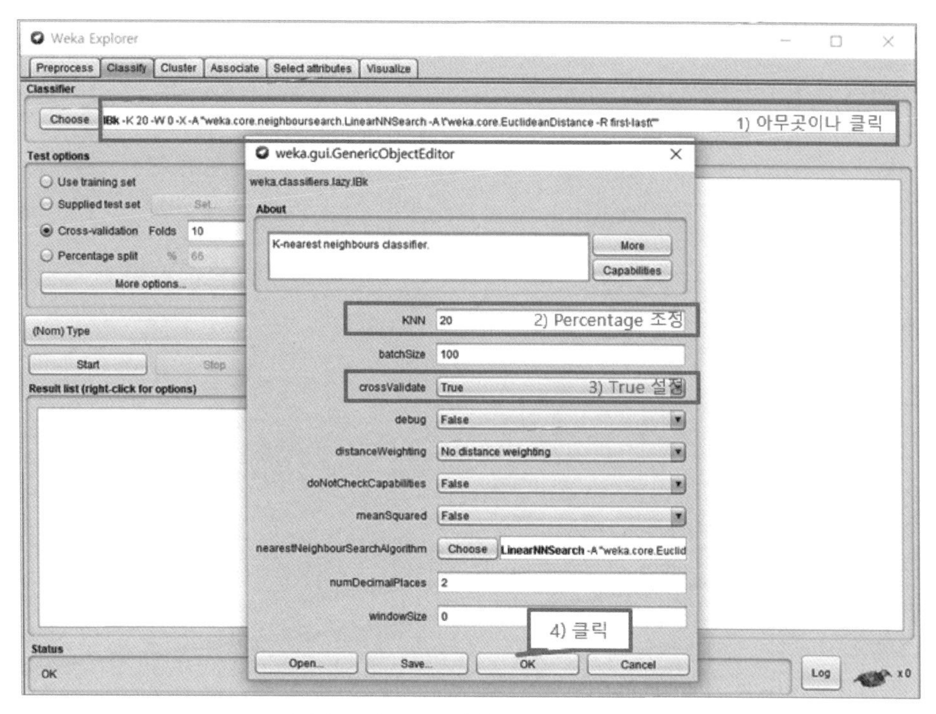

[그림 4-95] IBk kNN 값과 crossValidate 값 설정

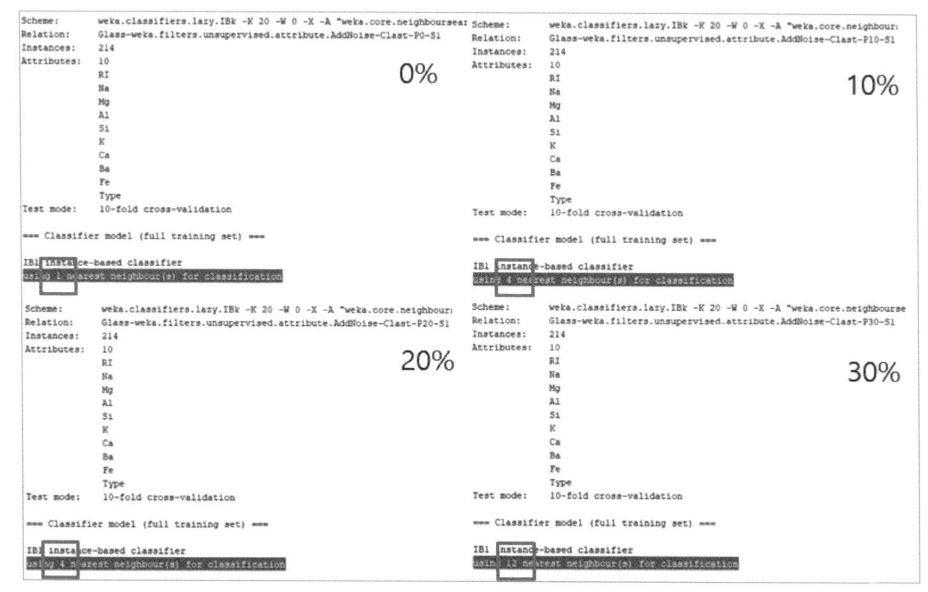

[그림 4-96] percentage별 제안된 군집수

지식흐름과 상이한 것은 Explorer는 11번째 검증이 모델이 되고, 지식흐름은 10번째 검증의 결과까지만 출력되기 때문이다.

④ Java 프로그래밍: W3_L6_IBk.Java

Java 코드는 약간 다르게 해 봤다. AddNoise 0~50%, k = 100으로 코딩 및 테스트를 진행했다.

```
package _1_base;

import Java.io.*;
import Java.util.Random;
import Weka.classifiers.*;
import Weka.classifiers.lazy.IBk;
import Weka.core.*;
import Weka.filters.Filter;
import Weka.filters.unsupervised.attribute.AddNoise;

public class W3_L6_IBk {

        public static void main(String args[]) throws Exception{
                W3_L6_IBk obj = new W3_L6_IBk();
                String fileName= "glass";
                System.out.println(fileName + " : ");

                // 매개변수 설명: 파일명, kNN 최댓값, crossValidate = true 설정,
                Noise Percentage 설정
                obj.glassIBk(fileName,100,true,0);
                obj.glassIBk(fileName,100,true,10);
                obj.glassIBk(fileName,100,true,20);
                obj.glassIBk(fileName,100,true,30);
                obj.glassIBk(fileName,100,true,40);
```

```
        obj.glassIBk(fileName,100,true,50);

        for(int i=1 ; i <10 ; i++) obj.glassIBk(fileName,10*i,true,50);
}

public void glassIBk(String fileName, int k, boolean
isCrossValidate, int percentage) throws Exception{
        int seed = 1;
        int numfolds = 10;
        int numfold = 0;
        // 1) data loader
        Instances data=new Instances(new BufferedReader(
                                new FileReader("D:\\Weka-3-
                                9\\data\\"+fileName+".arff")));
        /*****************************
         * addNoise 필터 적용 시작
         *****************************/
        AddNoise filter = new AddNoise();
        filter.setPercent(percentage);
        filter.setInputFormat(data);
        data = Filter.useFilter(data, filter);
        /*****************************
         * addNoise 필터 적용 종료
         *****************************/
        Instances train = data.trainCV(numfolds, numfold, new
        Random(seed));
        Instances test  = data.testCV(numfolds, numfold);

        // 2) class assigner
        train.setClassIndex(train.numAttributes()-1);
        test.setClassIndex(test.numAttributes()-1);

        // 3) cross validate setting
        Evaluation eval=new Evaluation(train);
```

```
            IBk model=new IBk();
            /**********************************
             * crossValidate, k, seed 값 변경 시작
             **********************************/
            model.setCrossValidate(isCrossValidate);
            model.setKNN(k);
            eval.crossValidateModel(model, train, numfolds, new
            Random(seed));
            /**********************************
             * crossValidate, k, seed 값 변경 종료
             **********************************/

            // 4) model run
            model.buildClassifier(train);

            // 5) evaluate
            eval.evaluateModel(model, test);

            // 6) print Result text
            System.out.println("\t분류 대상 데이터 건수: " + (int)eval.
            numInstances() + ", 정분류 건수: " +
                                (int)eval.correct() +
                                  ", 정분류율: " + String.
                                  format("%. 1f",eval.correct() /
                                eval.numInstances() * 100) +" %"
                              + ", 분류 알고리즘: IBK , k =" + k +" ,
                              isCrossValidate = " + isCrossValidate
                               + " , percentage = " + percentage + "
                               , 제안하는 군집수: "
                               + model.getKNN());
//          System.out.println(model);
    }

}
```

main 함수에서는 매개변수로 glass 파일명, kNN 최댓값 = 100, crossValidate = true, Noise Percentage 0~50% 값을 넘긴다.

```
public static void main(String args[]) throws Exception{
        W3_L6_IBk obj = new W3_L6_IBk();
        String fileName= "glass";
        System.out.println(fileName + " : ");

        // 매개변수 설명: 파일명, kNN 최댓값, crossValidate = true 설정,
        Noise Percentage 설정
        obj.glassIBk(fileName,100,true,0);
        obj.glassIBk(fileName,100,true,10);
        obj.glassIBk(fileName,100,true,20);
        obj.glassIBk(fileName,100,true,30);
        obj.glassIBk(fileName,100,true,40);
        obj.glassIBk(fileName,100,true,50);

        for(int i=1 ; i <10 ; i++) obj.glassIBk(fileName,10*i,tr
        ue,50);
}
```

glassIBk 함수의 핵심은 매개변수로 넘길 AddNoise 필터 설정[percentage], crossValidate 값(isCrossValidate) 설정 그리고 군집수(k)이다.

```
public void glassIBk(String fileName, int k, boolean
isCrossValidate, int percentage) throws Exception{

            (중략)
        /*****************************
```

```
 * addNoise 필터 적용 시작
 *****************************/
AddNoise filter = new AddNoise();
filter.setPercent(percentage);
filter.setInputFormat(data);
data = Filter.useFilter(data, filter);
/*****************************
 * addNoise 필터 적용 종료
 *****************************/
(중략)

// 3) cross validate setting
Evaluation eval=new Evaluation(train);
IBk model=new IBk();
/**********************************
 * crossValidate, k, seed 값 변경 시작
 **********************************/
model.setCrossValidate(isCrossValidate);
model.setKNN(k);
eval.crossValidateModel(model, train, numfolds, new
Random(seed));
/**********************************
 * crossValidate, k, seed 값 변경 종료
 **********************************/

// 4) model run
model.buildClassifier(train);

// 5) evaluate
eval.evaluateModel(model, test);

// 6) print Result text

(후략)
```

```
        }

}
```

앞의 코드를 실행하면 다음과 같은 결과를 콘솔에서 확인할 수 있고, percentage 설정값에 따라 제안하는 군집수가 변하는 모습을 확인할 수 있다.

```
<terminated> W3_L6_IBk [Java Application] D:₩java-1.8.0-openjdk₩bin₩javaw.exe (2019. 8. 21. 오후 7:39:46)
glass :
        분류대상 데이터 건 수 : 214, 정분류 건수 : 150, 정분류율 : 70.1 %, 분류기 : IBK , k =100 , isCrossValidate = true , percentage = 0 , 제안하는 군집수 : 1
        분류대상 데이터 건 수 : 214, 정분류 건수 : 127, 정분류율 : 59.3 %, 분류기 : IBK , k =100 , isCrossValidate = true , percentage = 10 , 제안하는 군집수 : 4
        분류대상 데이터 건 수 : 214, 정분류 건수 : 121, 정분류율 : 56.5 %, 분류기 : IBK , k =100 , isCrossValidate = true , percentage = 20 , 제안하는 군집수 : 4
        분류대상 데이터 건 수 : 214, 정분류 건수 : 106, 정분류율 : 49.5 %, 분류기 : IBK , k =100 , isCrossValidate = true , percentage = 30 , 제안하는 군집수 : 10
        분류대상 데이터 건 수 : 214, 정분류 건수 : 94, 정분류율 : 43.9 %, 분류기 : IBK , k =100 , isCrossValidate = true , percentage = 40 , 제안하는 군집수 : 10
        분류대상 데이터 건 수 : 214, 정분류 건수 : 73, 정분류율 : 34.1 %, 분류기 : IBK , k =100 , isCrossValidate = true , percentage = 50 , 제안하는 군집수 : 21
```

[그림 4-97] percentage 설정값에 따라 제안하는 군집수가 변하는 모습 확인 가능

k-means 군집분석을 할 때 초기 군집 개수를 고민한다면 IBk 분류 알고리즘이 제안하는 군집수를 사용해 보길 추천한다.

4.5 중등 분류 학습 알고리즘

임계의 가시화는 머신러닝 결과의 목적이라고 했다. 눈에 보이지 않는 현실을 데이터로 사람이 인식할 수 있는 기준선 즉, 임계를 가시화하는 것이다. 임계점 또는 임계선이 있어야 분류의 기준으로 삼을 수 있지 않겠는가? 그리고 그 임계critical와 경계boundary가 유사한 개념이라고 가정한다면 2차원 임계의 기사화가 경계의 시각화라고 볼 수 있다.

Weka에서 제공하는 Boundary Visualizer는 머신러닝의 진행 과정을 시각화한 의사 결정 경계의 공간적 표현이다. 그냥 결과가 눈으로 보인다고만 정의하자. 그렇다고 모든 데이터셋을 Boundary Visualizer에 적용할 수 있는 것도 아니다. 조건이 있다.

데이터셋은 숫자형으로 이루어진 속성이 2개여야 한다.

동일한 데이터셋의 다양하게 학습한 분류 알고리즘들은 데이터 공간에 나름대로의 경계를 생성한다. IBk 분류 알고리즘을 kNN을 증가시키면 경계가 희미해진다.

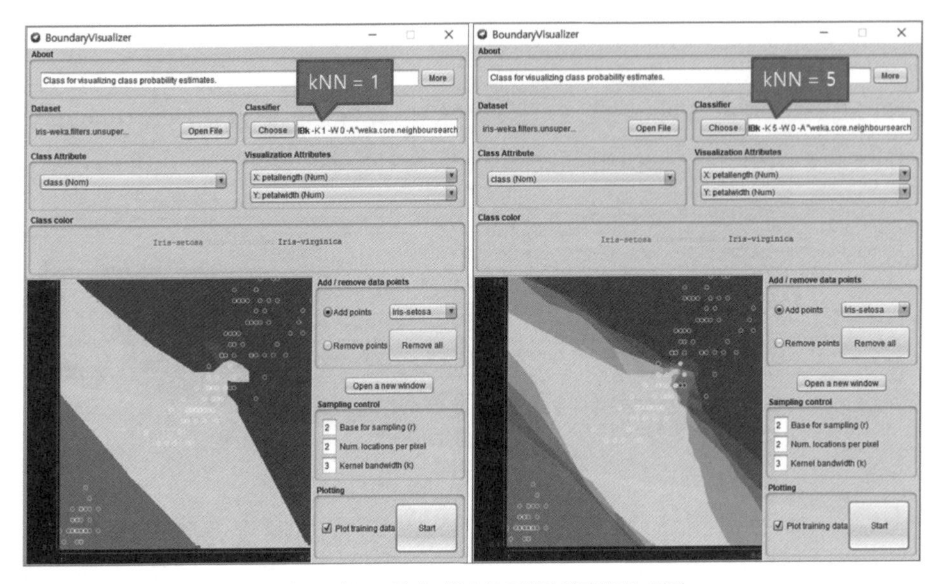

[그림 4-98] kNN 값이 커질수록 오히려 희미해지는 경계

J48 의사결정나무 분류 알고리즘의 minNumObj 값을 1부터 10까지 증가시키면(1 → 5 → 10) 더욱 간단한 경계를 획득할 수 있다.

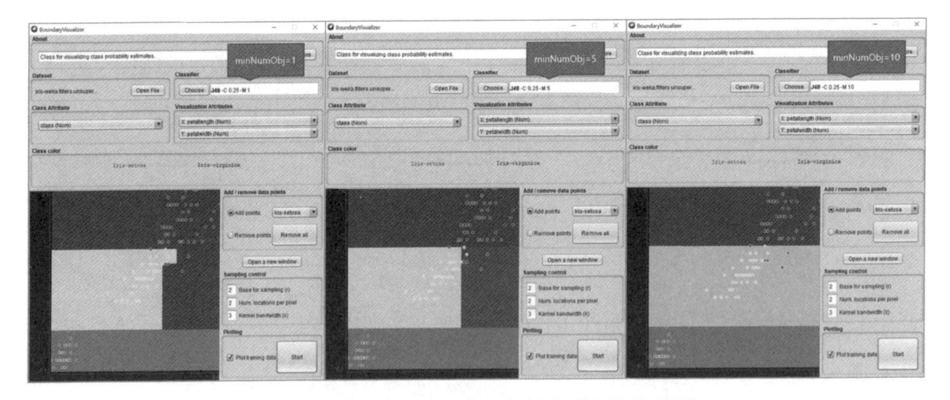

[그림 4-99] minNumObj 값이 커질수록 단순해지는 경계

4.5.1 Boundary Visualizer: 2개 속성의 의사 결정 경계를 시각화한다

이번에는 지식 흐름이나 Java 코드가 없다. Explorer가 제공하는 Boundary Visualization을 사용하여 iris.2D.arff를 분석해 본다.

대상은 숫자로 구성된 2개의 속성만 있는 데이터셋만 가능하다.

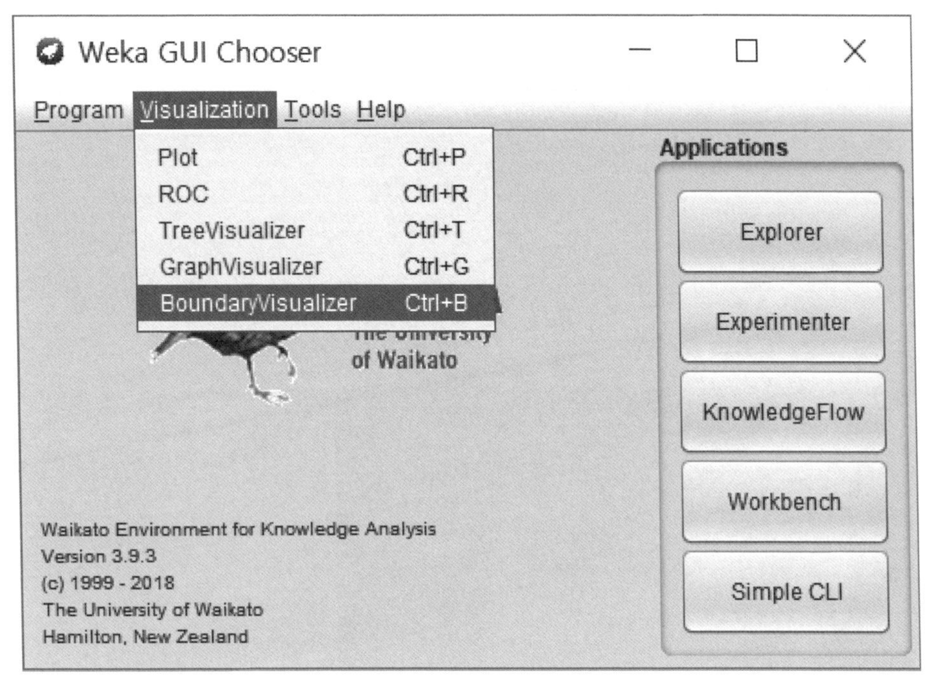

[그림 4-100] boundary Visualizer 실행 경로

① IBk 분석 결과: 같은 영역에 다른 클래스가 있는 인스턴스가 혼재한다. 우측 상단 색 영역에 가운데 색 경계가 모호하게 걸쳐 있다.

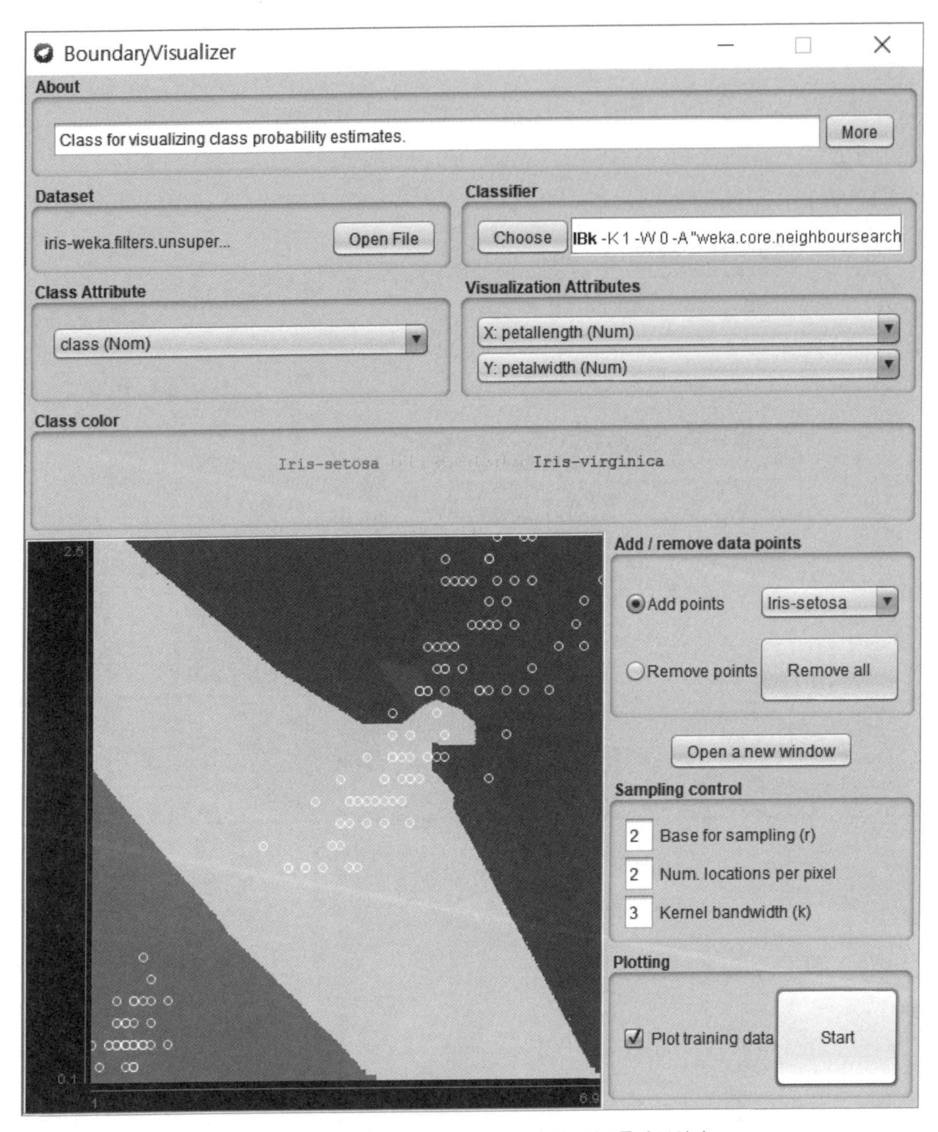

[그림 4-101] IBK의 경우 경계를 넘나드는 인스턴스들이 보인다.

② Logistic 분석 결과: 한 색상에서 다른 색상으로 점진적으로 전환하면서 각 색상 사이에 희미한 경계가 존재한다. 앞의 IBk의 경계와 비교해도 경계가 명확하지 않고 희미하다.

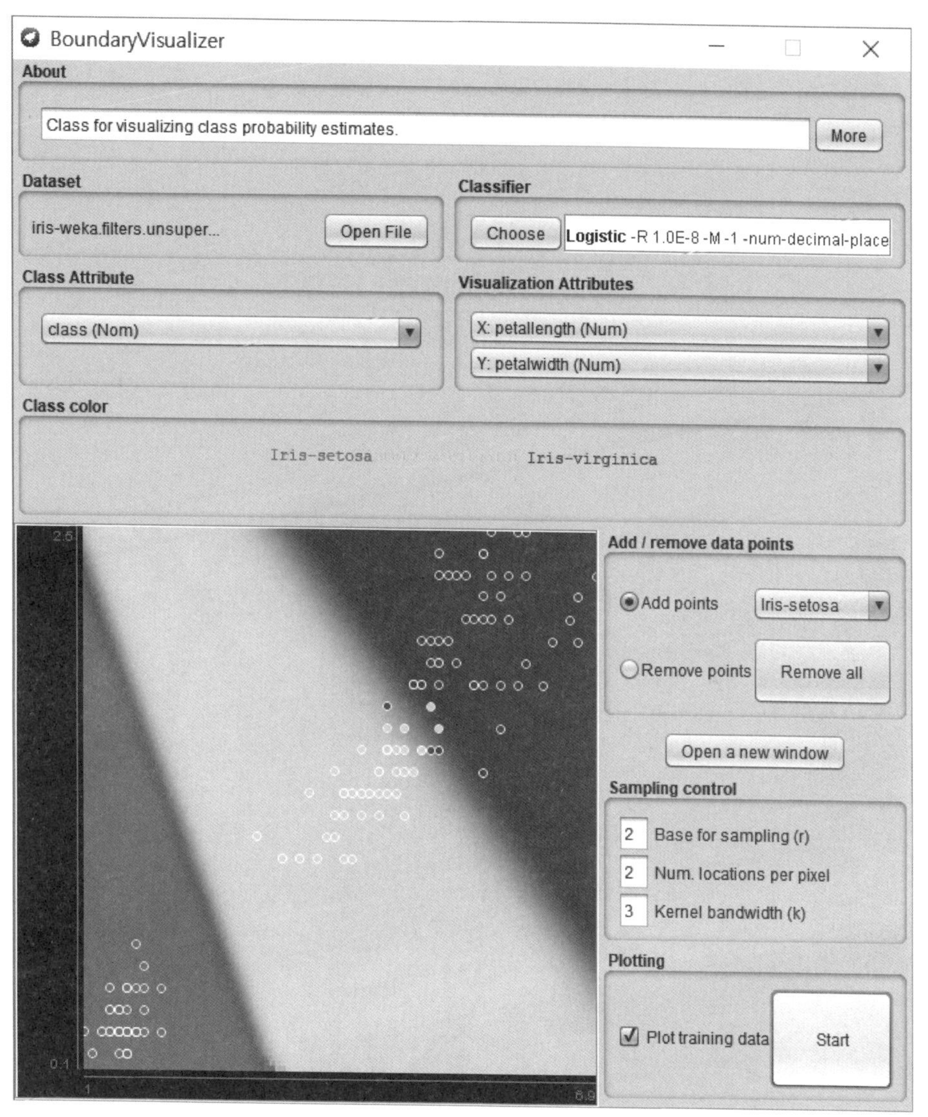

[그림 4-102] Logistic의 경우 희미한 경계가 보인다.

③ SMO(SVM) 분석 결과: 순수한 색 영역이 없으며, 좌측 하단의 색상은 두드러지지만 그 외의 색상은 모호하다. 시스템은 어떤 점의 분류에 대해서 확실하지 않다. 앞의 결과와 비교하면 색상이 흐리며 각 색상들의 경계가 명확하지 않다.

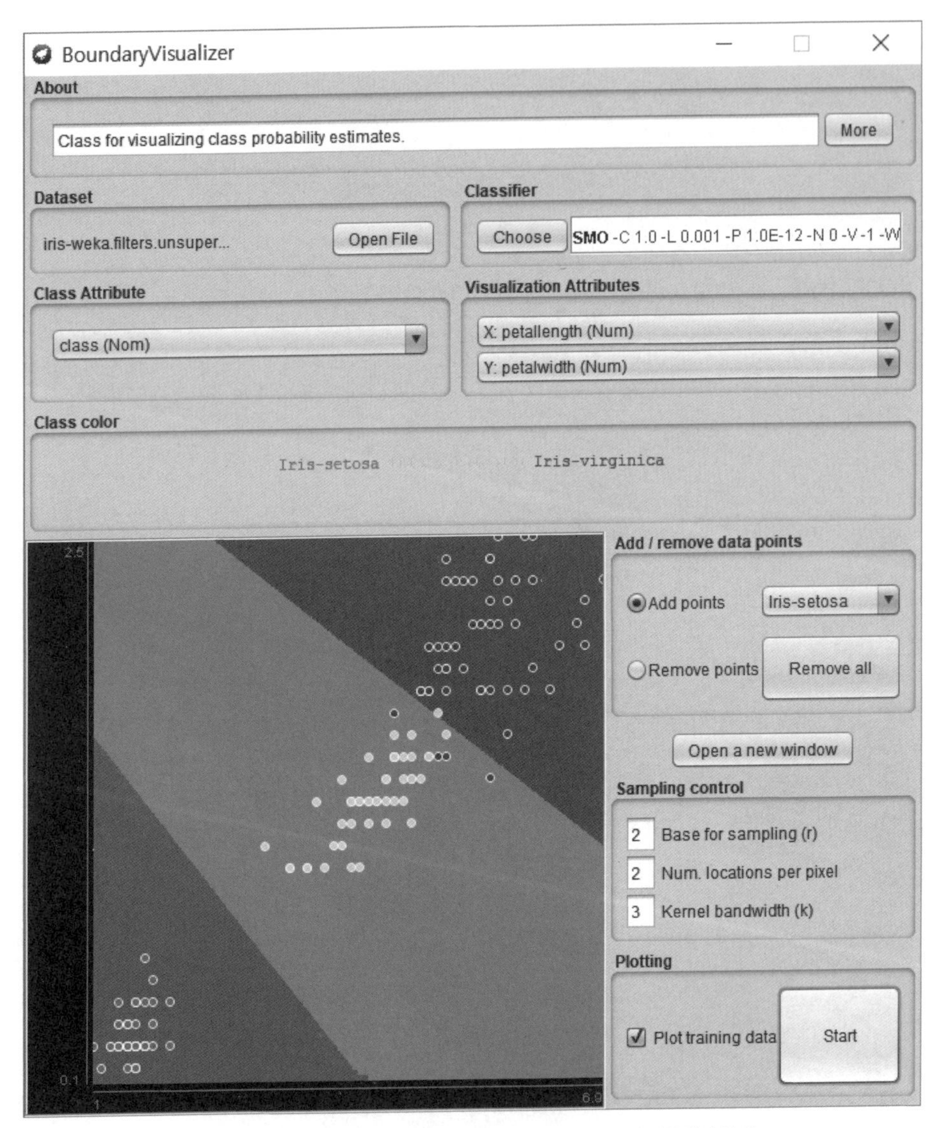

[그림 4-103] SMO(SVM) 분석 결과: 색상이 흐리며 경계가 명확하지 않다

④ RandomForest 분석 결과: 약간 흐릿한 경계가 있는 체크무늬 패턴으로 분류되나 중간에 희미한 경계가 보인다.

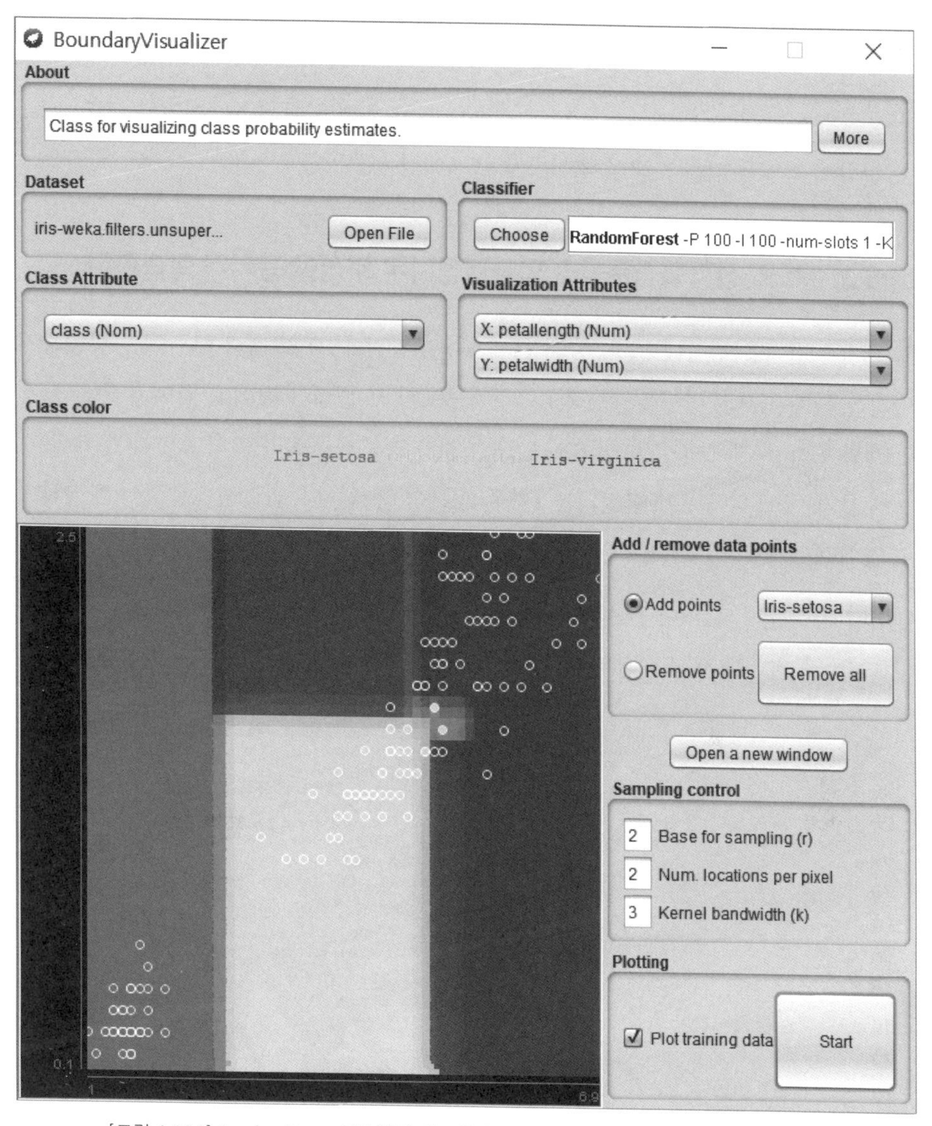

[그림 4-104] RandomForest 분석 결과: 체크무늬로 구분이 되나 중간에 희미한 경계가 보인다

Boundary Visualizer를 처음 접했을 때 "바로 이것이다."라고 생각했지만, 숫자형 속성이 2개일 경우 그리고 인스턴스가 150건이 넘으면 작동이 오래 걸리거나 결과가 제대로 나오지 않는 것을 보면 Boundary Visualizer가 절대적이지 않다. 그러나 머신러닝은 모든 속성을 들여다보지 않는다. 차원 축소 또는 변수 선택을 통해 2개의 숫자 속성을 분석할 경우 Boundary Visualization이 훌륭한 답이 될 수 있다. 결국 이것도 하나의 과정을 위한 도구일 뿐이라고 생각해야 한다.

4.5.2 M5P: 선형회귀분석과 의사결정나무 분석을 동시에 학습한다

1:29:300 법칙을 생각해 보자. 중대 문제 1개와 중간 문제 29개의 해결에만 집중하지 단순한 문제 300은 신경을 쓰는가? 그러나 300개의 문제가 쌓이고 쌓여서 중간 문제 29개와 중대 문제 1개가 발생한다. 단순한 300개 문제를 X라고 하고 Y를 문제라 가정해 보자. X에 의해 Y가 결정되는 1차원적 단순 문제들의 경우 선형분석이 해결책이 될 것이다.

데이터 분석 관련 강의나 서적에서 가장 많이 설명하는 분석 방법이며 보통은 예측분석으로 구분하는데 Weka 강의에서는 분류분석으로 구분한다. 단순하게는 엑셀의 추

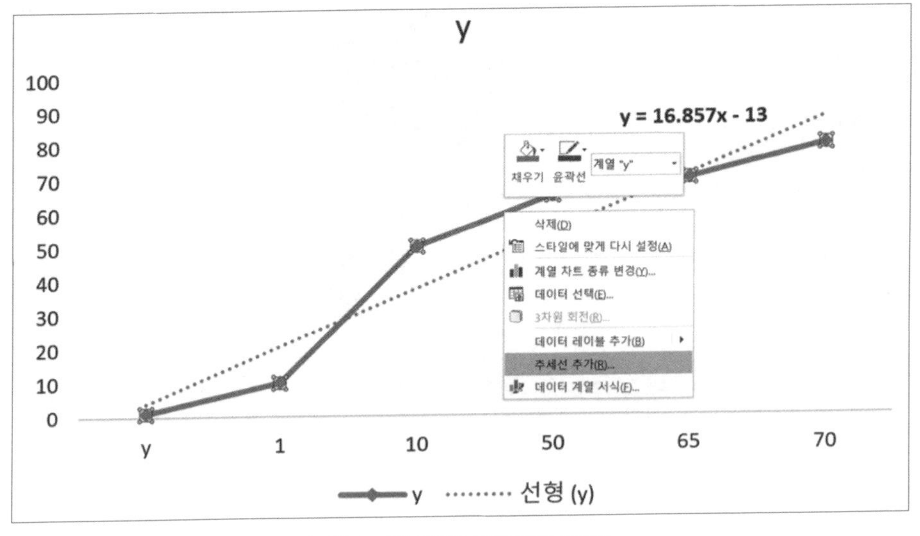

[그림 4-105] 엑셀의 선형그래프 추세선

세선 기능과 동일한 분석으로 봐도 무방하다. 물론 고차원적 분석에서는 차원을 확장해야 한다.

200년 전부터 선형예측(회귀분석) 연구가 진행되었다고 한다. 일반적인 분류는 목표변수가 명목형이다. 하지만 회귀 분류는 목표변수가 숫자형이다. 보통 1개의 숫자 속성과 1개의 숫자 목표변수class의 관계를 선형방정식으로 추세를 나타내어 미래를 가늠하는 데 사용되었다. 보통은 예측이라고 하지만 추세를 통해 가늠하는 것이다.

Y = wX + b. 이것이 회귀분석의 결과식이다. 선형방정식은 최소자승법을 사용해 선형 기준선을 생성하고 그에 대한 공식을 생성한다. 회귀식 생성의 성공 여부는 다음과 같은 지표로 확인 가능하다.

상관계수Correlation coefficient는 값이 크면 좋은 것으로, 회귀식이 속성과 목표변수 간 관계를 잘 설명하는지 정량적으로 표현한다.

평균절대오차Mean absolute error, 근사평균제곱오차Root Mean squared error는 결과를 해석하는 표준 지표이다.

Weka에서는 M5P라는 분류 알고리즘을 제공하며, 특이하게 회귀분석과 의사결정나무 분석을 동시에 수행할 수 있다. 아래는 M5P 분류 알고리즘 생성 후 생성된 의사결정나무이며, LMLinear Model이라고 명시된 노드가 보인다. M5P 분석 후 생성된 의사결

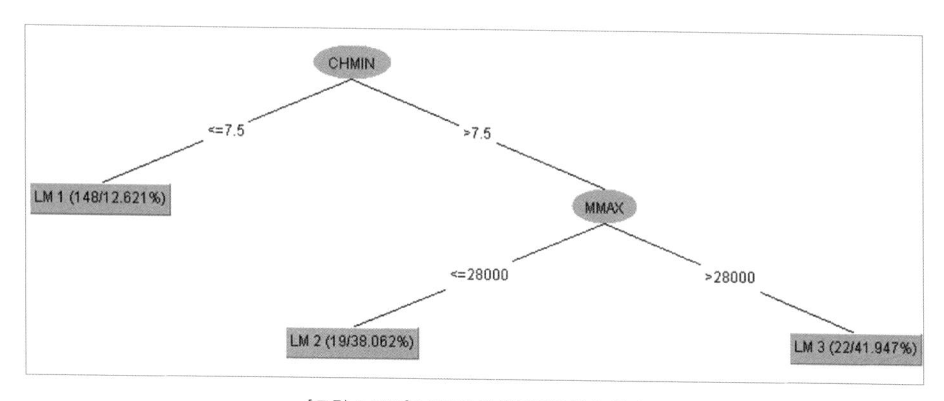

[그림 4-106] M5P 분류 알고리즘 학습 결과

정나무는 앞 그림의 타원형 속성 노드와 직사각형 LM 노드별로 선형방정식을 생성한다. 의사결정나무는 각 LM별 회귀방정식을 생성한다.

```
Scheme:    M5P
Relation: cpu-weka.filters.unsupervised.at

M5 pruned model tree:
(using smoothed linear models)

CHMIN <= 7.5 : LM1 (148/12.621%)
CHMIN >  7.5 :
|   MMAX <= 28000 : LM2 (19/38.062%)
|   MMAX >  28000 : LM3 (22/41.947%)

LM num: 1
class =
        -0.0068 * MYCT
        + 0.0014 * MMIN
        + 0.0027 * MMAX
        + 0.828 * CACH
        + 0.343 * CHMAX
        + 12.9234

LM num: 2
class =
        -0.9287 * MYCT
        + 0.0092 * MMIN
        + 0.0035 * MMAX
        + 0.7368 * CACH
        + 1.1641 * CHMAX
        + 36.2674

LM num: 3
class =
        -0.387 * MYCT
        + 0.0203 * MMIN
        + 0.0034 * MMAX
        + 1.1095 * CACH
        - 2.109 * CHMIN
        + 3.0274 * CHMAX
        - 76.1365

Number of Rules : 3
```

[그림 4-107] 속성 노드와 LM 노드의 선형방정식

M5P 분류 알고리즘은 선행회귀식과 tree를 동시에 생성한다. LM에만 회귀방정식이 있고 나머지는 의사결정나무의 노드로 구분된다. 이것을 해석하는 방법은 모든 속성이 반드시 회귀방정식에 포함될 필요가 없다는 뜻이다. 분기가 가능한 속성은 노드로 구분하고 목표변수를 결정하는 숫자형 속성들에 대해서는 회귀식을 생성한다. 모든 속성이 숫자형이라고 해서 반드시 회귀식의 변수에 포함될 수도 없고, 될 필요도 없다.

① 실습: LinearRegression/M5P 알고리즘, cpu.arff 데이터셋

② KnowledgeFlow 설계: base week 4 class 4 lesson 2.kf

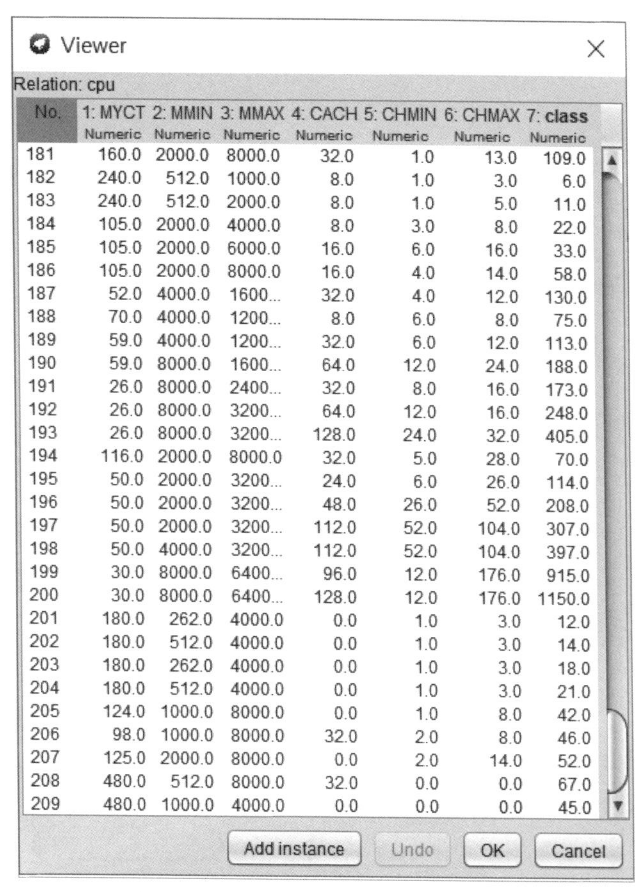

Viewer

Relation: cpu

No.	1: MYCT Numeric	2: MMIN Numeric	3: MMAX Numeric	4: CACH Numeric	5: CHMIN Numeric	6: CHMAX Numeric	7: class Numeric
181	160.0	2000.0	8000.0	32.0	1.0	13.0	109.0
182	240.0	512.0	1000.0	8.0	1.0	3.0	6.0
183	240.0	512.0	2000.0	8.0	1.0	5.0	11.0
184	105.0	2000.0	4000.0	8.0	3.0	8.0	22.0
185	105.0	2000.0	6000.0	16.0	6.0	16.0	33.0
186	105.0	2000.0	8000.0	16.0	4.0	14.0	58.0
187	52.0	4000.0	1600...	32.0	4.0	12.0	130.0
188	70.0	4000.0	1200...	8.0	6.0	8.0	75.0
189	59.0	4000.0	1200...	32.0	6.0	12.0	113.0
190	59.0	8000.0	1600...	64.0	12.0	24.0	188.0
191	26.0	8000.0	2400...	32.0	8.0	16.0	173.0
192	26.0	8000.0	3200...	64.0	12.0	16.0	248.0
193	26.0	8000.0	3200...	128.0	24.0	32.0	405.0
194	116.0	2000.0	8000.0	32.0	5.0	28.0	70.0
195	50.0	2000.0	3200...	24.0	6.0	26.0	114.0
196	50.0	2000.0	3200...	48.0	26.0	52.0	208.0
197	50.0	2000.0	3200...	112.0	52.0	104.0	307.0
198	50.0	4000.0	3200...	112.0	52.0	104.0	397.0
199	30.0	8000.0	6400...	96.0	12.0	176.0	915.0
200	30.0	8000.0	6400...	128.0	12.0	176.0	1150.0
201	180.0	262.0	4000.0	0.0	1.0	3.0	12.0
202	180.0	512.0	4000.0	0.0	1.0	3.0	14.0
203	180.0	262.0	4000.0	0.0	1.0	3.0	18.0
204	180.0	512.0	4000.0	0.0	1.0	3.0	21.0
205	124.0	1000.0	8000.0	0.0	1.0	8.0	42.0
206	98.0	1000.0	8000.0	32.0	2.0	8.0	46.0
207	125.0	2000.0	8000.0	0.0	2.0	14.0	52.0
208	480.0	512.0	8000.0	32.0	0.0	0.0	67.0
209	480.0	1000.0	4000.0	0.0	0.0	0.0	45.0

Add instance　Undo　OK　Cancel

[그림 4-108] 총 209건의 cpu.arff 데이터셋 구조

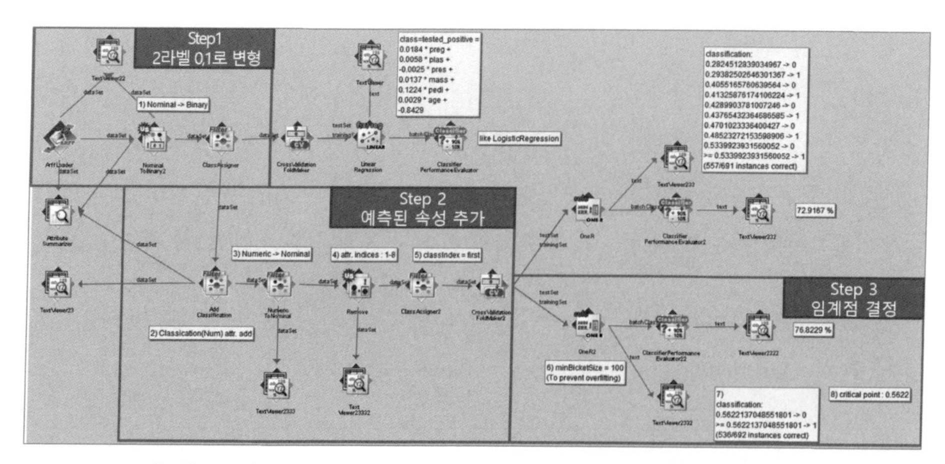

[그림 4-109] LinearRegression과 M5P 분류 알고리즘을 동시에 생성하는 지식흐름

정분류율보다는 LinearRegression과 M5P 분류 알고리즘의 비교를 중점으로 하며 ModelText 아이콘을 오른쪽 클릭하면 Show Text의 결과는 다음과 같다.

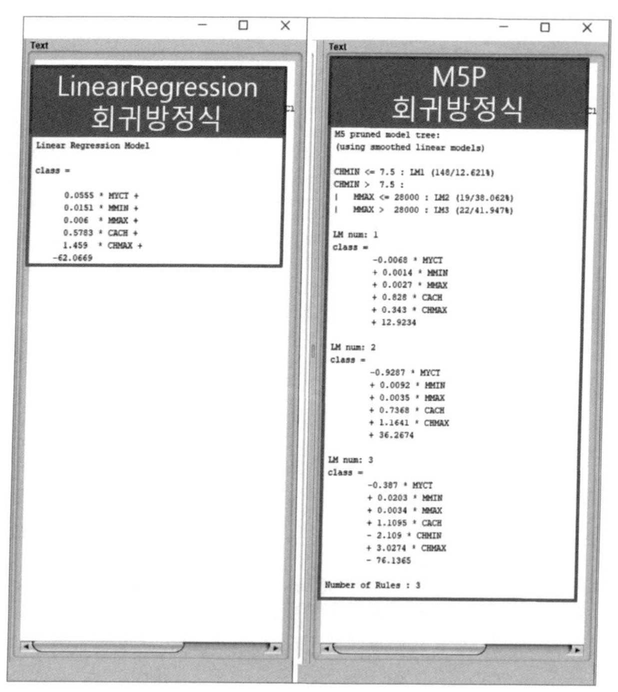

[그림 4-110] 각 분류 알고리즘별 회귀방정식(M5P는 노드별 회귀방정식까지 생성)

GraphView2 컴포넌트를 오른쪽 클릭 후 show plots를 클릭하면 다음과 같이 M5P에서 생성된 의사결정나무를 확인할 수 있다. 노드별 회귀방정식을 대입하여 도식화했다. 여기서 중요한 것은 LM별 회귀식을 어떻게 부여할 것인가에 대한 문제이다.

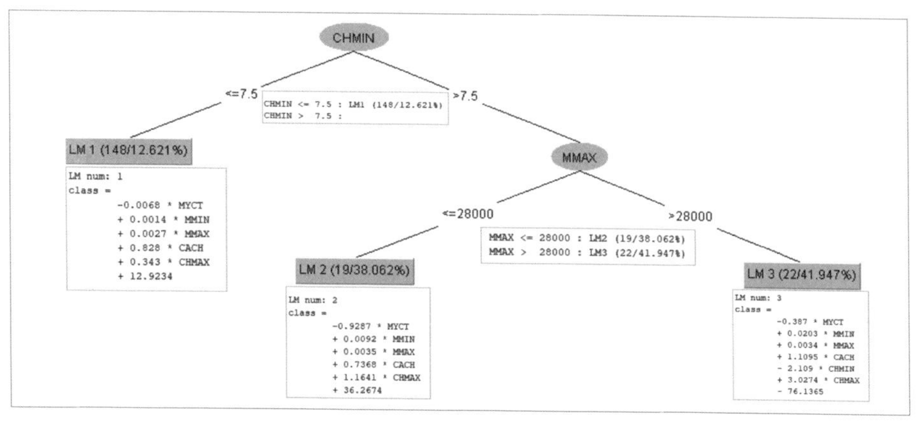

[그림 4-111] 의사결정나무 도식화

③ Explorer 실습

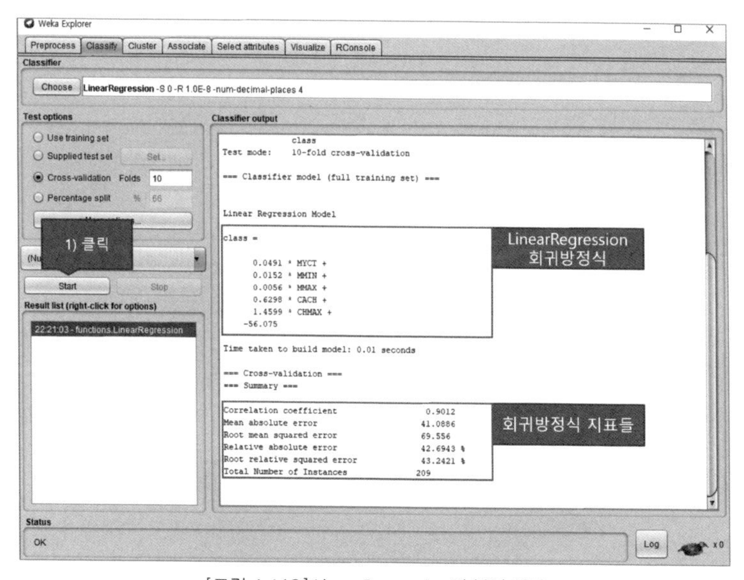

[그림 4-112] LinearRegression의 분석 결과

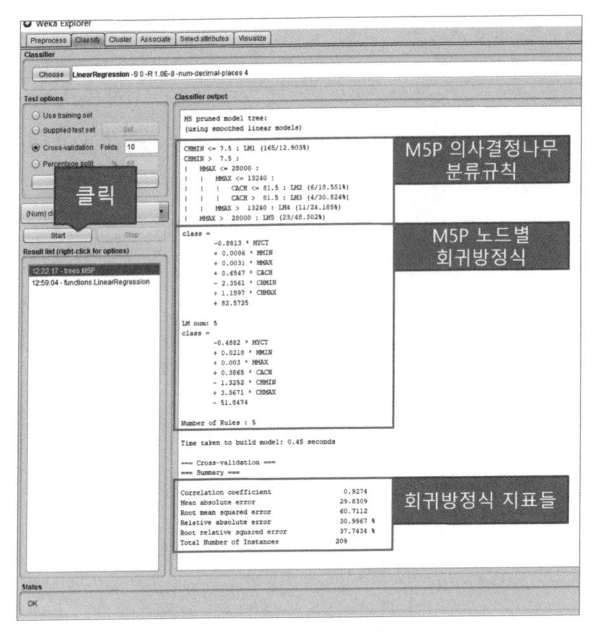

[그림 4-113] M5P의 분석 결과

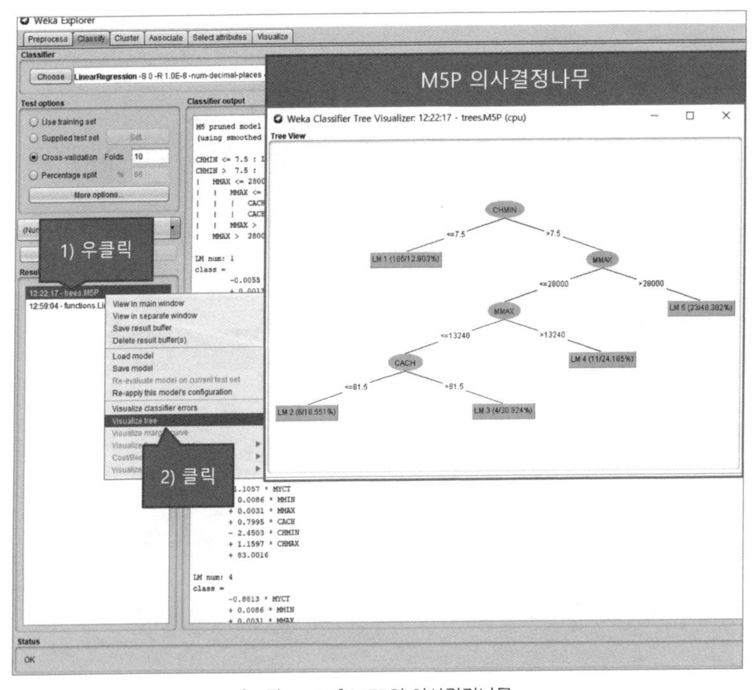

[그림 4-114] M5P의 의사결정나무

④ Java 프로그래밍: W4_L4_M5P.Java

LinearRegression을 실행하기 위해 arpack_combined.jar, mtj.jar, core.jar 3개 jar를 eclipse로 Add External Jars(외부 반입)해야 한다. 다운로드 경로는 다음과 같다.

https://svn.cms.waikato.ac.nz/svn/Weka/branches/stable-3-8/Weka/lib/

```
package _1_base;

import Java.io.*;
import Java.util.Random;
import Weka.classifiers.*;
import Weka.classifiers.functions.LinearRegression;
import Weka.classifiers.trees.M5P;
import Weka.core.*;

public class W4_L2_LinearRegression_M5P {

        public static void main(String args[]) throws Exception{
                W4_L2_LinearRegression_M5P obj = new W4_L2_Linear
                Regression_M5P();
                String fileName= "cpu";
                System.out.println(fileName + " : ");

                /************************************************************
                *  LinearRegression 실행을 위해
                * https://svn.cms.waikato.ac.nz/svn/Weka/branches/
                stable-3-8/Weka/lib/ 접속하여
                * arpack_combined.jar, mtj.jar, core.jar를 외부 jar로 임포트해
                야 한다.
                *************************************************************/
                obj.cpuRegression(fileName,new LinearRegression());
```

```
        // M5P는 앞의 3개 jar가 없어도 실행 가능
        obj.cpuRegression(fileName,new M5P());
    }

    public void cpuRegression(String fileName, Classifier model) throws
    Exception{
        int seed = 1;
        int numfolds = 10;
        int numfold = 0;
        // 1) data loader
        Instances data=new Instances(new BufferedReader(
                                        new FileReader("D:\\Weka-3-
                                        9\\data\\"+fileName+".arff")));
        Instances train = data.trainCV(numfolds, numfold, new
        Random(seed));
        Instances test  = data.testCV(numfolds, numfold);

        // 2) class assigner
        train.setClassIndex(train.numAttributes()-1);
        test.setClassIndex(test.numAttributes()-1);

        // 3) cross validate setting
        Evaluation eval=new Evaluation(train);
//      Classifier model=classifier; // 매개변수에서 받은 생성된 model 객
        체를 직접 사용

        // 4) model run
        model.buildClassifier(train);

        // 5) evaluate
        eval.evaluateModel(model, test);

        // 6) print Result text, 회귀분석은 정분류율보다 상관계수와 같은 회귀
        방정식 적정성 지표가 중요
```

```
        System.out.println("model  :  " + model.toString()
        +"\n"+eval.toSummaryString());

        // 7) 학습된 모델로 추세 검증
        this.trend(model, data);
}

public void trend(Classifier model, Instances data) throws
Exception{
        double differ = 0.0;
        double sumDifferABS = 0.0;
        double classValue = 0.0;
        double result = 0.0;
        for(int x=0 ; x < data.size() ; x++){
                Instance row = data.get(x);
                /**************************
                 * 생성된 모델로 class 계산 시작
                 **************************/
                result = model.classifyInstance(row);
                /**************************
                 * 생성된 모델로 class 계산 종료
                 **************************/
                classValue = row.valueSparse(row.numAttributes()-1);
                differ = result - classValue;
                sumDifferABS += Math.abs(differ); // 오차의 절댓값 누적
                System.out.println( (x+1) + " : " + String.format
                ("%.1f",classValue) +
                                                " => " + String.format
                                                ("%.1f",result) +
                                                " 건별 오차:" + String.
                                                format("%.1f",differ) );


        }
        System.out.println( "오차 평균  :  " + sumDifferABS/data.
        size());
```

```
            if(model instanceof M5P){
                  M5P m5p = (M5P)model;
                  // 다음기회에..
            }else{
                  LinearRegression linear = (LinearRegression)
                  model;
                  // 다음기회에..
            }

      }
}
```

LinearRegression 실행을 위해 3개 API(jar)를 import해야 한다.

```
      public static void main(String args[]) throws Exception{
            W4_L2_LinearRegression_M5P obj = new W4_L2_
            LinearRegression_M5P();
            String fileName= "cpu";
            System.out.println(fileName + " : ");

            /*************************************************************
            *********************
             *  LinearRegression 실행을 위해
             * https://svn.cms.waikato.ac.nz/svn/Weka/branches/
             stable-3-8/Weka/lib/ 접속하여
             *  arpack_combined.jar, mtj.jar, core.jar를 외부 jar로 임포트
             해야 한다.
                 *****************************************************
                 *************************/
```

```
        obj.cpuRegression(fileName,new LinearRegression());

        // M5P는 앞의 3개 jar가 없어도 실행 가능
        obj.cpuRegression(fileName,new M5P());
    }
```

Eclipse에서 Java build path에서 Add External JARs를 클릭한 후 탐색기 창에서 3개 jar 파일을 선택하면 된다.

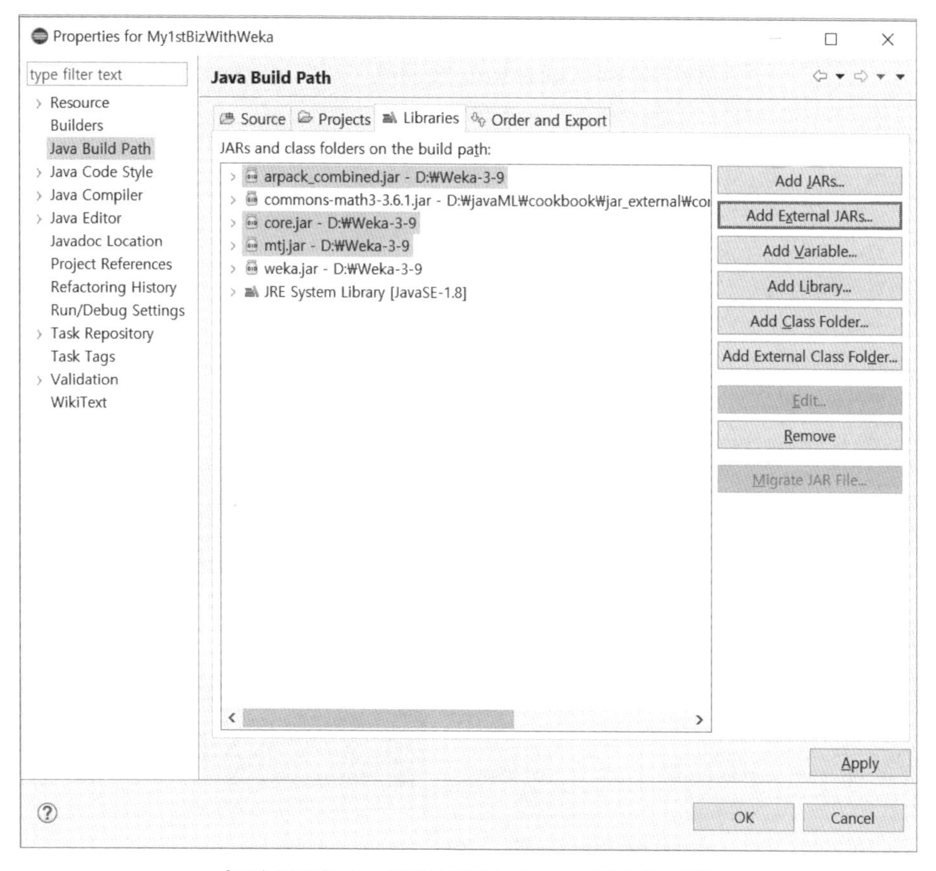

[그림 4-115] Eclipse에 외부 반입(Add external)할 3개 jar 파일

회귀분석은 정분류율보다 상관계수와 같은 회귀방정식 적정성 지표가 중요하다. cpuRegression 함수에서 이 지표들을 확인한다. 필터링이 없고 분류 알고리즘 옵션을 기본으로 하며, 회귀분석은 방정식의 지표 출력을 중점으로 하여 코드가 간단하다.

```
public void cpuRegression(String fileName, Classifier model) throws
Exception{
        (중략)

        // 6) print Result text, 회귀분석은 정분류율보다 상관계수와 같은 회귀
        방정식 적정성 지표가 중요
        System.out.println("model : " + model.toString()
        +"\n"+eval.toSummaryString());

         (후략)
}
```

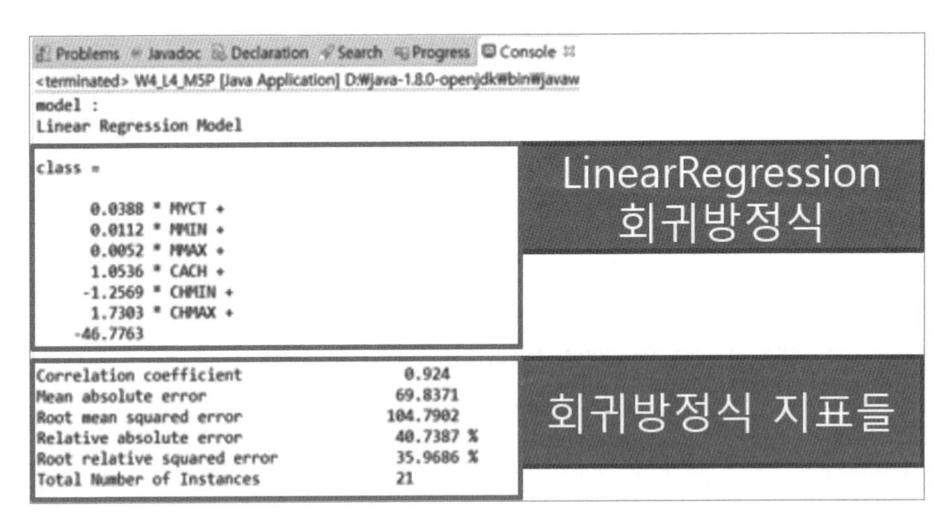

[그림 4-116] ELinearRegression의 회귀방정식과 각종 지표

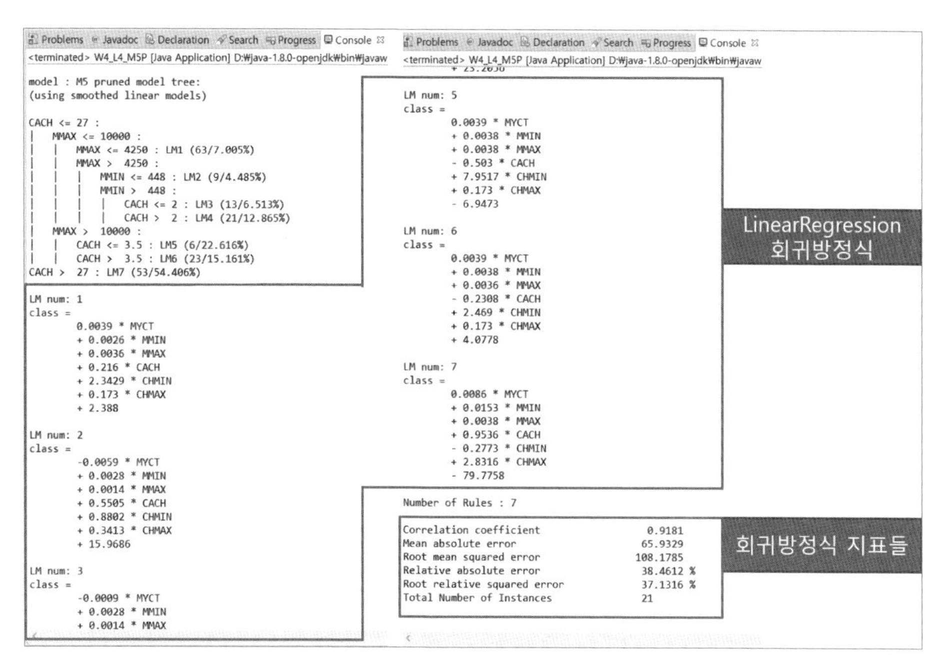

[그림 4-117] M5P의 결과: 같이 출력되는 의사 결정 분류와 노드별 회귀방정식

선형회귀분석은 데이터의 추이를 보고 과감히 예측하는 기법만 존재하는 줄 알았으나 의사결정나무와 같이 사용 가능하다.

지금부터는 Java code로 학습된 회귀방정식을 사용하여 class 파일을 계산해 보겠다. 소위 말해 예측하는 것이다. 다만, 아래 코드는 원래 cpu.aff 파일을 그대로 회귀방정식에 대입해 원래 목표변수class와 회귀방정식의 결과가 얼마나 차이가 나는지 확인해 본다. trend라는 메소드를 정의하고, 학습된 모델과 cpu.arff(원데이터)를 매개변수로 넘긴다. 데이터셋에서 데이터 1건씩을 뽑아 회귀방정식에 대입하여 결과를 출력하고 비교한다.

아주 간단하게 실행할 수 있는데 classifyInstance 메소드를 호출하여 데이터 1건을 매개변수로 실행하면 바로 결과가 계산된다. 이 결과가 예측값이 된다. 본서에서는 classifyInstance 함수를 딱 1번만 소개한다. 분류 알고리즘의 결과가 학습된 결과를 예측하는 데 목적이 있지만, 본서는 알고리즘이 어떻게 학습되는지만 설명한다.

trend 함수에서 classifyInstance를 실행하면 회귀방정식으로 결과를 출력한다. 반복 실행하면서 데이터 건별 오차를 출력하고 절댓값으로 누적된 오차의 평균을 출력한다.

```
public void trend(Classifier model, Instances data) throws
Exception{
        (생략)
        for(int x=0 ; x < data.size() ; x++){
                Instance row = data.get(x);
                /**************************
                 * 생성된 모델로 class 계산 시작
                 **************************/
                result = model.classifyInstance(row);
                /**************************
                 * 생성된 모델로 class 계산 종료
                 **************************/
                classValue = row.valueSparse(row.numAttributes()-1);
                differ = result - classValue;
                sumDifferABS += Math.abs(differ); // 오차의 절댓값 누적
                System.out.println( (x+1) + " : " + String.
                format("%.1f",classValue) +
                                                " => " + String.format
                                                ("%.1f",result) +
                                                " 건별 오차: " + String.
                                                format("%.1f",differ) );
        }
        System.out.println( "오차 평균: " + sumDifferABS/data.
        size());
         (후략)
    }
}
```

앞의 코드 실행 결과는 다음과 같이 콘솔에서 확인 가능하다.

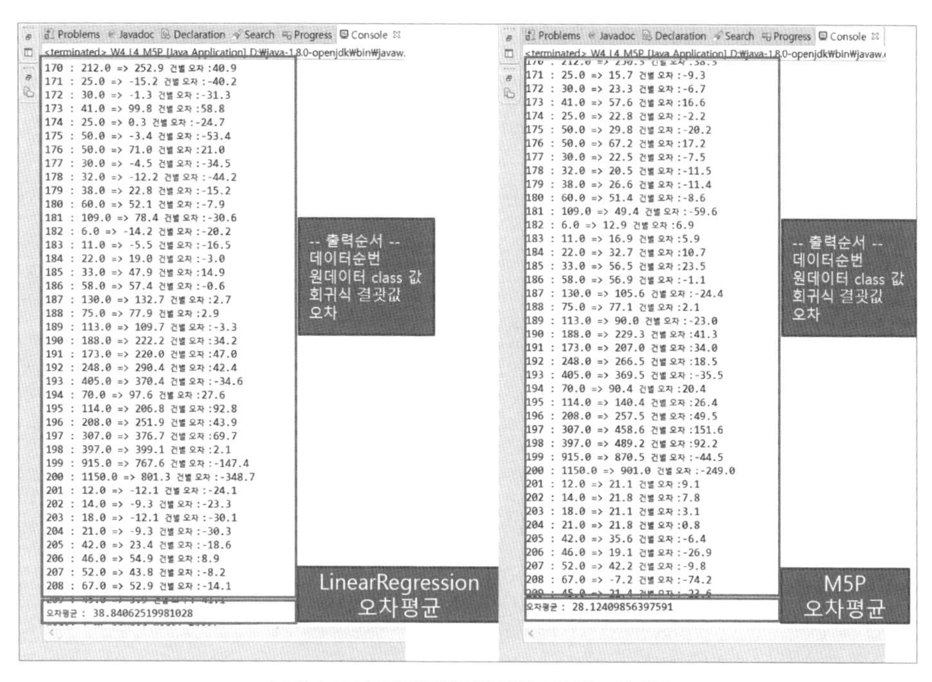

[그림 4-118] 2개 회귀방정식 건별 오차 및 오차 평균

LinearRegression이든 M5P든 오차 평균이 28~38로 오차 범위가 생각보다 크다. 그리고 건별 오차값도 -0.6~-348인 것을 보면 회귀방정식의 실효성에 의문을 가질 수 있다. 이는 분류 알고리즘을 제대로 학습시키지 못한 것도 있겠지만, 근본적으로 불필요한 속성까지 회귀방정식의 변숫값으로 사용한 것이 가장 큰 원인이다.

4.5.3 회귀 분류 1: 모든 숫자 속성을 선으로 분석한다(목표변수가 2가지인 경우)

로지스틱 회귀분석처럼 추세가 아닌 분류에 회귀분석을 적용해 본다. 다양한 필터를 사용해 2개의 라벨만 갖는 명목 목표변수와 3개 이상 라벨을 갖는 명목 목표변수에 대해 선형회귀분석을 적용한다. 로지스틱 회귀분석을 예습한다고 볼 수 있다.

회귀분석은 엑셀 추세선처럼 선형회귀분석만 있는 것이 아니다. 다중선형회귀분석, 다항회귀분석, 로지스틱 회귀분석 등은 종류가 다양하며, 회귀식이라도 공식이 생성되어 추세를 가늠하기 용이하기에 자주 소개된다.

이번은 2개의 라벨만 보유한 명목 목표변수를 이진 목표변수(2 class)라고 하고, 3개 이상 라벨을 보유한 명목 목표변수를 Multi-class라고 한다. 이진 목표변수에 회귀분석 적용 사례에 대해서 알아보고, 3개 이상 라벨 명목 목표변수는 다중선형회귀분석을 적용하는데 다음에 소개한다. 생각보다 양이 많다.

2 class problem

목표변수가 2개라는 뜻이 아니라 목표변수의 값이 yes/no 또는 0/1 경우처럼 2로 구분되는 경우를 말한다. 대부분 0 값에 대해 값이 매우 낮은 회귀선으로, 1 값의 경우 더 큰 값을 가지며 결정을 위한 임곗값을 얻는다.

임곗값보다 작은 경우 클래스 0을 예측할지 여부와 더 크면 1을 예측할지 정하게 된다. diabetes 데이터셋을 LinearRegression을 적용하려면 목표변수(class)가 숫자형이어야 하나, diabetes 데이터셋의 목표변수는 명목형(yes/no)이므로 NominalToBinary 필터를 사용해 발명 yes/no를 1/0으로 변형하고 LinearRegression으로 분석한다.

또한 분석된 LinearRegression의 예측값을 classification이라는 새로운 속성을 추가해 그 값으로 지정하고 OneR을 사용하여 두 개 목표변수(class) 값의 임계점을 확인해 본다.

① 실습: Logistic/OneR 알고리즘, diabetes.arff 데이터셋

② KnowledgeFlow 설계: base week 4 class 4 lesson 3-1A.kf

지식흐름은 다음과 같이 크게 3가지로 구분된다.

1) 2라벨 목표변수(class)의 값을 0, 1로 변형하고 2) 변형된 결과로 예측한 값을 새로운 속성(classification)에 추가한 후 3) OneR 분류 알고리즘으로 임계점을 찾아낸다.

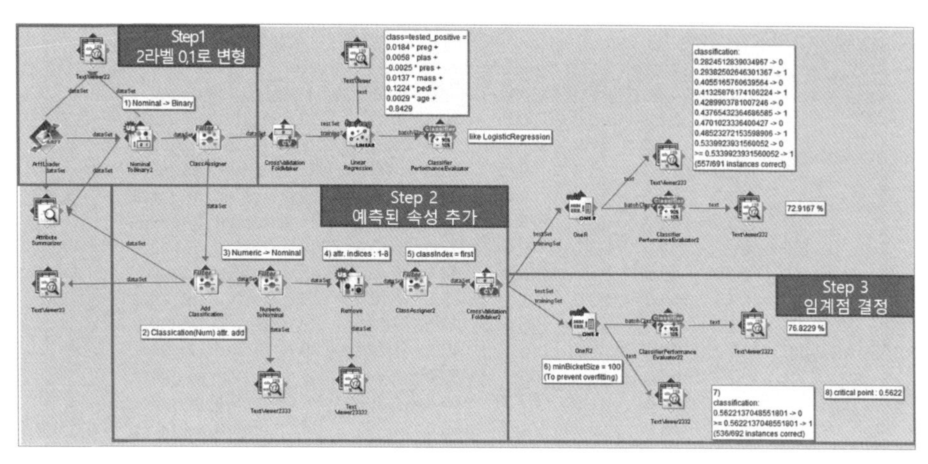

[그림 4-119] 3가지로 구성된 2라벨 분류 회귀분석 지식흐름

step1: 2라벨 0, 1로 변형

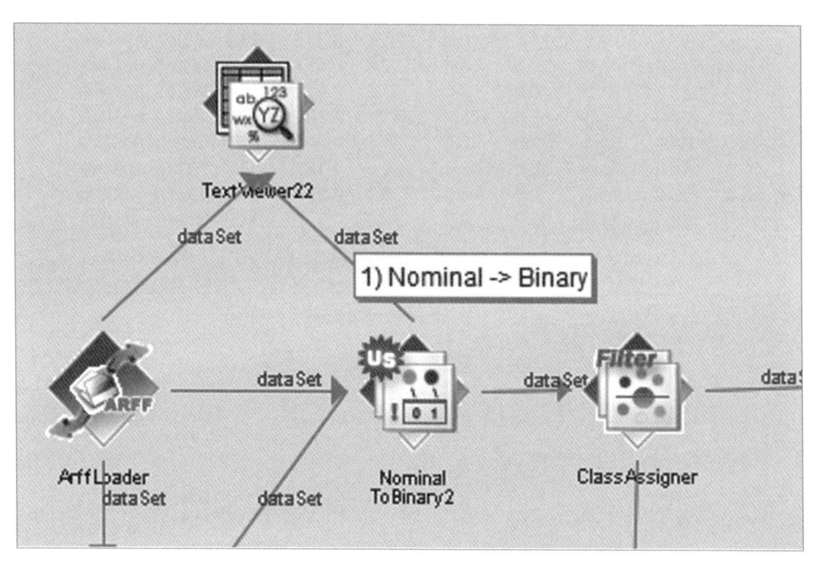

[그림 4-120] arff를 불러온 후 마지막 속성을 0, 1로 변형

먼저 arff 파일 구조는 마지막 9번째 속성이 목표변수(class)이며, tested_negative와 tested_positive 2개 라벨로만 구성되어 있다.

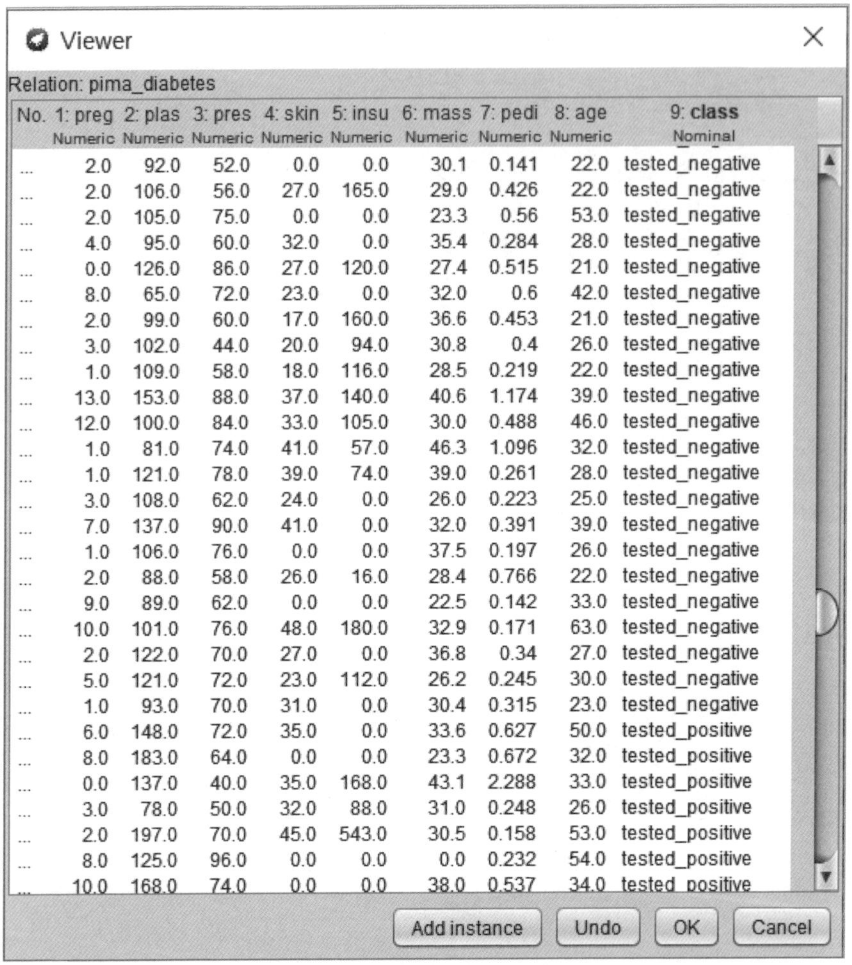

Viewer

Relation: pima_diabetes

No.	1: preg Numeric	2: plas Numeric	3: pres Numeric	4: skin Numeric	5: insu Numeric	6: mass Numeric	7: pedi Numeric	8: age Numeric	9: class Nominal
...	2.0	92.0	52.0	0.0	0.0	30.1	0.141	22.0	tested_negative
...	2.0	106.0	56.0	27.0	165.0	29.0	0.426	22.0	tested_negative
...	2.0	105.0	75.0	0.0	0.0	23.3	0.56	53.0	tested_negative
...	4.0	95.0	60.0	32.0	0.0	35.4	0.284	28.0	tested_negative
...	0.0	126.0	86.0	27.0	120.0	27.4	0.515	21.0	tested_negative
...	8.0	65.0	72.0	23.0	0.0	32.0	0.6	42.0	tested_negative
...	2.0	99.0	60.0	17.0	160.0	36.6	0.453	21.0	tested_negative
...	3.0	102.0	44.0	20.0	94.0	30.8	0.4	26.0	tested_negative
...	1.0	109.0	58.0	18.0	116.0	28.5	0.219	22.0	tested_negative
...	13.0	153.0	88.0	37.0	140.0	40.6	1.174	39.0	tested_negative
...	12.0	100.0	84.0	33.0	105.0	30.0	0.488	46.0	tested_negative
...	1.0	81.0	74.0	41.0	57.0	46.3	1.096	32.0	tested_negative
...	1.0	121.0	78.0	39.0	74.0	39.0	0.261	28.0	tested_negative
...	3.0	108.0	62.0	24.0	0.0	26.0	0.223	25.0	tested_negative
...	7.0	137.0	90.0	41.0	0.0	32.0	0.391	39.0	tested_negative
...	1.0	106.0	76.0	0.0	0.0	37.5	0.197	26.0	tested_negative
...	2.0	88.0	58.0	26.0	16.0	28.4	0.766	22.0	tested_negative
...	9.0	89.0	62.0	0.0	0.0	22.5	0.142	33.0	tested_negative
...	10.0	101.0	76.0	48.0	180.0	32.9	0.171	63.0	tested_negative
...	2.0	122.0	70.0	27.0	0.0	36.8	0.34	27.0	tested_negative
...	5.0	121.0	72.0	23.0	112.0	26.2	0.245	30.0	tested_negative
...	1.0	93.0	70.0	31.0	0.0	30.4	0.315	23.0	tested_negative
...	6.0	148.0	72.0	35.0	0.0	33.6	0.627	50.0	tested_positive
...	8.0	183.0	64.0	0.0	0.0	23.3	0.672	32.0	tested_positive
...	0.0	137.0	40.0	35.0	168.0	43.1	2.288	33.0	tested_positive
...	3.0	78.0	50.0	32.0	88.0	31.0	0.248	26.0	tested_positive
...	2.0	197.0	70.0	45.0	543.0	30.5	0.158	53.0	tested_positive
...	8.0	125.0	96.0	0.0	0.0	0.0	0.232	54.0	tested_positive
...	10.0	168.0	74.0	0.0	0.0	38.0	0.537	34.0	tested_positive

Add instance | Undo | OK | Cancel

[그림 4-121] diabetes.arff 데이터셋 구조

❶ NominalToBinary 필터를 적용해 tested_negative와 tested_positive 값들을 0, 1로 변형한다. 이 필터는 기본적으로 마지막 속성을 변형하는 것으로 되어 있어 설정 변경 없이 적용했다. 그 결과는 다음과 같다. 좌측 원본 데이터, 우측 변형 데이터이며, 2라벨 변숫값이 0과 1의 숫자형으로 변형된 것을 확인할 수 있다.

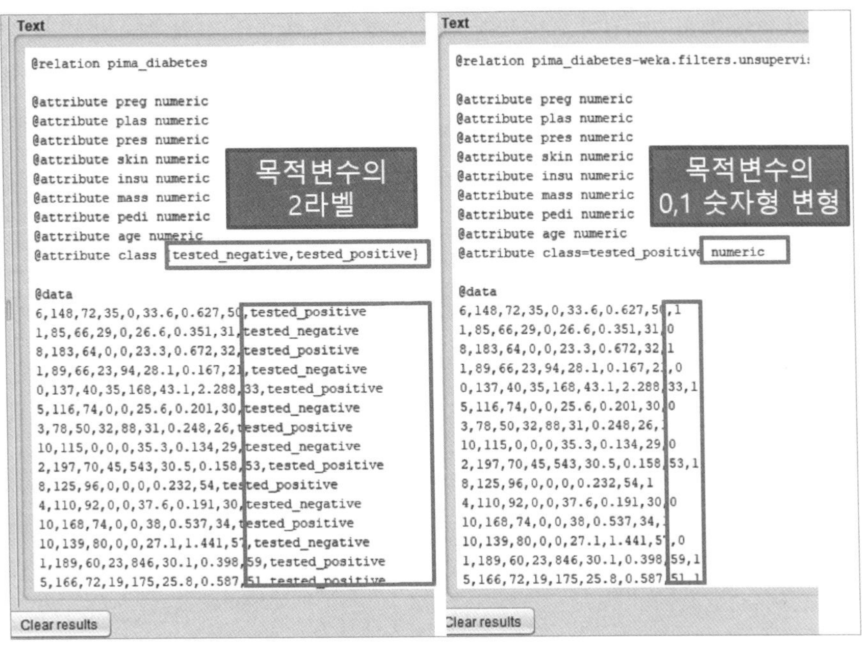

[그림 4-122] TextViewer 22 오른쪽 클릭 후 show text의 모습

step 2 예측된 값을 새로운 속성(classification)에 대입하기

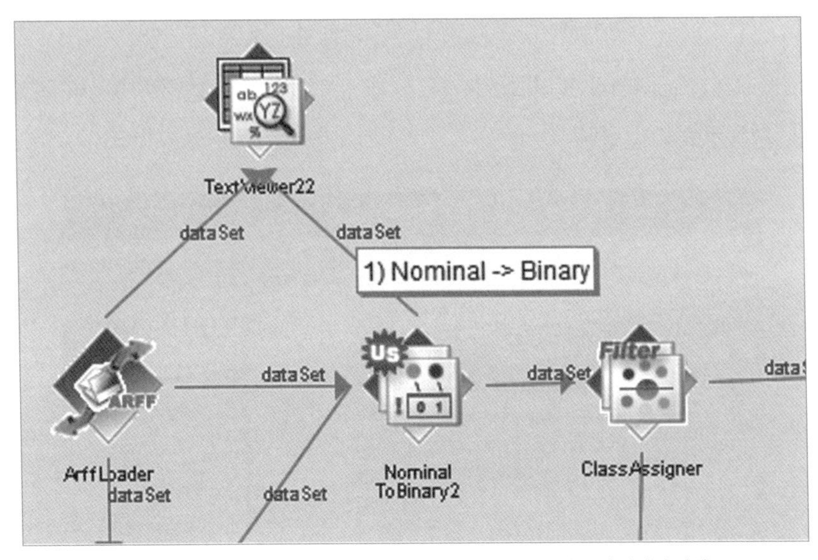

[그림 4-123] 새로운 예측값 속성 생성 후 분류 알고리즘 대입 전 전처리 과정

❷ AddClassification 필터를 적용해 신규로 생성된 속성의 값이 예측값이다. 아래 그림 AddClassification 필터의 분류 알고리즘(classifier: LinearRegression) 및 예측값 생성 여부를 정한다. outputClassification을 True로 선택한 후 실행하면 우측 결과처럼 새로운 속성과 예측값을 새로운 속성의 값으로 대입한다. 속성의 개수는 9개에서 10개 늘어난 새로운 속성을 예측 속성이라고 하겠다.

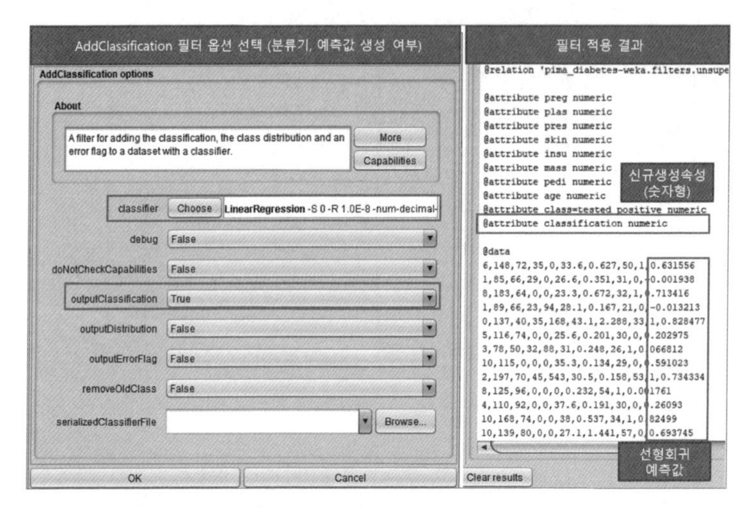

[그림 4-124] AddClassification 오른쪽 클릭 configuration과 TextViewer 23 오른쪽 클릭 show Text

❸ NumericToNominal 필터를 적용해 1)에서 숫자형으로 변경한 9번째 목표변수를 다시 명목형으로 변형한다.

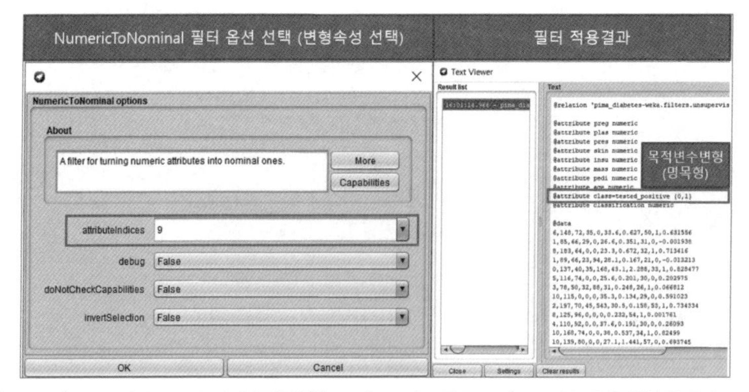

[그림 4-125] NumericToNominal 오른쪽 클릭 configuration과 TextViewer 2333 오른쪽 클릭 show Text

❹ Remove 필터를 통해 목표변수와 예측 속성을 제외하고 모든 속성을 제거한다.

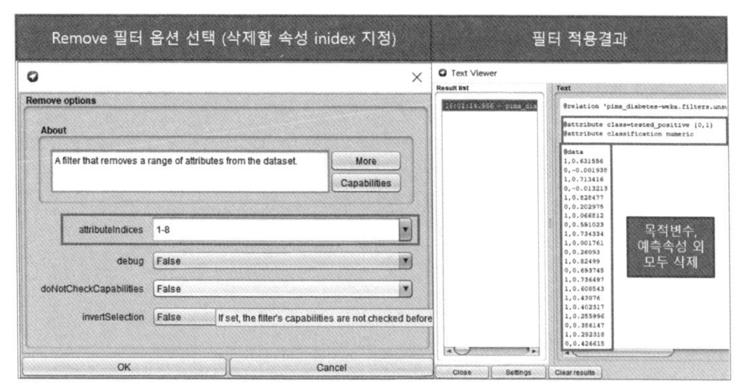

[그림 4-126] Remove 오른쪽 클릭 configuration과 TextViewer 23332 오른쪽 클릭 show Text

❺ class 속성을 명시한다.

속성 추가 및 제거되는 동안 맨 마지막 속성 예측 속성이 되어 명시적으로 목표변수 index를 지정해야 한다. 보통은 기본적으로 last로 지정되어 있어 특별한 일이 없으면 수정하지 않지만 이번에는 first로 지정한다.

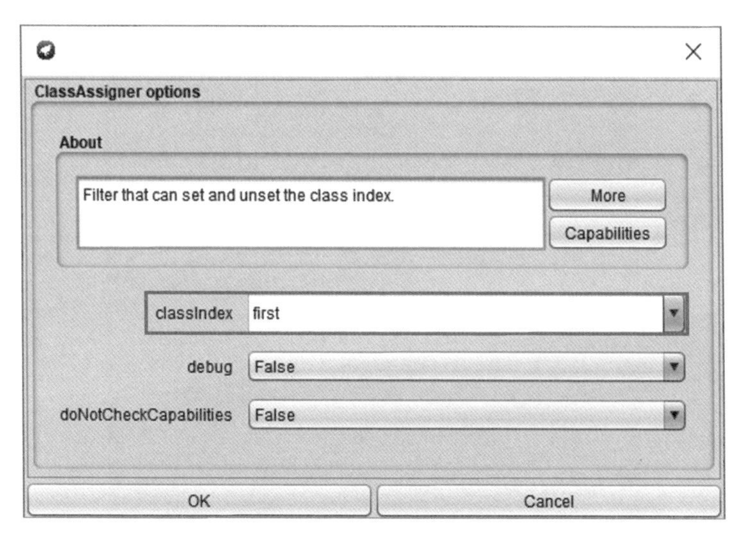

[그림 4-127] ClassAssigner 2 오른쪽 클릭 configuration

step 3: 의사결정나무 분류 알고리즘으로 임계점 결정

아래 OneR 분류 알고리즘의 정분류율은 76.82%이다. 즉 임계점 0.5622가 맞을 확률이다.

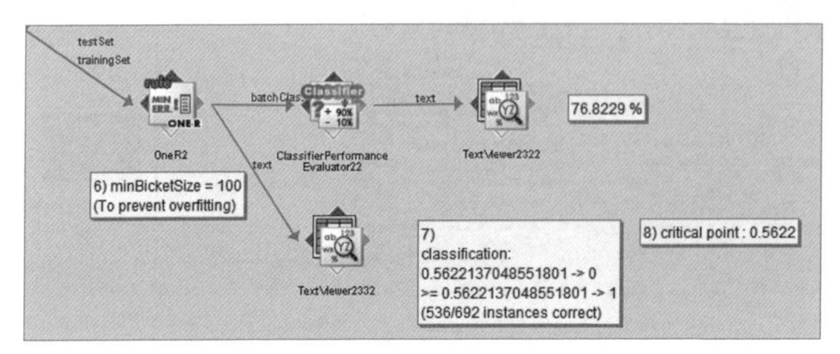

[그림 4-128] OneR 분류 알고리즘의 minBucketSize 설정값을 조정해 임계점을 결정한다

❻ OneR 분류 알고리즘의 과적합을 극복하기 위해 minBucketSize = 100으로 조정한다.

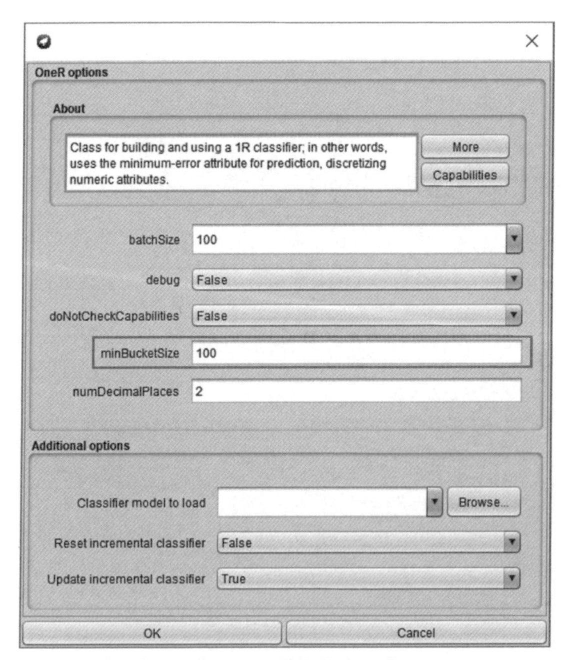

[그림 4-129] OneR 오른쪽 클릭 configuration

❼ 분류 알고리즘 평가에서 발생하는 분류규칙을 확인한다.

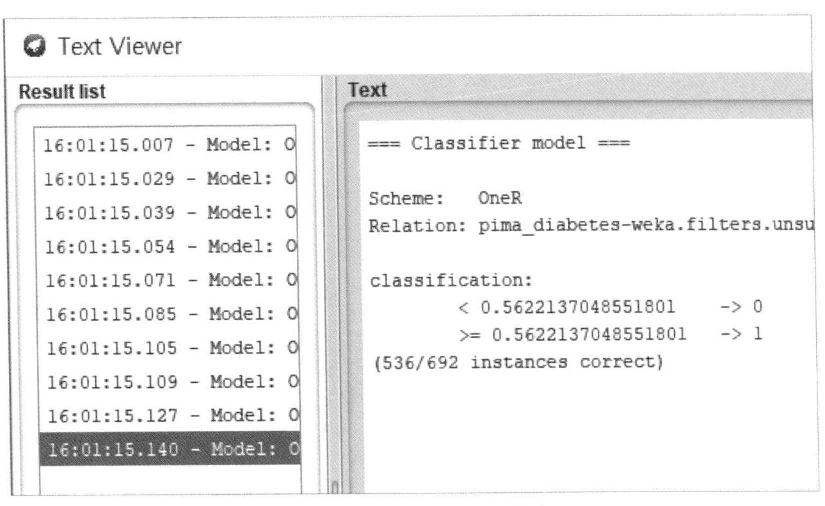

[그림 4-130] TextViewer 2332 오른쪽 클릭 show Text

❽ 분류규칙의 경계선을 임계점으로 결정한다. 다음과 같이 0.5622를 중심으로 0과 1이 나뉘는 것을 확인할 수 있으며 임계점은 0.562213...이다. 공교롭게 0.5 근처에 임계점이 생성되었으나 0에서 1 사이 어느 지점에서나 임계점이 생성될 수 있다.

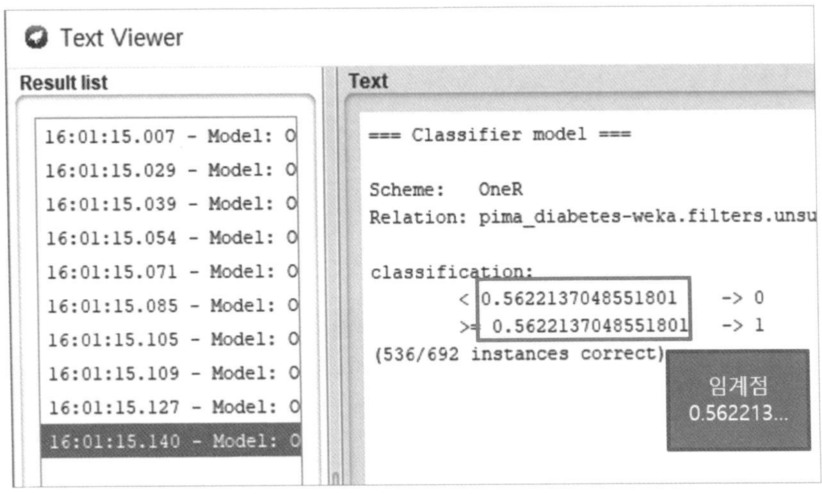

[그림 4-131] 분류규칙에 임계점이 명시된다. 여기서는 0.562213...

앞의 결과를 다음과 같이 도식화할 수 있다. 즉, preg 등 6개 속성으로 구성된 회귀식으로 임계점 0.5622를 중심으로 양성/음성이 나뉘는데 76.82% 정확하다. 회귀식 결과가 0.5622보다 크면 양성, 0.5622보다 작으면 음성으로 판정하고, 판정의 정확률은 76.82%라고 할 수 있다.

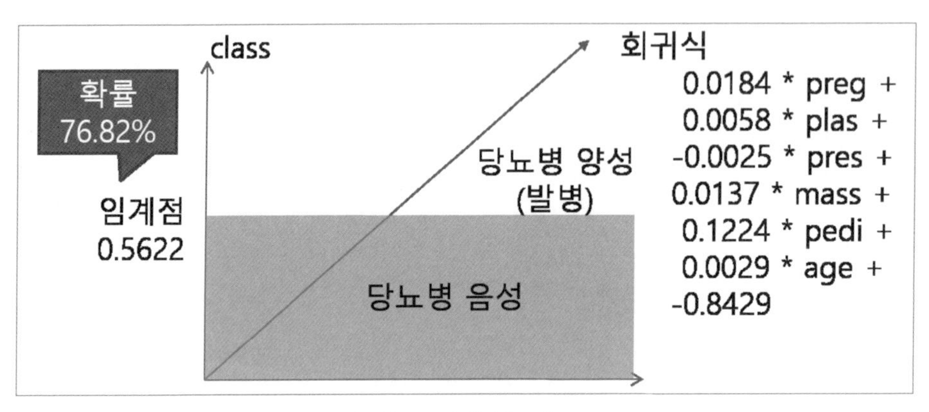

[그림 4-132] 회귀식 그래프

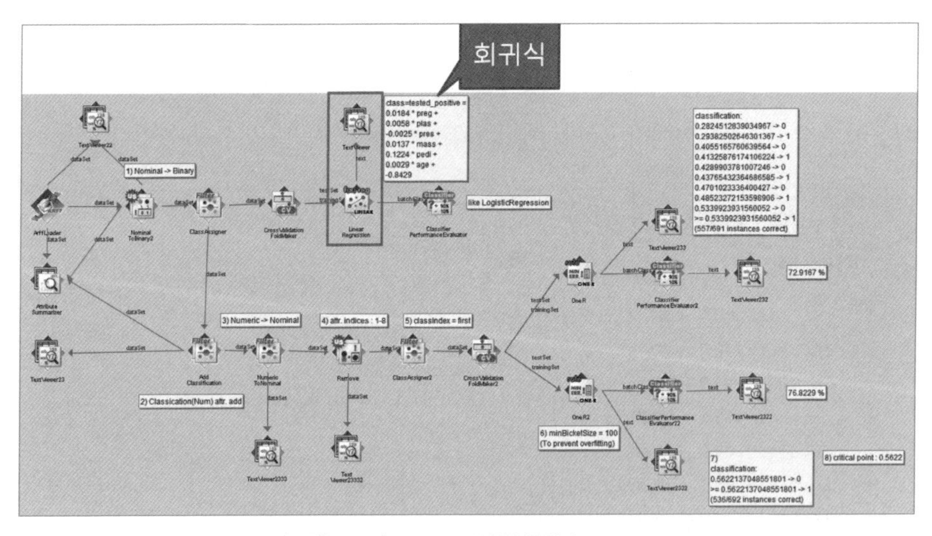

[그림 4-133] TextView 오른쪽 클릭 show Text

Weka Explorer 결과는 생략한다. 방대한 양도 문제지만 전체 맥락을 설명하는 데 화면 카피만으로 설명은 부족하다.

③ Java 프로그래밍: W4_L3_classificationByRegressionFor2valueClass.Java

```
package _1_base;

import Java.io.*;
import Java.util.Random;
import Weka.classifiers.*;
import Weka.classifiers.functions.LinearRegression;
import Weka.classifiers.rules.OneR;
import Weka.core.*;
import Weka.filters.Filter;
import Weka.filters.supervised.attribute.AddClassification;
import Weka.filters.unsupervised.attribute.NominalToBinary;
import Weka.filters.unsupervised.attribute.NumericToNominal;
import Weka.filters.unsupervised.attribute.Remove;

public class W4_L3_classificationByRegressionFor2valueClass {

        public static void main(String args[]) throws Exception{
                W4_L3_classificationByRegressionFor2valueClass obj = new
                W4_L3_classificationByRegressionFor2valueClass();
                String fileName= "diabetes";
                System.out.println(fileName + " : ");

                /*********************************************************************
                 * LinearRegression 실행을 위해
                 *  https://svn.cms.waikato.ac.nz/svn/Weka/branches/
                 stable-3-8/Weka/lib/ 접속하여
                 * arpack_combined.jar, mtj.jar, core.jar를 외부 jar로 임포트
                 해야 한다.
                 *********************************************************************/
                // 1) 이산형으로 변형 필터 적용한 데이터셋 반환 및 회귀식 생성
```

```
            Instances filtterdData
                = obj.diabeteRegressionForNominalToBinaryFilter(
                                fileName,new LinearRegression());

            // 2) AddClassification,  NumericToNominal, Remove 필터 적용
            filtterdData = obj.applyFilters(new LinearRegression(),
            filtterdData, "9", "1-8");

            // 3) OneR 분류에 의한 임계점 결정
            // 과적합 극복 위한 minBucketSize 확대
            obj.diabeteOneRForAddclassificationFilter(new OneR
            (),filtterdData,100);
        }

        public Instances diabeteRegressionForNominalToBinaryFilter(
            String fileName, Classifier model) throws Exception{
            int seed = 1;
            int numfolds = 10;
            int numfold = 0;
            // 1) data loader
            Instances data=new Instances(new BufferedReader(
new FileReader("D:\\Weka-3-9\\data\\"+fileName+".arff")));
            /*****************************
             * NominalToBinary 필터 적용 시작
             *****************************/
                        // unsupervised를 선택(supervised에도 동일한 필터 존재
            NominalToBinary filter = new NominalToBinary();
            filter.setAttributeIndices("last");
            filter.setInputFormat(data);
            data = Filter.useFilter(data, filter);
            /*****************************
             * NominalToBinary 필터 적용 종료
             *****************************/
```

```
            Instances train = data.trainCV(numfolds, numfold, new
            Random(seed));
            Instances test  = data.testCV(numfolds, numfold);

            // 2) class assigner
            train.setClassIndex(train.numAttributes()-1);
            test.setClassIndex(test.numAttributes()-1);

            // 3) cross validate setting
            Evaluation eval=new Evaluation(train);
            eval.crossValidateModel(model, train, numfolds, new
            Random(seed));
//          Classifier model=classifier; // 매개변수에서 받은 생성된 model 객
            체를 직접 사용

            // 4) model run
            model.buildClassifier(train);

            // 5) evaluate
            eval.evaluateModel(model, test);

            // 6) print Result text
            System.out.println("\n*********************************
            **************************");
            System.out.println("\n          1) 이산형으로 변형 필터 적용한 데이
            터셋 반환 및 회귀식 생성");
            System.out.println("\n*********************************
            **********************");
            System.out.println("1-1) NominalToBinary 적용 후 data 속성 개
            수: " + data.numAttributes());
            System.out.println("1-2) 회귀식 model: " + model.toString()
            +"\n"+eval.toSummaryString());
```

```
        // 7) NominalToBinary 적용된 instances(데이터셋) 반환
        return data;
}

public void diabeteOneRForAddclassificationFilter(Classifier model,
        Instances filtterdData, int minBucketSize) throws Exception{
        int seed = 1;
        int numfolds = 10;
        int numfold = 0;
        // 1) data loader
        Instances data=filtterdData;
        data.setClassIndex(0);

        Instances train = data.trainCV(numfolds, numfold, new
        Random(seed));
        Instances test  = data.testCV(numfolds, numfold);

        // 2) class assigner(필터링 과정에서 class 속성이 1번째(index=0)
        로 옮겨짐)
        train.setClassIndex(0);
        test.setClassIndex(0);

        // 3) cross validate setting
        Evaluation eval=new Evaluation(train);
        OneR classifier=(OneR)model;
        /*********************************************************
         * 과적합 방지를 위해 minBucketSize를 (매개변수로 받은) 100으로 지정 시작
         *********************************************************/
        classifier.setMinBucketSize(minBucketSize);
        /*********************************************************
         * 과적합 방지를 위해 minBucketSize를(매개변수로 받은) 100으로 지정 종료
         *********************************************************/
```

```
        // 4) model run
        classifier.buildClassifier(train);

        // 5) evaluate
        eval.evaluateModel(classifier, test);

        // 6) print Result text
        System.out.println("\n***********************************
        *************************");
        System.out.println("\n        3) OneR 분류에 의한 임계점 결정");
        System.out.println("\n***********************************
        *************************");
        // 회귀분석은 정분류율보다 상관계수와 같은 회귀방정식 적정성 지표가 중요
        System.out.println("3) minBucketSize: "+ minBucketSize +
        "\n classifier : "
            + classifier.toString() +"\n"+eval.toSummaryString());
}

/************************
 * 각종 필터를 적용하기 위한 메소드
 ************************/
public Instances applyFilters(Classifier model, Instances data,
    String transIndices, String removeIndices) throws Exception{
        System.out.println("\n***********************************
        ***********************");
        System.out.println("\n              2) AddClassification,
        NumericToNominal, Remove 필터 적용");
        System.out.println("\n***********************************
        *********************");
        data.setClassIndex(data.numAttributes()-1);
        // 1) AddClassification(숫자로만 된 예측 결과 classification 속성 추가)
        AddClassification addfilter = new AddClassification();
        addfilter.setClassifier(model);
```

```
            addfilter.setOutputClassification(true);
            addfilter.setInputFormat(data);
            data = Filter.useFilter(data, addfilter);
            System.out.println("2-1) AddClassification 적용 후 data 속성 
            개수: " + data.numAttributes());

            // 2) NumericToNominal(이산형으로 분리된 목표변수를 명목형으로 변환)
            NumericToNominal changeTypefilter = new NumericToNominal();
            changeTypefilter.setAttributeIndices(transIndices);
            changeTypefilter.setInputFormat(data);
            data = Filter.useFilter(data, changeTypefilter);
            System.out.println("2-2) NumericToNominal 적용 후 data 속성 
            개수: " + data.numAttributes());

            // 3) Remove(목표변수와 classification만 남기고 모든 속성 삭제)
            Remove filter = new Remove();
            filter.setAttributeIndices(removeIndices);
            filter.setInputFormat(data);
            data = Filter.useFilter(data, filter);
            System.out.println("2-3) Remove 적용 후 data 속성 개수: " + 
            data.numAttributes());

            return data;
        }

}
```

main 함수에서 KnowledgeFlow와 같이 3단계로 정의된 메소드를 실행한다.

```
        public static void main(String args[]) throws Exception{
            W4_L3_classificationByRegressionFor2valueClass obj = new
```

```
        W4_L3_classificationByRegressionFor2valueClass();
        String fileName= "diabetes";
        System.out.println(fileName + " : ");

        /*******************************************************
        ***************
         *  LinearRegression 실행을 위해
         *   https://svn.cms.waikato.ac.nz/svn/Weka/branches/
         stable-3-8/Weka/lib/ 접속하여
         *  arpack_combined.jar, mtj.jar, core.jar를 외부 jar로 임포트
         해야 한다.
         *******************************************************
         **************/
        // 1) 이산형으로 변형 필터 적용한 데이터셋 반환 및 회귀식 생성
        Instances filtterdData
           = obj.diabeteRegressionForNominalToBinaryFilter(
                         fileName, new LinearRegression());

        // 2) AddClassification, NumericToNominal, Remove 필터 적용
        filtterdData = obj.applyFilters(new LinearRegression(),
        filtterdData, "9", "1-8");

        // 3) OneR 분류에 의한 임계점 결정
        // 과적합 극복 위한 minBucketSize 확대
        obj.diabeteOneRForAddclassificationFilter(new OneR(),
        filtterdData,100);
}
```

Step 1: 2라벨 0, 1로 변형

첫 번째 호출되는 메소드(2라벨 0, 1로 변형)이며 예측된 값을 새로운 속성에 대입하기 위해 NominalToBinary 필터를 적용하고 선형회귀분석을 실시한다. 그리고 필터링이 된 데이터셋은 step 2에서 추가적인 필터링을 위해 반환된다.

```
	public Instances diabeteRegressionForNominalToBinaryFilter(String
	fileName, Classifier model)
throws Exception{
		int seed = 1;
		int numfolds = 10;
		int numfold = 0;
		// 1) data loader
		Instances data=new Instances(new BufferedReader(
						new FileReader("D:\\Weka-3-
						9\\data\\"+fileName+".arff")));
		/*****************************
		 * NominalToBinary 필터 적용 시작
		 *****************************/
			// unsupervised를 선택(supervised에도 동일한 필터 존재
		NominalToBinary filter = new NominalToBinary();
		filter.setAttributeIndices("last");
		filter.setInputFormat(data);
		data = Filter.useFilter(data, filter);
		/*****************************
		 * NominalToBinary 필터 적용 종료
		 *****************************/

		Instances train = data.trainCV(numfolds, numfold, new
		Random(seed));
		Instances test  = data.testCV(numfolds, numfold);

		// 2) class assigner
		train.setClassIndex(train.numAttributes()-1);
		test.setClassIndex(test.numAttributes()-1);

		// 3) cross validate setting
		Evaluation eval=new Evaluation(train);
		eval.crossValidateModel(model, train, numfolds, new
		Random(seed));
```

```
        // 4) model run
        model.buildClassifier(train);

        // 5) evaluate
        eval.evaluateModel(model, test);

        // 6) print Result text
        System.out.println("\n************************************
        ***********************");
        System.out.println("\n          1) 이산형으로 변형 필터 적용한 데이
        터셋 반환 및 회귀식 생성");
        ystem.out.println("\n************************************
        ***********************");
        System.out.println("1-1) NominalToBinary 적용 후 data 속성 개
        수: " + data.numAttributes());
        System.out.println("1-2) 회귀식 model: " + model.toString()
        +"\n"+eval.toSummaryString());

        // 7) NominalToBinary 적용된 instances(데이터셋) 반환
        return data;
    }
```

Step 2: 각종 필터 적용

두 번째 호출되는 applyFilters 메소드는 OneR 분류 알고리즘으로 임계점을 결정하는 역할을 한다. AddClassification, NumericToNominal, Remove 3개 필터를 순차적으로 적용하면서 속성 개수를 출력해 본다.

AddClassification 필터의 분류 알고리즘은 매개변수로 받은 LinearRegression을 대입한다. NumericToNominal 필터에서 변형 속성 index를 9로 지정한다. Remove 필터는 삭제할 속성의 index를 1~8까지 지정하여 8개 속성을 삭제한다.

```
/************************
 * 각종 필터를 적용하기 위한 메소드
 ************************/
public Instances applyFilters(Classifier model, Instances data,
        String transIndices String removeIndices) throws Exception{
        System.out.println("\n********************************
        *************************");
        System.out.println("\n              2) AddClassification,
        NumericToNominal, Remove 필터 적용");
        System.out.println("\n********************************
        ************************");
        data.setClassIndex(data.numAttributes()-1);
        // 1) AddClassification(숫자로만 된 예측 결과 classification 속성 추가)
        AddClassification addfilter = new AddClassification();
        addfilter.setClassifier(model);
        addfilter.setOutputClassification(true);
        addfilter.setInputFormat(data);
        data = Filter.useFilter(data, addfilter);
        System.out.println("2-1) AddClassification 적용 후 data 속성
        개수: " + data.numAttributes());

        // 2) NumericToNominal(이산형으로 분리된 목표변수를 명목형으로 변환)
        NumericToNominal changeTypefilter = new NumericToNominal();
        changeTypefilter.setAttributeIndices(transIndices);
        changeTypefilter.setInputFormat(data);
        data = Filter.useFilter(data, changeTypefilter);
        System.out.println("2-2) NumericToNominal 적용 후 data 속성
        개수: " + data.numAttributes());

        // 3) Remove(목표변수와 classification만 남기고 모든 속성 삭제)
        Remove filter = new Remove();
        filter.setAttributeIndices(removeIndices);
```

```
        filter.setInputFormat(data);
        data = Filter.useFilter(data, filter);
        System.out.println("2-3) Remove 적용 후 data 속성 개수: " +
        data.numAttributes());

        return data;
    }
```

Step 3: OneR 분류 알고리즘으로 임계점 결정

OneR 분류 알고리즘의 과적합을 방지하기 위해 minBucketSize를 매개변수 100을 받아 설정한다. 임계점을 추출하는 메소드를 찾지 못해서 분류 알고리즘 전체를 출력한다.

```
    public void diabeteOneRForAddclassificationFilter(Classifier model,
        Instances filtterdData,int minBucketSize) throws Exception{
        int seed = 1;
        int numfolds = 10;
        int numfold = 0;
        // 1) data loader
        Instances data=filtterdData;
        data.setClassIndex(0);

        Instances train = data.trainCV(numfolds, numfold, new
        Random(seed));
        Instances test  = data.testCV(numfolds, numfold);

        // 2) class assigner(필터링 과정에서 class 속성이 1번째(index=0)
         로 옮겨짐)
```

```
        train.setClassIndex(0);
        test.setClassIndex(0);

        // 3) cross validate setting
        Evaluation eval=new Evaluation(train);
        OneR classifier=(OneR)model;
        /*********************************************************
         * 과적합 방지를 위해 MinBucketSize를 (매개변수로 받은) 100으로 지정 시작
         *********************************************************/
        classifier.setMinBucketSize(MinBucketSize);
        /*********************************************************
         * 과적합 방지를 위해 MinBucketSize를 (매개변수로 받은) 100으로 지정 종료
         *********************************************************/

        // 4) model run
        classifier.buildClassifier(train);

        // 5) evaluate
        eval.evaluateModel(classifier, test);

        // 6) print Result text
        System.out.println("\n***********************************
        ************************");
        System.out.println("\n              3) OneR 분류에 의한 임계점 결
        정");
        System.out.println("\n***********************************
        **********************");
        // 회귀분석은 정분류율보다 상관계수와 같은 회귀방정식 적정성 지표가 중요
        System.out.println("3) MinBucketSize : "+ MinBucketSize +
        "\n classifier: "
              + classifier.toString() +"\n"+eval.toSummary
              String());
}
```

출력은 다음과 같으며 1) 속성 변형 후 9개 속성 개수 출력 및 회귀식 출력 2) AddClassification, NumericToNominal, Remove 3개 필터를 적용할 때마다 속성 개수(10 → 10 → 2) 출력 3) 분류규칙 출력에 의한 임계점 결정으로 진행된다.

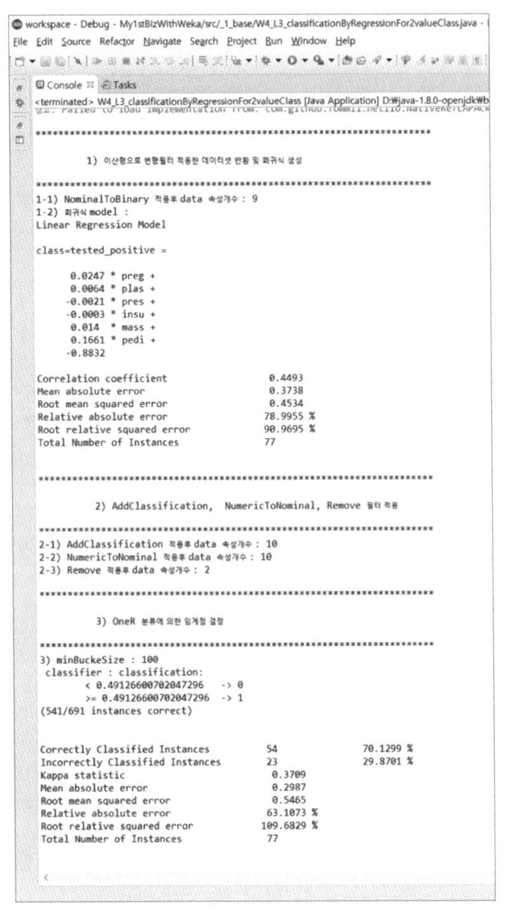

[그림 4-134] OneR 오른쪽 클릭 configuration

아쉬운 점이 3가지 있다.

첫 번째, AddClassification 필터의 분류 알고리즘으로 LinearRegression 적용 후 필터가 작동되면 회귀식이 다음과 같이 m_ActualClassifier에 담겨 있는데 이를 추출하는 메소드를 찾지 못했다.

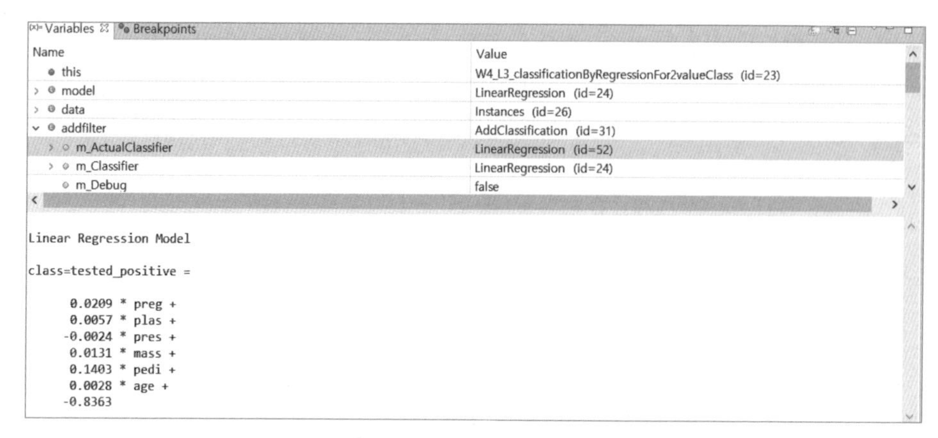

[그림 4-135] 회귀식 보유변수

두 번째, OneR에서 결정된 임계점이 m_rule 밑에 m_breakpoints 변수에 담겨 있는데, 이 역시도 추출하는 함수를 찾지 못해 분류규칙을 출력 후 임계점을 결정할 수 있었다.

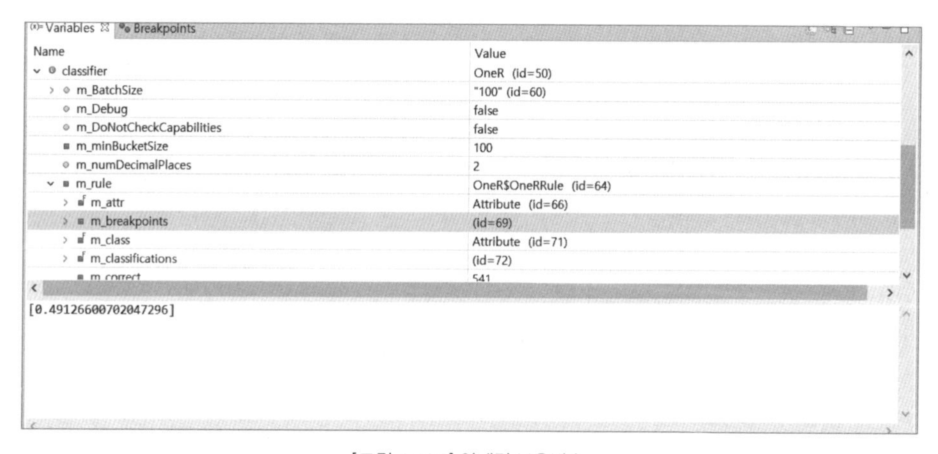

[그림 4-136] 임계점 보유변수

세 번째, KnowledgeFlow(지식흐름)와 Java Code의 crossvalidate 10의 작동법이 뭔가 다르다. 다음과 같이 결과가 완전히 상이해 보정할 수 있는 방법을 찾든가 아니면 split 66% 방법으로 테스트를 진행할 필요가 있다.

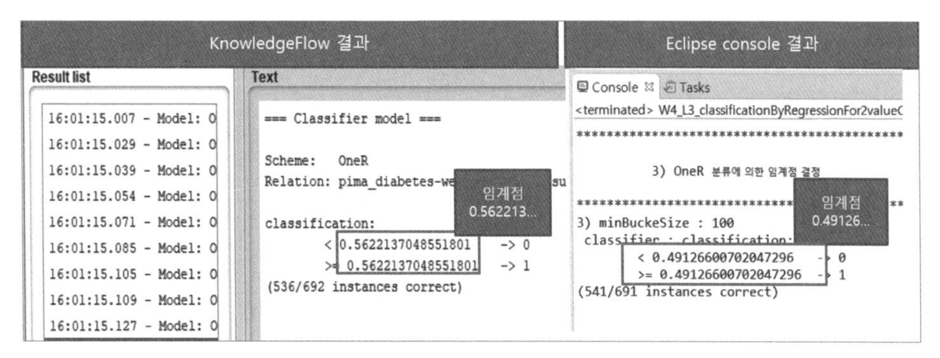

[그림 4-137] 상이한 임계점 결과

다음은 3라벨 이상 목표변수Multi-class에 대한 다중선형회귀분석 적용 방법에 대해서 알아본다.

4.5.4 회귀 분류 2: 모든 숫자 속성을 선으로 분석한다(목표변수가 3가지 이상의 경우)

Multi-class problem(다중 클래스 문제)

3개 이상 라벨(목표변수 값이 3가지로 분류되는 경우)로 구성된 클래스를 일반화하려면 별도의 회귀식을 사용해야 하며 n개의 목표변수(class)별로 n개의 회귀식을 생성한다. 목표변수(class) 값의 인스턴스의 경우 출력을 1로 설정하고 그렇지 않은 경우 0을 설정한다. 그다음 목표변수(class)마다 별도의 회귀식을 학습하고 모델검증을 한다. 그 후에 우리는 가장 큰 출력 즉, 회귀식의 상관계수가 가장 큰 목표변수(class)의 회귀식을 선택할 것이다.

① 실습: LinearRegression 알고리즘, iris.arff 데이터셋

② KnowledgeFlow 설계: base week 4 class 4 lesson 3-2.kf

흔한 iris 데이터셋을 다중선형회귀분석하는 KnowledgeFlow는 다음과 같다. 라벨

을 여기서는 indices라고 지칭한다.

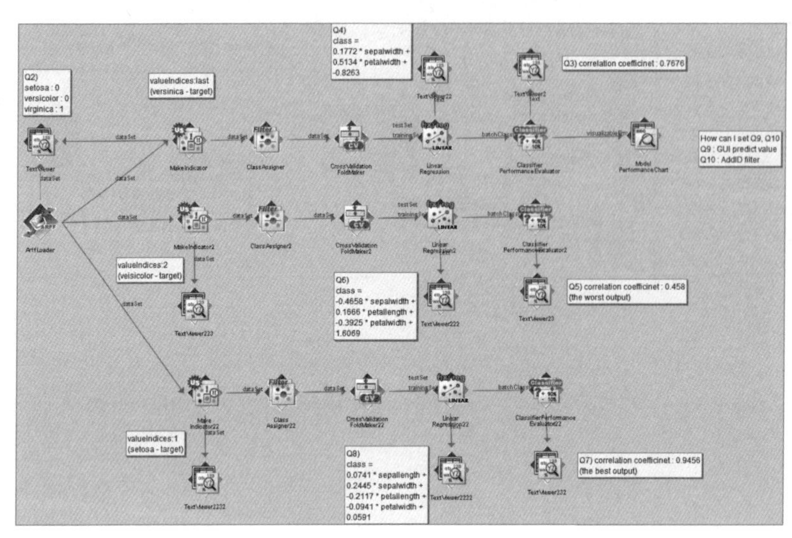

[그림 4-138] Multi-class 회귀분석 전체 지식흐름

iris.arff 데이터셋을 선형회귀분석으로 바로 적용하지 못하는 이유는 iris 꽃 종류를 뜻하는 5번째 속성의 목표변수(class)가 숫자형이 아닌 다음 그림과 같은 명목형이기 때문이다. 선형회귀분석은 종속변수와 목표변수 모두 숫자형이어야 한다.

[그림 4-139] ArffLoader 위에 TextViewer 클릭 show Text 첫 번째 결과

MakeIndicator 필터를 적용하면 목표변수(class)의 라벨들의 변화는 다음과 같다.

last: virginica - 1

2: versicolor - 0

1: setosa - 0

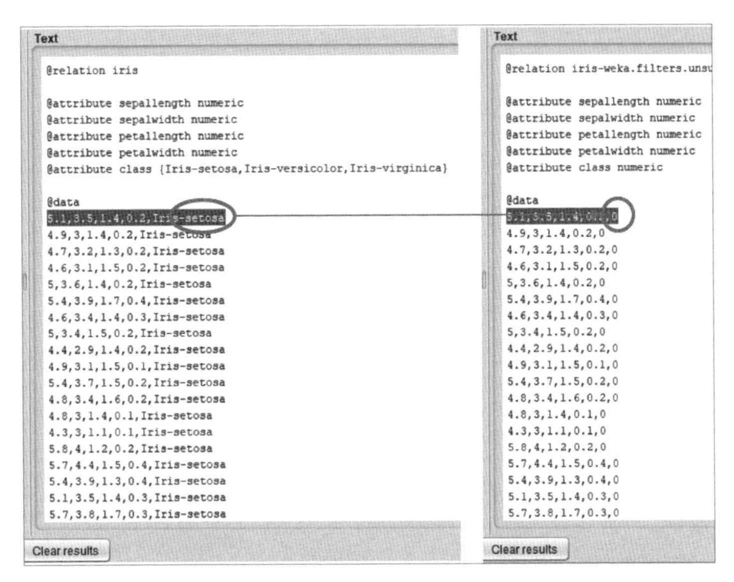

[그림 4-140] indices 1: setosa → 0으로 변형

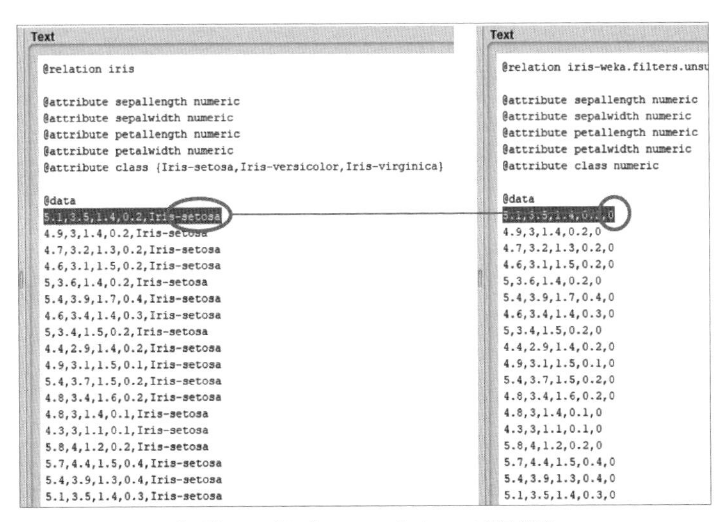

[그림 4-141] indices 2: versicolor → 0으로 변형

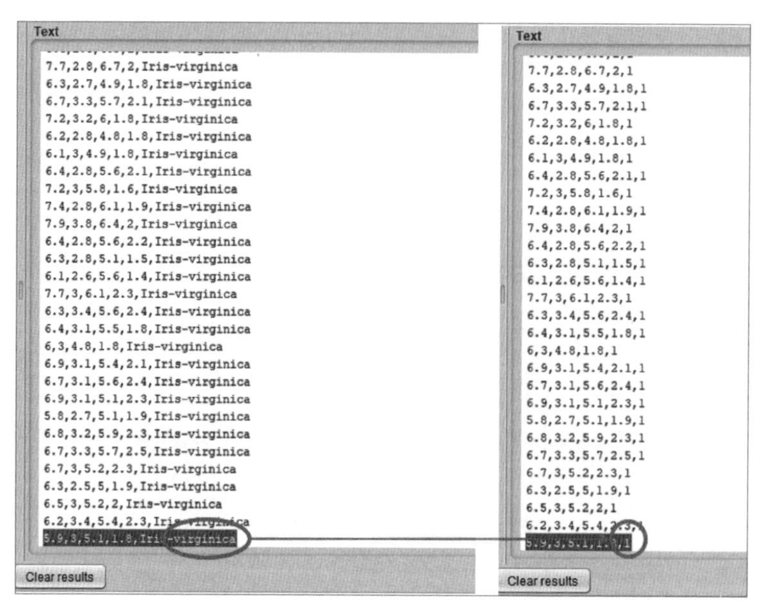

[그림 4-142] indices last: virginica → 1로 변형

Indices last: virginica 목표변수(class)의 선형회귀분석의 상관계수는 0.7676이다.

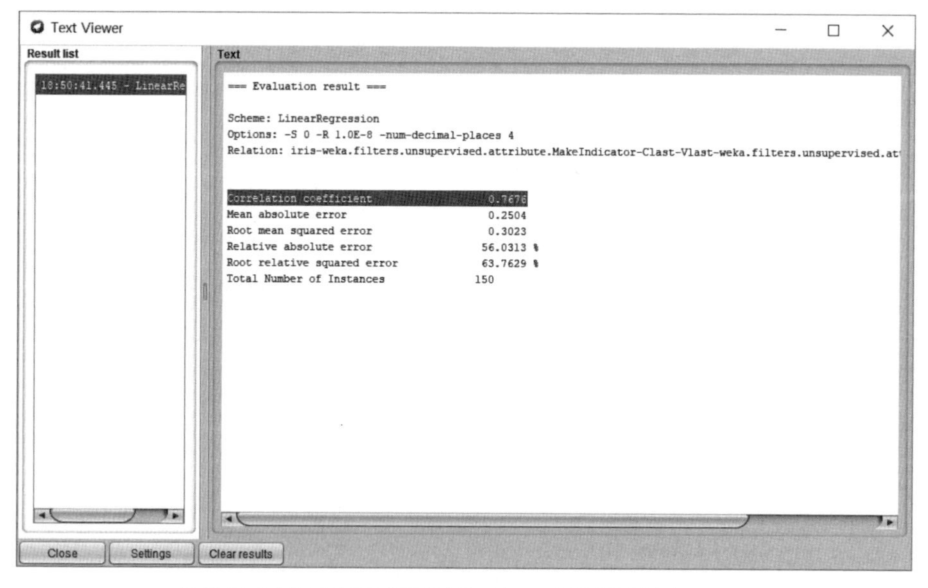

[그림 4-143] 첫 번째 분류 알고리즘 TextViewer 2 오른쪽 클릭 show Text

Indices last: virginica 목표변수(class)의 선형회귀방정식은 다음 그림에서 확인 가능하다.

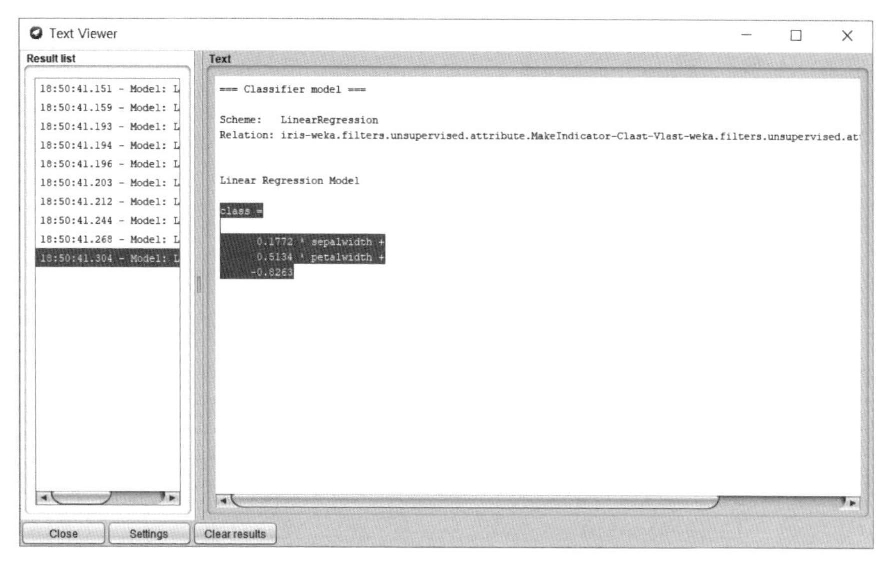

[그림 4-144] 첫 번째 분류 알고리즘 TextViewer 22 오른쪽 show Text

Indices 2: versicolor 목표변수(class)의 선형회귀분석의 상관계수는 0.458이다.

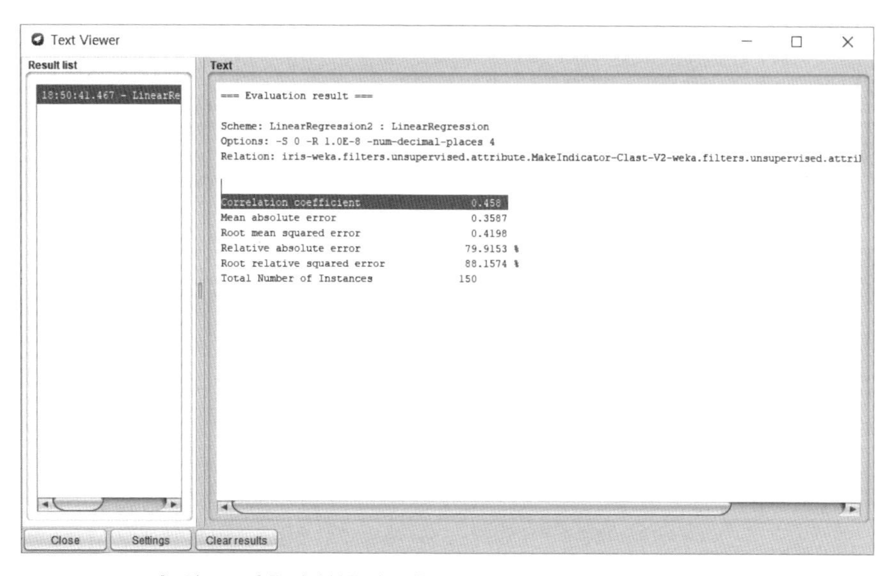

[그림 4-145] 두 번째 분류 알고리즘 TextViewer 23 오른쪽 클릭 show Text

Indices 2: versicolor 목표변수(class)의 선형회귀방정식은 다음 그림과 같다.

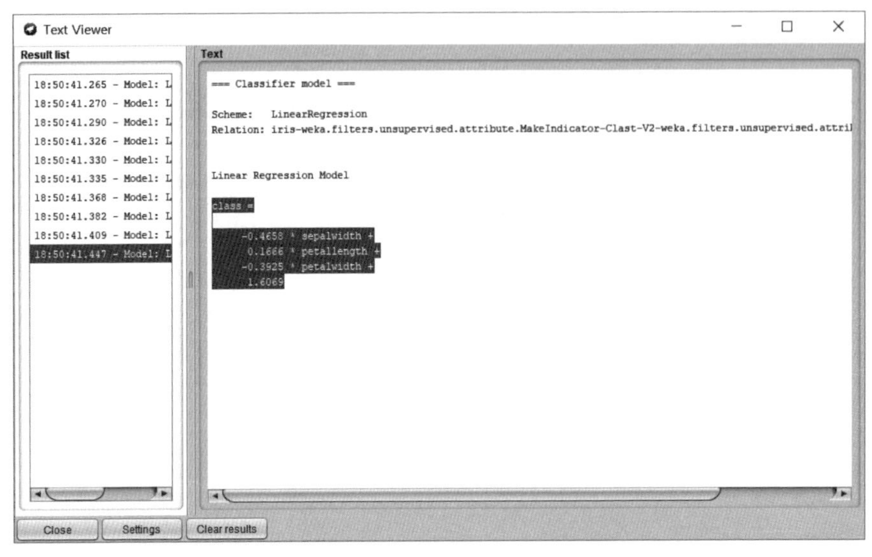

[그림 4-146] 두 번째 분류 알고리즘 TextViewer 222 오른쪽 클릭 show Text

Indices 1: setosa 목표변수(class)의 선형회귀분석의 상관계수는 0.9456이다.

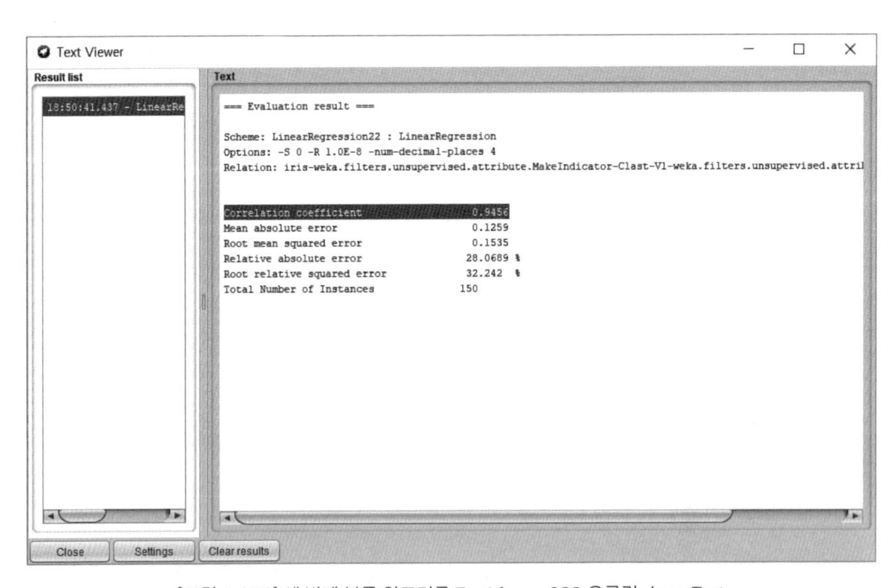

[그림 4-147] 세 번째 분류 알고리즘 TextViewer 232 우클릭 show Text

Indices를 통해 3개 라벨별로 회귀식을 생성하였고, 상관계수 크기를 통해 우수한 회귀식을 채택해야 한다. 가장 작은 출력 즉, 회귀식의 상관계수가 가장 큰 목표변수(class)의 회귀식은 versicolor indices 1 setosa, 상관계수는 0.9456이다. indices 2 versicolor 상관계수는 0.458이며, 제일 낮은 상관계수, 제일 낮은 출력을 나타낸다. indices 1 virginica 상관계수는 0.7676이다. 3개 회귀식을 정리하면 아래 그림과 같은 느낌으로 이해하면 된다.

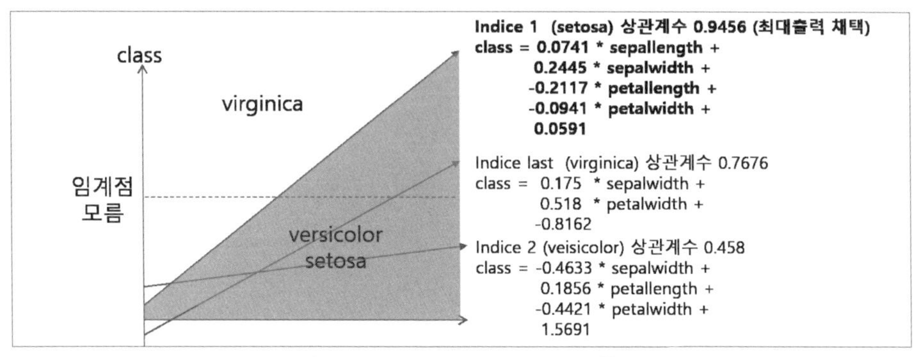

[그림 4-148] 3라벨별 회귀식 중 제일 큰 상관계수를 채택한 모습

2라벨 명목 목표변수와 3라벨 이상 명목 목표변수에 선형 회귀식을 어떻게 적용하는지 알아봤다. 2라벨(yes/no 또는 0/1) 목표변수의 데이터셋은 AddClassification 필터에 LinearRegression 분류 알고리즘을 적용한 후 회귀식을 도출하고 예측 속성을 추가하여 의사결정나무로 임계점을 결정한다. 3라벨 이상(상/중/하 또는 기/승/전/결) 목표변수의 데이터셋은 MakeIndicator 필터를 적용해 라벨별로 임의 수치로 변환한 후 라벨별 선형 회귀식을 도출하여 상관계수가 가장 큰 회귀식을 채택한다.

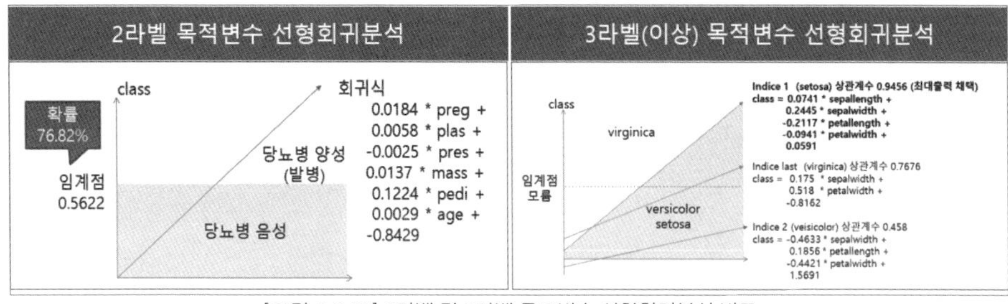

[그림 4-149] 2라벨 및 3라벨 목표변수 선형회귀분석 비교

Weka Explorer는 생략한다. 방대한 양도 문제지만 전체 맥락을 설명하는 데 화면 카피만으로 설명은 부족하다.

③ Java 프로그래밍: W4_L3_classificationByRegressionForMultiClass.Java

```
package _1_base;

import Java.io.*;
import Java.util.Random;
import Weka.classifiers.*;
import Weka.classifiers.functions.LinearRegression;
import Weka.classifiers.rules.OneR;
import Weka.core.*;
import Weka.filters.Filter;
import Weka.filters.unsupervised.attribute.MakeIndicator;

public class W4_L3_classificationByRegressionForMultiClass {

        public static void main(String args[]) throws Exception{
                W4_L3_classificationByRegressionForMultiClass obj = new
                W4_L3_classificationByRegressionForMultiClass();
                String fileName= "iris";
                System.out.println(fileName + " : ");

                /*****************************************************
                **************
                 * LinearRegression 실행을 위해
                 * https://github.com/bjpublic/weka/tree/main/jar에 접속하여
                 * arpack_combined.jar, mtj.jar, core.jar를 외부 jar로 임포트
                 해야 한다.
```

```
             *********************************************************
             **************/
            obj.irisRegressionForMakeIndicatorFilter(fileName,new
            LinearRegression(), "last"); // versinica
            obj.irisRegressionForMakeIndicatorFilter(fileName,new
            LinearRegression(), "2");    // versicolor
            obj.irisRegressionForMakeIndicatorFilter(fileName,new
            LinearRegression(), "1");    // setosa

    }

    public void irisRegressionForMakeIndicatorFilter(String fileName,
    Classifier model,String valueIndices)
                                                throws Exception{
            int seed = 1;
            int numfolds = 10;
            int numfold = 0;
            // 1) data loader
            Instances data=new Instances(new BufferedReader(
                new FileReader("D:\\Weka-3-9\\data\\"+fileName+".arff")));
            data.setClassIndex(data.numAttributes()-1); // 필터링을 위한
            클래스 지정
            /*****************************
             * MakeIndicator 필터 적용 시작
             *****************************/
            MakeIndicator filter = new MakeIndicator();
            filter.setValueIndices(valueIndices);
            filter.setInputFormat(data);
            data = Filter.useFilter(data, filter);
            /*****************************
             * MakeIndicator 필터 적용 종료
             *****************************/
            Instances train = data.trainCV(numfolds, numfold, new
            Random(seed));
```

```
            Instances test  = data.testCV(numfolds, numfold);

            // 2) class assigner
            train.setClassIndex(train.numAttributes()-1);
            test.setClassIndex(test.numAttributes()-1);

            // 3) cross validate setting
            Evaluation eval=new Evaluation(train);
//          Classifier model=classifier; // 매개변수에서 받은 생성된 model 객
체를 직접 사용

            // 4) model run
            model.buildClassifier(data);
            eval.crossValidateModel(model, train, numfolds, new
Random(seed));

            // 5) evaluate
            eval.evaluateModel(model, test);

            // 6) print Result text
            System.out.println("\n********************************
******************");
            System.out.println("     model for " + filter.
getValueIndices());
            System.out.println("************************************
****************");
            System.out.println(model.toString() +"\n"+eval.
toSummaryString());
            // 회귀분석은 정분류율보다 상관계수와 같은 회귀방정식 적정성 지표가 중요

            // 7) 임계점 산출
            System.out.println(">>>>>>>>>>>>>>>>>>>>>> 임계점 산출
>>>>>>>>>>");
            this.makeCriticalPoint(data);
```

```
            System.out.println(">>>>>>>>>>>>>>>>>>>> 임계점 산출
            >>>>>>>>>>");
      }

      public void makeCriticalPoint(Instances data) throws Exception{

            W4_L3_classificationByRegressionFor2valueClass obj = new
W4_L3_classificationByRegressionFor2valueClass();

            // 2) AddClassification,  NumericToNominal, Remove 필터 적용
            data = obj.applyFilters(new LinearRegression(), data,
            "5", "1-4");

            // 3) OneR 분류에 의한 임계점 결정
            obj.diabeteOneRForAddclassificationFilter(new
            OneR(),data,100);
            // 과적합 극복 위한 minBucketSize 확대
      }
}
```

Main 함수에서는 사전에 정의된 메소드에 맨 마지막 매개변수로 "last", "2", "1"을 순차적으로 넘겨주면서 호출한다.

```
      public static void main(String args[]) throws Exception{
            W4_L3_classificationByRegressionForMultiClass obj = new
W4_L3_classificationByRegressionForMultiClass();
            String fileName= "iris";
            System.out.println(fileName + " : ");
```

```
        /*******************************************************
        **************
         *  LinearRegression 실행을 위해
         *   https://svn.cms.waikato.ac.nz/svn/Weka/branches/
         stable-3-8/Weka/lib/ 접속하여
         *  arpack_combined.jar, mtj.jar, core.jar를 외부 jar로 임포트
         해야 한다.
         *******************************************************
         **************/
        obj.irisRegressionForMakeIndicatorFilter(fileName,new
        LinearRegression(), "last"); // versinica
        obj.irisRegressionForMakeIndicatorFilter(fileName,new
        LinearRegression(), "2");    // versicolor
        obj.irisRegressionForMakeIndicatorFilter(fileName,new
        LinearRegression(), "1");    // setosa

}
```

irisRegressionForMakeIndicatorFilter 메소드에서는 MakeIndicator 객체의 set-ValueIndices에 매개변수로 받은 valueIndices를 대입한다.

```
public void irisRegressionForMakeIndicatorFilter(String fileName,
Classifier model,String valueIndices)
                                          throws Exception{
        int seed = 1;
        int numfolds = 10;
        int numfold = 0;
        // 1) data loader
```

```
Instances data=new Instances(new BufferedReader(
                            new FileReader("D:\\Weka-3-
                            9\\data\\"+fileName+".arff")));
data.setClassIndex(data.numAttributes()-1); // 필터링을 위한
클래스 지정
/*****************************
 * MakeIndicator 필터 적용 시작
 *****************************/
MakeIndicator filter = new MakeIndicator();
filter.setValueIndices(valueIndices);
filter.setInputFormat(data);
data = Filter.useFilter(data, filter);
/*****************************
 * MakeIndicator 필터 적용 종료
 *****************************/
Instances train = data.trainCV(numfolds, numfold, new
Random(seed));
Instances test  = data.testCV(numfolds, numfold);

// 2) class assigner
train.setClassIndex(train.numAttributes()-1);
test.setClassIndex(test.numAttributes()-1);

(생략)
```

2개 목표변수(class) 값 yes/no와 같은 경우 쉽게 적용되며, multi-response linear regression이나 pairwise linear regression도 적용 가능하다. 또한 비지도 속성 필터 NominalToBinary, NumericToNominal 필터를 배웠고, 지도 속성 필터인 AddClassification을 사용해 목표변수(class)를 설정하는 법을 배웠다. 마지막으로 OneR의 minBucketSize 옵션을 다시 활용하여 의사결정나무의 과적합을 방지하기 위해 분류규칙 단순화를 배웠다.

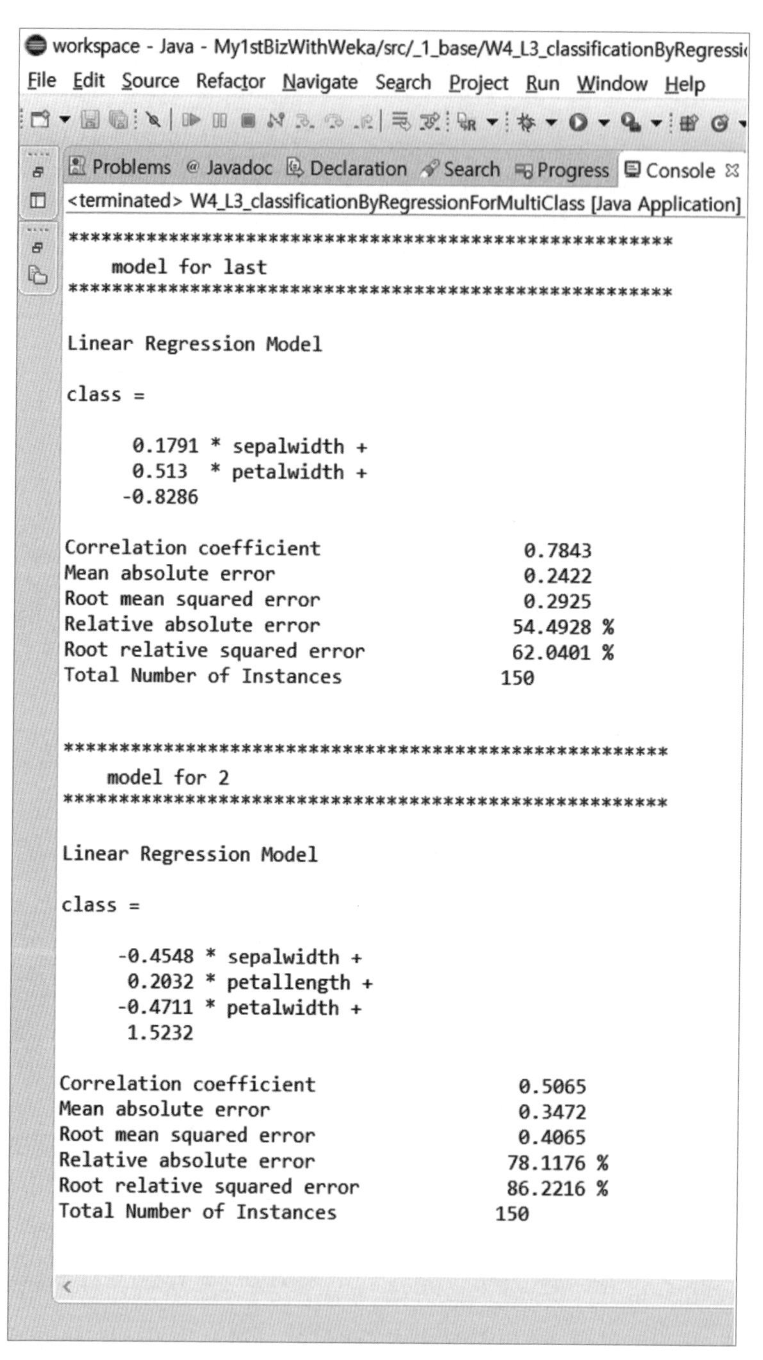

workspace - Java - My1stBizWithWeka/src/_1_base/W4_L3_classificationByRegressi
File Edit Source Refactor Navigate Search Project Run Window Help
Problems @ Javadoc Declaration Search Progress Console
<terminated> W4_L3_classificationByRegressionForMultiClass [Java Application]
****
model for last
****
Linear Regression Model
class =
0.1791 * sepalwidth +
0.513 * petalwidth +
-0.8286
Correlation coefficient 0.7843
Mean absolute error 0.2422
Root mean squared error 0.2925
Relative absolute error 54.4928 %
Root relative squared error 62.0401 %
Total Number of Instances 150
****
model for 2
****
Linear Regression Model
class =
-0.4548 * sepalwidth +
0.2032 * petallength +
-0.4711 * petalwidth +
1.5232
Correlation coefficient 0.5065
Mean absolute error 0.3472
Root mean squared error 0.4065
Relative absolute error 78.1176 %
Root relative squared error 86.2216 %
Total Number of Instances 150

[그림 4-150] 콘솔에 선형 회귀를 출력

4.5.5 로지스틱 회귀분석: 모 아니면 도의 구분을 알아낸다

로짓변환logit transform을 통해 직접 확률을 예측하는 강력한 분류이다. 도 아니면 모 분석, 로지스틱 회귀분석에 대해서 알아보자.

로지스틱 회귀분석의 개념만 파악하기 위해 전체 독립변수(preg.. age까지 x 축에 해당하는 변수)를 모두 대입하였으나 실무에서는 절대로 모든 독립변수를 대입하지 않는다. 변수 선택법을 통해 실질적인 효과가 있는 변수만 회귀식에 적용하기 때문이다. 변수 선택은 MORE 과정에서 Weka 기능을 설명할 때 정리하겠다.

로지스틱 회귀분석은 선형회귀분석처럼 회귀식을 잘 설명하느냐 하는 것뿐만 아니라, 독립/원인변수가 1만큼 변할 때 종속/결과변수/목표변수의 변동량을 예측 가능하게 하고, 오즈 비율은 변수들이 1을 중심으로 얼마나 벗어나 있는지 확인하는 것이며, 독립변수의 적정성 판단 기준이 된다.

R 프로그램에서는 과산포 검증을 통해 로지스틱 회귀식을 생성하는 방법을 binomial이나 quasinomial이냐를 선택하는데 여기서는 일단 생략했다.

선형회귀분석의 일반적인 공식이 y = Wx + b라면, 이 공식을 exp(y = Ax + C)처럼 지수의 자승으로 지수화하는 것을 로짓변환이라고 한다. 그리고 지수화될 때 가중치나 편형(y 절편)은 변화된다. 도식화된 그래프로 비교하면 다음과 같다. 큰 차이는 선형회귀분석 결과(0.60 〉 0.5622)는 당뇨병이 양성이라는 판단을 위한 객관적 증빙 자료일 뿐이며 그나마도 확률은 76.82%뿐이다. 그러나 로지스틱 회귀분석은 명확하게 당뇨병 양성이라는 결정을 내린다.

로지스틱 회귀분석의 원리를 이해시키기 위해 NaiveBayes, J48, ZeroR 등의 예측 결과와 정분류율을 비교하여 회귀분석도 확률을 적용한 분류 역할이 가능함을 설명한다.

데이터마이닝 장점 중 하나는 예측을 사용하여 더 나은 작업을 수행할 수 있다. 연속변수로 예측하는 것이 아니라 명목변수로 예측에 사용하는 것이 로지스틱 회귀분석이다. 비가 내릴 확률이 70%를 예측하는 것이 아니라 "비가 내린다? 내리지 않는다?"고 예측하는 것이다. 비 올 확률 70%는 비 올 확률 90%보다 맑은 확률이 더 높아 차라리

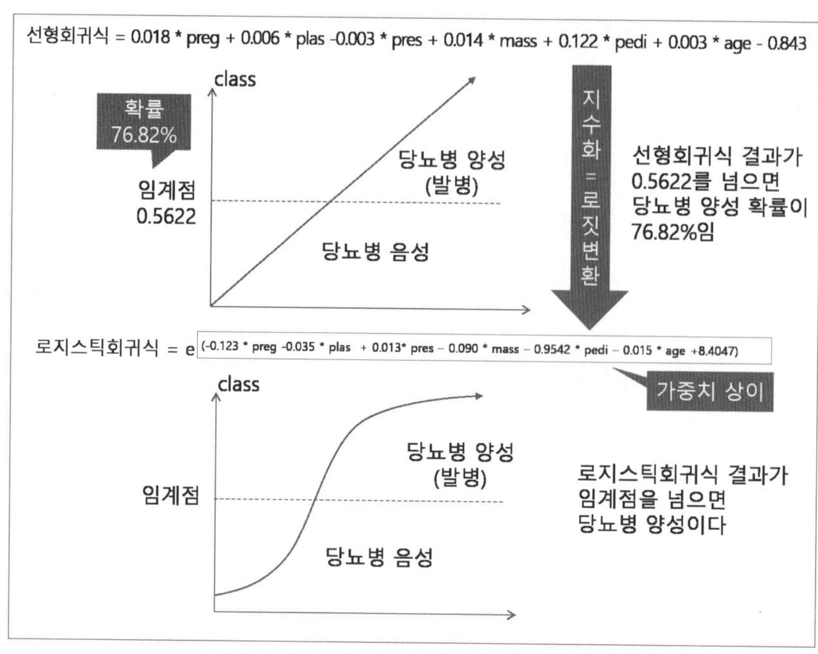

[그림 4-151] 선형회귀분석과 로지스틱 회귀분석 비교

"비가 내린다? 비가 내리지 않는다?"를 예측하는 것이 더 바람직한 의사 결정을 유도할 수 있기 때문이다. 확률은 데이터마이닝에서 유용하며, NaiveBayes나 ZeroR, J48은 확률을 생성하며, 그 확률을 기반으로 작동한다.

ZeroR은 항상 같은 확률을 생성하는데, 그 이유는 90% 훈련 데이터와 10% 테스트 데이터를 선택해 모델검증을 했기 때문이다. 훈련 데이터에는 448개 부정적인 인스턴스와 243개 긍정적인 인스턴스를 가지고 있어 부정 : 긍정 = 0.684 : 0.352가 나온다. J48은 내부적으로 가지치기 작업을 수행하기 위해 확률을 사용하기에 예측 확률이 인스턴스별로 상이하다.

로지스틱 회귀분석의 개념은 선형 회귀가 확률을 생성하도록 하는 것이다. 회귀를 사용해서 임계값을 적용하여 0인지 1인지를 결정한다. 이 숫자를 확률로 해석할 수 있다면? 답은 확률로 사용할 수 없다. 왜냐하면 음수의 확률이 나올 수 있는데 확률은 음수가 될 수 없다. 그러면 확률 추정치보다 더 정교한 기술을 사용해야 한다. 선형 회귀에서는 선형합이 있다. 로지스틱 회귀분석에서 선형합을 갖는다. 그 선형을 로짓변환에 사용하기 위해 e(지수)의 자승으로 사용한다. 로지스틱 회귀분석의 결과 범위는 0 근처에서 1 근처이다. 즉, 절대로 0이나 1이 될 수 없고 부드럽게 전환된다. 최소자승법을 사용하는 것이 아니라 로직 변환을 작업할 때 가중치를 선택하는 것이 좋다.

"로그 우도함수"라는 확률함수를 최대화하기 위해 굉장히 복잡한 공식을 사용한다. 그러나 자세한 설명은 생략하겠다.

정리

로지스틱 회귀분석은 강력한 머신러닝 방법이다. NaiveBayes와 같이 내부적으로 확률로 작동하는 것과 같이 로짓변환을 사용하여 확률을 직접 예측한다.

① 실습: Logistic 알고리즘, glass, labor, breast-cancer.arff 데이터셋

② KnowledgeFlow 설계: base week 4 class 4 lesson 4.kf

diabete.arff로 1) 4개 분류 알고리즘 비교 및 2) 로지스틱 회귀분석의 상관계수/오즈비와 3) 분류 결과를 구현했다.

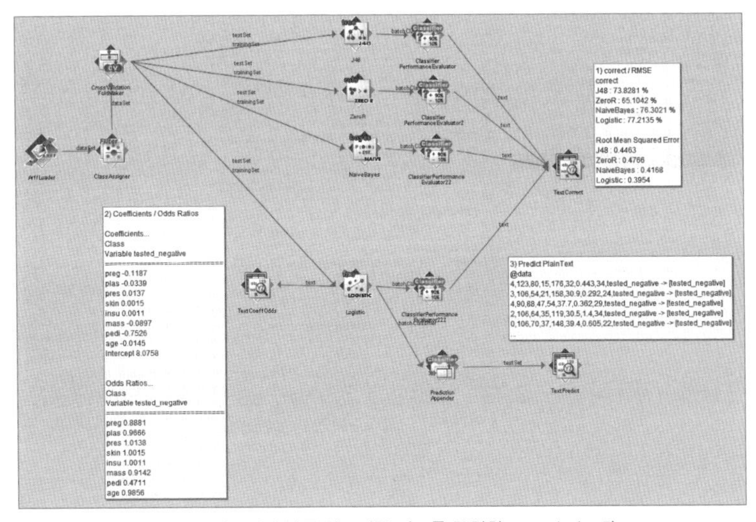

[그림 4-152] 4가지 분류 알고리즘 비교를 구현한 KnowledgeFlow

❶ TextCorrect 오른쪽을 클릭 show Text를 선택하면 다음과 같이 4개 분류 알고리즘 실행 결과를 확인할 수 있다.

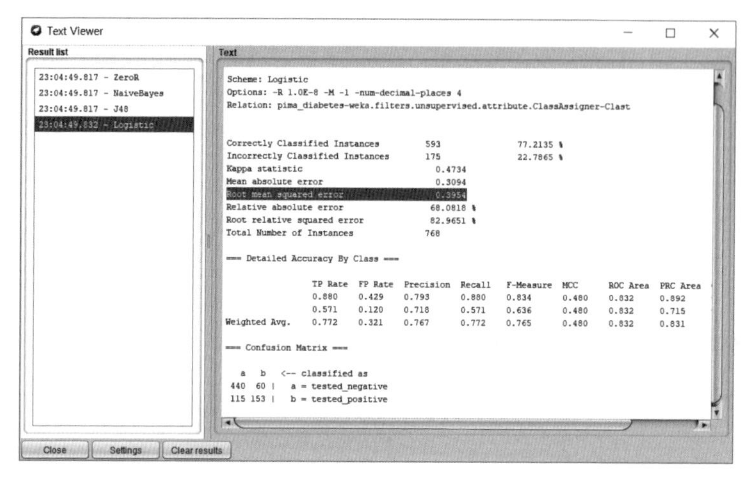

[그림 4-153] Logistic 분류 알고리즘의 RMSE(Root Mean Squared Error) 결과

❷ TextCoeffOdds 오른쪽을 클릭 show Text를 선택하면 Logistic 분류 알고리즘의 실행 결과를 확인할 수 있다.

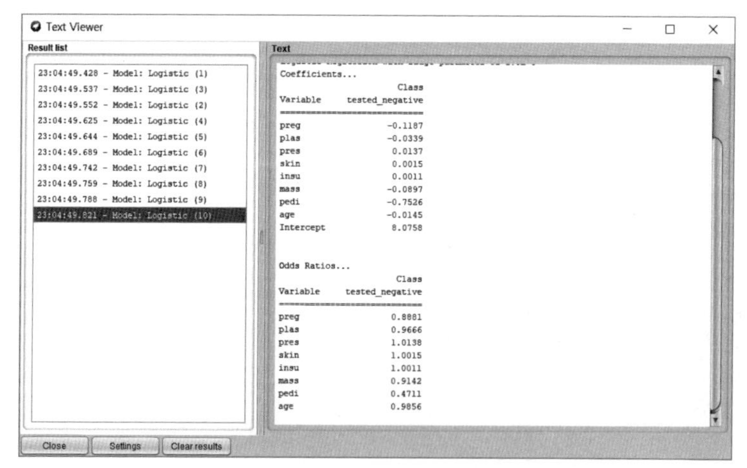

[그림 4-154] 10번째 교차검증의 상관계수와 오즈 비

❸ PredictionAppender 아이콘을 Logistic 분류 알고리즘에 연결하면 분류 결과를 TextViewer로 확인 가능하다.

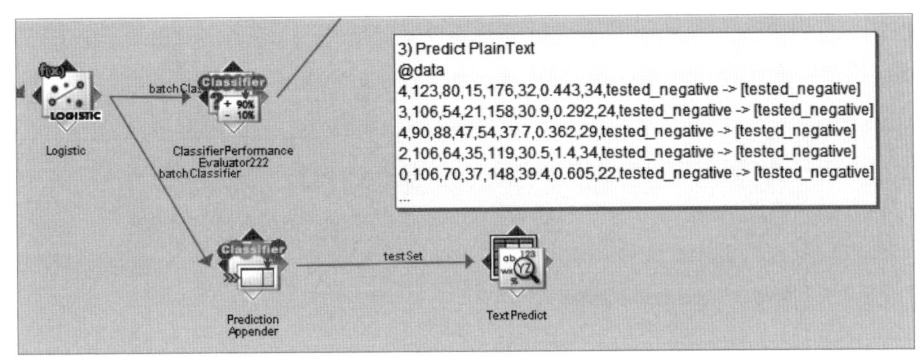

[그림 4-155] Logistic → Prediction Appender → TextPain 연결 모습

TextPredict 오른쪽 클릭 show Text를 선택하면 10번째 교차검증 실행 결과를 확인할 수 있다.

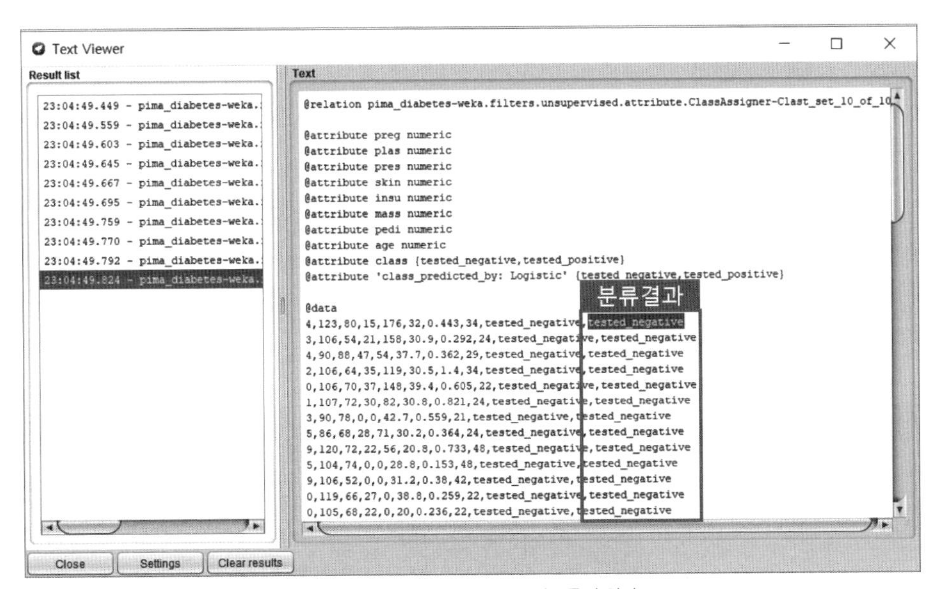

[그림 4-156] 학습된 모델로 재분류된 결과

③ Explorer 실습

이번에도 간단히 실행해 본다. 퀴즈처럼 여러 데이터셋을 불러와 여러 개의 분류 알고리즘으로 비교하는 것 대신에 diabetes 데이터셋을 Logistic 분류 알고리즘으로 predict 옵션을 설정해 출력된 결과를 설명한다.

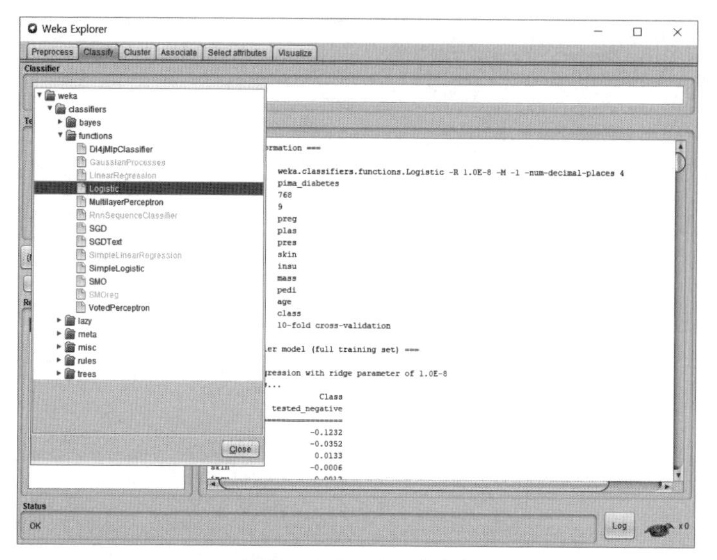

[그림 4-157] Logistic의 위치

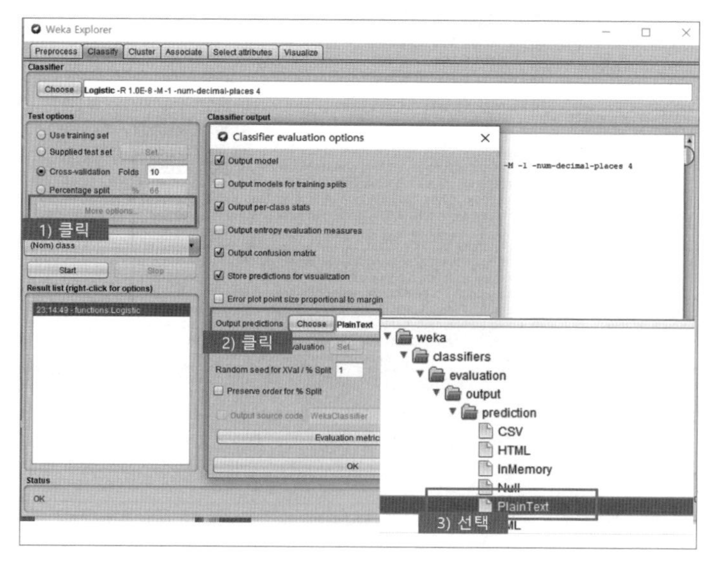

[그림 4-158] More Option의 PlainText 선택

distribution이란 값을 보여 주는데, 이는 이미 존재하는 목표변수와 학습 모델에서 계산된 값을 서로 비교하는 것이다. distribution 수치를 보여 주고 오른쪽에 (+) 표기는 분류 결과와 원래 목표변수(class)가 상이한 경우이다. distribution 정분류율과 평균 제곱편차는 다른 분류 알고리즘과 동일한 방식으로 확인 가능하다.

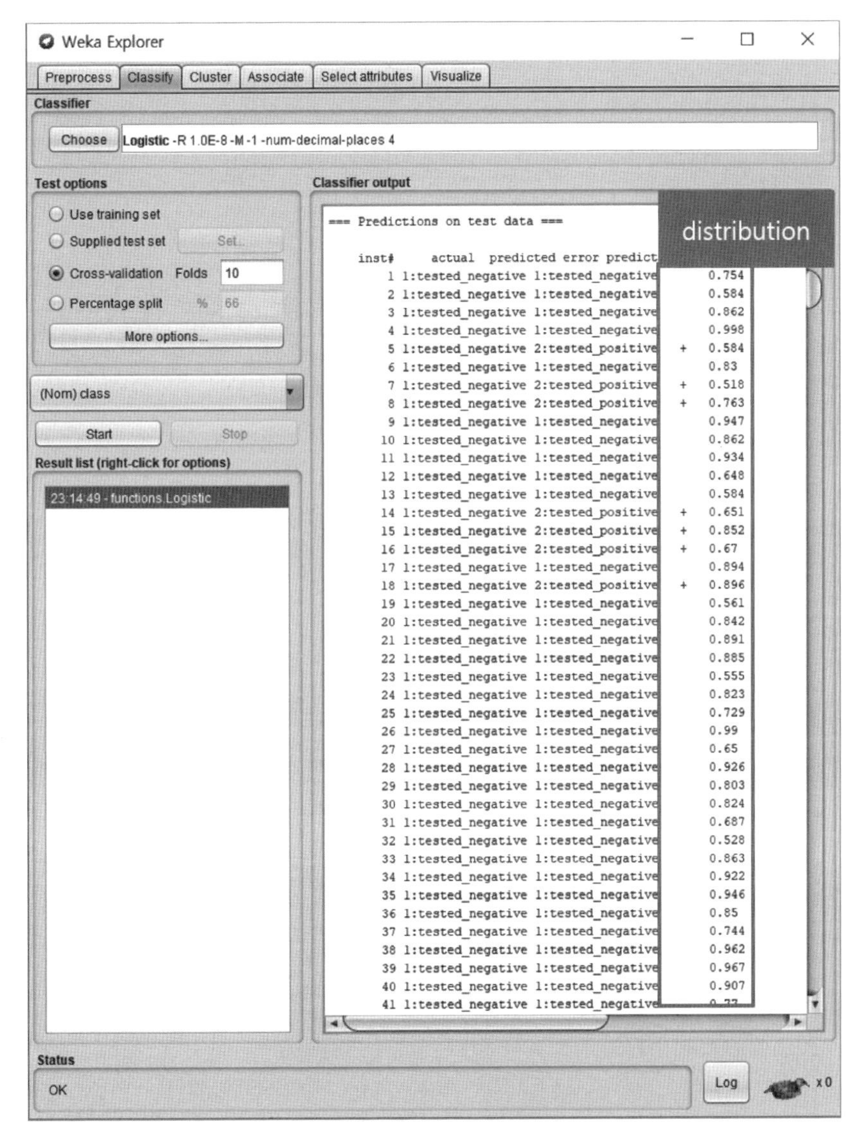

[그림 4-159] distribution 출력 모습

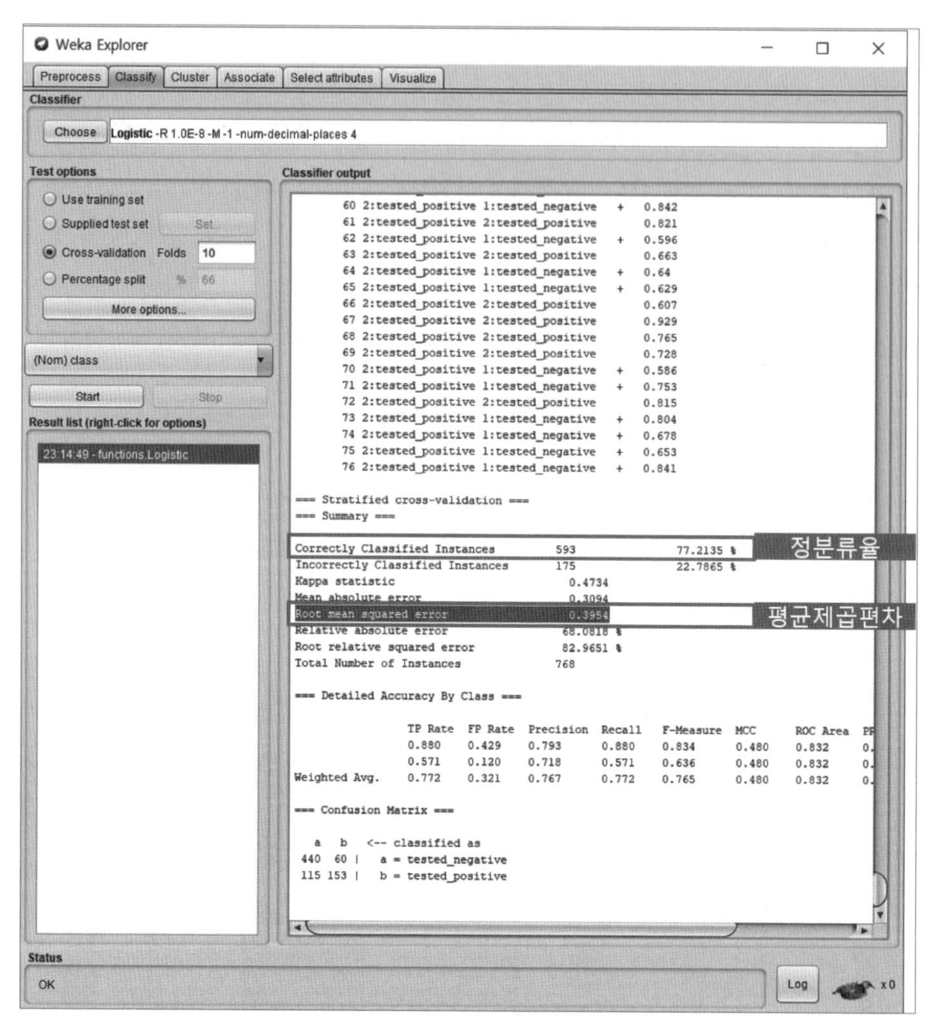

[그림 4-160] 정분류율과 평균 제곱편차

④ Java 프로그래밍: W4_L4_logisticRegression.Java

```
package _1_base;

import Java.io.*;
```

```
import Java.util.*;
import Weka.classifiers.*;
import Weka.classifiers.bayes.NaiveBayes;
import Weka.classifiers.evaluation.Prediction;
import Weka.classifiers.functions.Logistic;
import Weka.classifiers.rules.ZeroR;
import Weka.classifiers.trees.J48;
import Weka.core.*;

public class W4_L4_logisticRegression {
        String[] labels = null;

        public static void main(String args[]) throws Exception{
                /***************************************************************
                 *  LinearRegression 실행을 위해
                 *   https://svn.cms.waikato.ac.nz/svn/Weka/branches/
                stable-3-8/Weka/lib/ 접속하여
                 *  arpack_combined.jar, mtj.jar, core.jar를 외부 jar로 임포트
                해야 한다.
                ***************************************************************
                /
                W4_L4_logisticRegression obj = new W4_L4_logistic
                Regression();
                    obj.logisticRegressions();
        }

        /**
         * 분류 알고리즘 배열화 예시:
                https://www.programcreek.com/2013/01/a-simple-machine-
                learning-example-in-Java/
         * 모델평가 예시(그냥 참고):
                https://www.programcreek.com/Java-api-examples/?api=Weka.
                classifiers.Evaluation
         * **/
```

```
public void logisticRegressions() throws Exception{

System.out.println("========================================
===============");
        System.out.println("\t 1) 3개 데이터셋과 4개 분류 알고리즘을 배열로
        저장한 후 루핑 호출");
System.out.println("========================================
=================");
     String fileNames[] = {"glass","labor","breast-cancer"}; // 퀴
     즈에서 사용하는 3개 arff 파일을 배열로 저장
     Classifier[] models = {new Logistic(),new J48(), new ZeroR(),
     new NaiveBayes()};
     // 퀴즈 문항별 비교할 4개 분류 알고리즘을 배열로 저장
        for(String fileName : fileNames){
                System.out.println(fileName + " : ");
                this.logisticRegression(fileName,models);
        }
}

public void logisticRegression(String fileName, Classifier[]
models) throws Exception{
        int numfolds = 10;
        int numfold = 0;
        int seed = 1;

        // 1) data loader
        Instances data=new Instances(new BufferedReader(
              new FileReader("D:\\Weka-3-9\\data\\"+fileName+".arff")));
        data.setClassIndex(data.numAttributes()-1);
        Instances train = data.trainCV(numfolds, numfold, new
        Random(seed));
        Instances test  = data.testCV(numfolds, numfold);

        // 2) class assigner
```

```
        train.setClassIndex(train.numAttributes()-1);
        test.setClassIndex(test.numAttributes()-1);

        // 3) cross validate setting
        Evaluation eval=new Evaluation(train);

        // 분류 알고리즘별 실행 루핑
        // models 배열 내 분류 알고리즘을 model이란 객체에 하나씩 추출하여 실행
        // (index 지정 없어 편리)
        for(Classifier model : models){
                // 3) 교차검증 실행
                eval.crossValidateModel(model, train, numfolds,
                new Random(seed));

                // 4) model run
                model.buildClassifier(train);

                // 5) evaluate
                eval.evaluateModel(model, test);

                // 6) print Result text(분류 알고리즘 정분류율 및 평균 제곱
                편차 출력)
                this.printClassifiedInfo(model, eval);

                // 7) print out(with test)
                this.printDistribution(test, eval, model);

                // 8) 로지스틱 회귀식의 원인변수별 상관계수 추출
                if(model instanceof Logistic)
                        this.fetchCoefficientsInfo(model, data);
        } // end-of-for-model
}

/******************************
```

```
 * 2) 분류 알고리즘 정분류율 및 평균 제곱편차 출력
 *****************************/
public void printClassifiedInfo(Classifier model, Evaluation eval){

System.out.println("=================================================");
        System.out.println("\t 2) 분류 알고리즘 정분류율 및 평균 제곱편차 출력");
System.out.println("=================================================");
System.out.print("Correctly Classified Instances: " + String.
format("%.2f",eval.pctCorrect()) + " %");
System.out.print(", Root mean squared error:" + String.
format("%.2f",eval.rootMeanSquaredError()));
System.out.println(", (" + getModelName(model) + ")");
}

/*****************************
 * Model Name
 *****************************/
public String getModelName(Classifier model){
        String modelName = "";
        if(model instanceof  Logistic)
                modelName = "Logistic";
        else if(model instanceof  J48)
                modelName = "J48";
        else if(model instanceof  ZeroR)
                modelName = "ZeroR";
        else if(model instanceof NaiveBayes)
                modelName = "NaiveBayes";
return modelName;
}

/*****************************
 * Labels = Indices setting
*****************************/
public void setLabels(Instances data){
```

```
        int labelSize = data.classAttribute().numValues();
        this.labels = new String[labelSize];
        for(int x=0 ; x < labelSize ; x++){
                labels[x] = data.classAttribute().value(x);
        }
}

/************************************
 * 3) Print distribution by Test data
 ************************************/
public void printDistribution(Instances test, Evaluation eval,
Classifier model) throws Exception{
        System.out.println("==============================
==============");
        System.out.println("\t 3) distribution 출력");
        System.out.println("==============================
==============");

        this.setLabels(test); // lable 설정(신규 추가 메소드)
        for(int x=0; x<test.size() ; x++){
                Instance oneData = test.instance(x);
                int actual    = (int)oneData.classValue(); // 목
                표변수(class) 변숫값을 actual로 할당

                // 분류 알고리즘에서 추출된 결괏값을 prediction에 할당
                Prediction prediction = eval.predictions().
                get(x);
                int predicted = (int)prediction.predicted();

                // 모델에서 추출된 distribution을 distribution에 할당
                double[] distribution =
                  model.distributionForInstance(oneData)
                System.out.print((x+1) + " ");
                System.out.print(
```

```
                                        (actual+1)      + ":" +
                                        labels[actual] + " " +
                                        (predicted+1) + ":" +
                                        labels[predicted] + " " +
                                        ((actual == predicted)?"
                                        ":"+") + " " +
                                        String.format("%.2f",
                                        distribution[0]) + " " +
                                        String.format("%.2f",
                                        distribution[1])
                );
                System.out.println("");
        }
}

/*****************************
 * Print by Prediction object
 * Prediction 객체로는 distribution을 찾을 수 없다. (실제 객체 안에 값이 있으
 나 추출 메소드 없음)
 *****************************/
public void printPrediction(Evaluation eval){
        ArrayList<Prediction> list = eval.predictions();
        int x=0;
        for(Prediction prediction : list) {
                x++;
                int actual = (int)prediction.actual();
                int predicted = (int)prediction.predicted();
                System.out.print((x+1) + " ");
                System.out.print(
                                        (prediction.actual()+1)     +
                                        ":" + labels[actual] + " " +
                                        (prediction.predicted ()+1)
                                        + ":" + labels[predicted] +
                                        " " +
```

```java
                                        ((actual == predicted)
                                        ((actual == predicted)
                                        ?"":"+") + " "

/*****************************
 * 4) Logistic coefficients info
 *****************************/
public HashMap<String, Double> fetchCoefficientsInfo(Classifier
model, Instances data){
        System.out.println("========================================");
        System.out.println("\t 4) Logistic coefficients info 출력");
        System.out.println("========================================");
        HashMap<String, Double> coeffMap = new HashMap<String,
        Double>();
        // 로지스틱 회귀 분류 알고리즘에 저장된 변수별 상관계수 할당
        double[][] coeff = ((Logistic)model).coefficients();
        Enumeration<Attribute> enums = data.enumerateAttributes();
        // 변수명 할당
        while(enums.hasMoreElements()) {
                Attribute attribute = (Attribute) enums.
                nextElement(); // 변수명 추출
                int col = attribute.index()+1;
                // 추출된 변수명별 상관계수 출력
                System.out.println(attribute.name() + " : " +
                String.format("%.4f",coeff[col][0]));

                // 추출된 변수명별 상관계수 저장
                coeffMap.put(attribute.name(), Double.valueOf
                (coeff[col][0]));
        }
        System.out.println("Intercept : " + String.format
        ("%.4f",coeff[0][0])); // intercept = bias
        coeffMap.put("Intercept", Double.valueOf(coeff[0][0])); //
        맨 마지막 intercept와 그의 상관계수 저장
```

```
            System.out.println(model);
            return coeffMap;
        }

}
```

콘솔에 출력될 순서대로 설명하면 다음과 같다.

① 3개 데이터셋과 4개 분류 알고리즘을 배열로 저장하여 호출
② 분류 결과인 정분류율과 평균 제곱편차 출력
③ 분류 알고리즘의 정확성을 측정하는 distribution을 객체화하여 데이터를 추출
④ 변수별 상관계수 추출 및 출력

① 3개 데이터셋과 4개 분류 알고리즘을 배열로 저장하여 호출한다.

3개 arff 파일(데이터셋)을 문자 배열로 저장한 후 4개 분류 알고리즘을 Classifier 배열로 저장한다. 그다음 데이터셋만큼(즉 3번) for 루프를 돌면서 logisticRegression 메소드에 arff 파일명과 Classifier 배열을 매개변수로 넘겨 호출한다.

```
        /**
         * 분류 알고리즘 배열화 예시:
              https://www.programcreek.com/2013/01/a-simple-machine-
              learning-example-in-Java/
         * 모델평가 예시(그냥 참고):
              https://www.programcreek.com/Java-api-examples/?api=Weka.
              classifiers.Evaluation
         * **/
        public void logisticRegressions() throws Exception{
```

```
    System.out.println("========================================
    ================");
  System.out.println("\t 1) 3개 데이터셋과 4개 분류 알고리즘을 배열로 저장한 후
  루핑 호출");
    System.out.println("=========================================
    =============");
        String fileNames[] = {"glass","labor","breast-cancer"}; // 퀴즈
        에서 사용하는 3개 arff 파일을 배열로 저장
        Classifier[] models = {new Logistic(),new J48(), new ZeroR(),
        new NaiveBayes()};
        // 퀴즈 문항별 비교할 4개 분류 알고리즘을 배열로 저장
            for(String fileName : fileNames){
                    System.out.println(fileName + " : ");
                    this.logisticRegression(fileName,models);
            }
    }
```

logisticRegression 메소드는 데이터셋별로 분류 알고리즘을 학습하는 메소드로 지금까지 Java 코드와 유사하나 분류 알고리즘 개수(즉 4개)만큼 for 루프를 실행한다. for 루프 내용은 for 시작과 종료만 삽입하면 여러 개의 분류 알고리즘을 하나의 Java 코드로 전체를 실행할 수 있으며 for 루프 안의 절차는 앞선 Java 예시와 동일하다.

데이터 불러오기(1)와 클래스 지정(2)은 동일하기에 for 루프 전에 실행하고, for 루프 안에는 교차검증(3) → 모델학습(4) → 모델평가(5) → 각종 출력(6)을 실행한다.

```
    public void logisticRegression(String fileName, Classifier[]
    models) throws Exception{
            int numfolds = 10;
            int numfold = 0;
            int seed = 1;
```

```
// 1) data loader
Instances data=new Instances(new BufferedReader(
                        new FileReader("D:\\Weka-3-
                        9\\data\\"+fileName+".arff")));
data.setClassIndex(data.numAttributes()-1);
Instances train = data.trainCV(numfolds, numfold, new
Random(seed));
Instances test  = data.testCV(numfolds, numfold);

// 2) class assigner
train.setClassIndex(train.numAttributes()-1);
test.setClassIndex(test.numAttributes()-1);

// 3) cross validate setting
Evaluation eval=new Evaluation(train);

// 분류 알고리즘별 실행 루핑
// models 배열 내 분류 알고리즘을 model이란 객체에 하나씩 추출하여 실행
// (index 지정 없어 편리)
for(Classifier model : models){
        // 3) 교차검증 실행
        eval.crossValidateModel(model, train, numfolds,
        new Random(seed));

        // 4) model run
        model.buildClassifier(train);

        // 5) evaluate
        eval.evaluateModel(model, test);

        // 6) print Result text(분류 알고리즘 정분류율 및 평균 제곱편차 출력)
        this.printClassifiedInfo(model, eval);
```

```
            // 7) print out(with test)
            this.printDistribution(test, eval, model);

            // 8) 로지스틱 회귀식의 원인변수별 상관계수 추출
            if(model instanceof Logistic)
                this.fetchCoefficientsInfo(model, data);
        } // end-of-for-model
    }
```

② 분류 결과인 정분류율과 평균 제곱편차 출력모델평가 후에 정분류율과 평균 제곱편차를 출력하는 메소드를 호출한다.

```
    public void logisticRegression(String fileName, Classifier[]
    models) throws Exception{
        int numfolds = 10;
        int numfold = 0;
        int seed = 1;

        (중략)
        // 5) evaluate
        eval.evaluateModel(model, test);

        // 6) print Result text(분류 알고리즘 정분류율 및 평균 제곱편차 출력)
        this.printClassifiedInfo(model, eval);

        (후략)
```

logisticRegression 메소드에서 정분류율과 평균 제곱편차 출력 메소드 호출 print-Classified 메소드에서 실제 정분류율과 평균 제곱편차를 출력한다.

```
(중략)
    /******************************
     * 2) 분류 알고리즘 정분류율 및 평균 제곱편차 출력
     ******************************/
    public void printClassifiedInfo(Classifier model, Evaluation eval){
            System.out.println("======================
            =====================");
             System.out.println("\t 2) 분류 알고리즘 정분류율 및 평균 제곱편차
             출력");
             System.out.println("======================
             ===================");
             System.out.print("Correctly Classified Instances: " +
             String.format("%.2f",eval.pctCorrect()) + " %");
             System.out.print(", Root mean squared error: " +
                String.format("%.2f",eval.rootMeanSquaredError()));
             System.out.println(", (" + getModelName(model) + ")");
    }

    (후략)
```

다음과 같이 3개 데이터셋별로 4개 분류 알고리즘이 실행하면서 상관계수와 평균 제곱편차Root mean squared error를 출력한다.

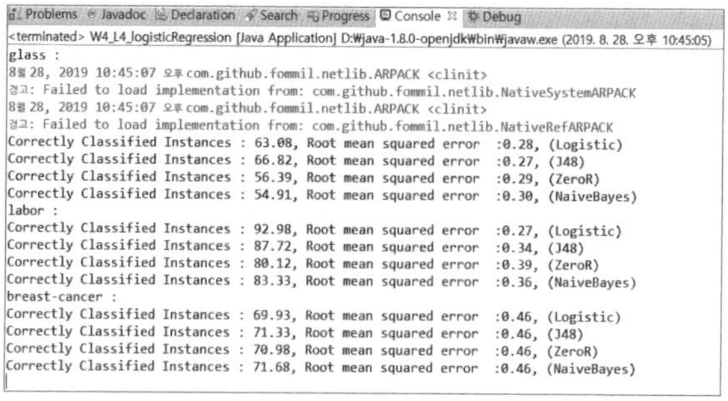

```
Problems  Javadoc  Declaration  Search  Progress  Console  Debug
<terminated> W4_L4_logisticRegression [Java Application] D:₩java-1.8.0-openjdk₩bin₩javaw.exe (2019. 8. 28. 오후 10:45:05)
glass :
8월 28, 2019 10:45:07 오후 com.github.fommil.netlib.ARPACK <clinit>
경고: Failed to load implementation from: com.github.fommil.netlib.NativeSystemARPACK
8월 28, 2019 10:45:07 오후 com.github.fommil.netlib.ARPACK <clinit>
경고: Failed to load implementation from: com.github.fommil.netlib.NativeRefARPACK
Correctly Classified Instances : 63.08, Root mean squared error  :0.28, (Logistic)
Correctly Classified Instances : 66.82, Root mean squared error  :0.27, (J48)
Correctly Classified Instances : 56.39, Root mean squared error  :0.29, (ZeroR)
Correctly Classified Instances : 54.91, Root mean squared error  :0.30, (NaiveBayes)
labor :
Correctly Classified Instances : 92.98, Root mean squared error  :0.27, (Logistic)
Correctly Classified Instances : 87.72, Root mean squared error  :0.34, (J48)
Correctly Classified Instances : 80.12, Root mean squared error  :0.39, (ZeroR)
Correctly Classified Instances : 83.33, Root mean squared error  :0.36, (NaiveBayes)
breast-cancer :
Correctly Classified Instances : 69.93, Root mean squared error  :0.46, (Logistic)
Correctly Classified Instances : 71.33, Root mean squared error  :0.46, (J48)
Correctly Classified Instances : 70.98, Root mean squared error  :0.46, (ZeroR)
Correctly Classified Instances : 71.68, Root mean squared error  :0.46, (NaiveBayes)
```

[그림 4-161] 정분류율과 평균 제곱편차를 출력한 모습

③ 분류 알고리즘의 정확성을 측정하는 distribution을 객체화하여 데이터를 추출한다.

distribution은 0과 1 사이에 어느 정도 1과 가까운지, 0과 가까운지를 정량적으로 측정된 결괏값을 말한다. 정분류율과 평균 제곱편차 출력 메소드 실행 후 distribution을 출력하는 메소드를 호출한다.

```
        (중략)
        // 6) print Result text(분류 알고리즘 정분류율 및 평균 제곱편차 출력)
        this.printClassifiedInfo(model, eval);

        // 7) print out(with test)
        this.printDistribution(test, eval, model);

        (후략)
```

logisticRegression 메소드에서 printDistribution 메소드를 호출한다. distribution 출력 메소드 호출 목표변수(class) 변숫값을 actual로 할당하고, 분류 알고리즘에서 추출된 결괏값을 prediction에 할당한다. 모델에서 추출된 distribution을 distribution으로 할당한다. 마지막으로 할당된 값들을 출력한다.

```
(생략)
    /****************************************
     * 3) Print distribution by Test data
     ****************************************/
    public void printDistribution(Instances test, Evaluation eval,
    Classifier model) throws Exception{
        System.out.println("==================================
        ===============");
```

```
        System.out.println("\t 3) distribution 출력");
        System.out.println("=======================
=================");

        this.setLabels(test); // lable 설정(신규 추가 메소드)
        for(int x=0; x<test.size() ; x++){
                Instance oneData = test.instance(x);
                int actual = (int)oneData.classValue(); // 목표변
                수(class) 변숫값을 actual로 할당

                // 분류 알고리즘에서 추출된 결괏값을 prediction에 할당
                Prediction prediction = eval.predictions().get(x);
                int predicted = (int)prediction.predicted();

                // 모델에서 추출된 distribution을 distribution에 할당
                double[] distribution =
                  model.distributionForInstance(oneData);
                System.out.print((x+1) + " ");
                System.out.print(
                                        (actual+1)      + ":" +
                                        labels[actual] + " " +
                                        (predicted+1) + ":" +
                                        labels[predicted] + " " +
                                        ((actual == predicted)?"
                                        ":"+") + " " +
                                        String.format("%.2f",
                                        distribution[0]) + " " +
                                        String.format("%.2f",
                                        distribution[1])
                );
                System.out.println("");
        }
    }
    (후략)
```

Explorer에서 classify 패널의 more option 선택 시 predict를 설정하면 출력되는 내용을 Java로 구현했다.

[그림 4-162] 데이터 건(인스턴스)별 distribution 출력

4) 변수별 상관계수 추출 및 출력(Logistic에 한함)

로지스틱 회귀분석에서만 변수별 상관계수만 출력되는 메소드를 호출한다.

```
(생략)
// 7) print out(with test)
this.printDistribution(test, eval, model);

// 8) 로지스틱 회귀식의 원인변수별 상관계수 추출
if(model instanceof Logistic)
        this.fetchCoefficientsInfo(model, data);
(후략)
```

로지스틱 회귀 분류 알고리즘에 저장된 변수별 상관계수를 coeff 배열로 할당한다. 변수명을 enums에 할당한다. 변수명을 추출하여 attribute 변수에 할당한다. 추출된 변수명별로 상관계수를 출력하고 저장한다. 마지막으로 intercept(=bias)의 상관계수를 저장하고 출력한다.

```
/******************************
 * 4) Logistic coefficients info
 ******************************/
public HashMap<String, Double> fetchCoefficientsInfo(Classifier
model, Instances data){
        System.out.println("======================================
        =======");
        System.out.println("\t 4) Logistic coefficients info 출력");
        System.out.println("======================================
        =======");
```

```
		HashMap<String, Double> coeffMap = new HashMap<String, 
		Double>();
		// 로지스틱 회귀 분류 알고리즘에 저장된 변수별 상관계수 할당
		double[][] coeff = ((Logistic)model).coefficients();
		Enumeration<Attribute> enums = data.enumerateAttributes();
		// 변수명 할당
		while(enums.hasMoreElements()) {
			Attribute attribute = (Attribute) enums.
			nextElement(); // 변수명 추출
			int col = attribute.index()+1;
			// 추출된 변수명별 상관계수 출력
			System.out.println(attribute.name() + " : " + 
			String.format("%.4f",coeff[col][0]));

			// 추출된 변수명별 상관계수 저장
			coeffMap.put(attribute.name(), Double.
			valueOf(coeff[col][0]));
		}
		System.out.println("Intercept: " + String.
		format("%.4f",coeff[0][0])); // intercept = bias
		coeffMap.put("Intercept", Double.valueOf(coeff[0][0])); // 
		맨 마지막 intercept와 그의 상관계수 저장
		System.out.println(model);
		return coeffMap;
	}

}
```

fetchCoefficientInfo 메소드 위아래로 추출된 변수 결과와 모델을 직접 출력한 결과를 볼 수 있다. 변수별로 상관계수가 일치함을 알 수 있다. 예를 들어, preg: -0.1306이다.

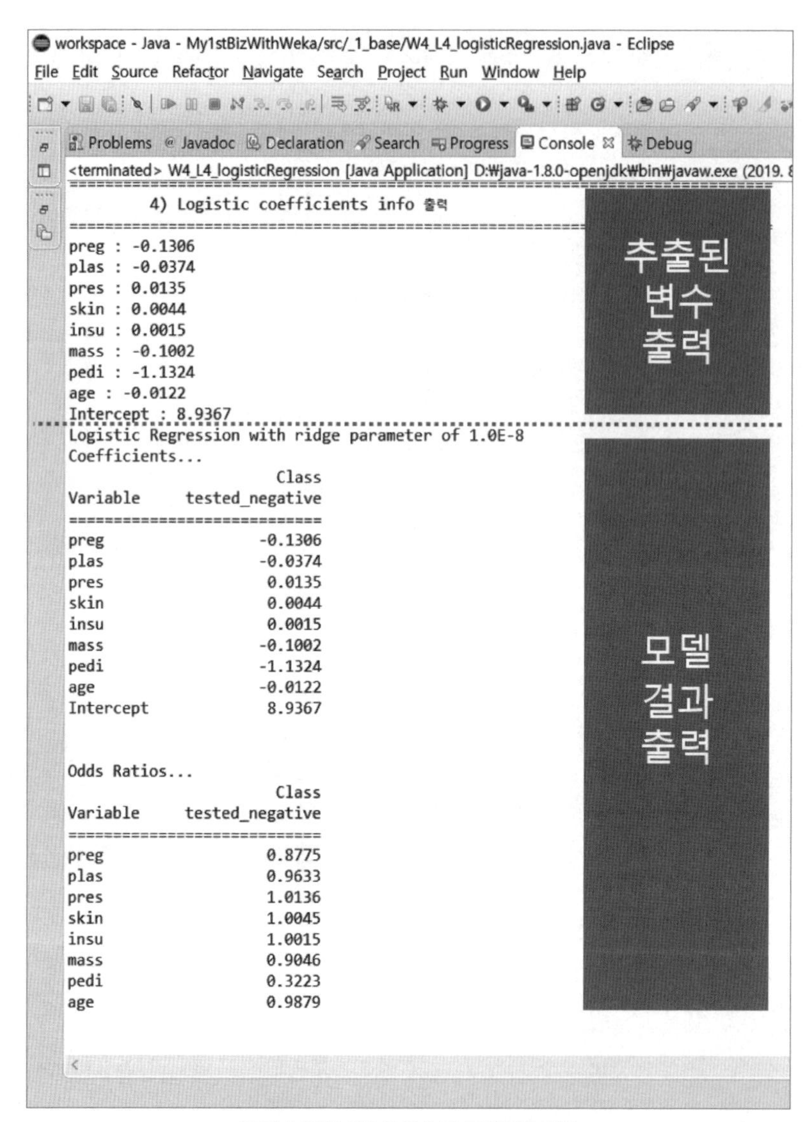

[그림 4-163] 추출된 변수 및 모델 결과 출력

로지스틱 회귀분석의 진정한 활용 방안보다는 distribution이나 상관계수 값 추출 등 번외 기능을 구현하다 보니 산만한 느낌이다. 그리고 이번 장은 Java 코드부터 구현하고 KnowledgeFlow나 Explorer를 실행해 봤는데 확실히 코딩부터 분류 작업을 하면 시간이 장시간 소요된다.

4.5.6 서포트 벡터머신: SVM, 데이터 군집을 얼마나 떨어뜨릴 것인가?

SVM을 보면 분단국가인 한국의 모습을 떠올리게 된다. 상호 이견이 있거나 충돌이 있는 여러 집단을 공존하는 방법은 최대한 떨어뜨려 놓는 것이다.

margin이라고 표현되는 중립 지역은 새로운 데이터가 자칫 이 구역에 발생하더라도 이미 정의된 기준선에 따라 어느 곳으로 분류될지 정해지기에 과적합에 상대적으로 자유롭다. 2차원상에서 분류가 어려운 집단 간의 분류는 3차원으로 확대하여 분류할 수 있다.

딥러닝이 대중화되기 전에는 가장 유명한 분류 학습법이라고 전해지며 지금도 많이 사용된다. 데이터양이 적어도 좋은 성능을 발휘한다. 나중에 배울 인공신경망의 경우 데이터양이 많아 제대로 된 성능을 기대할 수 있다.

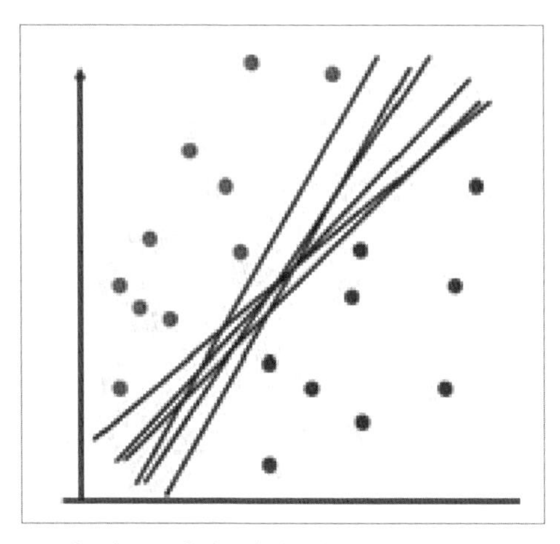

[그림 4-164] 어느 선이 제대로 된 분류 선인가?

위의 그림과 같이 좌측 상단 군집과 우측 하단 군집 간에 경계를 만들려면 어떤 직선이 올바를 것인가? 답은 없다. 다만 과적합을 최대한 회피하기 위해 수학적으로 접근하면 다음과 같은 공식에 의거하여 경계선이 생성되면 이 경계선을 초평면hyperplane이라고 명명한다.

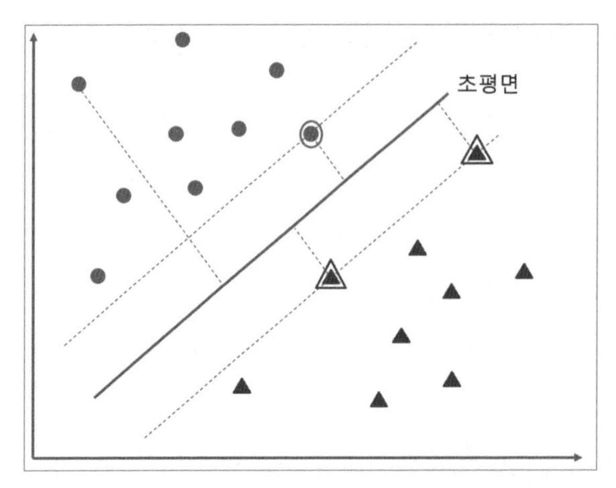

[그림 4-165] 초평면 기준으로 삼각형, 원형 구분 명확

역시 수학적 해석은 시행하지 않는다. 위의 그림에서 원으로 둘러싸인 둥근 점 1개와 삼각형으로 둘러싸인 세모꼴 점 2개를 서포트 벡터support vector라고 정의한다.

군사분계선의 GP 같은 곳이다. 즉 초평면과 가장 가까운 각 군집에서 상대 군집을 관찰할 때 최전방 지점 즉, 데이터를 서포트 벡터라고 부른다.

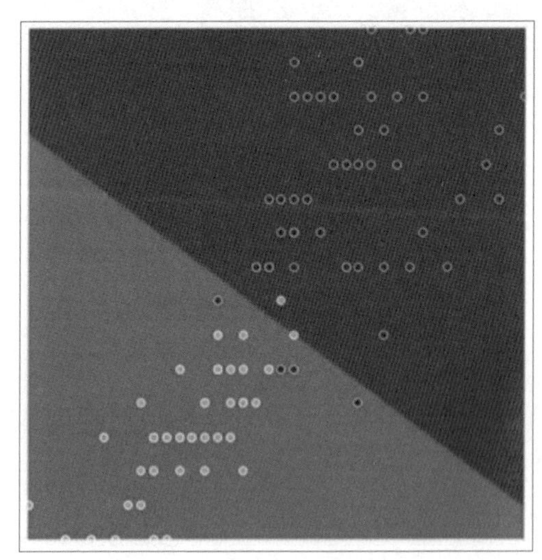

[그림 4-166] 애매하게 직선으로 분류가 안 되는 경우

그럼 현실적인 데이터 분포를 살펴보자. 앞의 회색 지역에 4개의 검은 점이 존재하고, 마찬가지로 검은색 지역에 2개의 흰 점이 있다. 그나마 1개는 경계에 걸쳐 있다. 이런 경우 직선으로 구분이 안 되어 SVM을 사용하지 못할 것인가? 아니면 직선이 아닌 곡선으로 분리해야 하는가? 아니다. 이때는 아래 그림처럼 3차원으로 확대 해석한다.

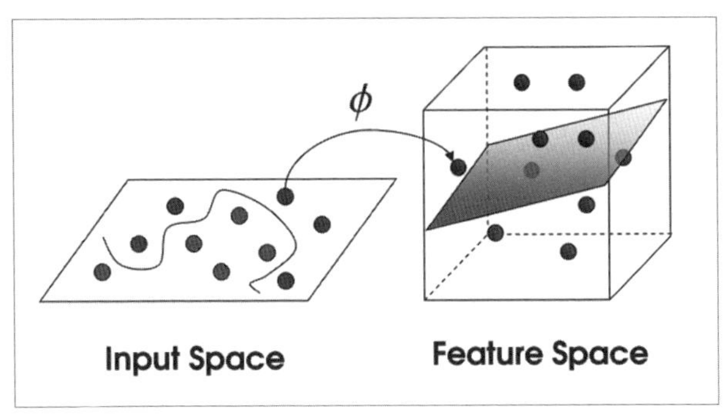

[그림 4-167] 2차원 분류가 어려우면 3차원 분류로도 가능

이렇게 3차원으로 데이터를 분류할 때 사용하는 옵션이 커널(kernel)이다. 즉, 위와 같은 비선형 분류 문제를 해결하기 위해 SVM에서는 kernel 함수 또는 kernel 트릭을 사용한다.

Weka에서는 서포트 벡터머신을 위한 2개의 분류 알고리즘을 제공한다. SMO와 LibSVM이다. SMO는 이항목표변수(yes or no 또는 0 or 1)에만 적용되며, 이럴 때는 차라리 다항회귀분석을 사용하는 것이 더 효과적이다.

LibSVM은 Weka에는 기본적으로 설치되지 않은 패키지로 패키지 마법사에 의해 설치해야 한다. SMO보다 빠르며 다양한 옵션 즉, 커널kernel 함수를 사용할 수 있다.

설치되지 않은 LibSVM 패키지 다운로드 방법은 다음과 같다.

Weka Explorer에서 다음과 같이 Tools 〉 Package manager를 클릭한다. 그다음 다음과 같이 package manager 창이 뜬다.

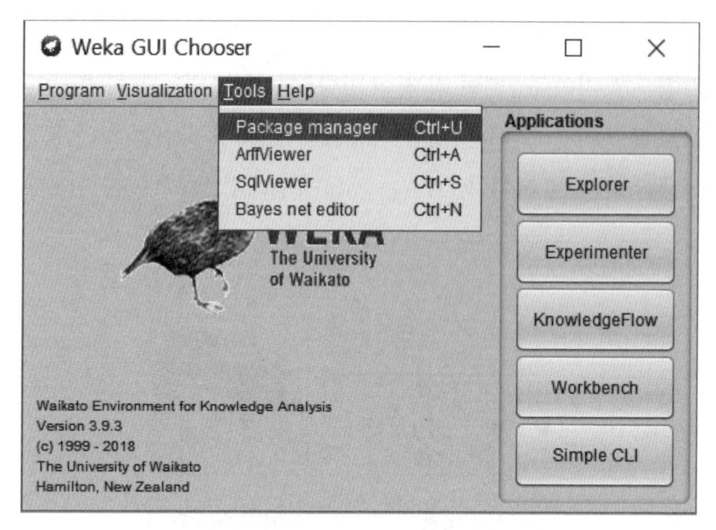

[그림 4-168] Weka workbench에서 package manager 선택

package manager에서 LibSVM 검색 후 설치하면 간단히 끝난다. 그 대신 Weka 재시작 필요 설치가 완료된 후 Weka를 재시작하면 Explorer 또는 KnowledgeFlow에서 LibSVM을 사용할 수 있다.

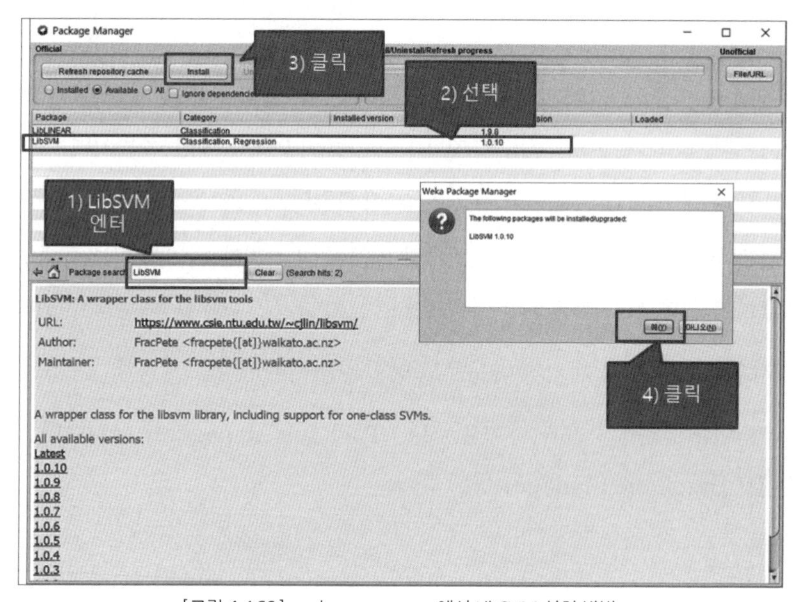

[그림 4-169] package manager에서 LibSVM 설치 방법

서포트 벡터머신의 과적합 우수성을 다른 분류 알고리즘과 비교하여 입증해 보자. 대상 데이터셋은 credit-g.arff를 비교한 결과는 다음과 같다.

머신러닝 방법 중 정확하게 선형 의사 결정 경계를 생성하는 것은 Logistic regression(로지스틱 회귀분석)이다. 로지스틱 회귀는 분류를 위한 선형 의사 결정 경계를 선택하는 정교한 방법이다.

그러면 축 병렬 세그먼트axis-parallel segments로 구성된 의사 결정 경계를 생성하는 것은 J48(의사결정나무)이다. "속성 a가 어떤 숫자보다 작다" 라는 조건식과 같은 테스트의 결정 경계는 축에 직각이고 다른 모든 축에 평행한 선 또는 초평면이다.

어느 것이 부분 선형인 그리고 반드시 선형 또는 축 평행하지는 않은 결정 경계를 생성하는 분류 알고리즘은 IBk이다. IBk의 결정 경계는 모든 훈련 데이터 포인트 쌍에 합류하는 선의 수직 이등분선인 선 또는 초평면의 모음이다. IBk는 분류선이 애매하기에 적정 군집수 제안에만 적용된다.

redit-g.arff 데이터셋 4가지 알고리즘 IBk, J48, Logistic 및 SMO를 실행하고 10 교차검증을 사용하여 정확도를 비교하면 다음과 같다.

IBk: 72%

J48: 70.5%

Logistic: 75.2%

SMO: 75.1%

의사결정나무(J48)의 과적합에 의한 정분류 성능 저하, 서포트 벡터머신(SMO)과 유사한 IBk의 상대적 정분류율 성능 비교 가능 및 서포트 벡터머신(SMO)의 Logistic과 유사한 정분류율 우수성을 보인다.

훈련 세트에서 얻은 성능 추정치는 과적합이 쉽게 발생할 수 있다. 교차검증에서 훈련 세트 평가를 통해 명백한 성능 개선 측면에서 알고리즘이 과적합하지 않은 정도를 판단할 수 있다. 작동 방식에 대해 알고 있는 것을 고려할 때 예상되는 과적합 양에 따라 알고리즘을 순서대로 정렬해 보자. credit-g.arff 데이터셋을 사용하여 Weka Experimenter로 직감적으로 확인해 보자. Weka Experimenter는 중급 과정에서 설명하겠지만 사용하기 쉽다. 이때 IBk가 과적합에 유리한 것을 확인할 수 있다. 훈련 세트에서 100% 정확하다. 다른 수업과 중복되는 훈련 포인트는 제외한다.

J48이 생성할 수 있는 복잡한 의사 결정 경계로 인해 과적합할 수 있다. 가지치기 알고리즘에 의해 효과가 개선되지만 거의 완전히 제거되지는 않는다. 이 데이터셋을 통해 J48의 겉보기 정확도가 70.5%에서 85.5%로 향상된다.

Logistic은 좋은 선형 결정 경계를 생성하는 정교한 방법으로, 단순하고 따라서 과적합 가능성이 적다. 여기서 명백한 성능은 75.5%에서 78.6%로 약간 증가한다. SMO는 또한 선형 경계를 생성하며 정확도는 75.1%에서 78.4%로 증가한다.

교차검증의 정분류율과 테스트셋 사용의 정분류율 차이가 크면 과적합으로 판단하면 되므로 분류 알고리즘의 과적합 판단 방법을 이해할 수 있다.

① 실습: IBk/J48/Logistic/SMO 알고리즘, credit-g.arff 데이터셋

② KnowledgeFlow 설계: base week 4 class 4 lesson 5.kf

이번 지식흐름은 이론의 퀴즈 4, 5번을 실습해 본다. 4번의 문제는 교차검증을 시행하면서 IBk, J48, Logistic, SMO별로 정분류율을 출력한다. 10 교차검증으로 4개 분류

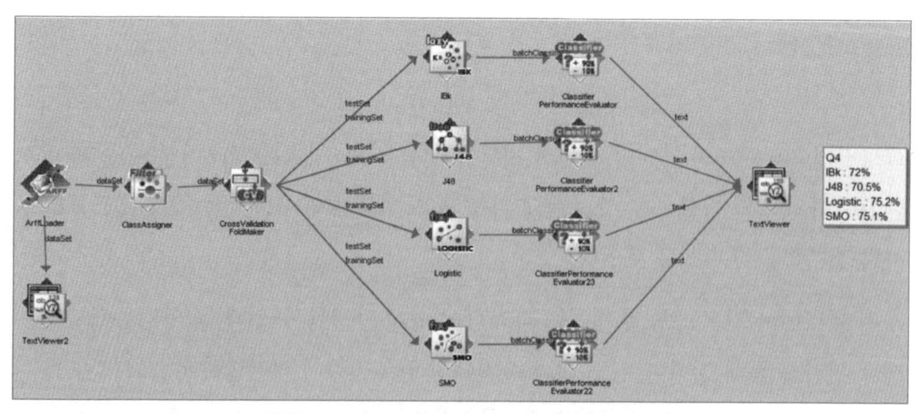

[그림 4-170] 10 교차검증으로 4개 분류 알고리즘

알고리즘 실행 분류 알고리즘별로 정분류율은 다음과 같다. 이 값들은 Holdout(use Training set 옵션) 모델검정 방법과 비교하기 위함이다.

IBk: 72%

J48: 70.5%

Logistic: 75.2%

SMO: 75.1%

교차검증이 아닌 Explorer의 use Training set 옵션을 사용하는데, 쉽게 말해서 훈련 및 테스트 데이터를 동일하게 사용한다. 당연히 정분류율은 높게 나온다.

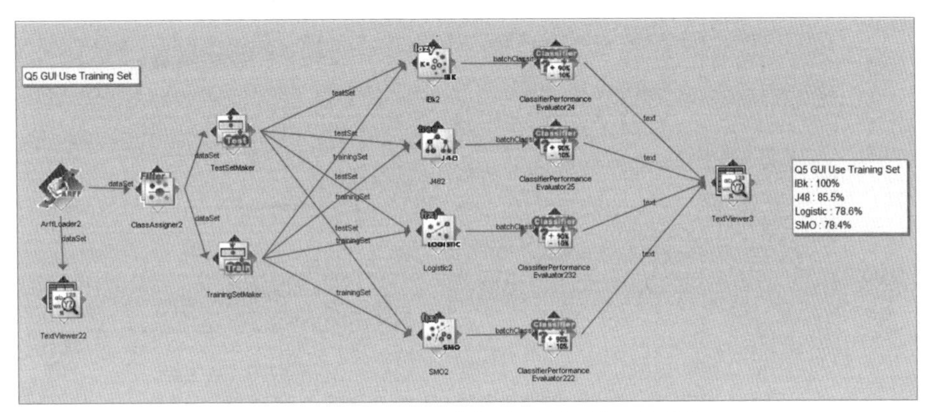

[그림 4-171] Holdout 모델검증의 4개 분류 알고리즘 실행

10 교차검증과 Holdout 모델검증을 비교한 결과는 다음과 같다.

경우	10 교차검증	use Training set	차이
IBk	72%	100%	28%
J48	70.5%	85.5%	15%
Logistic	75.2%	78.6%	3.4%
SMO (서포트 벡터머신)	75.1%	78.4%	3.3%

Logistic과 SMO(서포트 벡터머신 분류 알고리즘)의 차이는 3%이며, 이는 과적합이 크게 발생하지 않는다는 의미이다. 28% 차이인 IBk나 15% 차이인 J48은 과적합이 발생할 가능성이 높다.

이번 퀴즈에서는 서포트 벡터머신의 사용법보다는 과적합에 얼마나 자유로운지를 입증하는 데 그 의미가 있다. 또한 10 교차검증과 Holdout(use Training Set 옵션)을 비교하면 과적합을 검증할 수 있다는 것도 큰 의미이다.

③ Explorer 실습

특이한 사용법이 없어 IBk와 SMO 간의 정분류율 비교만 실습 결과를 확인해 본다.

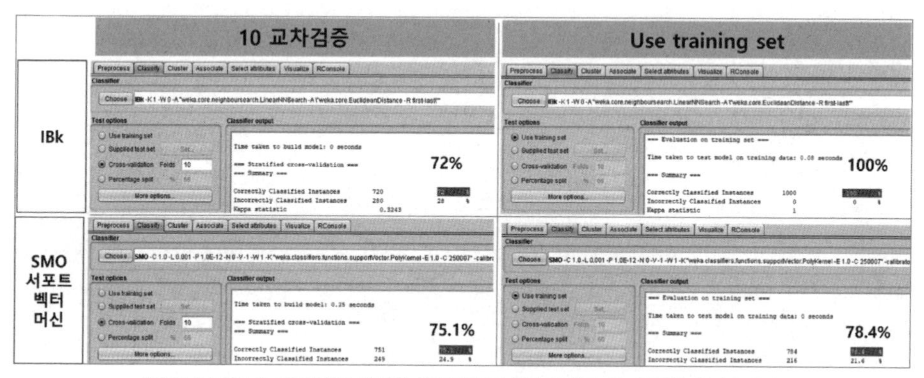

[그림 4-172] SMO가 검증 방법에 상관없이 큰 차이가 없다. 즉, 과적합에 자유롭다

④ Java 프로그래밍: W4_L5_SVM.Java

```
package _1_base;

import Java.io.*;
import Java.util.*;
import Weka.classifiers.*;
```

```
import Weka.classifiers.functions.Logistic;
import Weka.classifiers.functions.SMO;
import Weka.classifiers.lazy.IBk;
import Weka.classifiers.trees.J48;
import Weka.core.*;

public class W4_L5_SVM {

        public static void main(String args[]) throws Exception{

                W4_L5_SVM obj = new W4_L5_SVM();
                System.out.println("================================
                ===============");
                System.out.println("\t 1) 1개 데이터셋과 4개 분류 알고리즘을 배열로
                저장한 후 루핑 호출");
                System.out.println("================================
                ================");
                String fileNames[] = {"credit-g"}; // 퀴즈에서 사용하는 1개 arff
                파일을 배열로 저장
                Classifier[] models = {new IBk(),new J48(), new Logistic(),
                new SMO()};
                // 퀴즈 문항별 비교할 4개 분류 알고리즘을 배열로 저장
//              String fileNames[] = {"diabetes"}; Classifier[] models = {new
                Logistic()};

            for(String fileName : fileNames){
                    for(Classifier model : models){
                            System.out.println(fileName + " : ");
                            double crossValidation
                               = obj.crossValidataion(fileName,model);
                            double useTrainingSet
                               = obj.useTrainingSet(fileName, model);

            for(String fileName : fileNames){
```

```
                for(Classifier model : models){
                        System.out.println(fileName + " : ");
                        double crossValidation
                           = obj.crossValidation(fileName,model);
                        double useTrainingSet
                           = obj.useTrainingSet(fileName, model);
                        obj.printOverFitting(model,
                           crossValidation, useTrainingSet);
                }// end-for-models
        }// end-for-fileNames
}

/****************************
 * 교차검증
 ****************************/
public double crossValidataion(String fileName, Classifier model)
throws Exception{
        int numfolds = 10;
        int numfold = 0;
        int seed = 1;

        // 1) data loader
        Instances data=new Instances(new BufferedReader(
                                  new FileReader("D:\\Weka-3-
                                  9\\data\\"+fileName+".arff")));
        data.setClassIndex(data.numAttributes()-1);

        Instances train = data.trainCV(numfolds, numfold, new
        Random(seed));
        Instances test  = data.testCV(numfolds, numfold);

        // 2) class assigner
        train.setClassIndex(train.numAttributes()-1);
        test.setClassIndex(test.numAttributes()-1);
```

```
        // 3) cross validate setting
        Evaluation eval=new Evaluation(train);
        eval.crossValidateModel(model, train, numfolds, new
        Random(seed));

        // 4) model run
        model.buildClassifier(train);

        // 5) evaluate
        eval.evaluateModel(model, test);

        // 6) print Result text(분류 알고리즘 정분류율 및 평균 제곱편차 출력)
        return this.printClassifiedInfo(model, eval);

}

/*****************************
 * Explorer use TrainingSet
 *****************************/
public double useTrainingSet(String fileName, Classifier model)
throws Exception{

        // 1) data loader
        Instances data=new Instances(new BufferedReader(
                                new FileReader("D:\\Weka-3-
                                9\\data\\"+fileName+".arff")));

        // 2) class assigner
        data.setClassIndex(data.numAttributes()-1);

        // 3) 검증 객체 생성
        Evaluation eval = new Evaluation(data);
```

```
        // 4) model run
        model.buildClassifier(data);

        // 5) evaluate
        eval.evaluateModel(model, data);

        // 6) print Result text(분류 알고리즘 정분류율 및 평균 제곱편차 출력)
        return this.printClassifiedInfo(model, eval);
    }

    /****************************
     * 6) 분류 알고리즘 정분류율 및 평균 제곱편차 출력
     ****************************/
    public double printClassifiedInfo(Classifier model, Evaluation eval){
        System.out.print("Correctly Classified Instances: " +
        String.format("%.2f",eval.pctCorrect()));
        System.out.print(", Root mean squared error:" +
        String.format("%.2f",eval.rootMeanSquaredError()));
        System.out.println(", (" + getModelName(model) + ")");

        return eval.pctCorrect();
    }

    /*************************************
     * 7) Print OverFitting
     *************************************/
    public void printOverFitting(Classifier model, double
    crossValidation, double useTrainingSet)
throws Exception{
        System.out.println(" ==> Overfitting (difference) :" +
                    String.format("%.2f",useTrainingSet -
                    crossValidation) + " % (" +
                            getModelName(model)+ ")");
        System.out.println("");
```

```
    }

    /****************************
     * Model Name
     *****************************/
    public String getModelName(Classifier model){
            String modelName = "";
            if(model instanceof  Logistic)
                    modelName = "Logistic";
            else if(model instanceof  J48)
                    modelName = "J48";
            else if(model instanceof  IBk)
                    modelName = "IBk";
            else if(model instanceof  SMO)
                    modelName = "SMO";
            return modelName;
    }
}
```

지식흐름과 동일하게 10 모델검증과 Holdout을 실습해 본다. 교차검증을 시행하면서 IBk, J48, Logistic, SMO별로 정분류율을 출력하고 Explorer의 use Training set 옵션과 같이 훈련 및 테스트 데이터를 동일하게 사용하여 정분류율을 출력한 후 상호 비교해 본다. 제일 먼저 main 메소드에서 1개 데이터셋과 4개 분류 알고리즘을 배열로 저장한 후 교차검증과 Explorer use Training set을 실행한다. 마지막으로 각 실행 결과를 비교하는 메소드를 호출한다.

```
    public static void main(String args[]) throws Exception{
            W4_L5_SVM obj = new W4_L5_SVM();
            System.out.println("====================================");
```

```
        System.out.println("\t 1) 1개 데이터셋과 4개 분류 알고리즘을 배열로
        저장한 후 루핑 호출");
        System.out.println("=======================================");
        String fileNames[] = {"credit-g"}; // 퀴즈에서 사용하는 1개 arff
        파일을 배열로 저장
        Classifier[] models = {new IBk(),new J48(), new
        Logistic(), new SMO()};
        // 퀴즈 문항별 비교할 4개 분류 알고리즘을 배열로 저장

    for(String fileName : fileNames){
            for(Classifier model : models){
                System.out.println(fileName + " : ");
                double crossValidation
                  = obj.crossValidation(fileName,model);
                double useTrainingSet
                  = obj.useTrainingSet(fileName, model);

                  obj.printOverFitting(model,
                      crossValidation, useTrainingSet);
            }// end-for-models
        }// end-for-fileNames
}
```

교차검증하는 메소드이다. 데이터셋을 불러온 후 훈련 및 테스트 데이터셋으로 분할하고 crossValidateModel 함수를 호출하여 교차검증을 한다.

```
/*****************************
 * 교차검증
 *****************************/
public double crossValidataion(String fileName, Classifier model)
```

```
throws Exception{
        int numfolds = 10;
        int numfold = 0;
        int seed = 1;

        // 1) data loader
        Instances data=new Instances(new BufferedReader(
                                      new FileReader("D:\\Weka-3-
                                      9\\data\\"+fileName+".arff")));
        data.setClassIndex(data.numAttributes()-1);

        Instances train = data.trainCV(numfolds, numfold, new
        Random(seed));
        Instances test  = data.testCV(numfolds, numfold);

        // 2) class assigner
        train.setClassIndex(train.numAttributes()-1);
        test.setClassIndex(test.numAttributes()-1);

        // 3) cross validate setting
        Evaluation eval=new Evaluation(train);
        eval.crossValidateModel(model, train, numfolds, new
        Random(seed));

        // 4) model run
        model.buildClassifier(train);

        // 5) evaluate
        eval.evaluateModel(model, test);

        // 6) print Result text(분류 알고리즘 정분류율 및 평균 제곱편차 출력)
        return this.printClassifiedInfo(model, eval);

}
```

Explorer use Training set과 같이 훈련 데이터와 테스트 데이터가 동일한 경우인데, 특별히 데이터셋을 불러온 후 별다른 분할 작업을 하지 않는다. 또한 Evaluation 객체를 생성한 후 crossValidateModel 함수를 호출하지 않는다. 즉, 교차검증이 없다.

```
/*****************************
 * Explorer use TrainingSet
 *****************************/
public double useTrainingSet(String fileName, Classifier model)
throws Exception{

        // 1) data loader
        Instances data=new Instances(new BufferedReader(
                                    new FileReader("D:\\Weka-3-
                                    9\\data\\"+fileName+".arff")));

        // 2) class assigner
        data.setClassIndex(data.numAttributes()-1);

        // 3) 검증 객체 생성
        Evaluation eval = new Evaluation(data);

        // 4) model run
        model.buildClassifier(data);

        // 5) evaluate
        eval.evaluateModel(model, data);

        // 6) print Result text(분류 알고리즘 정분류율 및 평균 제곱편차 출력)
        return this.printClassifiedInfo(model, eval);
}
```

교차검증을 하든 Explorer use Training set처럼 실행하든 정분류율을 실행한 후 반환한다.

```
/******************************
 * 6) 분류 알고리즘 정분류율 및 평균 제곱편차 출력
 ******************************/
public double printClassifiedInfo(Classifier model, Evaluation
eval){
        System.out.print("Correctly Classified Instances: " +
        String.format("%.2f",eval.pctCorrect()));
        System.out.print(", Root mean squared error: " +
        String.format("%.2f",eval.rootMeanSquaredError()));
        System.out.println(", (" + getModelName(model) + ")");

        return eval.pctCorrect();
}
```

정분류율 출력 및 반환하는 메소드 main 함수 마지막에 교차검증 및 Explorer use Training set의 정분류율을 비교하여 출력한다.

```
/**************************************
 * 7) Print OverFitting
**************************************/
public void printOverFitting(Classifier model, double
crossValidation, double useTrainingSet)
                                         throws Exception{
        System.out.println(" ==> Overfitting (difference): " +
              String.format("%.2f",
                useTrainingSet - crossValidation) + " % (" +
```

```
                                        getModelName(model)+ ")");
            System.out.println("");
    }
```

과적합 판단 위한 차이 출력 메소드 소스코드를 실행하면 다음과 같이 출력되면서 분류 알고리즘별 과적합 정도를 식별할 수 있다.

```
Problems  Javadoc  Declaration  Search  Progress  Console  Debug
<terminated> W4_L5_SVM [Java Application] D:₩java-1.8.0-openjdk₩bin₩javaw.exe (2019. 9. 3. 오후 9:55:49)
==========================================================================
          1) 1개 데이터세트와 4개 분류기를 배열로 저장한 후 루핑 호출
==========================================================================
credit-g :
9월 03, 2019 9:55:49 오후 com.github.fommil.netlib.ARPACK <clinit>
경고: Failed to load implementation from: com.github.fommil.netlib.NativeSystemARPACK
9월 03, 2019 9:55:49 오후 com.github.fommil.netlib.ARPACK <clinit>
경고: Failed to load implementation from: com.github.fommil.netlib.NativeRefARPACK
Correctly Classified Instances : 69.90, Root mean squared error  :0.55, (IBk)
Correctly Classified Instances : 100.00, Root mean squared error  :0.00, (IBk)
 ==> Overfitting (difference) :30.10 % (IBk)

credit-g :
Correctly Classified Instances : 72.50, Root mean squared error  :0.47, (J48)
Correctly Classified Instances : 85.50, Root mean squared error  :0.34, (J48)
 ==> Overfitting (difference) :13.00 % (J48)

credit-g :
Correctly Classified Instances : 74.00, Root mean squared error  :0.41, (Logistic)
Correctly Classified Instances : 78.60, Root mean squared error  :0.38, (Logistic)
 ==> Overfitting (difference) :4.60 % (Logistic)

credit-g :
Correctly Classified Instances : 75.50, Root mean squared error  :0.49, (SMO)
Correctly Classified Instances : 78.40, Root mean squared error  :0.46, (SMO)
 ==> Overfitting (difference) :2.90 % (SMO)
```

[그림 4-173] overfitting 값이 작을수록 과적합이 없다

교차검증의 정분류율과 테스트 세트 사용의 정분류율 비교로 과적합 정도를 확인할 수 있다. 그리고 결정적으로 서포트 벡터머신은 Logistic과 마찬가지로 과적합 발생 비율이 다른 분류 알고리즘보다 작아 과적합에 자유롭다.

4.5.7 앙상블 학습: 과적합을 피하고자 여러 알고리즘 결과를 투표로 선별한다

앙상블 학습은 여러 개의 분류 모형에 의한 결과를 종합하여 투표에 의해 분류의 정확도를 높이는 방법이다. 이는 적절한 표본추출법으로 데이터에서 여러 개의 훈련용 데이터 집합을 만들어 각각의 데이터 집합에서 하나의 분류 알고리즘을 만들어 조합(앙상블)하는 방법이다. 본론에 들어가기에 앞서 Weka에서 제공하는 앙상블 분류 알고리즘은 AdaBoostM1, Vote 등이다. 앙상블 학습법은 배깅, 보팅, 부스팅 등이 있는데, 본서에서는 AdaBoostM1 알고리즘을 중심으로 설명한다. 데이터를 조절하는 방법에 따라 3가지로 분류된다. 랜덤포레스트가 가장 많이 사용되며 배깅의 개념과 feature의 임의 선택random selection을 결합한 앙상블 기법이다.

실생활에서는 다른 시각을 가진 다양한 사람이 위원회를 구성하여 투표를 통해 중대 의사를 결정한다. 머신러닝도 마찬가지며 다양한 분류 알고리즘을 통해 예측 성능을 향상할 수 있다. 동일 문제에 대해서 분류 알고리즘을 생성한 후 투표할 때 알 수 없는 테스트 데이터셋을 분류한다.

단점은 분석하기 어려운 결과를 생성한다. 이 단점을 극복하기 위해 앙상블 분석을 진행하며 4가지 종류가 있으며, 배깅, 랜덤포레스트, 부스팅 그리고 스태킹을 적용한다.

앙상블 분석: 의사결정나무의 과적합을 보완하기 위해 여러 개 분류 알고리즘을 조합(앙상블)하는 기법 - 배깅: 동일 크기 자료를 무작위 추출하는 붓스트랩 자료를 통해 예측된 결과를 보팅voting 결합하여 반복 추출하므로 1개 표본이 여러 번 추출되거나 한 번도 추출되지 않을 수 있다.

① 부스팅/랜덤포레스트: 2개 분류 알고리즘 모두 가중치를 부여한 후 선형 결합을 통해 최종 결과 예측 - 부스팅: 가중치가 부여된 표본 추출 후 n개 분류 알고리즘이 조합된 최종 분류 알고리즘 생성(가중치 합 = 1) 훈련 오차를 쉽고 신속하게 줄임, 배깅보다 예측 오차가 향상된다. 일반적으로 AdaBoostM1을 많이 사용한다.

② 랜덤포레스트: 여러 개 tree 및 약한 생성기들을 생성한 후 선형 결합하여 최종 학습

기 생성 해석이 어렵지만 배깅과 부스팅 결과에 준하거나 더 좋은 예측력을 제공한다.

Ensemble Learning

"불완전한" 학습 체계에서는 투표하지 않고 결과의 평균을 채택한다. 불완전한 학습 체계란 훈련 데이터셋의 작은 변화가 일어날 수 있는 체계이며, 이때 앙상블 학습을 적용하면 되며, 다양한 방식으로 다양성을 창출할 수 있다. 배깅은 훈련 데이터셋을 다시 샘플링하여 다양성을 만든다. 랜덤포레스트는 대체 가치를 선택하여 다양성을 만든다. 부스팅은 기존 모델이 오류를 일으키는 위치에 초점을 맞춰 다양성을 창출한다. 대표적 옵션이 AdaBoostM1이다. 스태킹은 다양한 종류의 학습자 결과를 결합하여 투표 대신 다른 학습자를 대체하면서 다양성을 창출한다.

diabetes 데이터셋을 DecisionDump라는 분류 알고리즘으로 학습하는 내용을 담았다. 분류를 위해 DecisionDump 사용하는 방법은 엔트로피를 적용한다. DecisionStamp 구성 패널의 자세한 단추에는 분류 시 알고리즘이 엔트로피를 기반으로 한다고 표시되어 있다.

numIterations 옵션에 대한 다양한 값을 사용하여 AdaBoostM1을 동일한 데이터셋에 적용하고 얻은 정확도의 대략적인 종이 및 연필 플롯을 작성하면 다음과 같이 정

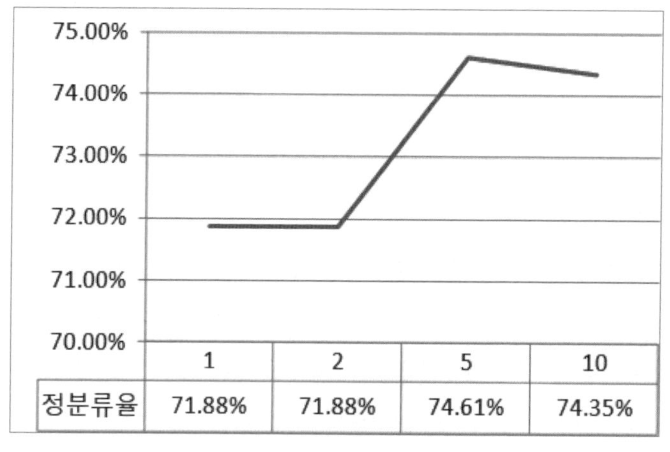

	1	2	5	10
정분류율	71.88%	71.88%	74.61%	74.35%

[그림 4-174] AdaBoostM1의 DecisionStamp 분류 알고리즘의 정분류율 변화

리된다. 10배 교차검증이다.

부스팅을 사용하면 반복 횟수가 증가할수록 정확도가 향상되고 평평해진다. 이 데이터셋의 경우 그래프의 시작 부분에서만 눈에 띄게 향상된다.

DecisionStamp 대신 ZeroR 알고리즘을 강화하면 어떤 모양을 기대할 수 있을까? ZeroR은 실질적으로 모든 데이터의 하위 집합에 대해 동일한 분류 알고리즘을 생성한다. 통계 샘플링만 대다수 클래스를 그대로 유지하는 경우이다. 이러한 동일한 분류자를 결합하면 자체적으로 ZeroR과 동일한 결과를 얻을 수 있다. 그러나 Weka를 사용하여 시도하면 ZeroR 알고리즘의 강화를 거부한다.

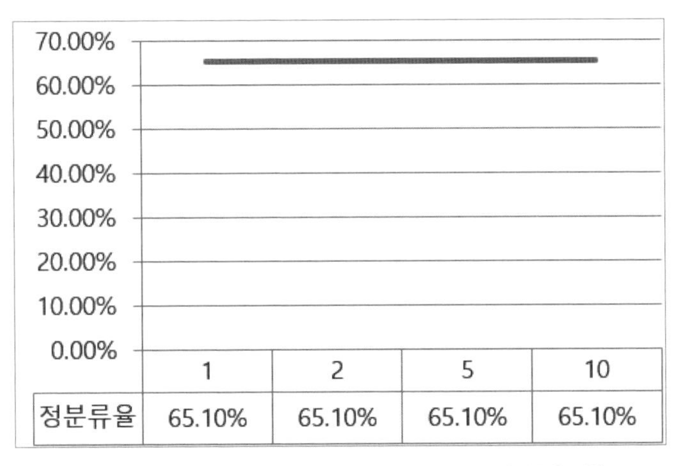

	1	2	5	10
정분류율	65.10%	65.10%	65.10%	65.10%

[그림 4-175] AdaBoostM1의 ZeroR 분류 알고리즘의 정분류율 변화

DecisionStamp 대신 OneR을 높이면서 기본 반복 횟수(10)에 대해 breast-cancer.arff 데이터셋에 AdaBoostM1을 적용하면 각각 하나의 속성을 테스트하는 10개의 모델이 생성된다.

① 실습: AdaBoostM1 알고리즘, diabetes.arff 데이터셋

② KnowledgeFlow 설계: base week 4 class 4 lesson 6.kf

diabetes.arff 데이터셋을 대상으로 AdaBoostM1의 분류 알고리즘을 Decision-

Stamp로 설정한 후 실행한 결과는 다음과 같다.

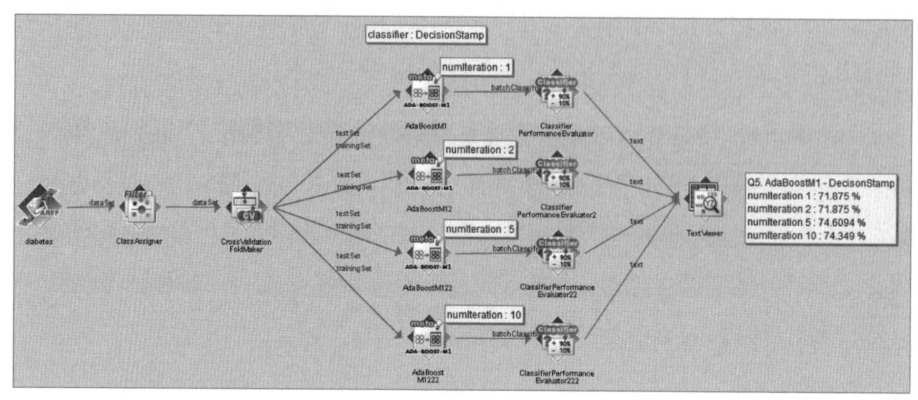

[그림 4-176] AdaBoostM1의 DecisionStamp 분류 알고리즘별로 numIteration 1, 2, 5, 10 설정하여 실행한 정분류율 비교

AdaBoostM1 아이콘을 오른쪽 클릭한 후 configuration을 클릭하면 설정 패널이 뜨면서 numIteration의 설정값을 변경한다.

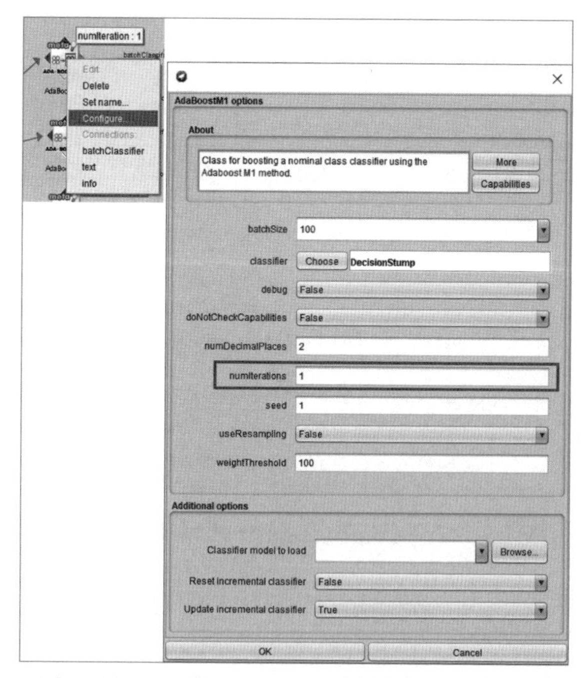

[그림 4-177] DecisionStamp는 기본 분류 알고리즘이므로 numIteration만 변화시킨다

numIteration을 1부터 1씩 증가시킨 10까지 실행한 정분류율을 구하는 것인데, 10개의 분류 알고리즘 아이콘을 모두 실행하기보다 1, 2, 5, 10으로 설정한 4개 AdaBoostM1을 실행했다. 그 결과는 TextViewer 오른쪽 클릭 후 row result로 각각 확인할 수 있으며, 결과는 TextViewer 상단 메모장에 기입했다.

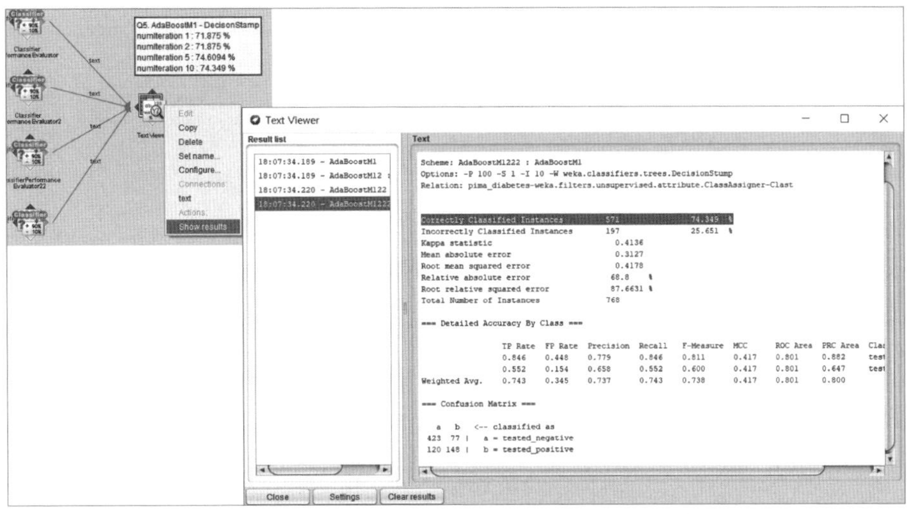

[그림 4-178] TextViewer에는 numIteration 1, 2, 5, 10 설정별 정분류율을 한곳으로 모음

정분류율 결과를 엑셀로 그리면 다음과 같이 1, 2는 동일하다가 5까지 급증한 후 점진적으로 하강한다.

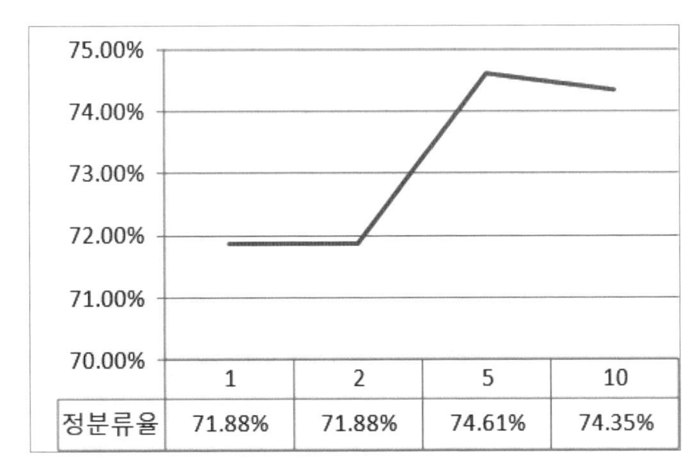

[그림 4-179] AdaBoostM1의 DecisionStamp 분류 알고리즘의 정분류율 변화

퀴즈 6번 AdaBoostM1의 분류 알고리즘을 ZeroR로 설정한 후 실행한 결과는 다음과 같다.

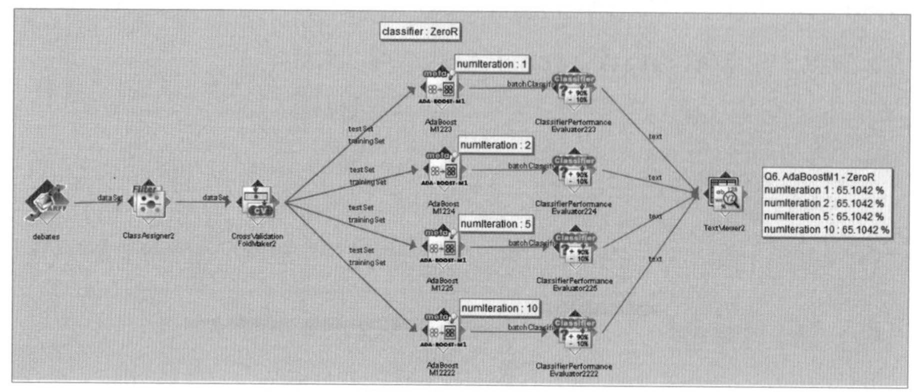

[그림 4-180] AdaBoostM1의 ZeroR 분류 알고리즘별로 numIteration 1, 2, 5, 10을 설정하여 실행한 정분류율 비교

AdaBoostM1 아이콘을 오른쪽 클릭한 후 configuration을 클릭하면 설정 패널이 뜨면서 numIteration의 설정값을 변경하면서 classifier를 ZeroR로 변경한다.

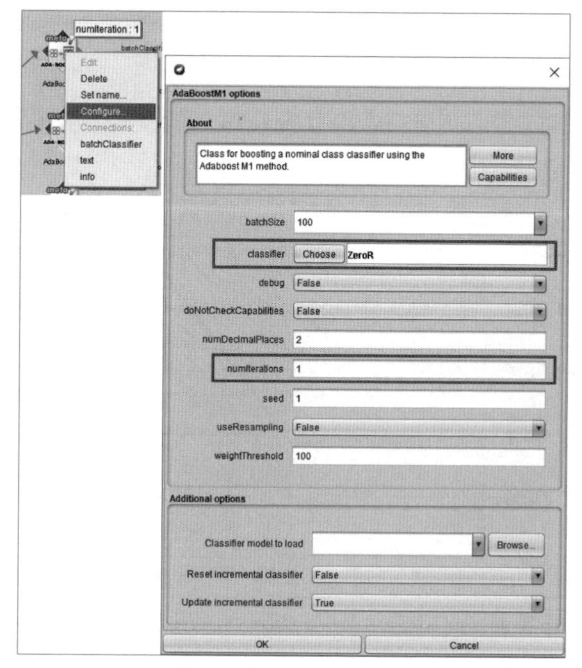

[그림 4-181] ZeroR로 분류 알고리즘 선택 후 numIteration 설정값을 변화시킴

numIteration을 1부터 1씩 증가시킨 후 10까지 실행한 정분류율을 구하는 것인데, 10개의 분류 알고리즘 아이콘을 모두 실행하기보다 1, 2, 5, 10으로 설정한 4개 AdaBoostM1을 실행했다. 그 결과는 TextViewer 2를 오른쪽 클릭 후 show result로 각각 확인할 수 있으며, 결과는 TextViewer 2 상단 메모장에 기입했다.

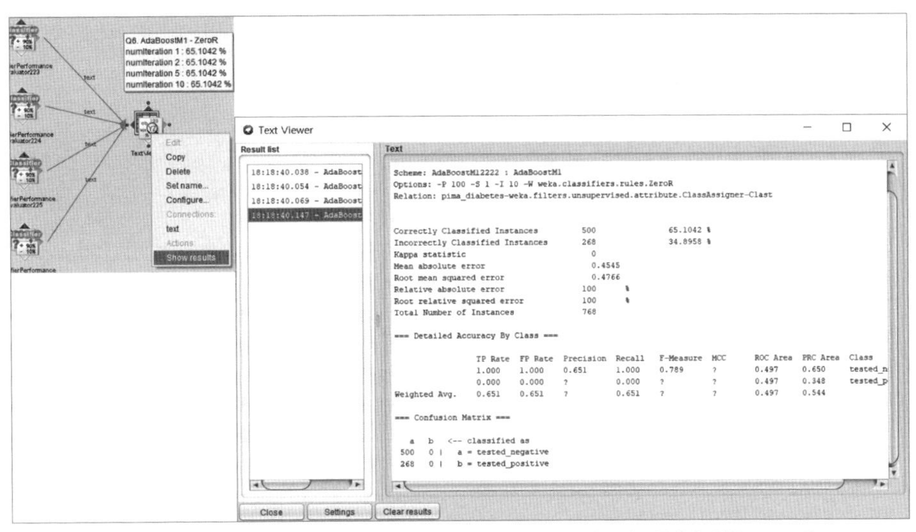

[그림 4-182] TextViewer 2에는 numIteration 1, 2, 5, 10 설정별 정분류율을 한곳으로 모음

정분류율 결과를 엑셀로 그리면 다음과 같이 1, 2, 5, 10이 모두 동일하다.

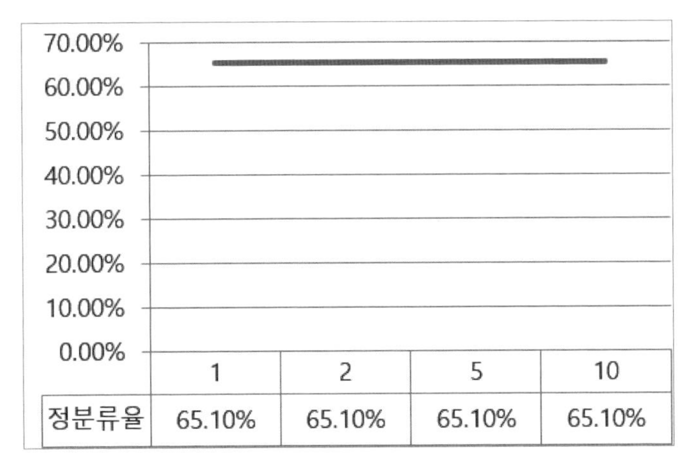

[그림 4-183] AdaBoostM1의 ZeroR 분류 알고리즘의 정분류율 변화

번외로 퀴즈에는 없으나 앙상블 분석이 결국 과적합을 방지한다는 의미가 크므로 서포트 벡터머신에서 알게 된 과적합검증을 실시했다. 마찬가지로 10 교차검증일 때 정분류율과 use Training Set(원본 데이터셋을 훈련/테스트 데이터로 지정)의 정분류율을 비교했다.

AdaBoostM1의 분류 알고리즘은 DecisionStamp로 지정하고 numIteration은 10으로 설정하여 실행했다.

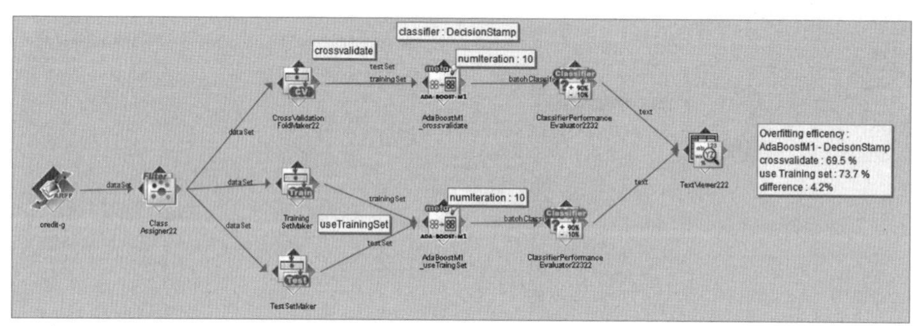

[그림 4-184] 교차검증과 use Training Set의 정분류율을 비교해 과적합검증을 위한 모습

그 결과 crossValidate 대비 use Training Set의 차이는 4.2%로 과적합에 자유롭다.

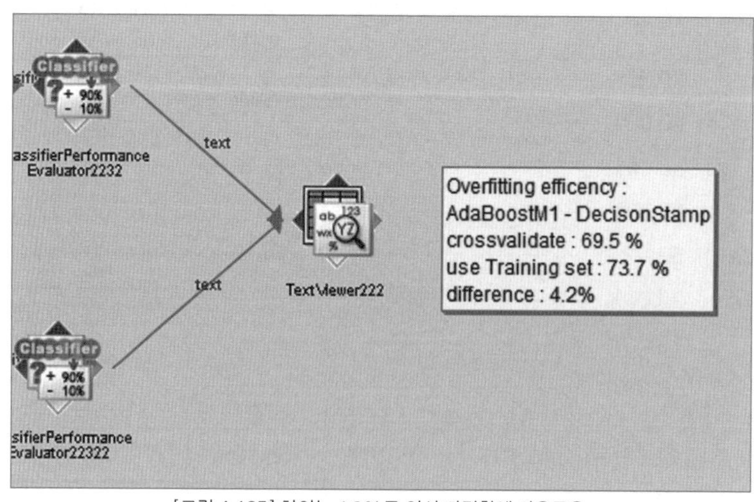

[그림 4-185] 차이는 4.2%로 역시 과적합에 자유로움

③ Explorer 실습

Explorer는 diabetes 데이터셋을 불러온 후 classify에서 AdaBoostM1만 설정을 변경하기에 간단하다. AdaBoostM1의 경로는 다음과 같다.

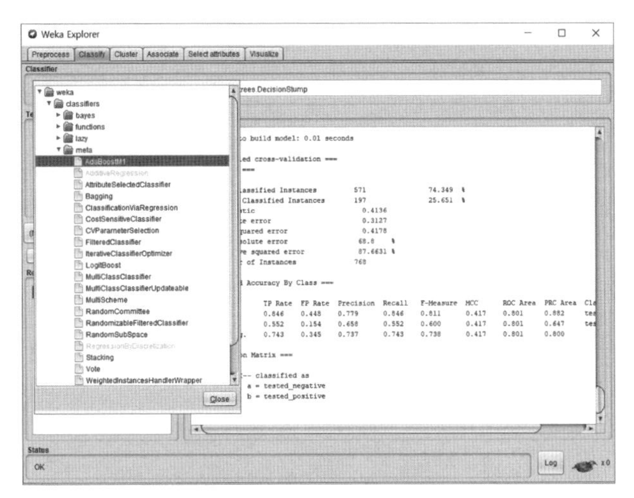

[그림 4-186] AdaBoostM1의 경로

AdaBoostM1의 설정을 변경하는 것은 다음과 같으며, classifier와 numIteration을 변경하면 퀴즈 5, 6번과 같은 결과를 볼 수 있다.

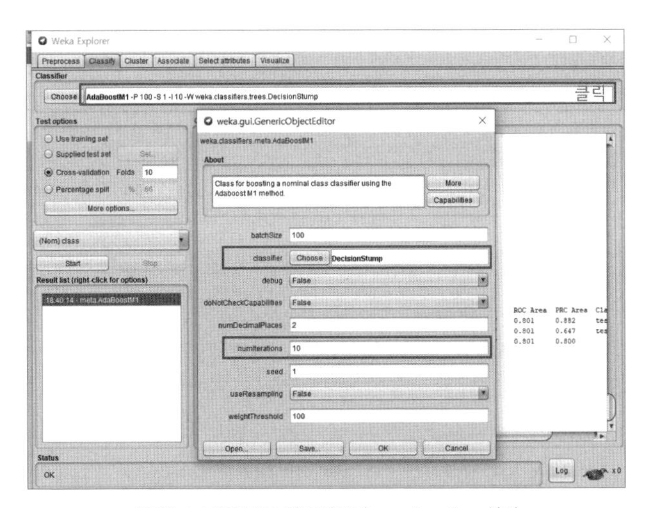

[그림 4-187] 분류 알고리즘과 numIteration 설정

④Java 프로그래밍: W4_L6_Ensemble.Java

```
package _1_base;

import Java.io.*;
import Java.util.*;
import Weka.classifiers.*;
import Weka.classifiers.functions.Logistic;
import Weka.classifiers.functions.SMO;
import Weka.classifiers.lazy.IBk;
import Weka.classifiers.meta.AdaBoostM1;
import Weka.classifiers.rules.ZeroR;
import Weka.classifiers.trees.DecisionStamp;
import Weka.classifiers.trees.J48;
import Weka.core.*;

public class W4_L6_Ensemble {

        public static void main(String args[]) throws Exception{

                W4_L6_Ensemble obj = new W4_L6_Ensemble();
                System.out.println("========================================
                ==================");
                System.out.println("\t 1) AdaBoostM1에 분류 알고리즘 대입 정분류
                비교");
                System.out.println("========================================
                ==========");
            String fileName = "diabetes"; // 퀴즈에서 사용하는 1개 arff 파일을 배열
            로 저장
            // AdaBoostM1의 분류 알고리즘 4개를 배열로 저장
            Classifier[] models = {new DecisionStamp(), new ZeroR(),
                                   new IBk(), new J48(), new Logistic(),
                                   new SMO()};
```

```
        for(Classifier model : models){
                System.out.println(fileName + ": ");
                obj.boost_Ensemble_crossvalidation(fileName,mod
                el,1,10);
        }// end-for-models

        System.out.println("=====================================
        =====");
        System.out.println("\t 1) AdaBoostM1의 과적합검증");
        System.out.println("=====================================
        ====");
        fileName = "credit-g";
        for(Classifier model: models){
                System.out.println(fileName + " : ");
                double crossValidation = obj.boost_Ensemble_cross
                validation(fileName,model,10,10);
                double useTrainingSet = obj.useTraining
                Set(fileName, model);

                obj.printOverFitting(model, crossValidation,
                useTrainingSet);
        }// end-for-models
}

/*****************************
 * boost Ensemble
 *****************************/
public double boost_Ensemble_crossvalidation(String fileName,
Classifier model, int start, int maxLoop)
                                                throws Exception{
        int numfolds = 10;
        int numfold = 0;
        int seed = 1;
```

```
        // 1) data loader
        Instances data=new Instances(new BufferedReader(
                                   new FileReader("D:\\Weka-3-
                                   9\\data\\"+fileName+".arff")));
//      data.setClassIndex(data.numAttributes()-1);

        Instances train = data.trainCV(numfolds, numfold, new
        Random(seed));
        Instances test  = data.testCV(numfolds, numfold);

        // 2) class assigner
        train.setClassIndex(train.numAttributes()-1);
        test.setClassIndex(test.numAttributes()-1);

        double rslt = 0;

        for(int i = start; i <= maxLoop; i++)
        {
                // 3) cross validate setting
                Evaluation eval=new Evaluation(train);

                // 4) model run
                AdaBoostM1 boost = new AdaBoostM1();
                boost.setClassifier(model);
                eval.crossValidateModel(boost, train, numfolds,
                new Random(seed));

                boost.setNumIterations(i);
                boost.buildClassifier(train);

                // 5) evaluate
                eval.evaluateModel(boost, test);
```

```
            // 6) print Result text(분류 알고리즘 정분류율 출력)
            rslt = this.printClassifiedInfo(boost, eval);
        }
        return rslt;
}

/*****************************
 * Explorer use TrainingSet
 *****************************/
public double useTrainingSet(String fileName, Classifier model)
throws Exception{
        Instances data=new Instances(new BufferedReader(
                                new FileReader("D:\\Weka-3-
                                9\\data\\"+fileName+".arff")));

        // 2) class assigner
        data.setClassIndex(data.numAttributes()-1);

        // 3) 검증 객체 생성
        Evaluation eval = new Evaluation(data);

        // 4) model run
        AdaBoostM1 boost = new AdaBoostM1();
        boost.setClassifier(model);
        boost.buildClassifier(data);

        // 5) evaluate
        eval.evaluateModel(boost, data);

        // 6) print Result text(분류 알고리즘 정분류율 및 평균 제곱편차 출력)
        return this.printClassifiedInfo(boost, eval);
}

/*****************************
```

```
 * 6) 분류 알고리즘 정분류율 및 numIteration 출력
 *****************************/
 public double printClassifiedInfo(AdaBoostM1 boost, Evaluation
 eval){
        System.out.print("Correctly Classified Instances: " +
        String.format("%.2f",eval.pctCorrect()));
        System.out.print(", numIteration  :" + boost.
        getNumIterations());
        System.out.println(", (" + getModelName(boost.
        getClassifier()) + ")");

        return eval.pctCorrect();
}

/**************************************
 * 7) Print OverFitting
**************************************/
public void printOverFitting(Classifier model, double
crossValidation, double useTrainingSet)
                                                  throws Exception{
        System.out.println(" ==> Overfitting(difference):" +
                              String.format("%.2f",useTrainingSet
                              - crossValidation) + " % (" +
                                         getModelName(model)+ ")");
        System.out.println("");
}

/*****************************
 * Model Name
 *****************************/
public String getModelName(Classifier model){
        String modelName = "";
        if(model instanceof  Logistic)
              modelName = "Logistic";
```

```
            else if(model instanceof  J48)
                    modelName = "J48";
            else if(model instanceof  IBk)
                    modelName = "IBk";
            else if(model instanceof  SMO)
                    modelName = "SMO";
            else if(model instanceof  DecisionStamp)
                    modelName = "DecisionStamp";
            else if(model instanceof  ZeroR)
                    modelName = "ZeroR";
            return modelName;
        }
}
```

Java 코드도 과적합검증을 구현했다. main 메소드는 diabetes 데이터셋을 불러와 4개 분류 알고리즘을 배열로 저장해 AdaBoostM1의 분류 알고리즘으로 설정하여 실행하는 boost_Ensemble_crossValidation 메소드를 호출한다. 이때 1과 10을 매개변수로 넘기는 numIteration의 루핑 시작과 끝으로 설정하기 위함이다.

두 번째 AdaBoostM1의 과적합검증을 위해 credit-g 데이터셋을 불러와 4개 분류 알고리즘을 저장된 배열로 루핑을 돌리면서 교차검증용 boost_Ensemble_crossValidation 메소드를 호출하면서 매개변수를 10, 10으로 넘긴다. 즉, numIteration 10만 실행한다는 뜻이다. 다음 줄에서 원본 데이터셋을 훈련/테스트 데이터로 간주하는 use Training Set 메소드를 호출한다.

```
        public static void main(String args[]) throws Exception{

                W4_L6_Ensemble obj = new W4_L6_Ensemble();
```

```
    System.out.println("====================================
======================");
        System.out.println("\t 1) AdaBoostM1에 분류 알고리즘 대입 정분류
        비교");
        System.out.println("==================================
        =============");
    String fileName = "diabetes"; // 퀴즈에서 사용하는 1개 arff 파일을 배열
    로 저장
    // AdaBoostM1의 분류 알고리즘 4개를 배열로 저장
    Classifier[] models = {new DecisionStamp(), new ZeroR(),
                            new IBk(), new J48(), new Logistic(),
                            new SMO()};

        for(Classifier model : models){
                System.out.println(fileName + " : ");
                obj.boost_Ensemble_crossvalidation(fileName,
                                                        model,1,10);
        }// end-for-models

        System.out.println("==================================
        ==========");
        System.out.println("\t 1) AdaBoostM1의 과적합검증");
        System.out.println("=================================
        ========");
        fileName = "credit-g";
        for(Classifier model : models){
                System.out.println(fileName + " : ");
                double crossValidation = obj.boost_Ensemble_cross
                validation(fileName,model,10,10);
                double useTrainingSet
                   = obj.useTraininget(fileName, model);

                obj.printOverFitting(model, crossValidation,
                useTrainingSet);
```

```
        }// end-for-models
    }
```

핵심 메소드인 boost_Ensemble_crossValidation 메소드에서는 배열로 저장되었던 분류 알고리즘들을 AdaBoostM1이 분류기로 설정하고 루핑을 돌면서 numIteration을 설정한다. 그리고 마지막으로 이때의 마지막 정분류율을 반환한다.

```
    /*****************************
     * boost Ensemble
     *****************************/
    public double boost_Ensemble_crossvalidation(String fileName,
    Classifier model, int start, int maxLoop)
                                                    throws Exception{
        int numfolds = 10;
        int numfold = 0;
        int seed = 1;

        // 1) data loader
        Instances data=new Instances(new BufferedReader(
                                new FileReader("D:\\Weka-3-
                                9\\data\\"+fileName+".arff")));
//          data.setClassIndex(data.numAttributes()-1);

        Instances train = data.trainCV(numfolds, numfold, new
        Random(seed));
        Instances test  = data.testCV(numfolds, numfold);

        // 2) class assigner
        train.setClassIndex(train.numAttributes()-1);
```

```
        test.setClassIndex(test.numAttributes()-1);

        double rslt = 0;

        for(int i = start; i <= maxLoop; i++)
        {
            // 3) cross validate setting
            Evaluation eval=new Evaluation(train);

            // 4) model run
            AdaBoostM1 boost = new AdaBoostM1();
            boost.setClassifier(model);
            eval.crossValidateModel(boost, train, numfolds,
            new Random(seed));

            boost.setNumIterations(i);
            boost.buildClassifier(train);

            // 5) evaluate
            eval.evaluateModel(boost, test);

            // 6) print Result text(분류 알고리즘 정분류율 출력)
            rslt = this.printClassifiedInfo(boost, eval);
        }
        return rslt;
    }
```

과적합검증을 위한 use Training Set 메소드는 다음과 같다. AdaBoostM1의 분류 알고리즘을 설정하며 AdaBoostM1의 기본 numIteration은 10이므로 별도로 설정하지 않았다.

```
/*****************************
 * Explorer use TrainingSet
 *****************************/
public double useTrainingSet(String fileName, Classifier model)
throws Exception{
        Instances data=new Instances(new BufferedReader(
                                new FileReader("D:\\Weka-3-
                                9\\data\\"+fileName+".arff")));

        // 2) class assigner
        data.setClassIndex(data.numAttributes()-1);

        // 3) 검증 객체 생성
        Evaluation eval = new Evaluation(data);

        // 4) model run
        AdaBoostM1 boost = new AdaBoostM1();
        boost.setClassifier(model);
        boost.buildClassifier(data);

        // 5) evaluate
        eval.evaluateModel(boost, data);

        // 6) print Result text(분류 알고리즘 정분류율 및 평균 제곱편차 출력)
        return this.printClassifiedInfo(boost, eval);
}
```

numIteration별 분류 알고리즘별 정분류율을 출력 및 반환하는 메소드 printClassifiedInfo 메소드는 다음과 같다. 모델명은 AdaBoostM1에 설정된 분류 알고리즘만 출력하게 하고 정분류를 반환한다.

```
/*****************************
 * 6) 분류 알고리즘 정분류율 및 numIteration 출력
 *****************************/
public double printClassifiedInfo(AdaBoostM1 boost, Evaluation
eval){
        System.out.print("Correctly Classified Instances: " +
        String.format("%.2f",eval.pctCorrect()));
        System.out.print(", numIteration  :" + boost.
        getNumIterations());
        System.out.println(", (" + getModelName(boost.
        getClassifier()) + ")");

        return eval.pctCorrect();
}
```

과적합검증을 위한 차이를 출력하는 printOverFitting 메소드는 다음과 같다.

```
/**************************************
 * 7) Print OverFitting
 **************************************/
public void printOverFitting(Classifier model,
                              double crossValidation,
                              double useTrainingSet)
                              throws Exception{

        System.out.println(" ==> Overfitting (difference):" +
                           String.format("%.2f",useTrainingSet -
                           crossValidation) + " % (" +
                                      getModelName(model)+
```

```
")");
            System.out.println("");
    }
```

AdaBoostM1에 분류 알고리즘별로 대입을 한 결과의 출력은 다음과 같다. 순차적으로 많은 검증을 실시할 때는 역시 Java code가 KnowledgeFlow나 Explorer보다는 낫다.

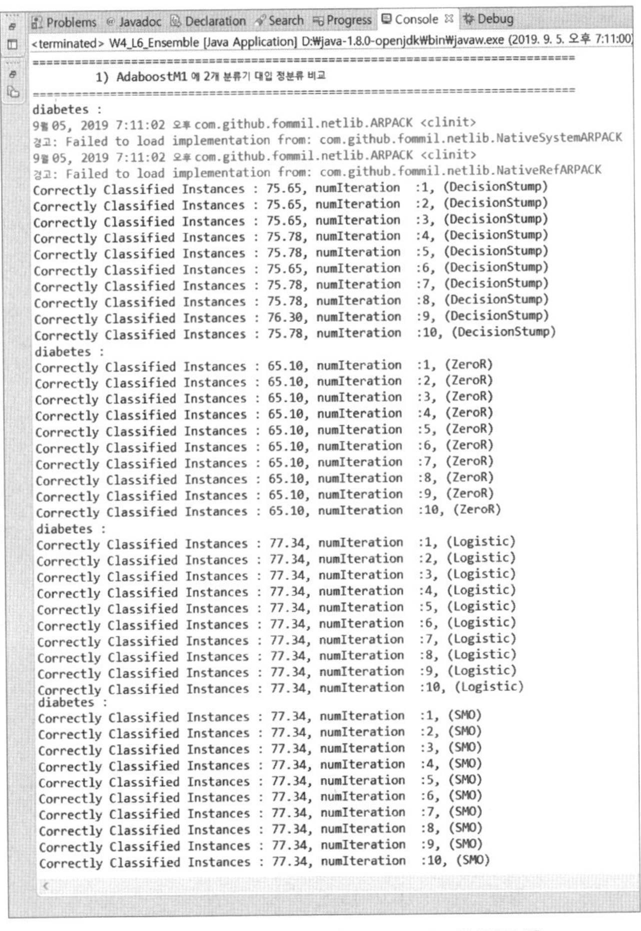

[그림 4-188] 분류 알고리즘별 numIteration별 정분류율

최종 출력은 다음과 같으며 Logistic과 SMO는 서포트 벡터머신에서 검증한 결과와 동일하다.

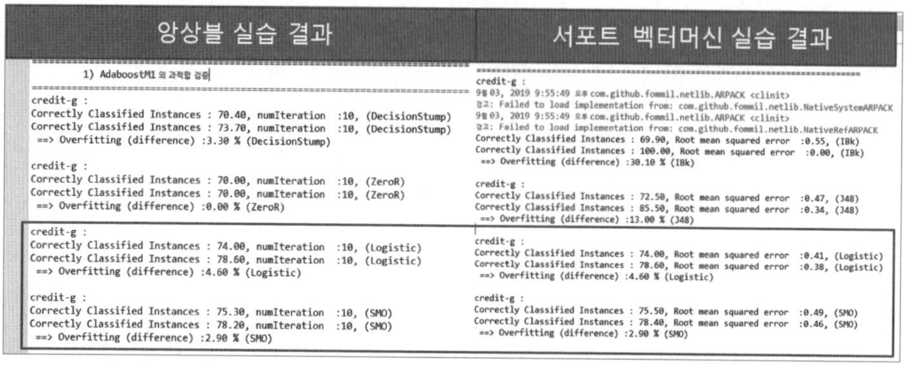

앙상블 실습 결과

```
============================================================================
        1) AdaboostM1 의 과적합 검증
============================================================================
credit-g :
Correctly Classified Instances : 70.40, numIteration  :10, (DecisionStump)
Correctly Classified Instances : 73.70, numIteration  :10, (DecisionStump)
 ==> Overfitting (difference) :3.30 % (DecisionStump)

credit-g :
Correctly Classified Instances : 70.00, numIteration  :10, (ZeroR)
Correctly Classified Instances : 70.00, numIteration  :10, (ZeroR)
 ==> Overfitting (difference) :0.00 % (ZeroR)

credit-g :
Correctly Classified Instances : 74.00, numIteration  :10, (Logistic)
Correctly Classified Instances : 78.60, numIteration  :10, (Logistic)
 ==> Overfitting (difference) :4.60 % (Logistic)

credit-g :
Correctly Classified Instances : 75.30, numIteration  :10, (SMO)
Correctly Classified Instances : 78.20, numIteration  :10, (SMO)
 ==> Overfitting (difference) :2.90 % (SMO)
```

서포트 벡터머신 실습 결과

```
============================================================================
credit-g :
9월 03, 2019 9:55:49 오후 com.github.fommil.netlib.ARPACK <clinit>
경고: Failed to load implementation from: com.github.fommil.netlib.NativeSystemARPACK
9월 03, 2019 9:55:49 오후 com.github.fommil.netlib.ARPACK <clinit>
경고: Failed to load implementation from: com.github.fommil.netlib.NativeRefARPACK
Correctly Classified Instances : 69.90, Root mean squared error  :0.55, (IBk)
Correctly Classified Instances : 100.00, Root mean squared error  :0.00, (IBk)
 ==> Overfitting (difference) :30.10 % (IBk)

credit-g :
Correctly Classified Instances : 72.50, Root mean squared error  :0.47, (J48)
Correctly Classified Instances : 85.50, Root mean squared error  :0.34, (J48)
 ==> Overfitting (difference) :13.00 % (J48)

credit-g :
Correctly Classified Instances : 74.00, Root mean squared error  :0.41, (Logistic)
Correctly Classified Instances : 78.60, Root mean squared error  :0.38, (Logistic)
 ==> Overfitting (difference) :4.60 % (Logistic)

credit-g :
Correctly Classified Instances : 75.50, Root mean squared error  :0.49, (SMO)
Correctly Classified Instances : 78.40, Root mean squared error  :0.46, (SMO)
 ==> Overfitting (difference) :2.90 % (SMO)
```

[그림 4-189] 과적합검증 결과는 서포트 벡터머신에서 실습한 것과 동일한 결과가 나온다

앙상블 학습은 과적합을 방지하기 위해 데이터셋별로 분류 알고리즘을 적용해 결과를 조합하는 방법을 사용한다. 과적합검증을 KnowledgeFlow나 Java Code로 실행해도 과적합에 자유로우며, AdaBoostM1의 분류 알고리즘으로 실행하든 단독으로 실행하든 정분류율의 차이는 동일하다. 이 강의의 앙상블 분석이 과적합 방지에 효과가 있는 것은 알겠는데, 다양한 분류 알고리즘을 동시에 실행해 투표를 통해 정분류율을 결정하는 과정이 누락되어 있다.

아래 표와 같이 다양한 분류 알고리즘을 한 번에 실행해서 평균과 같은 통계값으로 정분류율을 상향 평준화하는 과정이 보여야 하는 이 부분이 없다. More 과정에 있는지 모르겠으나 더 많은 연구가 필요하다.

AdaBooost 분류기	yes	no	합
J48	78 %	22 %	100 %
ZeroR	56 %	44 %	100 %
Logistic	67 %	33 %	100 %
DecisionStamp	91 %	9 %	100 %
평균	73 %	27%	100 %

[그림 4-190] 앙상블 학습의 투표 과정(소프트 방식)

CHAPTER 05

IF: 전반부 정리

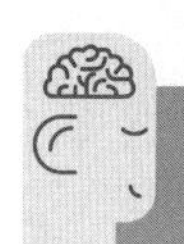

5장. IF: 전반부 정리

지금까지는 본서의 전반부로서 Weka에서 제공하는 기본적인 지도 학습 중 분류와 회귀 알고리즘들을 설명했다. 다른 머신러닝 자료에서 흔하게 볼 수 있는 알고리즘이므로 구체적인 적용 분야 또는 상세한 설명보다는 Weka를 사용하여 적용할 수 있는 방법을 주로 설명했다.

머신러닝을 하기에 앞서 알아야 할 점들을 좀 더 설명하고 후반부로 넘어가겠다. 개인정보를 학습할 때의 개인정보보호법과의 충돌과 데이터마이닝의 상관관계 분석의 한계를 짚어 보자. 유럽의 정보보호법(GDPR)의 강화, 2차적으로 식별하는 기술(재식별) 발달에 따른 익명화 데이터에 의한 개인 식별 용이성 향상 등 개인 정보를 다룰 때는 항상 프라이버시를 염두에 둬야 한다. 유럽의 경우 정보 프라이버시에 관해 매우 엄격한 법률이 있다. 예를 들어, 개인 정보를 수집하려는 경우 목적을 반드시 언급해야 한다. 동의 없이 다른 사람에게 정보를 공개해서는 안 된다.

개인에 대한 기록은 정확하고 최신이어야 한다. 사람들은 자신에 대한 데이터를 검토할 수 있어야 하고 더는 필요하지 않은 데이터는 삭제해야 한다. 개인 정보는 다른 위치로 전송해서는 안 된다. 극단적인 상황을 제외하고 일부 데이터는 수집하기에 너무 민감하다.

데이터마이닝은 기록된 정보를 수집하고 활용하는 것이므로 앞의 윤리적 문제를 일부 안고 있다.

사람들은 다른 사람들이 안전하게 배포할 수 있도록 데이터를 익명화하려고 작업하지만 익명 처리는 생각보다 훨씬 어렵다. 한 가지 예를 들어 보자. 1990년대 중반 매사추세츠 모든 공무원병원을 요약한 의료 기록을 공개했을 때 주지사는 익명화되었다고 공개적으로 확신했다. 이름, 주소 및 주민등록번호와 같은 모든 식별 정보를 제거하였으나 많은 개인 정보를 포함한 주지사 자신의 건강 기록을 받고 놀랐다. 우편으로 정보를 통해 사람들을 2차적으로 유추하고 식별할 수 있다.

2차적으로 식별하는 기법에 대한 연구가 많이 있었는데 인터넷에 공개된 도시, 생년월일, 성별 레코드를 사용하면 미국인의 50%가 식별될 수 있다. 여기에 5자리 우편번호를 포함하면 85%를 식별할 수 있다.

넷플릭스에 관한 흥미로운 결과가 있는데, 넷플릭스는 1억 건의 영화 등급 기록 데이터베이스를 발표했다. 그들은 1~5등급의 영화를 평가할 개인 정보를 얻었고, 1억 건의 기록 데이터베이스를 사람들이 알고 있으면 99% 사람들이 식별할 수 있었다. 6개 영화에 대한 평가와 대략 그들이 볼 때 2개 영화에 대한 등급만 알고 있더라도 70% 사람들을 식별할 수 있다. 즉, 데이터베이스를 사용하여 이 사람들을 본 다른 영화를 찾을 수 있다. 그들은 당신이 그것을 알고 싶지 않을 수도 있다. 이처럼 재식별은 놀랍도록 강력하며 데이터 익명화는 매우 어렵다.

데이터마이닝의 목적은 차별화하는 것이고, 데이터셋에서 한 클래스를 다른 클래스와 구별하는 규칙을 학습하려고 한다. 이런 와중에 인종, 성별, 종교적 구별은 확실히 비윤리적이며 대부분 장소에서 불법이다. 데이터는 다루기가 매우 어렵다. 의도하지 않은 방식으로 자신에 대한 비밀을 드러내는 방법이 있다.

상관관계 분석은 분석 결과 산출의 신속성 측면에서는 장점이지만 입력값과 결괏값의 산출 과정을 알 수 없다. 즉, 머신러닝의 알고리즘에 의존해 학습 결과에 대한 의사 결정 시에는 반드시 인과관계를 별도로 확인해야 한다. 아이스크림 판매량이 증가하면 익사율도 증가한다. 이는 머신러닝의 상관관계 결과이다. 보통 사람이라면 "이게 무슨 말이냐?"라고 반문할 것이다.

아이스크림 판매량이 증가한다는 것은 날씨가 더워지고, 그럴수록 물에 들어가는 사람이 많으니 익사율이 증가한다. 즉 이런 인과관계까지 있어야 제대로 된 의사 결정을 내릴 수 있다. 그런데 이런 인과관계를 상관관계 분석만 가능한 머신러닝에서 설명할 수 있을까?

데이터마이닝은 인과관계를 밝히는 것이 아니라 아이스크림 판매량과 익사율 간의 상관관계를 밝히는 정도만 가능하다. 우리는 행동의 영향을 예측할 수 있기를 원하지만 인과관계를 이해하려면 진행 상황에 대한 더욱 심층적인 모델이 필요하다.

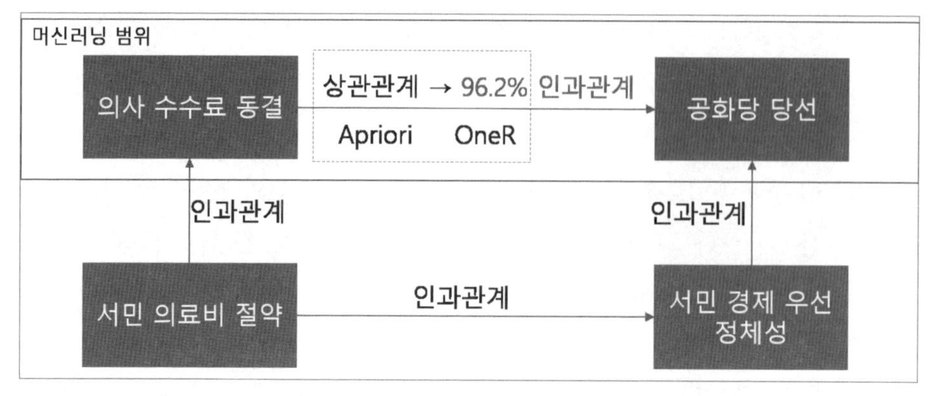

[그림 5-1] 인과관계와 상관관계의 도식화 비교(후반부 연관분석에서 다시 설명)

머신러닝에는 정답이 없다. 분석 기술은 방대한 배열이 있으며 모두 간단한 알고리즘이다. 전반부 과정을 통해 세부 사항을 이해하지 못하지만 주요 사용법에 대한 기본적인 기능을 알 수 있었다. 머신러닝에 사용되는 알고리즘에는 보편적인 단일 방법은 없다. 문제에 가장 적합한 알고리즘이 무엇인지를 찾아야 한다. 회귀분석 말고도 많은 분류 알고리즘들이 존재한다. 전반부에는 분류 알고리즘별로 평가에 중점을 두었다. 분류 알고리즘별로 성능이 매우 상이하며 알고리즘의 차이점은 많은 상황에서 실제로 중요하지 않다.

아마도 학습하기 전에 수행하는 전처리 중에 각종 필터링을 적용하는 방법도 있지만, 속성 선택featuring selection과 문제를 보는 데 더 많은 시간을 할애하여 문제에 맞는 적합한 알고리즘을 찾아내는 것이 더 현명할 수 있다.

5.1 후반부에서 배울 것들

① 학습 성능의 평균과 표준편차를 비교하는 Weka Experimenter

② 추가적인 학습 성능 판별 지표 ROC

③ 머신러닝 학습할 때 속성 선택 및 학습 결과 집중 개입

④ 문자 데이터를 다루는 텍스트마이닝 및 이산화

⑤ 목표변수(class)가 없을 때 즉, 비지도 학습일 때 사용하는 군집분석

⑥ 목표변수(class)가 특정 지어지지 않을 때 속성 간의 관계를 찾아내는 연관분석

⑦ 분류 및 회귀분석이 모두 가능한 인공신경망

⑧ 학습 결과를 쉽게 식별할 수 있는 학습곡선

⑨ 에러율이 아닌 비용을 최소화하는 성능 최적화

CHAPTER 06

What: 후반부 시작

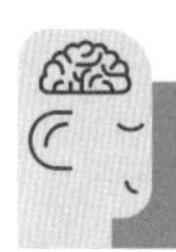

6장. What: 후반부 시작

6.1 전반부 복습

머신러닝을 위해 전반부에서는 Weka의 기초 사용법을 복습한 후 본격적으로 후반부에서 활용 과정을 소개한다. 후반부 내용을 요약하면 다음과 같이 나열된다.

훈련 데이터를 필터링, 학습 시간을 줄이기 위한 내용, 머신러닝의 핵심 속성 선택, 과거 데이터에 답이 없는 비지도 학습 군집분석/연관분석, 트위터 의견을 양성/악성 의견으로 분리하는 텍스트마이닝, 딥러닝으로 한참 뜨거운 인공신경망, Explorer의 단순 반복 작업을 간소화하는 Weka Experimenter 등이다.

본격적인 후반부 과정을 들어가기 전에 전반부 과정을 상기해 보자. 전반부 과정 복습을 위해 Weka Explorer 사용법, 분할검증/교차검증 비교, 분류 알고리즘들의 성능 비교, ZeroR 작동 원리, 선형회귀분석 상관계수 측정을 다룬다.

blood_fat_corrupted.arff 파일을 불러온 후 데이터 개수, 속성 개수, 라벨 개수 및 데이터셋에서 비정상 데이터를 확인한다.

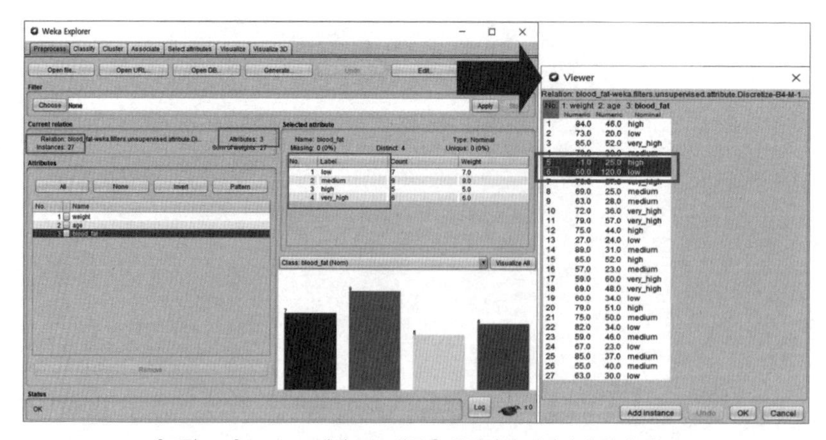

[그림 6-1] Explorer에서 Edit 버튼을 클릭하면 데이터셋 확인 가능

soybean.arff 데이터셋을 J48 알고리즘으로 학습하되 95% 분할 모델검증을 실시하면 정분류율은 97.1%이다.

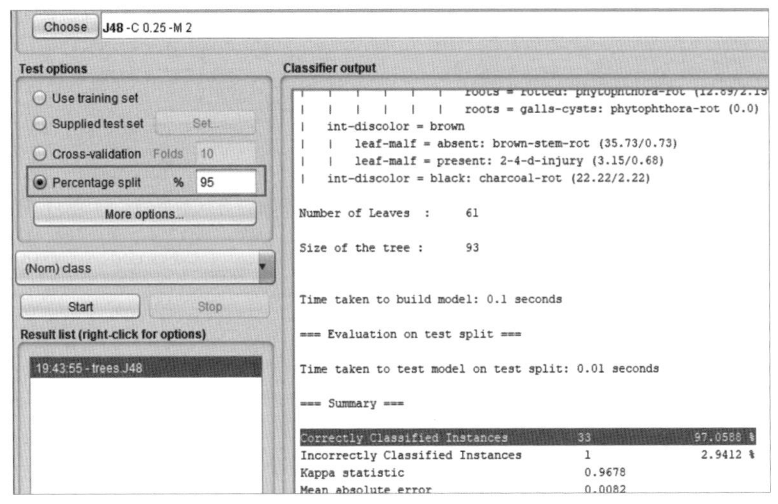

[그림 6-2] 95% 분할검증 결과 97.1%

soybean.arff 데이터셋을 J48 알고리즘을 학습하면서 20 교차검증과 42 random seed를 사용하면 정분류율이 92.9%로, 95% 분할검증의 경우 정분류율이 더 우수하다.

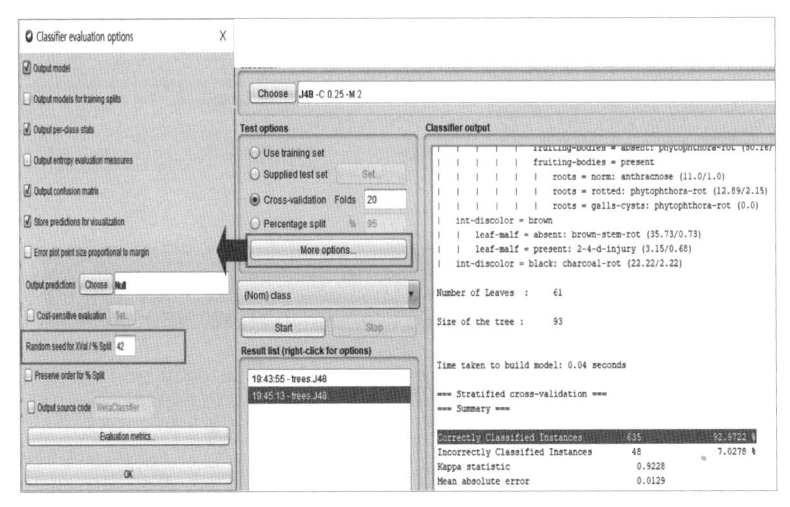

[그림 6-3] 교차검증 및 42 randomseed

ZeroR, NaiveBayes, IBk, OneR 등 4개 분류 알고리즘을 90% 분할검증 모델평가를 하되 Experimenter에서 비교한다.

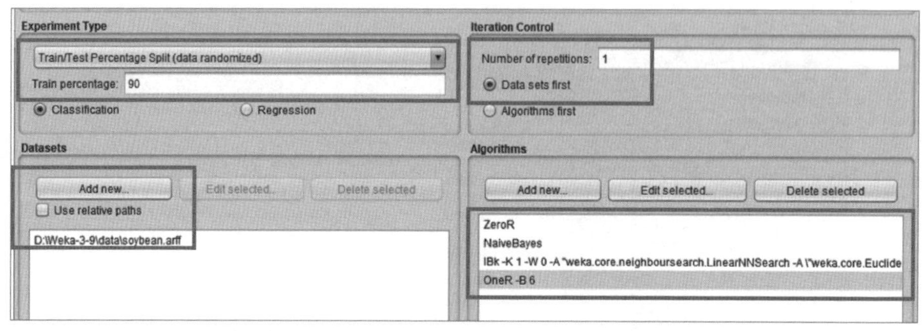

[그림 6-4] Experimenter의 첫 번째 Setup 패널 설정 항목

ionosphere.arff 데이터셋을 J48로 80% 분할검증 학습할 때 랜덤시드를 1, 4, 5, 6, 8로 정분류율 측정 시 평균과 표준편차는 Java code로 실행할 때 평균 86.2%, 분산 5.4%이다.

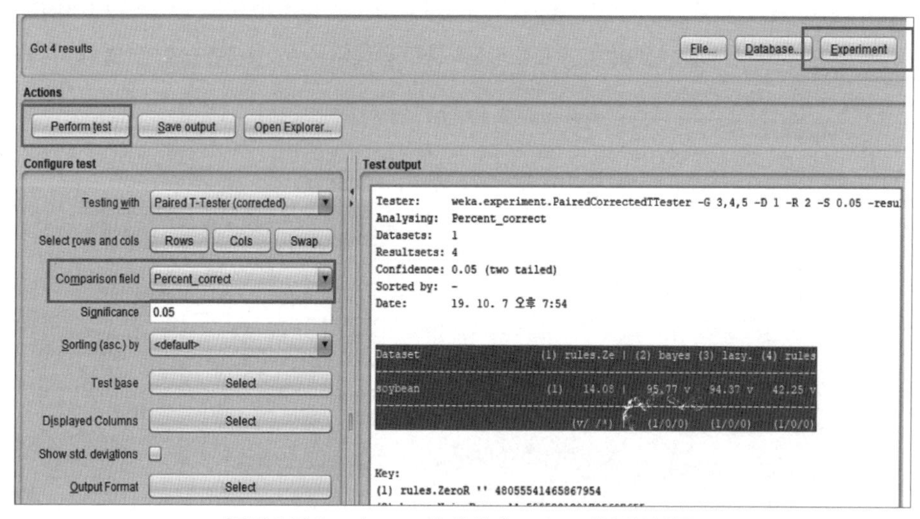

[그림 6-5] Experimenter의 세 번째 Analyse 패널 설정 항목

동일한 데이터셋을 J48 알고리즘으로 5 교차검증 신뢰성을 확인하려면 분산 정도를 확인하면 된다. 분산이 적을수록 더 신뢰적이다. 80% 분할검증 분산: 5.4%, 5 교차검증 분산: 1.0%이므로 5 교차검증이 더 신뢰적이다.

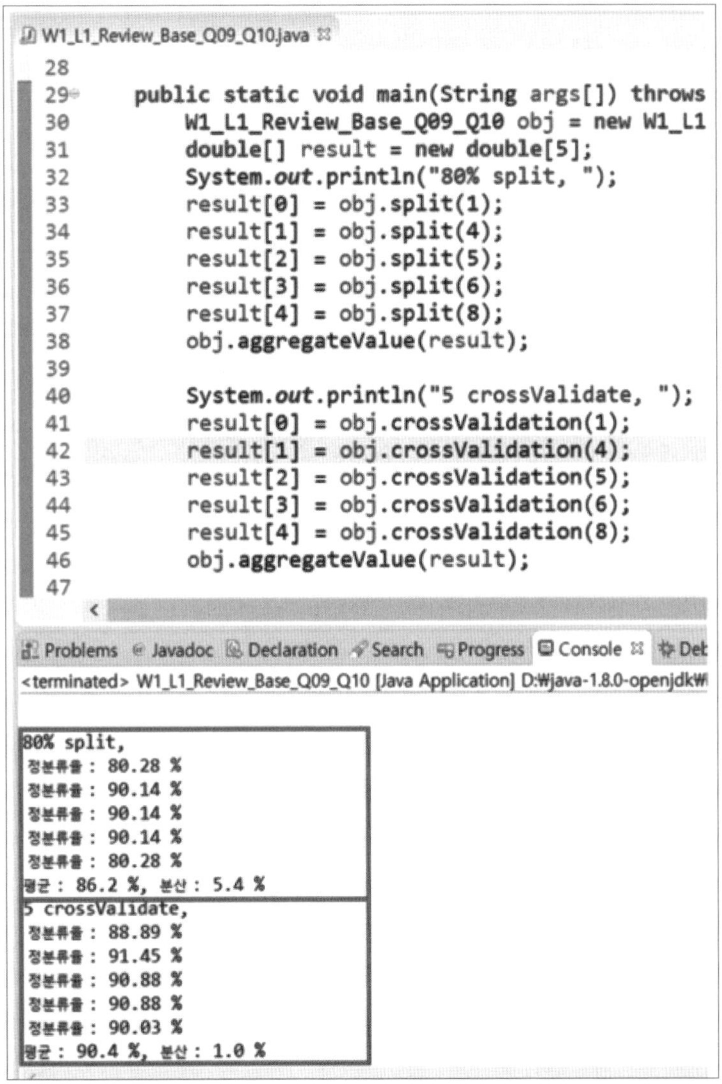

```
W1_L1_Review_Base_Q09_Q10.java
28
29     public static void main(String args[]) throws
30         W1_L1_Review_Base_Q09_Q10 obj = new W1_L1
31         double[] result = new double[5];
32         System.out.println("80% split, ");
33         result[0] = obj.split(1);
34         result[1] = obj.split(4);
35         result[2] = obj.split(5);
36         result[3] = obj.split(6);
37         result[4] = obj.split(8);
38         obj.aggregateValue(result);
39
40         System.out.println("5 crossValidate, ");
41         result[0] = obj.crossValidation(1);
42         result[1] = obj.crossValidation(4);
43         result[2] = obj.crossValidation(5);
44         result[3] = obj.crossValidation(6);
45         result[4] = obj.crossValidation(8);
46         obj.aggregateValue(result);
47
```

```
Problems  Javadoc  Declaration  Search  Progress  Console  Deb
<terminated> W1_L1_Review_Base_Q09_Q10 [Java Application] D:₩java-1.8.0-openjdk₩

80% split,
정분류율 : 80.28 %
정분류율 : 90.14 %
정분류율 : 90.14 %
정분류율 : 90.14 %
정분류율 : 80.28 %
평균 : 86.2 %, 분산 : 5.4 %
5 crossValidate,
정분류율 : 88.89 %
정분류율 : 91.45 %
정분류율 : 90.88 %
정분류율 : 90.88 %
정분류율 : 90.03 %
평균 : 90.4 %, 분산 : 1.0 %
```

[그림 6-6] Java 코드에서 실행된 분할 및 교차검증 결과

분할검증 함수 내부는 다음과 같다. (seed와 percent 값을 매개변수로 받았음)

```
int percent = 80;
// 1) data loader
Instances data=new Instances(
                        new BufferedReader(
                        new FileReader("D:\\Weka-3-9\\
                                         data\\ionosphere.arff")));
/*********************************************************
* 1-1) 원본 데이터를 불러온 후 훈련/테스트 데이터로 분리 시작
*********************************************************/
int trainSize = (int)Math.round(data.numInstances() * percent / 100);
int testSize = data.numInstances() - trainSize;
data.randomize(new Java.util.Random(seed));

Instances train = new Instances(data, 0 ,trainSize);
Instances test  = new Instances(data, trainSize, testSize);
/*********************************************************
* 1-1) 원본 데이터를 불러온 후 훈련/테스트 데이터로 분리 종료
*********************************************************/

// 2) class assigner
train.setClassIndex(train.numAttributes()-1);
test.setClassIndex(test.numAttributes()-1);

// 3) holdout setting
Evaluation eval=new Evaluation(train);
Classifier model=new J48();
//eval.crossValidateModel(model, train, numfolds, new Random(seed));

// 4) model run
```

```
        model.buildClassifier(train);

    // 5) evaluate
    eval.evaluateModel(model, test);

    // 6) print Result text
    System.out.println(" 정분류율: " +
                String.format("%.2f",eval.pctCorrect())+ " %" );

    // 7) 분류 정확도 반환
    return eval.pctCorrect();
```

n 교차검증함수는 데이터셋을 불러온 후 n번만큼 분할한 뒤 교차검증 및 학습 후 평가한다.

교차검증 함수 내부는 다음과 같다. (seed 값을 매개변수로 받았음)

```
    int numfolds = 5;
    int numfold = 0;
    // 1) data loader
    Instances data=new Instances(
                    new BufferedReader(
                        new FileReader("D:\\Weka-3-9\\
                                            data\\ionosphere.arff")));

    Instances train = data.trainCV(numfolds, numfold, new Random(seed));
    Instances test  = data.testCV(numfolds, numfold);
```

```
// 2) class assigner
train.setClassIndex(train.numAttributes()-1);
test.setClassIndex(test.numAttributes()-1);

// 3) cross validate setting
Evaluation eval=new Evaluation(train);
Classifier model=new J48();
eval.crossValidateModel(model, train, numfolds, new Random(seed));

// 4) model run
model.buildClassifier(train);

// 5) evaluate
eval.evaluateModel(model, test);

// 6) print Result text
System.out.println(" 정분류율: " +
                String.format("%.2f",eval.pctCorrect())+ " %" );

// 7) 분류 정확도 반환
return eval.pctCorrect();
```

slug.arff 데이터셋을 선형회귀분석 후 상관계수는 0.9056으로 굉장히 높은 상관성을 갖는다.

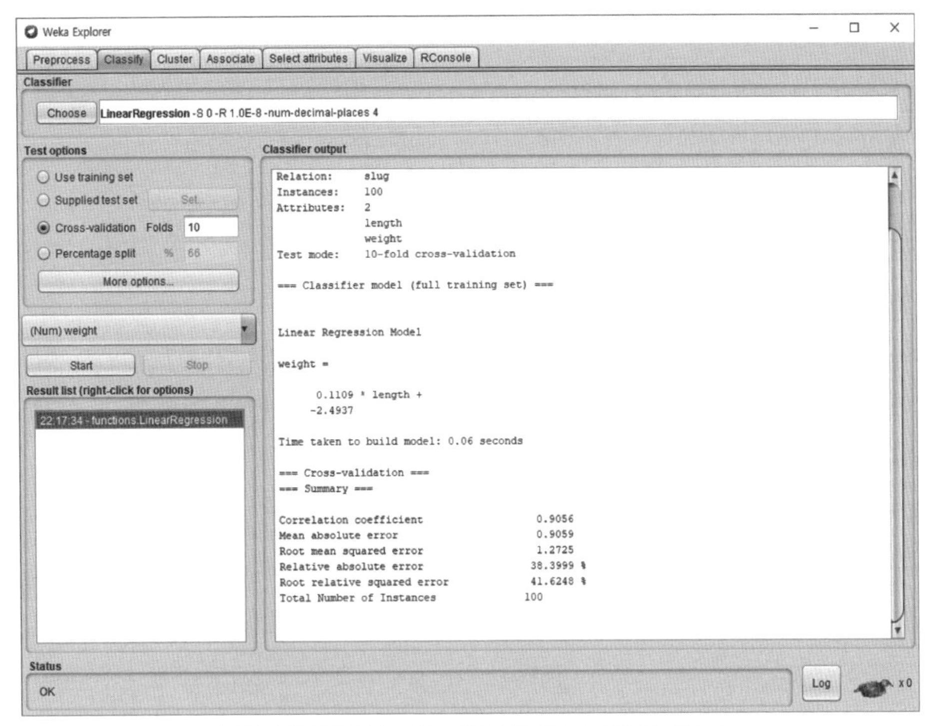

[그림 6-7] 상관계수는 0.9056으로 굉장히 높은 상관성을 갖는다

6.2 Experimenter(원시적인 AI)

6.2.1 기본 개념

1개 데이터셋에 적합한 학습 알고리즘은 1개일 수 없다. 필터링 적용 방법에 따라서 다를 수 있고 어떤 모델검증을 적용하느냐에 따라 학습 알고리즘은 달라질 수 있다. 어떤 경우에 어떤 알고리즘이 적합한지를 매번 Explorer로 검증하기 번거로우므로 다양한 경우에 다양한 알고리즘의 성능을 비교할 수 있는 방법이 있는데, 그것이 Experimenter(실험자)이다. 기본적인 Experimenter(실험자) 사용법을 설명하고 비

교검정 시에 적용하는 통계적 유의성 개념을 보충 설명하면 본격적인 활용법을 설명한다.

Experimenter(실험자)는 다수 데이터셋에 대해 다수의 알고리즘을 동시에 비교검증이 가능하다. 학습 결과를 알고리즘의 정분류율 또는 상관계수의 평균/표준편차를 산출하며 그 결과를 csv/arff 등의 포맷으로 파일을 저장할 수 있다. Setup, Run, Analyse 3개 패널로 구성되어 있다.

Setup 패널은 검증 방법/데이터셋/알고리즘/반복 횟수를 지정한다. Run 패널은 행하면서 오류를 모니터링하며, Analyse 패널은 정분류율과 상관계수 등의 학습 결과를 평균/표준편차로 산출한다.

1개 데이터셋으로 1개 분류기를 적용하되 교차검증과 분할검증을 검증 횟수와 분할률을 변화해서 반복 실험한다. 10 교차검증일 때, 90% 분할검증일 때를 설명하고, 검증 횟수 및 분할률만 변경하여 측정한 정분류율 평균과 표준편차를 산출해 본다.

그러면 실제로 비교검정 과정을 살펴보자. 10 교차검증일 때 setup을 설정하면 다음과 같다. 아래 좌측 박스 표시처럼 cross-validation(교차검증)을 선택하고 Number of folds(검증 횟수)를 10으로 설정한다. 우측 박스 표시에서는 Number of repetitions(반복 seed)을 10으로 설정한다.

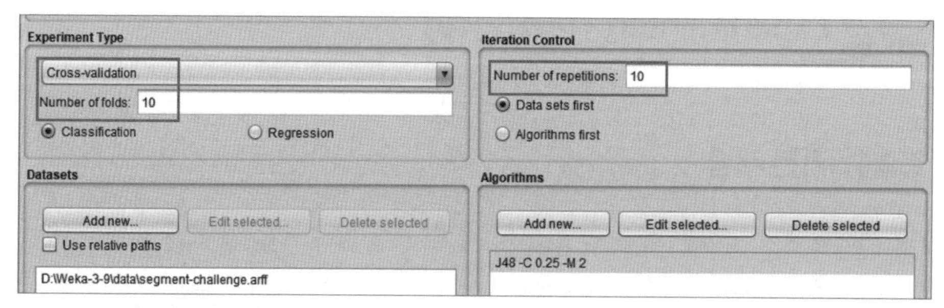

[그림 6-8] 패널 순서: segment-challenge 데이터셋 + 10 교차검증 + 10 seed + J48

2번째 Run 패널은 정상적으로 실행되었지만 확인하고 별도 설정 작업은 없다.

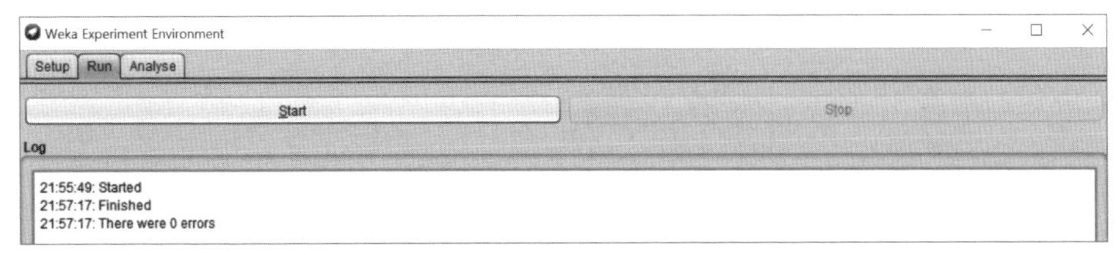

[그림 6-9] Run 패널에서 start를 클릭 후 error가 0이라고 표현되면 정상적으로 완료된 것

만약, Run 패널에서 start 클릭 후 실행되지 않고 "~.arff(지정된 경로를 찾을 수 없습니다.)"라는 메시지를 본다면, Setup 패널의 Result Destination의 Browse 버튼을 클릭하여 임의의 arff 파일을 지정하면 된다. 또는 해당 경로에 임의의 에러 메시지의 arff 파일을 만들어 줘도 된다.

3번째 Analyse 패널에서 우측 Experimenter를 클릭하고 하단 Show std. deviations를 선택한 후 Perform test를 클릭하면 Test output에서 평균 95.71% + 표준편차: 1.85%를 확인할 수 있다.

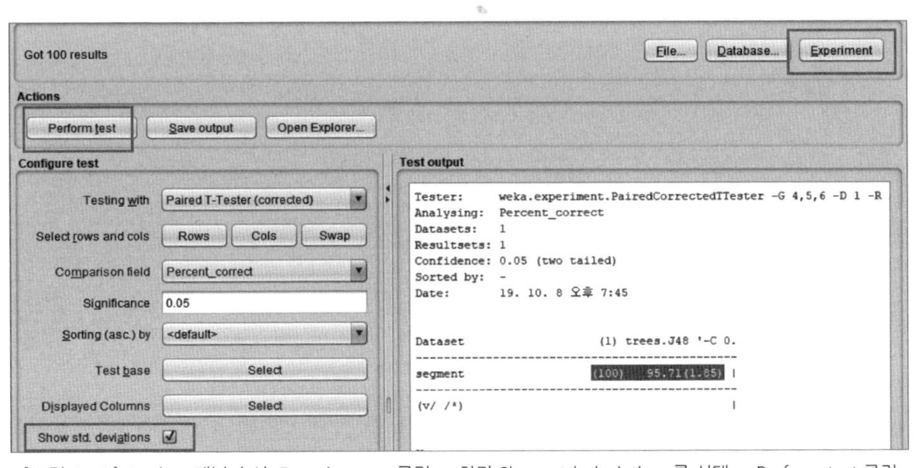

[그림 6-10] Analyse 패널 순서: Experimenter 클릭 → 하단 Show std. deviations를 선택 → Perform test 클릭

이제 분할검증일 경우의 setup 패널을 설정한다. 아래 좌측 박스 표시처럼 Train/Test Percentage Split(data randomized)(분할검증)을 선택하고 Train percentage(분할률)를 90으로 설정한다. 우측 박스 표시에서는 Number of repetitions(반복 seed)를 10으로 설정한다.

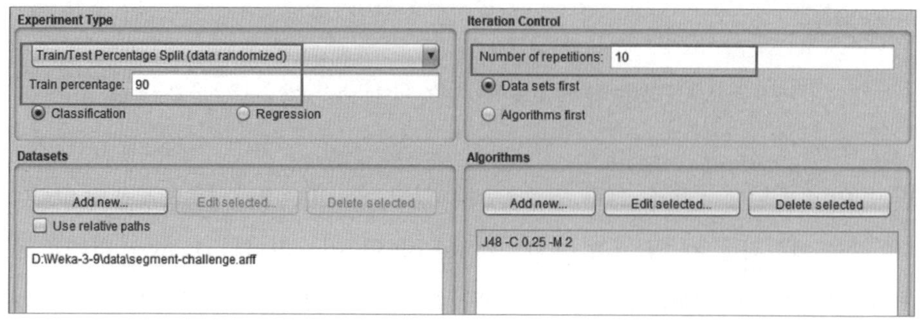

[그림 6-11] Setup 패널 순서: segment-challenge 데이터셋 + 90% 분할검증 + 10 seed + J48

Run 패널에서 start를 클릭한 후 에러가 없다는 메시지가 나오면 Analyse 패널에서 우측 Experimenter를 클릭하고 하단 Show std. deviations를 선택한 후 Perform test를 클릭하면 Test output에서 평균 95.12% + 표준편차 1.32%를 확인할 수 있다.

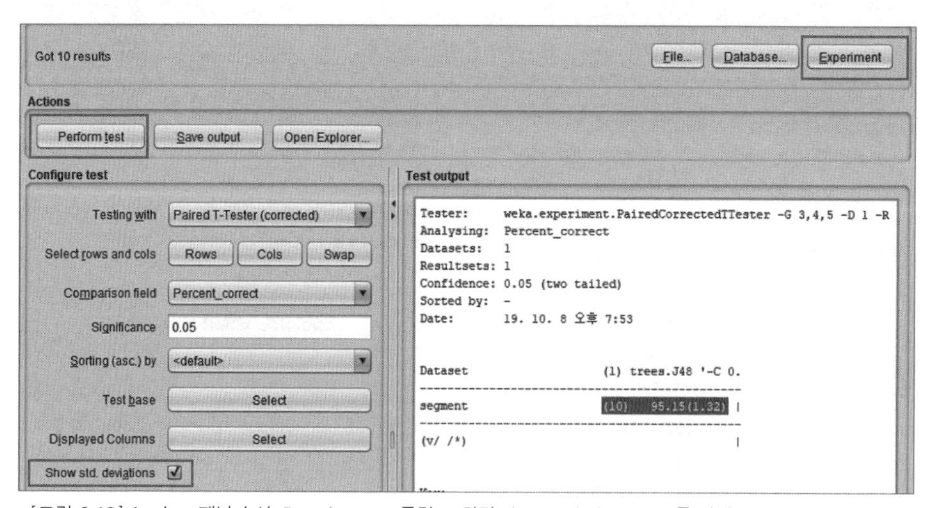

[그림 6-12] Analyse 패널 순서: Experimenter 클릭 → 하단 Show std. deviations를 선택 → Perform test 클릭

다음 표는 Setup 패널에서 cross-validation이나 Train/Test Percentage Split이나를 선택한 후 검증 횟수와 분할률을 번갈아 가면서 설정한 후 Run 패널과 Analyse 패널에서 동일한 클릭을 하면 평균과 표준편차가 각각 산출됐다.

순서	검증 방법	반복 횟수	매개변수 유형	검증 횟수/분할률	평균	표준편차
1	교차검증	10	검증 횟수	10	95.71%	1.85%
2	분할검증	10	분할률	90%	95.15%	1.32%
3	분할검증	10	분할률	95%	96.95%	2.17%
4	교차검증	10	검증 횟수	20	96.14%	2.44%
5	분할검증	10	분할률	80%	94.80%	1.32%
6	교차검증	10	검증 횟수	5	95.45%	1.39%

앞의 표에서 교차검증보다 분할검증의 표준편차가 더 작은 이유는 다음과 같다. 각 경우마다 다른 수의 샘플을 추출하여 학습하며 10 교차검증은 100개의 샘플을 생성하고, 10회 반복 90% 분할은 10개의 샘플만 생성한다. 테스트 세트를 분할검증할 때 겹치는 부분이 있지만 교차검증에는 겹치지 않기 때문이다.

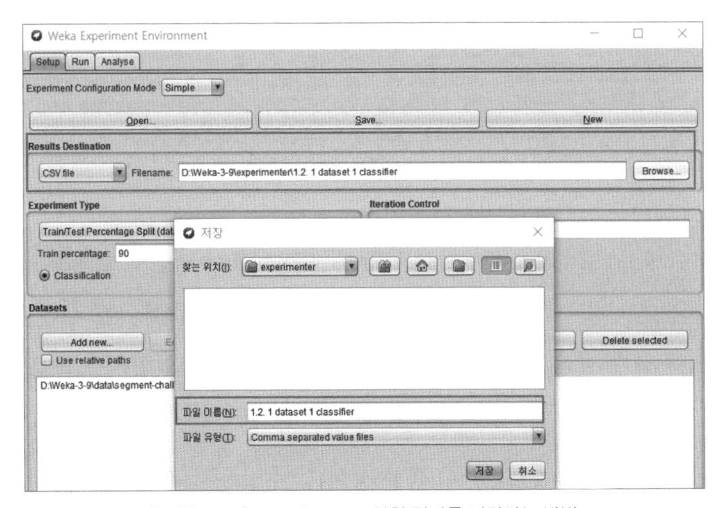

[그림 6-13] Experimenter 실험 결과를 저장하는 방법

이번에는 실험 결과를 csv 파일로 저장해 보자. Setup 패널에서 첫 번째 박스 표시 내에 csv files로 선택한 후 browse를 클릭해서 파일명(여기서는 "1.2. 1 dataset 1 classifier")을 지정한다.

Run 패널에서 start 클릭 후 완료되면 해당 경로에 csv 파일이 생성된다.

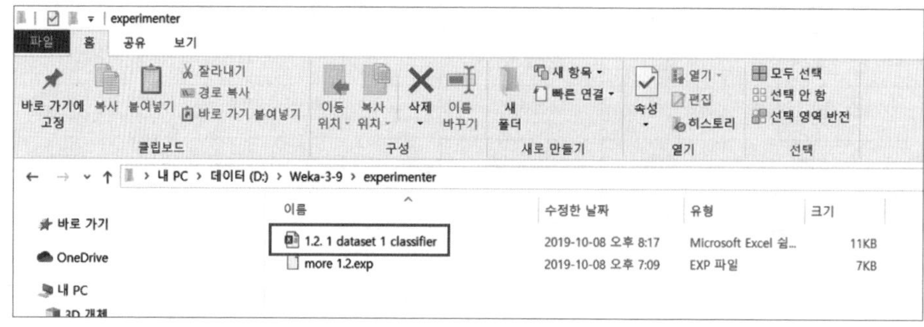

[그림 6-14] Experimenter 실험 결과를 저장하는 방법

생성된 csv 파일을 실행하면 다음과 같은 내용을 확인할 수 있다.

	A	B	C	D	E	F	G	H	I	J	K
1	Key_Dataset	Key_Run	Key_Fold	Key_Schen	Key_Schen	Key_Schen	Date_time	Number_o	Number_o	Number_c	Number_ir
3270	german_credit	7	9	weka.classi	'-K 1 -W 0	-3.1E+18	2.02E+07	900	100	74	26
3271	german_credit	7	10	weka.classi	'-K 1 -W 0	-3.1E+18	2.02E+07	900	100	69	31
3272	german_credit	8	1	weka.classi	'-K 1 -W 0	-3.1E+18	2.02E+07	900	100	76	24
3273	german_credit	8	2	weka.classi	'-K 1 -W 0	-3.1E+18	2.02E+07	900	100	69	31
3274	german_credit	8	3	weka.classi	'-K 1 -W 0	-3.1E+18	2.02E+07	900	100	68	32
3275	german_credit	8	4	weka.classi	'-K 1 -W 0	-3.1E+18	2.02E+07	900	100	70	30
3276	german_credit	8	5	weka.classi	'-K 1 -W 0	-3.1E+18	2.02E+07	900	100	71	29
3277	german_credit	8	6	weka.classi	'-K 1 -W 0	-3.1E+18	2.02E+07	900	100	70	30
3278	german_credit	8	7	weka.classi	'-K 1 -W 0	-3.1E+18	2.02E+07	900	100	72	28
3279	german_credit	8	8	weka.classi	'-K 1 -W 0	-3.1E+18	2.02E+07	900	100	70	30
3280	german_credit	8	9	weka.classi	'-K 1 -W 0	-3.1E+18	2.02E+07	900	100	72	28
3281	german_credit	8	10	weka.classi	'-K 1 -W 0	-3.1E+18	2.02E+07	900	100	75	25
3282	german_credit	9	1	weka.classi	'-K 1 -W 0	-3.1E+18	2.02E+07	900	100	72	28
3283	german_credit	9	2	weka.classi	'-K 1 -W 0	-3.1E+18	2.02E+07	900	100	78	22

	L	M	N	O	P	Q	R	S	T	U	V	
1	Number_u	Percent_cc	Percent_in	Percent_ur	Kappa_stat	Mean_abs	Root_mear	Relative_at	Root_relati	SF_prior_e	SF_scheme	SF_
3270	0	74	26	0	0.343434	0.260532	0.509338	62.00528	111.1465	88.12916	255.36	-
3271	0	69	31	0	0.240196	0.310421	0.55616	73.87863	121.364	88.12916	304.4369	-
3272	0	76	24	0	0.393939	0.240576	0.489356	57.25594	106.7861	88.12916	235.7292	
3273	0	69	31	0	0.254808	0.310421	0.55616	73.87863	121.364	88.12916	304.4369	-
3274	0	68	32	0	0.238095	0.320399	0.565059	76.2533	123.3059	88.12916	314.2523	-
3275	0	70	30	0	0.257426	0.300443	0.547116	71.50396	119.3905	88.12916	294.6215	-
3276	0	71	29	0	0.302885	0.290466	0.53792	69.12929	117.3838	88.12916	284.8061	-
3277	0	70	30	0	0.271845	0.300443	0.547116	71.50396	119.3905	88.12916	294.6215	-
3278	0	72	28	0	0.320388	0.280488	0.528564	66.75462	115.3422	88.12916	274.9908	-
3279	0	70	30	0	0.271845	0.300443	0.547116	71.50396	119.3905	88.12916	294.6215	-
3280	0	72	28	0	0.292929	0.280488	0.528564	66.75462	115.3422	88.12916	274.9908	-
3281	0	75	25	0	0.421296	0.250554	0.499447	59.63061	108.9881	88.12916	245.5446	-
3282	0	72	28	0	0.278351	0.280488	0.528564	66.75462	115.3422	88.12916	274.9908	-
3283	0	78	22	0	0.444444	0.220621	0.468523	52.5066	102.24	88.12916	216.0985	-

[그림 6-15] 실험 결과가 저장된 csv 파일의 내용

A열은 데이터셋의 @relation 값, C열은 분류 알고리즘명, L열은 정분류율을 나타내며, 그 외에 소요 시간, 모델검증에 사용된 데이터 건수 등을 확인할 수 있다. 추후에 위의 알고리즘 학습 결과 데이터는 알고리즘 간의 통계적 유의미성을 확보할 때 중요하다.

Explorer와 Experimenter의 난수 생성 방식은 여러 가지 학습을 한 번에 실행한 결

과의 신뢰성을 높이는 데 있어 중요한 역할을 한다. Explorer에서는 사람이 수작업으로 "More option"에서 설정해야 하므로 설정값을 변경하기 전에는 동일한 정분류율만 산출된다. 그러나 Experimenter에서는 Number of repetitions(반복 seed) 값만큼 학습해 seed 값 고정에 따른 중복 데이터 학습 문제는 원천적으로 차단된다. 예를 들어, Number of repetitions(반복 seed) 값이 10이면 seed = 10만 1회 실행하는 것이 아니라 seed = 1부터 seed = 10까지 10회 반복하므로 매번 새로운 테스트 데이터를 적용하게 된다. 비교검증할 때는 통계검정을 사용하므로 먼저 통계검정에 대한 개념을 살펴보겠다.

6.2.2 통계적 유의미성 개념

머신러닝에서 갑자기 왜 통계분석 개념이 나왔을까? 간단하다. 머신러닝의 성능을 검증할 때 통계적 유의미성을 적용하기 때문이다. 성능과 함께 속성 선택 때도 적용된다. p-value가 0.05보다 작으면 귀무가설이 기각되므로 유의미하다는 개념을 적용하는 것이다.

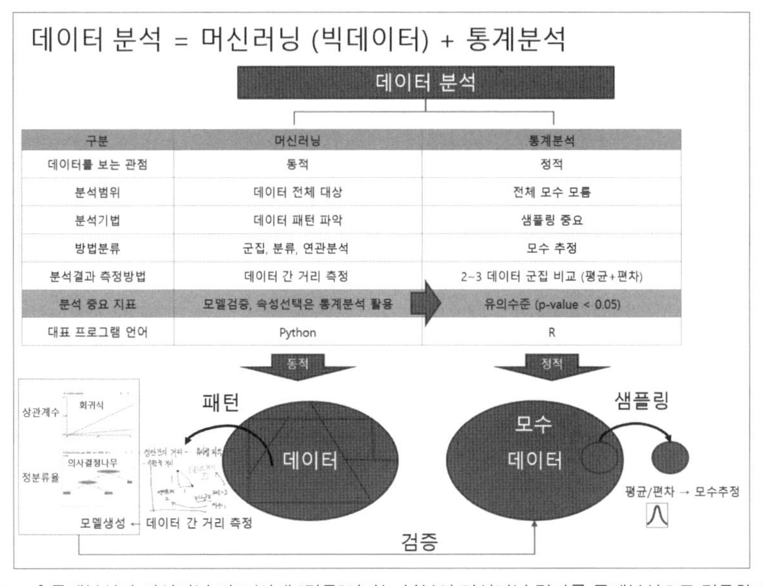

구분	머신러닝	통계분석
데이터를 보는 관점	동적	정적
분석범위	데이터 전체 대상	전체 모수 모름
분석기법	데이터 패턴 파악	샘플링 중요
방법분류	군집, 분류, 연관분석	모수 추정
분석결과 측정방법	데이터 간 거리 측정	2~3 데이터 군집 비교 (평균+편차)
분석 중요 지표	모델검증, 속성선택은 통계분석 활용	유의수준 (p-value < 0.05)
대표 프로그램 언어	Python	R

[그림 6-16] 통계분석과 머신러닝 비교(아래 "검증"이라는 부분이 머신러닝 결과를 통계분석으로 검증한다는 뜻)

데이터 분석은 머신러닝과 통계분석으로 분류되며 각각 데이터를 바로 보는 관점, 분석 범위와 기법, 측정 방법이 상이할 뿐이지 통계분석에서 발전한 머신러닝은 결국 통계분석 기법을 그대로 차용한다.

꼭 기억할 것은 머신러닝의 모델검증 및 속성 선택은 통계분석의 유의 수준으로 판단한다. 통계분석을 좀 더 깊이 들어가자면 모수/편차/정규성 여부에 따라 검증법이 나뉘는데 t-검정이 가장 많이 선택되며 그 결과는 p-value라는 값으로 산출된다.

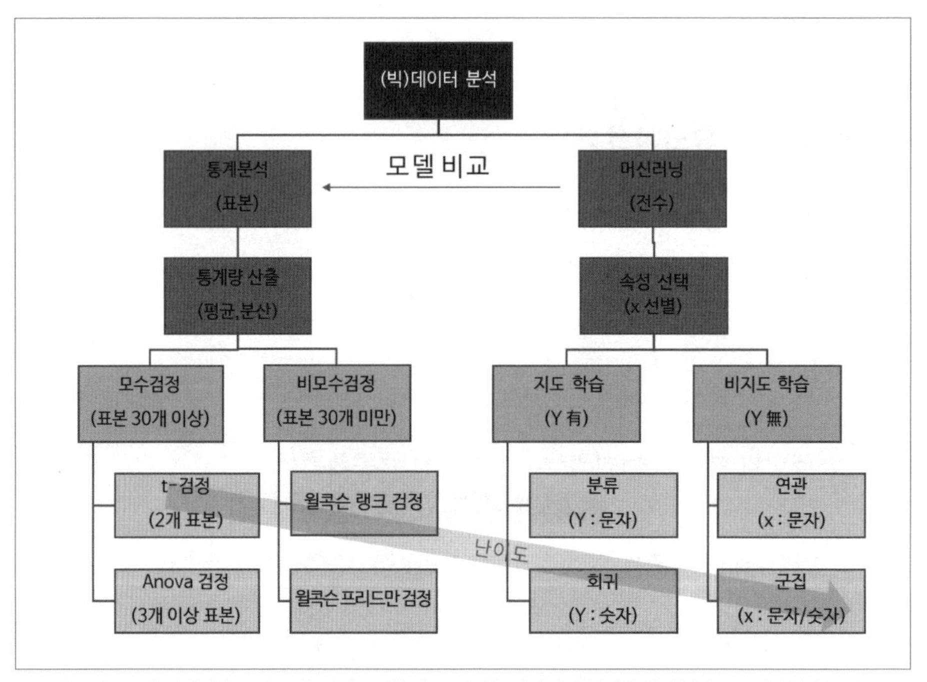

[그림 6-17] 머신러닝 로직 트리: 위의 "모델 비교" 의미는 머신러닝 결과를 통계분석으로 검증한다는 뜻

통계분석에서 검정 방법은 다음과 같은 순서도에 의해 결정되는데, Experimenter의 경우 편차를 모르고, 모수가 30개 이상이므로 t-검정을 실시한다.

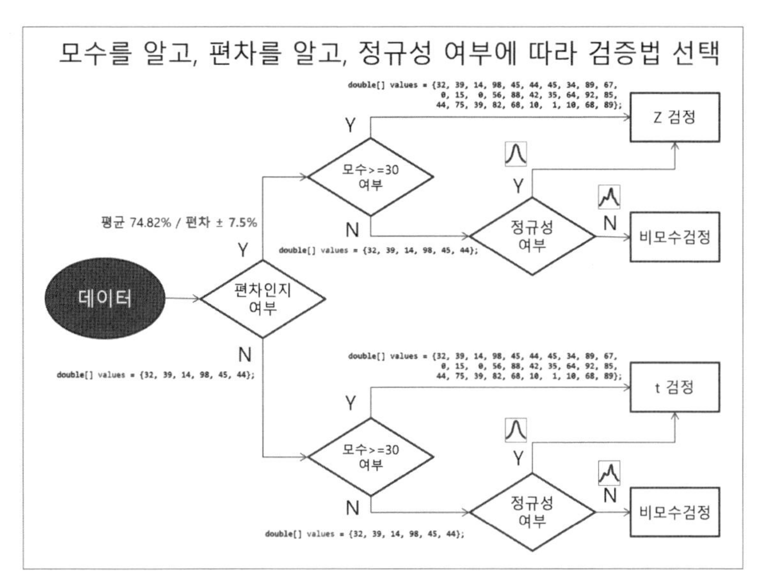

[그림 6-18] 통계분석 검정 방법 채택 순서도

통계의 사상은 5% 미만으로 우연히 어떤 현상이 나왔을 때 이를 부정한다. 즉 상대방의 가설이 틀렸다는 것을 입증할 때 평균과 편차라는 통계량을 기준으로 계산되며, p-value가 5% 미만이면 상대방 가설은 틀렸다고 본다.

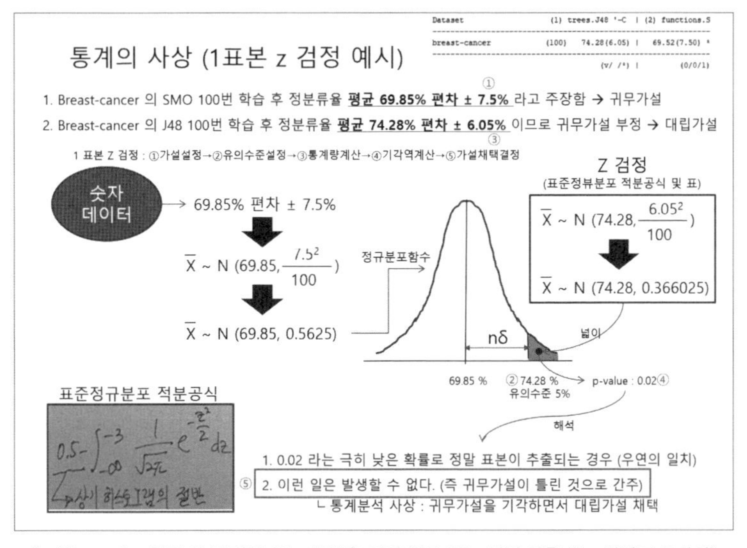

[그림 6-19] z-검정 예시(편차 또는 분산을 미리 알고 있는 것만 다를 뿐 t-검정도 유사함)

상황에 따라서는 상대방의 주장이 틀려도 채택하고 상대방 주장이 맞는데도 기각하는 경우도 있다.

p-value는 통계적 결과값일 뿐이므로 판단하는 데 참조하는 용도로만 사용해야 하지만, 의사결정에 직접적인 영향을 주는 경우도 있으므로 p-value의 사용은 주의해야 한다.

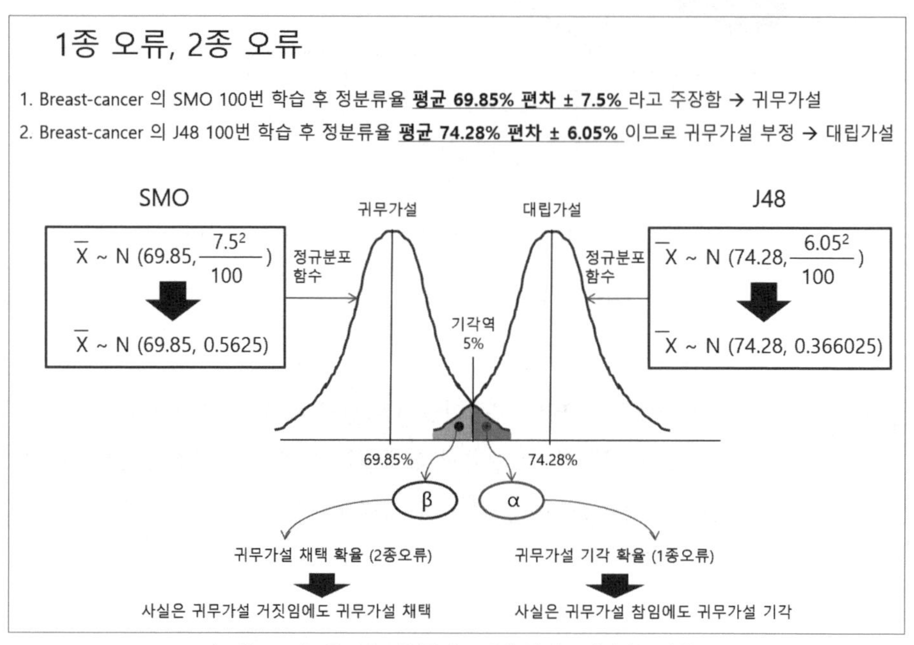

$\bar{X} \sim N(69.85, \frac{7.5^2}{100})$

$\bar{X} \sim N(69.85, 0.5625)$

$\bar{X} \sim N(74.28, \frac{6.05^2}{100})$

$\bar{X} \sim N(74.28, 0.366025)$

[그림 6-20] 1종/2종 오류(틀려도 채택, 맞아도 기각하는 경우)

6.2.3 분류 알고리즘 비교: 비교 자동화 = 원시적 AI

분류 알고리즘의 성능을 비교할 때 절대적인 기준은 없다. 즉, 여러 알고리즘을 학습시켜 정분류율 성능이 가장 우수한 것을 선택해야 한다. 그러나 단순히 정분류율 평균만으로는 통계적으로 유의미한지 알 수 없다. 분류 알고리즘의 통계적 유의미성을 확인하기 위해 귀무가설 채택 여부를 검증한다. 이 경우 귀무가설은 다음과 같다.

"1개 분류 알고리즘이 다른 1개의 분류 알고리즘과 정분류율 평균이 일치한다."

이를 부정하는 것을 대립가설이라고 불리며 t-검정을 통해 산출된 p-value가 유의 수준 5% 미만이면 귀무가설을 기각한다. 즉, 대립가설을 채택하는 방식이다.

Weka Experimenter에서는 분류 알고리즘별로 산출된 평균(편차) 옆에 V,*를 표기한다. v: 우연의 일치로 (5% 내로) 더 나쁠 가능성이 없으므로 더 성능이 좋다. *: 우연의 일치로 (5% 내로) 더 높을 가능성이 없으므로 더 성능이 나쁘다.

J48 분류 알고리즘을 기준으로 다양한 데이터셋에 다양한 알고리즘을 동시에 학습시켜 성능 즉, 정분류율 평균과 편차를 통계적으로 비교해 보자. Experimenter setup 패널의 내용이다.

① Experimenter 비교: more 1.2.exp

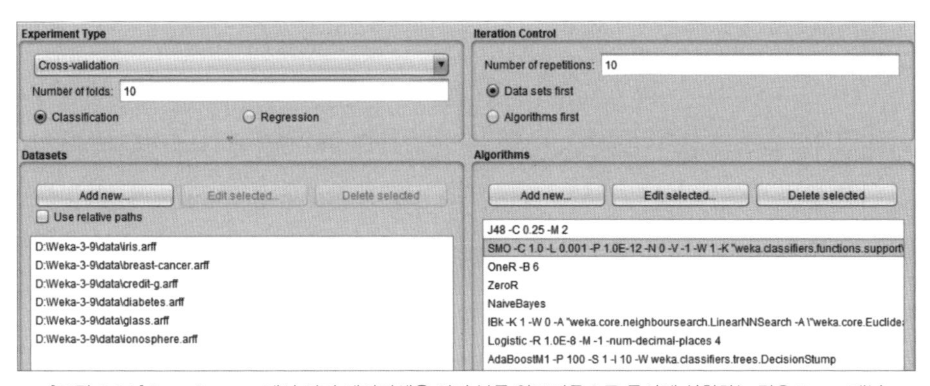

[그림 6-21] Experimenter에서 여러 데이터셋을 여러 분류 알고리즘으로 동시에 실험하는 경우 Setup 패널

다음은 Experimenter 실험 결과이다.

Dataset		(2) functions.SMO	(1) trees.J48 '	(3) rules.OneR	(4) rules.ZeroR	(5) bayes.Naive	(6) lazy.IBk '-	(7) functions.L	(8) meta.AdaBoo
iris	(100)	96.27(4.58)	94.73(5.30)	92.53(5.47) *	33.33(0.00) *	95.53(5.02)	95.40(4.80)	97.20(4.46)	95.40(5.74)
breast-cancer	(100)	69.52(7.50)	74.28(6.05) v	66.91(6.11)	70.30(1.37)	72.70(7.74)	72.85(6.93)	67.77(6.92)	71.62(8.19)
german_credit	(100)	75.09(3.42)	71.25(3.17) *	65.91(3.22) *	70.00(0.00) *	75.16(3.48)	71.88(3.68)	75.23(3.53)	71.27(3.49) *
pima_diabetes	(100)	76.80(4.54)	74.49(5.27)	71.52(5.02) *	65.11(0.34) *	75.75(5.32)	70.62(4.67) *	77.47(4.39)	74.92(4.80)
Glass	(100)	57.36(8.77)	67.58(9.30) v	57.40(9.43)	35.51(2.15) *	49.45(9.50)	69.95(8.43) v	62.89(9.22)	44.89(3.05) *
ionosphere	(100)	88.07(5.32)	89.74(4.38)	82.28(5.40) *	64.10(1.36) *	82.17(6.14) *	87.10(5.12)	87.72(5.57)	90.89(4.64)
		(v/ /*)	(2/3/1)	(0/2/4)	(0/1/5)	(0/5/1)	(1/4/1)	(0/6/0)	(0/4/2)

[그림 6-22] Analyse 패널에서 확인할 수 있는 실험 결과

이 결과는 다음과 같이 해석하면 된다. 음영 표기는 credit-g(german-credit) 데이터셋

을 학습한 평가 결과는 J48의 성능(정분류율 평균/편차)보다 더 높은 성능의 다른 알고리즘은 SMO, NaiveBayes, Logistic 3개이다.

첫 번째 박스는 모든 데이터셋에서 J48과 유사한 알고리즘은 IBk이다. 그 이유는 정분류율 평균과 편차의 수치가 유사하고 유의 수준 판단 결과인 v,* 마킹이 없다. 즉 두 알고리즘은 유사한 성능을 가져 통계적 분별이 안 된다. 두 번째 박스는 Logistic은 J48보다 1개씩 좋고 나쁜 특성을 띤다.

Dataset		(2) functions.SMO	(1) trees.J48 '	(3) rules.OneR	(4) rules.ZeroR	(5) bayes.Naive	(6) lazy.IBk '-	(7) functions.L	(8) meta.AdaBoo
iris	(100)	96.27(4.58)	94.73(5.30)	92.53(5.47) *	33.33(0.00) *	95.53(5.02)	95.40(4.80)	97.20(4.46)	95.40(5.74)
breast-cancer	(100)	69.52(7.50)	74.28(6.05) v	66.91(6.11)	70.30(1.37)	72.70(7.74)	72.85(6.93)	67.77(6.92)	71.62(8.19)
[illegible]	[illegible]	[illegible].42)	71.25(3.17) *	65.[illegible]	[illegible]	[illegible].48)	71.88(3.68)	75.23(3.53)	71.27(3.49) *
[illegible]	[illegible]	[illegible]	74.49(5.27)	71.[illegible]	[illegible]	[illegible]	70.62(4.67) *	77.47(4.39)	74.92(4.80)
[illegible]	[illegible]	[illegible]77)	67.58(9.30) v	57.[illegible]	[illegible]	[illegible]80)	69.95(8.43) v	62.89(9.22)	44.89(3.05) *
[illegible]	[illegible]	[illegible].32)	89.74(4.38)	82.[illegible]	[illegible]	[illegible].14) *	87.10(5.12)	87.72(5.57)	90.89(4.64)
[illegible]		[illegible] /*)	(2/3/1)	[illegible]	[illegible]	[illegible]/5/1)	(1/4/1)	(0/6/0)	(0/4/2)

가장 많은 데이터셋에서 SMO 을 능가하는 분류기 : J48 v 표기가 제일 많은 경우

J48 을 제외하고 SMO를 능가하는 분류기 : IBk v 표기 1개 경우

[그림 6-23] credit-g(german-credit) 데이터셋을 대상으로 J48과 다른 알고리즘 비교 결과(V,*를 기준으로 해석)

해석 결과는 다음과 같다. credit-g(german-credit) 데이터셋을 분류 학습할 때 J48 대신 다른 알고리즘을 사용하면 되고, J48이 과적합에 문제가 생기면 IBk가 대안이 될 수 있으며, Logistic은 J48과 유사한 성능을 보이므로 과적합 발생 시 상호 보완이 될 수 있다.

그러면 이 결과를 OneR 기준으로 다시 보려고 한다면 실험을 다시 실행하지 않고도 Analyse 패널에서 이 작업을 수행할 수 있다. 다음과 같이 Test base에서 OneR을 선택하고 PerformTest를 다시 클릭하면 결과가 OneR 기준으로 재정렬된다.

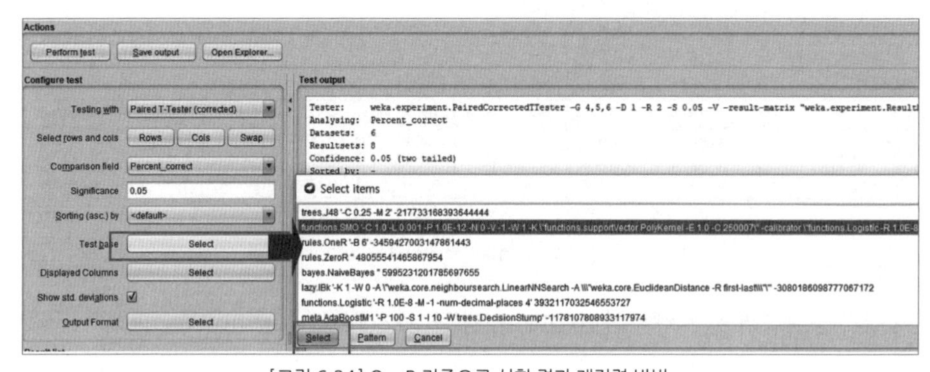

[그림 6-24] OneR 기준으로 실험 결과 재정렬 방법

기준 분류 알고리즘을 OneR로 변경한 후 결과 해석을 하면 다음과 같다. german-credit 데이터셋의 경우 모든 알고리즘이 OneR보다 우수하기에 v 표기가 되어 있다. 심지어 ZeroR조차도 이 데이터셋에서 OneR보다 훨씬 뛰어나다. 박스는 AdaBoostM1의 성능이 5개 데이터셋에서 v 표기되어 있고 1개만 * 표기되어 있어 OneR 대비 우수하다.

Dataset		(3) rules.OneR '-B	(1) trees.J48 '	(2) functions.S	(4) rules.ZeroR	(5) bayes.Naive	(6) lazy.IBk '-	(7) functions.L	(8) meta.AdaBoo
iris	(100)	92.53(5.47) |	94.73(5.30)	96.27(4.58) v	33.33(0.00) *	95.53(5.02) v	95.40(4.80)	97.20(4.46) v	95.40(5.74) v
breast-cancer	(100)	66.91(6.11) |	74.28(6.05) v	69.52(7.50)	70.30(1.37)	72.70(7.74) v	72.85(6.93) v	67.77(6.92)	71.62(8.19) v
german_credit	(100)	65.91(3.22) |	71.25(3.17) v	75.09(3.42) v	70.00(0.00) v	75.16(3.48) v	71.88(3.68) v	75.23(3.53) v	71.27(3.49) v
pima_diabet[illegible]	[illegible]	[illegible]	74.49(5.27)	76.80(4.54) v	65.11(0[illegible]	[illegible]	[illegible]	[illegible]39) v	74.92(4.80) v
Glass	[illegible]	[illegible]	[illegible].58(9.30) v	57.36(8.77)	35.51(2[illegible]	[illegible]	[illegible]	[illegible]	44.89(3.05) *
ionosphere	[illegible]	[illegible]	89.74(4.38) v	88.07(5.32) v	64.10(1[illegible]	[illegible]	[illegible]	[illegible]7) v	90.89(4.64) v
			(4/2/0)	(4/2/0)	[illegible]	[illegible]	[illegible]	[illegible]/2/0)	(5/0/1)

모든 분류 알고리즘 성능이 OneR보다 높음 : 모든 분류 알고리즘에 v 표기

가장 많은 데이터셋에서 OneR을 능가하는 분류 알고리즘 : AdaBoostM1 모든 데이터셋에 v 표기

[그림 6-25] german-credit 데이터셋의 경우 OneR은 적합하지 못하다

서포트 벡터머신(SMO) 기준으로 재정렬해 보자.

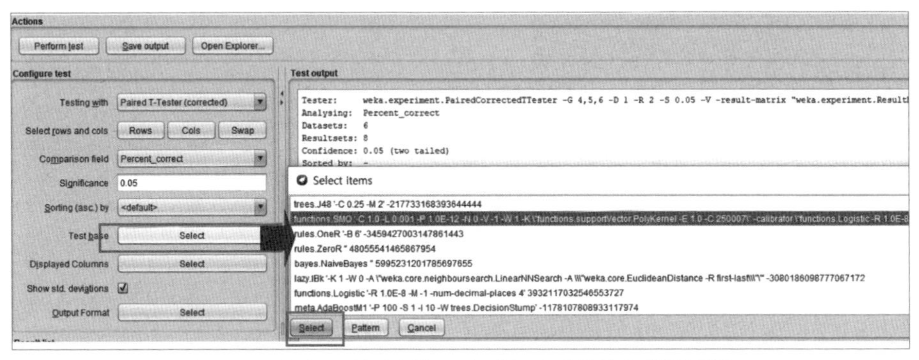

[그림 6-26] 서포트 벡터머신(SMO) 기준으로 실험 결과 재정렬 방법

그 결과는 다음과 같다. v,* 표기 여부는 이제 생략한다. 첫 번째 박스는 J48이 가장 많은 수의 데이터셋에서 SMO를 능가한다. 유방암breast-cancer과 glass의 두 가지 데이터셋에서 SMO보다 뛰어나다. 두 번째 박스는 IBk가 하나 이상의 데이터셋(J48은 제외)에서 SMO를 능가한다. IBk는 Glass 데이터셋에서 SMO보다 훨씬 뛰어나다.

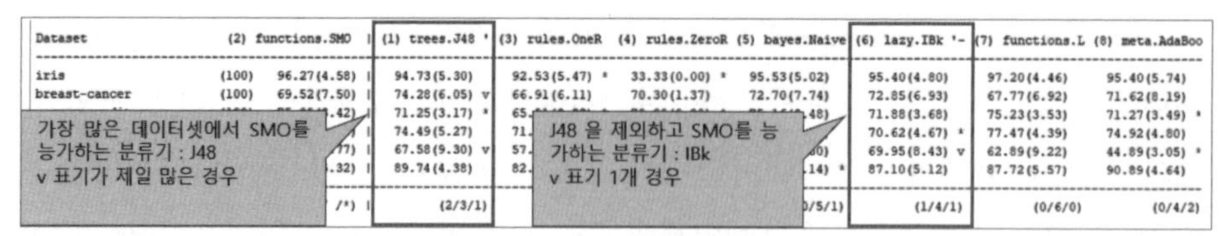

[그림 6-27] 알고리즘별로 비교

통계적 유의 여부(v,* 표기)를 무시하고 데이터셋별로 우수한 알고리즘을 선택한다면?

Dataset		(2) functions.SMO	(1) trees.J48 '	(3) rules.OneR	(4) rules.ZeroR	(5) bayes.Naive	(6) lazy.IBk '-	(7) functions.L	(8) meta.AdaBoo
iris	(100)	96.27(4.58) |	94.73(5.30)	92.53(5.47) *	33.33(0.00) *	95.53(5.02)	95.40(4.80)	97.20(4.46)	95.40(5.74)
breast-cancer	(100)	69.52(7.50) |	74.28(6.05) v	66.91(6.11)	70.30(1.37)	72.70(7.74)	72.85(6.93)	67.77(6.92)	71.62(8.19)
german_credit	(100)	75.09(3.42) |	71.25(3.17) *	65.91(3.22) *	70.00(0.00) *	75.16(3.48)	71.88(3.68)	75.23(3.53)	71.27(3.49) *
pima_diabetes	(100)	76.80(4.54) |	74.49(5.27)	71.52(5.02) *	65.11(0.34) *	75.75(5.32)	70.62(4.67) *	77.47(4.39)	74.92(4.80)
Glass	(100)	57.36(8.77) |	67.58(9.30) v	57.40(9.43)	35.51(2.15) *	49.45(9.50)	69.95(8.43) v	62.89(9.22)	44.89(3.05) *
ionosphere	(100)	88.07(5.32) |	89.74(4.38)	82.28(5.40) *	64.10(1.36) *	82.17(6.14) *	87.10(5.12)	87.72(5.57)	90.89(4.64)
		(v/ /*) |	(2/3/1)	(0/2/4)	(0/1/5)	(0/5/1)	(1/4/1)	(0/6/0)	(0/4/2)

[그림 6-28] 다른 방법으로 해석하기

Iris: Logistic

유방암(breast-cancer): J48

credit-g: Logistic

당뇨병(diabetes): Logistic

glass: IBk

전리층(ionosphere): AdaBoostM1

Swap 버튼을 클릭하고 performTest를 클릭하면 결과 행렬을 변경할 수 있다.

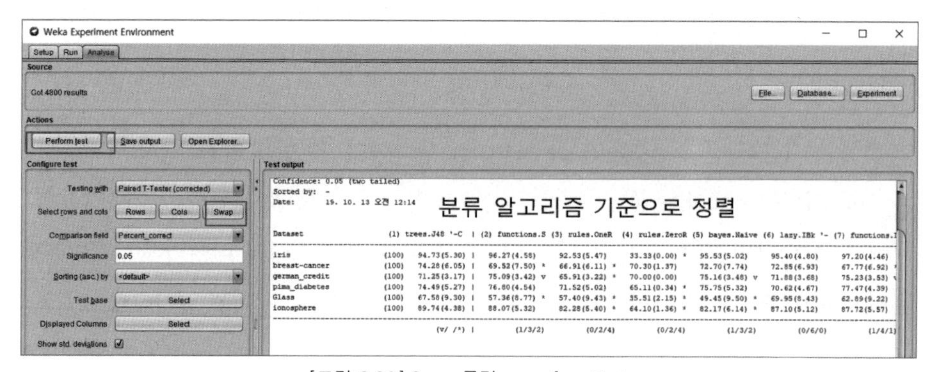

[그림 6-29] Swap 클릭 → performTest

결과를 데이터셋 기준으로 해석할 수도 있다.

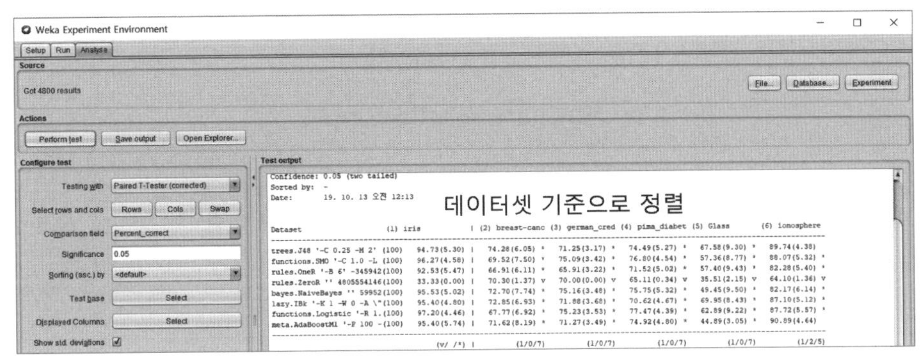

[그림 6-30] Swap의 결과

분류 알고리즘을 비교하는 목적은 단 하나이다. 여러 가지 경우, 즉 여러 데이터셋에 적합한 분류 알고리즘은 미리 정해져 있는 것이 아니다. 실험을 통해 통계적 비교 결과로 상황에 맞는 알고리즘을 선택해야 한다는 것이다. 그리고 통계적 유의미성에 따라 상황(데이터셋)에 맞는 알고리즘 선택을 자동화하는 것이 원시적 인공지능(AI)이다.

6.2.4 Command Line Interface 및 JavaDoc

Weka는 Java로 제작되었고 Java는 메모리를 많이 사용하는 프로그램 언어이다. 그만큼 많은 호환성을 제공하지만 반대로 메모리 부족에 항상 시달린다. Weka Explorer, Experimenter, KnowledgeFlow도 Java로 만들어졌으니 실행만 해도 이미 상당한 메모리를 점유한 상태이다. 이 상태에서 대용량(1백만 건) 데이터를 불러오기만 해도 Weka가 비정상 종료되거나 심지어 컴퓨터가 멈춰 버릴 수도 있다. 그 대안으로 만들어진 것이 Command Line Interface이다. Weka UI에서 제공하는 기능들을 R이나 파이썬처럼 코딩이 가능한 별도 명령창을 제공하는 UI이다. 기본적인 명령창의 문법은 다음과 같다.

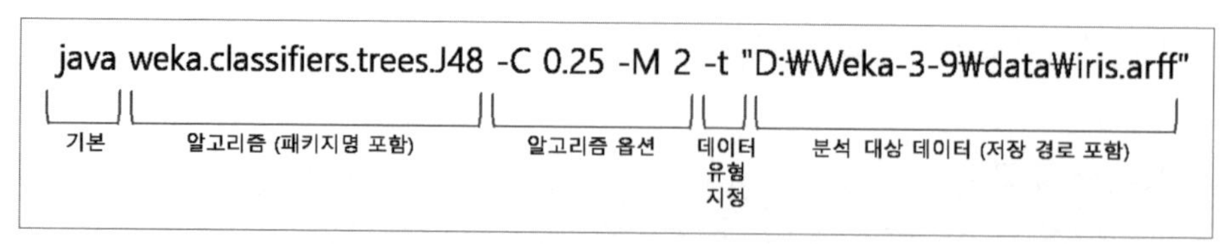

[그림 6-31] SimpeCLI 문법 순서

학습할 알고리즘과 알고리즘 옵션을 일일이 타이핑하기는 쉽지 않다. 그래서 Weka Explorer의 복사 기능을 활용하면 쉽게 가져올 수 있다.

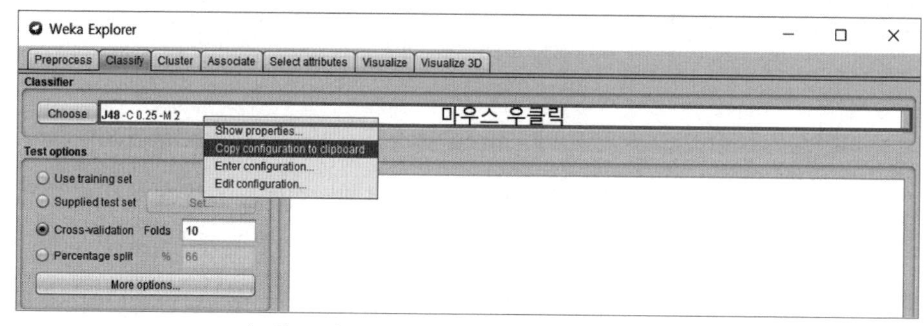

[그림 6-32] Explorer에서 명령창의 문법 불러오는 방법

위의 classifier의 choose 영역을 마우스 오른쪽 클릭 후 2번째 copy configuration to clipboard를 선택하면 "weka.classifiers.trees.J48 -C 0.25 -M 2"가 클립보드 복사되므로 붙여넣기 하면 된다.

데이터 유형 지정은 분석 대상 데이터가 훈련(-t)/테스트(-T)인지 설정하는 옵션이다. 분석 대상 데이터는 전체 경로를 모두 기입하되 반드시 쌍따옴표("")로 묶어 줘야 한다. 경로명에 공백이 있으면 오작동이 발생할 수 있다.

Command Line Interface를 실행하면 다음과 같으며 Explorer나 Knowledge Flow의 결과와 같다. 다만 대용량 데이터 분석의 경우라도 Command Line Interface가 기본적으로 점유하는 메모리도 있으니 사용에 유의해야 하며 그 대안은 Weka 빅데이터 처리에서 설명하겠다.

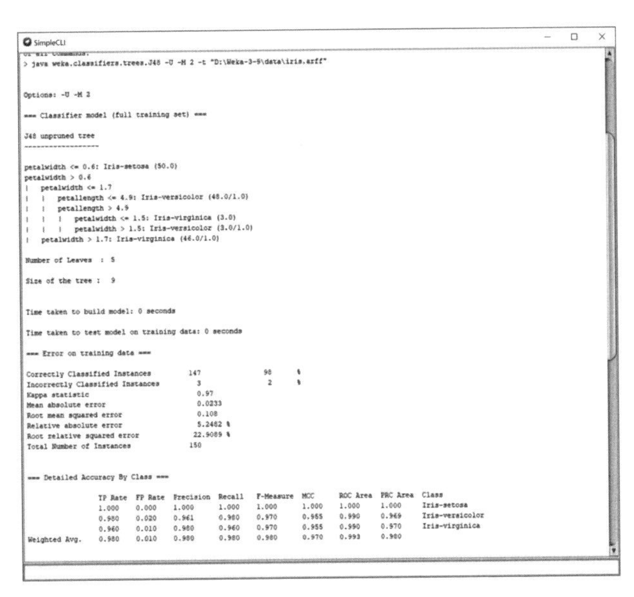

[그림 6-33] CLI 실행 결과

Java로 만들어진 대부분의 소프트웨어는 JavaDoc라는 것을 제공한다. 일종의 도움말이다. 다만 코딩을 위한 내용이므로 참고해야 한다. Weka가 설치되면 documentation.html 파일이 있다.

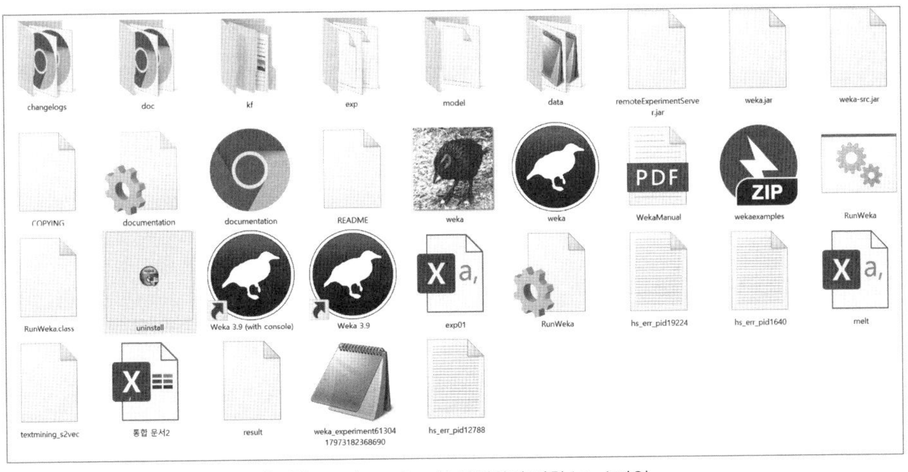

[그림 6-34] JavaDoc를 실행하기 위한 html 파일

documentation.html을 더블 클릭하면 웹 브라우저가 실행되면서 인터넷이 연결되지 않은 상태에서 도움말을 볼 수 있다.

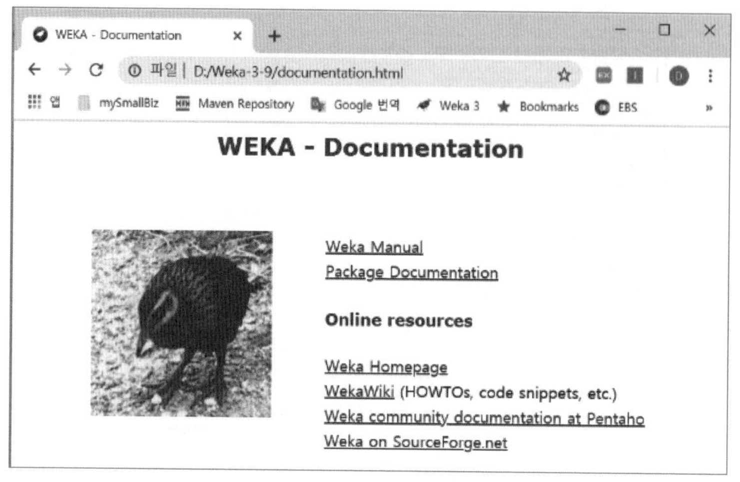

[그림 6-35] JavaDoc 실행 결과

위의 "Package Documentation"을 클릭하면 다음과 같은 API Doc를 볼 수 있다.

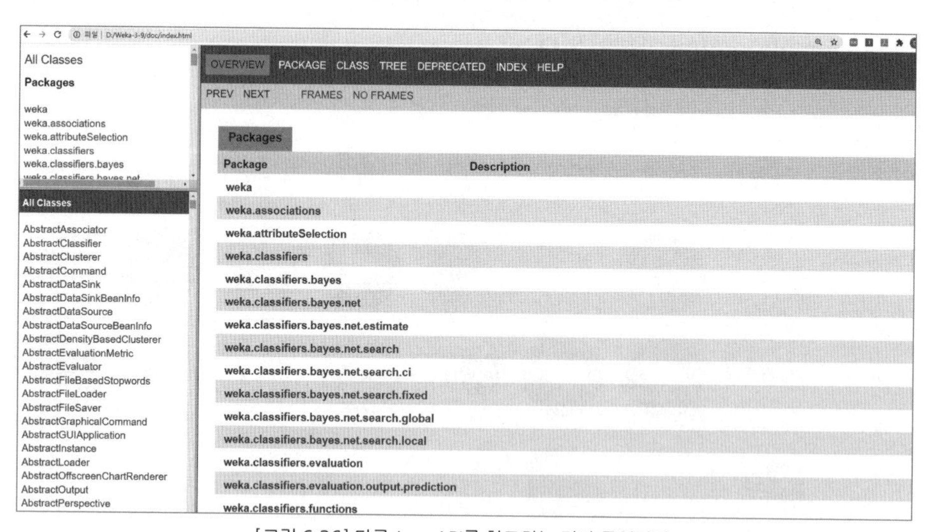

[그림 6-36] 다른 Java API를 참고하는 것과 동일하다

하나의 기능을 찾아보자. KnowledgeFlow에서 소개한 updateable 클래스가 증분 분류 평가를 할 수 있는데 그 클래스를 다음과 같이 찾아볼 수 있다.

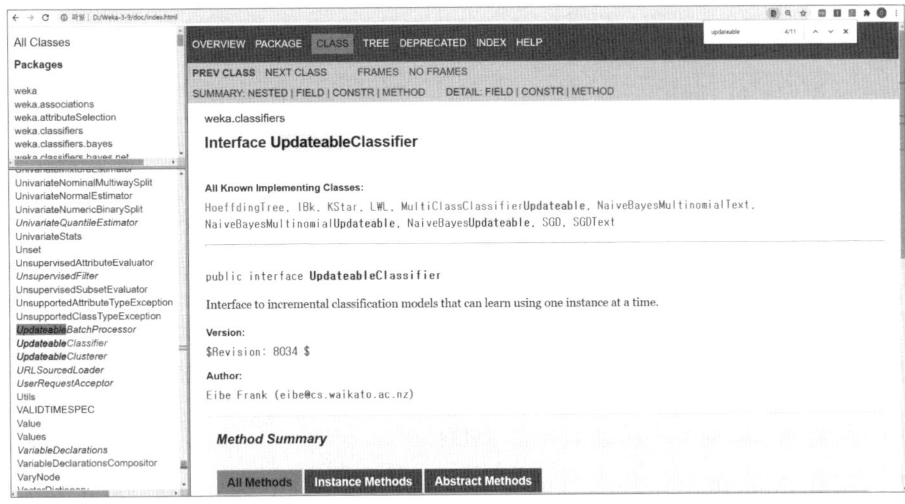

[그림 6-37] JavaDoc 예시

Weka Doc는 Java API Doc 형식으로 구성되어 있어 Java 코딩에 많은 도움이 될 것이다.

6.3 Weka 빅데이터(Big Data)

빅데이터라는 것을 논하기 쉽지 않다. 3V(Volume, Velocity, Various) 또는 5V(3V + Value, Variety)까지 범위를 가지고 있어야 한다는 주장도 있고 데이터양이 1TB 이상일 경우라는 주장도 있다. 혹자는 데이터마이닝이나 빅데이터 분석이나 AI나 같다고도 한다.

용어부터 정의를 시작하겠다. Weka에서 바로 보는 빅데이터는 명확하다. 데이터마이닝 도구에서 처리하기 어려운 데이터셋을 학습하는 경우를 빅데이터라고도 한다.

Explorer는 1백만 건 25개 속성까지 데이터 분석이 가능하나 상황에 따라 다르다. Explorer는 불러온 전체 데이터를 메모리에 올려놓고 시작하기 때문이다. 이런 메모리 사용을 줄이기 위해 대안으로 Command Line Interface나 command 창을 콘솔로 사용한다. 이 상황에서 updateable한 알고리즘을 사용하고 교차검증을 사용하지 않으면 무한한 데이터셋을 분석할 수 있다. 교차검증은 데이터셋을 메모리에 올려놓고 검증해 Command Line Interface나 명령 프롬프트 창에서는 사용하지 않는다.

무한한 데이터셋 분석 가능 = Command Line Interface/command 창 + updateable 알고리즘 + 교차검증 미사용

일단 Command Line Interface 실행 과정에서 메모리 부족으로 인한 오류를 확인해 보자.

① 무작위 테스트 데이터 10만 건을 생성한다.

Java weka.datagenerators.classifiers.classification.LED24 -n 100000 -o test.arff

② 무작위 훈련 데이터 100만 건을 생성한다.

Java weka.datagenerators.classifiers.classification.LED24 -n 10000000 -o train.arff

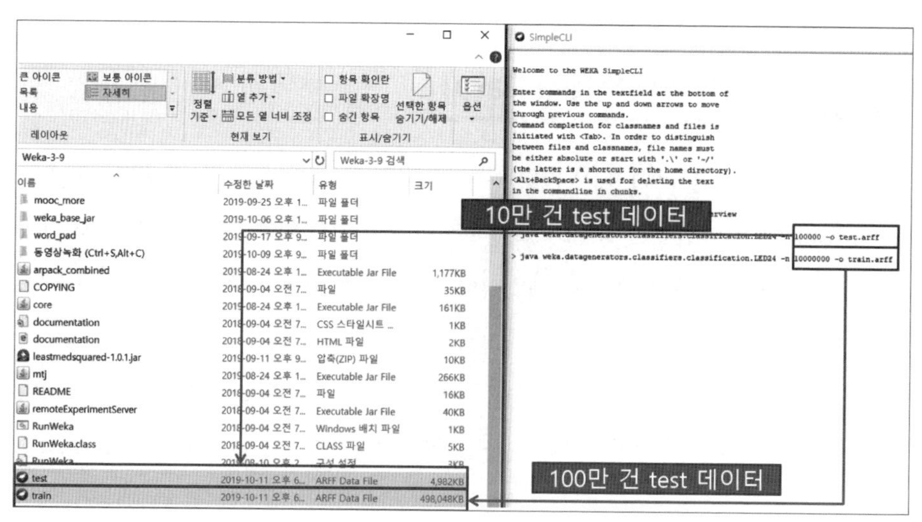

[그림 6-38] 임의로 생성한 arff 파일 경로

Weka는 명령어가 끝날 때 별도 메시지를 보여 주지 않으므로 생성된 데이터에 용량이 보이면 끝났다고 생각하면 된다.

③ Updateable 알고리즘을 학습하고 분할검증한다.(holdout)(-v 옵션은 속도 향상 위함)

Java weka.classifiers.bayes.NaiveBayesUpdateable -t train.arff -T test.arff -v

```
SimpleCLI

=== Detailed Accuracy By Class ===

                 TP Rate  FP Rate  Precision  Recall   F-Measure  MCC      ROC Area  PRC Area  Class
                 0.759    0.024    0.778      0.759    0.769      0.743    0.968     0.795     0
                 0.767    0.018    0.827      0.767    0.796      0.775    0.979     0.831     1
                 0.770    0.013    0.867      0.770    0.816      0.799    0.986     0.909     2
                 0.761    0.053    0.613      0.761    0.679      0.644    0.953     0.733     3
                 0.777    0.022    0.797      0.777    0.787      0.763    0.982     0.888     4
                 0.769    0.030    0.743      0.769    0.756      0.728    0.955     0.723     5
                 0.782    0.031    0.737      0.782    0.759      0.731    0.957     0.723     6
                 0.745    0.020    0.802      0.745    0.772      0.749    0.973     0.804     7
                 0.617    0.032    0.679      0.617    0.647      0.611    0.920     0.606     8
                 0.661    0.045    0.624      0.661    0.642      0.601    0.916     0.600     9
Weighted Avg.    0.741    0.029    0.747      0.741    0.742      0.714    0.959     0.761

=== Confusion Matrix ===

    a    b    c    d    e    f    g    h    i    j   <-- classified as
 7652   56  128  132   43   79  603  177  686  528 |    a = 0
  128 7738   28  185 1054   19   12  879    1   43 |    b = 1
  137   31 7586 1264   16   57  166   68  440   81 |    c = 2
  105  106  266 7540   81  529   89  360  112  725 |    d = 3
   72  531   19  142 7720  155   78   93  126 1003 |    e = 4
   67   22   25  373   97 7828  846   92   85  742 |    f = 5
  315    9  126  111   35  806 7827   21  692   72 |    g = 6
  182  830   48 1109  129  115   17 7379   16   81 |    h = 7
  843    9  456  636  128   78  870   16 6115  752 |    i = 8
  329   20   66  816  386  865  108  115  733 6693 |    j = 9

java weka.classifiers.bayes.NaiveBayesUpdateable -t train.arff -T test.arff -v
```

[그림 6-39] 임의 생성된 arff 파일을 updateable + 분할검증 학습 결과: 정상

당연하게도 정상적으로 실행된다.

④ Updateable 알고리즘을 학습하고 교차검증한다.

Java weka.classifiers.bayes.NaiveBayesUpdateable -t train.arff

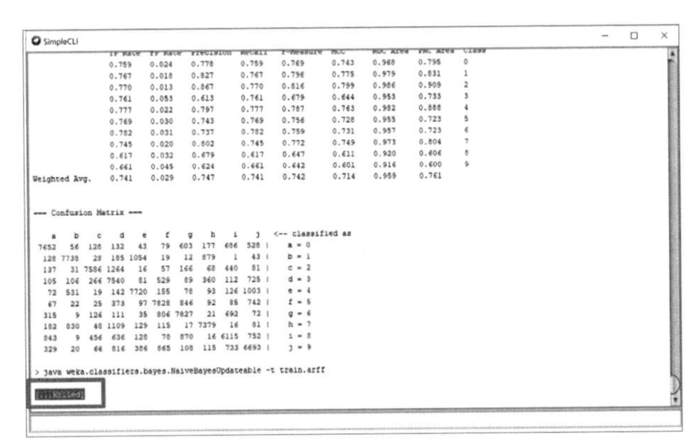

```
SimpleCLI
                 0.759    0.024    0.778      0.759    0.769      0.743    0.968     0.795     0
                 0.767    0.018    0.827      0.767    0.796      0.775    0.979     0.831     1
                 0.770    0.013    0.867      0.770    0.816      0.799    0.986     0.909     2
                 0.761    0.053    0.613      0.761    0.679      0.644    0.953     0.733     3
                 0.777    0.022    0.797      0.777    0.787      0.763    0.982     0.888     4
                 0.769    0.030    0.743      0.769    0.756      0.728    0.955     0.723     5
                 0.782    0.031    0.737      0.782    0.759      0.731    0.957     0.723     6
                 0.745    0.020    0.802      0.745    0.772      0.749    0.973     0.804     7
                 0.617    0.032    0.679      0.617    0.647      0.611    0.920     0.606     8
                 0.661    0.045    0.624      0.661    0.642      0.601    0.916     0.600     9
Weighted Avg.    0.741    0.029    0.747      0.741    0.742      0.714    0.959     0.761

=== Confusion Matrix ===

    a    b    c    d    e    f    g    h    i    j   <-- classified as
 7652   56  128  132   43   79  603  177  686  528 |    a = 0
  128 7738   28  185 1054   19   12  879    1   43 |    b = 1
  137   31 7586 1264   16   57  166   68  440   81 |    c = 2
  105  106  266 7540   81  529   89  360  112  725 |    d = 3
   72  531   19  142 7720  155   78   93  126 1003 |    e = 4
   67   22   25  373   97 7828  846   92   85  742 |    f = 5
  315    9  126  111   35  806 7827   21  692   72 |    g = 6
  182  830   48 1109  129  115   17 7379   16   81 |    h = 7
  843    9  456  636  128   78  870   16 6115  752 |    i = 8
  329   20   66  816  386  865  108  115  733 6693 |    j = 9

> java weka.classifiers.bayes.NaiveBayesUpdateable -t train.arff
[...Killed]
```

[그림 6-40] 임의 생성된 arff 파일을 updateable + 분할검증 학습 결과: 정상

예외 없이 메모리 문제로 실행 중지된다. 그 이유는 교차검증은 데이터셋을 메모리에 올려놓고 검증하기 때문이기도 하지만 Command Line Interface 또한 Java로 만들어진 UI이므로 명령 프롬프트 창에서 실행해 보겠다. 사용하는 명령어는 Command Line Interface와 같으므로 추후 적용 가능하다.

단, 명령 프롬프트 창에서 실행하기 위한 선수 조건으로 classpath를 지정해야 하며 제어판에서 시스템을 선택한 후 다음과 같이 진행하면 된다. 명령 프롬프트 창에서 Weka의 Java 명령어를 실행하기 위해 각종 Weka 컴포넌트를 메모리에 올리기 위함이다.

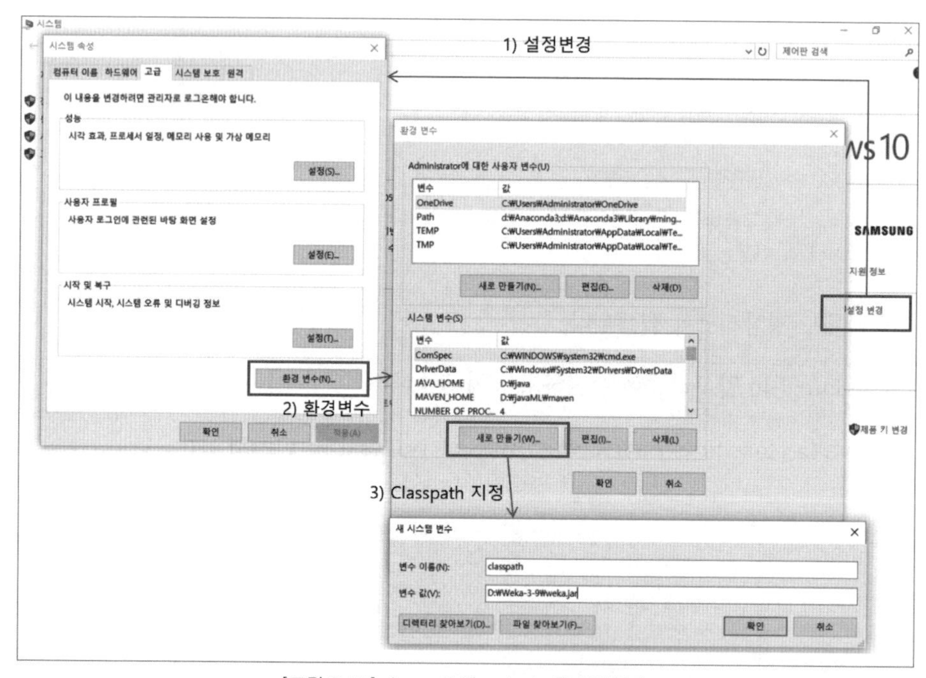

[그림 6-41] classpath에 weka.jar를 설정한다

이제 데이터셋의 건수를 강제로 증가시키고 그 데이터셋들을 명령 프롬프트에서 학습하는 방법을 소개한다.

① 아래의 경로에서 covtype.data.gz 파일을 다운로드 받아 covtype.data라는 파일을 얻는다.

https://kdd.ics.uci.edu/databases/covertype/covertype.html

②아래의 경로에서 covtype.small.arff 파일을 다운로드 받을 수 있다.

http://www.cs.waikato.ac.nz/ml/weka/futurelearn/datasets/covtype.small.arff

③ covtype.small.arff를 워드패드로 불러와서 @data 이후는 모두 삭제한 후 covtype.head.txt로 저장한다.

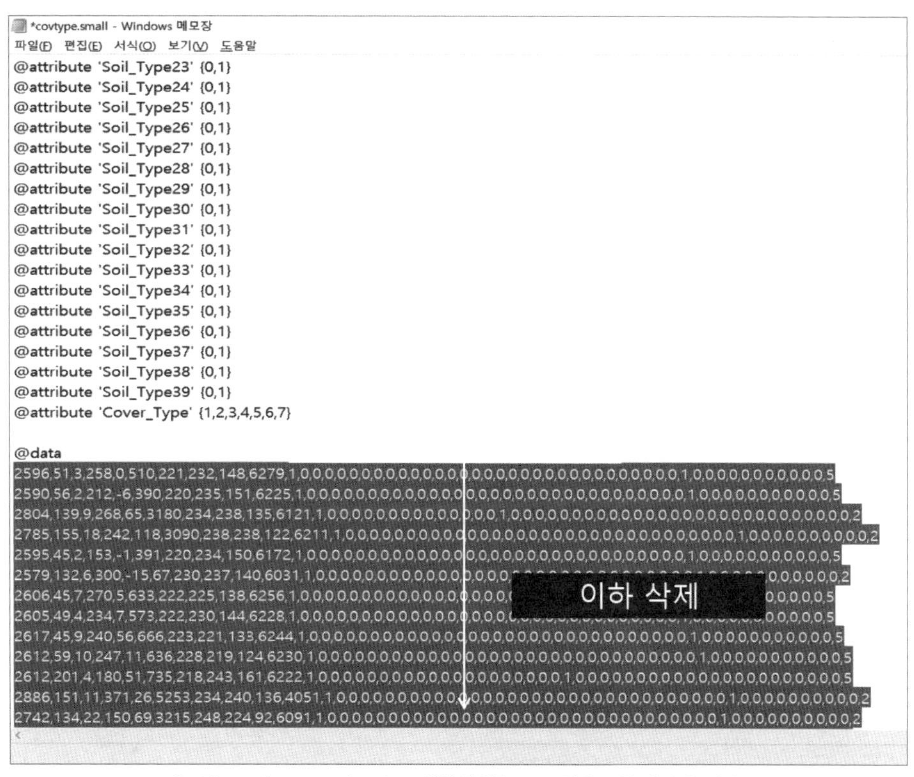

[그림 6-42] covtype.head.txt 생성 방법(@data 밑은 모두 삭제 후 저장)

④ "copy covtype.head.txt + covtype.data covtype.arff"를 실행해서 58만 건의 arff 파일을 생성한다.

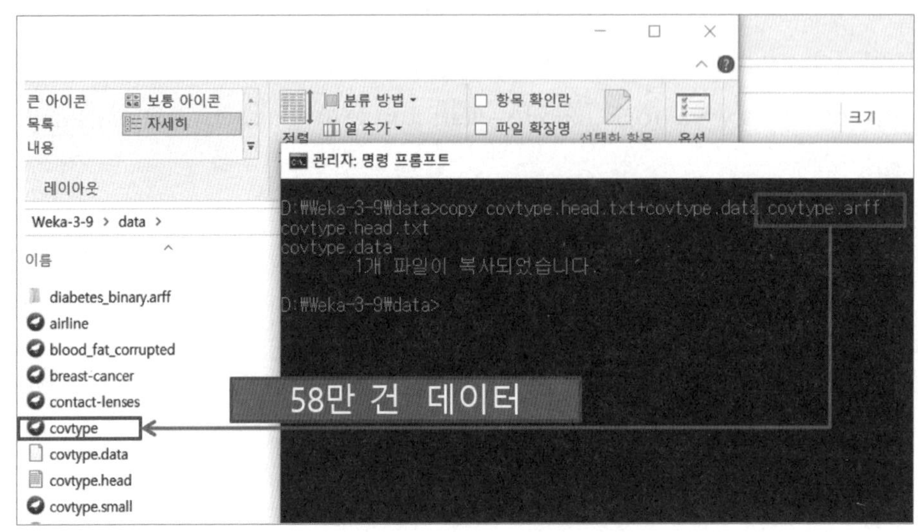

[그림 6-43] 58만 건 covtype.arff 데이터 생성 결과

covtype.arff 파일을 Weka Explorer에 불러오면 건수를 확인할 수 있다. 1백만 건 미만이므로 불러오는 데 문제는 없다.

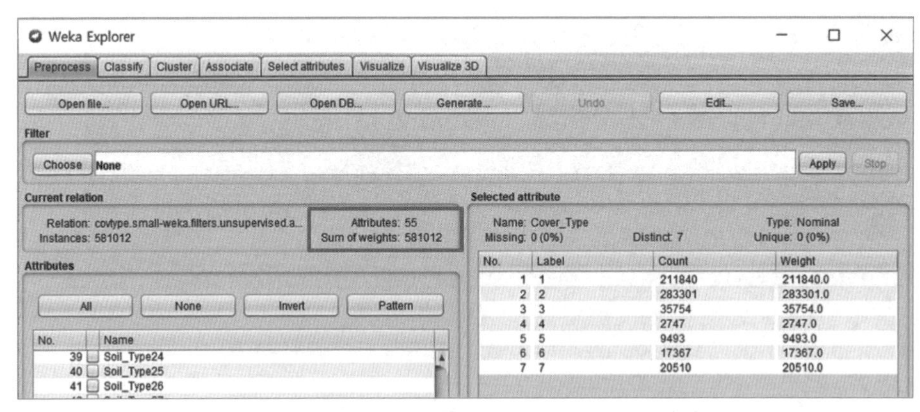

[그림 6-44] Explorer에서 확인 가능한 데이터 건수: 58만 건

아래 명령어는 동일한 데이터를 2번, 3번 복사하여 1백만 건 이상 데이터를 생성한다.

copy covtype.arff + covtype.data covtype2.arff(116만 건)

copy covtype.arff + covtype.data covtype3.arff(174만 건)

contact-lenses	2018-09-04 오전 7:46	ARFF Data File	3KB	
covtype	2019-10-11 오후 7:23	ARFF Data File	73,410KB	58만건
covtype.data	1998-08-29 오전 7:24	DATA 파일	73,408KB	
covtype.head	2019-10-11 오후 7:23	텍스트 문서	2KB	
covtype.small	2019-10-11 오후 5:46	ARFF Data File	1,261KB	
covtype2	2019-10-11 오후 7:30	ARFF Data File	146,818KB	117만건
covtype3	2019-10-11 오후 7:31	ARFF Data File	220,225KB	174만건
cpu	2018-09-04 오전 7:46	ARFF Data File	6KB	

[그림 6-45] 2번, 3번 복사하여 1백만 건 이상 데이터를 생성한 결과

최대 건수인 174만 건의 covtype3을 대상으로 use training set(자신으로 훈련/검증), 교차검증, holdout을 실행해 보겠다.

use training set(174만 건)

Java weka.classifiers.bayes.NaiveBayesUpdateable -t "D:\Weka-3-9\data\covtype3.arff" -T "D:\Weka-3-9\data\covtype3.arff" -v

```
선택 명령 프롬프트
D:\Weka-3-9>java weka.classifiers.bayes.NaiveBayesUpdateable -t "D:\Weka-3-9\data\covtype3.arff"
-T "D:\Weka-3-9\data\covtype3.arff" -v

=== Classifier model (full training set) ===

Naive Bayes Classifier

Attribute
        7

  (0.04)
==========
Elevation
  mean
 3361.9287
  std. dev.
  106.9127
  weight sum
     61530
  precision
      0.01

Aspect
  mean
  153.2362
  std. dev.
  110.6461

선택 명령 프롬프트
Time taken to build model: 10.71 seconds

Time taken to test model on test data: 76.06 seconds

=== Error on test data ===

Correctly Classified Instances      1140708       65.4437 %
Incorrectly Classified Instances     602328       34.5563 %
Kappa statistic                          0.4667
Mean absolute error                      0.1176
Root mean squared error                  0.2639
Relative absolute error                 48.0108 %
Root relative squared error             75.4263 %
Total Number of Instances           1743036

=== Detailed Accuracy By Class ===

          TP Rate  FP Rate  Precision  Recall  F-Measure  MCC
ass
          0.663    0.194    0.662      0.663   0.662      0.468
          0.666    0.212    0.749      0.666   0.705      0.458
```

[그림 6-46] 자신으로 훈련/검증한 결과: 정상 실행

교차검증(174만 건)

Java weka.classifiers.bayes.NaiveBayesUpdateable -t "D:₩Weka-3-9₩data₩covtype3.arff" -v

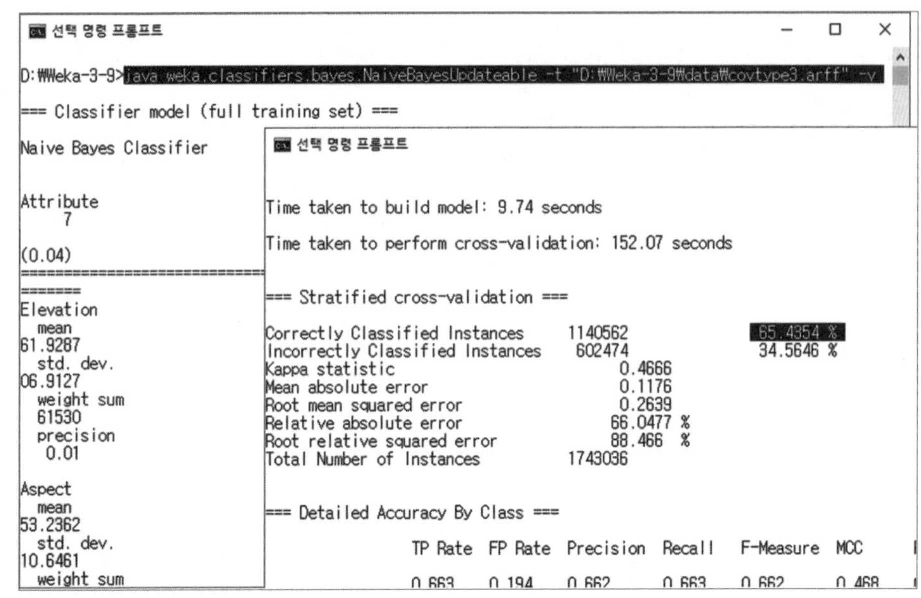

[그림 6-47] 교차검증 결과 - (저성능 PC 경우에 따라 메모리 오류가 발생 가능)

교차검증도 정상적으로 실행되었지만 워낙 모델링을 위한 데이터양이 많다 보니 메모리 오류가 발생할 수 있다.

holdout(174만 건)

Java weka.classifiers.bayes.NaiveBayesUpdateable -t "D:₩Weka-3-9₩data₩covtype3.arff" -T "D:₩Weka-3-9₩data₩covtype.small.arff" -v

교차검증을 사용하면 Weka가 증분하지 않는 방식으로 작동하게 되므로 데이터셋을 한 번에 메모리에 올리므로 용량이 너무 커져 heap 메모리가 부족하기 때문이다. 그러나 이것은 컴퓨터 사양에 따라 다르다. 즉, 실험 결과 i5 CPU, 8GB 메모리 컴퓨터 정도에서는 실행이 가능했다.

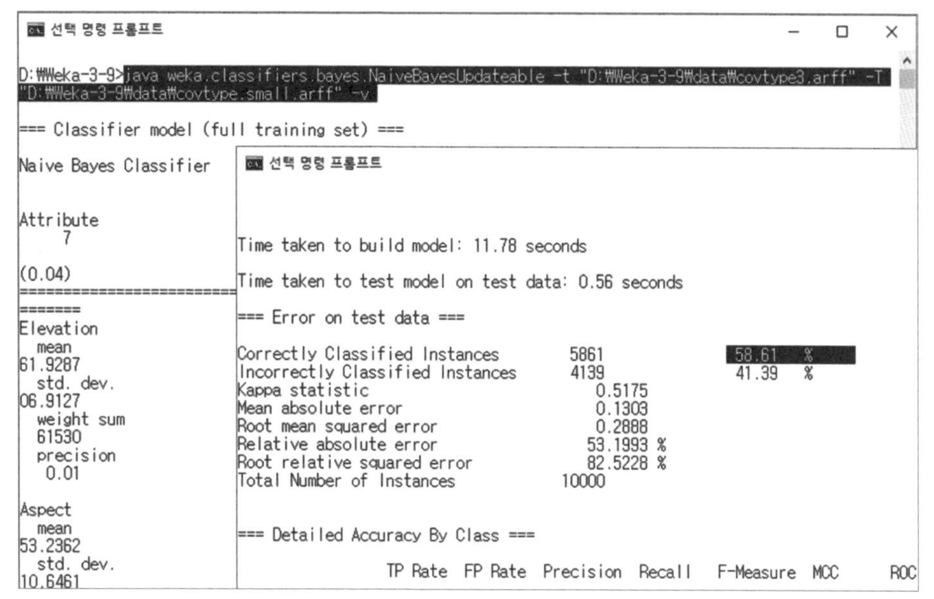

[그림 6-48] 분할검증 경우: 정상 실행

기본 최대 heap 크기는 일반적으로 사용 가능한 RAM의 1/4로 설정되며, 32비트 JVM에서 최대 1GB, 64비트 JVM에서 최대 32GB로 설정되므로 대형 컴퓨터에서는 교차 유효성 검사가 성공할 수 있다. 또한 시스템에서 Java heap 공간을 명시적으로 늘릴 수 있다.

결론을 내기 전에 한 가지 물어보자. 여러분은 몇 건의 데이터를 대상으로 데이터 분석을 하는가? 많으면 좋다고 답할 수도 있지만 1백만 건 넘는 경우는 극히 드물다. 1백만 건 넘는 데이터를 분석하기 위한 환경을 어떻게 하든 만들어야 되는 것은 중요하지 않다. 동영상/음성/사진과 같은 데이터는 전처리 과정에서 워낙 많은 수치형 데이터를 생성하기에 1백만 건을 훌쩍 넘을 수 있다. 이런 경우 파이썬이 답일 수 있다. 그러나 Weka 머신러닝 대상은 "Java로 구축된 단일 시스템의 1백만 건 데이터를 대상"으로 한다고 선언했었다. 원본 데이터가 문자와 숫자로만 이루어진 1백만 건을 학습할 경우가 얼마나 될까? 1% 미만이라고 장담한다. 100번 데이터 분석할 때 1번 정도 1백만 건이 넘는다.

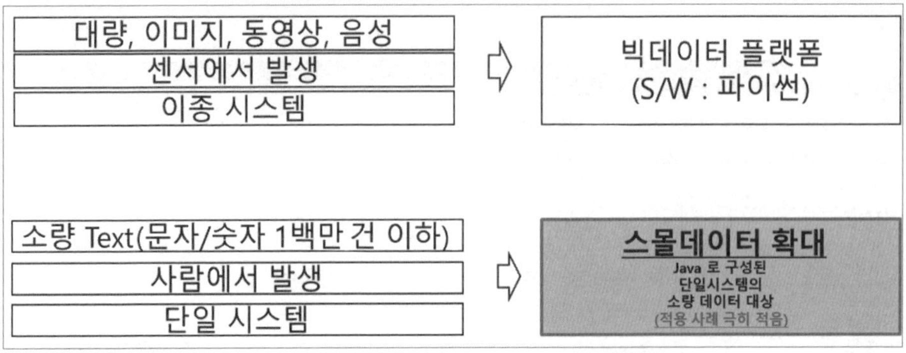

대량, 이미지, 동영상, 음성
센서에서 발생
이종 시스템

빅데이터 플랫폼
(S/W : 파이썬)

소량 Text(문자/숫자 1백만 건 이하)
사람에서 발생
단일 시스템

스몰데이터 확대
Java 로 구성된
단일시스템의
소량 데이터 대상
(적용 사례 극히 적음)

[그림 6-49] 파이썬/R과 Java 간의 역할 분배(100% 필자 생각이다)

또한 Command Line Interface나 명령 프롬프트는 Java 코딩과는 분명히 다르며 머신러닝에 익숙해지려는 도메인 전문가에게도 추천하지 않는다. 따라서 평상시 Weka에서 제공하는 Explorer, KnowledgeFlow, Command Line Interface를 사용하면 되지만 그래도 1백만 건 이상 학습할 경우 명령 프롬프트가 대안이 될 수 있다.

CHAPTER 07

How: Weka 사용(후반)

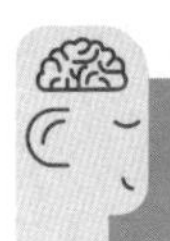

7장. How: Weka 사용(후반)

7.1 ROC(성능 판별 추가 지표)

분류 알고리즘은 전체 데이터를 라벨 기준으로 분류규칙을 학습한다. 정분류율은 학습 결과의 성능을 표현하는 것이라고 전반부 과정에서 배웠다. 그런데 라벨의 분포가 너무 차이 나면 어떻게 될까?

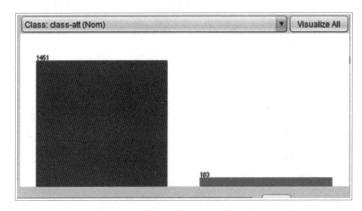

[그림 7-1] 왼쪽 라벨과 오른쪽 라벨 간 데이터양의 차이가 현격한 경우

위의 그림은 2라벨의 분포를 보여 주는데 1,554건의 데이터 중 왼쪽 라벨은 1,451건이고 오른쪽 라벨의 데이터 건수는 103건이라고 가정하자. 왼쪽의 분포가 워낙 높아 오른쪽의 정분류 건수는 전체 정분류율에 큰 영향을 미치지 못한다. 극단적으로 오른쪽 103건 모두 틀리고 오른쪽 1,451건만 제대로 분류해도 정분류율은 93.3%(1,451/1,554)이다. 수치만 보면 매우 훌륭한 학습 결과라고 판단할 수 있다. 그러나 라벨이 2개로 나뉜다는 것은 분명히 이유가 있다. 정분류율이 높다는 이유만으로 앞 그림의 적은 양의 오른쪽과 같은 한 개의 라벨을 포기하는 것은 매우 위험하다.

이처럼 라벨별로 데이터 분포가 고르지 않은 경우 ROC라는 개념을 도입한다. ROC의 용도는 정분류율이 높더라도 분류가 잘 안 된 라벨에 의해 과적합 발행이 우려된다고 경고한다. ROC 값이 높을수록 제대로 작동되는 경우라고 인식하면 된다. 그럼 ROC 개념에 대해 알아보자. 다음과 같은 오분류표가 있다고 하자. 그러면 이 오분류표를 지표로 지정할 수 있다.

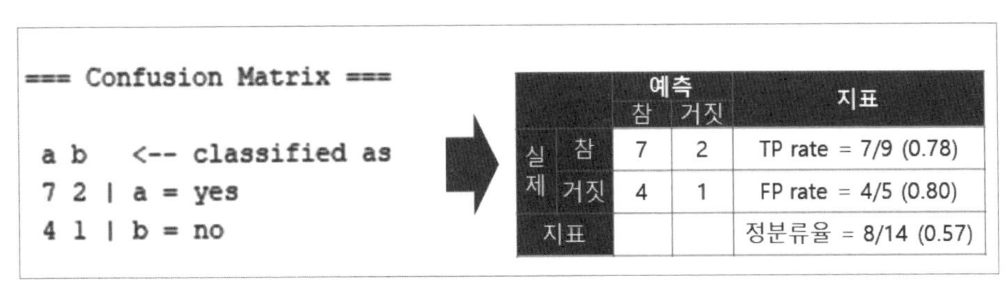

```
=== Confusion Matrix ===

 a b   <-- classified as
 7 2 | a = yes
 4 1 | b = no
```

		예측 참	예측 거짓	지표
실제	참	7	2	TP rate = 7/9 (0.78)
실제	거짓	4	1	FP rate = 4/5 (0.80)
지표				정분류율 = 8/14 (0.57)

[그림 7-2] 오분류표의 지표들

각 지표의 공식은 다음과 같다.

		예측 참	예측 거짓	지표
실제	참	✓7	2	TP rate = 7/9 (0.78)
실제	거짓	4	1	FP rate = 4/5 (0.20)
지표				정분류율 = 8/14 (0.57)

		예측 참	예측 거짓	지표
실제	참	7	2	TP rate = 7/9 (0.78)
실제	거짓	✓4	1	FP rate = 4/5 (0.80)
지표				정분류율 = 8/14 (0.57)

		예측 참	예측 거짓	지표
실제	참	7	2	TP rate = 7/9 (0.78)
실제	거짓	4	✓1	TN rate = 1/5 (0.20)
지표				정분류율 = 8/14 (0.57)

		예측 참	예측 거짓	지표
실제	참	✓7	2	TP rate = 7/9 (0.78)
실제	거짓	4	✓1	FP rate = 4/5 (0.80)
지표				정분류율 = 8/14 (0.57)

[그림 7-3] 오분류표의 지표들의 공식

TP rate는 참인 것을 정말로 참으로 제대로 분류한 비율이다. TN rate는 거짓인 것을 거짓으로 제대로 분류한 비율이다. 제대로 분류했으므로 모두 앞에 "T"가 붙는다.

FP rate는 거짓인데 참으로 잘못 분류한 경우이다. 이 외에 FN rate도 있는데 참인데 거짓으로 잘못 분류한 경우이다. 즉, 잘못 분류된 경우이므로 모두 앞에 "F"가 붙는다.

마지막으로 정분류율은 전체 건수 중에 제대로 참과 거짓으로 분류한 비율을 일컬으며 참이든 거짓이든 제대로 분류한 비율을 말한다. 그에 반면, ROC의 개념은 위의 지표 중 TP rate와 FP rate 간의 상충 관계를 그래프화한 것이다.

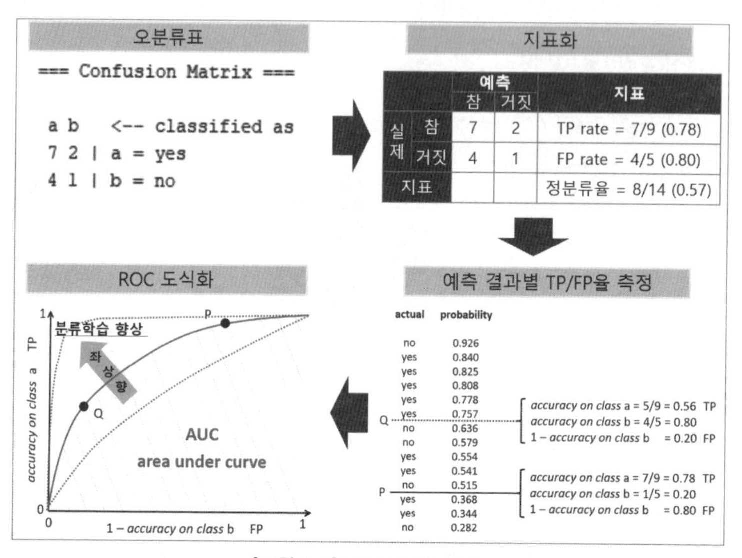

[그림 7-4] ROC 도식화 과정

ROC 아래를 Area Under Curve라고 명명하며 ROC의 적분 면적을 AUC라고 한다. 즉, ROC 값은 AUC 및 즉, ROC 적분값이 되고 ROC는 좌상향으로 지향해야 분류 학습이 향상된다. ROC가 좌상향으로 갈수록 ROC 값은 증가한다.

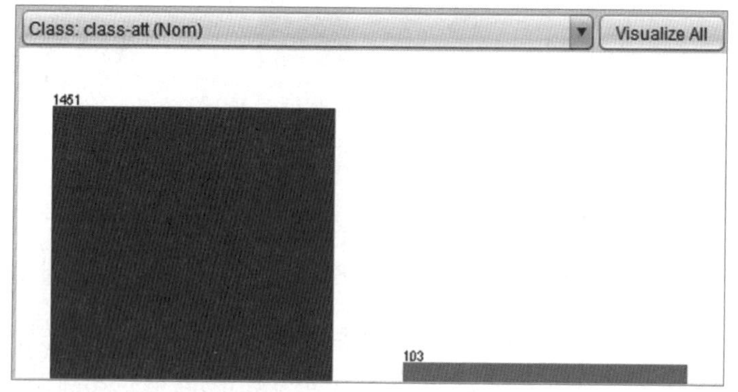

[그림 7-5] 왼쪽 라벨 1,451건 + 오른쪽 라벨 103건

다시 앞의 그림을 살펴보자. 극단적으로 오른쪽 103건이 모두 틀리고 왼쪽 1,415건은 모두 맞을 경우 정분류율은 93.3%이지만 ROC는 TP 100%, FP 0%이다. 아래 점선 ROC로 표현된다.

반대로 극단적으로 왼쪽 1,451건과 오른쪽 103건이 모두 맞으면 TP 100%, FP 100%이다. 이 경우 실선 ROC로 표현된다.

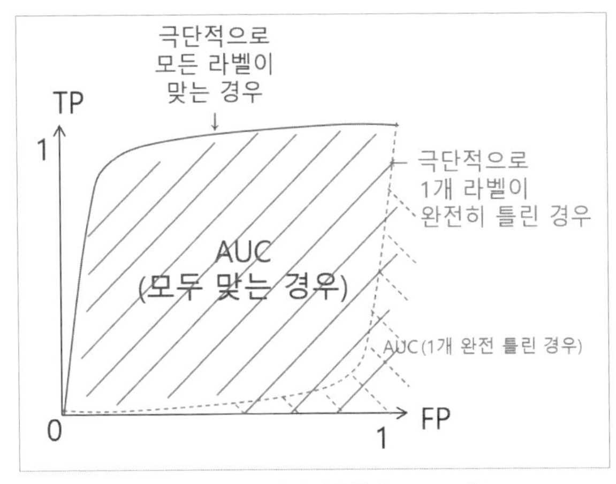

[그림 7-6] 극단적인 경우들의 ROC 그래프

결국 ROC는 좌상향으로 치솟는 형태(ROC 적분, AUC = 1)를 지향하면서 필터링 및 분류 알고리즘을 선택해야 한다. ROC 개념은 텍스트마이닝 분류 학습에 중요한 지표가 된다.

7.2 텍스트마이닝

만약 독자 여러분이 고객만족도 조사 결과로 고객들의 의견(VoC: Voice of Contents) 데이터를 수집하였다고 하자. 그다음 작업은 VoC의 내용이 긍정인지 부정인지를 선별하는 것과 같은 분류 작업일 것이다. 100건까지는 그런대로 할 만하다. 그러나 1,000건이 넘는다면 어떻겠는가? 아마도 1건씩 자신의 주관적인 의견이 개입되면 1번째 내용과 1,000번째 내용이 같은데도 불구하고 1번째는 긍정, 1,000번째는 부정으로 표기할 수 있다. "그럴 리가?"라고 의문을 품는다면 텍스트 데이터의 분류 작업을 경험하지 못했거나 아니면 대략 100건 이하 정도로 데이터 건수가 적었을 때이다. 이럴 때 도움이 되는 머신러닝 기법이 "텍스트마이닝"이다.

서론은 여기서 접고 Weka에서 어떻게 작동하는지 살펴보자. 텍스트마이닝을 적용할 때 딥러닝을 설명하기도 하지만 Weka에서는 텍스트마이닝을 위한 필터와 분류 알고리즘을 별도로 제공한다. 한 가지 주의점은 영문 텍스트를 분류한다. 한글과 영어의 많은 차이점 중에 "조사"와 같은 접미어 때문에 영문 기준의 텍스트마이닝 기법을 그대로 적용하면 동일 의미 단어를 다른 단어로 인식한다. 처음 접하는 독자들은 납득이 안 되겠지만 워드 클라우드 분석을 해 본 독자들은 이해할 것이다.

	원문	전처리 결과
영어	I am a boy. I'm a boy	I / am / a / boy I'm / a / boy
한글	난 소년이다. 나는 소년이다. 나는 소년 이다	난 / 소년이다. 나는 / 소년이다. 나는 / 소년 / 이다.

물론 Komoran과 같은 한글 형태소 전처리로 해결 가능하다. 또한 embedding이란 개념이 들어가야 단어 간 거리를 측정할 수 있는데 이 또한 생략한다. 한글 처리는 형태소 분리보다는 조사와 같은 불용어를 삭제하는 방법이 더 효율적이다.

실습을 위한 데이터셋으로서 "로이터통신"에서 "grain(곡물)" 관련 기사 내용을 훈련 데이터로 텍스트마이닝 분석한다. 훈련 데이터셋에는 기사별로 grain(곡물) 내용이면 1, grain(곡물) 내용이 아니면 0으로 표기된 목표변수가 이미 존재한다. 테스트 데이터는 다른 기사 내용이며 마찬가지로 grain(곡물) 내용 여부에 따라 1과 0으로 분류되어 있고, 용도는 훈련된 모델의 분류 결과와 실제 결과가 얼마나 차이 나는지 점검해 본다.

원래는 전처리 작업이 불필요한데 무슨 이유인지 다음과 같은 에러가 발생하면 arff 파일 내용을 수정해야 한다.

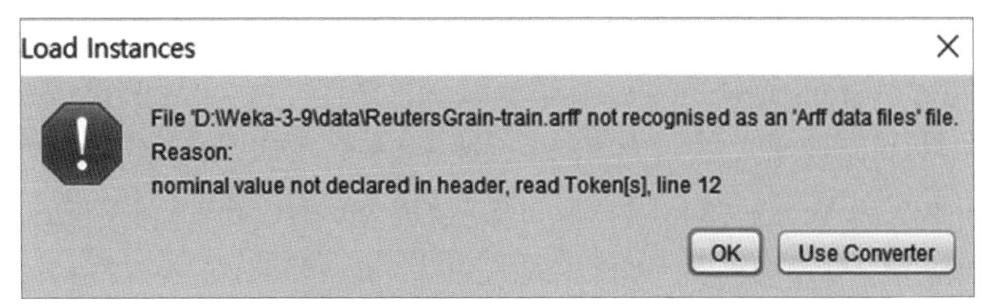

[그림 7-7] 특수 문자 때문에 발생하는 에러 메시지

Reuters로 시작하는 파일들을 워드패드로 읽어 보면 아래 표기된 것처럼 이상 문자(₩)가 보인다.

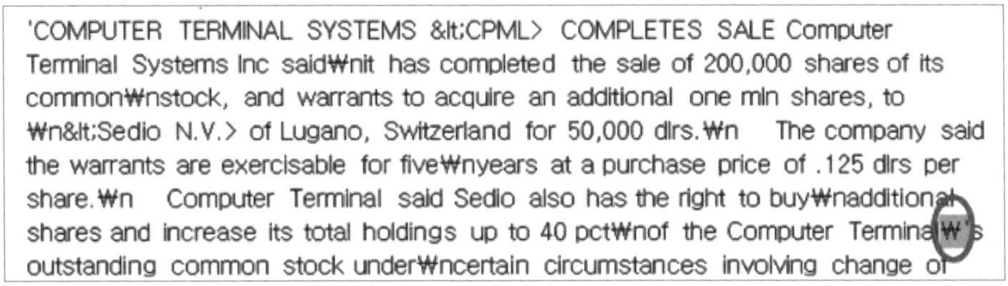

```
'COMPUTER TERMINAL SYSTEMS &lt;CPML> COMPLETES SALE Computer
Terminal Systems Inc said₩nit has completed the sale of 200,000 shares of its
common₩nstock, and warrants to acquire an additional one mln shares, to
₩n&lt;Sedio N.V.> of Lugano, Switzerland for 50,000 dlrs.₩n   The company said
the warrants are exercisable for five₩nyears at a purchase price of .125 dlrs per
share.₩n   Computer Terminal said Sedio also has the right to buy₩nadditional
shares and increase its total holdings up to 40 pct₩nof the Computer Terminal₩'s
outstanding common stock under₩ncertain circumstances involving change of
```

워드패드와 같은 워드프로세싱 프로그램은 보통 "ctrl + h"를 실행하면 문자 치환 기능을 제공한다. 이를 사용하여 "₩n", "₩'", "₩'' 3개 단어 묶음이 분류를 방해하므로 모두 공백으로 치환하자. 공백을 1칸 삽입하는 것은 치환할 때 문장들이 붙어 버리는 것을 방지하기 위함이다.

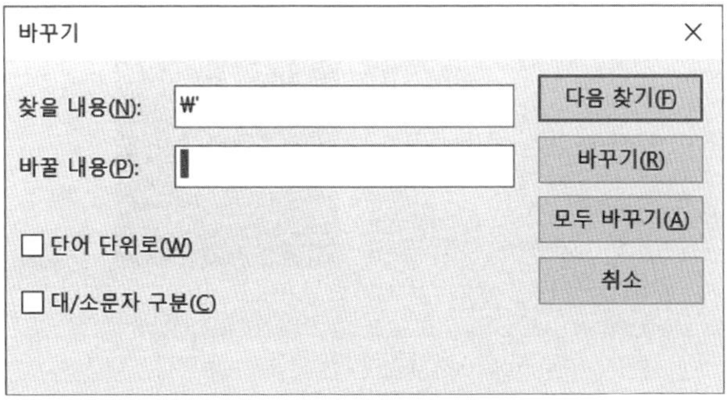

바꾸기

찾을 내용(N): ₩'

바꿀 내용(P):

☐ 단어 단위로(W)

☐ 대/소문자 구분(C)

다음 찾기(F) | 바꾸기(R) | 모두 바꾸기(A) | 취소

[그림 7-8] 특수 문자 공백 처리 예시

텍스트마이닝은 단어로 구성된 문장을 수치형 데이터로 전처리를 해야 한다. 이때 사용하는 것이 StringToWordVector 필터이다. 이 필터는 문장 내 포함된 단어들 발생 여부에 따라 데이터 구조를 변경한다. 또한 문장별로 포함된 단어 수는 항상 달라 StringToWordVector 필터링 후 데이터셋 구조는 달라진다. 이렇게 다른 구조의 데이터셋을 분류할 수 있게 하는 필터가 FilteredClassifier이다. FilteredClassifier 설정값으로 학습할 classifier 및 적용할 filter를 동시에 지정할 수 있다.

만약 2개 이상 필터를 사용해야 한다면 MultiFilter를 사용하면 되고 필터 목록별로 필터링을 할 수 있다. J48은 텍스트마이닝에 적합하지 않고 모든 속성을 중시하는 NaiveBayesMultinomial이 적합하다.

전처리Preprocess 패널에서 데이터셋을 불러오면 1,554건의 데이터와 2개 속성이 있음을 확인 가능하다.

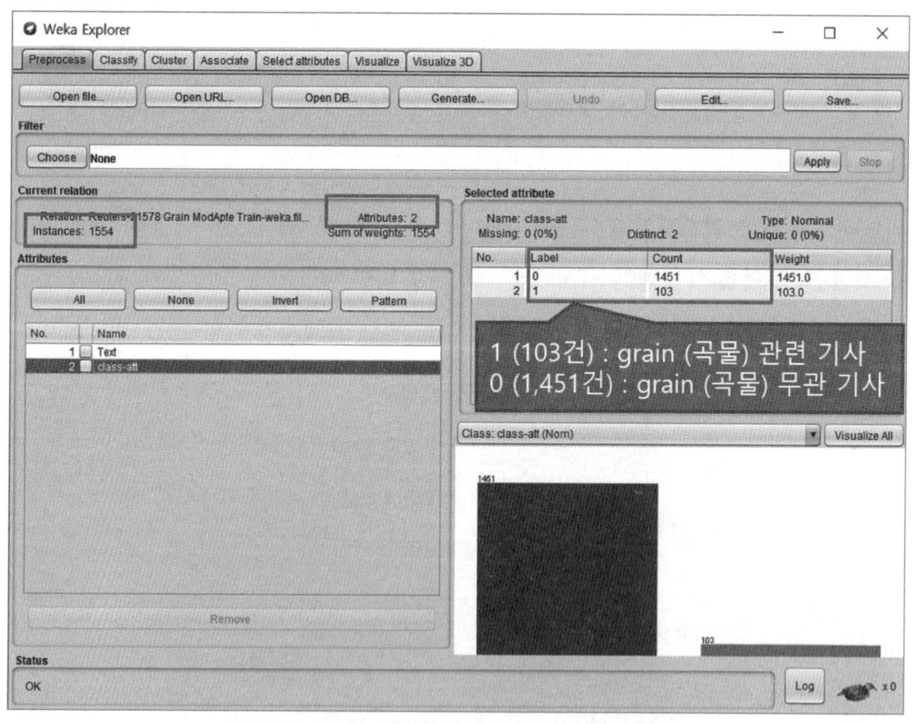

[그림 7-9] Explorer에서 확인 가능한 Reuters 데이터 내용

Label = 1(오른쪽)은 grain(곡물) 관련 기사이며 103건으로 굉장히 비율이 적다. Edit 버튼을 클릭하면 데이터 내용을 볼 수 있는데 신문기사인 Text 속성과 grain 관련 여부에 따른 1과 0으로 분류된다.

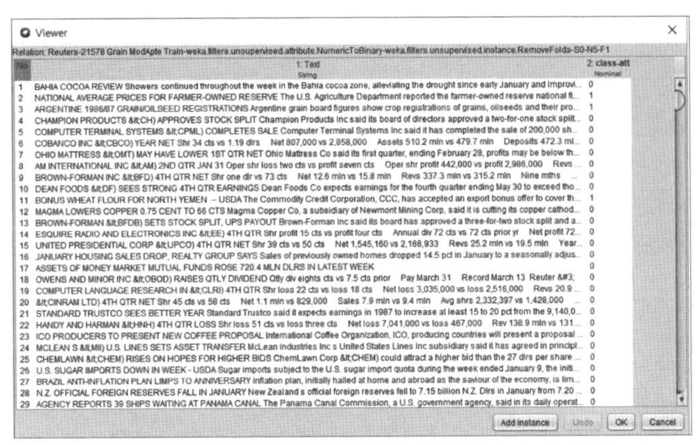

[그림 7-10] Edit 버튼으로 확인 가능한 Reuters 데이터 구조

분류Classify 패널에서 meta 밑에 FilteredClassifier를 선택한 후 상세 설정에서 classifier는 기본값이 J48을 그대로 두고 filter를 unsupervised 밑에 attribute 밑에 있는 StringToWordVector를 선택한다.

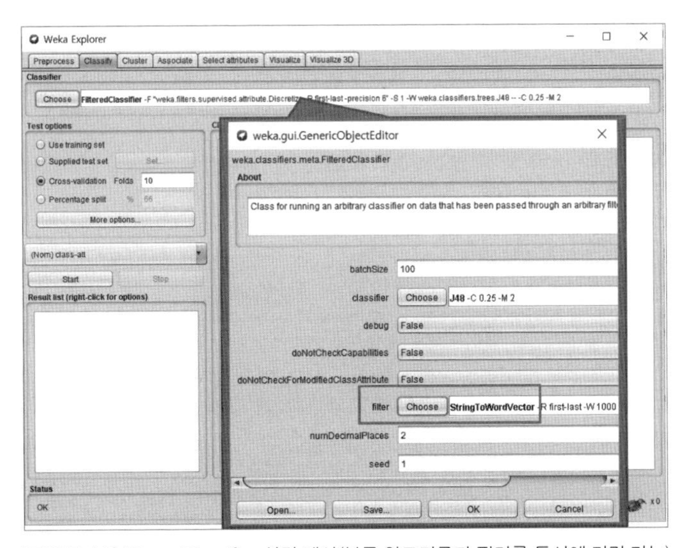

[그림 7-11] FilteredClassifier 설정 예시(분류 알고리즘과 필터를 동시에 지정 가능)

학습을 실행시키기 전에 테스트 데이터는 이미 1과 0으로 분류된 다른 기사 데이터를 불러온다.

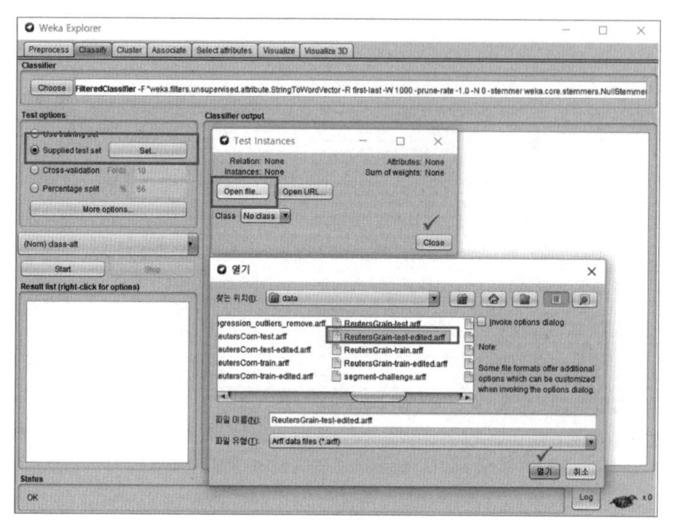

[그림 7-12] Classify 패널 - Reuters 테스트 데이터 불러오기

마지막으로 Classify 패널의 "More option"에서 "Output predictions"를 "Plain Text"로 선택한다.

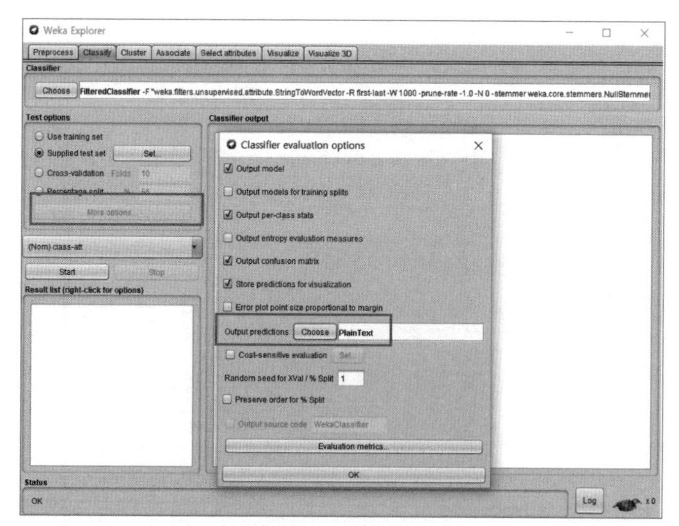

[그림 7-13] Classify 패널 - "More option" → "Output predictions" → "PlainText" 선택

실행 결과 정분류율은 96.36%로 우수한 성능을 보이는 것처럼 보이나, 정착 오분류표 "Confusion Matrix"에서의 b = 1의 분류 결과이다. B = 1은 grain(곡물) 관련 기사라고 분류된 기사인데, J48 분류 결과 총 57건 중 제대로 분류한 것은 38건뿐이다. 즉, 정작 중요한 grain(곡물) 기사의 분류율은 67%뿐이다.

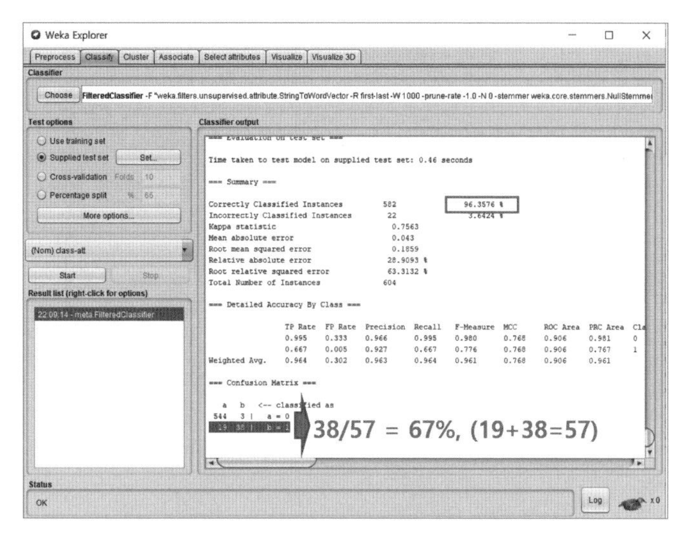

[그림 7-14] 정작 제대로 분류되어야 할 라벨의 정분류율은 낮다

상세 내용을 봐도 잘못 분류된 내역을 확인할 수 있다.

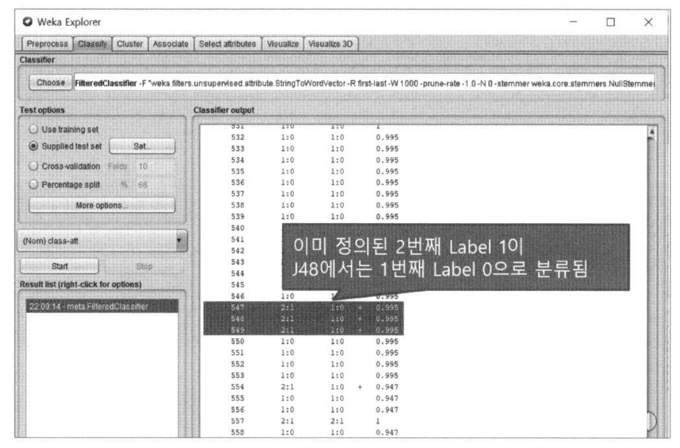

[그림 7-15] PlainText 설정으로 확인 가능한 오분류 결과

이제 FilteredClassifier의 Classifier를 bayes 밑에 "NaiveBayesMultinomial"로 변경하고 학습을 실행해 보자. NaiveBayesMultinomial을 추후에 상세히 설명하겠다.

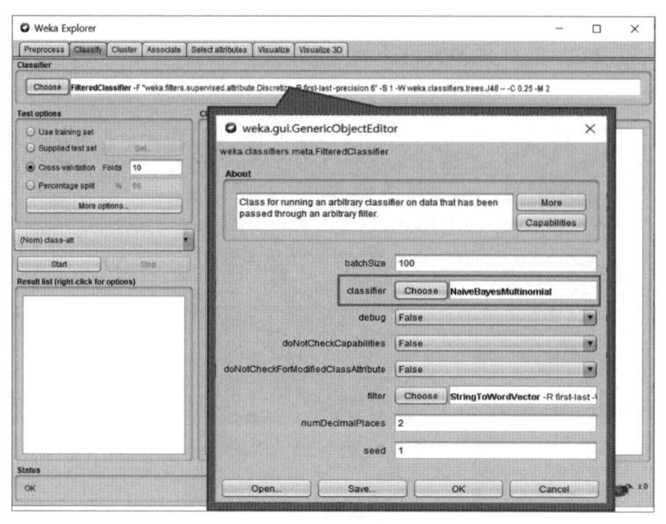

[그림 7-16] 분류 알고리즘을 J48에서 NaiveBayesMultinomial로 변경

전체 정분류율은 90.73%로 오히려 떨어졌지만 정말 중요한 grain(곡물) b = 1은 오분류율이 57건 중 5건만 틀렸기에 분류율이 91.23%로 향상되었다.

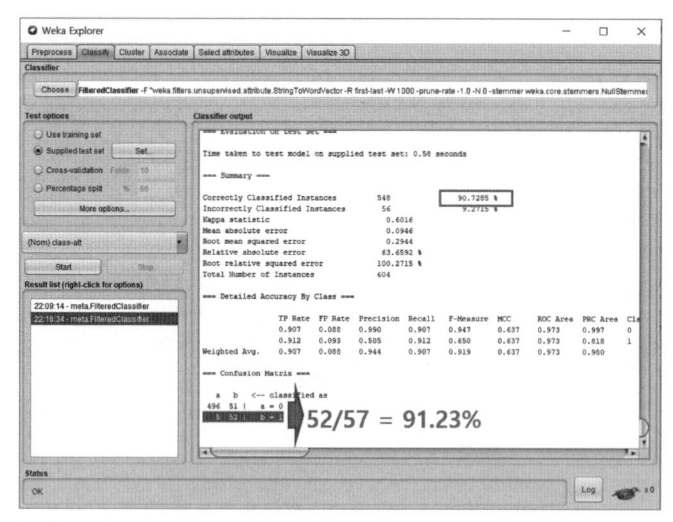

[그림 7-17] 적은 라벨이더라도 제대로 분류되는 NaiveBayesMultinomial 알고리즘

7.2.1 StringToWordVector

문장의 형태소 분석 필터이며 영문에서는 공백 기준으로 단어를 분리한다.

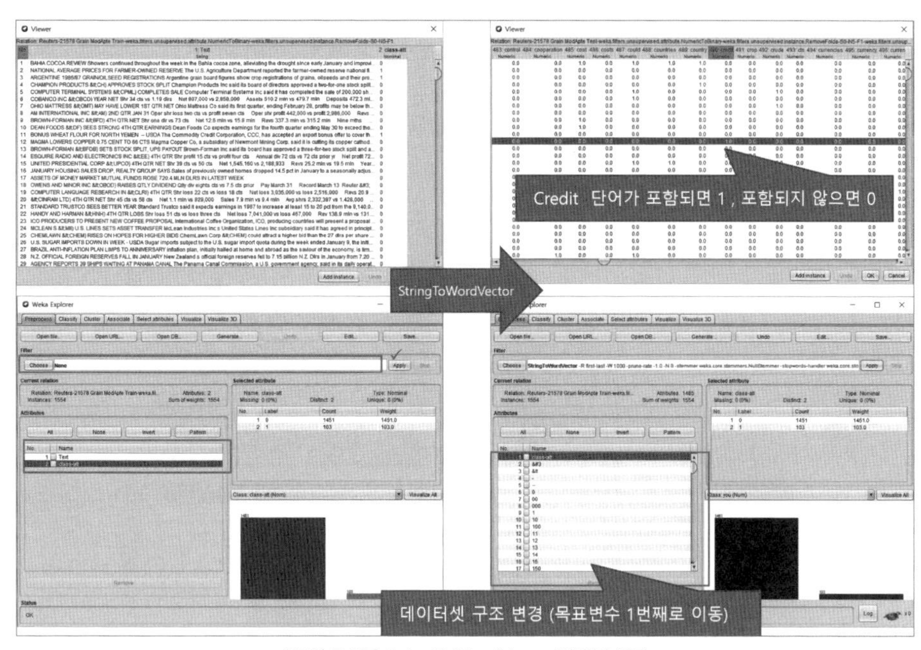

[그림 7-18] StringToWordVector 필터링 결과

위의 데이터를 전처리 패널에서 StringToWordVector를 기본 설정으로 필터링하면 단어들이 속성명이 되고 단어들의 발생 횟수가 데이터값이 된다. 문장별로 어떤 단어가 포함되어 있으면 1, 포함되지 않으면 0으로 데이터 구조를 변경한다.

7.2.2 FilteredClassifier

문장 데이터는 포함된 단어 수와 위치가 상이해 StringToWordVector 필터링을 거치면 데이터 구조가 달라진다. 이때 상이한 데이터셋 구조로 알고리즘을 학습시킬 수 있는 방법이 FilteredClassifier이다.

J48 알고리즘은 Explorer에서는 실행되지 않으며 KnowledgeFlow에서 실행시키면 에러가 발생한다.

① KnowledgeFlow 설계: more week 2 class 2 lesson 4 error.kf

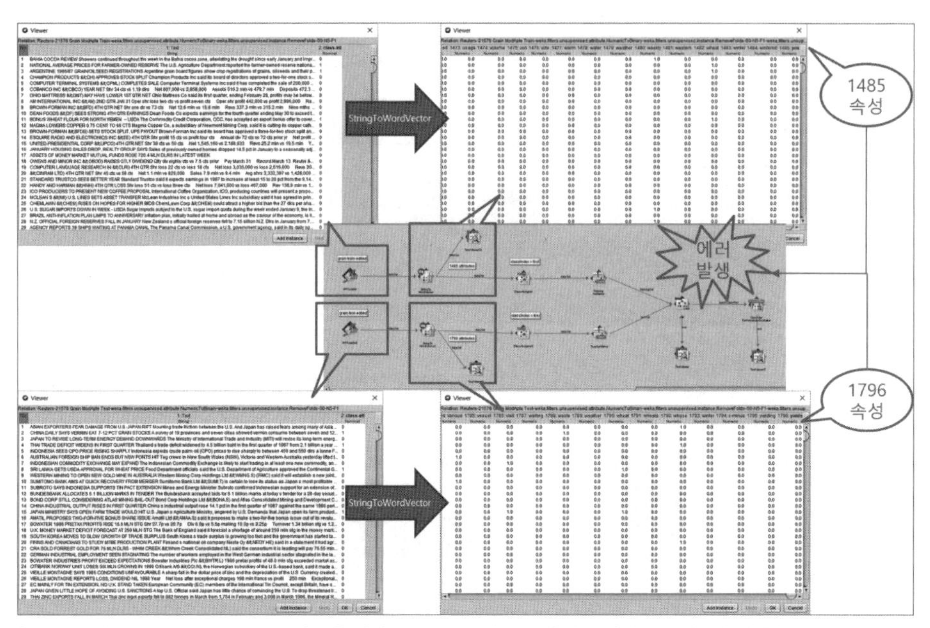

[그림 7-19] StringToWordVector 필터링 후 데이터 구조가 달라져 J48을 학습하면 속성 개수가 달라져 에러가 발생한다

에러 내용은 다음과 같으며 훈련 데이터와 테스트 데이터 구조가 달라 발생한다.

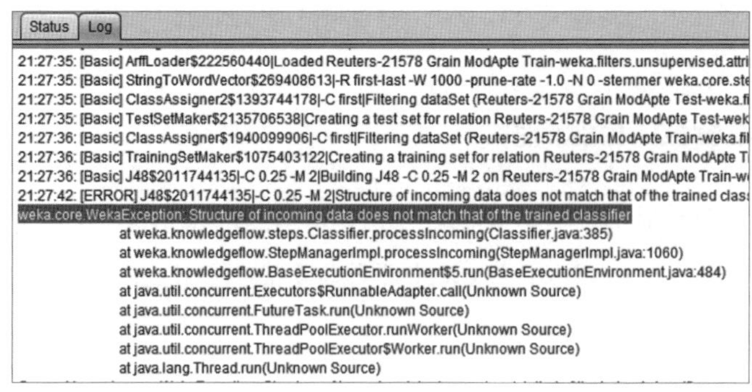

[그림 7-20] 속성의 개수가 달라져 학습이 안 된다는 에러 메시지

물론 훈련 데이터만으로 알고리즘을 교차검증 및 분할검증하면 학습은 가능하나 다른 문서 구조는 StringToWordVector 필터링 되면 훈련 데이터와 구조가 상이해질 수밖에 없다. 우연히 단어 수와 위치가 같을 확률은 0%에 가깝다.

② knowledgeFlow 설계: more week 2 class 2 lesson 4.kf

그러나 FilteredClassifier를 적용하면 다음과 같으며 정상적으로 실행된다.

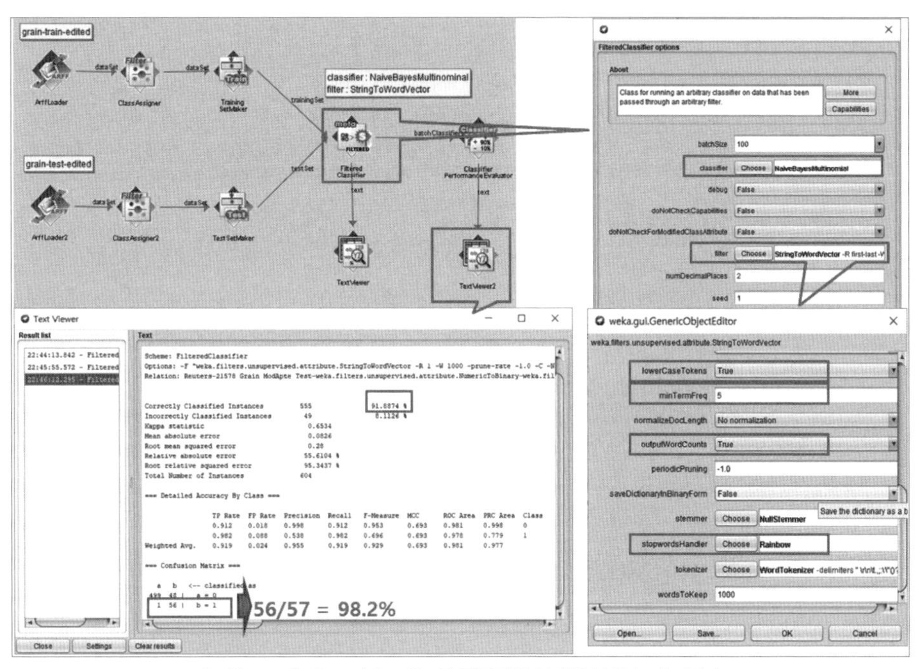

[그림 7-21] FilteredClassifier를 적용하여 문제없이 학습되는 결과

다음의 Java 코드는 텍스트마이닝 J48과 NaiveBayesMultinomial 알고리즘을 비교하면서 StringToWordVector 필터의 설정은 변경 없이 FilteredClassifier를 적용한다.

```
public class W2_L4_TextMining_Base {

        Instances train = null;
        Instances test = null;

        FilteredClassifier model = null;

        // 생성자
        public W2_L4_TextMining_Base(String fileName) throws Exception{

                // 1) data loader
                String folderName = "D:\\Weka-3-9\\data\\";
                System.out.print(fileName + " ");
                this.train=new Instances(
                          new BufferedReader(
                          new FileReader(folderName+filename +"-train-
                          edited.arff")));
                this.test =new Instances(
                          new BufferedReader(
                          new FileReader(folderName+fileName+"-test-
                          edited.arff")));
                System.out.println("전체 데이터 건수: " + (train.size() +
                test.size()) +
                 " 훈련 데이터 건수: " + train.size() +
                " 테스트 건수: " + test.size());
        }

        // main 함수
        public static void main(String[] args) throws Exception {
                W2_L4_TextMining_Base obj
                   = new W2_L4_TextMining_Base();

                obj = new W2_L4_TextMining_Base("ReutersGrain");
```

```
        obj.suppliedTestSet(new J48());

        obj = new W2_L4_TextMining_Base("ReutersGrain");
        obj.suppliedTestSet(new NaiveBayesMultinomial());
}

// FilteredClassifier 모델 적용
public void suppliedTestSet(Classifier classifier) throws
Exception{
        // 2) class assigner
        train.setClassIndex(train.numAttributes()-1);
        test.setClassIndex(test.numAttributes()-1);

        // 3) evaluation, classifier setting
        Evaluation eval=new Evaluation(train);

        if (this.model = null)
         this.model = this.setModel(classifier);

        // 4) model run
        model.buildClassifier(train);

        // 5) evaluate
        eval.evaluateModel(model, test);

        // 6) print Result text
        System.out.print(this.getModelName(classifier) + " : " );
        System.out.print("정분류율: " +
                        String.format("%.2f", eval.
                        pctCorrect()) + " %");
        System.out.println(", Weighted Area Under ROC : " +
        String.format("%.2f",eval.weightedAreaUnderROC()) +
        "\n\n");
        System.out.println(eval.toMatrixString());
```

```
            this.printPctCorrect2ndLabel(eval.confusionMatrix());
    }

    // FilteredClassifier 설정
    public FilteredClassifier setModel(Classifier classifier){
            FilteredClassifier model = new FilteredClassifier();
            model.setClassifier(classifier);
            model.setFilter(new StringToWordVector());

            return model;
    }

    // 2번째 라벨 특이도 출력
    public void printPctCorrect2ndLabel(double[][] confusionMatrix){

            double FP = confusionMatrix[1][0];
            double TN = confusionMatrix[1][1];

            System.out.println("특이도: " +
                                        TN + " / " + (FP+TN) + " = " +
                                String.format("%.2f", TN/(FP+TN) *100
                                ) +
                                " % ");

    // 모델명 획득
    public String getModelName(Classifier model){
            String modelName = "";
            if(model instanceof  Logistic)
             modelName = "Logistic";
            else if(model instanceof  J48)
             modelName = "J48";
            else if(model instanceof  IBk)
             modelName = "IBk";
```

```
            else if(model instanceof  NaiveBayesMultinomial)
             modelName = "NaiveBayesMultinomial";
            return modelName;
        }
}
```

```
Problems  @ Javadoc  Declaration  Search  Progress  Console  Debug
<terminated> W2_L4_TextMining_Base [Java Application] D:₩java-1.8.0-openjdk₩bin₩javaw.exe
ReutersGrain 전체 데이터 건수 : 2158 훈련 데이터 건수 : 1554 테스트 건수 : 604
J48 : 정분류율 : 96.36 %, Weighted Area Under ROC : 0.91

=== Confusion Matrix ===

   a   b   <-- classified as
 544   3 |   a = 0
  19  38 |   b = 1

특이도 : 38.0 / 57.0 = 66.67 %
ReutersGrain 전체 데이터 건수 : 2158 훈련 데이터 건수 : 1554 테스트 건수 : 604
NaiveBayesMultinomial : 정분류율 : 90.73 %, Weighted Area Under ROC : 0.97

=== Confusion Matrix ===

   a   b   <-- classified as
 496  51 |   a = 0
   5  52 |   b = 1

특이도 : 52.0 / 57.0 = 91.23 %
```

[그림 7-22] 알고리즘 2개를 비교한 결과

이 실행 결과에서 중요한 것은 Weighted Area Under ROC(전체 라벨 ROC)와 label b(b = 1)의 특이도가 중요하다. NaiveBayesMultinomial의 정분류율은 J48보다는 낮지만 전체 라벨의 ROC는 J48보다 높고 특이도는 91%로 90.73%의 정분류율과 큰 차이가 없다. 즉, 텍스트 마이닝과 같은 소수 의견(label b(b = 1))까지도 분류율이 높아야 하는 경우는 NaiveBayesMultinomial 알고리즘이 더 적합하다.

7.2.3 MultiFilter

앞으로 많이 사용될 필터를 소개하겠다. 필터를 2개 이상 적용할 때 목록 순서대로 필터링을 실행하게 하는 다중 필터를 지정하는 MultiFilter이다. 예를 들어, 문장을 NaiveBayes 알고리즘으로 텍스트마이닝할 때 StringToWordVector 필터링 된 데이터셋 구조는 단어들의 속성을 숫자형으로 인식한다. NaiveBayes는 이들 숫자 속성을 명목 속성과 다르게 취급하게 한다.

예를 들어, StringToWordVector 필터링 후 NumericToNominal 필터를 한 번 더 적용해야 하는데 2번 이상 필터링을 동시에 실시하는 방법이 MultiFilter를 사용하는 것이다. 명목으로 변환하고 NaiveBayes를 다시 평가하면 단어들을 명목 속성으로 간주한다.

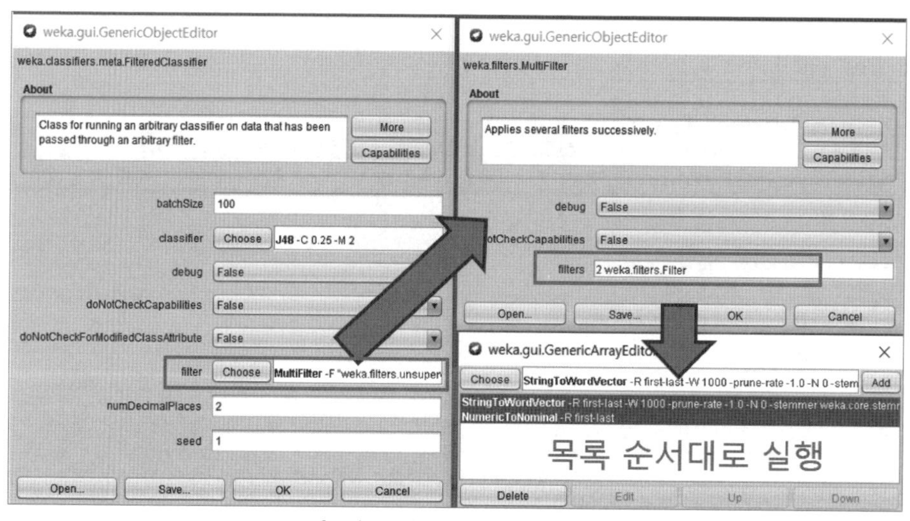

[그림 7-23] MultiFilter 적용 예시

7.2.4 NaiveBayesMultinomial

NaiveBayesMultinomial은 텍스트마이닝을 위해 설계된 알고리즘이다. 모든 속성이 중요하다고 간주하는 NaiveBayes 알고리즘을 개선한 것이다. NaiveBayes 문서 분류의 문제는 첫 번째, 문장 내 출현되지 않는 단어 때문에 정분류율이 결정되고 두 번째, 1개 단어가 여러 번 출현되는 것을 설명하지 않으며 세 번째, 모든 단어는 모두 중요시한다는 대전제의 한계가 있다. and, the와 같은 관사/접속사 등이다.

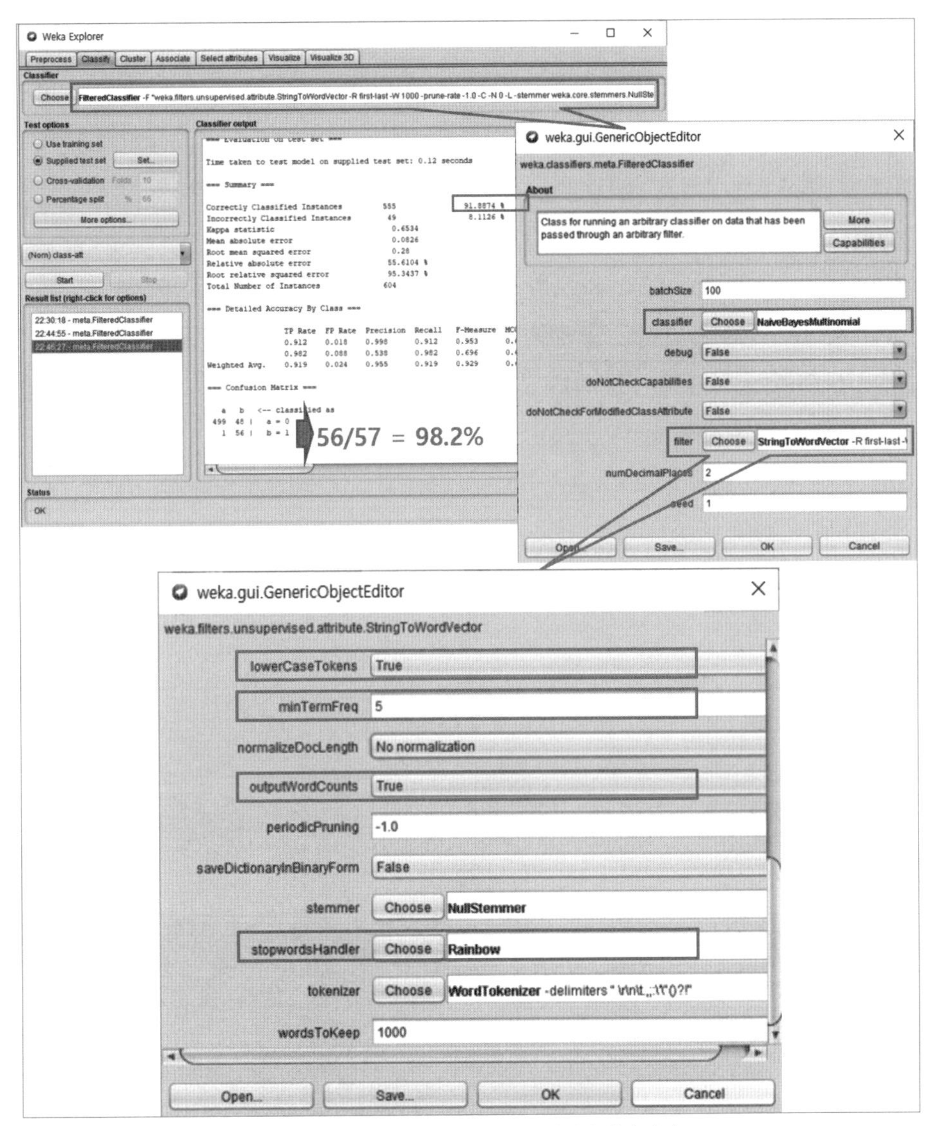

[그림 7-24] StringToWordVector 필터의 설정 예시

FilteredClassifier에서 classifier: NaiveBayesMultinomial , filter: StringToWord Vector를 지정하고 StringToWordVector 필터는 4개 설정값을 변경한다. 4개 설정값에 따라 정분류율 향상에 직결된다. StringToWordVector 필터의 중요 옵션은 다음과 같다.

- TD-IDF: 모든 문장에서 발생하는 단어는 불용어로 처리하여 간간이 발행할 키워드를 높은 가중치로 부여
- outputWordCounts: 단어 포함 여부가 아닌 발생 횟수 산출
- lowerCaseTokens: 모두 소문자화
- minTermFreq = 5: 단어당 발생 횟수
- wordsToKeep: 목표변수당 최대 단어 수

그 외 SnowballStemmer: -s, -ing 제거

결과는 정분류율 91.9%이며 grain 라벨인 b = 1은 98.2%이므로 grain 텍스트마이닝은 적절하게 구성되었다.

① KnowledgeFlow 설계: more week 2 class 2 lesson 6.kf

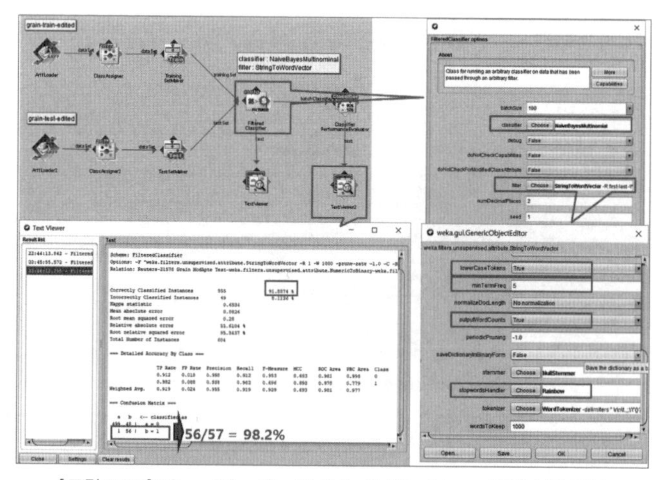

[그림 7-25] FilteredClassifier 내 StringToWordVector 필터 설정 예시

다음 Java 코드는 앞의 Java class를 상속받아 재송하고 StringToWordVector의 설정값을 변경하여 비교해 본 경우이다. 상속을 받은 이유는 Java 코드를 줄일 수 있기 때문이다.

```
public class W2_L6_TextMining_More extends W2_L4_TextMining_Base{

        public W2_L6_TextMining_More(String fileName) throws Exception {
               super(fileName);
        }

        public static void main(String[] args) throws Exception {
                W2_L6_TextMining_More obj = null;

                new W2_L6_TextMining_More("ReutersGrain")
                .suppliedTestSet(new J48());
                new W2_L6_TextMining_More("ReutersGrain")
                .suppliedTestSet(new NaiveBayesMultinomial());
                new W2_L6_TextMining_More("ReutersGrain")
                .reUseBaseEdition(new NaiveBayesMultinomial())
                new W2_L6_TextMining_More("ReutersGrain")
                .reUseBaseEdition(new J48 ())

        }

        public void reUseBaseEdition(Classifier classifier) throws
        Exception{
                // 1) FilteredClassifier 객체 획득
                super.model = super.setModel(classifier);

                // 2) 필터 설정
                System.out.println("StringToWordVector 설정값 변경");
```

```
            StringToWordVector word2vector
                  = new StringToWordVector();
            word2vector.setLowerCaseTokens(true);
            word2vector.setOutputWordCounts(true);
            word2vector.setStopwordsHandler(new Rainbow());
            word2vector.setStemmer(new SnowballStemmer())
            word2vector.setWordsToKeep(800);
            super.model.setFilter(word2vector);

            // 3) 모델학습 실행
            super.suppliedTestSet(classifier);
      }
}
```

출력된 콘솔창을 다음 표와 같이 정리하고 분석해 보자.

정분류율	J48	NaiveBayesMultinomial
기본 StringToWordVector	✓ 96.36 %	90.73 %
4개 설정 변경 StringToWordVector	95.86 %	92.38 %

ROC	J48	NaiveBayesMultinomial
기본 StringToWordVector	0.91	0.97
4개 설정 변경 StringToWordVector	0.93	✓ 0.98

특이도	J48	NaiveBayesMultinomial
기본 StringToWordVector	66.67 %	91. 25 %
4개 설정 변경 StringToWordVector	88.70 %	✓ 98.25 %

[그림 7-26] 콘솔에 출력된 StringToWordVector 설정값에 따른 결과 정리

정분류율은 4개 설정값이 변경된 StringToWordVector 필터의 J48이 제일 높지만 다른 경우와 크게 차이가 없다. (96.36%)

ROC는 4개 설정값이 변경된 StringToWordVector 필터의 NaiveBayesMultinomial이 제일 높다. (0.98)

특이도 또한 4개 설정값이 변경된 StringToWordVector 필터의 NaiveBayesMultinomial이 제일 높다. (98.25%)

정분류율, ROC, 특이도 지표만 보면 4개 설정값이 변경된 StringToWordVector 필터의 NaiveBayesMultinomial 경우가 ReuterGrain 데이터셋을 데이터마이닝하는데 적합하다고 볼 수 있다. 또한 StringToWordVector의 설정값에 따라 텍스트마이닝 결과가 극적으로 향상될 수 있다.

② Experimenter 비교: more 2.3.exp

Experimenter로 비교해 보자. Experimenter의 경우 테스트 데이터를 별도로 불러오는 기능은 없다. 그 대신 90% 분할검증을 실시했다.

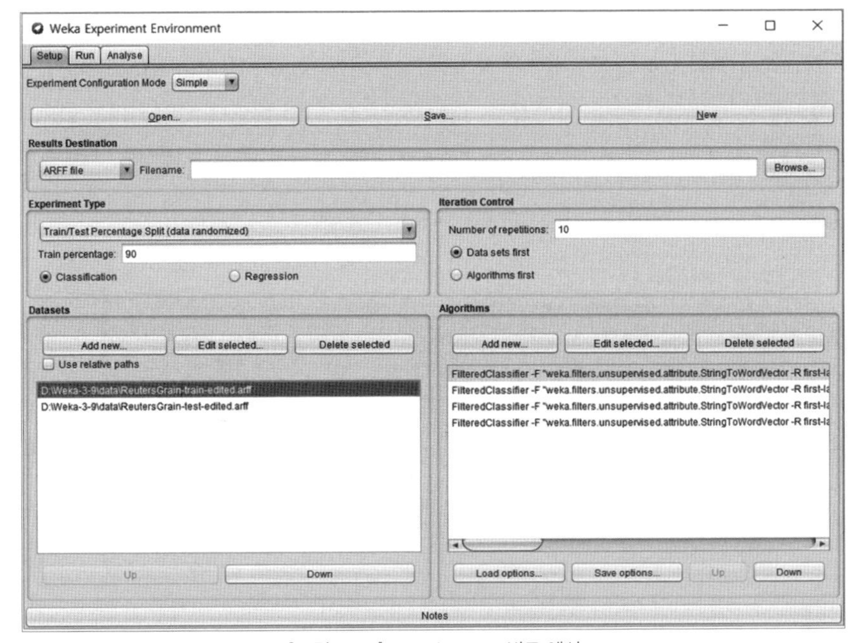

[그림 7-27] Experimenter 비교 예시

알고리즘 적용 순서는 다음과 같다. 기본적으로 FilteredClassifier를 사용하고, 다음 순서로 실험했다.

- J48 + 기본 StringToWordVector
- J48 + 4개 옵션 변경 StringToWordVector
- NaiveBayesMultinomial + 기본 StringToWordVector
- NaiveBayesMultinomial + 4개 옵션 변경 StringToWordVector

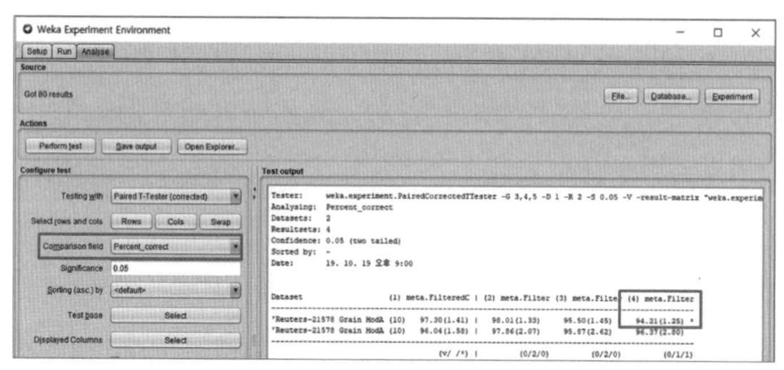

[그림 7-28] Experimenter 결과(정분류율)

정분류(Percent_correct) 측면에서 확인해 보자. 첫 번째 데이터셋의 경우 J48 + 기본 StringToWordVector 정분류율 97.30%이며, NaiveBayesMultinomial + 4개 옵션 변경 StringToWordVector 정분류율 94.21%는 유의 수준에서 미달이다. 그러나 두 번째 데이터셋의 경우 대부분 알고리즘의 정분류율이 95~97%로 어떤 것이 더 좋다고 말할 수 없다.

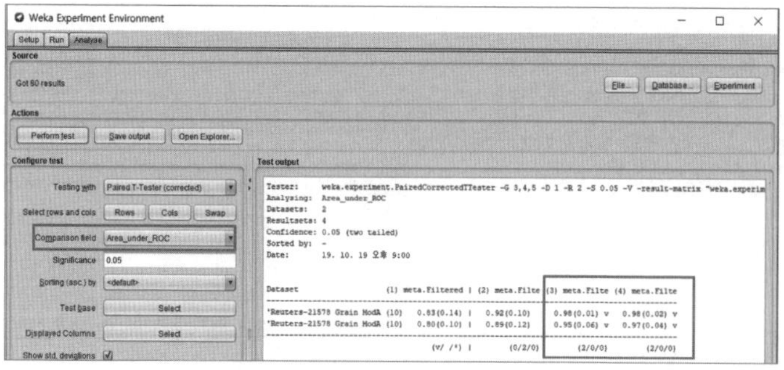

[그림 7-29] Experimenter 결과(ROC)

ROC(Area_under_ROC) 측면에서는 다른 결과가 나온다. StringToWordVector와 상관없이 NaiveBayesMultinomial의 ROC 즉, J48의 ROC는 더욱 현격히 높은 수치를 보인다.

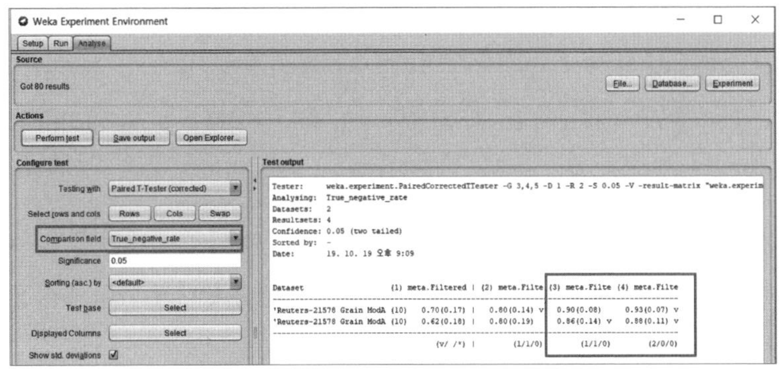

[그림 7-30] Experimenter 결과(특이도 - TN rate)

특이도(True_negative_rate) 결과 또한 ROC와 동일하게 StringToWordVector와 상관없이 NaiveBayesMultinomial의 ROC 즉, J48의 ROC는 더욱 현격히 높은 수치를 보인다.

Experimenter의 경우 다양한 경우의 알고리즘 학습 결과를 통계적으로 분석하는 것이 용이하므로 향후에 많이 사용될 기능이다. 다만 통계 결과라는 수치 해석에 따라 관계자와 공유하여 합리적인 의사 결정을 선택하는 것이 중요하다.

7.3 이산화

선형회귀분석의 경우 독립변수(x)와 목표변수(y)는 모두 수치형 데이터여야 한다. 그러나 목표변수(y)가 명목형인 경우에도 회귀분석이 가능하다. 2~3라벨 선형회귀분석 기법을 적용해 명목형 목적변수(y)를 수치형으로 변경하면 되는데, 이때 경우에 따라 필요한 필터가 2개 있다. 2라벨의 경우 AddClassification 필터를 사용하고 3라벨의 경우 MakeIndicator 필터를 사용하면 된다.

이와 반대의 경우도 방법이 있다. 즉 수치형 독립변수(x)를 명목형 독립변수(x)로 변환하는 방법을 이산화Discretize라고 한다. 그러면 왜 이런 데이터형 변화가 필요할까?

예를 들어, 나이age 정보를 의사결정나무와 같은 분류 알고리즘으로 학습할 때 나이 숫자 속성을 초등/중등/고등/대학으로 명목 형태로 분류하거나 20대, 30대, 40대의 명목 형태로 변환해야 할 경우, 나이age 숫자 속성을 회귀 알고리즘으로 학습하기보다 분류 알고리즘의 결과가 해석이 더 쉽다. 물론 나이를 수치형으로 볼 것이냐 수치형을 가장한 명목형이냐의 논란은 여기서 생략한다.

알고리즘 결과 해석 용이성 외에도 개인정보보호법 강화 때문에 개인 정보 재식별 불가를 위해 정확한 나이를 사용하지 못하는 경우에도 숫자 형태의 나이 속성을 명목형으로 분리하기도 한다.

7.3.1 비지도 이산화

① 정의: 목표변수(y)와 상관없이 숫자로 구성된 독립변수(x)를 구역으로 나누어 명목 속성으로 데이터 형태를 변경하는 필터링 작업이다.

② 대상: 동폭 구역 할당Equal-width binning과 등빈도 구역 할당Equal-frequency binning 2가지 방법이 있고, 숫자 속성에서 알 수 있으나 명목 속성으로 변경하면 잃게 될 순서 정보를 유지할지를 결정할 수 있다.

동폭 구역 할당 Equal-width binning은 숫자 값 중 최댓값과 최솟값 사이에 일정 비율로 나누어 명목화하는 것이다. 예를 들어, -1부터 +1까지 최소/최댓값을 가지고 있는 속성의 경우 할당 구역을 40으로 할 때 -1부터 +1 사이를 1/40 분할하여 값별로 해당하는 구역에 할당한다.

등빈도 구역 할당 Equal-frequency binning은 히스토그램 방식과 유사하며 가급적이면 할당된 구역에 값들을 균등하게 배정한다. 다만 1개 구역에 많은 값이 있으면 인정한다.

순서 정보를 유지하는 방법은 구역 할당을 하면서 새로운 변수가 어느 구역까지 포함되는지 여부를 산출하고 마지막 구역에 true 값을 설정하여 새로운 속성을 생성하는데 이 속성을 binary attribute라고 한다.

③ 방법: filtering 〉 unsupervised 〉 attribute 〉 Discretize 필터를 사용하며, 설정값 중 useEqualFrequency가 false이면 동폭 구역 할당이고, true이면 등빈도 구역 할당이다. makeBinary가 true이면 순서 정보를 유지한다.

④ 효과: 등빈도 구역 할당의 경우 데이터 분포에 민감해 보통 상대적으로 동폭 구역 할당의 성능이 더욱 좋다. 순서 정보 유지는 단어 그대로 순서 정보를 유지하기에 보통은 동폭 구역 할당과 등빈도 구역 할당보다 성능이 좋다.

⑤ 결론: 순서 정보까지 유지된 이산화가 일반적인 때보다 성능이 좋다.

7.3.2 지도 이산화

① 개요: 목표변수(y)가 존재한 경우이며 목표변수 기준으로 수치형 독립변수(x)의 명목형 구역을 할당한다.

② 대상: 최대한의 정보를 포함하기 위해 엔트로피 휴리스틱(bit) 최소화 기준으로 명목 구역을 할당하되, 구역 할당 시 독립변수(x)의 원래 목표변수(y)의 구역 변동이 발생할 수 있다. 예를 들어, x1 = y1로 x2 = y2로 구성된 데이터셋에서 엔트로피의 최소화를 위해 x1 = y2로 구역이 변경될 수 있다.

③ 방법: supervised〉attribute〉Discretize 필터에서 할당 구역bin을 지정해야 하나 교차검증 시 테스트 데이터셋을 사용하는 것은 과적합 발생 가능성이 높다. 이는 모델 검증 전에 사전 이산화Pre-Discretized가 적용되어 학습된 모델만 성능 향상을 보이는 시각차를 유발할 수 있다.

이를 개선하는 방법을 사전 이산화라고 한다. Meta 〉 FilteredClassifier를 선택해서 필터를 Discretize로 지정한다. Discretize 필터 설정에서 순서 저장을 지정(makeBinary = true)한 다음 분류 알고리즘을 지정하여 이산화 학습을 진행한다.

④ 효과: 과적합을 피할 수 있는 지도 이산화를 위해 FilteredClassifier 필터링을 실시하면, 1~2%의 성능 향상을 기대할 수 있으며, 의사결정나무의 경우 node 수가 감소해 간소화될 수 있다.

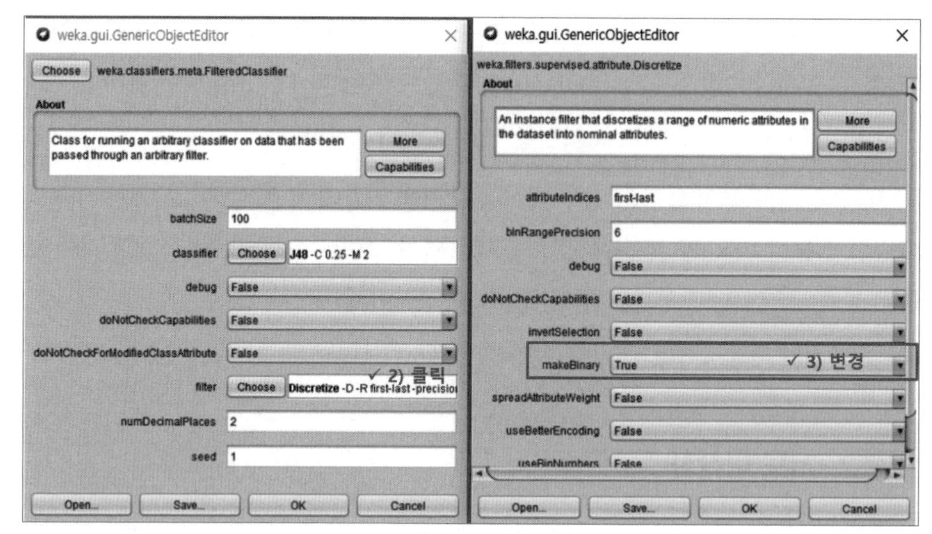

[그림 7-31] Discretize(지도 이산화) 방법

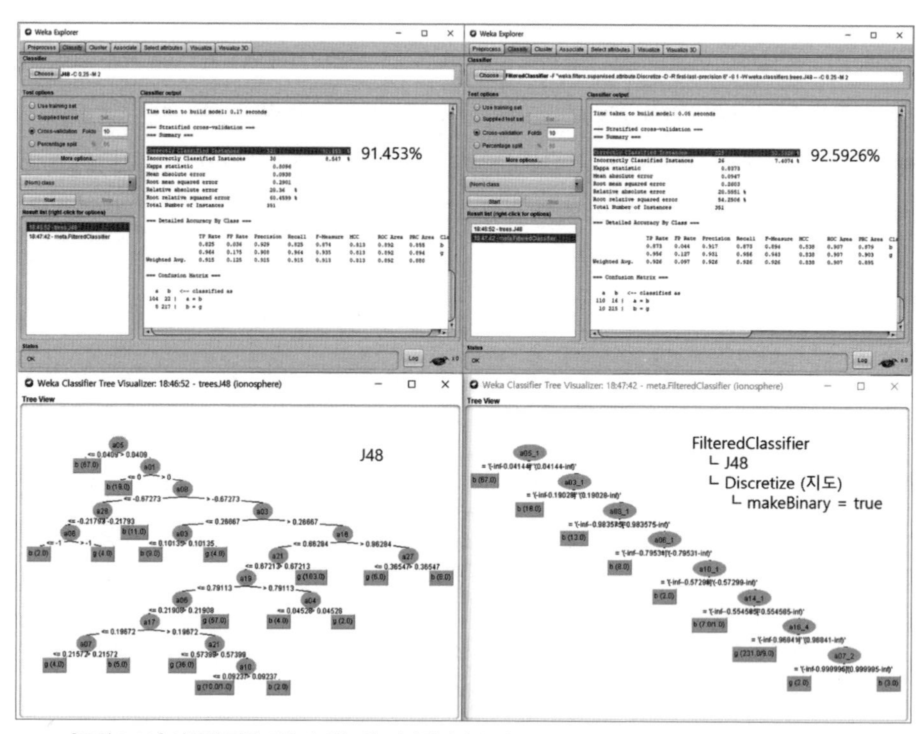

[그림 7-32] 이산화 적용 전후의 성능 및 의사결정나무 비교(오른쪽 성능 우수 및 노드 정렬 확인 가능)

7.4 비지도 학습 연관/군집분석

7.4.1 지도 학습 vs. 비지도 학습

지금까지는 목표변수 또는 class 속성이 존재하고 데이터 형태가 명목형이면 분류분석, 숫자형이면 회귀분석을 학습하는 "지도 학습"에 대해 소개했다. 만약 목표변수 또는 class 속성이 없다면 무슨 분석 알고리즘을 사용해야 하나? 답은 연관분석과 군집분석이다. 즉 맞추고자 하는 대상이 없으니 지도할 수 없어 "비지도 학습"이라고 한다.

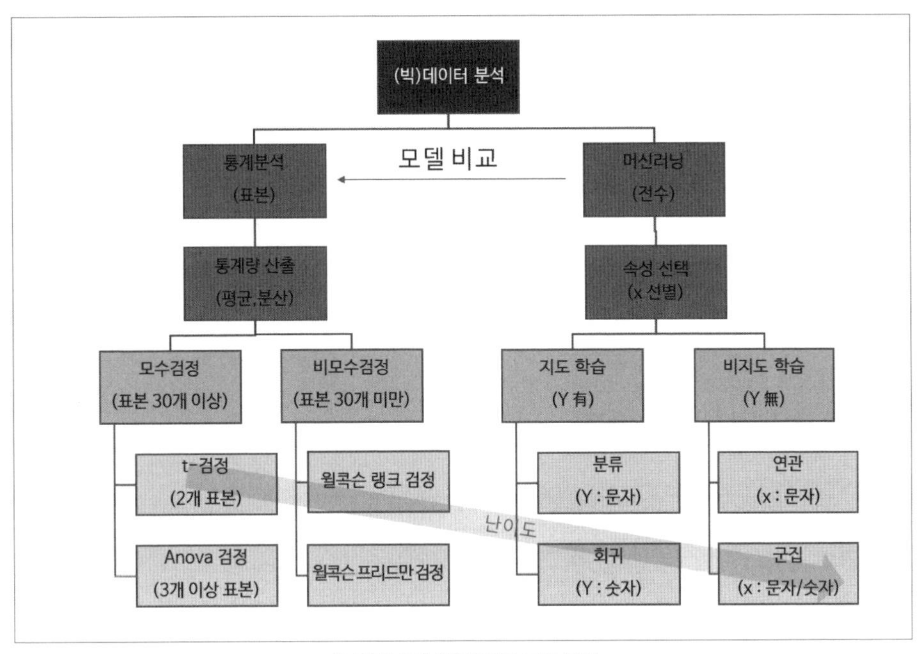

[그림 7-33] (빅)데이터 로직 트리

연관규칙은 장바구니라고도 일컬으며 속성들의 값들의 동시 발생 빈도라는 패턴을 탐색한다. 분류분석의 정분류율, 회귀분석의 상관계수처럼 연관규칙도 성능 측정 지표가 있으며 지지도, 신뢰도, 향상도라고 한다. 영문으로는 support, confidence, lift이다. 대표적인 알고리즘은 Apriori가 있다.

군집분석의 데이터의 분포에서 군집화하고 군집 간의 거리를 측정하는 방법이다. 잡음에 민감해 잡음의 영향을 덜 받는 방식으로 알고리즘들이 개선되고 있다. 군집분석의 성능을 측정하는 지표는 없으나 모든 군집분석 알고리즘은 가중치를 적용하며 대표적인 알고리즘은 k-means, 혼합군집분석(EM), 인공신경망과 유사한 SOM이 있다.

여러 번 설명했던 위의 (빅)데이터 로직 트리를 지도 학습과 비지도 학습으로 비교 정리하면 다음과 같다.

구분	지도 학습		비지도 학습	
분석 종류	분류분석	회귀분석	연관분석	군집분석
독립변수 형태(x)	모두 가능	숫자형	명목형(동시 발생 빈도)	모두 가능(군집 간 거리 측정)
목표변수 형태(y)	명목형	숫자형	없음	없음
중요 지표	정분류율	상관계수	지지도, 신뢰도, 향상도	없음(가중치 사용)
대표 알고리즘	의사결정나무	회귀분석	Apriori	K-means

[그림 7-34] 지도/비지도 학습 비교

7.4.2 의사결정나무 비교

비지도 학습을 설명하기 전에 대표적인 지도 학습 알고리즘 중 학습 결과를 쉽게 알아볼 수 있는 여러 가지의 의사결정나무들을 비교해 보자.

① **배경**why

모든 분류 알고리즘의 기준이 되는 ZeroR과 오직 1개 독립변수(x)가 목표변수(y)를 정할 수 있다는 OneR은 가장 간단하면서도 기준선이 되는 분류 알고리즘들이다.

ZeroR과 OneR은 모두 rules(규칙)를 중점적으로 발굴하는 알고리즘의 종류이며 따라서 rules 폴더 밑에 존재하고 작동 원리가 간단하다. 대표적인 의사결정나무 알고리즘인 J48은 학습 결과가 사람이 인식하기 편한 시인성을 가지고 있다.

그렇다면 기준이 되는 ZeroR 및 1개만을 바라보는 간단한 분류 알고리즘 OneR과 대중적인 분류 알고리즘 J48의 중간 정도인 의사 결정 규칙 알고리즘이 존재한다. PART와 JRip이 그 역할을 담당한다. 즉 의사 결정 규칙 PART와 JRip은 의사결정나무보다 간단한 규칙을 생성하는 분류 알고리즘을 뜻한다.

② **대상**what

PART와 JRip은 OneR과 ZeroR처럼 rules(규칙) 범주의 분류 알고리즘이며 분류규칙 탐색이 주목적이다. OneR과 ZeroR과 같이 작동 원리는 단순하나 J48보다 정분류율이 좋은 경우도 있다.

PART: 부분적 의사 결정 트리를 반복적으로 생성하여 올바른 규칙을 생성한다.

JRip: RIPPER(Repeated Incremental Pruning to Produce Error Reduction) 원리를 적용한다. 점진적으로 오류 가지치기를 사용하고 복잡하지만 성능은 우수한 작은 규칙 세트를 생성하는 매우 복잡한 전체적인 규칙의 최적화 단계를 따른다.

③ **방법**how

Weka에서 PART와 JRip은 다른 분류 알고리즘 사용법과 동일하게 쉽게 적용할 수 있다. 당뇨병 데이터셋을 분석한 결과만 보면 JRip은 분류규칙이 단순하며 성능은 우수한 분류 알고리즘이다.

알고리즘	J48	PART	JRip
가짓수/규칙수	39	13	13
정분류율	73.8%	75.3%	75.3%

[그림 7-35] J48, PART, JRip 알고리즘 성능 비교

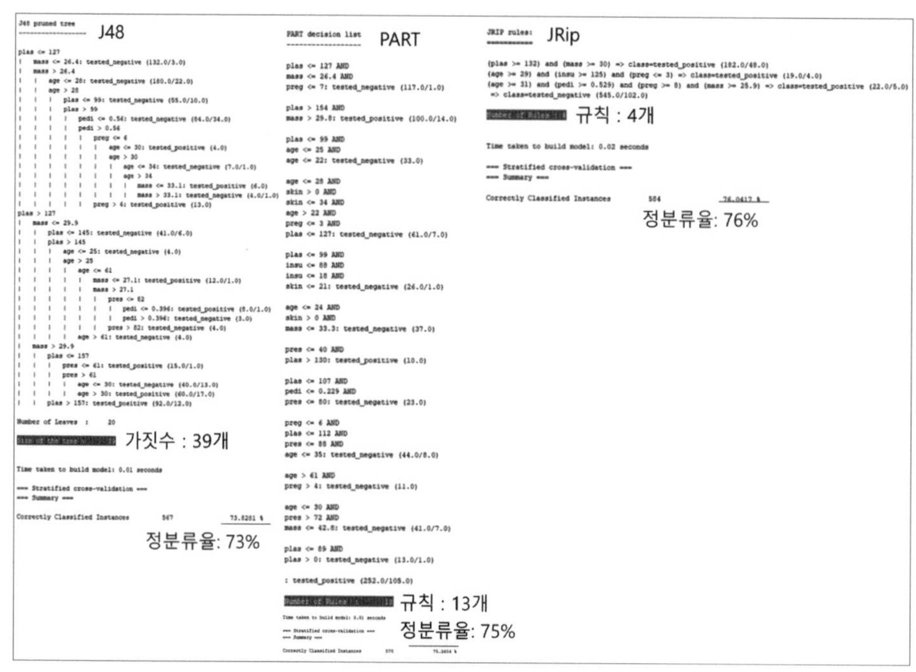

[그림 7-36] J48, PART, JRip 알고리즘 학습 결과 비교

④ **효과**

① Experimenter 비교: more 3.2.exp

여러 데이터셋을 Experimenter로 실험한 결과 PART와 JRip은 J48보다 규칙수가 적다. 여기서 규칙수는 평균값이므로 소수점이 발생한다.

규칙수	J48	PART		Jrip	
folder	trees	rules	유의성	rules	유의성
breast-cancer	2.87	18.43	v	9.75	v
german_credit	4.03	69.69	v	90.18	v
pima_diabetes	3.63	7.51	v	22.2	v
Glass	7.85	15.25	v	23.58	v
ionosphere	5.16	7.53	v	13.87	v
iris	3.65	3.85		4.64	v
segment	18.03	22.05	v	33.06	v

[그림 7-37] Experimenter로 여러 데이터셋을 대상으로 비교한 J48, PART, JRip 알고리즘 규칙수

다만 정분류율 성능을 보면 큰 차이는 없다.

정분류율	J48	PART		Jrip	
folder	trees	rules	유의성	rules	유의성
breast-cancer	74.28	69.41		71.45	
german_credit	71.25	70.54		72.21	
pima_diabetes	74.49	73.45		75.18	
Glass	67.58	68.79		66.78	
ionosphere	89.74	90.83		89.16	
iris	94.73	94.2		94.47	
segment	95.71	95.75		93.47	*

[그림 7-38] Experimenter로 여러 데이터셋을 대상으로 비교한 J48, PART, JRip 알고리즘 정분류율

처리 속도는 의사결정나무보다 빠를 것 같지만 그렇지 않다. 간단한 규칙을 만든다는 특성상 의외의 결과이다.

학습속도	ZeroR	OneR		PART		Jrip		J48	
folder	rules	rules	유의성	rules	유의성	rules	유의성	trees	유의성
breast-cancer	0	0.000313		0.002813		0.003281		0.001562	
german_credit	0.000156	0.001406		0.058281	v	0.042188	v	0.01	v
pima_diabetes	0	0.000625		0.008438	v	0.025625	v	0.006094	v
Glass	0.000156	0.000313		0.004531		0.012656	v	0.002813	
ionosphere	0	0.002344		0.017344	v	0.03025	v	0.011875	v
iris	0	0		0.000937		0.001094		0.000156	
segment	0	0.006094	v	0.054219	v	0.284844	v	0.030781	v
Average	0.000045	0.001585		0.020938		0.057187		0.00904	
속도순위	1	2		4		5	제일 늦음	3	

[그림 7-39] Experimenter로 여러 데이터셋을 대상으로 비교한 J48, PART, JRip 알고리즘 학습 속도

ZeroR 〉 OneR 〉 J48 〉 PART 〉 JRip 순으로 속도가 빠르다. 그 이유는 PART의 경우 올바른 규칙 생성을 위해 부분적 의사 결정 트리를 반복적으로 생성하기 때문이다. JRip은 우수한 작은 규칙 세트를 생성하는 대신 매우 복잡한 전체 규칙의 최적화를 수행하기 때문이다.

⑤ **결론**

의사 결정 규칙은 의사결정나무보다 규칙수를 적게 최적화가 가능하나 복잡한 내부

작동 원리에 따라 속도는 늦고 정분류율도 데이터셋에 따라 다르다. 빠른 학습 속도와 높은 정분류율보다 적은 규칙수가 더 중요한 상황에 따라 의사결정나무를 선택해야 한다.

7.4.3 연관분석 기초

연관분석은 대표적인 비지도 학습으로 장바구니 분석이라고도 한다.

보통 비지도 학습은 목표변수(y)가 없다고 말하지만 실제로는 목표변수(y)가 존재하더라도 독립변수(x)와 동일하게 간주한다. 그 학습 결과는 전조현상과 병행현상 간의 동시 발생 규칙(패턴)을 발견하는 것이다. 이렇게 동시 발생하는 관계를 상관관계와 인과관계로 구분할 수 있다.

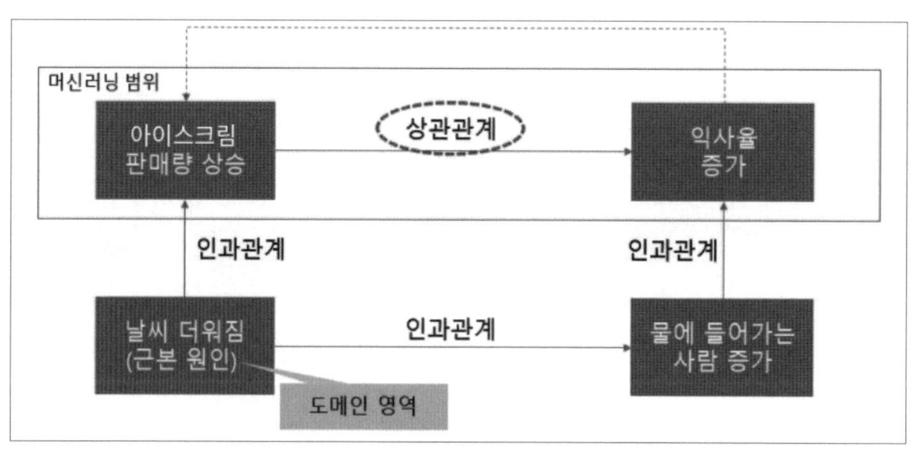

[그림 7-40] 상관관계와 인과관계 비교 (1)

위의 그림에서 전조현상 A를 아이스크림 판매량이라고 하고, 병행현상을 익사율 증가 B라고 가정하자. 발견된 "전조현상 A와 병행현상 B의 조합"을 itemset이라고 한다. 상관관계는 동시 발생하는 원인이 C(더운 날씨)로 다른 데 있어 전조현상 A와 병행현상 B는 아무런 관계가 없다.

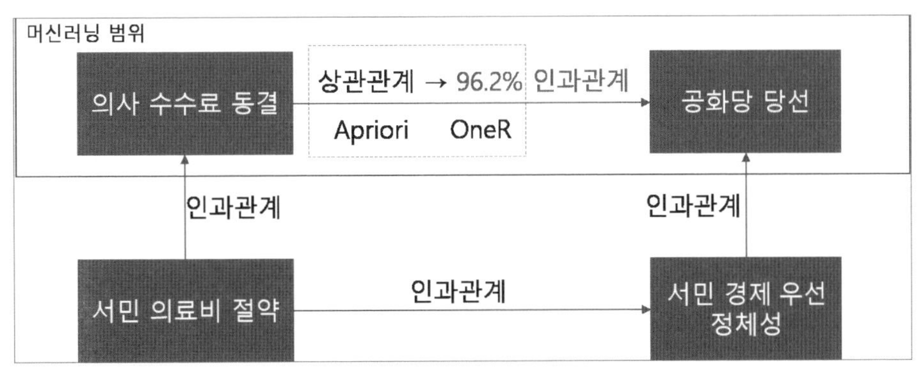

[그림 7-41] 상관관계와 인과관계 비교 (2)

앞의 그림에서 의사 수수료 동결(A)과 공화당 당선(B)은 상관관계이지만, OneR 분류 알고리즘으로 96.2%의 정분류율이 나타나면 이때부터는 상관관계가 아니라 인과관계가 된다. 즉 A에 의해 B가 반드시 발생하는 것을 인과관계라고 한다.

전조현상 A와 병행현상 B는 독립변수(x)도 될 수 있고 목표변수(y)도 될 수 있다. 또한 전조현상 A는 1개 속성일 수도 있고 2개 이상일 수도 있다. 동시 발생 규칙(패턴)을 산출할 때 지지도, 신뢰도, 향상도라는 지표를 사용한다.

연관분석은 장바구니 분석을 설명할 때 가장 많은 사례로 "맥주 구매 남성이 기저귀도 동시에 구매한다."를 살펴보자. 구매 목록 데이터에서 맥주(전조현상 A) → 기저귀(병행현상 B) 동시 발생 규칙을 찾았다고 하자. 연관분석에서는 맥주와 기저귀 간 동시 발생 규칙만 찾아 줄 뿐 이것의 행위가 구매인지 판매인지 제조인지 알 수 없다. 다만 데이터셋이 구매 목록이므로 맥주와 기저귀 동시 구매 패턴으로 간주하는 것이다. 중요한 것은 규칙에서 산출되는 향상도 해석이다. 향상도가 2가 나왔다면 맥주만의 경우보다 맥주와 기저귀의 동시 발생 확률이 2배 많다고 해석할 줄 알아야 한다. 동시 발생의 경우가 구매인지 제조인지 판매인지는 관련자 간의 의사 결정의 영역이다. 전조현상 A와 병행현상 B 간의 동시 발생 규칙이 지지도, 신뢰도, 향상도 측정에 의해 발견된 후 OneR 분류 알고리즘을 통해 상호 밀접한 관계인지도 파악할 수 있다.

① **정의**why

목표변수를 분류/예측하는 대신 연관규칙은 모든 속성 간의 동시 발생 규칙을 찾아낸다.

② **대상**what

지지도support, 신뢰도confidence, 향상도lift는 기본 척도이며 규칙을 평가하는 데 사용한다.

규칙이란 전조현상 A → 병행현상 B의 상관관계로 정의되며, 전조현상 A를 left hand side(lhs)라고 하며, 국어로는 좌항 정도의 의미이다. 병행현상 B는 right hand side(rhs)라고 불리며 우항 정도의 의미이다.

3대 지표 정의

❶ **지지도**support: R과 Weka의 정의는 다르지만 신뢰도 산출을 위한 과정으로 사용하는 것은 동일하다. Weka의 정의는 규칙을 만족하는 데이터 건수이며, R에서는 전조현상 A 발생 확률 중 A, B 동시 발생 확률로 정의한다. Weka의 지지도는 신뢰도를 산출하기 위한 과정일 뿐이고 R에서는 지지도를 발생 확률로 간주하지만, 연관분석의 핵심은 동시 발생 빈도이므로 차이점은 무시해도 무방하다.

❷ **신뢰도**confidence: Weka와 R의 정의는 상이하지만 결과는 동일하다. Weka의 정의는 "신뢰도 = 우항rhs / 좌항lhs"이다. R의 정의는 전체 건수 중 A, B 동시 발생 건수의 비율이다. Weka와 R의 정의는 다르지만 산출되는 결괏값은 동일하다.

※ 여기서 지지도와 신뢰도를 구하는 공식은 의미가 없다. 어차피 향상도로 모든 것이 귀결되기 때문이다.

❸ **향상도**Lift: 이 부분은 Weka와 R의 개념은 동일하다. 전조현상 A와 병행현상 B 간의 관계가 독립적인지 아니면 상관성이 있는지 파악하는 지표이다. 예를 들어, "A => B 결과의 향상도가 1.5"이면 "A만 발생한 건수보다 A와 B의 병행현상 건수가 1.5배 많다."라고 해석하면 된다.

향상도	의미	예
= 1	상호 독립적	과자와 후추
〉1	연관성 있음	빵과 버터
〈1	연관성 없음	지사제와 변비약

[그림 7-42] 향상도 예시

③ **방법**how: "Apriori"는 표준 연관규칙 학습 알고리즘이다.

3대 지표 적용 방법

최소 신뢰도confidence 값을 지정하고 가장 많은 지지도support를 찾을 때까지 반복적으로 지지도support를 줄이며 높은 지지도의 "itemset"를 생성하는 규칙으로 변경하고 규칙 결과의 향상도lift는 항상 1보다 높아야 한다.

Apriori 알고리즘이 어떻게 위 과정을 진행하는지 설명하면 다음과 같다.

⓿ 지지도 및 신뢰도의 최솟값을 각각 선정한다.
❶ 발생 조합별 지지도 산출
❷ 지지도 최솟값보다 높은 itemset 선별
❸ 잔여 발생 조합별 신뢰도 산출
❹ 신뢰도 최솟값보다 높은 itemset 선별
❺ 잔여 발생 조합별 향상도 산출
❻ 향상도 1 초과 조합의 itemset 결정

위의 과정을 자세히 설명하기보다 itemset별로 발생하는 향상도 해석이 중요하다. 향상도가 높은 규칙들을 통해 동시 발생 우선순위를 결정하고 전조현상 A에 의한 병행현상 B를 대비하는 결정에 사용해야 한다.

④ **효과**(IF)

장점은 탐색적 기법으로 분석 결과를 해석하기 용이하며 강력한 비지도 분석 기법으로 그 결과는 의사결정나무의 변수로 사용 가능하다. 또한 사용이 편리하며 계산이 용이하다.

단점은 규칙이 증가하면 계산량이 기하급수적으로 증가하여 지나친 세분화 분석은 무의미한 규칙을 도출할 수 있고 발생률이 적은 규칙은 발견 시 제외 가능성이 있다.

① 실습: Apriori 알고리즘, weather.nominal/vote 데이터셋

② KnowledgeFlow 설계: more week 3 class 3 lesson 2.kf

연관분석을 KnowledgeFlow로 구현하면 분류/회귀분석보다는 적은 컴포넌트를 사용한다. 단 3개면 바로 구현 가능하다. 데이터를 불러오고 Apriori로 학습한 후 학습 결과를 출력하면 끝이다.

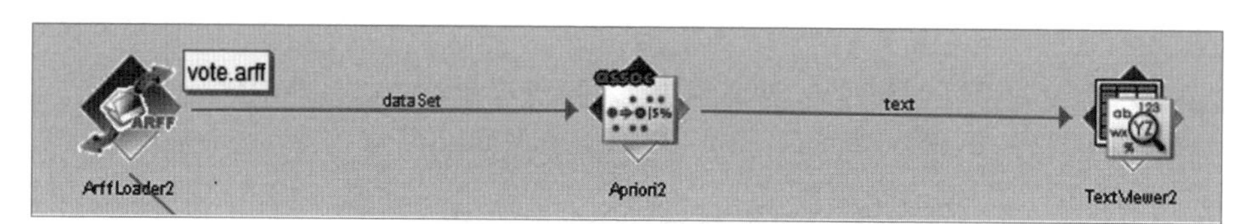

[그림 7-43] 간단한 연관분석 KnowledgeFlow 설계

실행 후 TextViewer를 보면 다음과 같이 상위 10개의 연관규칙 결과가 나온다.

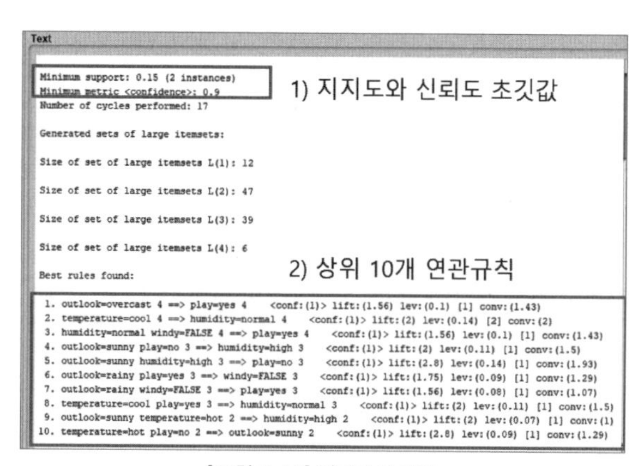

[그림 7-44] 연관분석 결과

결과 최상위에는 지지도와 신뢰도 초깃값이 출력되고 결과 최하위는 상위 10개의 연관규칙이 출력된다. 신뢰도 초깃값과 출력하고자 하는 규칙수는 설정값에서 변경 가능하나 지지도 초깃값은 변경되지 않는다. 출력된 연관규칙의 해석법은 다음과 같다.

순서	Itemset + 지지도(좌항: 전조현상 A)	==〉	우항: 병행현상 B + 지지도	신뢰도	향상도	leverage	conv
1	outlook=overcast 4	==〉	play=yes 4	〈conf:(1)〉	lift:(1.56)	lev:(0.1)	[1] conv:(1.43)

[그림 7-45] 연관분석 결과 해석

여기서 중요한 것은 좌항과 우항에서 출력된 속성과 속성값, 신뢰도, 향상도이다. 해석하면 흐린 날씨overcast만 독립적으로 발생할 때보다 흐린 날씨와 야외 활동(play = yes)의 동시 발생 빈도가 1.56배 높다. 한마디로 흐린 날씨일 때 야외 활동을 한다는 말이다.

그러면 연관분석을 좀 더 복잡하게 적용해 보겠다.

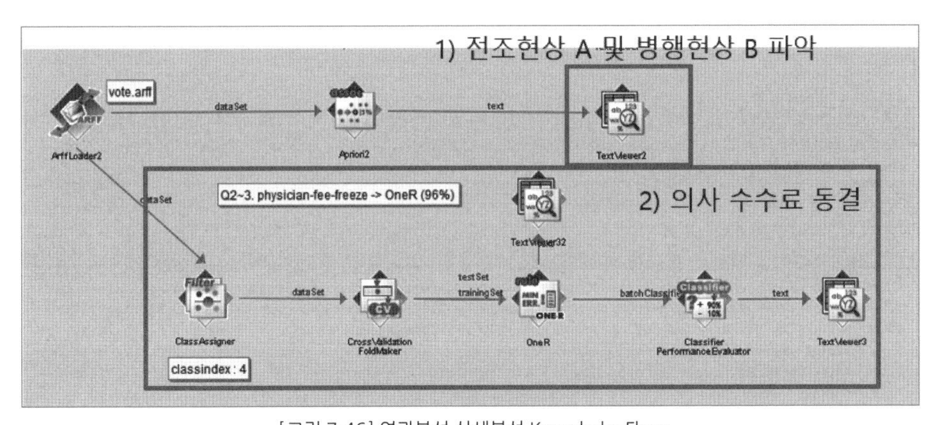

[그림 7-46] 연관분석 상세분석 KnowledgeFlow

미국 의원 선거 결과인 vote라는 데이터셋을 Apriori 알고리즘으로 연관분석하여 상위에 올라온 전조현상 A 속성과 병행현상 B 속성 간의 밀접도를 OneR로 정확도를 측정하는 과정이다.

첫 번째는 Apriori 알고리즘 실행 결과로 파악된 전조현상 A와 병행현상 B를 확인한다. TextViewer2에서 확인하면 다음과 같다.

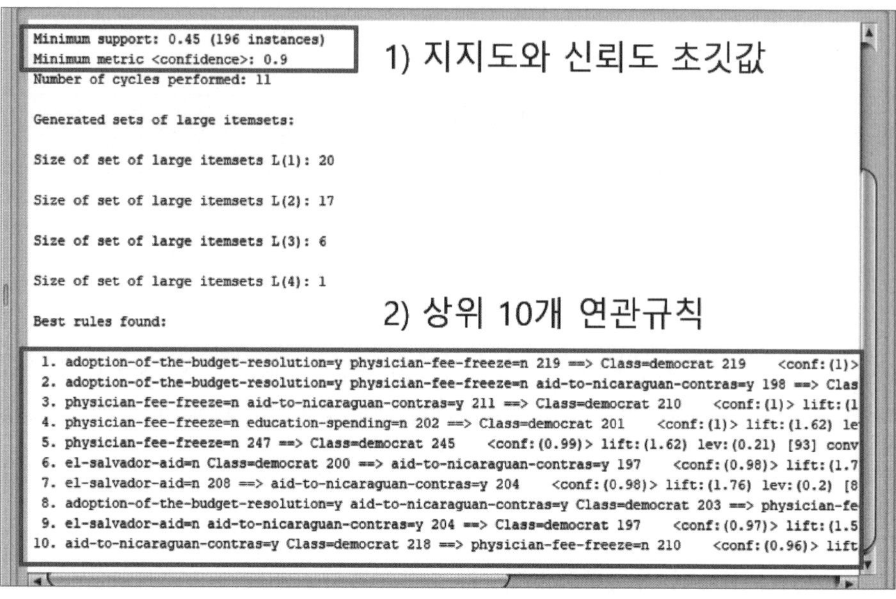

```
Minimum support: 0.45 (196 instances)
Minimum metric <confidence>: 0.9
Number of cycles performed: 11

Generated sets of large itemsets:

Size of set of large itemsets L(1): 20

Size of set of large itemsets L(2): 17

Size of set of large itemsets L(3): 6

Size of set of large itemsets L(4): 1

Best rules found:

 1. adoption-of-the-budget-resolution=y physician-fee-freeze=n 219 ==> Class=democrat 219    <conf:(1)>
 2. adoption-of-the-budget-resolution=y physician-fee-freeze=n aid-to-nicaraguan-contras=y 198 ==> Clas
 3. physician-fee-freeze=n aid-to-nicaraguan-contras=y 211 ==> Class=democrat 210    <conf:(1)> lift:(1
 4. physician-fee-freeze=n education-spending=n 202 ==> Class=democrat 201    <conf:(1)> lift:(1.62) le
 5. physician-fee-freeze=n 247 ==> Class=democrat 245    <conf:(0.99)> lift:(1.62) lev:(0.21) [93] conv
 6. el-salvador-aid=n Class=democrat 200 ==> aid-to-nicaraguan-contras=y 197    <conf:(0.98)> lift:(1.7
 7. el-salvador-aid=n 208 ==> aid-to-nicaraguan-contras=y 204    <conf:(0.98)> lift:(1.76) lev:(0.2) [8
 8. adoption-of-the-budget-resolution=y aid-to-nicaraguan-contras=y Class=democrat 203 ==> physician-fe
 9. el-salvador-aid=n aid-to-nicaraguan-contras=y 204 ==> Class=democrat 197    <conf:(0.97)> lift:(1.5
10. aid-to-nicaraguan-contras=y Class=democrat 218 ==> physician-fee-freeze=n 210    <conf:(0.96)> lift
```


[그림 7-47] TextViewer2 컴포넌트의 결과

의사 수수료 동결Physician-fee-frozen은 10개 규칙 중에 상위 5위까지 모두 발생하며 상위 10개 중 7개나 발생했다.

```
 1. adoption-of-the-budget-resolution=y physician-fee-freeze=n 219 ==> Class=democrat 219    <conf:(1)>
 2. adoption-of-the-budget-resolution=y physician-fee-freeze=n aid-to-nicaraguan-contras=y 198 ==> Clas
 3. physician-fee-freeze=n aid-to-nicaraguan-contras=y 211 ==> Class=democrat 210    <conf:(1)> lift:(1
 4. physician-fee-freeze=n education-spending=n 202 ==> Class=democrat 201    <conf:(1)> lift:(1.62) le
 5. physician-fee-freeze=n 247 ==> Class=democrat 245    <conf:(0.99)> lift:(1.62) lev:(0.21) [93] conv
 6. el-salvador-aid=n Class=democrat 200 ==> aid-to-nicaraguan-contras=y 197    <conf:(0.98)> lift:(1.7
 7. el-salvador-aid=n 208 ==> aid-to-nicaraguan-contras=y 204    <conf:(0.98)> lift:(1.76) lev:(0.2) [8
 8. adoption-of-the-budget-resolution=y aid-to-nicaraguan-contras=y Class=democrat 203 ==> physician-fe
 9. el-salvador-aid=n aid-to-nicaraguan-contras=y 204 ==> Class=democrat 197    <conf:(0.97)> lift:(1.5
10. aid-to-nicaraguan-contras=y Class=democrat 218 ==> physician-fee-freeze=n 210    <conf:(0.96)> lift
```

[그림 7-48] 연관규칙에서 Physician-fee-frozen 속성의 발생 빈도가 높다

Physician-fee-frozen 속성은 아래 데이터셋 구조에서 4번째 속성이다.

No.	Name
1	handicapped-infants
2	water-project-cost-sharing
3	adoption-of-the-budget-resolution
4	physician-fee-freeze
5	el-salvador-aid
6	religious-groups-in-schools
7	anti-satellite-test-ban
8	aid-to-nicaraguan-contras
9	mx-missile
10	immigration
11	synfuels-corporation-cutback
12	education-spending
13	superfund-right-to-sue
14	crime
15	duty-free-exports
16	export-administration-act-south-africa
17	Class

[그림 7-49] Physician-fee-frozen은 4번째 속성이다

의사 수수료 동결Physician-fee-frozen과 선출된 정당class의 관계를 OneR로 분석하기 위해 classAssigner에서 4번째 자리를 목표변수로 지정하고 학습을 실행했다.

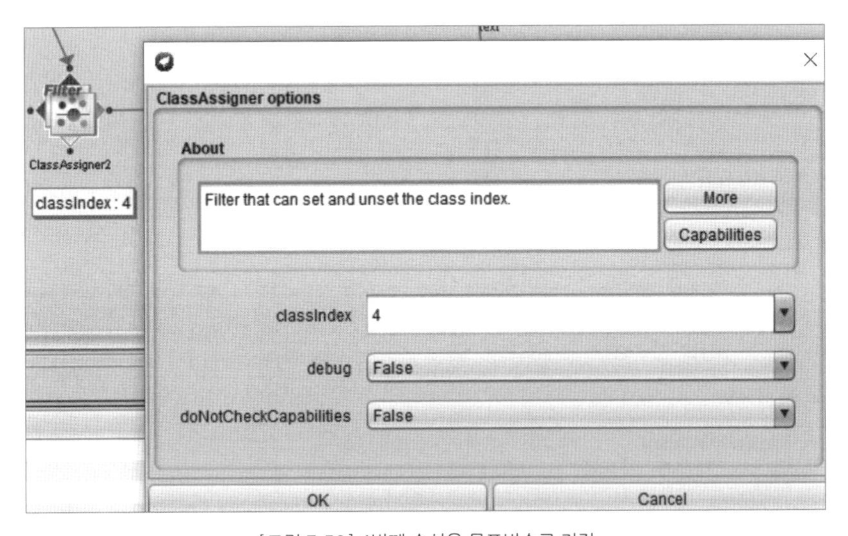

[그림 7-50] 4번째 속성을 목표변수로 지정

TextViewer32에서 아래 내용을 확인하면 class 속성이 분류규칙을 결정하는 1개의 속성으로 지정되었다는 것을 알 수 있다.

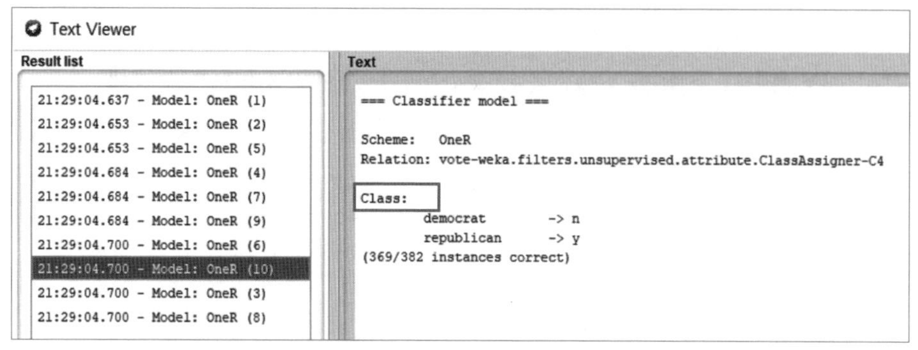

[그림 7-51] OneR 알고리즘에서 확인 가능한 새로운 규칙

Physician-fee-frozen과 선출된 정당class과의 관계는 TextViewer3에서 확인 결과 96%였다.

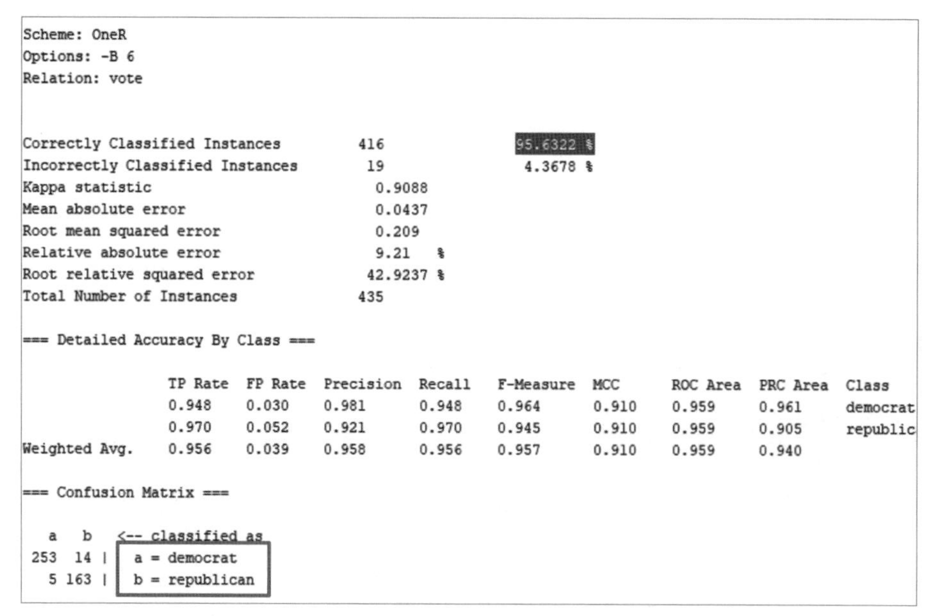

```
Scheme: OneR
Options: -B 6
Relation: vote


Correctly Classified Instances         416               95.6322 %
Incorrectly Classified Instances        19                4.3678 %
Kappa statistic                          0.9088
Mean absolute error                      0.0437
Root mean squared error                  0.209
Relative absolute error                  9.21   %
Root relative squared error             42.9237 %
Total Number of Instances              435

=== Detailed Accuracy By Class ===

                 TP Rate  FP Rate  Precision  Recall   F-Measure  MCC      ROC Area  PRC Area  Class
                 0.948    0.030    0.981      0.948    0.964      0.910    0.959     0.961     democrat
                 0.970    0.052    0.921      0.970    0.945      0.910    0.959     0.905     republic
Weighted Avg.    0.956    0.039    0.958      0.956    0.957      0.910    0.959     0.940

=== Confusion Matrix ===

   a   b   <-- classified as
 253  14 |   a = democrat
   5 163 |   b = republican
```

[그림 7-52] 95.63%의 높은 정분류율

③ Explorer 실습

전처리 패널에서 vote.arff 파일을 불러온다.

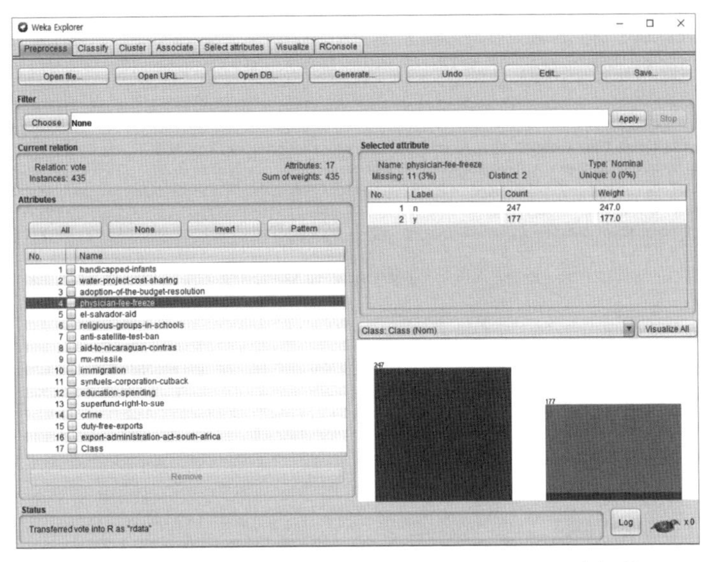

[그림 7-53] Explorer의 preprocess 패널에서 불러온 vote.arff 파일 내용

Association(연관) 패널에서 기본으로 설정된 Apriori를 실행하면 지지도와 신뢰도 초깃값과 상위 10개의 연관규칙을 확인할 수 있다.

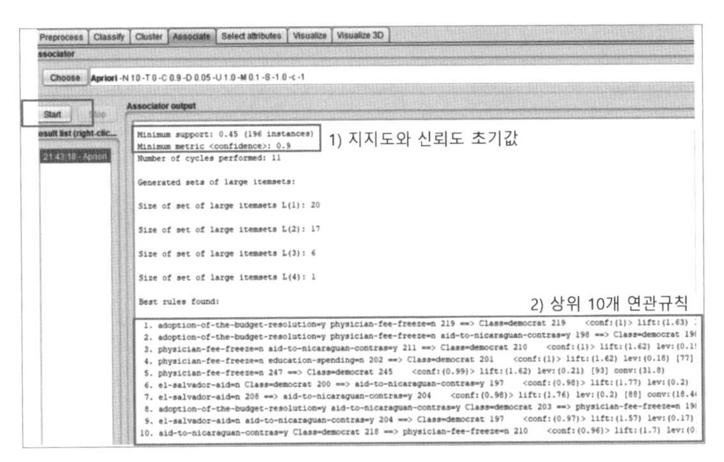

[그림 7-54] Explorer의 Associate 패널에서 학습하여 확인되는 연관규칙

의사 수수료 동결Physician-fee-frozen은 10개 규칙 중에 상위 5위까지 모두 발생하며 상위 10개 중 7개나 발생했다.

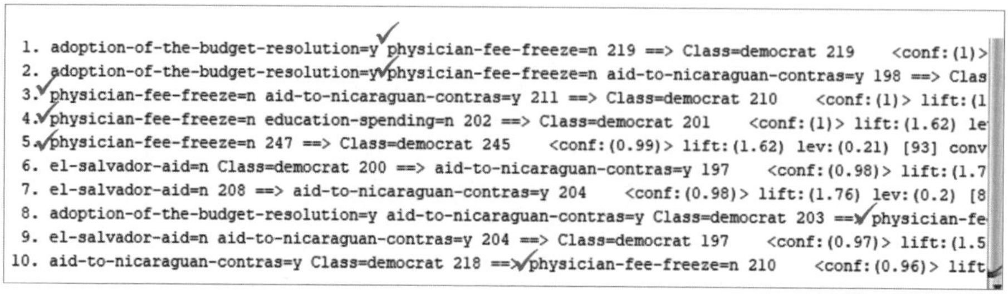

```
 1. adoption-of-the-budget-resolution=y physician-fee-freeze=n 219 ==> Class=democrat 219    <conf:(1)>
 2. adoption-of-the-budget-resolution=y physician-fee-freeze=n aid-to-nicaraguan-contras=y 198 ==> Clas
 3. physician-fee-freeze=n aid-to-nicaraguan-contras=y 211 ==> Class=democrat 210    <conf:(1)> lift:(1
 4. physician-fee-freeze=n education-spending=n 202 ==> Class=democrat 201    <conf:(1)> lift:(1.62) le
 5. physician-fee-freeze=n 247 ==> Class=democrat 245    <conf:(0.99)> lift:(1.62) lev:(0.21) [93] conv
 6. el-salvador-aid=n Class=democrat 200 ==> aid-to-nicaraguan-contras=y 197    <conf:(0.98)> lift:(1.7
 7. el-salvador-aid=n 208 ==> aid-to-nicaraguan-contras=y 204    <conf:(0.98)> lift:(1.76) lev:(0.2) [8
 8. adoption-of-the-budget-resolution=y aid-to-nicaraguan-contras=y Class=democrat 203 ==> physician-fe
 9. el-salvador-aid=n aid-to-nicaraguan-contras=y 204 ==> Class=democrat 197    <conf:(0.97)> lift:(1.5
10. aid-to-nicaraguan-contras=y Class=democrat 218 ==> physician-fee-freeze=n 210    <conf:(0.96)> lift
```

[그림 7-55] 연관규칙에서 Physician-fee-frozen 속성의 발생 빈도가 높다

Classify(분류) 패널에서 OneR을 선택하고, 목표변수를 physician-fee-frozen을 선택한 후 Start를 클릭하면, class(선택된 정당) 기준으로 분류되었고, 정분류율 96%를 확인할 수 있다.

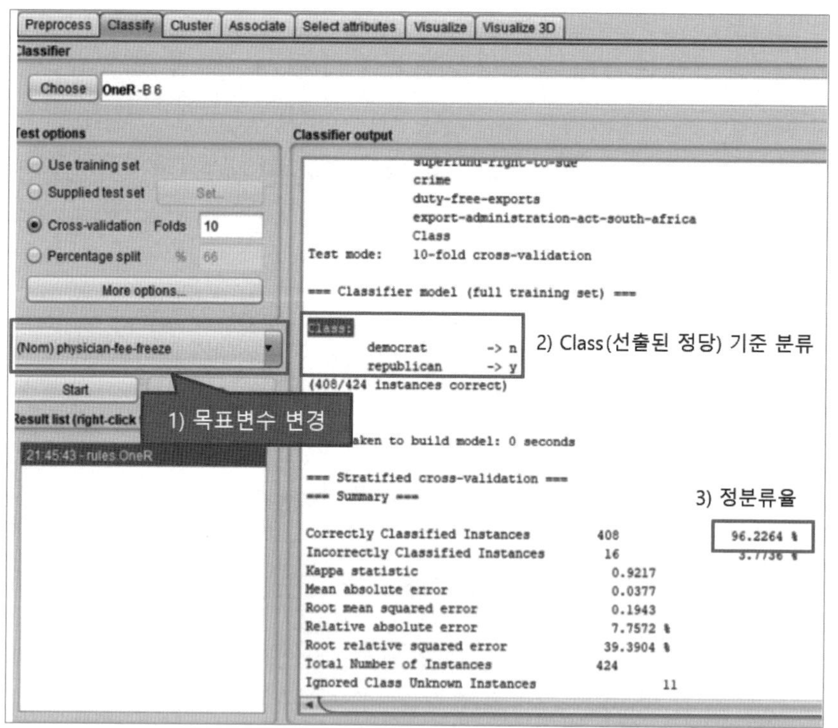

[그림 7-56] Explorer의 Classify 패널에서 4번째 속성을 목표변수로 지정한 후 학습 결과

④ Java 프로그래밍: W3_L3_Association_Base

중요한 것은 분류/회귀분석이 아닌 연관분석이라 목표변수 지정과 평가 객체 생성이 불필요하며 데이터를 불러오면 바로 학습이 가능하다.

```
// 연관규칙 실행
public void association() throws Exception{
        중략
         // 2) class assigner 불필요

         // 3) evaluation 불필요, classifier setting
         // AbstractAssociator 상속된 하위 클래스
         Apriori model = new Apriori();

         // 4) model run
         model.buildAssociations(data);

         // 5) evaluate 불필요
         생략
}
```

학습 후 모델에서 바로 연관규칙을 추출할 수 있고 이 추출된 데이터로 편집과 정렬이 가능하다.

```
// 연관규칙 실행
public void association() throws Exception{
        중략
         // 6) fetch the rules
```

```
            AssociationRules rules = model.getAssociationRules();

            // 7) make & show rules
            this.showRules(rules.getRules());

            생략
    }
```

rule_list는 연관규칙들의 묶음이며 다음과 같이 1건의 규칙을 추출한다.

```
    // swing 테이블 내용 생성
    public void showRules(List<AssociationRule> rule_list) throws
    Exception{
        중략
        for(AssociationRule associationRule : rule_list) {
        생략
```

전조현상 A는 getPremise()를 통해 할당된 객체에서 getAttribute().name()과 getItems ValueAsString()을 통해 속성명과 속성값을 추출할 수 있다.

```
    public void showRules(List<AssociationRule> rule_list) throws
    Exception{
            중략
            // 전조현상 A
            Collection<Item> premise = associationRule.getPremise();
            sbuffer = new StringBuffer();
```

```
            for(Iterator<Item> iterator2 = premise.iterator();
            iterator2.hasNext();) {
                Item itemPremise = (Item) iterator2.next();

                sbuffer.append(itemPremise.getAttribute().name()
                + "=" + // 전조현상 A 속성명
                        itemPremise.getItemValueAsString() +",
                        " );  // 전조현상 A 속성값
        }
        생략
```

병행현상 B는 getConsequence()를 통해 할당된 객체에서 getAttribute().name()과 getItemsValueAsString()을 통해 속성명과 속성값을 추출할 수 있다.

```
// swing 테이블 내용 생성
 public void showRules(List<AssociationRule> rule_list) throws
 Exception{
        중략
         // 병행현상 B
         Collection<Item> consequence = associationRule.
         getConsequence();
         sbuffer = new StringBuffer();
         for(Iterator<Item> iterator = consequence.iterator();
         iterator.hasNext();) {
               Item itemConsequence = (Item) iterator.next();

               sbuffer.append(itemConsequence.getAttribute().
               name() + "=" + // 병행현상 B 속성명
                       itemConsequence.getItemValueAsString()
                       +", ");  // 병행현상 B 속성값
         }
```

```
생략
```

마지막으로 신뢰도와 향상도는 getMetricValuesForRule()에서 할당된 double형 배열에서 추출한다.

```
// swing 테이블 내용 생성
 public void showRules(List<AssociationRule> rule_list) throws
 Exception{
  중략
  for(AssociationRule associationRule : rule_list) {
         중략
         double matric[] = associationRule.getMetricValues
         ForRule();
         contents[i][4] = String.format("%.2f",matric[0]) + "";
         // 신뢰도
         contents[i][5] = String.format("%.2f",matric[1]) + "";
         // 향상도

         contents[i][6] = associationRule.getPremiseSupport()+"";
         // 전조현상 A 지지도(weka)
         contents[i][7] = associationRule.getTotalSupport()+"";
         // 병행현상 B 지지도(weka)
         // 전체 지지도
         contents[i][8] =
           associationRule.getConsequenceSupport()+"";
         i++;
  }
  생략
}
 생략
```

전체 소스코드는 다음과 같다.

```
public class W3_L3_Association_Base{
        Instances data=null;

        public W3_L3_Association_Base(String fileName) throws Exception {

                // 1) data loader
                String folderName = "D:\\Weka-3-9\\data\\";
                System.out.print(fileName + " ");
                this.data=new Instances(
                        new BufferedReader(
                        new FileReader(folderName+fileName+".arff")));
                System.out.println("전체 데이터 건수: " + data.size());
        }

        public static void main(String[] args) throws Exception {
                W3_L3_Association_Base obj
                 = new W3_L3_Association_Base();

                new W3_L3_Association_Base("vote").association();
        }


        // 연관규칙 실행
        public void association() throws Exception{
                // 2) class assigner 불필요

                // 3) evaluation 불필요, classifier setting
                // AbstractAssociator 상속된 하위 클래스
                Apriori model = new Apriori();

                // 4) model run
```

```
            model.buildAssociations(data);

            // 5) evaluate 불필요

            // 6) fetch the rules
            AssociationRules rules = model.getAssociationRules();

            // 7) make & show rules
            this.showRules(rules.getRules());

            System.out.println(model);
    }

    // swing 테이블 내용 생성
    public void showRules(List<AssociationRule> rule_list) throws
    Exception{
     String header[] = {"순서", "source", "전조현상 A(lhs)", "병행현상
     B(rhs)",
                        "신뢰도(confidence)", "향상도(lift)",
                        "전조현상 A 지지도(weka)", "병행현상 B 지지도
                        (weka)", "전체 지지도"};
     String contents[][] = new String[rule_list.size()][9];
     StringBuffer sbuffer = null;
     int i=0;
     for(AssociationRule associationRule : rule_list) {
            contents[i][0] = (I + 1) + "";
            contents[i][1] = "Weka";

// 전조현상 A
            Collection<Item> premise = associationRule.getPremise();
            sbuffer = new StringBuffer();
            for(Iterator<Item> iterator2 = premise.iterator();
            iterator2.hasNext();) {
                  Item itemPremise = (Item) iterator2.next();
```

```
        sbuffer.append(itemPremise.getAttribute().name()
        + " = " + // 전조현상 A 속성명
                itemPremise.getItemValueAsString() +",
                " ); // 전조현상 A 속성값
        }
        contents[i][2] = sbuffer.toString();

// 병행현상 B
Collection<Item> consequence = associationRule.getConse
quence();
sbuffer = new StringBuffer();
for(Iterator<Item> iterator = consequence.iterator();
iterator.hasNext();) {
      Item itemConsequence = (Item) iterator.next();

      sbuffer.append(itemConsequence.getAttribute().
      name() + "=" + // 병행현상 B 속성명
                  itemConsequence.getItemValueAsString()
                  +", "); // 병행현상 B 속성값
}

contents[i][3] = sbuffer.toString();

double matric[]
  = associationRule.getMetricValuesForRule();
// 신뢰도
contents[i][4] = String.format("%.2f",matric[0]) + "";
// 향상도
contents[i][5] = String.format("%.2f",matric[1]) + "";


contents[i][6] = associationRule.getPremiseSupport()+"";
// 전조현상 A 지지도(weka)
contents[i][7] = associationRule.getTotalSupport()+"";
// 병행현상 B 지지도(weka)
```

```
                contents[i][8] = associationRule.getConsequence
                Support()+""; // 전체 지지도
                i++;
            }

            this.makeTable(header, contents);
    }

        // swing 테이블로 연관규칙 출력
        public void makeTable(String[] header, String[][] contents){
                Dimension dim = new Dimension(1500,250);
                JFrame frame = new JFrame("Apriori rules table");
                frame.setLocation(10, 10);
                frame.setPreferredSize(dim);

                JTable table = new JTable(contents, header);
                JScrollPane scrollpane = new JScrollPane(table);
                frame.add(scrollpane);
                frame.pack();
                frame.setVisible(true);
        }
}
```

모델의 결과는 다음과 같이 출력된다.

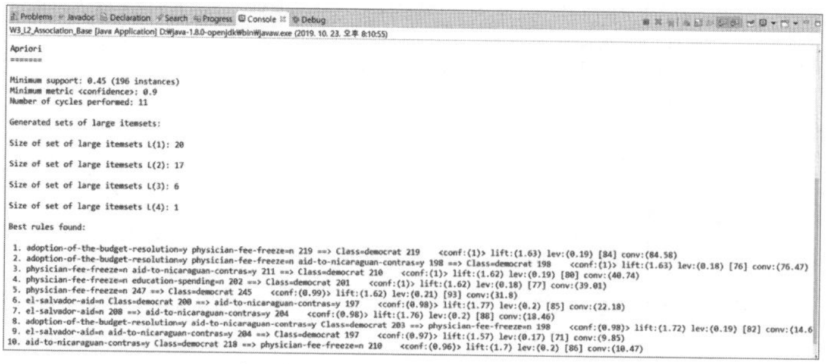

```
Problems  Javadoc  Declaration  Search  Progress  Console  Debug
W3_L2_Association_Base [Java Application] D:₩java-1.8.0-openjdk₩bin₩javaw.exe (2019. 10. 23. 오후 8:10:55)
Apriori
=======

Minimum support: 0.45 (196 instances)
Minimum metric <confidence>: 0.9
Number of cycles performed: 11

Generated sets of large itemsets:

Size of set of large itemsets L(1): 20

Size of set of large itemsets L(2): 17

Size of set of large itemsets L(3): 6

Size of set of large itemsets L(4): 1

Best rules found:

 1. adoption-of-the-budget-resolution=y physician-fee-freeze=n 219 ==> Class=democrat 219    <conf:(1)> lift:(1.63) lev:(0.19) [84] conv:(84.58)
 2. adoption-of-the-budget-resolution=y physician-fee-freeze=n aid-to-nicaraguan-contras=y 198 ==> Class=democrat 198    <conf:(1)> lift:(1.63) lev:(0.18) [76] conv:(76.47)
 3. physician-fee-freeze=n aid-to-nicaraguan-contras=y 211 ==> Class=democrat 210    <conf:(1)> lift:(1.62) lev:(0.19) [80] conv:(40.74)
 4. physician-fee-freeze=n education-spending=n 202 ==> Class=democrat 201    <conf:(1)> lift:(1.62) lev:(0.18) [77] conv:(39.01)
 5. physician-fee-freeze=n 247 ==> Class=democrat 245    <conf:(0.99)> lift:(1.62) lev:(0.21) [93] conv:(31.8)
 6. el-salvador-aid=n Class=democrat 200 ==> aid-to-nicaraguan-contras=y 197    <conf:(0.98)> lift:(1.77) lev:(0.2) [85] conv:(22.18)
 7. el-salvador-aid=n 208 ==> aid-to-nicaraguan-contras=y 204    <conf:(0.98)> lift:(1.76) lev:(0.2) [88] conv:(18.46)
 8. adoption-of-the-budget-resolution=y aid-to-nicaraguan-contras=y Class=democrat 203 ==> physician-fee-freeze=n 198    <conf:(0.98)> lift:(1.72) lev:(0.19) [82] conv:(14.6
 9. el-salvador-aid=n aid-to-nicaraguan-contras=y 204 ==> Class=democrat 197    <conf:(0.97)> lift:(1.57) lev:(0.17) [71] conv:(9.85)
10. aid-to-nicaraguan-contras=y Class=democrat 218 ==> physician-fee-freeze=n 210    <conf:(0.96)> lift:(1.7) lev:(0.2) [86] conv:(10.47)
```

[그림 7-57] 콘솔에 출력된 연관규칙

그리고 추출된 연관규칙을 배열 변환하여 makeTable 함수에 매개변수로 넘겨 시인성을 높이기 위해 Java swing table로 출력했다.

Apriori rules table

순서	source	전조현상A (lhs)	병행현상 B (rhs)	신뢰도 (confidence)	향상도 (lift)	전조현상 A 지지도...	병행현상 B 지지...	전체 지지도
1	Weka	adoption-of-the-budget-resolution=y, physician-fee-freeze=n,	Class=democrat,	1.00	1.63	219	219	267
2	Weka	adoption-of-the-budget-resolution=y, physician-fee-freeze=n, aid-to-nicaraguan-contras=y,	Class=democrat,	1.00	1.63	198	198	267
3	Weka	physician-fee-freeze=n, aid-to-nicaraguan-contras=y,	Class=democrat,	1.00	1.62	211	210	267
4	Weka	physician-fee-freeze=n, education-spending=n,	Class=democrat,	1.00	1.62	202	201	267
5	Weka	physician-fee-freeze=n,	Class=democrat,	0.99	1.62	247	245	267
6	Weka	el-salvador-aid=n, Class=democrat,	aid-to-nicaraguan-contras=y,	0.99	1.77	200	197	242
7	Weka	el-salvador-aid=n,	aid-to-nicaraguan-contras=y,	0.98	1.76	208	204	242
8	Weka	adoption-of-the-budget-resolution=y, aid-to-nicaraguan-contras=y, Class=democrat,	physician-fee-freeze=n,	0.98	1.72	203	198	247
9	Weka	el-salvador-aid=n, aid-to-nicaraguan-contras=y,	Class=democrat,	0.97	1.57	204	197	267
10	Weka	aid-to-nicaraguan-contras=y, Class=democrat,	physician-fee-freeze=n,	0.96	1.70	218	210	247

[그림 7-58] Java 코드에 의해 출력된 연관규칙 테이블(엑셀 복사 가능)

지금까지 설명한 vote.arff 대신 weather.nominal.arff를 R과 Weka의 결과로 비교해 보겠다. R studio로 실행한 연관분석 코드 중에서 windy의 경우 데이터를 불러오면서 boolean 타입의 속성으로 생성되어 명목형으로 변형했고 신뢰도는 0.9로 설정하여 실행했다. 그 결과는 그림 7-59와 같다.

```
#install.packages("arules")
library(arules)
d <- read.csv("weather.nominal.csv", header = 1)
d$windy <- as.factor(d$windy)
r <- apriori(data=d, parameter = list(conf=0.9))
inspect(r)
```

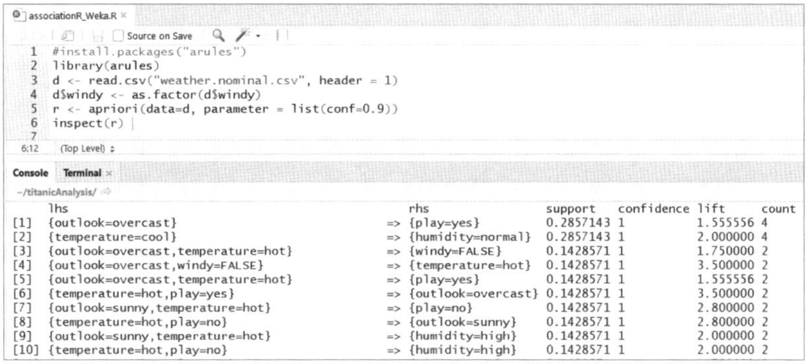

associationR_Weka.R ×

Source on Save

```
1  #install.packages("arules")
2  library(arules)
3  d <- read.csv("weather.nominal.csv", header = 1)
4  d$windy <- as.factor(d$windy)
5  r <- apriori(data=d, parameter = list(conf=0.9))
6  inspect(r)
7
```

6:12 (Top Level) ÷

Console Terminal ×

~/titanicAnalysis/

```
     lhs                                      rhs                  support   confidence lift     count
[1]  {outlook=overcast}                    => {play=yes}           0.2857143 1          1.555556 4
[2]  {temperature=cool}                    => {humidity=normal}    0.2857143 1          2.000000 4
[3]  {outlook=overcast,temperature=hot}    => {windy=FALSE}        0.1428571 1          1.750000 2
[4]  {outlook=overcast,windy=FALSE}        => {temperature=hot}    0.1428571 1          3.500000 2
[5]  {outlook=overcast,temperature=hot}    => {play=yes}           0.1428571 1          1.555556 2
[6]  {temperature=hot,play=yes}            => {outlook=overcast}   0.1428571 1          3.500000 2
[7]  {outlook=sunny,temperature=hot}       => {play=no}            0.1428571 1          2.800000 2
[8]  {temperature=hot,play=no}             => {outlook=sunny}      0.1428571 1          2.800000 2
[9]  {outlook=sunny,temperature=hot}       => {humidity=high}      0.1428571 1          2.000000 2
[10] {temperature=hot,play=no}             => {humidity=high}      0.1428571 1          2.000000 2
```

[그림 7-59] R Studio 실행 결과

R에서는 지지도를 0.9로 지정하여 실행하였고 연관규칙 최대 건수는 지정할 수 없지만 총 51건의 연관규칙이 생성되었다. 위의 그림은 10건만 가져왔다. 따라서 Weka의 연관분석은 최대 건수 지정이 가능하여 51건으로 설정하고 실행했다. 아래 그림도 10건만 가져왔다.

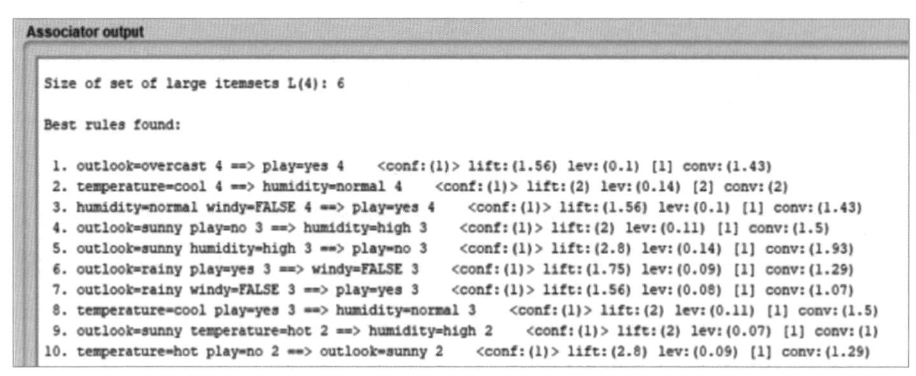

```
Associator output

Size of set of large itemsets L(4): 6

Best rules found:

 1. outlook=overcast 4 ==> play=yes 4    <conf:(1)> lift:(1.56) lev:(0.1) [1] conv:(1.43)
 2. temperature=cool 4 ==> humidity=normal 4    <conf:(1)> lift:(2) lev:(0.14) [2] conv:(2)
 3. humidity=normal windy=FALSE 4 ==> play=yes 4    <conf:(1)> lift:(1.56) lev:(0.1) [1] conv:(1.43)
 4. outlook=sunny play=no 3 ==> humidity=high 3    <conf:(1)> lift:(2) lev:(0.11) [1] conv:(1.5)
 5. outlook=sunny humidity=high 3 ==> play=no 3    <conf:(1)> lift:(2.8) lev:(0.14) [1] conv:(1.93)
 6. outlook=rainy play=yes 3 ==> windy=FALSE 3    <conf:(1)> lift:(1.75) lev:(0.09) [1] conv:(1.29)
 7. outlook=rainy windy=FALSE 3 ==> play=yes 3    <conf:(1)> lift:(1.56) lev:(0.08) [1] conv:(1.07)
 8. temperature=cool play=yes 3 ==> humidity=normal 3    <conf:(1)> lift:(2) lev:(0.11) [1] conv:(1.5)
 9. outlook=sunny temperature=hot 2 ==> humidity=high 2    <conf:(1)> lift:(2) lev:(0.07) [1] conv:(1)
10. temperature=hot play=no 2 ==> outlook=sunny 2    <conf:(1)> lift:(2.8) lev:(0.09) [1] conv:(1.29)
```

[그림 7-60] Weka의 연관분석 결과

그림 7-59와 그림 7-60의 결과를 봐도 windy가 포함되는 3번째 연관규칙부터 상이하다. 전체 연관분석 규칙을 비교한 결과, 상당 부분 R과 Weka에서 생성한 연관규칙과 규칙별 향상도lift는 일치한다. 그러나 다음 도식의 음영 부분은 타 프로그램에서는 생성되지 않는 규칙들이다.

합계 : lift	source		
compare	R	Weka	총합계
humidity=high,windy=FALSE,play=no,=>outlook=sunny,	2.8	2.8	5.6
humidity=normal,windy=FALSE,=>play=yes,	1.56	1.56	3.12
outlook=overcast,=>play=yes,	1.56	1.56	3.12
outlook=overcast,humidity=high,=>play=yes,	1.56	1.56	3.12
outlook=overcast,humidity=normal,=>play=yes,	1.56	1.56	3.12
outlook=overcast,temperature=hot,=>play=yes,	1.56	1.56	3.12
outlook=overcast,temperature=hot,=>windy=FALSE,	1.75	1.75	3.5
outlook=overcast,temperature=hot,=>windy=FALSE, play=yes,		2.33	2.33
outlook=overcast,temperature=hot,play=yes,=>windy=FALSE,	1.75	1.75	3.5
outlook=overcast,temperature=hot,windy=FALSE,=>play=yes,	1.56	1.56	3.12
outlook=overcast,windy=FALSE,=>play=yes,	1.56	1.56	3.12
outlook=overcast,windy=FALSE,=>temperature=hot,	3.5	3.5	7
outlook=overcast,windy=FALSE,=>temperature=hot, play=yes,		7	7
outlook=overcast,windy=FALSE,play=yes,=>temperature=hot,	3.5	3.5	7
outlook=overcast,windy=TRUE,=>play=yes,	1.56	1.56	3.12
outlook=rainy,humidity=high,=>temperature=mild,	2.33	2.33	4.66
outlook=rainy,humidity=normal,play=yes,=>windy=FALSE,	1.75		1.75
outlook=rainy,humidity=normal,windy=FALSE,=>play=yes,	1.56		1.56

[그림 7-61] R과 Weka 연관분석 비교

이들만 다시 살펴본 결과 38번째 이후 연관규칙부터 타 프로그램에는 없는 규칙이 나오는데, 연관규칙의 단점인 지나친 세분화 분석은 무의미한 규칙을 도출할 수 있고, 발생률이 적은 규칙은 발견 시 제외 가능성 때문에 발생한 현상으로 추측된다.

seq	source	compare	countif
38	Weka	temperature=hot,play=no,=>outlook=sunny, humidity=high,	1
39	Weka	outlook=sunny,temperature=hot,=>humidity=high, play=no,	1
43	Weka	windy=FALSE,play=no,=>outlook=sunny, humidity=high,	1
48	Weka	temperature=hot,play=yes,=>outlook=overcast, windy=FALSE,	1
49	Weka	outlook=overcast,windy=FALSE,=>temperature=hot, play=yes,	1
50	Weka	outlook=overcast,temperature=hot,=>windy=FALSE, play=yes,	1
[42]	R	temperature=cool,humidity=normal,windy=FALSE,=>play=yes,	1
[43]	R	temperature=cool,windy=FALSE,play=yes,=>humidity=normal,	1
[47]	R	outlook=rainy,temperature=mild,windy=FALSE,=>play=yes,	1
[48]	R	outlook=rainy,temperature=mild,play=yes,=>windy=FALSE,	1
[50]	R	outlook=rainy,humidity=normal,windy=FALSE,=>play=yes,	1
[51]	R	outlook=rainy,humidity=normal,play=yes,=>windy=FALSE,	1

[그림 7-62] 38번째부터 달라지는 결과들

7.4.4 연관분석 응용

① Java 프로그래밍: W3_L4_Association_More

가급적이면 Java Code 설명을 자제하려고 하나 연관분석에서 최다 속성을 OneR 분류 알고리즘으로 밀접도를 측정하고 분류규칙을 확인하려면 코딩의 힘을 빌릴 수밖에 없다. 긴 코드 설명 전에 결과부터 설명하자면 KnowledgeFlow나 Explorer처럼 physician-fee-frozen(의사 수수료 동결)과 Class(선출 정당) 간 밀접함의 증명을 자동화할 수 있다.

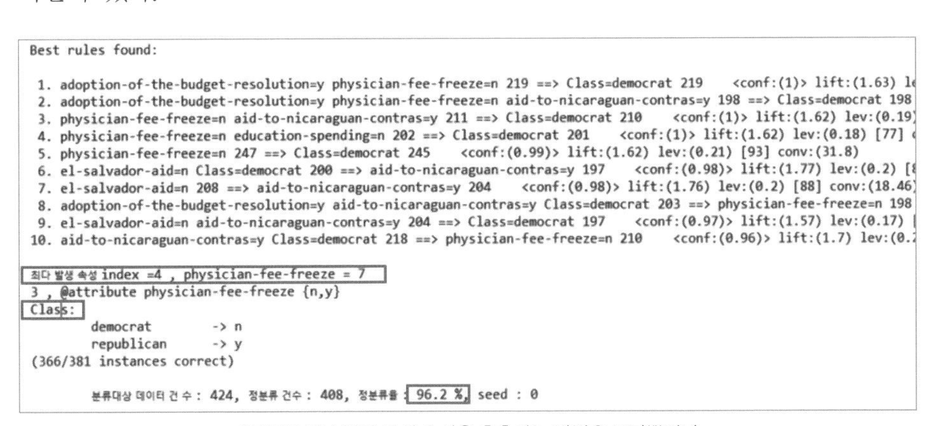

```
Best rules found:

 1. adoption-of-the-budget-resolution=y physician-fee-freeze=n 219 ==> Class=democrat 219    <conf:(1)> lift:(1.63) l
 2. adoption-of-the-budget-resolution=y physician-fee-freeze=n aid-to-nicaraguan-contras=y 198 ==> Class=democrat 198
 3. physician-fee-freeze=n aid-to-nicaraguan-contras=y 211 ==> Class=democrat 210    <conf:(1)> lift:(1.62) lev:(0.19)
 4. physician-fee-freeze=n education-spending=n 202 ==> Class=democrat 201    <conf:(1)> lift:(1.62) lev:(0.18) [77]
 5. physician-fee-freeze=n 247 ==> Class=democrat 245    <conf:(0.99)> lift:(1.62) lev:(0.21) [93] conv:(31.8)
 6. el-salvador-aid=n Class=democrat 200 ==> aid-to-nicaraguan-contras=y 197    <conf:(0.98)> lift:(1.77) lev:(0.2) [
 7. el-salvador-aid=n 208 ==> aid-to-nicaraguan-contras=y 204    <conf:(0.98)> lift:(1.76) lev:(0.2) [88] conv:(18.46)
 8. adoption-of-the-budget-resolution=y aid-to-nicaraguan-contras=y Class=democrat 203 ==> physician-fee-freeze=n 198
 9. el-salvador-aid=n aid-to-nicaraguan-contras=y 204 ==> Class=democrat 197    <conf:(0.97)> lift:(1.57) lev:(0.17)
10. aid-to-nicaraguan-contras=y Class=democrat 218 ==> physician-fee-freeze=n 210    <conf:(0.96)> lift:(1.7) lev:(0.

최다 발생 속성 index =4 , physician-fee-freeze = 7
3 , @attribute physician-fee-freeze {n,y}
Class:
        democrat        -> n
        republican      -> y
(366/381 instances correct)

        분류대상 데이터 건 수 : 424, 정분류 건수 : 408, 정분류율 : 96.2 %, seed : 0
```

[그림 7-63] 최다 발생 속성을 추출하는 방법은 코딩뿐이다

모든 함수를 설명하기에는 지면이 부족하기에 큰 흐름만 설명하겠다. 연관분석 후에 알게 된 연관규칙AssociationRules rules에서 전조현상 A와 병행현상 B에서 발생한 모든 속성값별 발생 횟수를 계산함(HashMap〈String, Integer〉 attrNamesCounts)과 동시에 데이터셋 구조에서 속성명과 속성 index를 추출(ArrayList〈String〉 attrNamesIndex)한다. 계산된 속성별 발생 횟수에서 최다 발생 속성을 추출하고 그 속성의 index-(topIndex)를 찾아낸다. 그 찾아낸 index를 OneR 알고리즘의 목표변수 index로 지정하여 학습(this.learnOneR(topIndex-1))한다. 한 가지 주의할 점은 Weka에서 숫자로 속성 index를 지정할 때는 반드시 1을 차감해 줘야 한다. 자바의 데이터 구조는 0부터 시작하기 때문이다.

```
public class W3_L4_Association_More{
        Instances data=null;

        public W3_L4_Association_More(String fileName) throws Exception {

                // 1) data loader
                String folderName = "D:\\Weka-3-9\\data\\";
                System.out.print(fileName + " ");
                this.data=new Instances(
                          new BufferedReader(
                          new FileReader(folderName+fileName+".arff")));
                System.out.println("전체 데이터 건수: " + data.size());
        }

        public static void main(String[] args) throws Exception {
                W3_L4_Association_More obj
                       = new W3_L4_Association_More();

                new W3_L4_Association_More("vote").association();
        }
```

```
// 연관규칙 실행
public void association() throws Exception{
        // 2) class assigner 불필요

        // 3) evaluation 불필요, classifier setting
        // AbstractAssociator 상속된 하위 클래스
        Apriori model = new Apriori();

        // 4) model run
        model.buildAssociations(data);

        // 5) evaluate 불필요

        // 6) fetch the rules
        AssociationRules rules = model.getAssociationRules();

        // 7) make & show rules
        List<AssociationRule> rule_list = rules.getRules();

        System.out.println(model);

        // 전조현상 A와 병행현상 B에서 발생한 모든 속성값별 발생 횟수 계산
        HashMap<String,Integer> attrNamesCounts = this.
        countByItemSets(rule_list);

        // 데이터셋 구조에서 속성명과 속성 index 저장
        ArrayList<String> attrNamesIndex = this.indexOfInstance
        List(data);

        // 최다 발생 index 지정
        int topIndex = this.fetchTopAttribute(attrNamesIndex,
        attrNamesCounts);
```

```
            // OneR 분류 알고리즘으로 최다 발생 속성과 연관 속성 및 밀접도 확인
            this.learnOneR(topIndex-1);

    }

    // 전조현상 A와 병행현상 B에서 발생한 모든 속성값별 발생 횟수 계산
    public HashMap<String,Integer> countByItemSets(List<AssociationR
    ule> rule_list){

        HashMap<String,Integer> attrNamesCounts = new HashMap<String,
        Integer>();
            for (AssociationRule associationRule : rule_list) {

                // 전조현상 A
                Collection<Item> premise = associationRule.getPremise();

                attrNamesCounts = this.countByAttribute(premise,
                attrNamesCounts);

                // 병행현상 B
                Collection<Item> consequence
                    = associationRule.getConsequence();
                attrNamesCounts = this.countByAttribute(consequence,
                attrNamesCounts);
        }

            return attrNamesCounts;
    }

    // 속성명별 발생 횟수 저장
    public HashMap<String,Integer>
            countByAttribute(Collection<Item> itemSet,
                        HashMap<String,Integer> attrNamesCounts){
```

```
            for(Iterator<Item> iterator2 = itemSet.iterator();
            iterator2.hasNext();) {
                    Item itemPremise = (Item) iterator2.next();

                    // 속성명
                    String attrName = itemPremise.getAttribute().name();

                    // 속성명 발생 횟수 저장
                    if(attrNamesCounts.get(attrName) != null){
                            int count=
                                    Integer.parseInt(attrNamesCounts.
                                    get(attrName)+"")+1;
                            attrNamesCounts.put(attrName, Integer.
                            valueOf(count));
                    }else{
                            attrNamesCounts.put(attrName, Integer.
                            valueOf(1));
                    }
            }

            return attrNamesCounts;
}

// 최다 발생 index 지정
public int fetchTopAttribute(ArrayList<String> attrNamesIndex,
                    HashMap<String,Integer> attrNamesCounts){
        String topAttrName = "";
        int topCount = 0;
        int topIndex = 0;
        for (int x=0; x < attrNamesIndex.size()-1 ; x++){
                String currAttrName = attrNamesIndex.get(x)+"";
                if(currAttrName != null ){
                        int currCount = 0;
```

```
                        try{
                              currCount =
                              Integer.parseInt(attrNamesCounts.
                              get(currAttrName)+"");
                        }catch(Exception e){

                        }
                        if(currCount > topCount){
                              topCount = currCount;
                              topAttrName = currAttrName;
                              topIndex = x;
                        }
                  }
            }
            System.out.println("최다 발생 속성 index =" + (topIndex+1) + " , " +
                        topAttrName + " = " + topCount);

            return(topIndex+1);
      }

      // 데이터셋 구조에서 속성명과 속성 index 저장
      public ArrayList<String> indexOfInstanceList(Instances data){
            ArrayList<String> attrNamesIndex
                        = new ArrayList<String>();
            Instance instance = data.firstInstance();
            for(int x=0 ; x < instance.numAttributes() ; x++){
                  Attribute attr = instance.attribute(x);
                  attrNamesIndex.add(attr.name());
            }
            return attrNamesIndex;
      }

      // OneR로 분류규칙과 정분류율(밀접도) 측정
      public void learnOneR(int topIndex) throws Exception{
```

```
 this.data.setClassIndex(topIndex);
 System.out.println(data.classIndex() + " , " + data.
 classAttribute());

int seed = 0;
int numfolds = 10;
int numfold = 0;

// 1) data split
Instances train = data.trainCV(numfolds, numfold, new
Random(seed));
Instances test  = data.testCV(numfolds, numfold);

// 2) class assigner
train.setClassIndex(topIndex);
test.setClassIndex(topIndex);

// 3) cross validate setting
Evaluation eval=new Evaluation(train);
OneR model = new OneR();
eval.crossValidateModel(model, train, numfolds, new
Random(seed));

// 4) model run
model.buildClassifier(train);

// 5) evaluate
eval.evaluateModel(model, test);

System.out.println(model);

// 6) print Result text
```

```
            System.out.println("\t분류 대상 데이터 건수: " + (int)eval.
            numInstances() +
                                    ", 정분류 건수: " + (int)eval.
                                    correct() +
                                    ", 정분류율: " + String.format
                                    ("%.1f",eval.correct()
                                           / eval.numInstances()
                                           * 100) +" %"+
                                    ", seed: " + seed );
            // 7) 분류 정확도 반환
//          return eval.correct() / eval.numInstances() * 100;

      }
}
```

이 자바코드에서 한 가지 발견한 통찰은 상관관계에서 인과관계로의 전환이다. 다시 출력된 결과를 보자.

```
Best rules found:

 1. adoption-of-the-budget-resolution=y physician-fee-freeze=n 219 ==> Class=democrat 219    <conf:(1)> lift:(1.63)
 2. adoption-of-the-budget-resolution=y physician-fee-freeze=n aid-to-nicaraguan-contras=y 198 ==> Class=democrat 198
 3. physician-fee-freeze=n aid-to-nicaraguan-contras=y 211 ==> Class=democrat 210    <conf:(1)> lift:(1.62) lev:(0.19)
 4. physician-fee-freeze=n education-spending=n 202 ==> Class=democrat 201    <conf:(1)> lift:(1.62) lev:(0.18) [77]
 5. physician-fee-freeze=n 247 ==> Class=democrat 245    <conf:(0.99)> lift:(1.62) lev:(0.21) [93] conv:(31.8)
 6. el-salvador-aid=n Class=democrat 200 ==> aid-to-nicaraguan-contras=y 197    <conf:(0.98)> lift:(1.77) lev:(0.2)
 7. el-salvador-aid=n 208 ==> aid-to-nicaraguan-contras=y 204    <conf:(0.98)> lift:(1.76) lev:(0.2) [88] conv:(18.46
 8. adoption-of-the-budget-resolution=y aid-to-nicaraguan-contras=y Class=democrat 203 ==> physician-fee-freeze=n 198
 9. el-salvador-aid=n aid-to-nicaraguan-contras=y 204 ==> Class=democrat 197    <conf:(0.97)> lift:(1.57) lev:(0.17)
10. aid-to-nicaraguan-contras=y Class=democrat 218 ==> physician-fee-freeze=n 210    <conf:(0.96)> lift:(1.7) lev:(0.

최다 발생 속성 index =4 , physician-fee-freeze = 7
3 , @attribute physician-fee-freeze {n,y}
Class:
        democrat        -> n
        republican      -> y
(366/381 instances correct)

        분류대상 데이터 건 수 : 424, 정분류 건수 : 408, 정분류율 : 96.2 %, seed : 0
```

[그림 7-64] 콘솔에 출력된 결과

이 결과는 다음과 같은 도식으로 표현할 수 있다.

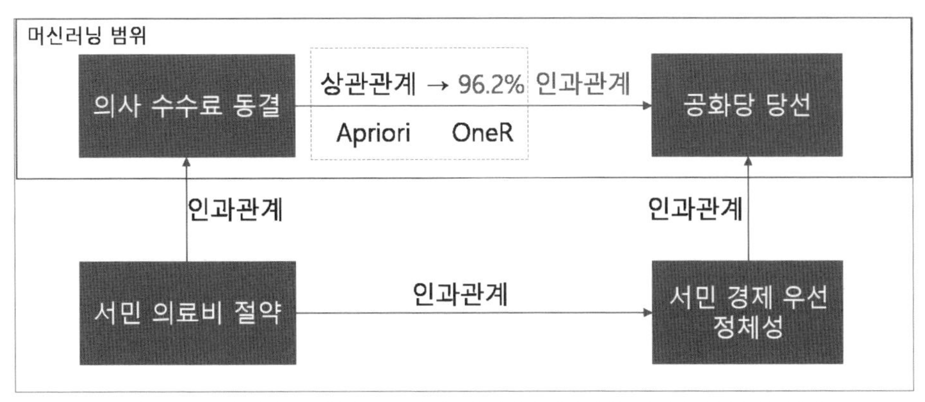

[그림 7-65] 코딩 결과의 도식화(OneR의 결과에 의해 상관관계에서 인과관계로 관계의 전이)

의사 수수료 동결과 공화당 당선은 상관관계이지 인과관계는 아니다. 의사 수수료 동결은 서민 의료비 절약으로 이어지고 서민 경제 우선 정체성을 가진 공화당에 유리하다는 인과관계가 성립되어야 공화당 당선이라는 결론을 얻을 수 있다.

그러나 Apriori(연관분석 알고리즘)로 상관관계가 있다는 연관규칙을 찾아냈고 OneR로 96.2% 밀접도를 확인했다. 따라서 머신러닝은 의사 수수료 동결과 공화당 당선 간의 96.2%의 상관관계를 찾아내어 의사 수수료 동결과 공화당 당선 간의 인과관계를 추천할 수 있다.

즉, 연관분석 알고리즘과 분류 알고리즘을 혼합해서 사용하면 머신러닝의 결과를 신뢰할 수 있는 객관성이 보장된다. 만약 시계열 분석까지 추가하면 향후의 선거 결과에 영향을 미치는 정책도 예상할 수 있다. 연관분석을 끝내기 전에 Apriori 알고리즘의 설정값을 알아보겠다.

Apriori 설정값은 다음과 같다.

- classindex: 예측하려고 할 때 목표변수 속성 index 지정(기본: -1)
- delta: 규칙 선정 반복할 때 간격 지정(기본: 0.05 → 5%씩 감소)
- lowerBoundMinSupport: 규칙 선정 반복 하한선 지정(기본: 0.1)

- metricType: 순위규칙 지정 - 향상도 기준은 lift로 변경(기본: confidence)
- minMetric : metricType = confidence이면 최소 지지도 값(기본: 0.9)
- numRules: 최대로 출력될 규칙 건수(기본: 10)
- outputItemSets: 규칙 선정을 위해 반복한 결과 출력 여부(기본: false)
- removeAllMissingCols: 공백만 존재하는 속성 제거 여부(기본: false)
- upperBoundMinSupport: 규칙 선정 반복 상한선 지정(기본: 1.0)

7.4.5 군집분석 개념

비지도 학습 방법 중 모델링 준비 단계에서 데이터들의 묶음을 군집이라고 하며 군집분석은 군집 간의 유사성과 군집 간의 연결법으로 군집 간의 관계를 분석하는 다변량 분석법이다.

군집 간의 유사성은 거리 측정법을 사용하며 유클리드 거리/맨해튼 거리/민스코프 측정법을 사용하며 최단거리 측정법인 유클리드 측정법을 기본적으로 많이 사용한다. 통계적 거리 측정법인 표준화 거리는 각 변수 간 표준편차 척도로 변환 후 유클리드 거리로 계산한다.

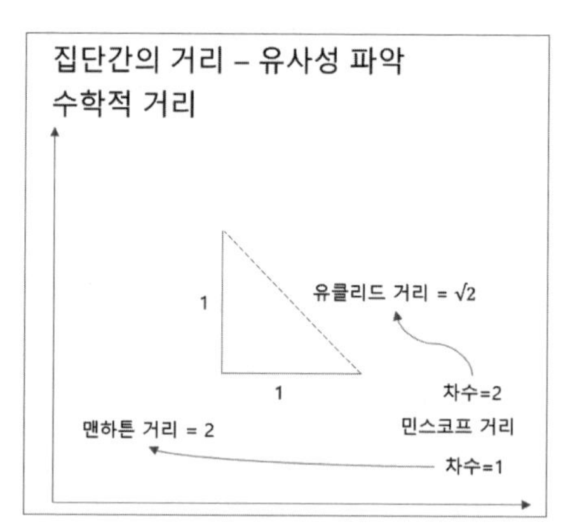

[그림 7-66] 코딩 결과의 도식화(OneR의 결과에 의해 상관관계에서 인과관계로 관계의 전이)

군집 간의 거리 측정법은 최단 연결법/최장 연결법/중심 연결법/와드 연결법 4가지로 나뉜다.

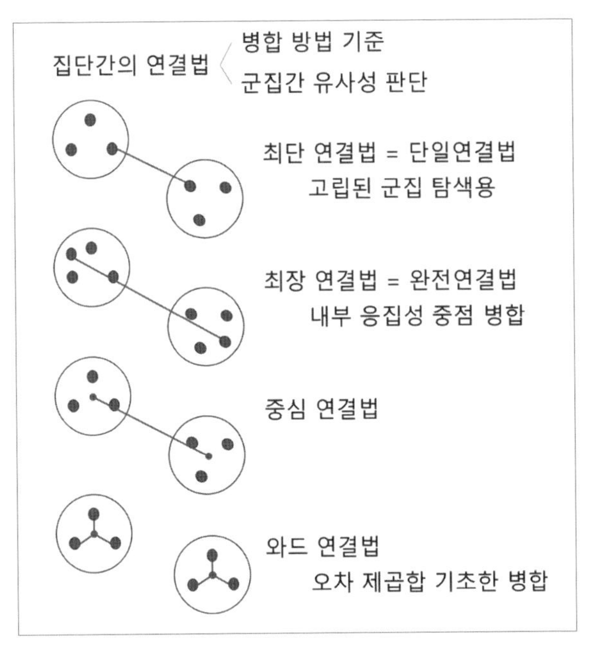

[그림 7-67] 군집 간 연결법 4가지

계층적 군집과 비계층적 군집으로 2가지로 나뉘며 사전에 군집수 k를 지정하느냐 지정하지 않느냐에 따라 군집화 결과가 달라진다.

계층적 군집은 Hierarchical Clustering이라고 하며 초기 군집수 k를 정의하지 않고 단계적 군집 트리(덴드로그램)를 제공한다.

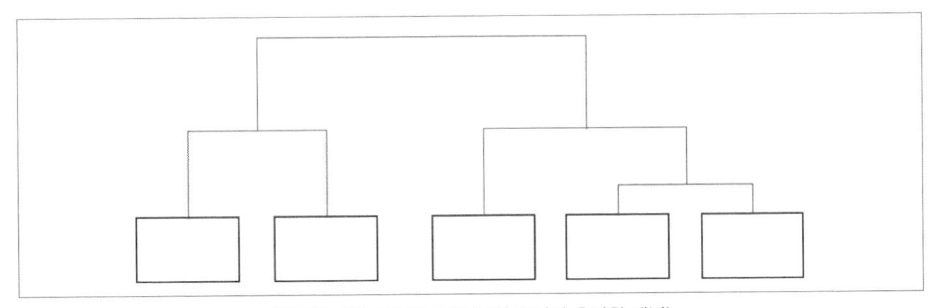

[그림 7-68] 계층적 군집(로직 트리와 유사한 개념)

비계층적 군집은 군집화 과정에서 데이터 간의 중첩이 발생할 수 있고 사전에 군집수 k가 정의되어야 하나 개선된 알고리즘 중에서는 스스로 군집수 k를 탐색하기도 한다. 대표적인 알고리즘이 k-means이며 과정은 다음과 같다.

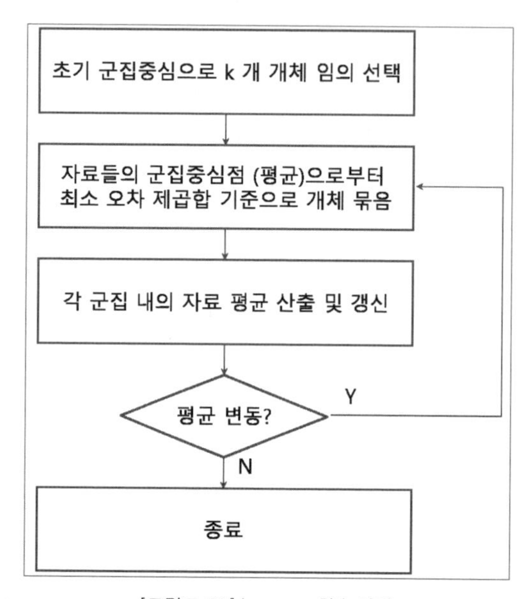

[그림 7-69] k-means 학습 과정

그러나 군집수 k를 지정하는 데는 많은 시행오차를 겪어야 하기에 Weka에서는 군집수를 자동으로 생성하는 비계층적 군집 알고리즘도 있으나 명목변수에는 사용하지 못한다.

IBk 분류 알고리즘을 활용하여 초기 군집수 k를 어느 정도 가늠하면서 군집분석을 시작할 수 있다.

① **정의**why

모델링 준비 단계에서 데이터들의 묶음인 군집화를 시각적으로 식별하게 하는 알고리즘이다.

② **대상**what

비계층적 군집분석에서는 군집수 k 설정이 관건이며, IBk 분류 알고리즘을 사용하거나 계층적 군집분석으로 군집수 k를 사전에 가늠할 수 있다.

③ **방법**how

Weka에서는 비계층적 군집분석 알고리즘으로 SimpleKMeans, XMeans, EM을 제공하고 계층적 군집분석 알고리즘으로 cobWeb을 제공한다.

비계층적 군집분석

k-means를 기반으로 한 SimpleKMeans를 기본적으로 사용하되 단점을 개선한 XMeans, EM 알고리즘을 상황에 맞게 적용한다. SimpleKMeans는 오차제곱합cluster sum of squared errors 지표를 최소화하는 실험을 거쳐야 한다. XMeansExtended version of KMeans는 알고리즘 스스로 군집수 k를 설정된 최대/최소 범위 내에서 탐색하고 속도 향상을 위해 kD-tree를 사용하지만 명목 속성은 분류하지 못한다. EMExpectation Maximization 알고리즘 또한 군집수를 -1로 설정하면 스스로 군집수 k를 탐색하며 숫자 속성은 통계량(평균, 편차)을 기반으로 명목 속성은 확률로 군집화를 수행한다. EM의 중요한 측정 지표는 로그우도log likehood가 있다.

계층적 알고리즘

cobWeb은 의사결정나무 형태로 시각화되기에 Explorer에서는 군집 결과를 바로 시각화할 수 있으며, activity와 cutoff라는 설정값으로 결과를 제어한다. activity는 숫자 속성의 최소 표준편차를 설정하며 cutoff는 가지치기 노드에 의한 임계점threshold을 분류화한다.

④ **효과**IF

장점은 모델링 전에 분석하려는 데이터 군집을 시각적으로 식별 가능케 한다. 단점은 잡음 영향에 매우 민감하며 초기 군집수 k를 설정하는 데 장시간 시행착오를 겪어야 한다. 또한 단계에서 지역적 최적화를 수행하므로 전역적 최적해라고 볼 수 없으며 군집화 과정에서 데이터의 중복은 발생하지 않는다. 실습 전에 XMeans는 기본적으로 설치된 알고리즘이 아니어서 package manager에서 설치해야 한다.

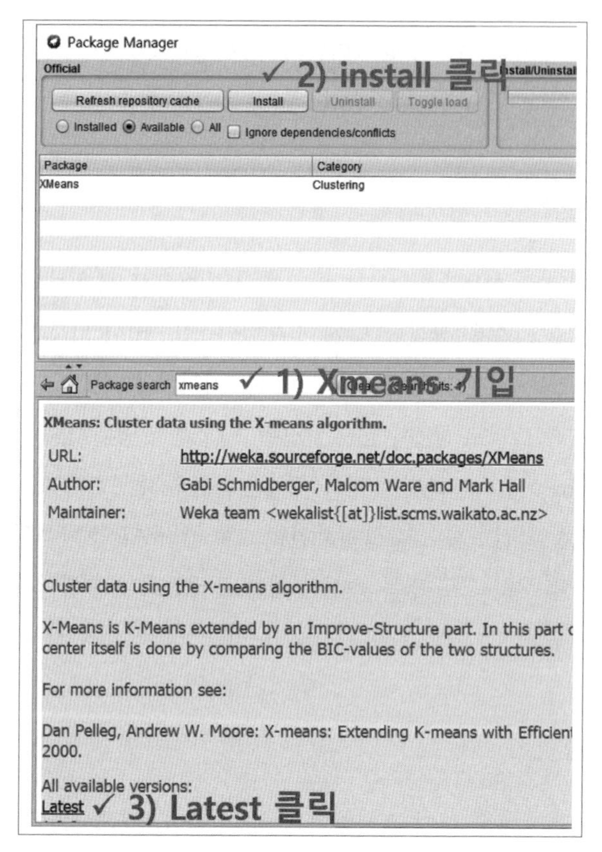

[그림 7-70] package manager에서 XMeans 설치 방법

Package search에서 1) Xmeans를 기입한 후 2) install을 클릭하면 바로 설치된다. 더불어 Java Code를 위해 jar 파일도 다운로드 받아 보자. 3) Latest를 클릭하면 Xmeans에 대한 설명이 나오면서 최하단에 4) URL이 보인다.

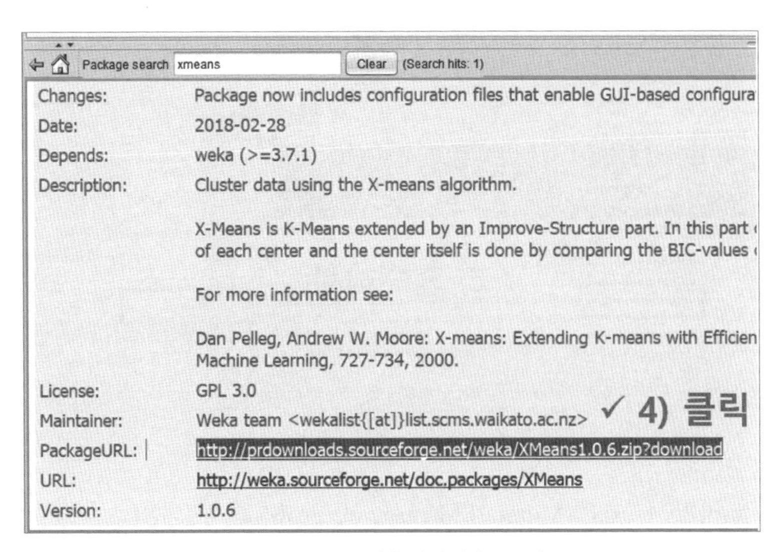

[그림 7-71] jar 파일을 받기 위한 URL 경로

⑤ http://prdownloads.sourceforge.net/weka/XMeans1.0.6.zip?download를 클릭하거나 복사해서 웹 브라우저 주소창에 붙여 넣으면 Zip 파일이 자동 다운로드된다.

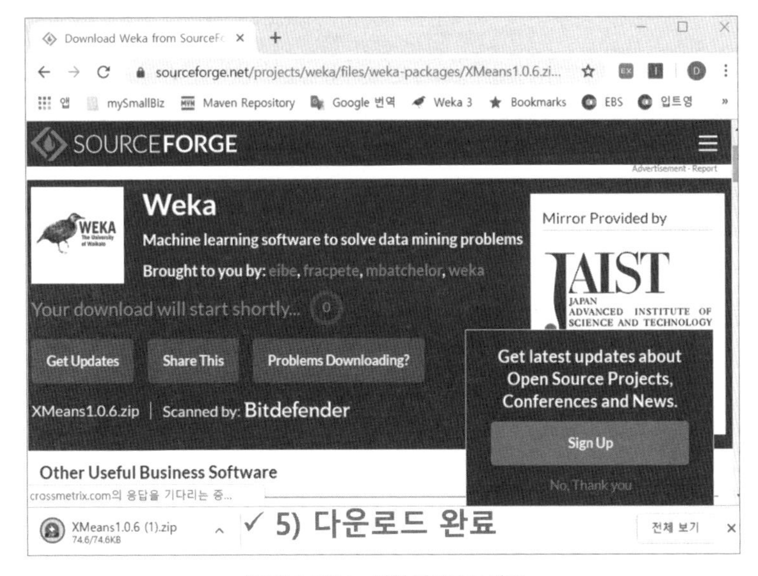

[그림 7-72] jar 파일 다운로드 완료

압축 파일 중에 6) Xmeans.jar 파일만 압축 해제한다.

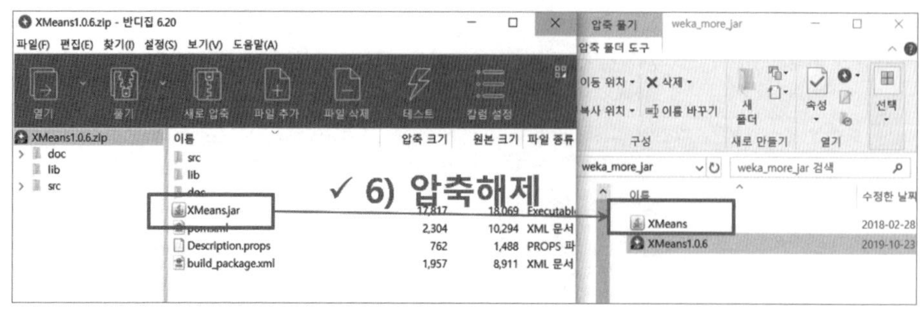

[그림 7-73] XMeans.jar 파일을 별도로 저장한다

① 실습: SimpleMeans/XMeans/EM/cobweb 알고리즘, iris.arff

② KnowledgeFlow 설계: more week 3 class 3 lesson 5.kf

군집분석은 목표변수가 없을 뿐이지 결국 분류를 위해 군집화를 학습하는 알고리즘이다. 따라서 전체적인 과정이 분류 알고리즘 전개와 매우 유사하다.

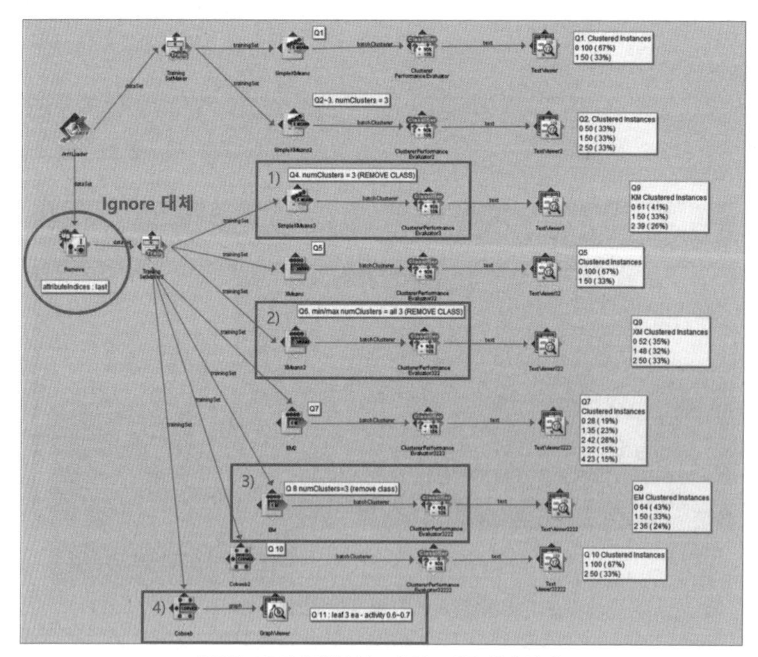

[그림 7-74] 군집분석 4개 알고리즘 설계 결과

위 그림에서 4개 네모 박스는 Weka의 대표적인 군집분석 알고리즘이다.

4가지 군집 알고리즘 실행 전에 Remove 필터를 통해 목표변수를 삭제했는데 뒤에 설명할 Weka explorer의 cluster 패널의 ignore 기능이 KnowledgeFlow에 없어 필터로 ignore 기능을 대체했다.

비계층적 군집분석인 1) SimpleMeans 2) Xmeans 3) EM은 군집수 k 설정에 집중하고 유클리드 거리법을 사용하며 마지막 계층적 군집분석 4) cobweb은 말단 노드 leaf 개수 결정에 집중한다. 초기 군집수 k를 모두 3으로 변경했다.

구분	비계층적 군집분석			계층적 군집분석
	1) SimpleMeans	2) SimpleMeans	3) EM	4) cobWeb
초기 군집수	2	2	-1	
의미	K=2 고정	K=2 고정	스스로 k 탐색	
그 외 설정값				Activity / cutoff 말단 노드 결정

[그림 7-75] 군집분석 4개 알고리즘별 중요 설정값 구분

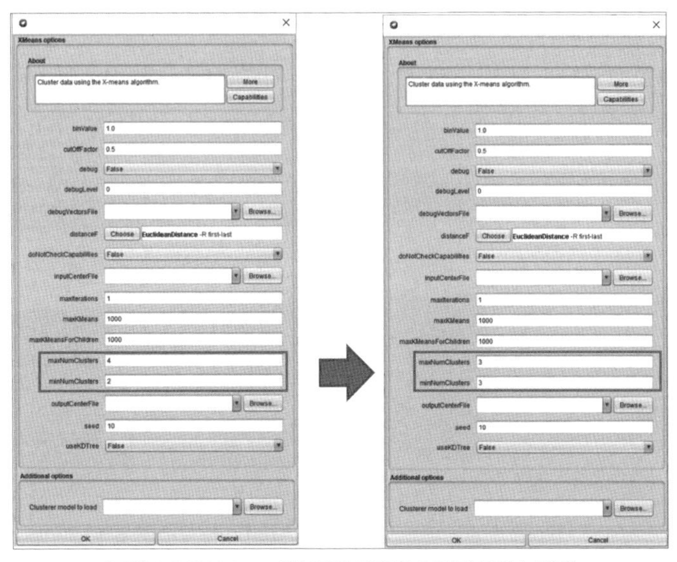

[그림 7-76] XMeans 알고리즘 설정(최소/최대 군집수 지정)

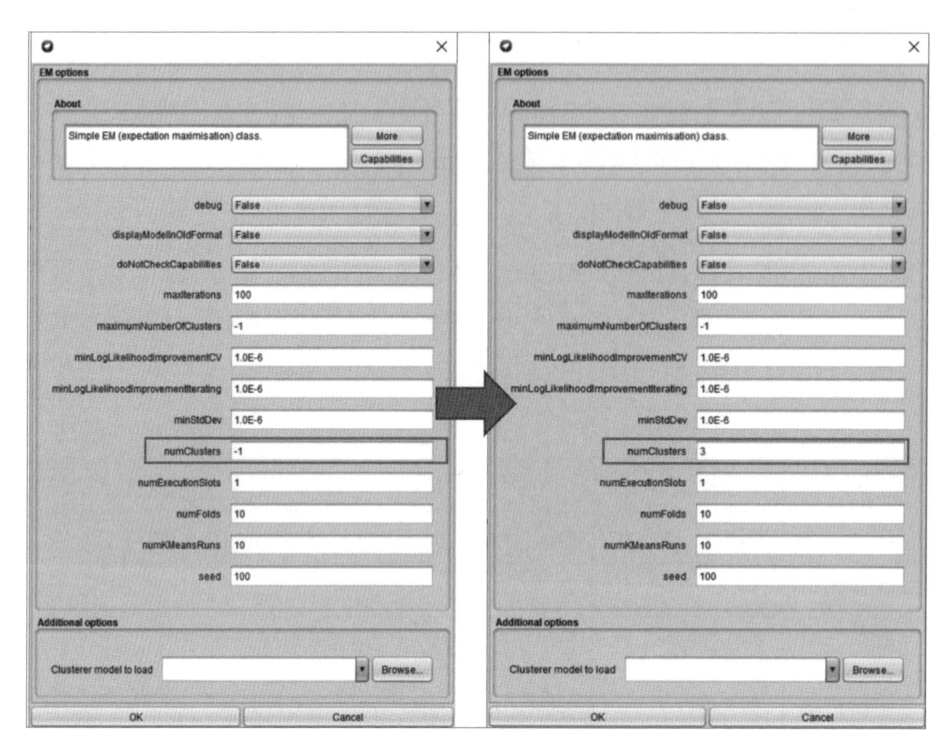

[그림 7-77] EM 알고리즘 설정(군집수 -1 지정 = 자동 군집화)

SimpleMeans의 경우 "최소 오차 제곱합"이란 어려운 단어의 지표를 사용한다. 일단 작은 값이 좋다고 생각하라. 군집 간의 거리가 최소화되었다는 의미이다.

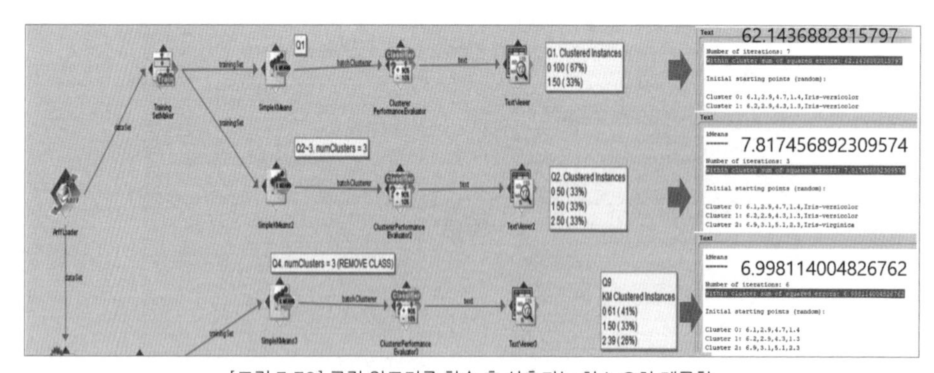

[그림 7-78] 군집 알고리즘 학습 후 산출되는 최소 오차 제곱합

4) cobweb의 결과로 산출된 3개의 군집 leaf를 갖는 덴드로그램은 다음과 같다.

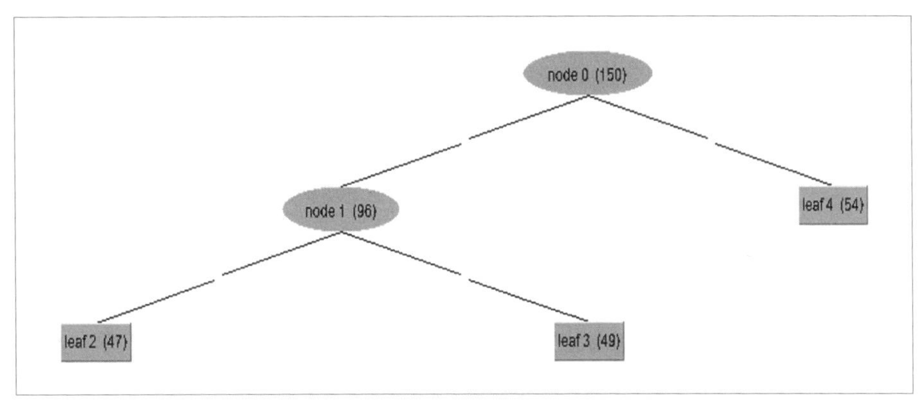

[그림 7-79] Cobweb 알고리즘에서 생성된 덴드로그램

③ Explorer 실습

Iris 데이터를 불러온 후 cluster(군집) 패널에서 SimpleKmeans를 선택한다.

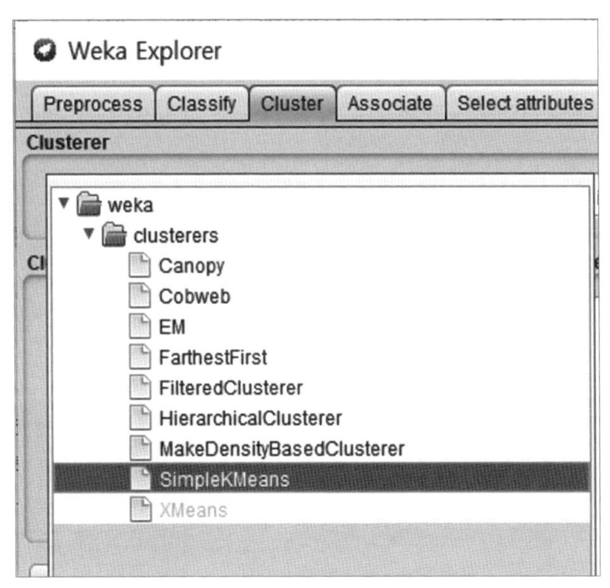

[그림 7-80] Cluster 패널에서 선택 가능한 각종 군집분석 알고리즘

모델평가는 변경하지 않고 바로 실행하면 다음과 같은 결과가 나온다.

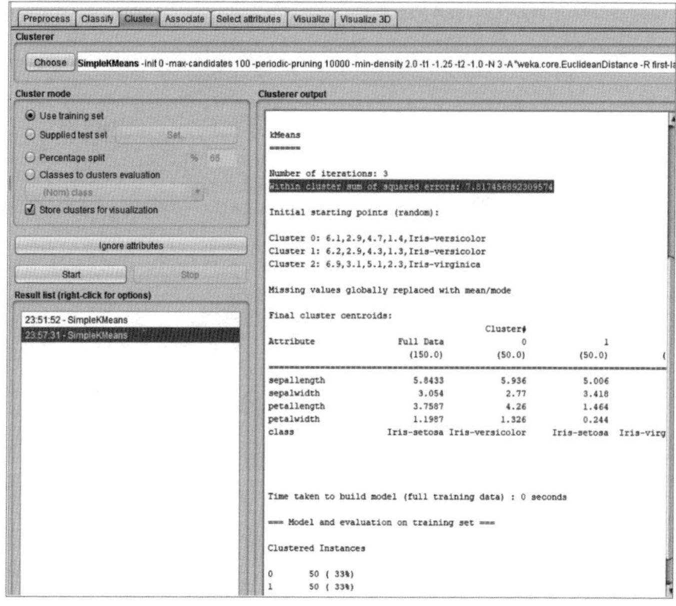

[그림 7-81] start 버튼을 클릭하면 군집분석이 실행된다

SimpleKmeans는 기본 군집수 k = 2이므로 2개가 군집화되고 "최소 오차 제곱합"은 62.1이다.

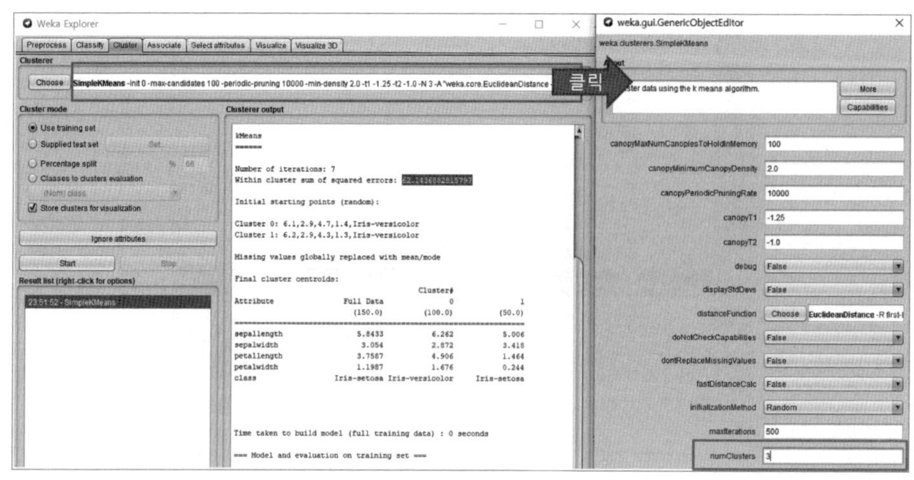

[그림 7-82] SimpleKmeans 설정값 확인 및 최소 오차 제곱합

이제 군집수 k를 위와 같이 numclusters = 3으로 변경하고 실행하면 결과는 다음과 같다.

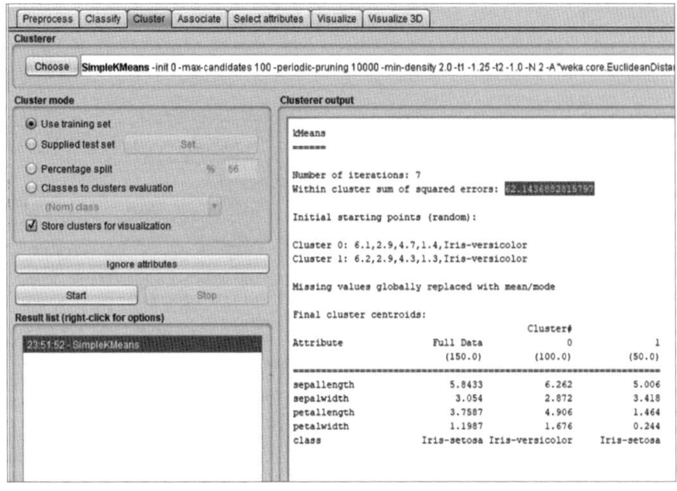

[그림 7-83] 군집수를 변경한 후 감소한 최소 오차 제곱합

군집분석은 비지도 학습이다. 즉, 목표변수 없이 군집화를 하는데 iris 데이터에는 목표변수가 존재한다. 따라서 다음과 같이 "ignore"를 클릭하여 무시할 속성을 목표변수class를 선택한 후 실행한다. 군집수 k = 3은 유지된 상태이다.

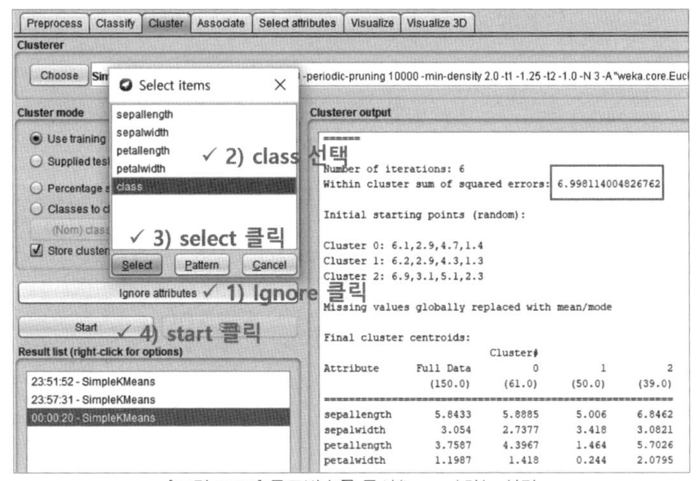

[그림 7-84] 목표변수를 무시(ignore)하는 설정

군집수를 조정하고 목표변수를 무시(제거)하면 "최소 오차 제곱합"이 점점 감소함을 확인할 수 있다. 이제 XMeans를 학습해 보자. 주의해야 할 점은 모든 속성이 숫자여야 실행이 가능하다. 따라서 ignore를 통해 명목형 목표변수를 반드시 제거(무시)해야 한다.

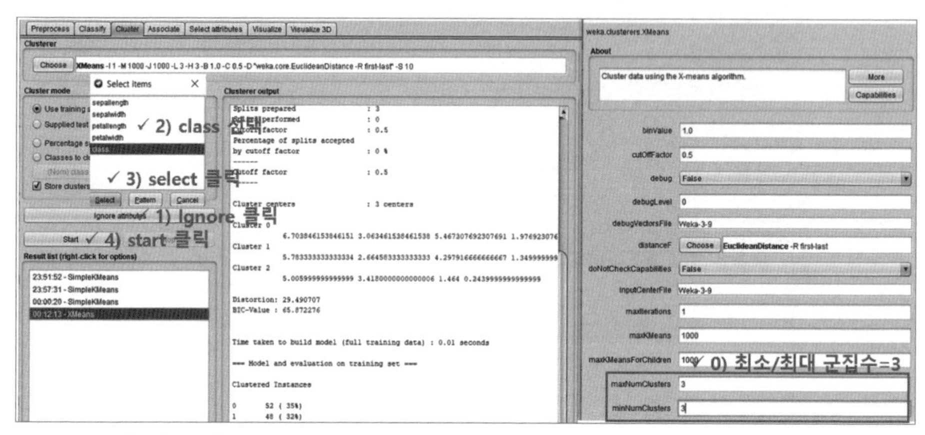

[그림 7-85] XMeans 알고리즘은 실행 전에 명목형 속성은 모두 무시(ignore)해야 한다

Xmeans는 최소/최대 군집수를 설정하고 그사이 값의 군집으로 분류하는데, 위에서는 최소/최대 군집수를 모두 3으로 변경했으므로 결과는 3개 군집으로 나뉜다. EM도 목표변수 무시ignore 및 numClusters에 설정된 초기 군집수를 변경하지 않고 실행하면 5개 군집의 결과가 산출된다. EM의 초기 군집수는 -1인데 스스로 군집수를 탐색한다는 의미이다.

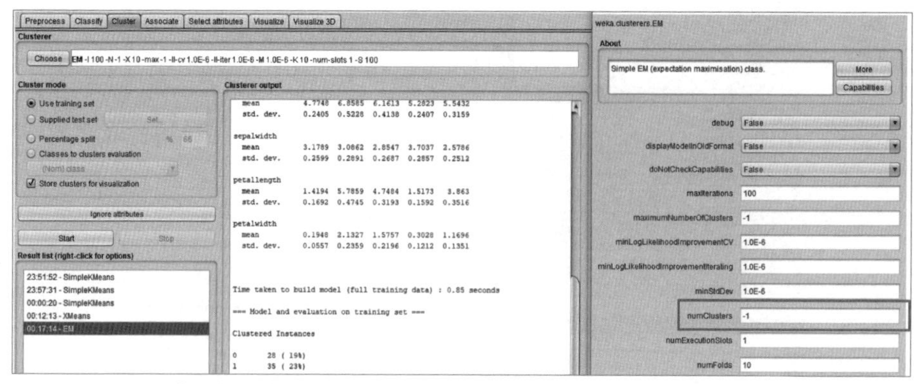

[그림 7-86] EM 알고리즘의 초기 군집수를 -1로 하여 군집수를 탐색한다

당연하게도 numClusters를 3으로 설정하면 3개 군집으로 분류된다. 계층적 군집분석인 cobweb은 군집수 k를 설정할 필요 없는 대신 통계량과 관련된 activity와 cut-off를 변경하면 덴드로그램의 말단 노드 수를 변경할 수 있다.

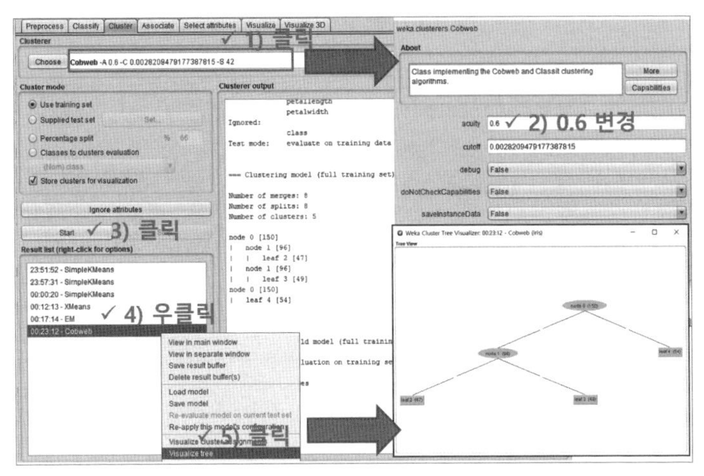

[그림 7-87] Cobweb 알고리즘 설정(cutoff = 0.6) 및 실행 결과

④ Java Code: W3_L5_Cluster_Base

군집분석의 경우 알고리즘별로 상위 클래스가 상이하여 초기 군집수 설정 및 평가 지표 함수가 다르다. 따라서 알고리즘별로 함수를 실행하였으며 비계층적 군집 알고리즘의 경우 초기 군집수를 3으로 통일했다. 그리고 군집분석의 목적은 모델링 전에 유사성을 갖는 데이터끼리 모으는 것이므로 군집분석 후 군집별로 어떤 데이터들이 포함되어 있는지 출력해 보았다. 먼저 eclipse에 Xmeans jar를 외부 반입을 시켜야 하며 다음과 같이 진행하면 된다.

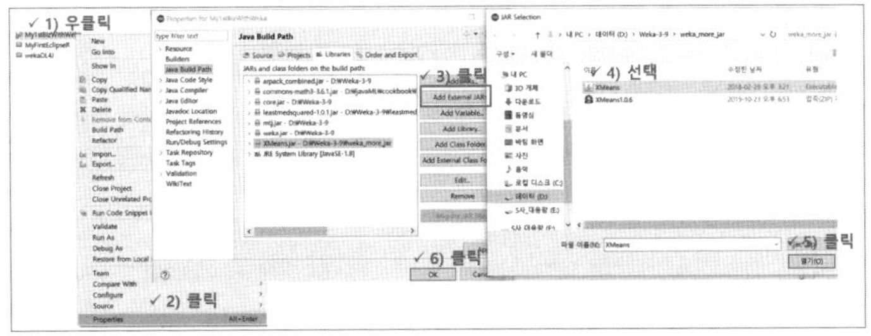

[그림 7-88] eclipse에 XMeans.jar를 add jars로 추가한다

```
public class W3_L5_Cluster_Base {
        Instances data = null;
        ClusterEvaluation eval = null;

        public W3_L5_Cluster_Base (String fileName) throws Exception{
                // 1) data loader
                String folderName = "D:\\Weka-3-9\\data\\";
                this.data=new Instances(
                                  new BufferedReader(
                                  new FileReader(folderName + filename +
                                  ".arff")));
        }

        public static void main(String args[]) throws Exception{
                new W3_L5_Cluster_Base("iris").cluster(new SimpleKMeans (), 3);
                new W3_L5_Cluster_Base("iris").cluster(new XMeans(), 3);
                new W3_L5_Cluster_Base("iris").cluster(new EM(), 3);
                new W3_L5_Cluster_Base("iris").cluster(new Cobweb(), 0.6);
        }

        public void cluster(Clusterer cluster, double k) throws Exception{

                // 2) class assigner 불필요, 그 대신 class를 삭제
                Remove filter = new Remove();
                filter.setAttributeIndices("last");
                filter.setInputFormat(data);
                data = Filter.useFilter(data, filter);

                // 3) Evaluation 객체 생성
                this.eval=new ClusterEvaluation();

                // 4) model run
                // 5) evaluate
```

```
            // 6) print result
            System.out.println("****************************************");
            this.goCluster(cluster, k );

            // 7) 군집별 데이터 모음 출력(엑셀 복사/붙여넣기 가능)
//          System.out.println(cluster);
            System.out.println(eval.clusterResultsToString());
            this.makeTable(cluster);
            System.out.println("****************************************");
    }

    /***************************
    * 군집분석 객체별로 처리 방식이 상이하여 캐스팅을 통해 함수 분기
    ***************************/
    public void goCluster(Clusterer cluster, double k) throws Exception{
            if(cluster instanceof SimpleKMeans){
                    this.Kmeasns((SimpleKMeans)cluster, (int) k);
            }else if(cluster instanceof XMeans){
                    this.Xmeans((XMeans)cluster, (int) k);

            }else if(cluster instanceof EM){
                    this.EM((EM)cluster, (int) k);
            }else if(cluster instanceof Cobweb){
                    this.cobweb((Cobweb)cluster , k);

            }
    }

    public String getClusterModelName(Clusterer cluster) throws Exception{
            String modelName = "";
            if(cluster instanceof SimpleKMeans){
                    modelName = "KMeans";
            }else if(cluster instanceof XMeans){
                    modelName = "Xmeans";
```

```
        }else if(cluster instanceof EM){
                modelName = "EM";
        }else if(cluster instanceof Cobweb){
                modelName = "Cobweb";

        }
        return modelName;
}

public void KMeans(SimpleKMeans kmeans, int k) throws Exception{

        // 4) model run
        kmeans.setNumClusters(k);
        kmeans.buildClusterer(this.data);

        // 5) evaluate
        eval.setClusterer(kmeans);
        eval.evaluateClusterer(this.data);

        // 6) print Result text
        System.out.println("군집 알고리즘:" +
                            this.getClusterModelName(kmeans) );
        System.out.println("군집수:" + kmeans.numberOfClusters() );
        System.out.println("kmeans 평가 지표-최소 오차 제곱합: " +
                            kmeans.getSquaredError());
        double d[] = kmeans.getClusterSizes();
}

/**
 * KD-Tree에 의한 군집이나 품질 지표가 없어 추후 연구해 볼 알고리즘이다.
 * */
public void Xmeans(XMeans xmeans, int k) throws Exception{
        // 4) model run
        xmeans.setMinNumClusters(k);
```

```
        xmeans.setMaxNumClusters(k);
        xmeans.buildClusterer(this.data);

        // 5) evaluate
        eval.setClusterer(xmeans);
        eval.evaluateClusterer(data);

        // 6) print Result text
        System.out.println("군집 알고리즘:" +
                        this.getClusterModelName(xmeans) );
        System.out.println("군집수:" + xmeans.numberOfClusters() );
}

public void EM(EM em, int k) throws Exception{
        // 4) model run
        em.setNumClusters(k);
        em.buildClusterer(this.data);

        // 5) evaluate
        eval.setClusterer(em);
        eval.evaluateClusterer(data);

        // 6) print Result text
        System.out.println("군집 알고리즘:" +
                        this.getClusterModelName(em) );
        System.out.println("군집수:" + em.numberOfClusters() );
        System.out.println("em 평가지표-로그우드: " +
                    this.eval.getLogLikelihood());
}

public void cobweb(Cobweb cobweb, double k) throws Exception
        // 4) model run
        cobweb.setAcuity(k);
        cobweb.buildClusterer(this.data);
```

```
        // 5) evaluate
        eval.setClusterer(cobweb);
        eval.evaluateClusterer(data);

        // 6) print Result text
        System.out.println("군집 알고리즘:" +
                        this.getClusterModelName(cobweb) );
        System.out.println("군집수:" + cobweb.numberOfClusters() );

        this.treeVeiwInstances(cobweb);
}


/*************************
 * cobweb 덴드로그램 출력
 *************************/
public void treeVeiwInstances(Cobweb cobweb) throws Exception {

    String graphName = "";
    graphName += " cobweb 덴드로그램 ";
    TreeVisualizer panel = new TreeVisualizer(null,
                                cobweb.graph(),
                                new PlaceNode2());
    JFrame frame = new JFrame(graphName);
    frame.setDefaultCloseOperation(JFrame.EXIT_ON_CLOSE);
    frame.getContentPane().setLayout(new BorderLayout());
    frame.getContentPane().add(panel);
    frame.setSize(new Dimension(800,500));
    frame.setLocationRelativeTo(null);
    frame.setVisible(true);
    panel.fitToScreen();
    System.out.println("See the " + graphName + " plot");
}
```

```
/***************************
* swing 테이블로 연관규칙 출력
***************************/
public void makeTable(Clusterer cluster) throws Exception{
        // 알고리즘명 1개 + 소속 군집 번호 1개 + 군집 순서 1개 + 원래 순서 1개
        + 속성 개수
        String[] header =
          new  String[data.firstInstance().numAttributes()+4];
        header[0] = this.getClusterModelName(cluster); // 알고리즘명
        header[1] = "소속 군집 번호";
        header[2] = "군집 순서";
        header[3] = "원래 순서";
        for(int x=0; x < data.firstInstance().numAttributes() ; x++){
                header[4+x] = data.firstInstance().attribute(x).
                name();// 속성명
        }

        // header 개수 x 데이터 건수
        String[][] contents = new String[data.numInstances()]
                [data.firstInstance().numAttributes()+4];

        int row=0;
        for(int kk=0 ; kk < eval.getNumClusters() ; kk++){
                int clusterRow = 0;
                for (int i = 0; i < data.numInstances(); i++) {
                        if(kk ==
                        cluster.clusterInstance(this.data.
                        instance(i)) ){
                       // 알고리즘명
                      contents[row][0]
                        = this.getClusterModelName(cluster);
                       // 소속 군집 번호
```

```
                    contents[row][1] = "cluster :" + kk;
                    // 군집 순서
                    contents[row][2] = "" +(++clusterRow);
                // 원래 순서
                    contents[row][3] = "" +(i+1);
            for(int y=0 ; y < this.data.instance(i).numAttributes(); y++){
                contents[row][4+y]
                    = ""+this.data.instance(i).value(y); //속성값
                            }
                            row++;
                        }
                    }
            }

            Dimension dim = new Dimension(1500,1000);
            JFrame frame = new JFrame(this.getClusterModelName
            (cluster) +
                                ": 군집수 = " + eval.getNumClusters());
            frame.setLocation(10, 10);
            frame.setPreferredSize(dim);

            JTable table = new JTable(contents, header);
            JScrollPane scrollpane = new JScrollPane(table);
            frame.add(scrollpane);
            frame.pack();
            frame.setVisible(true);
        }
}
```

출력 결과 위를 설명하면 다음과 같이 군집 결과와 JFrame Table에 집계된 데이터 간의 건수를 확인할 수 있다. 특히 Table에 집계된 데이터는 엑셀로 복사 후 붙여넣기

할 수 있고, code를 응용하면 군집별로 집계된 데이터들은 다른 분류/연관/회귀분석의 원본 데이터로 사용할 수 있다.

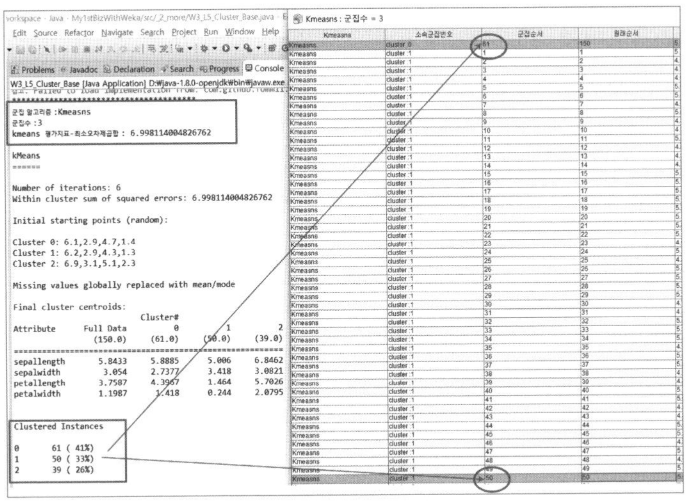

[그림 7-89] 앞의 소스코드 실행 후 확인 가능한 군집분석 정보

특히 cobWeb의 덴드로그램도 출력이 가능하다.

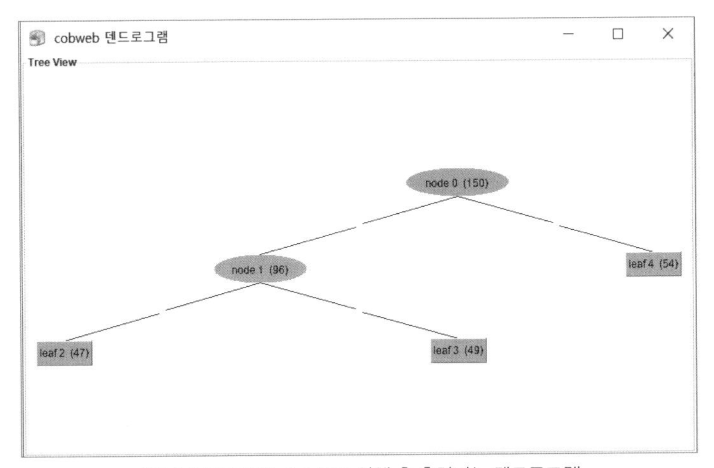

[그림 7-90] 앞의 소스코드 실행 후 출력되는 덴드로그램

7.4.6 군집분석 평가

군집분석의 목적은 데이터 분류이다. 분류를 위한 방법이 목표변수class를 통한 학습에서 데이터 간의 유사성 판단(거리 측정)으로 군집화하는 것으로 변경만 된 것이다.

분류 알고리즘은 정분류율과 오분류표를 통해 성능 평가를 했던 것처럼 군집분석도 궁극적으로 분류를 위한 알고리즘이므로 분류 알고리즘과 성능 평가 방법은 유사하다. 군집분석 평가를 위해 4가지 방법을 소개한다.

순서	방법	사용 패널	중요 사항
1	시각화	군집(cluster)	목표변수(class) 무시 선행
2	AddCluster 필터링	전처리(Preprocess)	군집분석 후 소속 군집 확인 가능
3	Classes-to-clusters evaluation	군집(cluster)	ClassificationViaClustering 유사
4	ClassificationViaClustering	분류(classify)	패키지 다운로드 선행

[그림 7-91] 군집분석 평가 4가지 방법

사용된 패널은 군집cluster 패널과 분류classify 패널을 넘나들어 군집분석과 분류분석은 유사한 평가 과정을 거친다. 심지어 3~4번 과정은 사용 패널의 위치만 상이하지 결과와 해석 방법은 동일하다.

군집분석 이후 "Visualize cluster assignment" 시각화

분류 알고리즘과 달리 군집분석은 데이터들의 군집화가 목적이라 시각화가 분석 결과의 목적이 된다. Explorer의 군집cluster 패널에서 목표변수를 무시ignore 후 군집분석 결과에서 "Visualize cluster assignment"를 선택하고 Y 값을 "Y: Cluster(Nom)"으로 변경하면 군집화 결과를 시각적으로 확인할 수 있다.

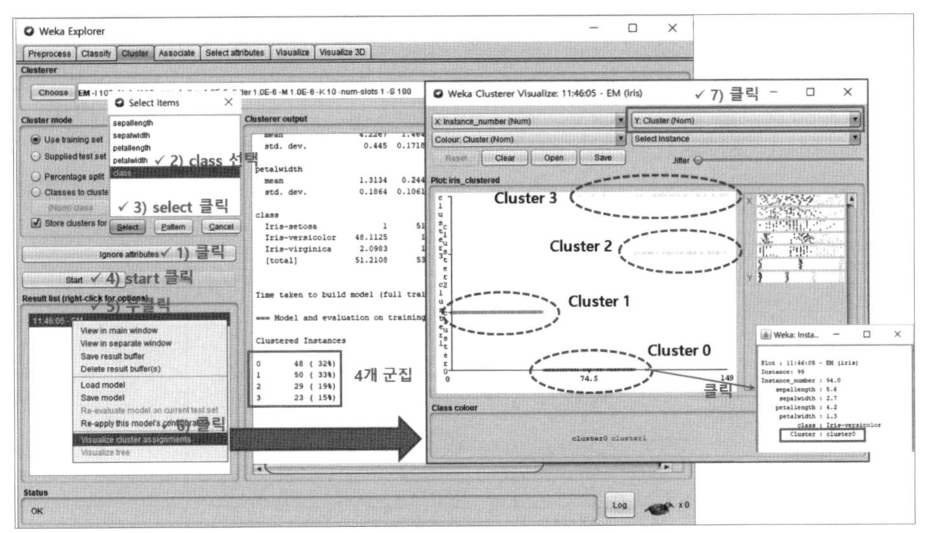

[그림 7-92] Cluster 패널에서 군집분석 결과 시각화 방법

위에서는 EM 군집 알고리즘을 실행하였고 numCluster = -1 기본값을 변경하지 않아 스스로 군집수를 탐색하여 4개 군집화 결과를 도출했다. Preprocess 패널에서 AddCluster 필터링을 통한 데이터별 소속된 군집 정보를 추가한 후 SimpleKmeans를 사용하였고 다른 전처리 과정과 동일한 방법으로 필터링을 사용한다.

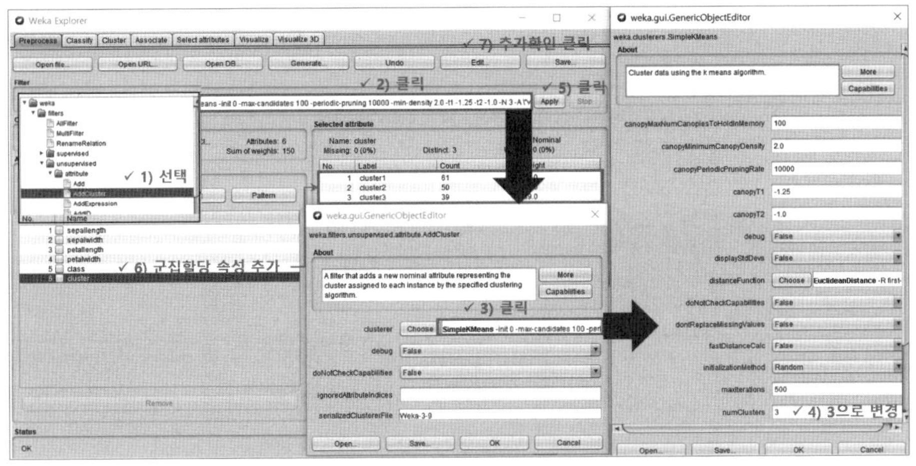

[그림 7-93] 전처리 패널에서 군집분석 필터(AddCluster) 적용 방법

Edit 버튼을 클릭하면 다음과 같이 군집 할당 속성이 추가된 것을 확인할 수 있다.

Viewer

Relation: iris-weka.filters.unsupervised.attribute.AddCluster-Wweka.clusterers.SimpleKMeans -init 0 -max-candidat

No.	1: sepallength Numeric	2: sepalwidth Numeric	3: petallength Numeric	4: petalwidth Numeric	5: class Nominal	6: cluster Nominal
1	5.1	3.5	1.4	0.2	Iris-setosa	cluster2
2	4.9	3.0	1.4	0.2	Iris-setosa	cluster2
3	4.7	3.2	1.3	0.2	Iris-setosa	cluster2
4	4.6	3.1	1.5	0.2	Iris-setosa	cluster2
5	5.0	3.6	1.4	0.2	Iris-setosa	cluster2
6	5.4	3.9	1.7	0.4	Iris-setosa	cluster2
7	4.6	3.4	1.4	0.3	Iris-setosa	cluster2
8	5.0	3.4	1.5	0.2	Iris-setosa	cluster2
9	4.4	2.9	1.4	0.2	Iris-setosa	cluster2
10	4.9	3.1	1.5	0.1	Iris-setosa	cluster2
11	5.4	3.7	1.5	0.2	Iris-setosa	cluster2
12	4.8	3.4	1.6	0.2	Iris-setosa	cluster2
13	4.8	3.0	1.4	0.1	Iris-setosa	cluster2
14	4.3	3.0	1.1	0.1	Iris-setosa	cluster2
15	5.8	4.0	1.2	0.2	Iris-setosa	cluster2
16	5.7	4.4	1.5	0.4	Iris-setosa	cluster2
17	5.4	3.9	1.3	0.4	Iris-setosa	cluster2
18	5.1	3.5	1.4	0.3	Iris-setosa	cluster2
19	5.7	3.8	1.7	0.3	Iris-setosa	cluster2
20	5.1	3.8	1.5	0.3	Iris-setosa	cluster2
21	5.4	3.4	1.7	0.2	Iris-setosa	cluster2
22	5.1	3.7	1.5	0.4	Iris-setosa	cluster2
23	4.6	3.6	1.0	0.2	Iris-setosa	cluster2
24	5.1	3.3	1.7	0.5	Iris-setosa	cluster2
25	4.8	3.4	1.9	0.2	Iris-setosa	cluster2
26	5.0	3.0	1.6	0.2	Iris-setosa	cluster2
27	5.0	3.4	1.6	0.4	Iris-setosa	cluster2
28	5.2	3.5	1.5	0.2	Iris-setosa	cluster2
29	5.2	3.4	1.4	0.2	Iris-setosa	cluster2

[그림 7-94] AddCluster 필터링 후 생성된 속성(6번째 cluster 속성)

Cluster 패널에서 "Classes-to-clusters evaluation"을 통한 이미 존재하는 목표변수(class)와 산출된 군집 간의 분류 비교를 하기 위해 "Classes-to-clusters evaluation"을 선택한 후 비교할 속성(대부분 목표변수 class)을 선택하고 학습하면 군집별 할당 건수, 목표변수와 비교, 오분류 건수 및 비율을 확인할 수 있다. 다만 여기서는 정분류율은 확인할 수 없다.

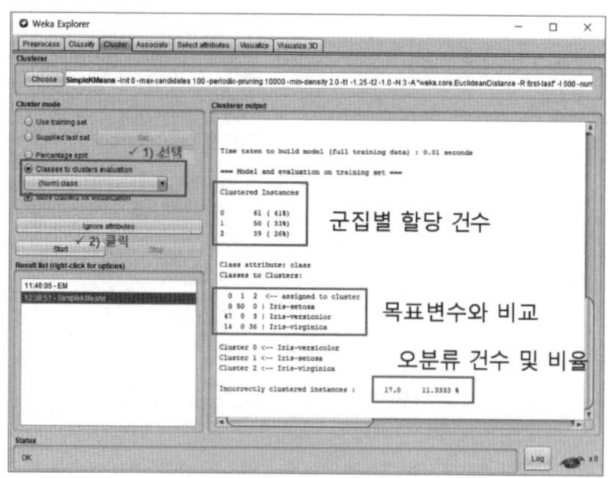

[그림 7-95] Cluster 패널에서 Classes-to-clusters evaluation 설정 체크를 통한 비교 및 오분류 정보

"ClassificationViaClustering" 평가 방법은 Classify 패널에서 분류 알고리즘을 통한 군집분석 간 비교하는 방법이다. 일반적인 분류분석을 하는 메타 알고리즘이지만 군집분석을 먼저 실시하고 분류하는 알고리즘이다. 먼저 ClassificationViaClustering이 기본적인 패키지가 아니므로 package manager에서 설치해야 한다.

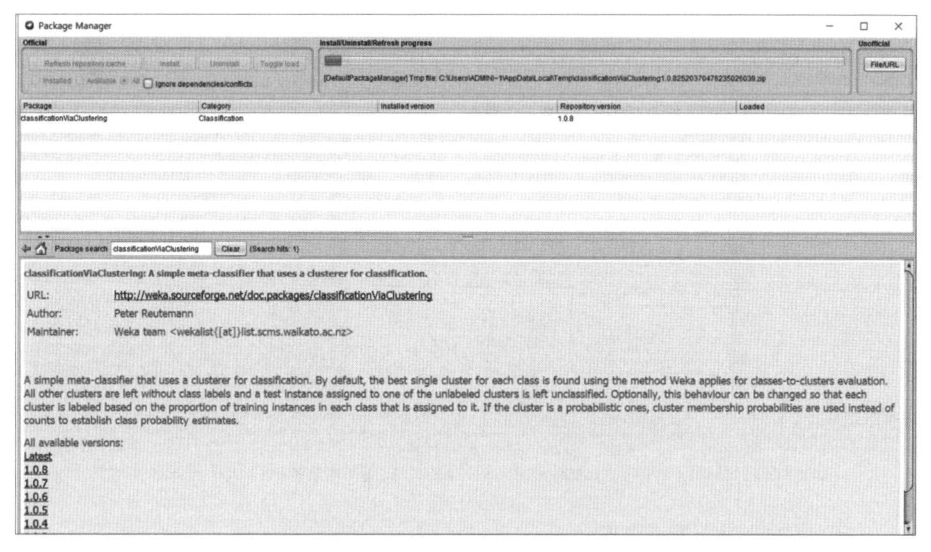

[그림 7-96] package manager에서 ClassificationViaClustering 설치

Java Code를 위한 jar 파일은 아래 URL에서 다운로드 받을 수 있다.

http://prdownloads.sourceforge.net/weka/classificationViaClustering1.0.8.zip?download

일반적인 분류 알고리즘 사용법과 동일하다. 다만 군집별로 할당 건수는 확인되지 않으며 목표변수가 반드시 있어야 하고 교차검증을 해야 평가가 가능함을 알아야 한다.

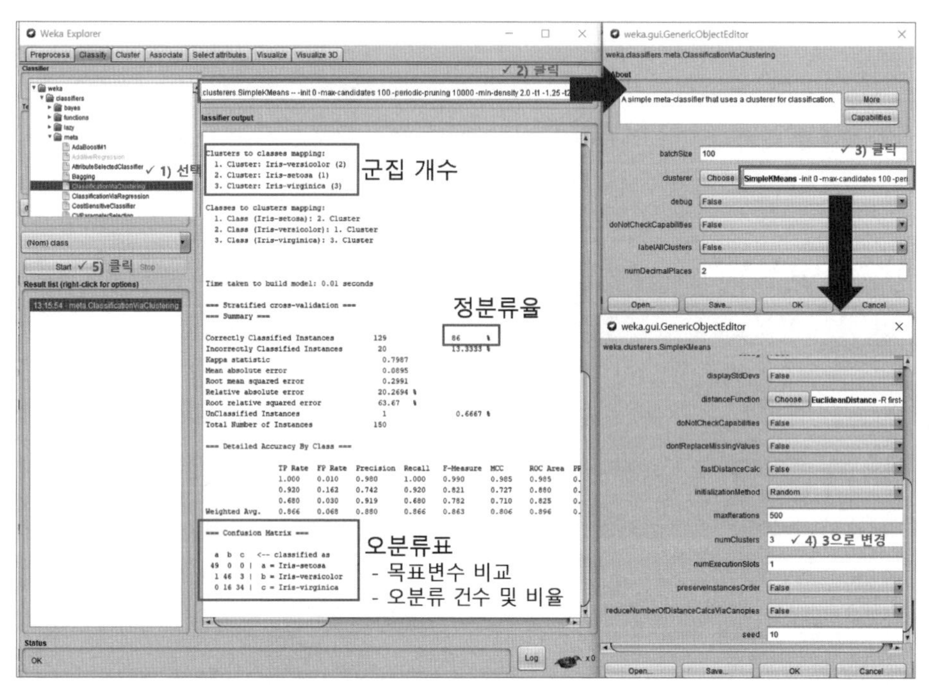

[그림 7-97] Classify 패널에서 ClassificationViaClustering 알고리즘을 통한 비교 및 오분류 정보

① 실습: Addcluster 필터/ClassificationViaClustering 알고리즘, iris 데이터

② KnowledgeFlow: more week 3 class 3 lesson 6.kf

KnowledgeFlow에서는 필터링과 분류 평가 등 모든 초기 군집수 k = 3인 SimpleKmeans를 적용했다.

2가지 참고 사항이 있다. 첫째는 일반적인 군집분석 후에 시각화는 컴포넌트가 지원되지 않아 AddCluster 필터에서 DataVisualizer를 연결했다. 둘째는 "Classes-to-clusters evaluation" 옵션과 같은 컴포넌트가 없으나 "ClassificationVia-Clustering"과 결과는 동일하다.

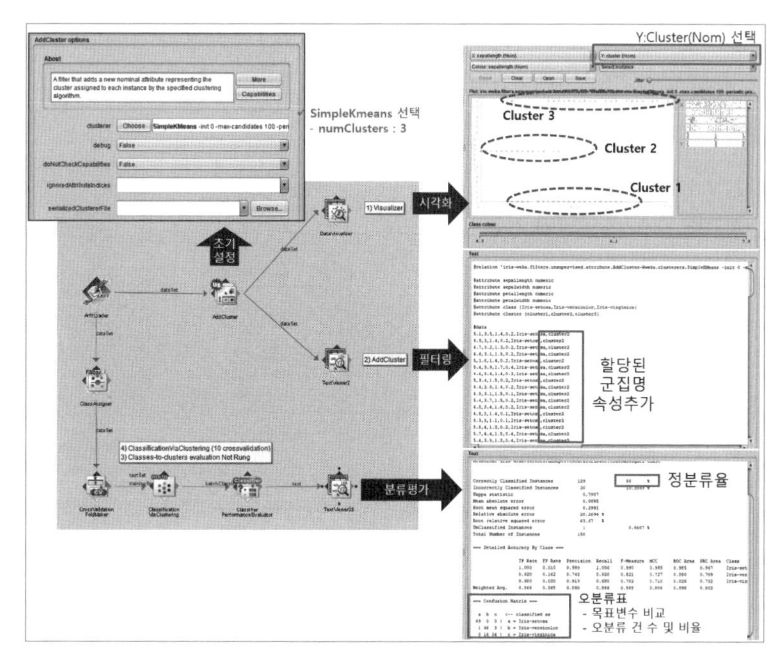

[그림 7-98] KnowledgeFlow의 필터 및 알고리즘 적용 결과

③ Java 프로그래밍: W3_L6_Cluster_Eval

Java Code를 실행하기 전에 ClassificationViaClustering.jar를 외부 반입Add jars받아야 한다. 결과를 보자면 3가지이다. 첫 번째 시각화 결과는 다음과 같이 군집화된 것을 볼 수 있다.

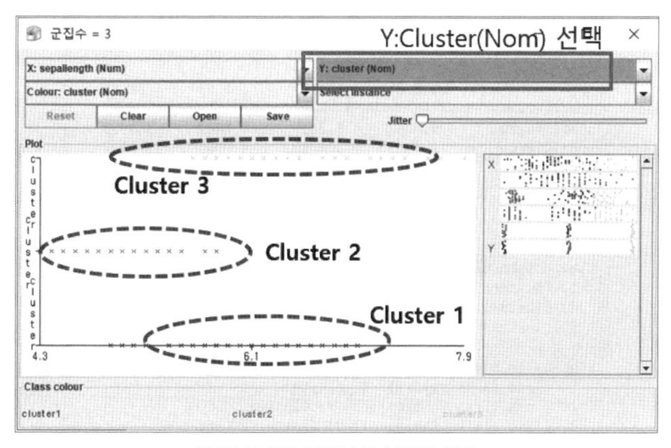

[그림 7-99] 군집분석 시각화 결과

두 번째 AddCluster 실행 결과는 다음과 같이 cluster 속성이 추가되면서 할당된 군집 정보를 확인할 수 있다.

Kmeasns : 군집수 = 3

Kmeasns	소속군집번호	군집순서	sepallength	sepalwidth	petallength	petalwidth	class	cluster
Kmeasns	cluster :1.0	1	5.1	3.5	1.4	0.2	0.0	1.0
Kmeasns	cluster :1.0	2	4.9	3.0	1.4	0.2	0.0	1.0
Kmeasns	cluster :1.0	3	4.7	3.2	1.3	0.2	0.0	1.0
Kmeasns	cluster :1.0	4	4.6	3.1	1.5	0.2	0.0	1.0
Kmeasns	cluster :1.0	5	5.0	3.6	1.4	0.2	0.0	1.0
Kmeasns	cluster :1.0	6	5.4	3.9	1.7	0.4	0.0	1.0
Kmeasns	cluster :1.0	7	4.6	3.4	1.4	0.3	0.0	1.0
Kmeasns	cluster :1.0	8	5.0	3.4	1.5	0.2	0.0	1.0
Kmeasns	cluster :1.0	9	4.4	2.9	1.4	0.2	0.0	1.0
Kmeasns	cluster :1.0	10	4.9	3.1	1.5	0.1	0.0	1.0
Kmeasns	cluster :1.0	11	5.4	3.7	1.5	0.2	0.0	1.0
Kmeasns	cluster :1.0	12	4.8	3.4	1.6	0.2	0.0	1.0
Kmeasns	cluster :1.0	13	4.8	3.0	1.4	0.1	0.0	1.0
Kmeasns	cluster :1.0	14	4.3	3.0	1.1	0.1	0.0	1.0
Kmeasns	cluster :1.0	15	5.8	4.0	1.2	0.2	0.0	1.0
Kmeasns	cluster :1.0	16	5.7	4.4	1.5	0.4	0.0	1.0
Kmeasns	cluster :1.0	17	5.4	3.9	1.3	0.4	0.0	1.0
Kmeasns	cluster :1.0	18	5.1	3.5	1.4	0.3	0.0	1.0
Kmeasns	cluster :1.0	19	5.7	3.8	1.7	0.3	0.0	1.0
Kmeasns	cluster :1.0	20	5.1	3.8	1.5	0.3	0.0	1.0
Kmeasns	cluster :1.0	21	5.4	3.4	1.7	0.2	0.0	1.0
Kmeasns	cluster :1.0	22	5.1	3.7	1.5	0.4	0.0	1.0
Kmeasns	cluster :1.0	23	4.6	3.6	1.0	0.2	0.0	1.0
Kmeasns	cluster :1.0	24	5.1	3.3	1.7	0.5	0.0	1.0

[그림 7-100] table에 출력된 AddCluster 필터링 결과

ClassificationViaClustering 실행 결과는 콘솔의 출력 결과로 확인할 수 있다.

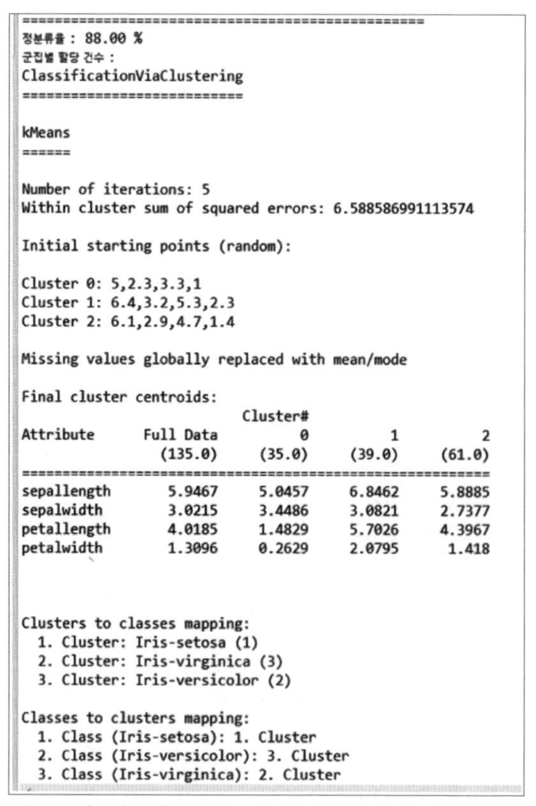
```
================================================
정분류율 : 88.00 %
군집별 할당 건수 :
ClassificationViaClustering
===========================

kMeans
======

Number of iterations: 5
Within cluster sum of squared errors: 6.588586991113574

Initial starting points (random):

Cluster 0: 5,2.3,3.3,1
Cluster 1: 6.4,3.2,5.3,2.3
Cluster 2: 6.1,2.9,4.7,1.4

Missing values globally replaced with mean/mode

Final cluster centroids:
                          Cluster#
Attribute      Full Data         0          1          2
                 (135.0)    (35.0)     (39.0)     (61.0)
=========================================================
sepallength       5.9467    5.0457     6.8462     5.8885
sepalwidth        3.0215    3.4486     3.0821     2.7377
petallength       4.0185    1.4829     5.7026     4.3967
petalwidth        1.3096    0.2629     2.0795      1.418



Clusters to classes mapping:
  1. Cluster: Iris-setosa (1)
  2. Cluster: Iris-virginica (3)
  3. Cluster: Iris-versicolor (2)

Classes to clusters mapping:
  1. Class (Iris-setosa): 1. Cluster
  2. Class (Iris-versicolor): 3. Cluster
  3. Class (Iris-virginica): 2. Cluster
```

[그림 7-101] 콘솔에 출력된 ClassificationViaClustering 알고리즘 결과

```
public class W3_L6_Cluster_Eval {
        Instances data = null;
        ClusterEvaluation eval=null;

        public W3_L6_Cluster_Eval(String fileName) throws Exception{
                // 1) data loader
                String folderName = "D:\\Weka-3-9\\data\\";
                this.data=new Instances(
                                new BufferedReader(
                                new FileReader(folderName+filename +
                                ".arff")));
        }

        public static void main(String args[]) throws Exception{
                new W3_L6_Cluster_Eval("iris").addCluster(new
                SimpleKMeans(), 3);
                new W3_L6_Cluster_Eval("iris").eval_Cluster(
                      new SimpleKMeans(), 3);
        }

        public void addCluster(SimpleKMeans cluster, double k) throws
        Exception{
                // 2) class assigner 불필요, 그 대신 class를 삭제
                AddCluster filter = new AddCluster();
                cluster.setNumClusters((int)k);
                filter.setClusterer(cluster);
                filter.setInputFormat(data);
                data = Filter.useFilter(data, filter);

                System.out.println("=====================================
                ==============");
                System.out.println("\t 1) 시각화");
```

```
        System.out.println("=======================================
=============");
        this.dataViewInstances((int)k);
        System.out.println("=======================================
=============");
        System.out.println("\t 2) Addcluster 필터링 출력");
        System.out.println("=======================================
============");
        this.makeTable(cluster);
}

public void eval_Cluster(SimpleKMeans cluster, double k) throws
Exception{
        int seed = 1;
        int numfolds = 10;
        int numfold = 0;

        // 1) data loader
        Instances train = data.trainCV(numfolds, numfold, new
        Random(seed));
        Instances test  = data.testCV(numfolds, numfold);

        // 2) class assigner
        train.setClassIndex(train.numAttributes()-1);
        test. setClassIndex(test.numAttributes()-1);

        // 3) cross validate setting
        Evaluation eval=new Evaluation(train);

    ClassificationViaClustering model
       =new ClassificationViaClustering();
    SimpleKMeans kmeans = new SimpleKMeans();
    kmeans.setNumClusters((int)k);
    model.setClusterer(kmeans);
```

```
        eval.crossValidateModel(model, train, numfolds, new
        Random(seed));

        // 4) model run
        model.buildClassifier(train);

        // 5) evaluate
        eval.evaluateModel(model, test);

        // 6) print Result text
        System.out.println("===================================
        ==============");
        System.out.println("\t 4) 분류기 정분류율 및 평균 제곱편차 출력");
        System.out.println("=====================================
        ============");
        System.out.println("정분류율: "
                + String.format("%.2f",eval.pctCorrect()) + " %");
        System.out.println("군집별 할당 건수: ");
        System.out.println(model);
        System.out.println("\n " + eval.toMatrixString());

}

public String getClusterModelName(Clusterer cluster) throws
Exception{
        String modelName = "";
        if(cluster instanceof SimpleKMeans){
                modelName = "KMeans";
        }else if(cluster instanceof XMeans){
                modelName = "Xmeans";
        }else if(cluster instanceof EM){
                modelName = "EM";
        }else if(cluster instanceof Cobweb){
```

```
                modelName = "Cobweb";

        }
        return modelName;
}


 /**************************
  * swing 2d plot 출력
  **************************/
 public void dataVeiwInstances(int size) throws Exception {
         ThresholdVisualizePanel vmc
             = new ThresholdVisualizePanel();
         PlotData2D plot = new PlotData2D(this.data);
         vmc.addPlot(plot)      ;
         String graphName = "";
         graphName += " 군집수 = " + size ;
      JFrame frame = new JFrame(graphName);
      frame.setDefaultCloseOperation(JFrame.EXIT_ON_CLOSE);
      frame.getContentPane().setLayout(new BorderLayout());
      frame.getContentPane().add(vmc);
      frame.setSize(new Dimension(800,500));
      frame.setLocationRelativeTo(null);
      System.out.println(plot.getYindex());
      frame.setVisible(true);
      System.out.println("See the " + graphName + " plot");
 }

/**************************
* swing 테이블로 연관규칙 출력
**************************/
public void makeTable(SimpleKMeans cluster) throws Exception{
        // 알고리즘명 1개 + 소속 군집 번호 1개 + 군집 순서 1개 + 원래 순서 1개
        + 속성 개수
```

```
    String[] header = new String[data.firstInstance().
    numAttributes()+3];
    header[0] = this.getClusterModelName(cluster); // 알고리즘명
    header[1] = "소속 군집 번호";
    header[2] = "군집 순서";
    for(int x=0; x < data.firstInstance().numAttributes() ; x++){
            header[3+x] = data.firstInstance().attribute(x).
            name(); // 속성명
    }

    // header 개수 x 데이터 건수
    String[][] contents = new String[data.numInstances()]
    [data.firstInstance().numAttributes()+3];


    for(int i = 0; i < data.numInstances(); i++) {
            // 알고리즘명
            contents[i][0]
                = this.getClusterModelName(cluster);
            // 소속 군집 번호
            contents[i][1] = "cluster :"
                           + this.data.instance(i).value(
                             this.data.instance(i).
                             numAttributes()-1);
            // 원래 순서
            contents[i][2] = "" +(i+1);
          // 속성값
            for (int y=0 ;
                y < this.data.instance(i).numAttributes(); y++){
                 contents[i][3+y]
                     = ""+this.data.instance(i).value(y);


}
     }
```

```
        Dimension dim = new Dimension(1500,1000);
        JFrame frame = new JFrame
                    (this.getClusterModelName(cluster) +
                    ": 군집수 = " + cluster.getNumClusters());
        frame.setLocation(10, 10);
        frame.setPreferredSize(dim);

        JTable table = new JTable(contents, header);
        JScrollPane scrollpane = new JScrollPane(table);
        frame.add(scrollpane);
        frame.pack();
        frame.setVisible(true);
    }
}
```

시각화는 2D plot을 사용하였으며 하기와 같은 코드로 구성되어 있다.

```
    /**************************
     * swing 2d plot 출력
     **************************/
    public void dataVeiwInstances(int size) throws Exception {
            ThresholdVisualizePanel vmc
              = new ThresholdVisualizePanel();
            PlotData2D plot = new PlotData2D(this.data);
            vmc.addPlot(plot)      ;
            String graphName = "";
            graphName += " 군집수 = " + size ;
        JFrame frame = new JFrame(graphName);
        frame.setDefaultCloseOperation(JFrame.EXIT_ON_CLOSE);
```

```
        frame.getContentPane().setLayout(new BorderLayout());
        frame.getContentPane().add(vmc);
        frame.setSize(new Dimension(800,500));
        frame.setLocationRelativeTo(null);
        System.out.println(plot.getYindex());
        frame.setVisible(true);
        System.out.println("See the " + graphName + " plot");
    }
```

④ Experimenter 비교: more 3.6.exp

Experimenter는 분류 알고리즘의 성능 비교 평가를 위한 것이다. 군집분석은 궁극적으로 데이터의 분류를 위한 것이므로 ClassificationViaClustering 메타 알고리즘의 cluster로 설정된 군집 알고리즘은 분류 성능 비교 평가가 가능하다. 다만 XMeans의 경우 독립변수 속성이 모두 숫자여야 하는 것만 주의하면 된다. 아래 그림은 SimpleMeans를 기준으로 EM과 XMeans를 비교하는 것이며 초기 군집수는 모두 3으로 설정했다.

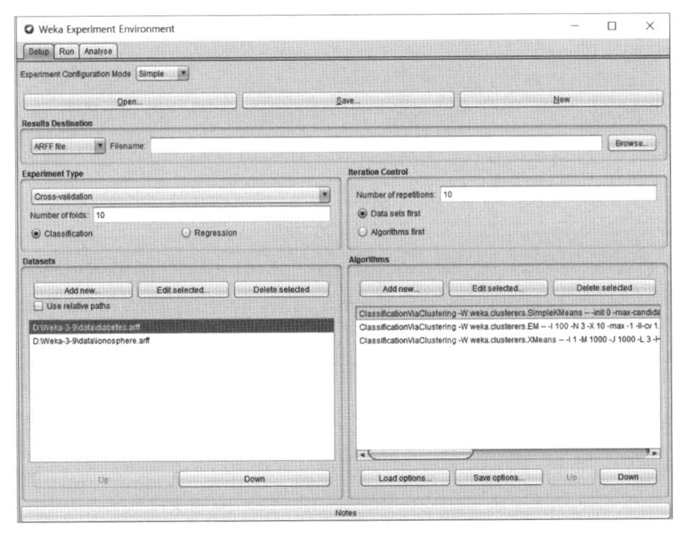

[그림 7-102] Experimenter 설정 모습

결과를 보면 EM의 경우만 SimpleKmeans와 비교해 유의한 차이를 보일 뿐 XMeans는 큰 차이가 없다.

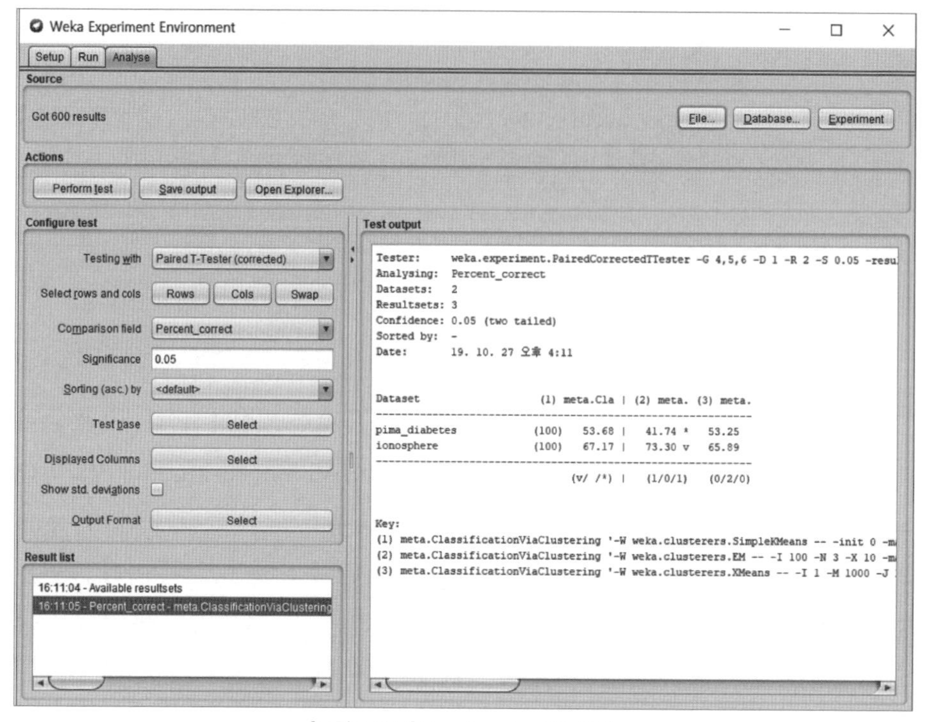

[그림 7-103] Experimenter 실행 결과

군집분석은 모델링 전에 유사성을 갖는 데이터들을 군집화한 후 분류/회귀/연관분석을 하기 위한 사전 분석 작업으로 간주된다. 따라서 성능 비교보다도 군집화된 데이터들을 어떻게 선별하는지에 집중했다. 향후 과제는 IBk를 통해 초기 군집수 k를 사전에 가늠하고 적절한 방법을 찾아볼 것이다. 물론 XMeans는 min/max 범위 내에 EM은 초기 군집수가 -1로 설정되어 있으면 스스로 초기 군집수를 탐색하지만 군집분석에 있어서 초기 군집수는 그만큼 중요하다.

7.5 속성 선택과 결과 집중(개입)

좋은 답변을 얻기 위해 좋은 질문을 해야 한다는 말을 들어 본 적 있는가? 적은 노력으로 좋은 효과를 얻기 위해 선택과 집중이 필요하다는 말이다. 머신러닝 분야도 선택과 집중이 필요하다. 많은 속성이 과연 머신러닝의 성능에 도움이 될까? 그리고 데이터셋에 10개 이상 라벨이 분포하는 상황에서 1~2개 라벨이 가장 중요하지만 상대적으로 데이터 건수가 적으면 어떻게 해야 할까?

답을 먼저 말하자면 속성은 선택해야 하고 결과는 집중해야 한다. 속성 선택은 학습을 여러 번 실행하여 그 결과들에 기여도가 높은 속성을 선별한다. 결과 집중은 사전에 라벨별로 가중치를 부여하여 알고리즘의 학습 과정에 개입한다.

질문 선택
기여도
필요한 것만 최소화
최대한 많이 확보
가중치
결과 집중

독립변수 1	독립변수 2	독립변수 5	독립변수 10	목적변수
				라벨1
				라벨1
				라벨1
				라벨1
				라벨1
				라벨1
				라벨1
				라벨2
				라벨2

[그림 7-104] 속성 선택과 라벨 집중

7.5.1 중요 속성 기여도 선별(기초)

① **정의**why

머신러닝은 많은 데이터를 확보해야 우수한 성능의 알고리즘을 생성시킬 수 있으나, 데이터 건수가 많아야 한다는 것이지 속성이 많아야 한다는 것은 아니다.

데이터 건수는 알고리즘의 성능과 직결된다면 속성의 개수는 오히려 알고리즘 성능을 저하시킬 수 있다. 따라서 필요한 속성만 선별하는 과정이 필요한데 이것이 "속성 선택"이다.

속성 선택attributes select은 특징 선택feature select이라고도 명명한다.

속성(필드명, 독립변수) 중에 데이터셋의 성질을 잘 표현하는 속성들의 집합을 대표적인 특징이라고 간주한다. 많이 알려진 주성분 분석 PCAPrincipal Component Analysis는 속성 선택 기법 중 하나이다.

② **대상**what

Weka에서는 Explorer에서 select attributes 패널이 이 역할을 한다. 패널 내에는 Attribute Evaluator와 Search Method의 조합을 결과로 속성 선택을 결정한다.

Attribute Evaluator는 데이터셋의 속성(독립변수)들과 목표변수 사이의 상관계수, 최빈도 출현, 엔트로피, 차원 축소 등의 맥락을 기준으로 평가하는 알고리즘을 선택한다.

Search Method는 Attribute Evaluator의 보조 컴포넌트로 선택 속성들의 최소화를 위해 데이터셋에서 서로 다른 속성 조합을 시도하고 탐색하는 알고리즘을 선택한다.

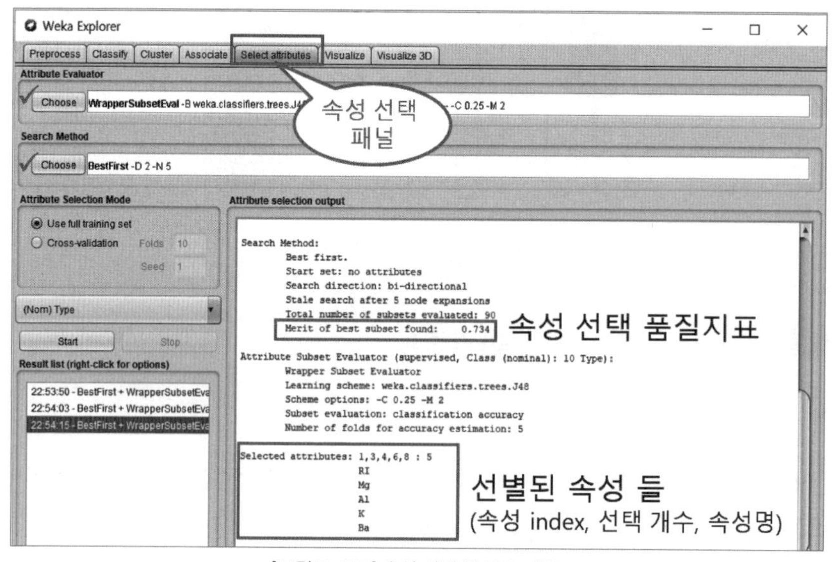

[그림 7-105] 속성 선택 및 중요 내용

③ **방법**how

대표적인 Attribute Evaluator(+ Search Method)이다. 아래는 10개의 속성(9개 독립변수 + 1개 목표변수)의 당뇨병 데이터셋으로 예시를 들었다.

CorrelationAttributeEval(Ranker)

데이터셋에서 가장 관련성이 높은 속성을 선택하기 위해 통계적으로 피어슨의 상관계수를 사용한다. 속성(독립변수)들과 목표변수 사이의 상관관계를 계산하여 양 또는 음의 상관관계(-1 또는 1에 가까운)를 가진 속성만 선택한다. 상관관계가 값 0에 가까우면 속성(독립변수)과 목표변수 간의 관계가 없으므로 해당 속성(독립변수)을 삭제할 수 있다.

위 그림은 1개를 제외한 8개 속성이 선택된 상태이며, Ranked의 값들은 속성(독립변수)과 목표변수 간의 상관계수이며, 0에 가까울수록 상관관계가 없으므로 속성 선택 시 제외된다. Ranker의 threshold에 기준값을 설정하면 되며, 0.2로 입력할 경우 상관계수 0.2 이하는 목표변수와 상관없다고 간주한다. 0.2는 의사 결정이 필요한 기준이다. 그러나 상관계수 0.2는 통상적으로 상관없다고 간주할 수 있다. 그러면 아래 그림처럼 4개 속성만 선택된다.

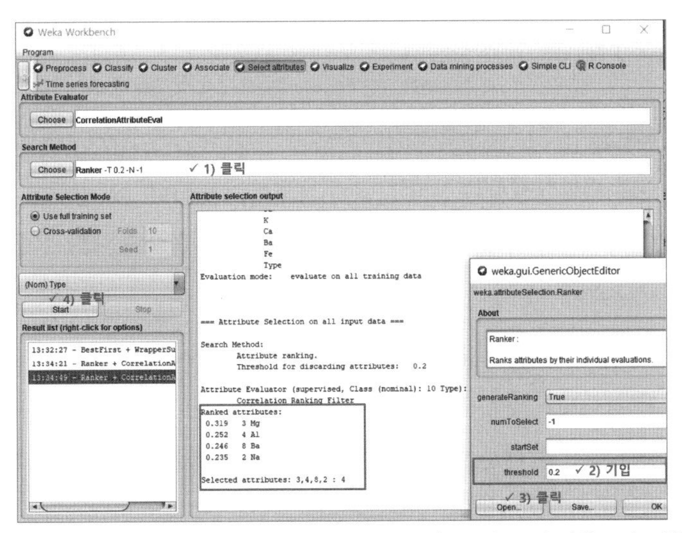

[그림 7-106] 속성 선택 패널 CorrelationAttributeEval의 Search Method에 Ranker 설정

InfoGainAttributeEval(Ranker)

목표변수의 각 속성(독립변수)에 대한 엔트로피(정보 획득)를 계산하며, 값은 0(정보 없음)에서 1(최대 정보)까지 산출된다. 더 많은 정보를 제공하는 속성(독립변수)은 더 높은 엔트로피(정보 획득) 값을 가지며 선택될 수 있으나, 많은 정보를 추가하지 않는 속성(독립변수)은 값이 낮아 제거될 수 있다.

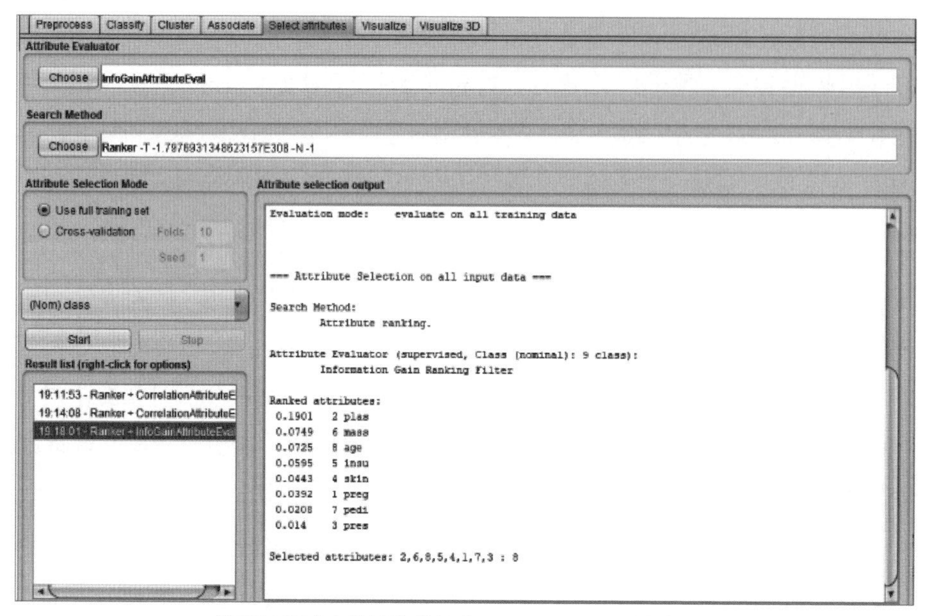

[그림 7-107] 속성 선택 패널 InfoGainAttributeEval 실행 예시

위 그림은 1개를 제외한 8개 속성이 선택된 상태이며 Ranked의 값들은 속성(독립변수)과 목표변수 간의 엔트로피(정보 획득) 값이며 0에 가까울수록 엔트로피가 낮으므로 속성 선택 시 제외된다.

Ranker의 설정값 중 threshold에 기준값을 설정하면 되며 0.05로 입력할 경우 0.05 이하는 제외된다. 0.05는 의사 결정이 필요한 기준이다. 그러나 엔트로피가 0.05 수준으로 나온다는 것은 통계분석 유의 수준에 미달하므로 삭제해도 무방하다. 그러면 다음 그림처럼 4개 속성만 선택된다.

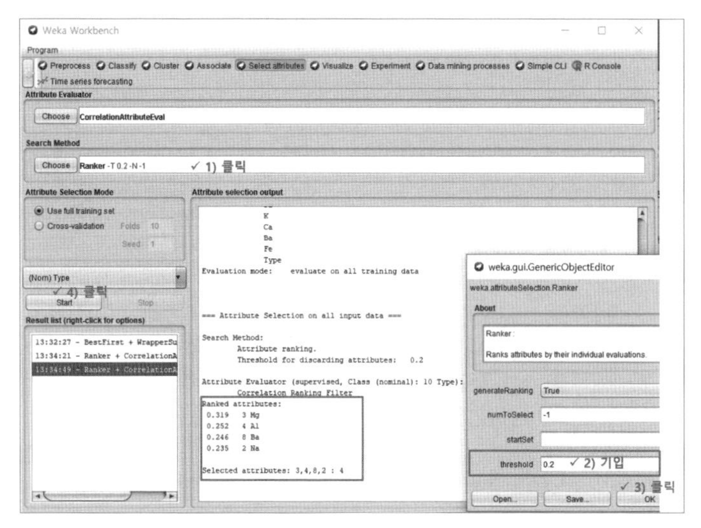

[그림 7-108] 속성 선택 패널 InfoGainAttributeEval 실행에 의한 4개 속성 선택 결과

PrincipalComponents(Ranker)

속성들 간의 상관계수가 높은 변수끼리 결합하여 선형방정식을 생성한 후 변수들을 요약/축소하는 기법이며 PCA라고 한다. 1개 선형방정식이 1개 주성분이 되며 선택된 속성에는 기존의 속성이 유지되는 것이 아니라 주성분들로 대체된다. 3가지 방식으로 속성 선택을 진행한다.

첫 번째는 주성분별 고윳값eigenvalue이 산출되며 고윳값이 수평을 유지하게 되는데, elbow point를 구분하여 수평 유지 직전까지 선형방정식들을 주성분으로 선택한다.

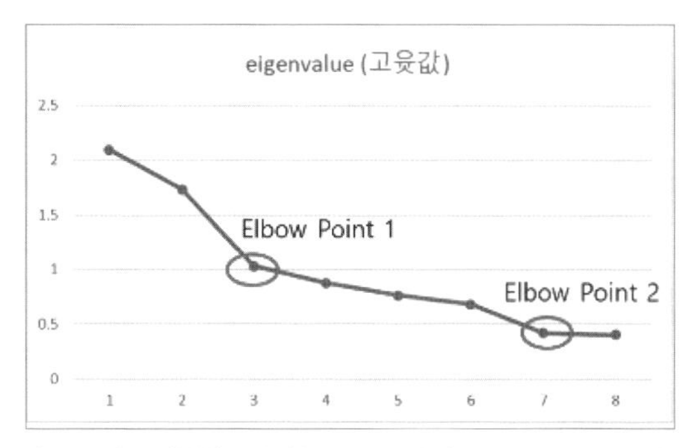

[그림 7-109] 주성분별 고윳값(eigenvalue)의 elbow point 변곡점 탐색

두 번째는 주성분별 누적기여도cumulative proportion 80% 이하를 선택한다. 80% 기준은 변경 가능하며 20% 정보 손실은 감수한다는 의미이다.

Eigenvalue (고윳값)	Proportion (분산)	Cumulative (누적기여도)	주성분
2.09438	0.2618	0.2618	-0.452mass-0.44skin-0.435insu-0.393plas-0.36pres...
1.73121	0.2164	0.4782	-0.621age-0.594preg+0.332skin+0.251insu-0.184pres...
1.02963	0.1287	0.6069	-0.535pres+0.468plas+0.433pedi-0.362mass+0.337insu...
0.87553	0.10944	0.71634	-0.834pedi+0.404plas+0.35 insu-0.081preg-0.071age...
0.76234	0.09529	0.81164	-0.488skin-0.476preg+0.466plas-0.347insu+0.328pres...
0.68263	0.08533	0.89697	0.685mass-0.634pres-0.271insu+0.194preg+0.094plas...
0.41982	0.05248	0.94944	0.712age-0.589preg+0.282skin-0.192pres-0.132insu...
0.40446	0.05056	1	0.566skin-0.549insu+0.45 plas-0.342mass-0.212age...

✓ 80% 미만선택

[그림 7-110] 주성분별 누적기여도(cumulative proportion) 80% 이하 선택

세 번째는 고윳값이 1 이상인 주성분만 선택한다.

Eigenvalue (고윳값)	Proportion (분산)	Cumulative (누적기여도)	주성분
2.09438	0.2618	0.2618	-0.452mass-0.44skin-0.435insu-0.393plas-0.36pres...
1.73121	0.2164	0.4782	-0.621age-0.594preg+0.332skin+0.251insu-0.184pres...
1.02963	0.1287	0.6069	-0.535pres+0.468plas+0.433pedi-0.362mass+0.337insu...
0.87553	0.10944	0.71634	-0.834pedi+0.404plas+0.35 insu-0.081preg-0.071age...
0.76234	0.09529	0.81164	-0.488skin-0.476preg+0.466plas-0.347insu+0.328pres...
0.68263	0.08533	0.89697	0.685mass-0.634pres-0.271insu+0.194preg+0.094plas...
0.41982	0.05248	0.94944	0.712age-0.589preg+0.282skin-0.192pres-0.132insu...
0.40446	0.05056	1	0.566skin-0.549insu+0.45 plas-0.342mass-0.212age...

✓ 1 이상

[그림 7-111] 고윳값이 1 이상인 주성분만 선택

그러나 평균적으로 Ranked 3위 내에서 선택되며 이는 screeplot으로 그래프화할 때 3차원까지는 인식이 가능하나 4차원 이상부터는 사람이 이해하기 어렵게 된다. 3개 속성만 선택할 경우 Ranker의 numToSelect를 3으로 설정하면 된다.

Weka에서 아쉬운 점은 screeplot이 지원 안 된다는 점이다. 하지만 Weka와 R 프로그램과의 협업이 증가하면서 package manager에서 plug-in 할 수 있다. R 프로그램 연동 설명은 다음 기회로 넘긴다.

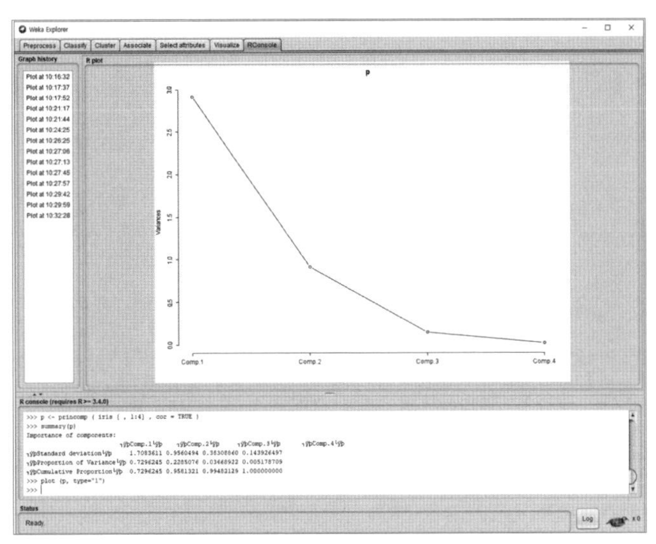

[그림 7-112] Weka R plug in으로 실행한 screeplot

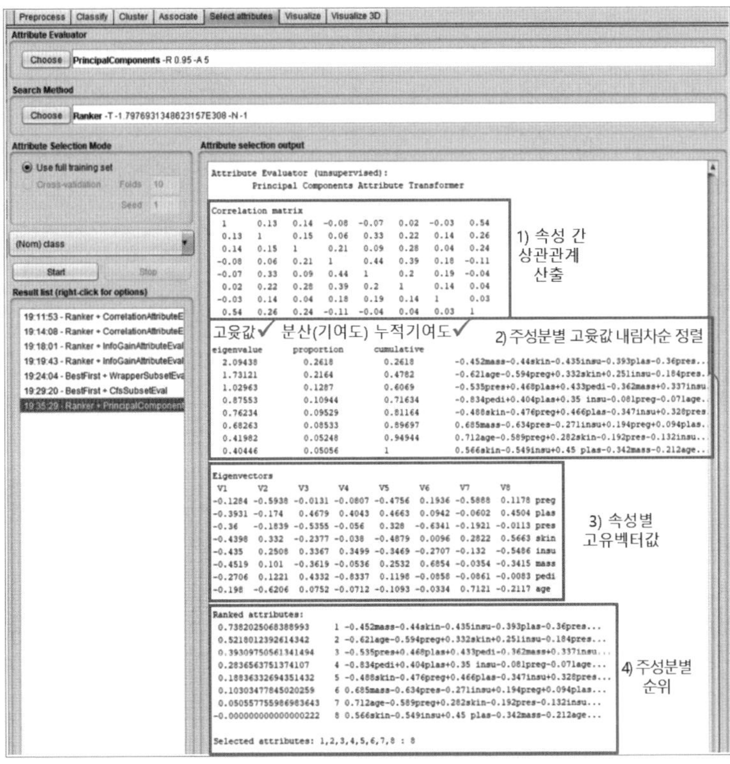

[그림 7-113] 속성 선택 패널 PrincipalComponents 실행에 의한 8가지 주성분 대상 산출

앞의 그림은 8개의 주성분 대상이 산출되었다. Ranked의 값들은 주성분별로 100%에서 누적기여율 차이이며 0에 가깝거나 음수이면 속성 선택 시 제외된다.

Ranker의 설정값 중 threshold에 기준값을 설정하면 되며 0.05로 입력할 경우 0.05 이하는 제외된다. 0.05는 의사 결정이 필요한 기준이나 0.05 수준으로 나온다는 것은 통계분석 유의 수준에 미달하므로 삭제해도 무방하다.

PCA가 유명한 이유는 속성별 고유 벡터값Eigenvectors 때문이다. 벡터라는 것은 값과 방향을 갖는 성질인데 데이터마이닝에서 값과 방향으로 패턴을 파악하기 용이하고 알고리즘의 성능이 우수하다. 예를 들어, 텍스트마이닝을 위해 벡터화와 임베딩Embedding 전처리를 하는 이유도 벡터를 통한 패턴 파악이 용이하고 분류 성능이 좋아지기 때문이다.

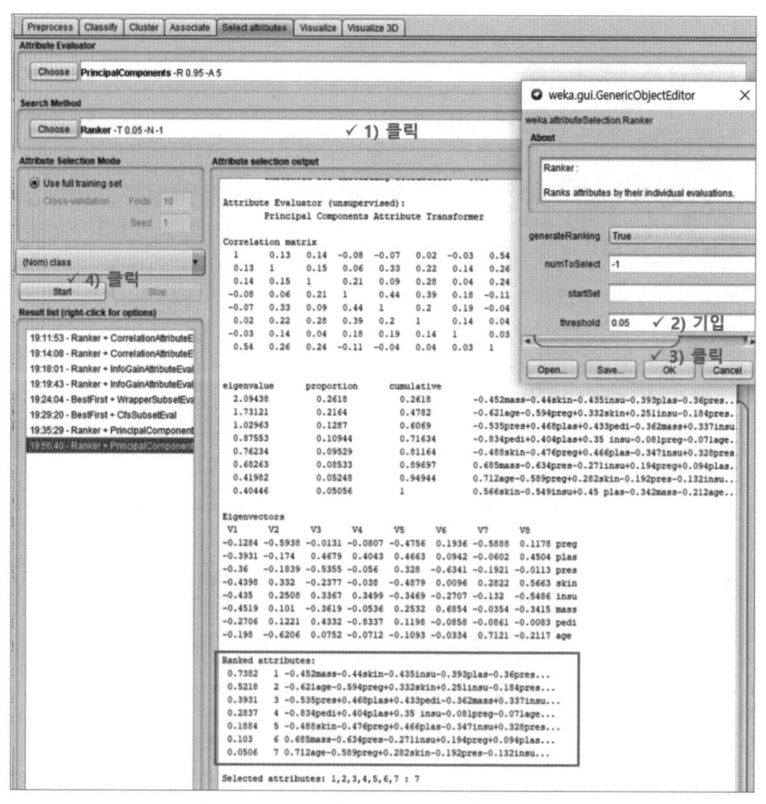

[그림 7-114] PrincipalComponents에 실행하기 위해 Ranker의 threshold 설정

만약 주성분을 3개만 하고자 한다면 Ranker에서 numToSelect 값을 설정하면 된다.

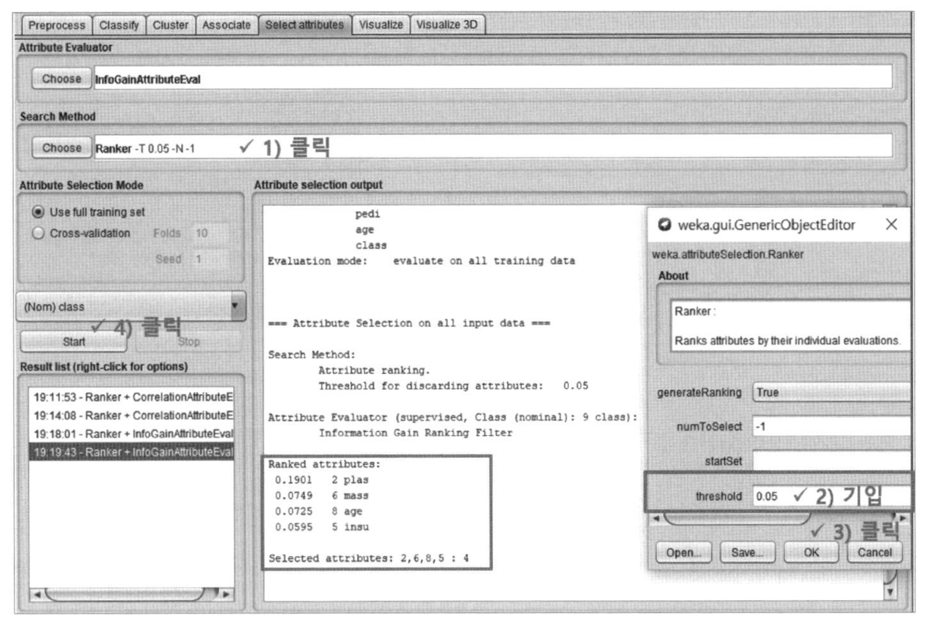

[그림 7-115] PrincipalComponents에 실행하기 위해 Ranker의 numToSelect 설정

WrapperSubsetEval(BestFirst)

사전에 정의된 지도 학습(분류, 회귀) 알고리즘을 교차검증으로 평가한 후 높은 성능의 경우에 가장 많이 출현된 속성들(서브셋)을 선택한다. 알고리즘에 의존하므로 사전 정의된 알고리즘에 대한 속성 선택 결과는 신뢰할 수 있다. 속성 선택을 위한 사전 정의된 알고리즘과 선택된 속성으로 실제 학습하는 알고리즘을 다르게 할 수도 있다. Search Method로 GreedyStepwise와 BestFirst를 사용할 수 있으며 계산 속도 때문에 BestFirst가 보편적으로 선호된다.

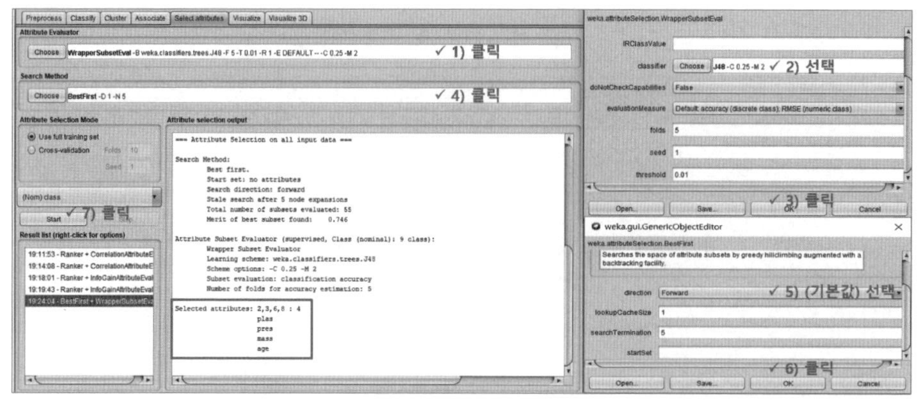

[그림 7-116] 속성 선택 패널 WrapperSubsetEval 실행 예시

CfsSubsetEval(BestFirst):

지도 학습(분류, 회귀) 알고리즘과 상관없이 상호 중복 정도와 함께 각 속성의 예측값을 기준으로 속성 선택을 한다. 알고리즘과 상관없이 독립적으로 속성 선택해 WrapperSubsetEval보다 빠르다. 그렇다고 속성 선택 결과의 신뢰도가 떨어지지 않는다.

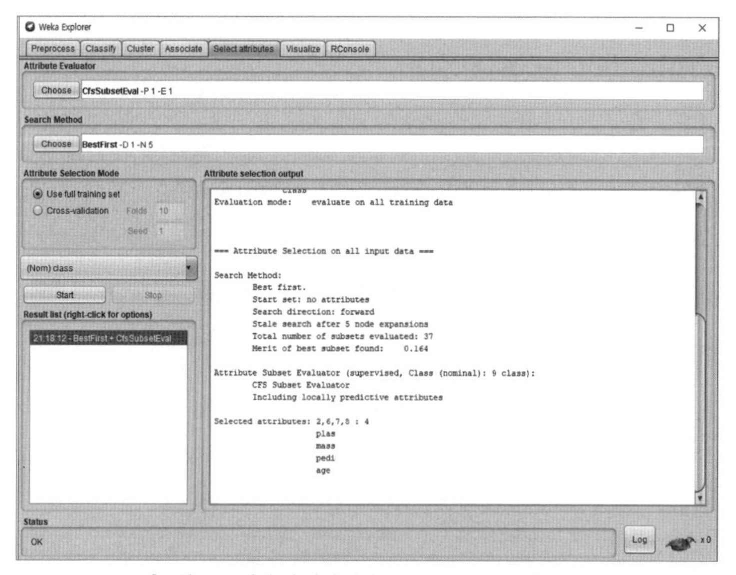

[그림 7-117] 속성 선택 패널 CfsSubSetEval 실행 예시

④ **효과**if

처음부터 정확한 학습 모델을 생성할 수 있는 적절한 속성 선택은 알 수 없다. 따라서 데이터에 대해 여러 가지 속성 선택 기법을 시도하여 여러 가지 속성 선택 후 데이터들을 확인하는 것이 좋다. 의사결정나무와 같은 일반적인 기술을 선택하고 각 선택된 속성에 대한 모델을 학습해야 한다. 그 속성 선택 컴포넌트별 결과를 비교하여 어떤 속성 선택이 최상의 성능을 제공하는지 알 수 있으며, 이를 통해 어떤 데이터셋에 어떤 알고리즘이 적합한지를 알 수 있는 역량을 축적할 수 있다.

속성 선택 기초에서는 KnowledgeFlow와 Java 코드는 생략한다.

7.5.2 중요 속성 기여도 선별(응용)

속성 선택 결과가 모델학습 성능에 어느 정도 영향을 미치는지 확인해 보고 선택된 속성을 어떻게 분류 알고리즘으로 넘겨주는지도 확인해 본다.

속성 선택 패널에서는 속성 선택 결과만 출력할 뿐 Explorer의 전처리 패널에서 선택된 속성과 목표변수를 제외하고 나머지 속성을 수작업으로 Remove하거나, 선택된 속성이 분류 알고리즘에 전달하기 위해 AttributeSelectClassifier 메타 알고리즘을 사용하면 된다. KnowledgeFlow에서는 속성 선택 컴포넌트의 결과를 분류 알고리즘 컴포넌트로 연결이 가능하다. 물론 Java 코딩도 선택된 속성을 분류 알고리즘으로 넘겨줄 수 있다.

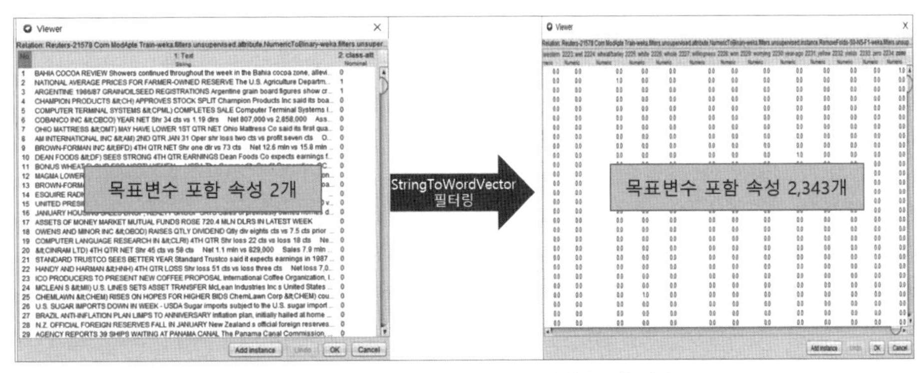

[그림 7-118] StringToWordVector 필터링 적용 결과

속성 선택 예시를 텍스트마이닝에 적용해 본다. 텍스트마이닝은 StringToWordVector를 통해 문장별 출현 단어를 속성명으로 변환하고 단어 수를 속성값으로 변환하는 전처리 작업을 수행한다. 전처리 후에 속성이 지나치게 많이 생성되므로 중요한 단어들(중요 속성 모음 = 특징)을 선별해야 한다.

텍스트마이닝에서 적용했던 NaiveBayes와 NaiveBayesMultinormial 알고리즘의 1) 일반적인 학습 결과, 2) 속성 선택 후 학습 결과, 3) 메타 알고리즘 학습 결과 등 3가지 경우를 비교해 본다. 더불어 텍스트마이닝의 전처리 필터인 StringToWordVector의 설정 중 4) lowcaseTokens = true(소문자를 대문자로 변경) 하면 성능이 더 좋아졌으므로 위의 경우와 함께 총 4가지를 비교해 본다. NaiveBayesMultinormial은 텍스트마이닝에 특화된 알고리즘이므로 NaiveBayes보다 성능이 좋았다. 속성 선택의 결과는 다음과 같이 2,343개에서 17개 속성이 감소한다.

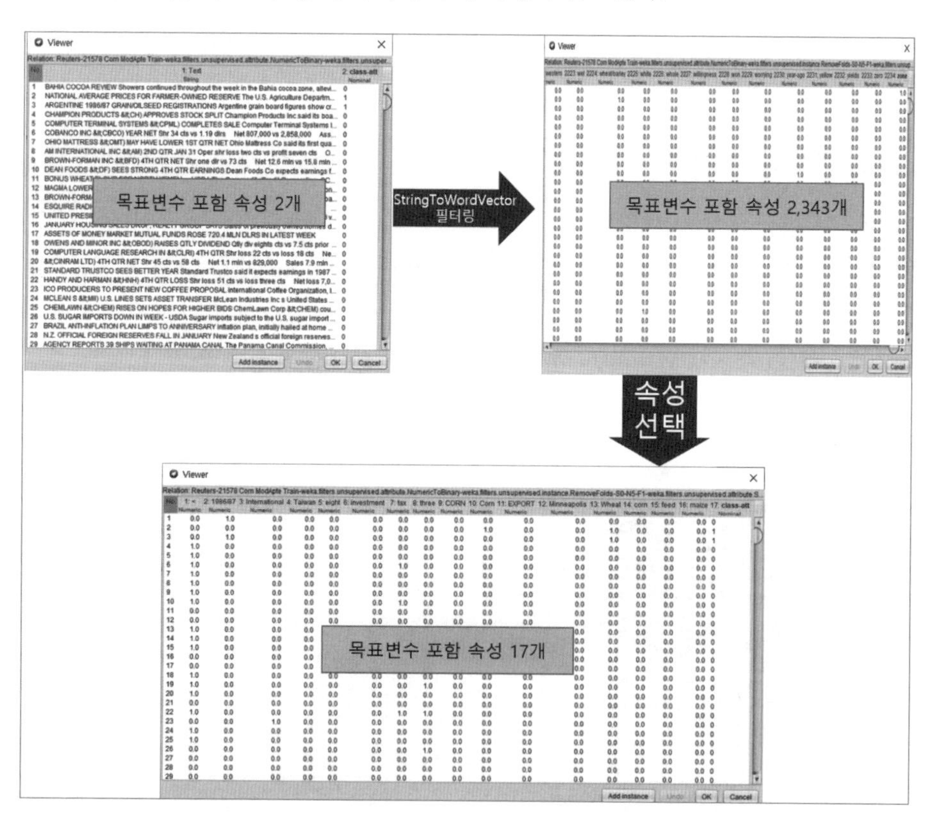

[그림 7-119] StringToWordVector 필터링 적용 후 속성 선택 결과

① 실습: AttributeSelectedClassifier 메타 알고리즘, ReutersGrain 데이터

② KnowledgeFlow: more week 4 class 4 lesson 3_modify.kf

KnowledgeFlow에서 실행하기 위해 총 4가지 경우를 비교한다. 기본적으로 전처리 단계에서 StringToWordVector를 설정한다. 보통은 FilteredClassifier 내 필터에서 StringToWordVector를 설정하지만 지금은 속성 선택이 중요하기에 뒤에 별도 표기했다.

❶ 속성을 선택하지 않은 일반적인 학습 결과

❷ 속성 선택 후 학습 결과(속성 선택 패널 방식 + 선택된 속성을 알고리즘에 전달)

❸ 메타 알고리즘 학습 결과

❹ 메타 알고리즘 내 StringToWordVector의 lowcaseTokens = true를 설정한 학습 결과

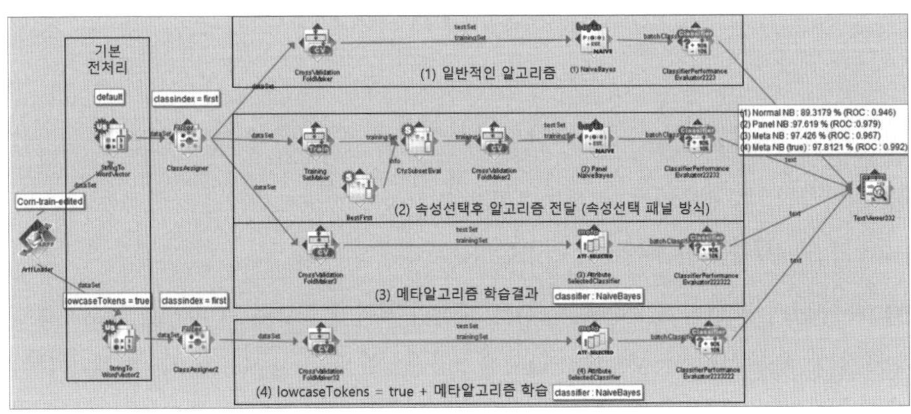

[그림 7-120] 다양한 속성 선택과 알고리즘 비교 설계

결과부터 산출하면 다음과 같다.

알고리즘	구분	속성 개수 (목표변수 포함)	정분류율	ROC	공식 (정분류율 + ROC)/2	순위
	일반적인 학습 결과	2,343	89.32%	92.0%	92.0%	4

Naive Bayes	속성 선택 후 학습 결과 (속성 선택 패널)	17	97.62%	97.8%	97.8%	2
	메타 알고리즘 학습 결과 (AttributeSelectedClassifier)	17	97.43%	97.1%	97.1%	3
	메타 알고리즘 학습 결과 (AttributeSelectedClassifier, (stringToVector lowCase = true)	17	97.81%	98.5%	98.5%	1
Naive Bayes Multinomial	일반적인 학습 결과	2,343	91.51%	94.1%	94.1%	4
	속성 선택 후 학습 결과 (속성 선택 패널)	17	99.16%	98.7%	98.7%	2
	메타 알고리즘 학습 결과 (AttributeSelectedClassifier)	17	99.16%	97.4%	97.4%	3
	메타 알고리즘 학습 결과 (AttributeSelectedClassifier, (stringToVector lowCase = true)	17	99.23%	99.5%	99.5%	1

[그림 7-121] 다양한 속성 선택과 알고리즘 비교 결과

속성 선택의 다양한 방법이 일반적인 알고리즘 학습 결과보다 우수하다. (성능 7% 향상)

❶ 일반적인 알고리즘 학습 결과는 목표변수 지정 시 index가 처음에 있다는 것만 다르고 다른 예제와 동일한 방법을 사용한다.

❷ 속성 선택 후 학습 결과는 속성 선택 패널의 결과와 같으며 그 결과를 알고리즘에 전달한다. 속성 선택 패널의 Attribute Evaluator와 Search Method는 아래와 같이 설정하면 된다. 컴포넌트별 설정값은 기본값으로 한다.

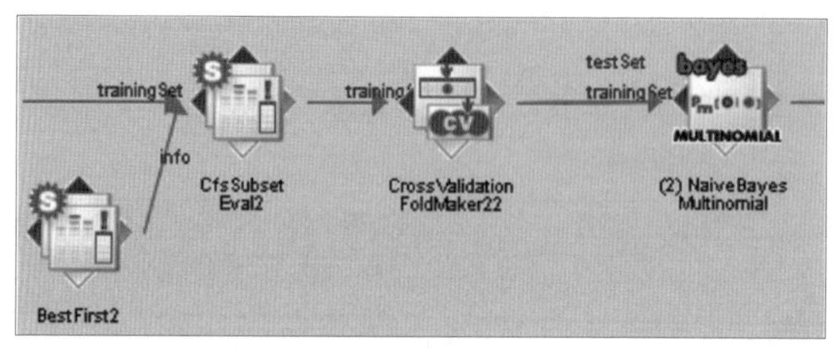

[그림 7-122] KnowledgeFlow 설계 시 속성 선택 컴포넌트

trainSetMarker로 입력하고 CfsSubsetEval에는 BestFirst에서 info로 연결, crossValidation으로 선택된 속성을 전달한다. (3)~(4) 메타 알고리즘 학습 결과는 AttributeSelectClassifier를 사용하며 설정값으로 classifier, evaluator, search를 변경한다. classifier만 변경하고 evaluator, search는 기본값이 CfsSubsetEval + BestFirst이므로 변경하지 않는다. 그 외에는 보통의 알고리즘 연결 방법과 동일하다.

(데이터셋 입력 및 Evaluator 연결)

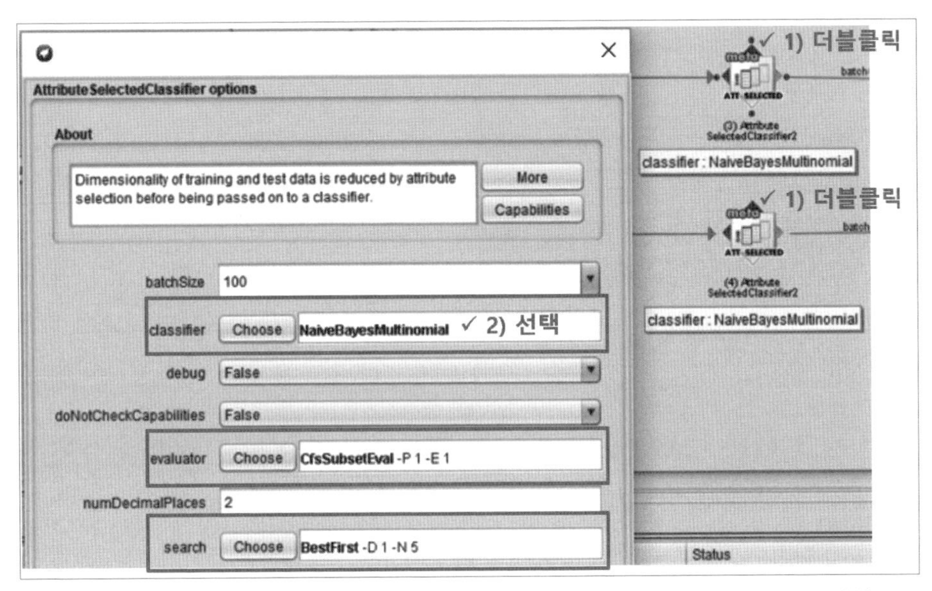

[그림 7-123] AttributeSelectedClassifier 메타 알고리즘에서 설정한 알고리즘, evaluator, search 속성

FilteredClassifier에서 사용하는 2가지 방법을 알아보겠다.

첫 번째는 FilteredClassifier의 classifier를 NaiveBayesMultinomial로 선택하고 filter를 multifilter 지정 후 StringToWordVector와 AttributeSelectClassifier를 순서대로 설정한다.

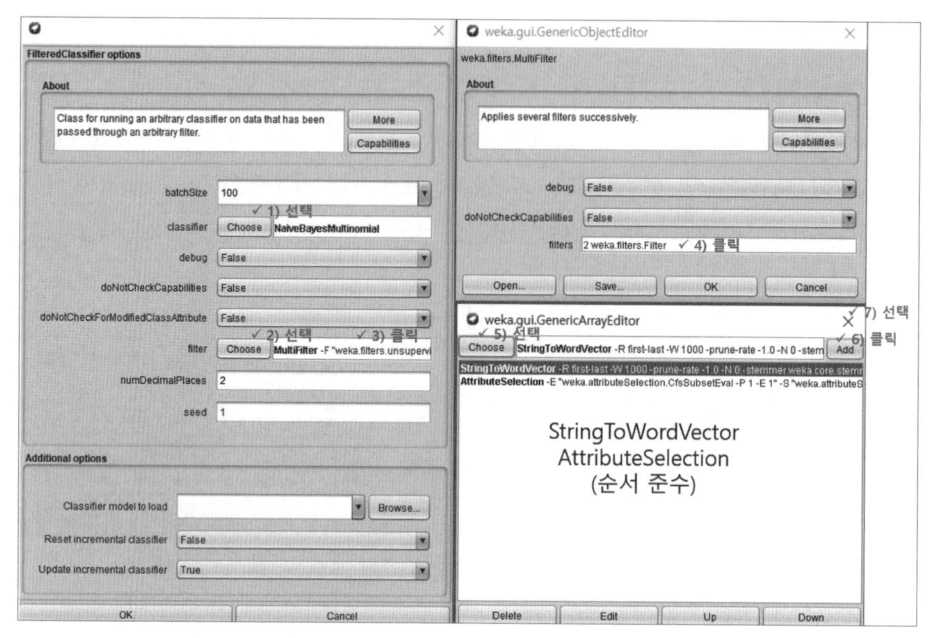

[그림 7-124] FilteredClassifier 설정 시 분류 알고리즘 직접 설정 순서

두 번째는 FilteredClassifier의 classifier를 AttributeSelectClassifier 설정 후 classifier, evaluator, search를 선택하고 filter를 StringToWordVector로 설정한다.

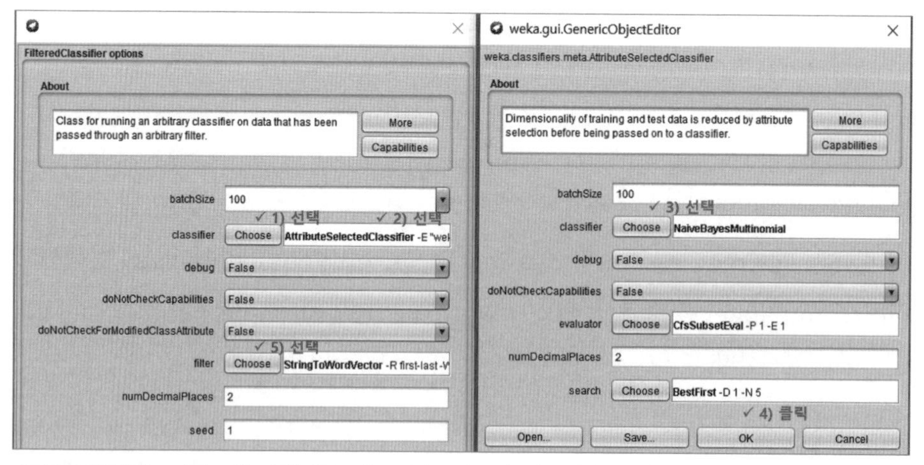

[그림 7-125] FilteredClassifier 설정 시 AttributeSelectClassifier 알고리즘 설정 후, 분류 알고리즘 간접 설정 순서

결과는 같다.

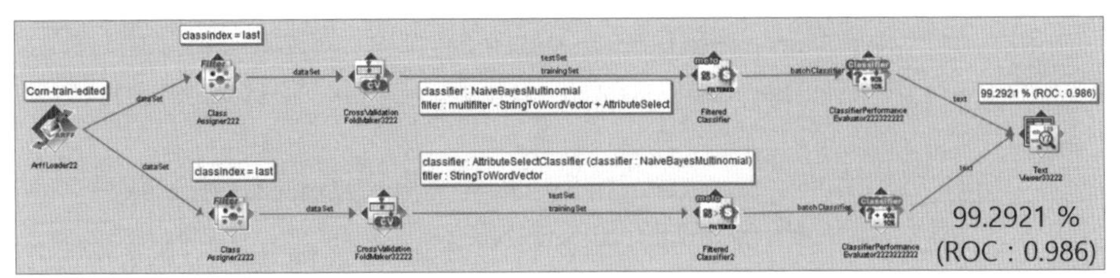

[그림 7-126] FilteredClassifier 설정하는 KnowledgeFlow

③Java 프로그래밍: W4_L3_Scheme_independent_with_FilteredClassifier

```
public class W4_L3_Scheme_independent_with_FilteredClassifier {
        Instances data=null;
        int[] selectedIdx = null;

        public W4_L3_Scheme_independent_with_FilteredClassifier(String
        fileName) throws Exception{
                // 1) data loader
                String folderName = "D:\\Weka-3-9\\data\\";
                this.data=new Instances(
                                  new BufferedReader(
                                  new FileReader(folderName+fileName+".
                                  arff")));
        }

        public static void main(String args[]) throws Exception{
                for(int x=0; x < 4 ; x++)
                        new W4_L3_Scheme_independent_with_FilteredClassi
                        fier("ReutersGrain-train-edited")
                                 .scheme_independent(x, new NaiveBayes());

                for(int x=0; x < 4 ; x++)
```

```
        new W4_L3_Scheme_independent_with_FilteredClassifier
        ("ReutersGrain-train-edited")
        .scheme_independent(x, new NaiveBayes Multinomial());

        new W4_L3_Scheme_independent_with_FilteredClassifier
        ("ReutersGrain-train-edited")
        .metaFilteredClassifier(5, new NaiveBayesMultinomial());

        new W4_L3_Scheme_independent_with_FilteredClassifier
        ("ReutersGrain-train-edited")
          .metaFilteredClassifier(6, new NaiveBayesMultinomial());
}

public void scheme_independent(int testCase, Classifier model)
throws Exception{
        int seed = 1;
        int numfolds = 10;
        int numfold = 0;
        int classIndex = 0;

        Instances attrSelectInstances = null;

        switch(testCase){
                case 0:
                        this.skip();
                        System.out.print("\n 1) 일반적인 경우 실행:");
                        attrSelectInstances = this.setWordToVector
                        (false);
                        break;
                case 1:
                        System.out.print("\n 2) AttributeSelect
                        panel :");
                        attrSelectInstances = this.setWordTo
                        Vector(false);
```

```
                attrSelectInstances = this.panelOfselectA
                ttribute(attrSelectInstances);
                classIndex = attrSelectInstances.
                numAttributes()-1;
                break;
            case 2:
                System.out.print("\n 3) meta 알고리즘:");
                attrSelectInstances = this.setWordToVec
                tor(false);
                model = this.metaClassifier(model);
                break;
            case 3:
                System.out.print("\n 4) meta 알고리즘
                (true):");
                attrSelectInstances = this.setWordTo
                Vector(true);
                model = this.metaClassifier(model);
                break;
        }

        // 1) data split
        Instances train = attrSelectInstances.trainCV(numfolds,
        numfold, new Random(seed));
        Instances test  = attrSelectInstances.testCV(numfolds,
        numfold);

        // 2) class assigner
        train.setClassIndex(classIndex);
        test.setClassIndex(classIndex);

        // 3) eval setting
        Evaluation eval=new Evaluation(train);
        eval.crossValidateModel(model, train, numfolds, new
        Random(seed));
```

```
            // 4) model run
            model.buildClassifier(train);

            // 5) evaluate
            eval.evaluateModel(model, test);

            // 6) print Result text
            System.out.print("\t" + this.getModelName(model) +
                        ", 분류대상데이터건수: " + (int)eval.numInstances() +
                                ", 정분류건수: " + (int)eval.correct() +
                                ", 정분류율: " + String.format("%.1f",
                                eval.pctCorrect()) +" %" +
                                "");
            System.out.print("\t , Weighted Area Under ROC: " +
            String.format("%.2f",eval.weightedAreaUnderROC()) + "\n");
//          System.out.println(eval.toMatrixString());
            this.printPctCorrect2ndLabel(eval.confusionMatrix());

    }

    public void metaFilteredClassifier(int testCase, Classifier model)
    throws Exception{
            int seed = 1;
            int numfolds = 10;
            int numfold = 0;
            int classIndex = this.data.numAttributes()-1;

            // 1) data split
            Instances train = this.data.trainCV(numfolds, numfold,
            new Random(seed));
            Instances test  = this.data.testCV(numfolds, numfold);

            // 2) class assigner
```

```
this.data.setClassIndex(classIndex);
train.setClassIndex(classIndex);
test.setClassIndex(classIndex);

// 3) eval setting
Evaluation eval=new Evaluation(train);
Classifier meta = null;

switch(testCase){
        case 5:
                System.out.print("\n ====== 5) Filtered
                Classifier + filter : MultiFilter:");
                meta = this.setFilteredClassifier_Multi
                Filter(model);
                break;
        case 6:
                System.out.print("\n ====== 6)Filtered Classifier
                + classifier : AttributeSelectedClassifier:");
                meta = this.setFilteredClassifier_AttributeSel
                ectedClassifier(model);
                break;
}
eval.crossValidateModel(meta, train, numfolds, new
Random(seed));

// 4) model run
meta.buildClassifier(train);

// 5) evaluate
eval.evaluateModel(meta, test);

// 6) print Result text
System.out.print("\t" + this.getModelName(meta) +
            ", 분류 대상 데이터 건수: " + (int)eval.numInstances() +
```

```
                                ", 정분류건수: " + (int)eval.correct() +
                                ", 정분류율: " + String.format("%.
                                1f",eval.pctCorrect()) +" %" +
                                "");
            System.out.print("\t , Weighted Area Under ROC: " +
           String.format("%.2f",eval.weightedAreaUnderROC()) + "\n");
//          System.out.println(eval.toMatrixString());
            this.printPctCorrect2ndLabel(eval.confusionMatrix());

    }

    /*******************************************
     * FilteredClassifier(filter : MultiFilter)
     *******************************************/
    public Classifier setFilteredClassifier_MultiFilter(Classifier
    newClassifier) throws Exception{
            FilteredClassifier meta = new FilteredClassifier();

            // Classifier
            meta.setClassifier(newClassifier);

            Filter[] filters = new Filter[2];

            // 1st StringToWordVector filter
            StringToWordVector word2vector = new StringToWordVector();
            word2vector.setInputFormat(this.data);

            filters[0] = word2vector;

            // 2nd StringToWordVector filter
            weka.filters.supervised.attribute.AttributeSelection
            attrSel = null;
            attrSel = new weka.filters.supervised.attribute.
            AttributeSelection();
```

```
            filters[1] = attrSel;

            MultiFilter filter = new MultiFilter();
            filter.setFilters(filters);
            meta.setFilter(filter);
            return meta;
    }

    /*****************************************************************
     * FilteredClassifier(classifier : AttributeSelectedClassifier)
     *****************************************************************/
    public Classifier setFilteredClassifier_AttributeSelectedClassifier(
    Classifier newClassifier)
           throws Exception{
            FilteredClassifier meta = new FilteredClassifier();

            // Classifier
            AttributeSelectedClassifier classifer = null;
            classifer = new AttributeSelectedClassifier();
            classifer.setClassifier(newClassifier);

            meta.setClassifier(new AttributeSelectedClassifier());

            // filter : StringToWordVector
            StringToWordVector word2vector = new StringToWordVector();
            word2vector.setInputFormat(this.data);
            meta.setFilter(word2vector);

            return meta;
    }

// 2번째 라벨 특이도 출력
public void printPctCorrect2ndLabel(double[][] confusionMatrix){
        double FP = confusionMatrix[1][0];
```

```
        double TN = confusionMatrix[1][1];
        System.out.println("특이도: " +
                                    TN + " / " + (FP+TN) + " = " +
                            String.format("%.2f", TN/(FP+TN) *100 ) +
                            " % ");
}

    /****************************
     * selectAttribute 패널 동작
     ****************************/
    public Instances panelOfselectAttribute(Instances instance)
    throws Exception{

            // "select attribute" 패널 역할 객체
            AttributeSelection attrSelector =
                        new AttributeSelection();

            instance.setClassIndex(0);

            // Evaluator, SearchMethod setting
            attrSelector.setEvaluator(new CfsSubsetEval());
            attrSelector.setSearch(new BestFirst());

            // RUN Selection of Attribute
            attrSelector.SelectAttributes(instance);

            // get selected index count
            this.selectedIdx = attrSelector.selectedAttributes();

            // print selected attribute
            this.printSelectedAttribute(attrSelector,instance);

            // return selected data(reduced attribute)
            return attrSelector.reduceDimensionality(instance);
```

```
}

public void printSelectedAttribute(AttributeSelection
attrSelector,Instances instance) throws Exception{
        // print index of selected attributes
        for(int x=0 ; x < this.selectedIdx.length ; x++) {

                // get selected attribute name
                Attribute attr = attrSelector
                                .reduceDimensionality(instance)
                                .attribute(x);
                String attrName= attr.name();
                System.out.println("\t\t selected attribute index : "
                            + (this.selectedIdx[x]+1)
                            + " : " + attrName);
        }
}
/****************************
 * selectAttribute 메타 알고리즘
 ****************************/
public Classifier metaClassifier(Classifier classifier){

        // 분류 알고리즘 생성
        AttributeSelectedClassifier attrSelClassifier = null;

        // 상위 classifier 설정
        attrSelClassifier = new AttributeSelectedClassifier();
        attrSelClassifier.setClassifier(classifier);

        // Evaluator, SearchMethod setting
        attrSelClassifier.setEvaluator(new CfsSubsetEval());
        attrSelClassifier.setSearch(new BestFirst());
```

```
        return attrSelClassifier;
    }

    /****************************
     * StringToWordVector 전처리 필터
     ****************************/
     public Instances setWordToVector(boolean lowcase) throws
     Exception{

            // 필터 설정
            StringToWordVector word2vector =
                        new StringToWordVector();
            word2vector.setLowerCaseTokens(lowcase);
            word2vector.setInputFormat(this.data);

            return Filter.useFilter(this.data, word2vector);
     }

    public String getModelName(Classifier Classifier) throws Exception{
        String modelName = "";
        if(Classifier instanceof NaiveBayesMultinomial){
            modelName = "NaiveBayesMultinomial";
        }else if(Classifier instanceof NaiveBayes){
            modelName = "NaiveBayes";
        }else if(Classifier instanceof AttributeSelectedClassifier){
            modelName = "AttributeSelectedClassifier";

        }

        return modelName;
    }
}
```

속성 선택 패널과 동일한 동작을 위한 코드는 아래와 같다.

이곳에서 주의할 점은 AttributeSelection 객체인데 이는 "속성 선택 패널" 객체를 뜻한다. 그러나 필터에서도 동명의 AttributeSelection 필터가 있으므로 import할 때 주의해야 한다. AttributeEvaluator나 SearchMethod의 경우 기본값으로 실행하였기에 객체 선언을 하면서 설정하였지만 설정값이 변경되면 반드시 객체변수를 생성해야 한다. 반환하는 값이 바로 선택된 속성들이므로 속성의 개수가 대폭 감소해 있을 것이다.

```
/****************************
 * selectAttribute 패널 동작
 ****************************/
public Instances panelOfselectAttribute(Instances instance)
throws Exception{

        // "select attribute" 패널 역할 객체
        AttributeSelection attrSelector = new AttributeSelection()

        instance.setClassIndex(0);

        // Evaluator, SearchMethod setting
        attrSelector.setEvaluator(new CfsSubsetEval());
        attrSelector.setSearch(new BestFirst());

        // RUN Selection of Attribute
        attrSelector.SelectAttributes(instance);

        // get selected index count
        this.selectedIdx = attrSelector.selectedAttributes();

        // print selected attribute
        this.printSelectedAttribute(attrSelector,instance);
```

```
        // return selected data(reduced attribute)
        return attrSelector.reduceDimensionality(instance);
}
```

AttributeSelectedClassifier 메타 알고리즘은 아래와 같다.

```
/****************************
 * selectAttribute 메타 알고리즘
 ****************************/
public Classifier metaClassifier(Classifier classifier){

        // 분류 알고리즘 생성
        AttributeSelectedClassifier attrSelClassifier = null;

        // 상위 classifier 설정
        attrSelClassifier = new AttributeSelectedClassifier();
        attrSelClassifier.setClassifier(classifier);

        // Evaluator, SearchMethod setting
        attrSelClassifier.setEvaluator(new CfsSubsetEval());
        attrSelClassifier.setSearch(new BestFirst());

        return attrSelClassifier;
}
```

FilteredClassifier의 필터를 MultiFilter로 사용할 때의 코드는 다음과 같으며 AttributeSelection 객체가 동명의 객체가 있기에 전체 패키지를 불러오는 선언을 했다.

```
/*********************************************
 * FilteredClassifier(filter : MultiFilter)
 *********************************************/
public Classifier setFilteredClassifier_MultiFilter(Classifier
newClassifier) throws Exception{
        FilteredClassifier meta = new FilteredClassifier();

        // Classifier
        meta.setClassifier(newClassifier);

        Filter[] filters = new Filter[2];

        // 1st StringToWordVector filter
        StringToWordVector word2vector = new StringToWordVector();
        word2vector.setInputFormat(this.data);
        filters[0] = word2vector;

        // 2nd StringToWordVector filter
        weka.filters.supervised.attribute.AttributeSelection
        attrSel = null;
        attrSel = new weka.filters.supervised.attribute.
        AttributeSelection();
        filters[1] = attrSel;

        MultiFilter filter = new MultiFilter();
        filter.setFilters(filters);
        meta.setFilter(filter);
        return meta;
 }
```

FilteredClassifier의 Classifier를 AttributeSelectedClassifier 메타 분류 알고리즘으로 선언한 경우는 다음과 같다. 메타 알고리즘에 또 다른 메타 알고리즘을 설정한 것이다.

```
/*************************************************************
 * FilteredClassifier(classifier : AttributeSelectedClassifier)
 *************************************************************/
public Classifier setFilteredClassifier_AttributeSelectedClassifier(
Classifier newClassifier)
      throws Exception{
        FilteredClassifier meta = new FilteredClassifier();

        // CClassifier
        AttributeSelectedClassifier Classifier = null;
        Classifier = new AttributeSelectedClassifier();
        Classifier.setClassifier(newClassifier);

        meta.setClassifier(new AttributeSelectedClassifier());

        // filter : StringToWordVector
        StringToWordVector word2vector = new StringToWordVector();
        word2vector.setInputFormat(this.data);
        meta.setFilter(word2vector);

        return meta;
}
```

텍스트마이닝과 같이 속성이 많은 데이터셋에서는 속성 선택이 성능 향상에 중요한 역할을 한다. 그러나 속성이 적은 데이터셋에서는 성능 향상이 미비하므로 속성 선택 기준인 상관계수, 엔트로피, 차원 축소를 적절하게 사용할 수 있는 혜안을 가져야 한다.

7.5.3 라벨 결과 가중치 개입

지금까지 선택과 집중 중에 선택에 대해서 배웠다면 이제는 집중에 대해서 배워 보자. 선택이란 입력값에 대한 전처리라고 한다면 집중이란 결과에 대한 개입이라고 보면 된다.

① **정의**why

정분류율만이 최선의 성능 지표일까? ROC 값도 있고 교차검증 또는 홀드아웃에 따라 변경되기도 한다. 경제적인 모델을 생성하기 위해 오분류의 비용Cost을 감안해야 한다. Cost라는 것은 딥러닝 학습에서도 사용되는 개념이기도 하다.

② **대상**what

비용Cost이란 돈이나 시간을 말하는 것이 아니라 분류가 제대로 되지 않는 값들을 통칭한다. 기껏 학습시켜 봤는데도 틀리니 투입될 필요가 없는 비용Cost이 발생한 것이다. 비용을 의역하자면 불필요한 결과가 생성된다고 이해하자. 그 불필요한 결과를 위해 괜한 노력을 했으니 그만큼 손해를 본 것이다. 그렇다면 비용을 줄이는 방향으로 학습 결과에 개입해야 하며 개입할 때 사용하는 수단이 cost matrix이다. 그리고 cost matrix를 통해 학습 결과 개입에 사용되는 알고리즘이 메타 → CostSensitiveClassifier이다.

③ **방법**how

비용cost 산출을 위한 cost matrix 설정법, 개념과 계산 방법을 알아보고 비용을 어떻게 분류 알고리즘에 적용하는지 알아본다. 아래 그림은 credit-g 데이터셋을 J48 분류 알고리즘 적용 시 CostSensitiveClassifier를 적용한 Cost Matrix 설정 예시이다.

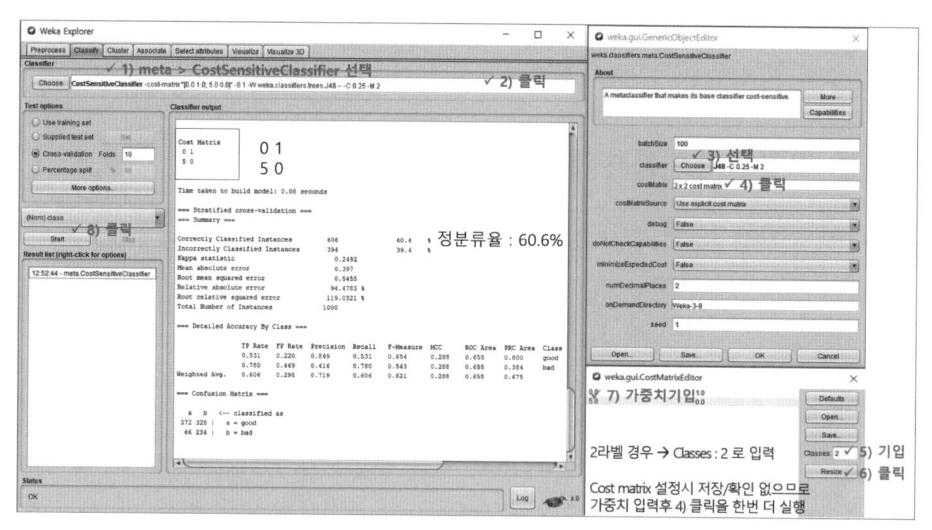

[그림 7-127] CostSensitiveClassifier 메타 알고리즘을 실행하기 위해 cost matrix에서 가중치 설정 예시

Cost matrix는 분류 기준인 라벨 개수에 따라 차원이 정해지는 배열이다. 만약 2라벨 목표변수의 경우 2x2 배열로 정의되며, 5라벨 목표변수이면 cost matrix는 5x5 배열로 정의된다. 2라벨 목표변수이면서 FP의 가중치를 5배 높이는 경우를 예를 들어 보면 다음과 같다.

<table>
<tr><th rowspan="2">Cost matrix</th><th rowspan="2">오분류표</th><th colspan="2">Cost</th></tr>
<tr><th>Total Cost</th><th>Average Cost</th></tr>
<tr><td>0 1
5 0</td><td><table>
<tr><td colspan="2" rowspan="2">구분</td><td colspan="2">예측값</td></tr>
<tr><td>참</td><td>거짓</td></tr>
<tr><td rowspan="2">실젯값</td><td>참</td><td>TP</td><td>FN</td></tr>
<tr><td>거짓</td><td>FP</td><td>TN</td></tr>
</table></td><td>5 * FP + 1 *FN</td><td>Total cost
/
데이터 건수</td></tr>
</table>

[그림 7-128] 2라벨 목표변수에서 FP 가중치를 5배 높이기 위한 설정 예시

cost matrix는 분류 학습 후 예측할 때 결정되는 임계값thresholds을 결정하며 cost matrix가 정의되어 있지 않은 임계값thresholds의 기본값은 0.5이다. 위의 cost matrix 경우의 임계값thresholds은 0.833(5/6)으로 상향 조정된다.

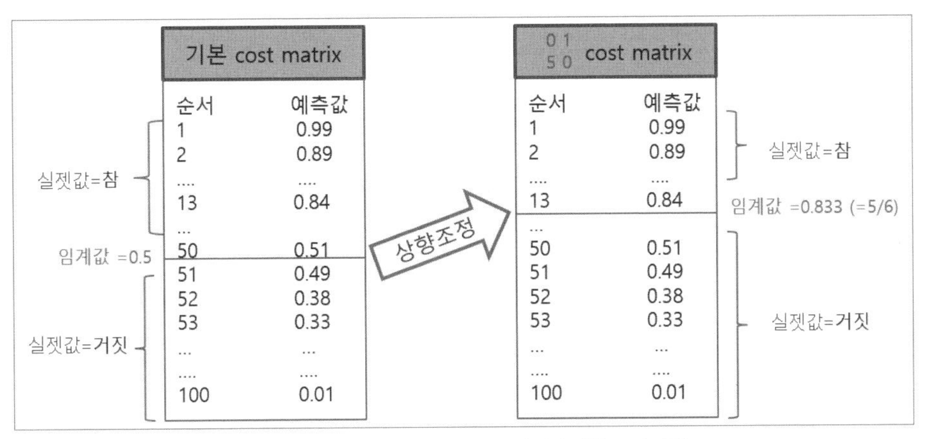

[그림 7-129] cost matrix에 의한 임계값 상향 조정 과정

임계값이 상향 조정된 것은 실젯값 참의 경우(TP와 FN) 예측값 기준이 강화된 것이고, 이에 따라 정분류율은 하향 조정된다. 하지만 실젯값 거짓의 경우 FP 감소 및 TN 증가로 실젯값이 거짓인 경우를 중요하게 학습한다. 결과 개입을 통해 정분류율을 희생하고 특이도를 살리는 상황이 발생한다.

① 실습: CostSensitiveClassifier 메타 알고리즘, credit-g 데이터

② KnowledgeFlow: more week 4 class 4 lesson 6.kf

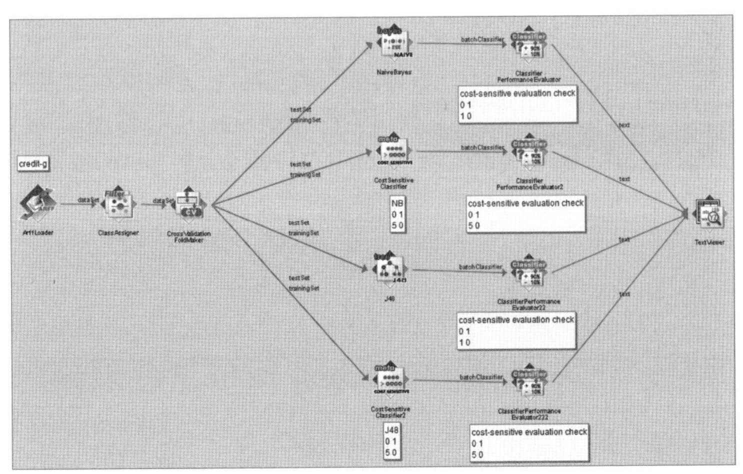

[그림 7-130] KnowledgeFlow의 라벨 결과 개입 설계(more week 4 class 4 lesson 6.kf)

라벨 결과 개입을 위해 ClassifierPerformanceEvaluator 컴포넌트에 설정해야 한다. 설정된 Cost Matrix를 출력할지를 선택해야 하는데 설정 여부를 포함해서 Cost Matrix 설정값을 한 번 더 기입해야 한다.

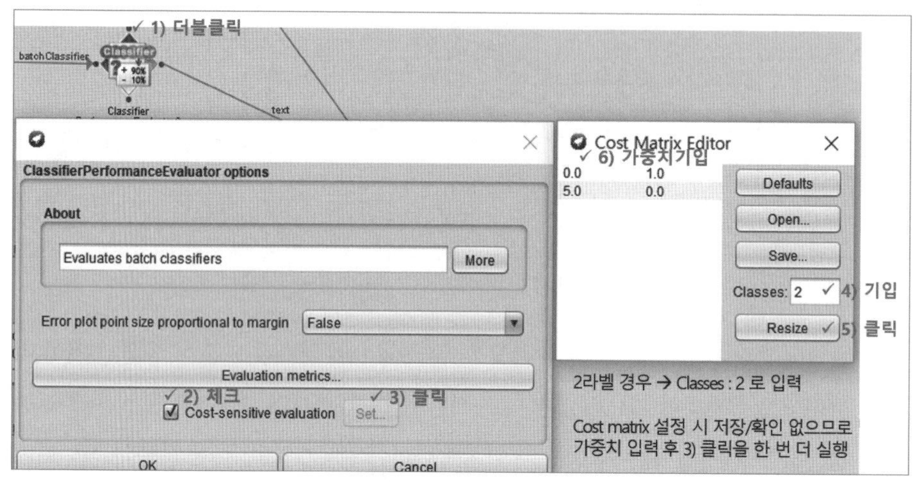

[그림 7-131] cost matrix 출력 설정

그리고 CostSensitiveClassifier를 적용하지 않은 일반적인 알고리즘에서도 앞의 그림의 2) 체크만 기본적인 cost matrix가 출력된다.

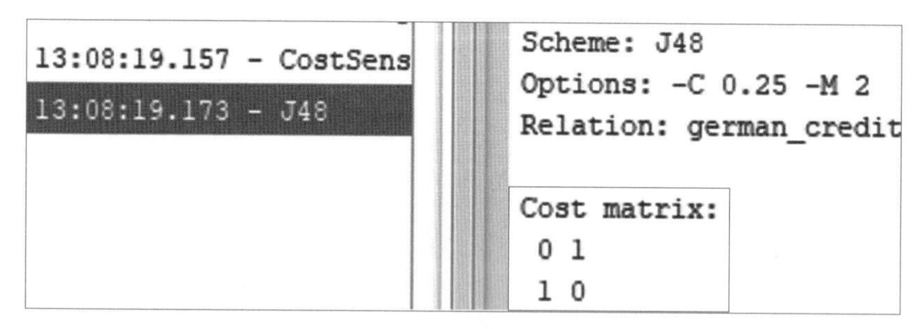

[그림 7-132] 일반적인 알고리즘에서 "cost-sensitive evaluation"을 설정하면 cost matrix를 확인할 수 있다

실행 후 TextViewer에서의 결과를 아래와 같이 정리했다.

<table>
<tr><th>credit-g</th><th>NaiveBayes</th><th>CostSensitive Classifier (NaiveBayes)</th><th>J48</th><th>CostSensitive Classifier (J48)</th></tr>
<tr><td>Total Cost</td><td>246</td><td>530</td><td>295</td><td>658</td></tr>
<tr><td>정분류율</td><td>75.4%</td><td>69%</td><td>70.5%</td><td>60.6%</td></tr>
<tr><td>ROC</td><td>78.7%</td><td>78.7%</td><td>63.9%</td><td>65.5%</td></tr>
<tr><td>오분류표</td><td>a b
605 95 | a = good
151 149 | b = bad</td><td>a b 445
255 | a = good
_55 245 | b = bad</td><td>a b 588
112 | a = good 183
117 | b = bad</td><td>a b 372
328 | a = good _66
234 | b = bad</td></tr>
</table>

[그림 7-133] 각각의 경우의 cost, 정분류율, ROC, 오분류표 비교

일반적인 분류 알고리즘과 CostSensitiveClassifier 내에서 실행한 결과를 비교하면 cost도 늘고 정분류율은 하락했지만 실젯값 b(bad 또는 거짓)의 정확성은 향상되었다.

CostSensitiveClassifier는 2가지 작동 방식이 있다. 비용을 최소화하는 분류 방법과 내부적으로 가중치를 재조정하는 학습 방법이다. 기본값은 내부적으로 가중치를 재조정하는 학습 방법이며, 위의 일반적인 NaiveBayes와 J48과 비교한 CostSensitiveClassifier는 설정 변경 없는 기본 설정을 사용했다. 내부 가중치 재조정에 의한 비용 학습 방식이었으므로 비용을 최소화하는 방식이 아니었기에 일반 알고리즘과 비교하면 비용이 오히려 증가했다.

CostSensitiveClassifier의 minimizeExpectedCost의 설정값으로 작동 방식을 선택할 수 있다.

minimizeExpectedCost	CostSensitiveClassifier 실행 기법	작동 방식
true	비용 분류	비용 최소화 분류
false(기본값)	비용 학습	내부적 가중치 재조정

[그림 7-134] CostSensitiveClassifier의 2가지 작동 방식

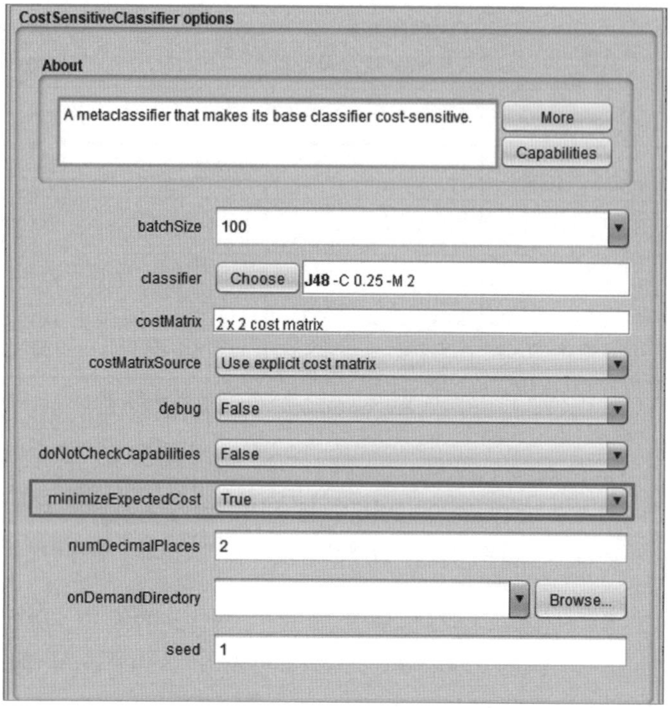

CostSensitiveClassifier options

About

A metaclassifier that makes its base classifier cost-sensitive. | More | Capabilities

batchSize: 100

classifier: Choose | J48 -C 0.25 -M 2

costMatrix: 2 x 2 cost matrix

costMatrixSource: Use explicit cost matrix

debug: False

doNotCheckCapabilities: False

minimizeExpectedCost: True

numDecimalPlaces: 2

onDemandDirectory: | Browse...

seed: 1

[그림 7-135] CostSensitiveClassifier의 minimizeExpectedCost 설정 위치

2가지 기법을 비교하면 다음과 같다.

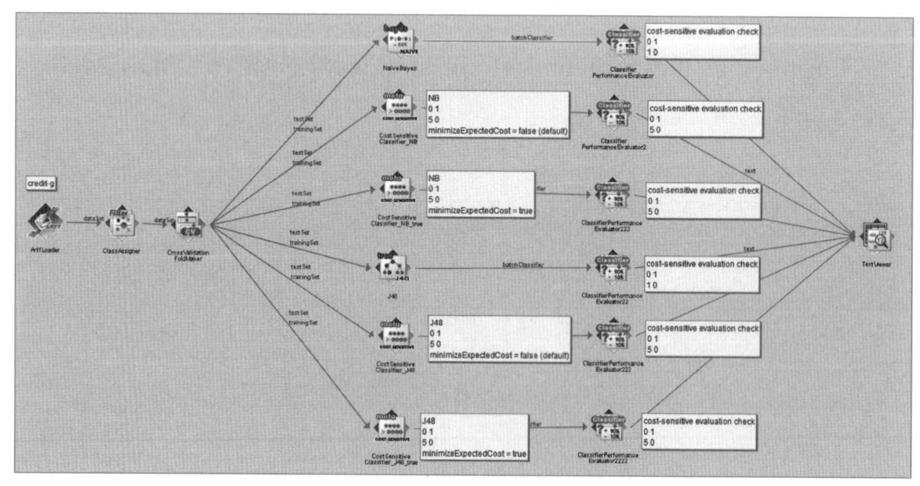

[그림 7-136] KnowledgeFlow의 CostSensitiveClassifier 2가지 설정 방법 비교(more week 4 class 4 lesson 6_2.kf)

일반적으로는 비용 최소화(minimizeExpectedCost = true)의 경우 Total Cost는 상대적으로 높다. 따라서 오분류표의 실젯값 bad의 특이도가 다른 경우보다 높다.

credit-g	일반	NaiveBayes	
		CostSensitiveClassifier 적용	
		minimizeExpectedCost 설정	
		False	true
Total Cost	246	530	517
정분류율	75.40%	69%	69.5%
ROC	0.787	0.787	0.732
오분류표	a b 605 95 | a = good 151 149 | b = bad	a b 445 255 | a = good 55 245 | b = bad	a b 448 252 | a = good 53 247 | b = bad

[그림 7-137] false의 55에서 true의 53으로 감소한다는 의미는 그만큼 오류가 덜 난다는 뜻이다

그렇다고 비용 최소화(minimizeExpectedCost = true)의 경우가 항상 좋은 것은 아니다. 아래 J48의 사례를 보면 반대의 경우도 산출된다.

credit-g	일반	J48	
		CostSensitiveClassifier 적용	
		minimizeExpectedCost 설정	
		False	True
Total Cost	295	770	770
정분류율	70.50%	65%	65%
ROC	0.639	0.65	0.65
오분류표	a b 588 112 | a = good 183 117 | b = bad	a b 372 328 | a = good 66 234 | b = bad	a b 455 245 | a = good 105 195 | b = bad

[그림 7-138] false의66에서 true의 105로 증가한다는 의미는 그만큼 오류가 더 난다는 뜻이다

③ Java 프로그래밍: W4_L6_CostSensitiveClassifier

```
public class W4_L6_CostSensitiveClassifier {
        Instances data = null;
        int[] selectedIdx = null;

        public W4_L6_CostSensitiveClassifier(String fileName) throws
        Exception{
                // 1) data loader
                String folderName = "D:\\Weka-3-9\\data\\";
                this.data=new Instances(
                                    new BufferedReader(
                                    new FileReader(folderName + filename +
                                    ".arff")));
        }

        public static void main(String args[]) throws Exception{
                new W4_L6_CostSensitiveClassifier("credit-g")
                        .classify(new NaiveBayes());

                new W4_L6_CostSensitiveClassifier("credit-g")
                        .costClassifier(new NaiveBayes(),5,false);

                new W4_L6_CostSensitiveClassifier("credit-g")
                        .costClassifier(new NaiveBayes(),5,true);

                new W4_L6_CostSensitiveClassifier("credit-g")
                        .classify(new J48());

                new W4_L6_CostSensitiveClassifier("credit-g")
                        .costClassifier(new J48(),5,false);
```

```
        new W4_L6_CostSensitiveClassifier("credit-g")
                .costClassifier(new J48(),5,true);
}

public void classify(Classifier model) throws Exception{
        int seed = 1;
        int numfolds = 10;
        int numfold = 0;

        // 1) data split
        Instances train = this.data.trainCV(numfolds, numfold,
        new Random(seed));
        Instances test = this.data.testCV(numfolds, numfold);

        // 2) class assigner
        train.setClassIndex(train.numAttributes()-1);
        test. setClassIndex(test.numAttributes()-1);

        // 3) eval and model setting
        Evaluation eval=new Evaluation(train);
        eval.crossValidateModel(model, train, numfolds, new
        Random(seed));

        // 4) model run
        model.buildClassifier(train);

        // 5) evaluate
        eval.evaluateModel(model, test);

        // 6) print Result text
        System.out.print("\n** " + this.getModelName(model) +
                ", 분류대상 데이터 건수: " + (int)eval.numInstances() +
                    ", 정분류 건수: " + (int)eval.correct() +
```

```
                    ", 정분류율: " + String.format("%.1f",eval.
                    pctCorrect()) +" % " +
                        "");
        System.out.print(", Weighted Area Under ROC: " +
         String.format("%.2f",eval.weightedAreaUnderROC()) + "\n");
        System.out.println(eval.toMatrixString());
        this.printPctCorrect2ndLabel(eval.confusionMatrix(),
        this.getMatrix2X2(null));

}

public void costClassifier(Classifier model ,int FP_Weight, boolean
minimizeExpectedCost) throws Exception{
        int seed = 1;
        int numfolds = 10;
        int numfold = 0;

        // 1) data split
        Instances train = this.data.trainCV(numfolds, numfold,
        new Random(seed));
        Instances test = this.data.testCV(numfolds, numfold);

        // 2) class assigner
        train.setClassIndex(train.numAttributes()-1);
        test.setClassIndex(train.numAttributes()-1);

        // 3) eval and model setting
        Evaluation eval=new Evaluation(train);

        // label size
        int label_size = train.numClasses(); // matrix 사이즈 설정용

        // CostSensitiveClassifier 설정
        model = this.setCostSensitiveClassifier(model, label_size,
```

```
                                this.setMatrix2X2(FP_Weight),minimize
                                ExpectedCost);

        eval.crossValidateModel(model, train, numfolds, new
        Random(seed));

        // 4) model run
        model.buildClassifier(train);

        // 5) evaluate
        eval.evaluateModel(model, test);

        // 6) print Result text
        System.out.print("\n** " + this.getModelName(model) +
                                   ", minimizeExpectedCost = " +
                                   minimizeExpectedCost + " , " +
    (minimizeExpectedCost?"(비용 분류, 비용 최소화 분류)":
                              "(비용 학습, 내부적 가중치 재조정)") +
         ", 분류 대상 데이터 건수: " + (int)eval.numInstances() +
           ", 정분류 건수: " + (int)eval.correct() +
           ", 정분류율: " + String.format("%.1f",eval.pctCorrect()) + "%" +
           "");
        System.out.print(", Weighted Area Under ROC: " +
                String.format("%.2f",eval.weightedAreaUnder
                ROC()) + "\n");
        System.out.println(eval.toMatrixString());
        this.printPctCorrect2ndLabel(eval.confusionMatrix(),
             this.getMatrix2X2((CostSensitiveClassifier)model));
    }

// 분류 결과 출력
public void printPctCorrect2ndLabel(double[][] confusionMatrix,
                                   int[][] matrix){
```

```
//        double TP = confusionMatrix[0][0];
        double FN = confusionMatrix[0][1];
        double FP = confusionMatrix[1][0];
//        double TN = confusionMatrix[1][1];
        System.out.println("total cost: " + (int)(matrix[1][0] * FP +
        matrix[0][1] * FN)
                                        + "="+matrix[1][0]+"*"+(int)FP
                                        + "+"+matrix[0][1]+"*"+(int)FN);

        System.out.println("total miss: " + (int)(FP+FN) + "="
                                        + (int)FN +"+"
                                              + (int)FP);

        System.out.println("critical miss: " + (int)FP);
          System.out.println("특이도: " +
                                      TN + " / " + (FP+TN) + " = " +
                                    String.format("%.2f", TN/(FP+TN) *100 ) +
                                    " % ");
    }

    /****
     *
     * CostSensitiveClassifier 설정
     *
     ****/
        public Classifier setCostSensitiveClassifier(Classifier classifier,
                                                    int size,
                                                    int[][] matrix,
                                    boolean minimizeExpectedCost){

                // 분류 알고리즘 생성
                CostSensitiveClassifier costClassfier = new CostSensitive
                Classifier();
```

```
        // set classifier
        costClassfier.setClassifier(classifier);

        // set cost matrix
        CostMatrix newCostMatrix = new CostMatrix(size);

        for(int x=0 ; x < matrix.length ; x++)
                for(int y=0; y < matrix[x].length ; y++)
                        newCostMatrix.setElement(x, y,
                                (double)matrix[x][y]);

        costClassifier.setCostMatrix(newCostMatrix);

        // set minimizeExpectedCost
        costClassifier.setMinimizeExpectedCost(minimizeExpectedCost);

        return costClassifier;
}

public int[][] setMatrix2X2(int FP_Weight){
        int[][] matrix = new int [2][2];
        matrix[1][0] = FP_Weight;
        matrix[0][1] = 1;

        return matrix;
}

public int[][] getMatrix2X2(CostSensitiveClassifier model){
        int[][] matrix = new int [2][2];
        if(model != null){
                CostMatrix costmatrix = model.getCostMatrix();

                System.out.println("cost matrix");
                System.out.println(costmatrix.toString()); // 설정
                된 cost matrix 출력
```

```
            matrix[0][1] = (int)Double.parseDouble(costmatrix.
            getCell(0, 1)+"");
            matrix[1][0] = (int)Double.parseDouble(costmatrix.
            getCell(1, 0)+"");
        }else{
            // 일반적인 알고리즘 기본값 설정
            matrix[0][1] = 1;
            matrix[1][0] = 1;
        }

        return matrix;
    }

    public String getModelName(Classifier Classifier) throws Exception{
        String modelName = "";
        if(Classifier instanceof NaiveBayesMultinomial){
            modelName = "NaiveBayesMultinomial";
        }else if(Classifier instanceof NaiveBayes){
            modelName = "NaiveBayes";
        }else if(Classifier instanceof J48){
            modelName = "J48";
        }else if(Classifier instanceof CostSensitiveClassifier){
            modelName = "CostSensitiveClassifier";
        }

        return modelName;

}

 }
```

다른 자바코드와 다른 점이라면 CostSensitiveClassifier가 wrapper 클래스라 설정법이 한 단계 더 들어가는 것과 Total Cost, ROC, 오분류표confusion matrix 출력이 약간 상세해진 것이다.

CostSensitiveClassifier 설정은 cost matrix 사이즈를 자동으로 가져오는 것과 알고리즘 설정으로 나뉜다. Cost matrix 설정은 Explorer와 KnowledgeFlow와 다르게 matrix 사이즈를 코드에서 알 수 있다. 라벨의 개수(클래스의 개수)를 알 수 있기 때문이다. 알고리즘 설정은 학습할 세부 알고리즘, 코드에서 파악된 라벨 개수 = (matrix 사이즈), 매개변수로 받은 가중치 그리고 비용 분류/비용 학습 여부를 설정하여 반환을 받았다.

```
        // label size
        int label_size = train.numClasses(); // matrix 사이즈 설정용

        // CostSensitiveClassifier 설정
        model = this.setCostSensitiveClassifier(model, label_size,
                                    this.setMatrix2X2(FP_Weight),
                                    ,minimizeExpectedCost);
```

출력 결과는 알고리즘 종류, minimizeExpectedCost 설정값, 설정값에 따른 작동 방식, 데이터 건수, 정분류 건수, 정분류율, ROC, 오분류표, Total Cost, 특이도 출력 순이다.

```
        System.out.print("\n** " + this.getModelName(model) +
                              ", minimizeExpectedCost = " +
                              minimizeExpectedCost + " , " +
    (minimizeExpectedCost?
    "(비용 분류, 비용 최소화 분류)":
    "(비용 학습, 내부적 가중치 재조정)") +
```

```
            ", 분류 대상 데이터 건수: " + (int)eval.numInstances() +
              ", 정분류 건수: " + (int)eval.correct() +
              ", 정분류율: " + String.format("%.1f",eval.pctCorrect()) +" %" +
                    "");
            System.out.print(", Weighted Area Under ROC: " +
             String.format("%.2f",eval.weightedAreaUnderROC())
             + "\n");
            System.out.println(eval.toMatrixString());
            this.printPctCorrect2ndLabel(eval.confusionMatrix(),
                  this.getMatrix2X2((CostSensitiveClassifier)model));
```

결과를 정리하면 다음과 같다. Crossvalidation 작동 차이 때문에 값이 다른 것 외에는 KnowledgeFlow와 같은 통찰력을 얻을 수 있다.

credit-g	일반	NaiveBayes	
		CostSensitiveClassifier 적용	
		minimizeExpectedCost 설정	
		False	True
Total Cost	251	531	521
정분류율	74.9%	67.3%	67.5%
ROC	0.79	0.79	0.72
오분류표	a b 594 105 | a = good 145 155 | b = bad	a b 424 276 | a = good 51 249 | b = bad	a b 424 276 | a = good 49 251 | b = bad
특이도 (b = bad)	51.67%(155/300)	83%(249/300)	83.67%(251/300)

[그림 7-139] minimizeExpectedCost false일 때 오분류표 51이 true이면서 49로 감소한 것은 그만큼 오류가 덜 난다는 의미이다

마찬가지로 다음 표처럼 항상 특이도가 좋아지는 것도 아님을 명심해야 한다.

credit-g	일반	J48	
		CostSensitiveClassifier 적용	
		minimizeExpectedCost 설정	
		False	True
Total Cost	275	630	755
정분류율	72.5%	59.4%	63.7%
ROC	0.66	0.66	0.65
오분류표	b 586 114 | a = good 161 139 | b = bad	b 350 350 | a = good 56 244 | b = bad	b 435 265 | a = good 98 202 | b = bad
특이도 (b = bad)	46.33%(139/300)	81.33%(244/300)	67.33%(202/300)

[그림 7-140] minimizeExpectedCost false일 때 오분류표 56이 true이면서 98로 감소한 것은 그만큼 오류가 덜 난다는 의미이다

④ **효과**

텍스트마이닝에서 설명한 것처럼 소수 의견이 더 중요할 때 적용할 수 있는 방법이지만 정분류율 하락이라는 희생을 감수해야 한다. 그렇지만 연관분석Apriori과 분류분석OneR의 융합을 통해 새로운 insight를 알 수 있듯이 비용 민감 알고리즘은 특이도까지 좋게 할 수 있는 알고리즘 간의 융합을 통해 가치가 상승할 수 있을 것으로 예상된다.

7.6 인공신경망(딥러닝)

자신이 기획하고 구축한 IT 시스템의 사용자들이 시간이 지날수록 더 편해져야 하는

데 오히려 그들의 일이 더 늘었다. 왜일까? 지금까지 IT 시스템 구축의 목표는 데이터 적재였다. 그렇게 세월이 흘러 많은 데이터가 축적되었다. 그러면 실사용자들은 축적된 방대한 데이터로 업무 효율성이 더 높아져야 하는 것이 이치이다. 부문별로 산재하고 공유되지 않은 데이터를 IT 시스템으로 통합하고 공유하자는 취지였기 때문이다. 그러나 지금은 여러 사유로 방대한 데이터를 분류하는 데 많은 시간을 소비한다. 필자는 이런 어려운 점을 조금이나 개선해 주고자 분류 자동화를 찾다가 인공신경망(딥러닝)을 알게 되었고 자바 머신러닝까지 온 것이다.

인공신경망(딥러닝)은 유연하다. 지도 학습이며 목표변수 자료형이 명목형의 경우 분류분석, 숫자형의 경우 회귀분석을 자동으로 실행한다.

인공신경망(딥러닝)은 범용적이다. 신경망을 학습할 때 조정할 수 있고 문자/숫자로 이루어진 text형 데이터 외에도 음성/영상/이미지 등의 미디어 데이터도 분석이 가능하다.

인공신경망(딥러닝)은 대중적이다. 인공지능과 단어가 유사하고 인간의 두뇌 작동 원리와 유사하다는 말은 머신러닝 측면에서는 도움이 되지 않는 미사여구일 뿐이다. 그러나 대중성에 힘입어 인공신경망(딥러닝)을 발전시킬 API가 지속해서 발표되고 있다.

유연성, 범용성, 대중성이 오히려 인공신경망(딥러닝) 옵션값 설정이 어렵고, 고성능 장비가 필요하며, 다른 알고리즘과 비교해 학습 시간이 장시간 소요된다. 따라서 머신러닝을 초기 적용 시에는 상황에 맞는 알고리즘을 적용하고 머신러닝이 내재화한 후에 딥러닝으로 자연스럽게 넘어가는 체계를 갖춰야 한다.

장점	특징	단점	대안
유연성	분류/회귀분석 자동 선별	어렵다	내재화 후 적용
범용성	Text형/미디어 데이터 모두 분석 가능	무겁다	고사양 H/W 도입 또는 데이터셋 양 조정
대중성	API 지속 출시	장시간 소요	모델 저장 후 재사용

[그림 7-141] 인공신경망(딥러닝)의 장단점

① 정의why

인공신경망은 입력층, 은닉층, 출력층의 3개 층으로 구성된 지도 학습 머신러닝이다. 입력층은 데이터셋의 독립변수(x) 값들이며 데이터 형태는 숫자, 문자 모두 가능하다. 출력층은 데이터셋의 목표변수(y) 값들이며 데이터 형태가 문자형의 경우 라벨별로 배치되면서 분류분석을 하고, 숫자형의 경우 오직 1개 출력층만 생성되면서 회귀분석을 한다. 은닉층은 성능 향상을 위해 사용되며 필수는 아니기에 없을 수도 있지만 필요할 때는 2개 이상 생성될 수 있다. 은닉층의 개수와 은닉층의 노드 개수가 인공신경망의 성능과 직결된다. 반대로 은닉층이 많고 노드가 많으면 학습이 장시간 소요된다.

은닉층 개수	적용 상황	비고
0	표준 퍼셉트론 알고리즘이거나 데이터가 선형적으로 분리될 경우	
1	결정 공간이 단일 블록인 경우	
2	임의의 결정 경계를 생성할 수 있는 경우	

[그림 7-142] 은닉층 개수에 의한 적용 상황

층별 연결은 가중치를 가지며 각 노드는 입력값의 가중치가 부여되고 그 값의 합산과 다음 층의 임계값에 의해 작동한다. 각 층별로 가중치가 반영된 선형 회귀식을 내포하며 로지스틱 회귀방정식과 유사한 시그모이드 함수를 통해 임계값에 도달할 경우만 다음 층으로 넘어간다.

② 대상what - 중요 매개변수/하이퍼 매개변수

경사 하강법: 에러율을 최소화한 반복 학습

학습률: 가중치 결정 요소로 중요 매개변수이며 경사에 음수 형태로 곱한다.

모멘텀: 가중치 결정 요소로 중요 매개변수이며 이전 층의 가중치를 곱한다.

$W(next) = W + \Delta W$

ΔW = - learning_rate × gradient + momentum × ΔW(previous)

epoch: 중요 매개변수이며 학습 횟수를 뜻한다.

은닉층 크기와 개수 및 학습률과 모멘텀 값에 대한 경험치가 중요하며, 학습 횟수epoch 만큼 실행하되 학습 시간이 초과하거나 정합성 오류가 지속해서 증가하면 훈련을 멈춘다.

③ 방법how - Weka 설정법

Weka에서는 알고리즘 옵션 설정법 외에 인공신경망을 시각적으로도 설계 가능하다. 일반적인 알고리즘처럼 은닉층 설정 후 실행 방법은 다음과 같으며 목표변수가 명목형의 경우이므로 정분류율이 산출된다.

No.	1: sepallength Numeric	2: sepalwidth Numeric	3: petallength Numeric	4: petalwidth Numeric	5: class Nominal
1	5.1	3.5	1.4	0.2	Iris-setosa
2	4.9	3.0	1.4	0.2	Iris-setosa
3	4.7	3.2	1.3	0.2	Iris-setosa
4	4.6	3.1	1.5	0.2	Iris-setosa
5	5.0	3.6	1.4	0.2	Iris-setosa
6	5.4	3.9	1.7	0.4	Iris-setosa
7	4.6	3.4	1.4	0.3	Iris-setosa
8	5.0	3.4	1.5	0.2	Iris-setosa
9	4.4	2.9	1.4	0.2	Iris-setosa
10	4.9	3.1	1.5	0.1	Iris-setosa
11	5.4	3.7	1.5	0.2	Iris-setosa
12	4.8	3.4	1.6	0.2	Iris-setosa
13	4.8	3.0	1.4	0.1	Iris-setosa
14	4.3	3.0	1.1	0.1	Iris-setosa

명목형

[그림 7-143] 목표변수가 명목형의 경우

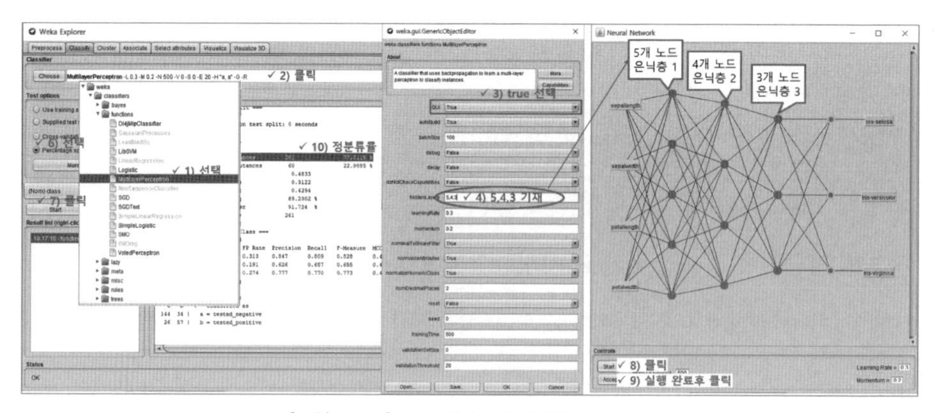

[그림 7-144] Weka에서 인공신경망 학습 방법

앞의 그림 7-144 GUI 설정에서 true로 지정해야 오른쪽과 같은 신경망 UI가 보인다. 기재된 숫자와 개수가 은닉층별 노드 수 및 은닉층 개수가 되며 5, 4, 3의 3개 숫자는 3개 은닉층을 생성하고 순서대로 5개, 4개, 3개 노드를 생성하라는 의미이다. 만약 목표변수가 숫자형의 경우 아래와 같이 자동으로 상관계수가 출력되는 회귀분석을 실시한다.

No.	1: MYCT	2: MMIN	3: MMAX	4: CACH	5: CHMIN	6: CHMAX	7: class
	Numeric	Numeric	Numeric	Numeric	Numeric	Numeric	Numeric
1	125.0	256.0	6000.0	256.0	16.0	128.0	198.0
2	29.0	8000.0	3200...	32.0	8.0	32.0	269.0
3	29.0	8000.0	3200...	32.0	8.0	32.0	220.0
4	29.0	8000.0	3200...	32.0	8.0	32.0	172.0
5	29.0	8000.0	1600...	32.0	8.0	16.0	132.0
6	26.0	8000.0	3200...	64.0	8.0	32.0	318.0
7	23.0	1600...	3200...	64.0	16.0	32.0	367.0
8	23.0	1600...	3200...	64.0	16.0	32.0	489.0
9	23.0	1600...	6400...	64.0	16.0	32.0	636.0
10	23.0	3200...	6400...	128.0	32.0	64.0	1144.0
11	400.0	1000.0	3000.0	0.0	1.0	2.0	38.0
12	400.0	512.0	3500.0	4.0	1.0	6.0	40.0
13	60.0	2000.0	8000.0	65.0	1.0	8.0	92.0
14	50.0	4000.0	1600...	65.0	1.0	8.0	138.0
15	350.0	64.0	64.0	0.0	1.0	4.0	10.0

숫자형

[그림 7-145] 목표변수가 숫자형의 경우

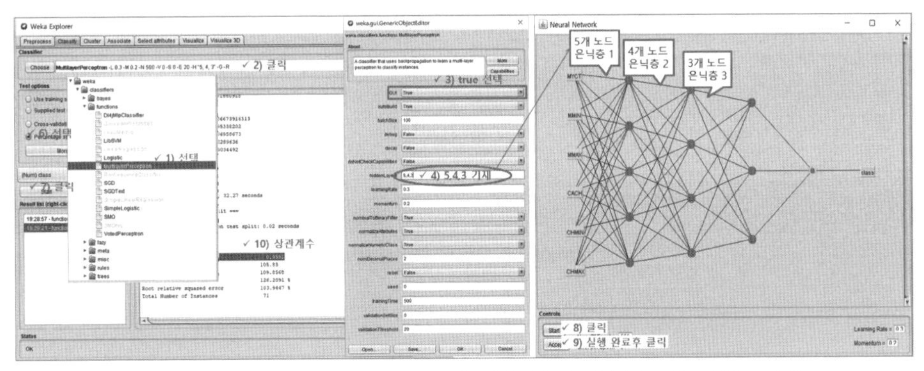

[그림 7-146] 목표변수가 숫자형의 경우 오직 1개 출력층만 생성된다(그림 오른쪽 중간 끝)

중요한 매개변수인 학습률/모멘텀/epoch를 설정할 수 있다.

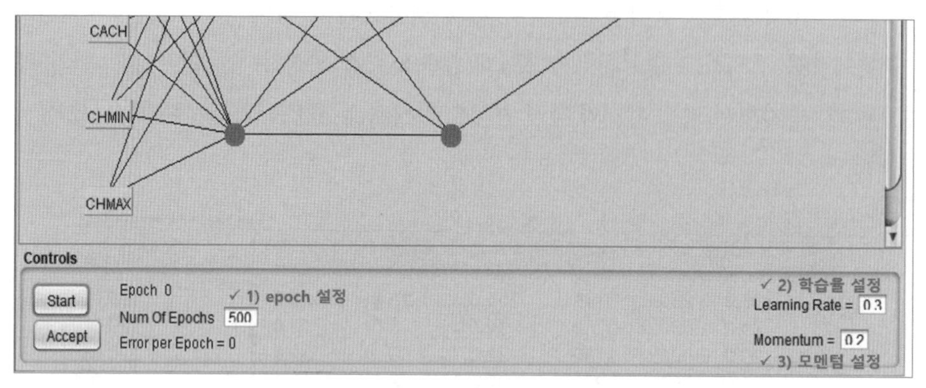

[그림 7-147] 학습률/모멘텀/epoc 설정 예시

노드는 마우스 클릭 및 오른쪽 클릭으로 생성 및 삭제할 수 있다. 노드/연결 생성 방법은 빈 곳에 마우스를 클릭하면 노드가 생성되고, 이미 생성된 연결 대상 노드 2개를 클릭하면 연결까지 생성된다.

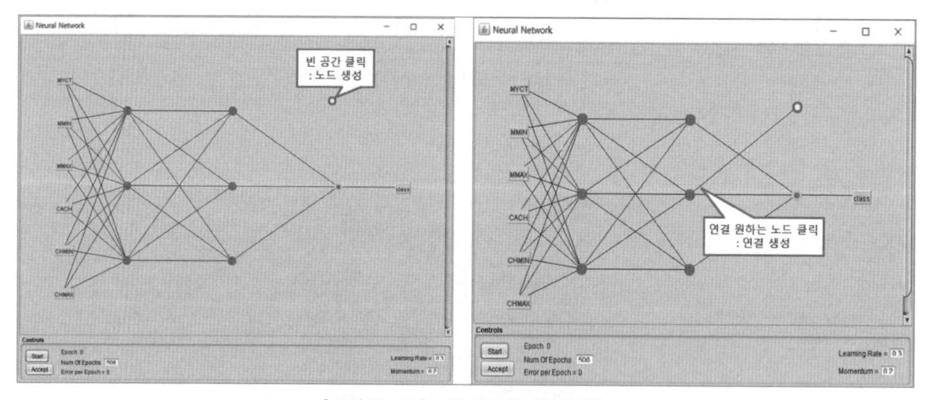

[그림 7-148] 노드 생성 및 연결 방법

노드/연결 삭제(오른쪽 클릭): 삭제 대상 노드와 연결을 마우스 오른쪽 클릭하면 삭제된다.

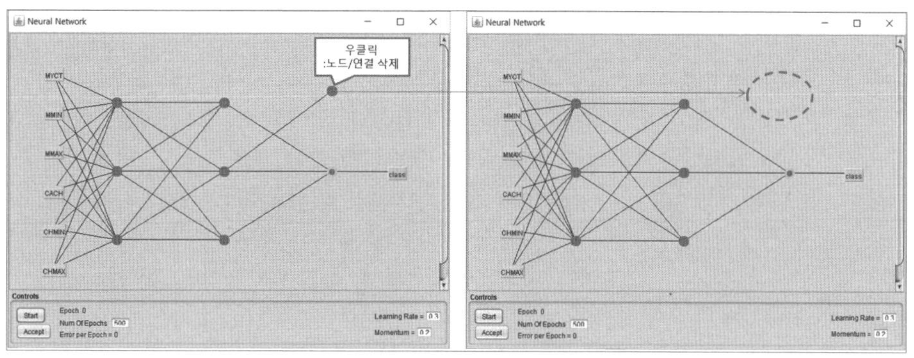

[그림 7-149] 노드 삭제 방법

④ 효과[if]

자바코드에서 4개 데이터셋("breast-cancer", "diabetes", "credit-g", "ionosphere")을 대상으로 6개 알고리즘(VotedPerceptron, SMO, J48, Logistic, 1개 은닉층[MultilayerPerceptron], 3개 은닉층)을 실행한 결과 3개 은닉층이 대부분의 경우 성능이 우수하나 소요 시간은 길다. 명심할 것은 은닉층이 많으면 소요 시간은 반드시 증가하나, 그렇다고 성능이 항상 좋아지는 것은 아니다.

```
public class W5_L1_BasePerceptron {

public static void main(String args[]) throws Exception{
        W5_L1_BasePerceptron obj = new W5_L1_BasePerceptron();
        obj.skip();

        System.out.println("====================================
        ============================");
        System.out.println("\t 1) BasePerceptron에 분류기 대입 정분류 비교");
        System.out.println("=====================================
        =======================");
```

```
obj.getMultiPerceptron("5, 10, 20");

Classifier[] models = {new VotedPerceptron(), new SMO(),
                      new J48(), new Logistic(),
                      obj.getMultiPerceptron("a"),
                      obj.getMultiPerceptron("5, 10, 20")};

String[] fileNames = {"breast-cancer", "diabetes", "credit-g",
"ionosphere"};
for(String fileName: fileNames) {
    System.out.println("\nfileName: " + fileName);
        for(Classifier model: models){
              obj.split(model,fileName, 66);
        }// end-for-models
}

        System.out.println("===============================
========================");
System.out.println("\t 1) BasePerceptron");
System.out.println("=====================================
===================");
}


/*****************************
 * split
 *****************************/
public void split(Classifier model, String fileName, int percent)
throws Exception{
      double startTime = System.currentTimeMillis();
        int seed = 1;
        // 1) data loader
        String folderName = "D:\\Weka-3-9\\data\\";
```

```
Instances data = new Instances(
                        new BufferedReader(
                        new FileReader(folderName+fileNa
                        me+".arff")));

/*******************************************************
 * 1-1) 원본 데이터를 불러온 후 훈련/테스트 데이터로 분리 시작
 *******************************************************/
int trainSize = (int)Math.round(data.numInstances() *
percent / 100);
int testSize = data.numInstances() - trainSize;
data.randomize(new java.util.Random(seed));

Instances train = new Instances(data, 0 ,trainSize);
Instances test = new Instances(data, trainSize ,testSize);
/*******************************************************
 * 1-1) 원본 데이터를 불러온 후 훈련/테스트 데이터로 분리 종료
 *******************************************************/

// 2) class assigner
train.setClassIndex(train.numAttributes()-1);
test.setClassIndex(test.numAttributes()-1);

// 3) holdout setting
Evaluation eval=new Evaluation(train);
// 훈련/테스트 데이터로 분리되어 있으므로 교차검증 불필요

// 4) model run
model.buildClassifier(train);

// 5) evaluate
eval.evaluateModel(model, test);

// 6) 정분류율, ROC
```

```
        this.printClassifiedInfo(model, eval,
                    System.currentTimeMillis() - startTime);

    }

    // 인공신경망 은닉층 설정
    public MultilayerPerceptron getMultiPerceptron(String hidden
    layers){

        MultilayerPerceptron perceptron =
                new MultilayerPerceptron();
        perceptron.setGUI(false); // true로 변경하면 신경망 GUI가 생성된다.
        perceptron.setHiddenLayers(hiddenlayers);

        return perceptron;
    }

    private double printClassifiedInfo(Classifier model, Evaluation
    eval, double runTime) throws Exception {
        // 6) print Result text
        System.out.print(" 분류 대상 데이터 건수: " + (int)eval.numIn
        stances() +
                ", 정분류 건수: " + (int)eval.correct() +
                ", 정분류율: " + String.format("%.1f",eval.
                pctCorrect()) +" %" +
                "");
        System.out.print(", ROC: " +
       String.format("%.2f",eval.weighted AreaUnderROC()) +
       ", 실행 시간:" + String.format("%.2f", runTime/1000) +" sec " +
       " ** " + this.getModelName(model) + "\n");
//      System.out.println(eval.toMatrixString());
        return 0;
    }
```

```
	public String getModelName(Classifier Classifier) throws Exception{
		String modelName = "";
		if(Classifier instanceof VotedPerceptron){
			modelName = "VotedPerceptron";
		}else if(Classifier instanceof SMO){
			modelName = "SMO";
		}else if(Classifier instanceof J48){
			modelName = "J48";
		}else if(Classifier instanceof Logistic){
			modelName = "Logistic";
		}else if(Classifier instanceof MultilayerPerceptron){
			modelName = "MultilayerPerceptron, hidden layers
			nodes:" +
		      ((MultilayerPerceptron)Classifier).get HiddenLayers();

		}

		return modelName;
	}
}
```

실행 결과는 다음과 같으며 MultilayerPerceptron 알고리즘의 정분류율이나 ROC는 평균 이상이지만 실행 시간은 모두 5배 이상 늦다.

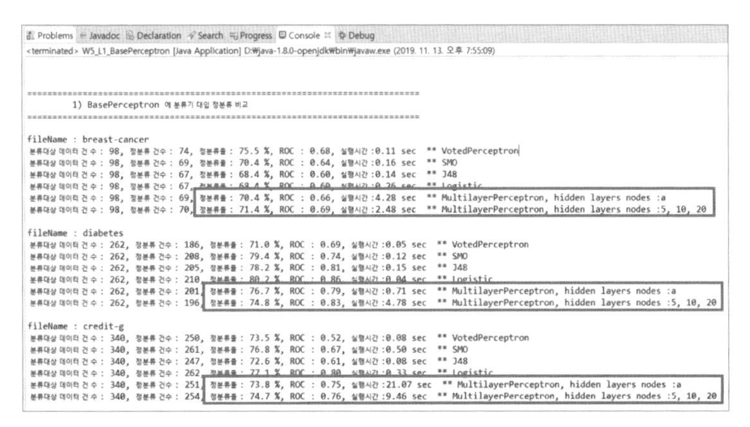

[그림 7-150] 여러 개 데이터셋에 대해 다양한 알고리즘을 비교한 결과(인공신경망이 꼭 우수하진 않다)

MultilayerPerceptron은 충분한 2개 이상의 은닉층과 적절한 훈련을 통해 임의의 결정 경계를 수행하며 경사 하강법 기반의 층별로 반복적인 역전파 알고리즘에 의해 훈련된다. 역전파 학습은 결과에 대한 오차를 이전 단계에 전달하여 가중치와 편향을 조정하는 방법이다. 실제로는 매우 복잡한 데이터셋에 대해 인상적인 우수한 성능을 나타내지만 극단적으로 느리다. 3개 층 간의 조정이라는 유연성이 인공신경망의 작동 원리이며 성능 결정의 중요한 요소이다.

7.6.1 WekaDeeplearning4j(why)

지금까지는 인공신경망의 부정적인 내용을 다뤘다면 긍정적인 면도 있다. 목표변수 형태에 따라 자동의 분류학습과 회귀학습을 구분한다는 점도 장점이 된다. 또한 학습 시간이 오래 소요되지만 정교한 학습 알고리즘 설계가 가능하다.

Weka에서 제공하는 신경망은 GUI로 은닉층을 설계할 수 있다. 그러나 본질을 더 깊이 볼 줄 알아야 한다. 인공신경망의 단어가 인공지능과 유사하고 인간의 두뇌 작동 원리를 모방했다는 개념 때문에 요즘 들어 인공신경망이 대두되고 있다. 딥러닝은 인공신경망의 동의어이다. 인공신경망의 단점인 늦은 학습 속도는 학습된 모델을 저장한 후 알고리즘을 작동할 때 불어오면 개선된다. 그렇다고 인공신경망 성능이 모든 경우에 모든 알고리즘보다 절대적으로 우수하지는 않다. 그러나 유연성과 범용성을 갖는 딥러닝은 지속해서 개량될 것으로 예상된다.

7.6.2 Weka 패키지(what)

이러한 대중적인 인기를 반영하듯이 java 진영에서도 deeplearning4j API 베타 버전을 출시하였고 Weka 패키지로도 제공한다. covolution layer를 제공하여 이미지 분석 기능을 제공하고 학습 속도를 향상하기 위해 GPU 사용이 가능하다.

wekaDeeplearning4j를 Weka에 적용하여 explorer, KnowledgeFlow, java 코드로 설명하겠다. java 코드의 경우 deeplearning4j가 베타 버전이므로 온라인 레퍼

런스와 약간 상이하며 wekaDeeplearning4j 1.5.13 버전의 Weka 패키지를 다운로드 받아 실행한다. 이 글을 작성하는 '20.11.21. 현재 1.6.0까지 출시되었다. 지속해서 API가 개선되므로 코드 변경이 자주 발생할 것으로 예상되니 이 점을 주의해야 한다.

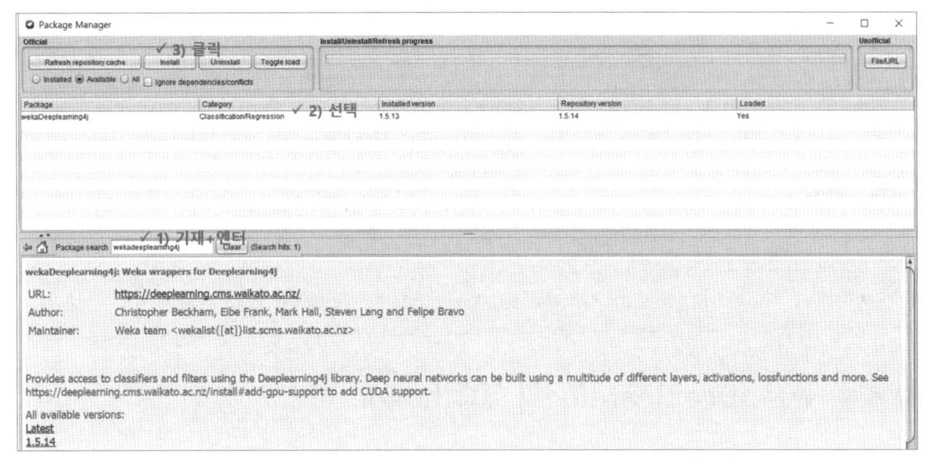

[그림 7-151] package manager에서 wekadeeplearning4j 설치 방법

Package manager에서 설치된 각종 알고리즘의 각종 파일은 보통 다음과 같은 경로에 저장된다.

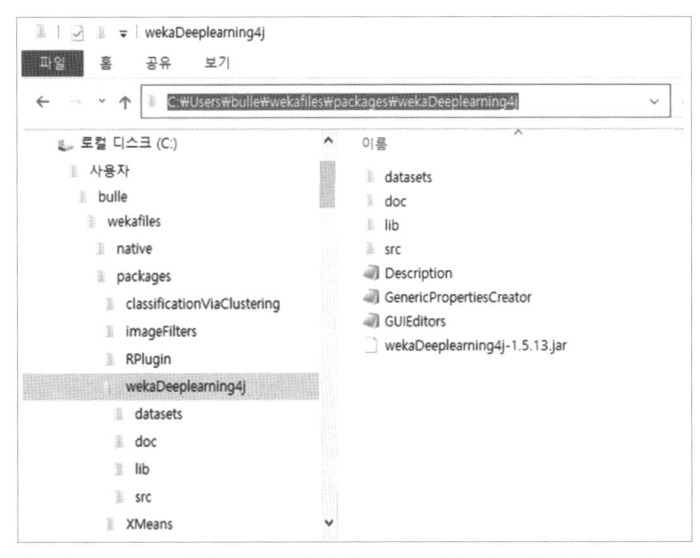

[그림 7-152] package manager를 통해 설치된 각종 알고리즘의 파일 저장 경로(wekaDeeplearinig4j도 동일)

자바코딩을 위한 jar 파일은 아래와 같이 반입하며 1개가 아닌 앞의 탐색기에서 보이는 lib 폴더 밑에 전체 jar 파일들을 반입해야 한다.

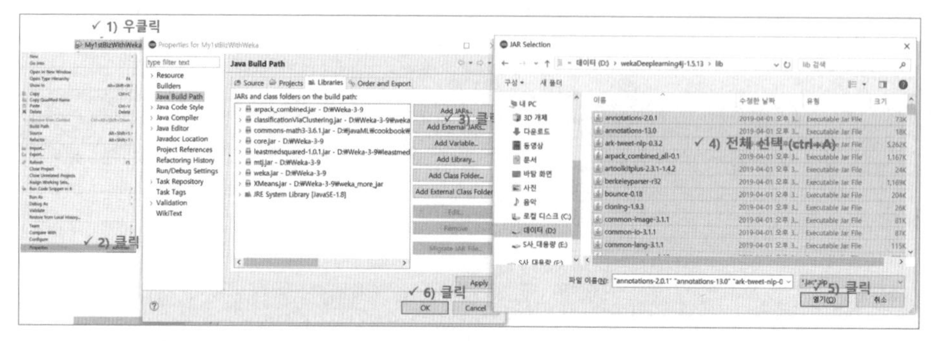

[그림 7-153] eclipse에서 wekadeeplearning4j 관련 jar 파일을 add하는 사례

7.6.3 wekaDeeplearning4j 실습(how)

① iris 분류, cpu 회귀: Dl4jMlpClassifier, W5_L2_wekaDL4J_1_iris.java

Dl4jMlpClassifier의 속도는 늦고 성능도 월등히 우수하지 않지만 원리는 다른 분류 알고리즘과 사용법이 동일하게 쉽다. 동일한 알고리즘에 데이터셋의 목표변수 유형에 따라 분류/회귀분석을 자동으로 선택한다.

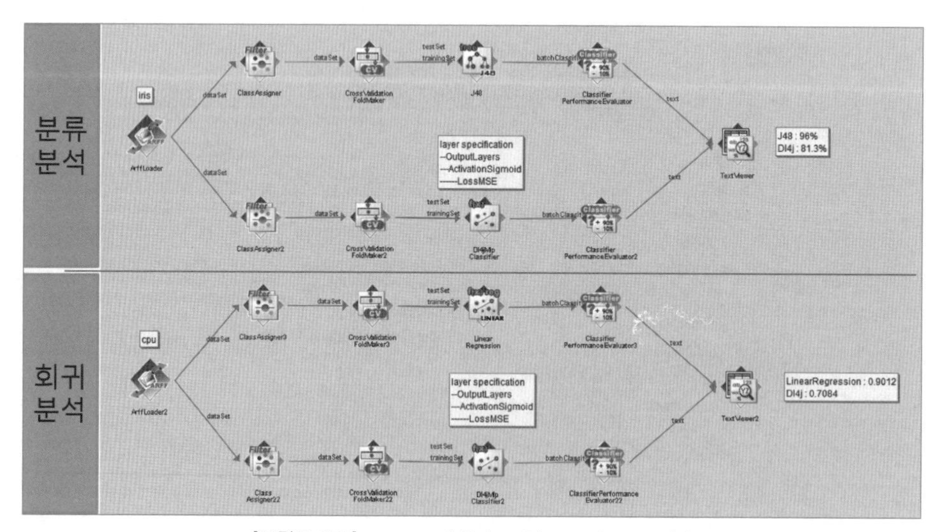

[그림 7-154] more week 5 class 5 lesson 2_1_IRIS.kf

Java 코드에서도 기본 설정값을 사용하기에 다른 분류 알고리즘의 학습 과정과 차이점은 출력층output layer 설정 과정, 망 구성 과정Add the layers이 추가된다. 한 가지 주의할 점은 weka dl4j의 버전에 따라 Java 코드가 달라질 수 있다.

```
/*****************************
 * runWekaDl4j - iris
 *****************************/
public void runWekaDl4j(String fileName) throws Exception{
        중략
        // Create a new Multi-Layer-Perceptron classifier
        Dl4jMlpClassifier clf = new Dl4jMlpClassifier();
        // Set a seed for reproducable results
        clf.setSeed(1);

        // Define the output layer
        OutputLayer outputLayer = new OutputLayer();
//      outputLayer.setActivationFunction(new ActivationSoft
        max()); // 회귀분석 불가로 변경
//      outputLayer.setLossFn(new LossMCXENT()); // 회귀분석 불가로 변경

        outputLayer.setActivationFunction(new ActivationSigmoid());
        outputLayer.setLossFn(new LossMSLE());

        NeuralNetConfiguration nnc = new NeuralNetConfiguration();
        nnc.setUpdater(new Adam());

        // Add the layers to the classifier
        clf.setLayers(new Layer[]{outputLayer});
        clf.setNeuralNetConfiguration(nnc);
        중략
}
```

앞의 소스코드와 동일한 설정을 분류classify 패널에서 설정하면 다음과 같은 모습이다.

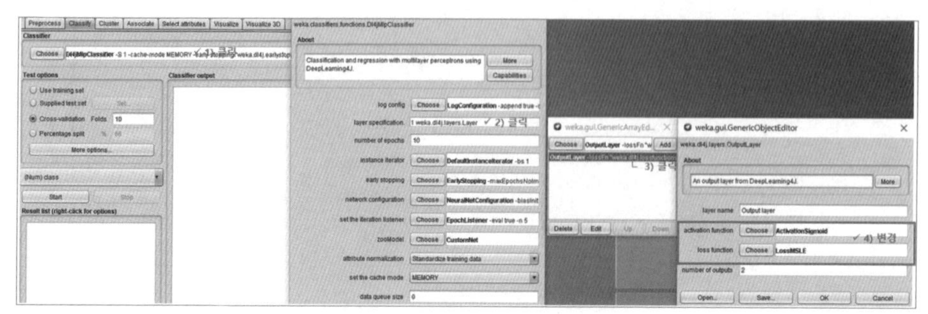

[그림 7-155] Explorer에서의 망 구성 과정 방법

```
public class W5_L2_wekaDL4J_1_iris {

	public static void main(String args[]) throws Exception{
		W5_L2_wekaDL4J_1_iris obj = new W5_L2_wekaDL4J_1_iris();
		obj.skip();

		new W5_L2_wekaDL4J_1_iris().run(new J48(), "iris");
		new W5_L2_wekaDLa4J_1_iris().runWekaDl4j("iris");
		new W5_L2_wekaDL4J_1_iris().run(new LinearRegression() , "cpu");
		new W5_L2_wekaDL4J_1_iris().runWekaDl4j("cpu");
	}

	/*****************************
	 * runWekaDl4j - iris
	 *****************************/
	public void runWekaDl4j(String fileName) throws Exception{
		// Load the iris dataset and set its class index
		// 1) data loader
		String folderName = "D:\\Weka-3-9\\data\\";
		Instances data=new Instances(
								new BufferedReader(
			Instances data=new Instances(
```

```
                                new BufferedReader(
                                new FileReader(folderName+
                                            filename+ ".arff")));
                data.setClassIndex(data.numAttributes() - 1);

                // Create a new Multi-Layer-Perceptron classifier
                Dl4jMlpClassifier clf = new Dl4jMlpClassifier();
                // Set a seed for reproducable results
                clf.setSeed(1);

                // Define the output layer
                OutputLayer outputLayer = new OutputLayer();
//              outputLayer.setActivationFunction(new ActivationSoft
                max()); // 회귀분석 불가로 변경
//              outputLayer.setLossFn(new LossMCXENT()); // 회귀분석 불가로 변경

                outputLayer.setActivationFunction(
                            new ActivationSigmoid());
                outputLayer.setLossFn(new LossMSLE());

                NeuralNetConfiguration nnc = new NeuralNetConfiguration();
                nnc.setUpdater(new Adam());

                // Add the layers to the classifier
                clf.setLayers(new Layer[]{outputLayer});
                clf.setNeuralNetConfiguration(nnc);

                // Evaluate the network
                Evaluation eval = new Evaluation(data);
                int numFolds = 10;
                eval.crossValidateModel(clf, data, numFolds, new
                Random(1));
                System.out.println("**************** weka dl4j output
                ****************");
                System.out.println(eval.toSummaryString());
```

```
        System.out.println(clf);
        System.out.println("**************** weka dl4j output
        ****************");
}

public void run(Classifier model, String fileName) throws
Exception{
        int seed = 1;
        int numfolds = 10;
        int numfold = 0;
        // 1) data loader
        String folderName = "D:\\Weka-3-9\\data\\";
        Instances data=new Instances(
                        new BufferedReader(
                        new FileReader(folderName+
                            fileName+".arff")));
        Instances train = data.trainCV(numfolds, numfold, new
        Random(seed));
        Instances test  = data.testCV(numfolds, numfold);

        // 2) class assigner
        train.setClassIndex(train.numAttributes()-1);
        test.setClassIndex(test.numAttributes()-1);

        // 3) cross validate setting
        Evaluation eval=new Evaluation(train);
        eval.crossValidateModel(model, train, numfolds, new
        Random(seed));

        // 4) model run
        model.buildClassifier(train);

        // 5) evaluate
```

```
            eval.evaluateModel(model, test);

            // 6) print Result text
            System.out.println("**************** run output
            ****************");
            System.out.println(eval.toSummaryString());

            System.out.println(model);
            System.out.println("**************** run output
            ****************");
    }

    public void skip(){

            try{
                    Classifier model = new J48();
                    model.buildClassifier(null);
            }catch(Exception e){
                    System.out.println("\n\n\n\n\n\n\n\n\n\n\n\n\n\n\
                    n\n");
            }
    }
}
```

출력 결과는 다음과 같이 정분류율 및 상관계수가 우수하지만 epoch 횟수만큼 학습 시간은 장시간 소요된다. 그 대신 출력층의 실행함수와 손실함수를 조정하면 분류분석과 회귀분석을 별다른 설정 변경 없이 자동 실행됨을 알 수 있다.

※ 1.5.13을 사용한 이유는 KnowledgeFlow에서 분류 및 회귀 알고리즘을 동시 실행 시 출력층 설정 오류로 실행이 멈췄기 때문이다. 원래는 경고[warning]성 메시지였지만 1.5.14에서는 실행을 멈춰 1.5.13 버전으로 계속 진행한다.

Problems Javadoc Declaration Search Progress Console Debug

```
<terminated> W5_L2_wekaDL4J_1_iris [Java Application] D:₩java-1.8.0-openjdk₩bin₩javaw.exe (2019. 11. 17. 오후 7:16:33)
**************** run output ****************

Correctly Classified Instances         143               95.3333 %
Incorrectly Classified Instances         7                4.6667 %
Kappa statistic                          0.93
Mean absolute error                      0.0412
Root mean squared error                  0.1733
Relative absolute error                  9.2734 %
Root relative squared error             36.556  %
Total Number of Instances              150
[INFO ] 19:17:16.173 [main] weka.classifiers.functions.Dl4jMlpClassifier - Epoch [8/10] took
[INFO ] 19:17:16.415 [main] weka.classifiers.functions.Dl4jMlpClassifier - Epoch [9/10] took
[INFO ] 19:17:16.698 [main] weka.dl4j.listener.EpochListener - Epoch [10/10]
Train Set:
 Loss:          0.166605


[INFO ] 19:17:16.698 [main] weka.classifiers.functions.Dl4jMlpClassifier - Epoch [10/10] tool
**************** weka dl4j output ****************

Correctly Classified Instances         121               80.6667 %
Incorrectly Classified Instances        29               19.3333 %
Kappa statistic                          0.71
Mean absolute error                      0.3258
Root mean squared error                  0.3648
Relative absolute error                 73.2984 %
Root relative squared error             77.3907 %
Total Number of Instances              150
**************** run output ****************

Correlation coefficient                  0.8903
Mean absolute error                     43.5526
Root mean squared error                 73.3003
Relative absolute error                 47.9197 %
Root relative squared error             45.3502 %
Total Number of Instances              209


Linear Regression Model

class =

      0.0388 * MYCT +
      0.0112 * MMIN +
      0.0052 * MMAX +
      1.0536 * CACH +
     -1.2569 * CHMIN +
      1.7303 * CHMAX +
    -46.7763
**************** run output ****************
**************** weka dl4j output ****************

Correlation coefficient                  0.6784
Mean absolute error                    108.0052
Root mean squared error                145.2255
Relative absolute error                112.2259 %
Root relative squared error             90.2848 %
Total Number of Instances              209


**************** weka dl4j output ****************
```

분류분석 — Iris, J48 분류분석 정분류율 / Iris, wekaDl4j 분류분석 정분류율

회귀분석 — cpu, regression 회귀분석 상관계수 / cpu, wekaDl4j 회귀분석 상관계수

[그림 7-156] 다른 알고리즘과 비교 및 weka dl4j의 분류/회귀분석 자동 선별 결과

② Mnist 이미지 분류: Dl4jMlpClassifier, W5_L2_wekaDL4J_2_Mnist.java

Dl4jMlpClassifier 내에 convolution layer를 생성하여 이미지를 분석하는 방법으로 높은 성능을 발휘하나 학습 속도가 늦는 것은 여전하며 Weka의 ColorLayout-

Fliter와 EdgeHistogram 필터를 사용하여 NaiveBayes, SMO, J48 등의 알고리즘으로 이미지 분류 학습이 대체 가능하다.

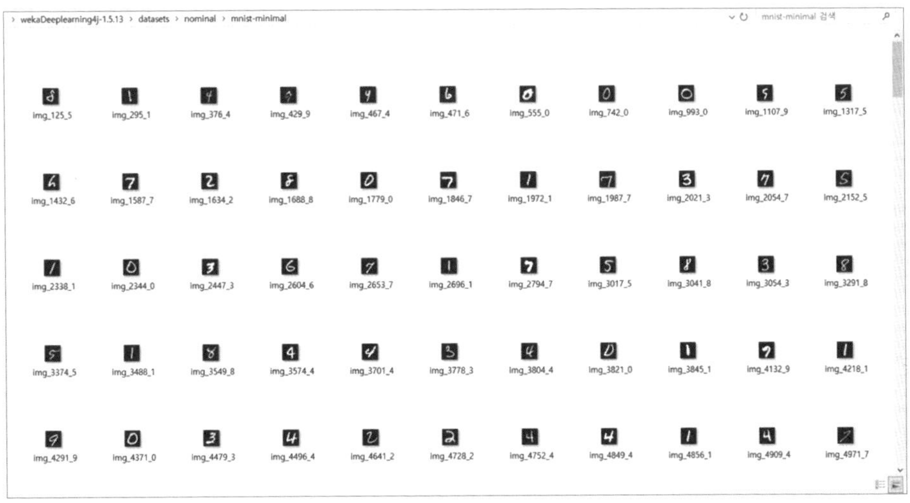

[그림 7-157] 검은색 배경 흰색 숫자형 글자 학습을 위한 Mnist 데이터

KnowledgeFlow도 크게 다른 것은 없다.

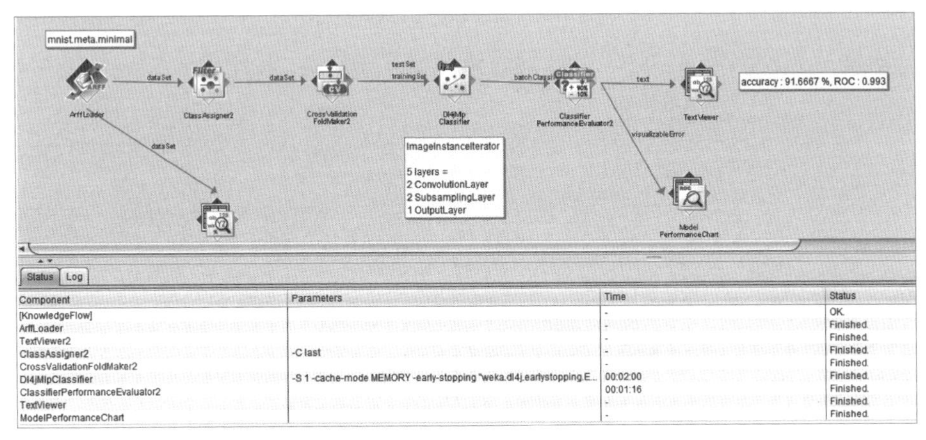

[그림 7-158] more week 5 class 5 lesson 2_2_Mnist.kf

그러나 Dl4jMlpClassifier의 입력/은닉/출력층 설정이 복잡하다. 이미지 분석이므로 이미지 분석을 위한 망 구성ImageInstanceIterator을 설정과 단순한 텍스트가 아닌 이미지

분석을 위한 복잡한 망 구성을 해 줘야 하기 때문이다. Java 코드 부분도 1개 입력층, 4개 은닉층, 1개 출력층 설정 부분이 명시된다.

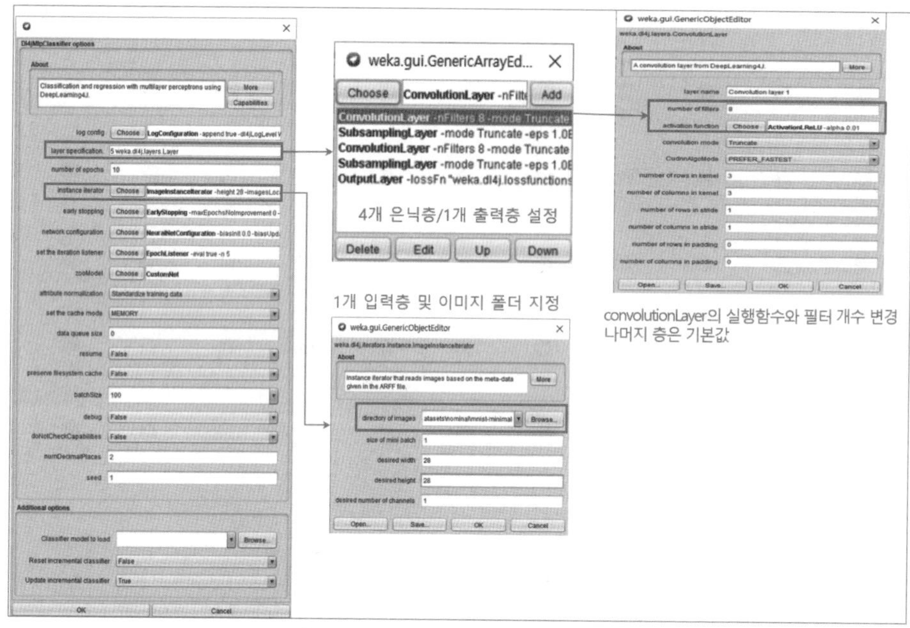

[그림 7-159] 복잡한 망 구성 과정 방법

다음은 이미지들이 저장되어 있는 폴더를 지정한 입력층 정의 부분ImageInstanceIterator이다.

```
/******************************
 * runWekaDl4j - mnist
 ******************************/
public void runWekadl4j_mnist() throws Exception{
        중략
        // Load the image iterator
        ImageInstanceIterator imgIter =
                new ImageInstanceIterator();
        imgIter.setImagesLocation(
```

```
new File("C:\\Users\\bulle\\wekafiles\\packages\\wekaDeeplearning4j\\
datasets\\nominal\\mnist-minimal"));
                imgIter.setHeight(28);
                imgIter.setWidth(28);
                imgIter.setNumChannels(1);
//              imgIter.setTrainBatchSize(16); // weka dl4j 버전에 따른 명령어 교체
                clf.setInstanceIterator(imgIter);
//              clf.setDataSetIterator(imgIter); // weka dl4j 버전 따른 교체
                중략
```

은닉층 및 출력층 설정 부분도 아래와 같이 명시된다. ConvolutionLayer, SubsamplingLayer는 동일한 설정값으로 객체변수만 다르게 2번씩 정의되며, stride 함수는 버전에 의해 수정했다. 이처럼 deeplearning4j API는 베타 버전이므로 프로그램 시 버전을 항상 확인해야 한다.

```
                // Second convolution layer, 8 3x3 filter
                ConvolutionLayer convLayer2 = new ConvolutionLayer();
                convLayer2.setKernelSizeX(3);
                convLayer2.setKernelSizeY(3);
                convLayer2.setStrideRows(1);
                convLayer2.setStrideColumns(1);
//              convLayer2.setStrideX(1);
//              convLayer2.setStrideY(1);
                convLayer2.setActivationFunction(new ActivationReLU());
                convLayer2.setNOut(8);

                // Second maxpooling layer, 2x2 filter
                SubsamplingLayer poolLayer2 = new SubsamplingLayer();
```

```
            poolLayer2.setPoolingType(PoolingType.MAX);
            poolLayer2.setKernelSizeX(2);
            poolLayer2.setKernelSizeY(2);
            poolLayer2.setStrideRows(1);
            poolLayer2.setStrideColumns(1);
//          poolLayer2.setStrideX(1);
//          poolLayer2.setStrideY(1);

            // Output layer with softmax activation
            OutputLayer outputLayer = new OutputLayer();
            outputLayer.setActivationFunction(new ActivationSoftmax());
            outputLayer.setLossFn(new LossMCXENT());
```

전체 Java 소스코드는 다음과 같다.

```
public class W5_L2_wekaDL4J_2_Mnist {

        public static void main(String args[]) throws Exception{
                W5_L2_wekaDL4J_2_Mnist obj = new W5_L2_wekaDL4J_2_Mnist();
                obj.skip();
                obj.runWekadl4j_mnist();
        }

        /****************************
         * runWekaDl4j - mnist
         ****************************/
        public void runWekadl4j_mnist() throws Exception{
                int seed = 1;
                int numfolds = 10;
                int numfold = 0;
```

```
        // Set up the MLP classifier
        Dl4jMlpClassifier clf = new Dl4jMlpClassifier();
        clf.setSeed(1);
        clf.setNumEpochs(10);

        // Load the arff file
        Instances data = new Instances(
            new FileReader("C:\\Users\\bulle\\wekafiles\\
            packages\\wekaDeeplearning4j\\"+"datasets\\nominal\\
            mnist.meta.minimal.arff"));

        Instances train = data.trainCV(numfolds, numfold, new
        Random(42));
        Instances test = data.testCV(numfolds, numfold);

        // 2) class assigner
        data.setClassIndex(data.numAttributes()-1);
        train.setClassIndex(train.numAttributes()-1);
        test.setClassIndex(test.numAttributes()-1);


        // Load the image iterator
        ImageInstanceIterator imgIter = new ImageInstance
        Iterator();
        imgIter.setImagesLocation(
            new File("C:\\Users\\bulle\\wekafiles\\packages\\
            wekaDeeplearning4j\"+"\datasets\\nominal\\mnist-
            minimal"));
        imgIter.setHeight(28);
        imgIter.setWidth(28);
        imgIter.setNumChannels(1);
//      imgIter.setTrainBatchSize(16);
        clf.setInstanceIterator(imgIter);
//      clf.setDataSetIterator(imgIter);
```

```
        // Setup the network layers
        // First convolution layer, 8 3x3 filter
        ConvolutionLayer convLayer1 = new ConvolutionLayer();
        convLayer1.setKernelSizeX(3);
        convLayer1.setKernelSizeY(3);
        convLayer1.setStrideRows(1);
        convLayer1.setStrideColumns(1);
//      convLayer1.setStrideX(1);
//      convLayer1.setStrideY(1);
        convLayer1.setActivationFunction(new ActivationReLU());
        convLayer1.setNOut(8);

        // First maxpooling layer, 2x2 filter
        SubsamplingLayer poolLayer1 = new SubsamplingLayer();
        poolLayer1.setPoolingType(PoolingType.MAX);
        poolLayer1.setKernelSizeX(2);
        poolLayer1.setKernelSizeY(2);
        poolLayer1.setStrideRows(1);
        poolLayer1.setStrideColumns(1);
//      poolLayer1.setStrideX(1);
//      poolLayer1.setStrideY(1);

        // Second convolution layer, 8 3x3 filter
        ConvolutionLayer convLayer2 = new ConvolutionLayer();
        convLayer2.setKernelSizeX(3);
        convLayer2.setKernelSizeY(3);
        convLayer2.setStrideRows(1);
        convLayer2.setStrideColumns(1);
//      convLayer2.setStrideX(1);
//      convLayer2.setStrideY(1);
        convLayer2.setActivationFunction(new ActivationReLU());
        convLayer2.setNOut(8);
```

```
        // Second maxpooling layer, 2x2 filter
        SubsamplingLayer poolLayer2 = new SubsamplingLayer();
        poolLayer2.setPoolingType(PoolingType.MAX);
        poolLayer2.setKernelSizeX(2);
        poolLayer2.setKernelSizeY(2);
        poolLayer2.setStrideRows(1);
        poolLayer2.setStrideColumns(1);
//      poolLayer2.setStrideX(1);
//      poolLayer2.setStrideY(1);

        // Output layer with softmax activation
        OutputLayer outputLayer = new OutputLayer();
        outputLayer.setActivationFunction(
                new ActivationSoftmax());
        outputLayer.setLossFn(new LossMCXENT());

        // Set up the network configuration
        NeuralNetConfiguration nnc = new NeuralNetConfiguration();
        nnc.setUpdater(new Adam());
        clf.setNeuralNetConfiguration(nnc);

        // Set the layers
        clf.setLayers(new Layer[]{convLayer1, poolLayer1,
        convLayer2, poolLayer2, outputLayer});

        // Evaluate the network
        Evaluation eval = new Evaluation(data);
        eval.crossValidateModel(clf, data, numfolds, new
        Random(seed));

        // 4) model run
        clf.buildClassifier(data);

        // 5) evaluate
```

```
            eval.evaluateModel(clf, test);

            System.out.println("\t DL4J 분류 대상 데이터 건수: " +
                             (int)eval.numInstances() +
                             ", 정분류 건수: " + (int)eval.correct() +
                             ", 정분류율: " +
                             String.format("%.2f",eval.correct() /
                             eval.numInstances() * 100) +" %"
            );
            System.out.println(eval.toMatrixString());
      }
}
```

출력 결과는 다음과 같이 90%가 넘는 정분류율을 나타낸다.

```
Problems  @ Javadoc  Declaration  Search  Progress  Console ☒  Debug
<terminated> W5_L2_wekaDL4J_2_Mnist [Java Application] D:₩java-1.8.0-openjdk₩bin₩javaw
[INFO ] 22:47:56.169 [main] org.datavec.image.recordreader.BaseImageRe
         DL4J 분류 대상 데이터 건수 : 462, 정분류 건수 : 429, 정분류율 : 92.86 %
=== Confusion Matrix ===

  a  b  c  d  e  f  g  h  i  j   <-- classified as
 80  0  0  1  1  0  0  0  0  0 |  a = 0
  0 47  1  0  0  0  0  0  0  0 |  b = 1
  1  0 39  0  0  0  1  0  0  0 |  c = 2
  1  0  0 40  0  1  0  1  0  1 |  d = 3
  0  1  0  0 38  0  0  0  0  2 |  e = 4
  0  1  0  1  0 34  0  0  1  1 |  f = 5
  2  0  0  0  0  0 39  0  0  0 |  g = 6
  0  0  0  0  1  0  0 42  1  0 |  h = 7
  0  1  0  2  1  2  0  0 35  0 |  i = 8
  0  0  0  1  3  0  0  2  1 35 |  j = 9
```

[그림 7-160] Mnist 인공신경망 학습 결과

③ IMDB 텍스트마이닝: RnnSequenceClassifier, W5_L2_wekaDL4J_3_IMDB.java

RnnSequenceClassifier를 적용하며 성능 대비 학습 속도가 늦고 전처리 및 신경망 설정이 너무 복잡하다. 따라서 적절한 언어별 형태소 전처리와 MultinomialNaive-Bayes 사용이 대체 방법이 될 수 있다.

특히 Java 코드에서는 낮은 성능이라도 장시간 소요되지만 실행되는 반면, Explorer와 KnowledgeFlow에서는 에러가 발생한다.

```
java.lang.IllegalArgumentException: Can't normalize array. Sum is NaN.
	at weka.core.Utils.normalize(Utils.java:1362)
	at weka.core.Utils.normalize(Utils.java:1349)
	at weka.classifiers.functions.RnnSequenceClassifier.distributionsFo
	rInstances(RnnSequenceClassifier.java:286)
	at
weka.knowledgeflow.steps.ClassifierPerformanceEvaluator$EvaluationTask.proc
ess(ClassifierPerformanceEvaluator.java:750)
	at weka.knowledgeflow.StepTask.call(StepTask.java:231)
	at weka.knowledgeflow.StepTask.call(StepTask.java:27)
	at java.util.concurrent.FutureTask.run(Unknown Source)
	at java.util.concurrent.ThreadPoolExecutor.runWorker(Unknown
	Source)
	at java.util.concurrent.ThreadPoolExecutor$Worker.run(Unknown
	Source)
	at java.lang.Thread.run(Unknown Source)
```

따라서 Java 코드를 먼저 설명하면서 RnnSequenceClassifier 설정법을 간단히 집고 넘어간다. IMDB 텍스트마이닝 테스트용 데이터셋과 모델링 파일은 wekadeep-learning4j 패키지에서 기본적으로 제공하지 않는다. 따라서 2개 파일을 다운로드 받아야 한다. 다음의 2개 파일은 워낙 대용량이므로 본서를 구매한 독자에게는 별도 다운로드를 권장한다.

첫 번째 50,000건 arff 파일을 다운로드 받는다. 압축 해제해야 하며 해제 후 용량은 63MB이다.

https://sourceforge.net/projects/weka/files/datasets/text-datasets/imdb-sentiment-2011.arff.gz/download

두 번째 Google News Mode 임베딩 파일도 다운로드 받는다. 이 파일은 구글에서 word2vec의 결과로 영어 단어에 대한 vector를 만들어서 배포한 것이다. 다운로드 후 압축 해제해야 하며 압축 해제 후 용량은 353MB이다.

https://github.com/eyaler/word2vec-slim/raw/master/GoogleNews-vectors-negative300-SLIM.bin.gz

arff 파일 불러오기처럼 사용하므로 경로를 반드시 기억해야 한다. 필자의 경우 package manager에서 제공하는 각종 알고리즘이 저장된 경로에 저장했다. wekaDeeplearning4j 폴더 밑에 datasets 폴더에 저장했다.

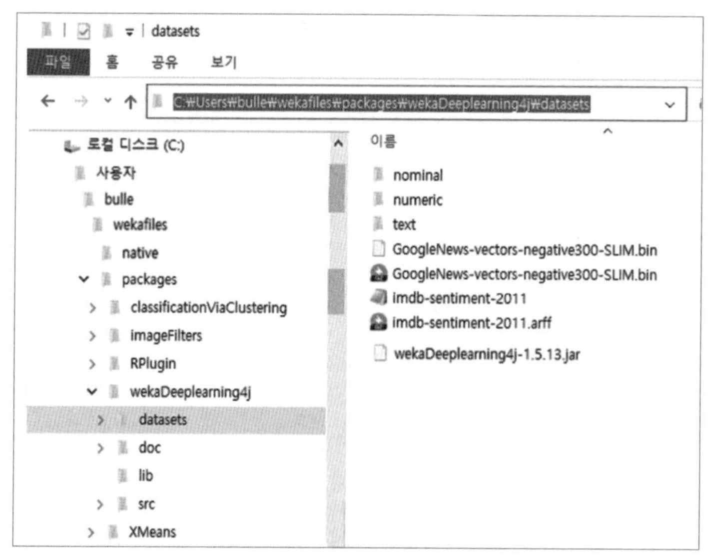

[그림 7-161] 다운로드 받은 arff 파일과 bin 파일 저장 경로

Java 코드는 텍스트마이닝에 특화된 NaiveBayesMultinomial과 딥러닝RnnSequenceClassifier를 비교해 보았다. 결론적으로는 RnnSequenceClassifier의 약간의 설정으로는 아직 NaiveBayesMultinomial보다 속도, 성능을 따라오지 못한다. 따라서 2020년 현재에는 Java 텍스트마이닝을 적용한다고 한다면 NaiveBayesMultinomial을 추천한다. Java 딥러닝은 유연성, 범용성, 대중성을 보유해 분명히 잠재력이 있는 알고리즘이다. 지금 오류가 발생하고 다른 프로그래밍 언어보다 열등하더라도 언젠가는 JDBC처럼 머신러닝에 Java를 반석에 올릴 API라고 생각한다. 데이터셋은 한 줄 평과 긍정/부정[pos/neg]을 지정한 목표변수 2개 속성으로 이루어졌으며 데이터 건수는 50,000건이다.

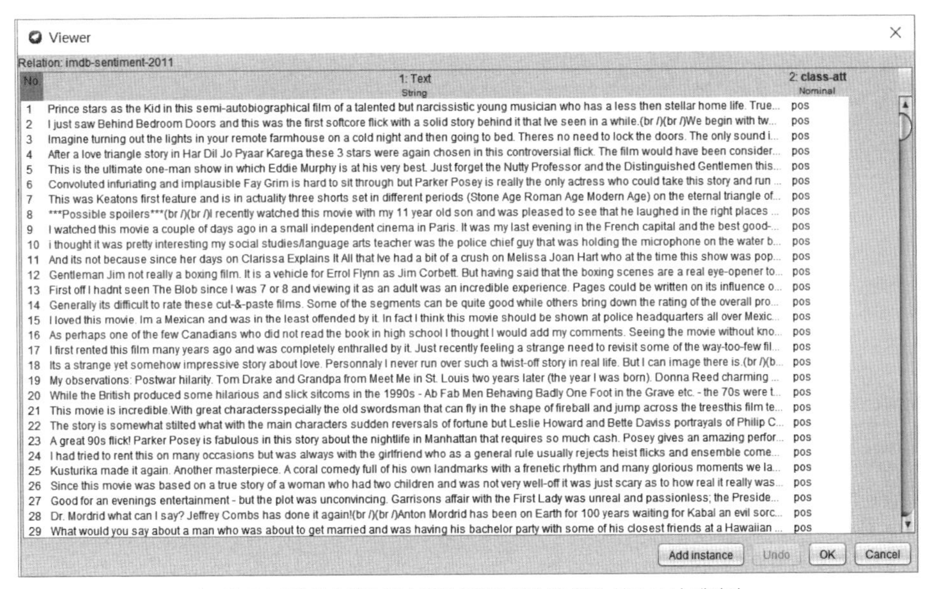

[그림 7-162] 텍스트마이닝 인공신경망 학습을 위한 설문 조사 데이터

그러나 단어별로 수치화 과정인 벡터화를 하거나 임베딩까지 하면 데이터 용량이 과도하여 1%인 500건으로 테스트했다.

```
/**
 * 50,000건 데이터셋 로드 시 메모리 부족으로 에러 발생
 * 1%(500건) 데이터셋으로 조정
 * **/
public Instances resample(Instances data, double newSampleSize
Percent) throws Exception{
        // newSampleSizePercent % 데이터셋으로 조정
        Resample supervisedFilter = new Resample();

        supervisedFilter.setSampleSizePercent(
                                newSampleSizePercent);
        supervisedFilter.setInputFormat(data);
        Instances reducedData = Filter.useFilter(data,
                                supervisedFilter);

        return reducedData;
}
```

FilteredClassifier 메타 알고리즘에 NaiveBayesMultinomial 알고리즘과 StringTo WordVector 필터링을 적용했다.

```
// FilteredClassifier 설정
public FilteredClassifier setModel(NaiveBayesMultinomial
classifier){
        // 1) 분류 알고리즘 설정
        FilteredClassifier model = new FilteredClassifier();
        model.setClassifier(classifier);

        // 2) 필터 설정
        StringToWordVector word2vector = new StringToWord Vector();
```

```
            System.out.println("StringToWordVector 설정값 변경");
            word2vector.setLowerCaseTokens(true);
            word2vector.setOutputWordCounts(true);
            word2vector.setStopwordsHandler(new Rainbow());
            word2vector.setStemmer(new SnowballStemmer());
            word2vector.setWordsToKeep(800);
            model.setFilter(word2vector);

            return model;
    }
```

첫 번째 입력층 설정은 RnnTextEmbeddingInstanceIterator를 사용한다. 텍스트의 벡터화는 문장 내 단어의 출현 빈도만 수치화한 것이다. 그러나 이것만 가지고는 단어 간의 거리 측정이 불가능하여 임베딩이라는 기능까지 포함한다. 즉, RnnTextEmbeddingInstanceIterator는 벡터화 및 임베딩 기능을 모두 포함한 전처리 입력을 담당한다.

```
    /*****************************
     * runWekaDL4J_IMDB - RnnTextEmbeddingInstanceIterator
     *****************************/
    public void runWekaDL4J_IMDB() throws Exception{
            중략
            // Setup the iterator(입력층)
            RnnTextEmbeddingInstanceIterator tii
              = new RnnTextEmbeddingInstanceIterator();
            tii.setWordVectorLocation(modelSlim); // embedding 파일 경로
            tii.setTruncateLength(truncateLength); // 80
            tii.setTrainBatchSize(batchSize); // 64
```

두 번째 은닉층은 텍스트 분석에 사용되는 LSTM을 사용했다.

```
public void runWekaDL4J_IMDB() throws Exception{
        중략
        // Define the layers(은닉층)
        LSTM lstm = new LSTM();
        lstm.setNOut(64);
        lstm.setActivationFunction(new ActivationTanH());
        생략
```

세 번째 출력층은 RnnOutputLayer를 적용했다.

```
/*****************************
 * runWekaDL4J_IMDB - RnnTextEmbeddingInstanceIterator
 *****************************/
public void runWekaDL4J_IMDB() throws Exception{
        중략
        // (출력층)
        RnnOutputLayer rnnOut = new RnnOutputLayer();
```

마지막 네 번째 신경망 구성을 위해 NeuralNetConfiguration을 설정한다. 레퍼런스에서 제공하는 코드에는 정의되어 있으나 실제 실행 시 문제가 되는 2군데는 주석 처리를 했다.

```
	public void runWekaDL4J_IMDB() throws Exception{
		중략
		// Network config
		NeuralNetConfiguration nnc = new NeuralNetConfiguration();
		nnc.setL2(l2); // 1e-5
//		nnc.setUseRegularization(true);
		nnc.setGradientNormalization(GradientNormalization.
		ClipElementWiseAbsoluteValue);
		nnc.setGradientNormalizationThreshold(gradientThreshold);
		// 1.0
//		nnc.setLearningRate(learningRate);

		// Initialize the classifier
		RnnSequenceClassifier clf = new RnnSequenceClassifier();
		clf.setSeed(seed); // 1
		clf.setNumEpochs(numEpochs); // 10
		clf.setInstanceIterator(tii);
		clf.settBPTTbackwardLength(tbpttLength); // 64
		clf.settBPTTforwardLength(tbpttLength);  // 64
		생략
```

전체 Java 소스코드는 다음과 같다.

```
public class W5_L2_wekaDL4J_3_IMDB {
	Instances data = null;
	Instances train = null;
	Instances test  = null;

	public static void main(String args[]) throws Exception{
```

```
            W5_L2_wekaDL4J_3_IMDB obj = new W5_L2_wekaDL4J_3_IMDB();
            obj.skip();
            obj.setInstances();
            obj.runWekaDL4J_IMDB();
            obj.runNBMultinomial(); }


    /**
     *
     * RnnSequenceClassifier와 NaiveBayesMultinomial 성능을 비교하기 위해
     * 동일한 훈련 및 테스트 데이터를 생성한다.
     *
     * **/
    public void setInstances() throws Exception{
//          int seed = 1;
//          int numfolds = 10;
//          int numfold = 0;
            String path = "C:\\Users\\bulle\\wekafiles\\packages\\
            wekaDeeplearning4j ";
            this.data = new Instances(new FileReader(path+"\\
            datasets \\imdb-sentiment-2011.arff"));

            // 1 %(500건) 데이터셋으로 조정(50,000만 건 실행 시 메모리 부족 에러)
            data.setClassIndex(1);
            train = this.resample(data,0.9)
//                      .trainCV(numfolds, numfold, new
                        Random(seed))
                        ;
            test  = this.resample(data,0.1)
//                      .testCV(numfolds, numfold)
                        ;

    }
```

```
/*****************************
 * runWekaDL4J_IMDB - RnnTextEmbeddingInstanceIterator
 *****************************/
public void runWekaDL4J_IMDB() throws Exception{
        long startTime = System.currentTimeMillis();
        String path = "C:\\Users\\bulle\\wekafiles\\packages\\
        wekaDeeplearning4j ";
        final File modelSlim = new File(
           path+"\datasets\\GoogleNews-vectors-negative300-SLIM.bin");

        // Setup hyperparameters
        final int truncateLength = 80;
        final int batchSize = 64;
        final int seed = 1;
        final int numEpochs = 10;
        final int tbpttLength = 20;
        final double l2 = 1e-5;
        final double gradientThreshold = 1.0;
//      final double learningRate = 0.02;

        // Setup the iterator(입력층)
        RnnTextEmbeddingInstanceIterator tii
         = new RnnTextEmbeddingInstanceIterator();
        tii.setWordVectorLocation(modelSlim); // embedding 파일 경로
        tii.setTruncateLength(truncateLength); // 80
        tii.setTrainBatchSize(batchSize); // 64

        // Define the layers(은닉층)
        LSTM lstm = new LSTM();
        lstm.setNOut(64);
        lstm.setActivationFunction(new ActivationTanH());

        // (출력층)
        RnnOutputLayer rnnOut = new RnnOutputLayer();
```

```
        // Network config
        NeuralNetConfiguration nnc = new NeuralNetConfiguration();
        nnc.setL2(l2); // 1e-5
//      nnc.setUseRegularization(true);
        nnc.setGradientNormalization(GradientNormalization.
        ClipElementWiseAbsoluteValue);
        nnc.setGradientNormalizationThreshold(gradientThreshold);
        // 1.0
//      nnc.setLearningRate(learningRate);

        // Initialize the classifier
        RnnSequenceClassifier clf = new RnnSequenceClassifier();
        clf.setSeed(seed); // 1
        clf.setNumEpochs(numEpochs); // 10
        clf.setInstanceIterator(tii);
        clf.settBPTTbackwardLength(tbpttLength); // 64
        clf.settBPTTforwardLength(tbpttLength);  // 64

        // Config classifier
        clf.setLayers(lstm, rnnOut); // 출력층 설정
        clf.setNeuralNetConfiguration(nnc);

        // 2) class assigner
        train.setClassIndex(1);
        test.setClassIndex(1);

        System.out.println("full size : " + data.size() + ", " +
                            "reduced size: " + (train.
                            size() + test.size())+ ", " +
                            "train size: " + train.size()+
                            ", " +
                            "test size: " + test.size()
                           );
```

```
        // 3) Evaluate the network
        Evaluation eval = new Evaluation(train);

        // 4) model run
        clf.buildClassifier(train);

        // 5) evaluate
        eval.crossValidateModel(clf, train, 10, new Random(seed));
        eval.evaluateModel(clf, test);

        System.out.print("\t deeplearning4j 실행 시간: " +
                (System.currentTimeMillis() - startTime)/1000 + "
                초, " +
                " DL4J 분류 대상 데이터 건수: " + (int)eval.numInstances() +
                ", 정분류 건수: " + (int)eval.correct() +
                  ", 정분류율: " + String.format("%.2f",eval.
                  pctCorrect()) +" %"
                                );
        System.out.println(", Weighted Area Under ROC: " +
          String.format("%.2f",eval.weightedAreaUnderROC()));
        System.out.println(eval.toMatrixString());
        System.out.println(clf);

}

/**
 * 50,000건 데이터셋 로드 시 메모리 부족으로 에러 발생
 * 1%(500건) 데이터셋으로 조정
 * **/
public Instances resample(Instances data, double newSample Size
Percent) throws Exception{
        // newSampleSizePercent % 데이터셋으로 조정
        Resample supervisedFilter = new Resample();
```

```
        supervisedFilter.setSampleSizePercent(newSampleSizePercent);
        supervisedFilter.setInputFormat(data);
        Instances reducedData = Filter.useFilter(data,
        supervisedFilter);

        return reducedData;
}


/*********************************
 * FilteredClassifier 내에
 * StringToWordVector 필터,
 * NaiveBayesMultinomial 알고리즘 적용
 *********************************/
 public void runNBMultinomial() throws Exception{
        long startTime = System.currentTimeMillis();
        int seed = 1;

        // 2) class assigner
        train.setClassIndex(1);
        test.setClassIndex(1);

        System.out.println("full size: " + data.size() + ", " +
                        "reduced size : " + (train.size() +
                        test.size()) + ", " +
                "train size: " + train.size()+ ", " +
                "test size: " + test.size()
                );

        // 3) evaluation, classifier setting
        Evaluation eval=new Evaluation(train);
        Classifier model = this.setModel(new NaiveBayesMul
        tinomial());
```

```
        // 4) model run
        model.buildClassifier(train);

        // 5) evaluate
        eval.crossValidateModel(model, train, 10, new
        Random(seed));
        eval.evaluateModel(model, test);

        // 6) print Result text
        System.out.print("NBMultinomial in FilteredClassifier " );
        System.out.print("\t 실행시간: " +
       (System.currentTimeMillis() - startTime)/1000 + " 초, " +
         "정분류율: " + String.format("%.2f", eval.pctCorrect()) + " %");
        System.out.println(", Weighted Area Under ROC : " +
        String.format("%.2f",eval.weightedAreaUnderROC()));
        System.out.println(eval.toMatrixString());
        this.printPctCorrect2ndLabel(eval.confusionMatrix());
}

// FilteredClassifier 설정
public FilteredClassifier setModel(NaiveBayesMultinomial
classifier){
          // 1) 분류 알고리즘 설정
          FilteredClassifier model = new FilteredClassifier();
          model.setClassifier(classifier);

          // 2) 필터 설정
          StringToWordVector word2vector
                = new StringToWordVector();
          System.out.println("StringToWordVector 설정값 변경");
          word2vector.setLowerCaseTokens(true);
          word2vector.setOutputWordCounts(true);
          word2vector.setStopwordsHandler(new Rainbow());
```

```
            word2vector.setStemmer(new SnowballStemmer());
            word2vector.setWordsToKeep(800);
            model.setFilter(word2vector);

            return model;
        }

        // 2번째 라벨 특이도 출력
        public void printPctCorrect2ndLabel(double[][] confusionMatrix){

            double FP = confusionMatrix[1][0];
            double TN = confusionMatrix[1][1];

            System.out.println("특이도: " +
                                    TN + " / " + (FP+TN) + " = "
+
                              String.format("%.2f", TN/(FP+TN) *100
) +
                              " % ");
        }
}
```

프로그래밍 실행 결과는 다음과 같으며 결론적으로 deeplearining4j를 텍스트마이닝 실무에 적용하기에 부적절하다. 대안은 FilteredClassifier 메타 알고리즘에 NaiveBayesMultinomial 알고리즘과 StringToWordVector 필터링을 적용한 경우이다.

입력층, 은닉층, 출력층 설정값 변경으로 성능 향상 가능성이 있다고 생각할 수 있겠으나 그러기에는 설정값들이 지나치게 많다. 이럴 경우 성능 향상을 위한 "매개변수 최적화" 등과 같은 weka에서 제공하는 학습 결과 향상 기법은 사용이 불가하다.

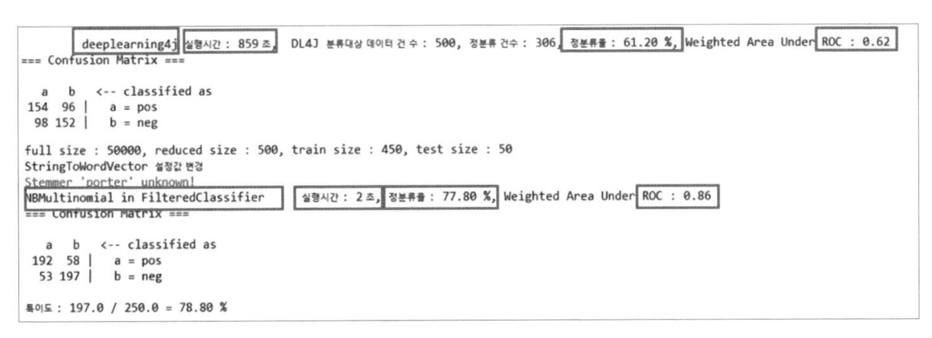

[그림 7-163] 텍스트마이닝 인공신경망 학습 결과

실행은 되지 않지만 언젠가는 정정될 것으로 예상되는 RnnSequenceClassifier의 KnowledgeFlow에서 컴포넌트 설정법을 소개하겠다. 다운로드 받은 arff 파일과 bin 파일은 ArffLoader와 RnnSequenceClassifier 컴포넌트에 경로를 지정해 줘야 한다.

imdb-sentiment-2011.arff 파일은 일반적인 arff 파일의 설정과 동일하게 arff-Loader에 지정한다. 그리고 bin 파일은 RnnSequenceClassifier 컴포넌트에 경로를 지정해야 한다. Instance iterator에서 location of word vector를 클릭하면 bin 파일을 지정한다.

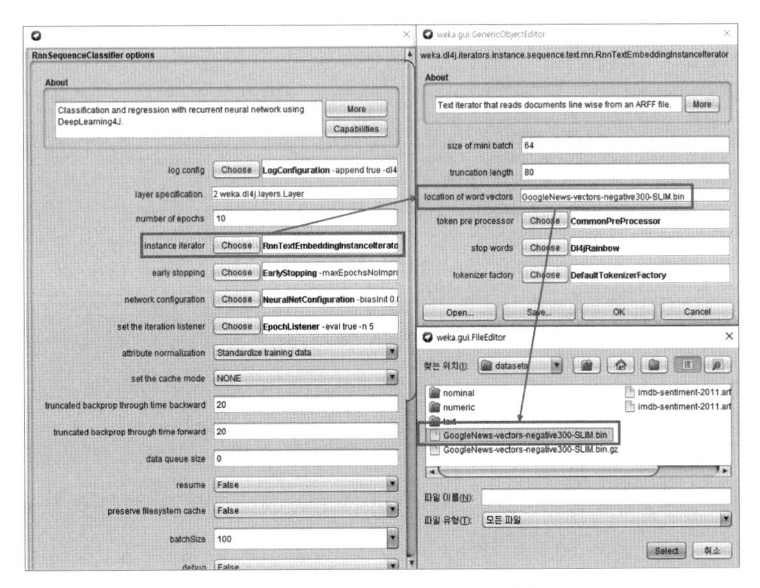

[그림 7-164] word vector bin 파일 지정

RnnSequenceClassifier는 모델학습까지 가능하나 모델평가에서 에러가 발생하는데 에러가 발생하는 컴포넌트를 삭제한 후 실행하면 정상적인 결과를 얻을 수 있다.

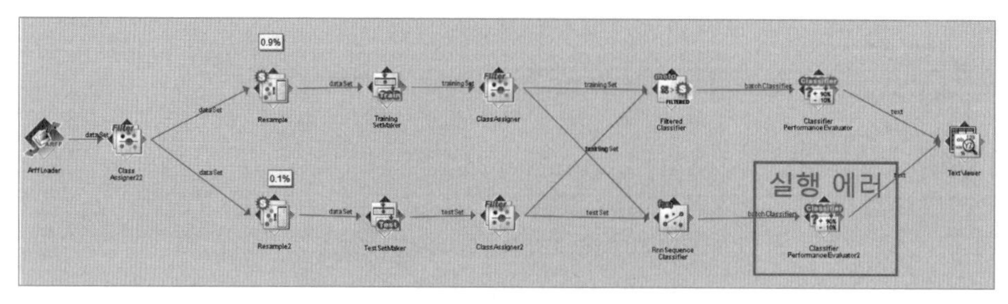

[그림 7-165] 텍스트마이닝 KnowledgeFlow(에러 발생)

텍스트마이닝 학습 알고리즘을 인공신경망RnnSequenceClassifier과 NaiveBayesMultinomial의 경우 설정값들은 다음과 같다. NaiveBayesMultinomial의 설정은 은닉층과 출력층이 없으므로 알고리즘 시작을 위한 초기 과정은 다소 적다고 볼 수 있다.

	RnnSequenceClassifier				FilteredClassifier	
기본	number of epochs		10	기본	classifier	NaiveBayesMultnomial
	backard		20			
	forward		20			
	seed		1			
전처리	instance iterator	RnnTextEmbeddingInstanceIterator		전처리	StringToWordVector	
		size of mini batch	64		lowerCastTokencs	TRUE
		truncation length	80		outputWordCounts	TRUE
		location of word vectros	bin 파일 선택		stemmer	SnowballStemmer
		stop words	Dl4hRainbow		stopwordHandler	Rainbow
		tokenizer factory	DefaultTokenizerFactory		wordsToKeep	800
은닉층	layout specification	LSTM		은닉층	-	-
		activation function	ActivationTanH			
		number of outputs	64			
		gate activiation function	ActivationSoftmax			
출력층		RnnOutput layer		출력층	-	-
		activation function	ActivationTanH			
		loss function	LossMCXENT			

[그림 7-166] 인공신경망(RnnSequenceClassifier)과 NaiveBayesMultinomial 설정 비교

일단 설정해야 할 항목 수 자체가 너무 많다. Weka에서 자동으로 성능 향상을 위한 성능 최적화 알고리즘도 제공하지만 이 정도 범위까지는 지원되지 않는다.

7.6.4 wekaDeeplearning4j 결론(if)

Weka의 경우 100개 이상 분류 알고리즘 + 75개 전처리 기능 + 25개 피처 선택 + 20개 군집/연관규칙 등을 제공한다. 이 많은 기능을 상황에 맞게 적절히 적용해야 할지 독립적으로 딥러닝(인공신경망) API를 적용할지는 시행착오를 더 겪어 봐야 한다. 예상하면 text 데이터 대상일 경우에는 다양한 알고리즘과 필터링을 제공하는 Weka 사용만으로도 머신러닝을 훌륭히 수행할 수 있을 것이다.

그런데도 딥러닝(인공신경망) API를 지속해서 연구해야 하는 이유는 분석 대상 데이터가 문자와 숫자로 구성된 text 데이터에서 영상/음성/이미지 등의 미디어 데이터로 확대될 것이기 때문이다.

지금은 text 데이터만이 분석 대상이라면 딥러닝(인공신경망) API까지 적용할 필요가 없다. 대체 알고리즘이 있기 때문이다. 그러나 향후에는 미디어 데이터 분석 수요가 확대될 것으로 예상되지만, text 전용 알고리즘으로는 한계가 있다. 이 한계를 극복하기 위해 미디어 데이터에서 정답을 찾기 위해 layer 조정이라는 "유연성"을 보유한 딥러닝(인공신경망) API가 적합하다. 분석해야 할 데이터 범위가 늘어나고 있기 때문에 범용적인 딥러닝(인공신경망) API 연구를 지속해야 한다. 분류 및 회귀분석을 자동으로 선별한다.

따라서 딥러닝(인공신경망) API(wekaDeeplearning4j)까지 수용하는 Weka가 text 데이터 분석에서 미디어 데이터 분석으로 넘어가는 과도기에 적합한 머신러닝 도구라고 생각된다. 그래도 처음부터 너무 어려운 딥러닝(인공신경망) API보다는 상대적으로 쉬운 대체 알고리즘을 적용해 보길 권장한다.

특히 IT 종사자에게 한마디 더 하겠다. 데이터 적재가 목적이었던 전통 IT에서는 오류가 발생하면 디버깅이라는 역추적 방법이 존재했다. SQL로 DB 내용을 확인하거나 서버 log를 확인하여 데이터 흐름을 추적하면서 오류를 수정할 수 있다. 그러나 데이터 활용 목적의 데이터 분석은 오류 발생 시 알고리즘의 힘을 빌리므로 결괏값 산출에 대한 역추적이 불가능하다. 즉 디버깅이란 것이 없고 각종 지표를 해석해야 한다. 따라서 결괏값에 대한 신빙성을 의심받을 때 알고리즘 덕분이라고 답하면 신뢰성이 떨어진다. 따라서 그나마 설명이 가능한 단순하고 쉬운 알고리즘을 대체 가능하면서 적용하고 역량이 내재화되면 차츰 난이도 높은 알고리즘(딥러닝, 강화학습)을 적용해 보길 권장한다.

필자는 지금까지 인공신경망의 성능이 일반적인 알고리즘보다 압도적으로 좋은 것은 아니라고 했다. 그중 인공신경망의 속도는 알고리즘을 선택하려는 의사 결정에서 치명적인 단점이 될 수 있다. 따라서 인공신경망을 포함한 알고리즘 모델을 저장하고 불러와서 재사용하는 과정을 다음 절의 성능 최적화에서 소개하겠다.

7.7 추가적인 성능 향상 기법

7.7.1 학습곡선

① **정의**Why

데이터양의 성능 향상에 미치는 영향을 시각적/정량적으로 측정하여 최대 성능을 발휘할 수 있는 만큼의 데이터양을 가늠하기 위함이다. 알고리즘의 성능을 높이려면 많은 데이터가 필요하며 그 많은 데이터의 건수를 대략 알아내고자 학습곡선을 그린다.

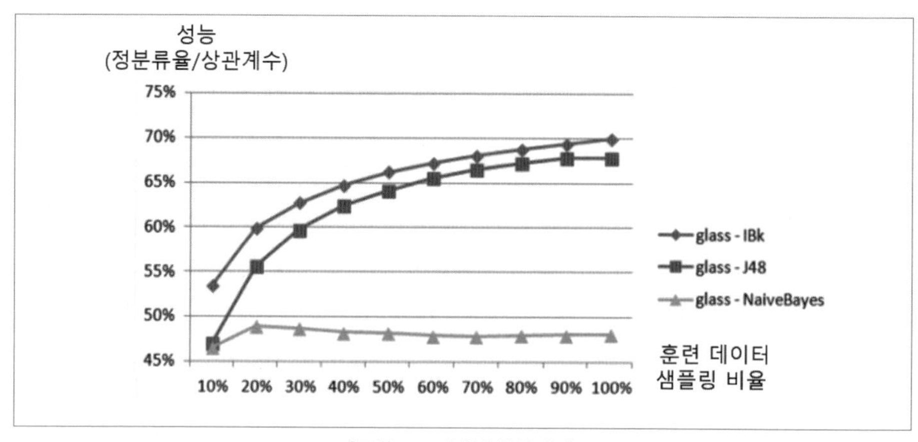

[그림 7-167] 학습곡선 예시

② **대상**What

샘플링 비율을 일정 간격으로 증가시켜 알고리즘의 성능(정분류율 또는 상관계수)을 학습곡선으로 작성해 추정할 수 있다. 10 교차검증처럼 반복 횟수를 지정해야 하며 1,000회 이상을 실험해 봐야 한다. Experimenter에서 반복 횟수 1,000회, 대체하지 않는 Resample 50% 적용된 FilteredClassifier에서 알고리즘별로 실행하면 학습곡선을 그릴 수 있는 성능값을 얻을 수 있다.

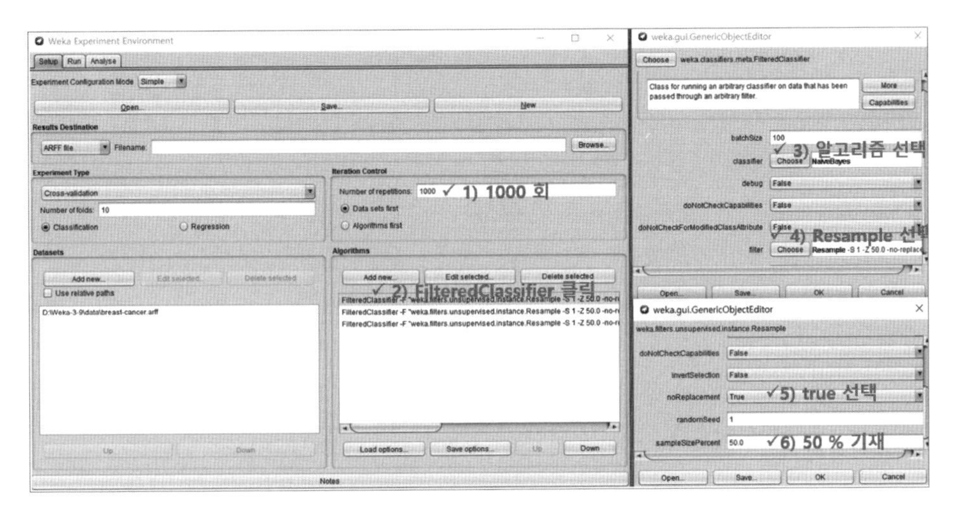

[그림 7-168] Experimenter에서 성능 학습곡선을 그릴 수 있는 실험

③ **방법**How

FilteredClassifier 분류 알고리즘 내 Resample 필터를 사용한다.

Resample 필터의 replacement(대체) 옵션을 사용하여 성능을 측정하며 replacement = true는 복사 개념, replacement = false는 이동 개념이다. 대체 없이 샘플링하면 더 다양한 종류의 인스턴스가 생성되므로 더 정확한 분류기가 생성될 수 있다. Resample 필터는 훈련 데이터만 적용하고 테스트 데이터는 지양한다. 실험 결과에서 정분류율들이 출력되며 이를 엑셀로 정리해 보자.

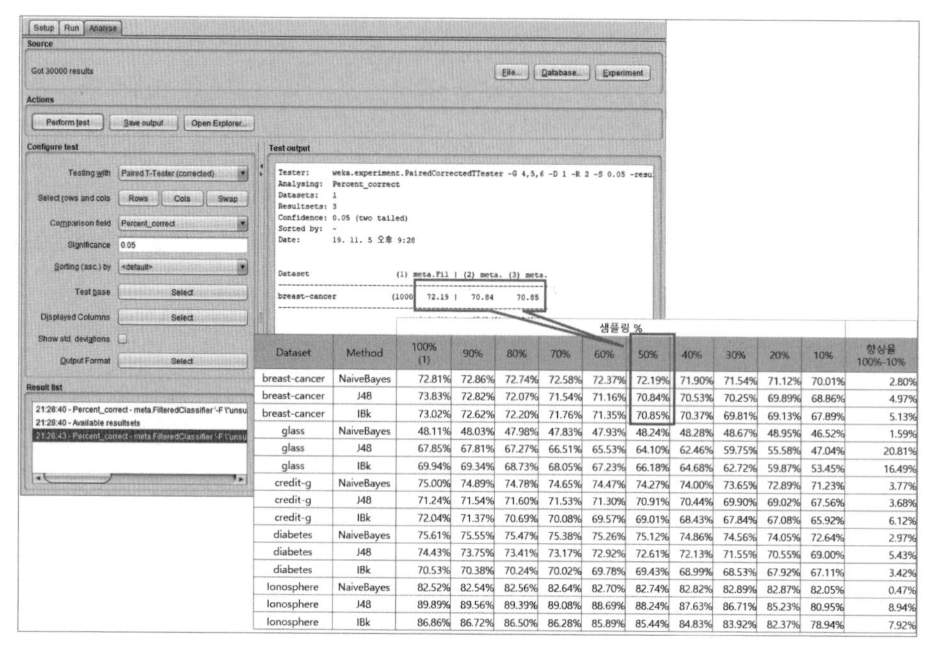

Dataset	Method	100% (1)	90%	80%	70%	60%	50%	40%	30%	20%	10%	향상율 100%-10%
breast-cancer	NaiveBayes	72.81%	72.86%	72.74%	72.58%	72.37%	72.19%	71.90%	71.54%	71.12%	70.01%	2.80%
breast-cancer	J48	73.83%	72.82%	72.07%	71.54%	71.16%	70.84%	70.53%	70.25%	69.89%	68.86%	4.97%
breast-cancer	IBk	73.02%	72.62%	72.20%	71.76%	71.35%	70.85%	70.37%	69.81%	69.13%	67.89%	5.13%
glass	NaiveBayes	48.11%	48.03%	47.98%	47.83%	47.93%	48.24%	48.28%	48.67%	48.95%	46.52%	1.59%
glass	J48	67.85%	67.81%	67.27%	66.51%	65.53%	64.10%	62.46%	59.75%	55.58%	47.04%	20.81%
glass	IBk	69.94%	69.34%	68.73%	68.05%	67.23%	66.18%	64.68%	62.72%	59.87%	53.45%	16.49%
credit-g	NaiveBayes	75.00%	74.89%	74.78%	74.65%	74.47%	74.27%	74.00%	73.65%	72.89%	71.23%	3.77%
credit-g	J48	71.24%	71.54%	71.60%	71.53%	71.30%	70.91%	70.44%	69.90%	69.02%	67.56%	3.68%
credit-g	IBk	72.04%	71.37%	70.69%	70.08%	69.57%	69.01%	68.43%	67.84%	67.08%	65.92%	6.12%
diabetes	NaiveBayes	75.61%	75.55%	75.47%	75.38%	75.26%	75.12%	74.86%	74.56%	74.05%	72.64%	2.97%
diabetes	J48	74.43%	73.75%	73.41%	73.17%	72.92%	72.61%	72.13%	71.55%	70.55%	69.00%	5.43%
diabetes	IBk	70.53%	70.38%	70.24%	70.02%	69.78%	69.43%	68.99%	68.53%	67.92%	67.11%	3.42%
Ionosphere	NaiveBayes	82.52%	82.54%	82.56%	82.64%	82.70%	82.74%	82.82%	82.89%	82.87%	82.05%	0.47%
Ionosphere	J48	89.89%	89.56%	89.39%	89.08%	88.69%	88.24%	87.63%	86.71%	85.23%	80.95%	8.94%
Ionosphere	IBk	86.86%	86.72%	86.50%	86.28%	85.89%	85.44%	84.83%	83.92%	82.37%	78.94%	7.92%

[그림 7-169] 정분류율 실험 결과를 엑셀로 정리한다

정리된 엑셀 데이터를 피벗을 활용해서 학습곡선을 간단히 그려 볼 수 있다.

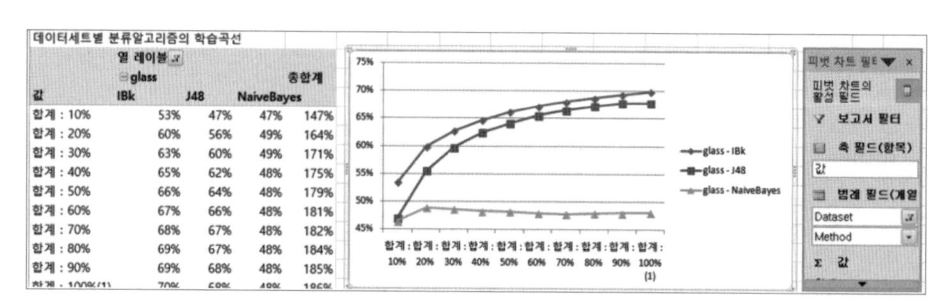

데이터세트별 분류알고리즘의 학습곡선

값	glass IBk	glass J48	glass NaiveBayes	총합계
합계 : 10%	53%	47%	47%	147%
합계 : 20%	60%	56%	49%	164%
합계 : 30%	63%	60%	49%	171%
합계 : 40%	65%	62%	48%	175%
합계 : 50%	66%	64%	48%	179%
합계 : 60%	67%	66%	48%	181%
합계 : 70%	68%	67%	48%	182%
합계 : 80%	69%	67%	48%	184%
합계 : 90%	69%	68%	48%	185%

[그림 7-170] 실험 결과의 학습곡선으로 정리한 결과

④ 효과JF

학습곡선은 추정치이므로 여러 번 실험해 경험적으로 성능 향상 신뢰성을 추정할 수 있다. 얼마나 많은 데이터가 적정한가? 라는 질문은 답변하기 어렵다. 학습곡선을 그

리고 훈련 데이터에만 대체 유무를 적용해 ReSample 필터를 FilteredClassifier에 적용해 수행해 보지만 성능 수치는 추정치일 뿐이다.

그러나 실험 결과에서 100% 샘플링일 때와 10% 샘플링일 때 향상률 차이를 비교하면 glass 데이터셋은 데이터를 항상 최대한 확보하는 것이 알고리즘 향상에 직결된다. 나머지 데이터셋은 아주 미세한 알고리즘 성능까지 검토해야 할 때 의사 결정에 의해 데이터를 더 확보해야 할 것이다.

평균 : 향상률	Method			
Dataset	IBk	J48	NaiveBayes	총합계
breast-cancer	5.1%	5.0%	2.8%	4.3%
credit-g	6.1%	3.7%	3.8%	4.5%
diabetes	3.4%	5.4%	3.0%	3.9%
glass	16.5%	20.8%	1.6%	13.0%
Ionosphere	7.9%	8.9%	0.5%	5.8%
총합계	**7.8%**	**8.8%**	**2.3%**	**6.3%**

[그림 7-171] glass 데이터셋은 어떤 알고리즘을 적용하더라도 데이터양을 늘리는 것이 알고리즘 성능 향상과 직결된다

7.7.2 성능 최적화

① **개요**Why

머신러닝에는 성능 최적화를 위한 많은 중요 매개변수가 있다. 중요 매개변수 확인 방법을 예로 들면 Explorer에서 J48 -C 0.25 -M 2라는 것을 확인할 수 있다.

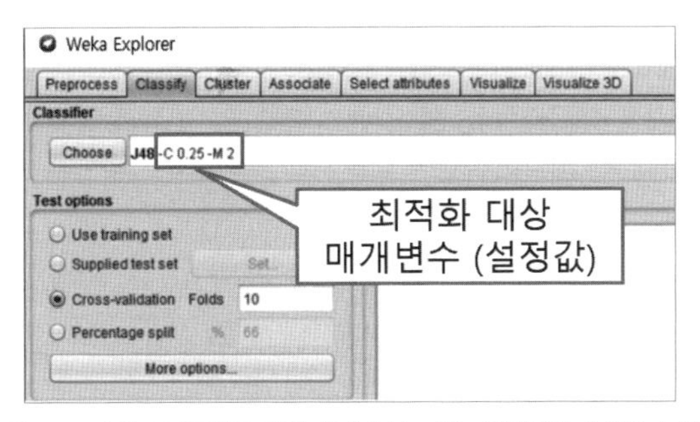

[그림 7-172] 알고리즘별로 일부 매개변수는 성능 최적화에 사용될 수 있다

J48의 중요 매개변수는 C와 M으로 약어로 표시되는데, confidenceFactor와 minNumObj의 약자이다.

옵션	기술
binarySplits	트리를 빌드할 때 명목 속성에서 이진 분할을 사용한다.
confidenceFactor	가지치기에 사용되는 신뢰계수(값이 작을수록 가지치기가 더 많이 발생)이다.
Debug	true로 설정하면 분류기가 콘솔에 추가 정보를 출력할 수 있다.
minNumObj	노드별 최소 인스턴스 수이다.
numFolds	오류 감소 정리에 사용되는 데이터양을 결정한다. 한 가지 fold는 가지치기에 사용되고 나머지는 의사결정 나무를 확장하기 위해 사용된다.
reducedErrorPrunning	C.4.5 가지치기 대신 오류를 줄일 수 있는 가지치기를 사용한다.
saveInstanceData	시각화를 위해 학습 데이터를 저장한다.
seed	오류를 최소화하기 위해 학습용 데이터를 무작위로 추출하는 횟수이다.
subtreeRaising	하위 노드 줄이기 조작을 실행한다.
unpruned	가지치기를 실행한다.
useLaplace	라플라스를 기준으로 잎의 개수를 매끄럽게 한다.

[그림 7-173] J48 알고리즘의 각종 설정값 역할

그러나 수작업으로 성능 최적화는 위험하고 시행착오를 많이 겪어야 하며 과적합 위험에 노출되기 쉽다. Weka는 성능 향상을 위해 중요 매개변수를 최적화하는 3개 래퍼 메타학습 알고리즘을 제공한다. 래퍼 메타학습 알고리즘은 내부 교차검증을 실시한다.

② **대상**What

CVParameterSelection은 개별 중요 매개변수를 최적화한다. 교차검증을 사용하여

분류 알고리즘의 정분류율 및 회귀분석이 평균 제곱 오차를 최적화한다.

GridSearch는 2차원 도식을 탐색하여 2개 중요 변수를 동시에 최적화한다. ThresholdSelector는 분류 알고리즘의 결과(오분류표)를 기반으로 발생 확률이 높은 임계값을 탐색한다. 정분류율/재현율과 같은 오분류표 지표들을 최적화할 수 있다.

		예측		지표
		참	거짓	
실제	참	True Positive (TP)	False Negative (FN)	재현율 (TP rate) = recall
	거짓	False Positive (FP)	True Negative (TN)	특이도 (FP rate)
지표		정확도 = precision		정분류율 = accuracy

국문명	영문명	공식	의미
재현율	TP rate (recall)	TP / (TP + FN)	실제 참 중 참인 예측률
특이도	1 - FP rate	TN / (FP + TN)	실제 거짓 중 참인 예측률
정확도	Precision	TP / (TP + FP)	참인 예측률
정분류율	accuracy	(TP + TN) / (전체)	정확한 분류 정도

[그림 7-174] 오분류표에서 유발되는 각종 지표

래퍼 학습 알고리즘	최적화 대상	작동 원리	중요 매개변수
CVParameter Selection	분류 알고리즘: 정분류율 회귀 알고리즘: 평균 제곱근 오차	교차검증 이용한 성능 최적화	CVParameters
GridSearch	2개 매개변수를 동시 최적화	2D 그리드를 검색	xProperty, yProperty
Threshold Selector	오분류표 최적화: 정분류율 (accuracy), precision(정확도), Recall(재현율) 등	분류기의 출력에서 확률적 임계값 (Theshold) 선택	designatedClass, measure

[그림 7-175] 대표적인 성능 향상 알고리즘 종류

성능 향상 알고리즘들은 다음과 같다. Weka의 "래퍼" 메타학습기를 활용한다. WrapperSubsetEval을 사용한 AttributeSelectedClassifier를 상기해 보자. 분류 알고리즘의 정분류율 향상을 기반으로 교차검증을 사용하여 성능 평가를 실시하여 속성 서브셋을 선택했다. 성능 최적화도 WrapperSubsetEval과 같은 래퍼 학습자들을 활용한다.

③ **방법**How

Explorer의 상단에서 알고리즘별 중요 매개변수의 약어를 확인한 후 CVParameters에 나열하면 된다. 보통 시작과 끝 그리고 반복 횟수를 기재한다. 예를 들어, J48의 최적화 가능한 설정값은 C와 M이 있으며, C는 가지치기를 할 때 사용하는 지표 confidenceFactor이며, M은 노드당 데이터의 최소 건수인 minNumobj를 뜻한다. J48의 M을 M 1 10 10이라고 입력하면 1부터 10까지 10번 반복한다는 뜻이다. 또한 J48의 C를 C 0.1 0.9 9라고 입력하면 0.1부터 0.9까지 9번 반복한다는 뜻이며 M 1 10 1과 함께 나열할 수 있다. 이 부분은 Java 코딩에서도 가능한데 가급적 지양하는 것이 좋다. 가독성이 떨어진다.

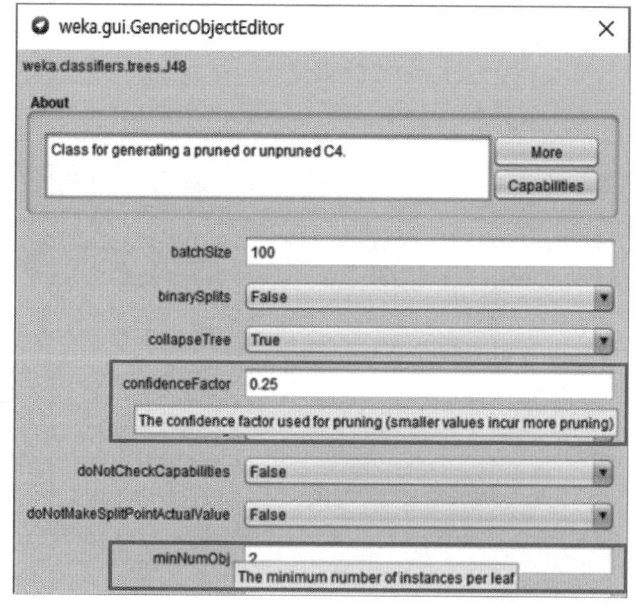

[그림 7-176] J48 알고리즘에서 성능 향상에 적용할 수 있는 2개 매개변수

J48을 단순 실행한 것과 CVParameterSelection의 분류기로 J48 적용 후 CVParameters별 실행 결과를 보면 현격한 성능 변화는 없다. 오히려 시간만 더 소요된다.

알고리즘	CVParameters 적용 설정값	수행 시간	정분류율
J48	-	2 sec	73.8%
J48 적용된 CVParameterSelection	C 0.1 0.9 9.0	1 min	73.4%
J48 적용된 CVParameterSelection	M 1.0 10.0 10.0 C 0.1 0.9 9.0	25 min	74.3%

[그림 7-177] CVParameterSelection을 적용한 J48과 평범한 J48 학습 결과

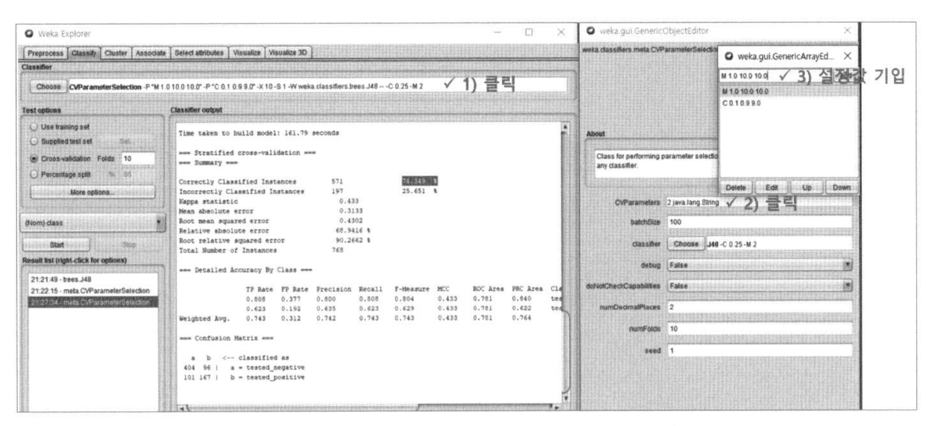

[그림 7-178] Explorer에서 CVParameterSelection 설정 방법

CVparameters는 4개 문자열을 공백으로 구분하는데, 설정값 약자 + 시작값 + 종료값 + 반복 횟수로 이루어진다. 예를 들어, C 1.0 10.0 5.0은 C라는 약자의 설정값을 1부터 10까지 5번 반복 실행하라는 의미이다.

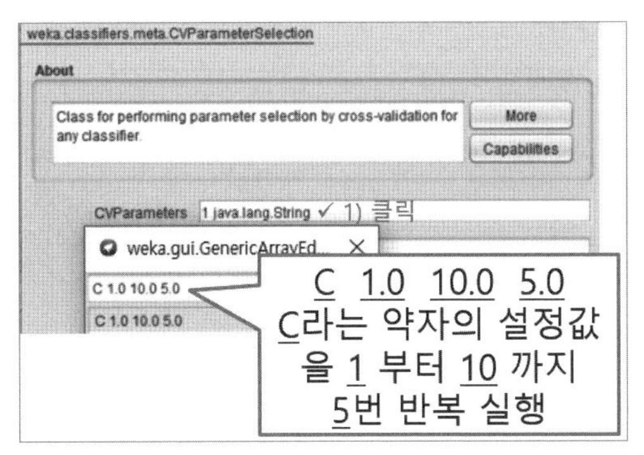

[그림 7-179] CVParameterSelection 메타 알고리즘의 CVparameters 설정 방법

당뇨병 데이터셋을 J48의 일반적인 방법으로 학습하면 정분류율은 73.8%인데 반해 CVParameterSelection에서 최적화한 결과는 74.3%로 이때의 중요 매개변수의 값은 C = 0.2, M = 10이다. 다만 일반 학습보다 CVParameterSelection의 최적화 시간이 더 소요되며 성능 향상은 0.5%뿐이다. 따라서 CVParameterSelection으로 최적화된 매개변수의 값을 식별한 후 일반적인 알고리즘 학습을 하는 것이 효율적이다.

CVParameterSelection 메타 알고리즘 외에도 ThresholdSelector라는 메타 알고리즘도 성능 최적화를 위한 역할은 한다. 하지만 Weka에서 기본적으로 제공하지 않으므로 package manager에서 설치해야 한다.

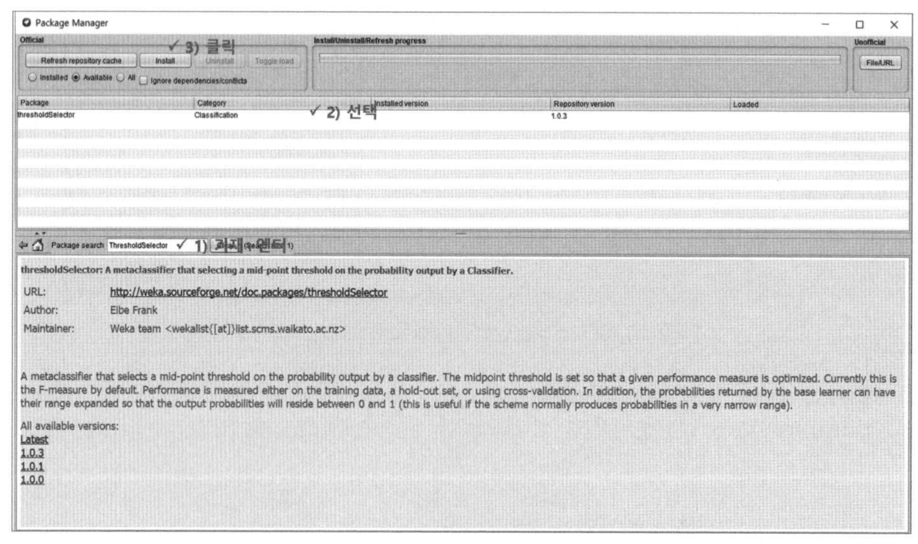

[그림 7-180] package manager에서 설치하는 ThresholdSelector

http://prdownloads.sourceforge.net/weka/thresholdSelector1.0.3.zip?download에서 zip 파일을 다운로드 후 압축을 풀고 필요한 jar 파일을 Eclipse Add External Jar로 추가한다.

분류 알고리즘 학습 결과인 오분류표의 지표를 기준으로 학습 과정을 조정한다. 예를 들어, TP rate를 최적화 기준으로 분류하면 전체 정분류율은 감소하지만 TP rate는 향상한다. 즉, 일반적인 분류 알고리즘의 중요 성능 지표는 정분류율이지만 ThresholdSelector 최적화는 오분류표의 지표(F 측정, 정분류율, 정확도, 재현율) 중 1개 지표만을 최적화시킨다. ThresholdSelector는 학습 결과가 정분류율이 아닌 오분류표의 특정 지표 기준으로 최적화할 때 유용한 알고리즘이다.

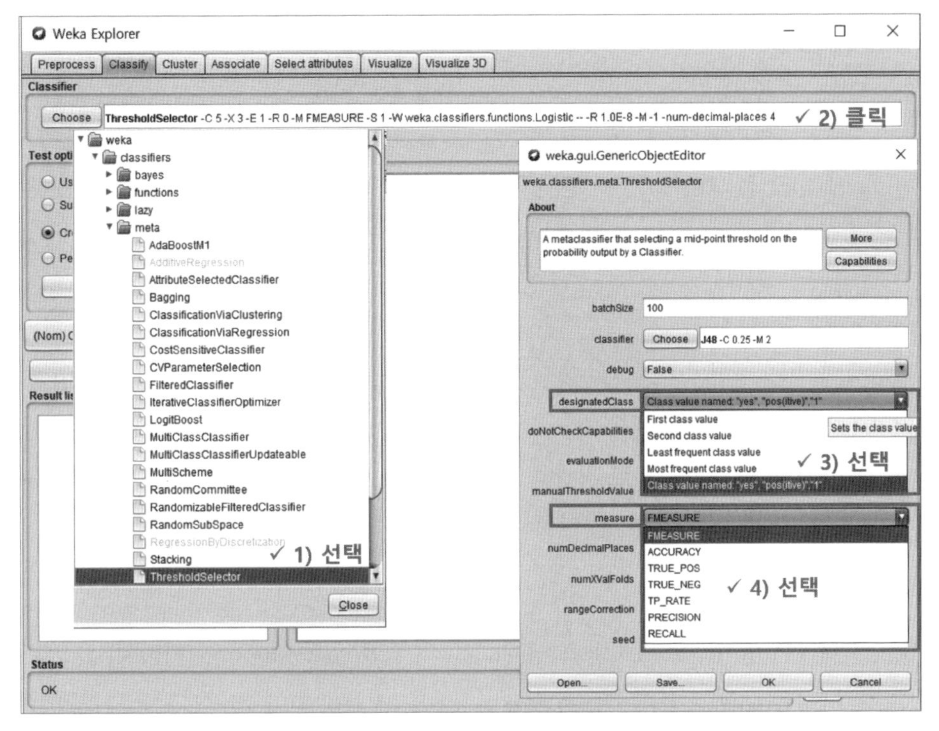

[그림 7-181] Explorer에서 ThresholdSelector 설정 방법

④ 효과[lf]

CVParameterSelection을 통해 유방암 데이터를 대상으로 IBk 최적화를 실행해 보겠다. IBk의 중요 매개변수는 kNN(K: 근접 이웃 개수)과 windowSize(W: 허용되는 최대 인스턴스 획득)이다. kNN 1 10 10으로 설정하고 CVParameterSelection을 실행하면 72%의 이웃 군집수는 4로 나온다.

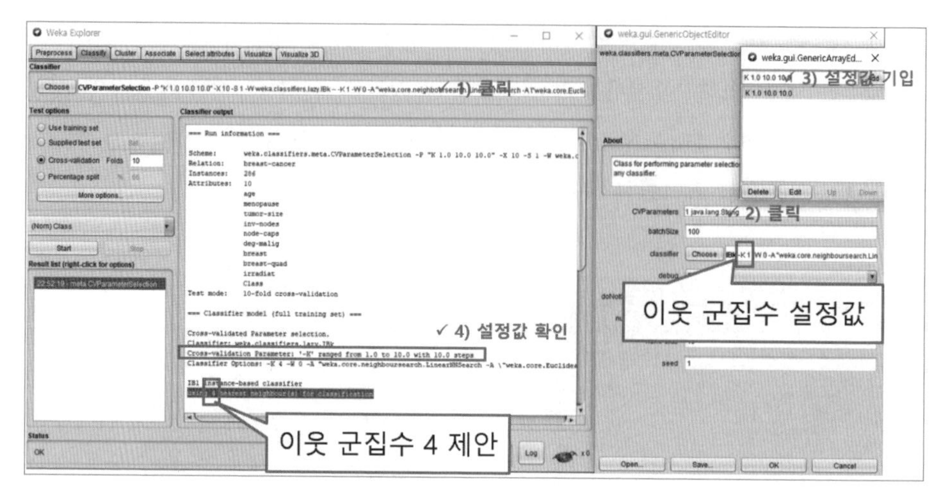

[그림 7-182] CVParameterSelection을 통한 IBk 알고리즘의 최적화로 얻은 최적 군집수

이웃 군집수는 경험치이므로 수작업으로 학습하면 정확한 군집수 산정이 어려울 수 있고 과적합 위험이 있으나 CVParameterSelection은 정확한 이웃 군집수를 산출한다. 그러면 이웃 군집수를 4로 지정하고 IBk를 바로 실행하면 정분류율은 74%가 산출된다. 즉, 한 번에 이웃 군집수를 산출하여 정분류율을 향상하는 시간을 줄일 수 있다.

① 실습: CVParameterSelection + IBk 알고리즘, breast-cancer 데이터셋

IBk의 경우 kNN이라는 이웃 군집수 설정이 중요한 성능 결정 요소이다. kNN은 K라는 약자를 사용하며 1~10까지 10번 반복하는 유방암 데이터셋 대상으로 성능 최적화를 실행해 보자. KnowledgeFlow는 10 교차검증할 때 10개의 검증 결과에서 제안하는 이웃 군집수가 산출되므로 혼선을 초래할 소지가 있어 생략한다.

② Java 프로그래밍: W5_L4_PerformanceOptimization

```
public class W5_L4_PerformanceOptimization {
        Instances data = null;
```

```
int[] selectedIdx = null;

public W5_L4_PerformanceOptimization(String fileName) throws
Exception{
        // 1) data loader
        String folderName = "D: \\Weka-3-9\\data\\";
        this.data = new Instances(
                          new BufferedReader(
                          new FileReader(folderName+filename +
                          ".arff")));
}

public static void main(String args[]) throws Exception{
    new W5_L4_PerformanceOptimization("breast-cancer")
    .optimizer(new IBk(), "K 1 10 10");
}

/*****************************
 * crossvalidation
 *****************************/
public void optimizer(Classifier model, String optimizerOption)
throws Exception{
        int numfolds = 10;
        int numfold = 0;
        int seed = 1;

        // 1) data split
        Instances train = data.trainCV(numfolds, numfold, new
        Random(seed));
        Instances test  = data.testCV(numfolds, numfold);

        // 2) class assigner
        train.setClassIndex(train.numAttributes()-1);
        test.setClassIndex(test.numAttributes()-1);
```

```
        // 3) cross validate setting
        Evaluation eval=new Evaluation(train);
        CVParameterSelection optimizer
            = new CVParameterSelection();

        // 4) model run
        optimizer.setClassifier(model);
        this.setCVParameters(optimizer, optimizerOption);
        eval.crossValidateModel(optimizer, train, numfolds, new
        Random(seed));

        optimizer.buildClassifier(train);

        // 5) evaluate
        eval.evaluateModel(optimizer, test);

        // 6) print Result text(분류기 정분류율 출력)
        this.printClassifiedInfo(optimizer, eval);

        System.out.println(optimizer);
        System.out.println("제안하는 이웃 군집수: " +
                        ((IBk)optimizer.getClassifier()).getKNN());
}

/****
 *
 * CVParameterSelection의 CVParameters 설정
 *
 ****/
public void setCVParameters(CVParameterSelection optimizer,
                        String optimizerOption) throws Exception{
        String[] options = new String[1];
        options[0] = optimizerOption;
```

```
        optimizer.setCVParameters(options);
}

private double printClassifiedInfo(Classifier model, Evaluation
eval)
                                        throws Exception {
        // 6) print Result text
        System.out.print("\n** " + this.getModelName(model) +
        ", 분류 대상 데이터 건수: " + (int)eval.numInstances() +
        ", 정분류 건수: " + (int)eval.correct() +
        ", 정분류율: "+
        String.format("%.1f",eval.pctCorrect())+"%");
        System.out.print(", Weighted Area Under ROC: " +
        String.format("%.2f",
                eval.weightedAreaUnderROC()) + "\n");
        System.out.println(eval.toMatrixString());
        return 0;
}

/*************************************
 * 7) Print OverFitting
*************************************/
public void printOverFitting(Classifier model,
            doublecrossValidation,
            double useTrainingSet) throws Exception{
        System.out.println(" ==> Overfitting (difference) :" +
          String.format("%.2f",useTrainingSet - crossValidation)
          + " % (" +
                getModelName(model)+ ")");
        System.out.println("");
}

public String getModelName(Classifier Classifier) throws Exception{
        String modelName = "";
```

```
			if(Classifier instanceof VotedPerceptron){
				modelName = "VotedPerceptron";
			}else if(Classifier instanceof SMO){
				modelName = "SMO";
			}else if(Classifier instanceof J48){
				modelName = "J48";
			}else if(Classifier instanceof Logistic){
				modelName = "Logistic";
			}else if(Classifier instanceof MultilayerPerceptron){
				modelName = "MultilayerPerceptron";
			}

			return modelName;
		}
}
```

7.7.3 arff 파일 추가 소개

① 개요

ARFF 형식은 희소 데이터, 가중 인스턴스 및 관계형 속성을 인코딩할 수 있다. 일부 Weka 필터 및 분류기는 공간을 줄이고 속도를 높이기 위해 희소성을 활용하며 xrff라는 XML 버전의 arff가 있다.

② 대상

가중치Weight

데이터별로 기본적인 가중치는 1이다. 보통 가중치라 함은 곱셈의 개념이기에 1을 곱하면 그대로이므로 Explorer의 edit나 메모장에서 arff 파일을 열어 보면 보이지 않는다. 그러나 이 가중치를 edit에서나 메모장에서 수작업으로 수정할 수 있다.

희소 데이터Sparse

PC 하드디스크의 용량 한계는 항상 존재한다. 이럴 경우 zip 파일 형태로 압축하면 하드디스크 용량을 어느 정도 확보할 수 있다.

데이터마이닝은 기본적으로 대량의 데이터를 분석해 데이터양에 대한 압박을 항상 받는다. Zip 파일로 pc 파일들을 압축하듯이 분석하려는 데이터셋을 압축하는 방법이 Sparse이다. 한글로 직역하면 "희소"이지만, 의역하면 "의도적 첫 번째 속성값 누락" 이라고 생각하면 된다.

"NonSparseToSparse"와 "SparseToNonSparse" 필터를 사용하면 되고, 모든 분류 알고리즘은 sparse 형태의 데이터를 분석 대상으로 받아들일 수 있다.

특히 NaiveBayesMultiNomial과 SMO의 경우에는 분석 속도 향상 효과가 있다. 텍스트마이닝에서 사용하는 StringToWordVector 필터 또한 문장 내의 단어들을 나열함으로써 sparse 출력물을 생성한다.

관계형 속성Relation

관계형 DB에서 FK로 테이블 간에 relation 정의를 하는 것과 유사하게 다중 인스턴스 학습multi-instance learning을 할 때 데이터셋 간의 연결 고리를 뜻한다.

xrff

arff 파일을 XML 형태로 변환한 것이며 태그별로 의미가 있다. 압축 파일 형태(*.xrff.gz)로 저장이 가능하며 압축된 파일을 Weka에서 불러올 수 있다. Sparse와 데이터별 가중치 옵션 정보를 가질 수 있으며 목표변수와 속성별 가중치 정보도 보유할 수 있다.

③ 방법

가중치Weight

Explorer edit에서 데이터셋에 가중치Weight를 부여해 보자.

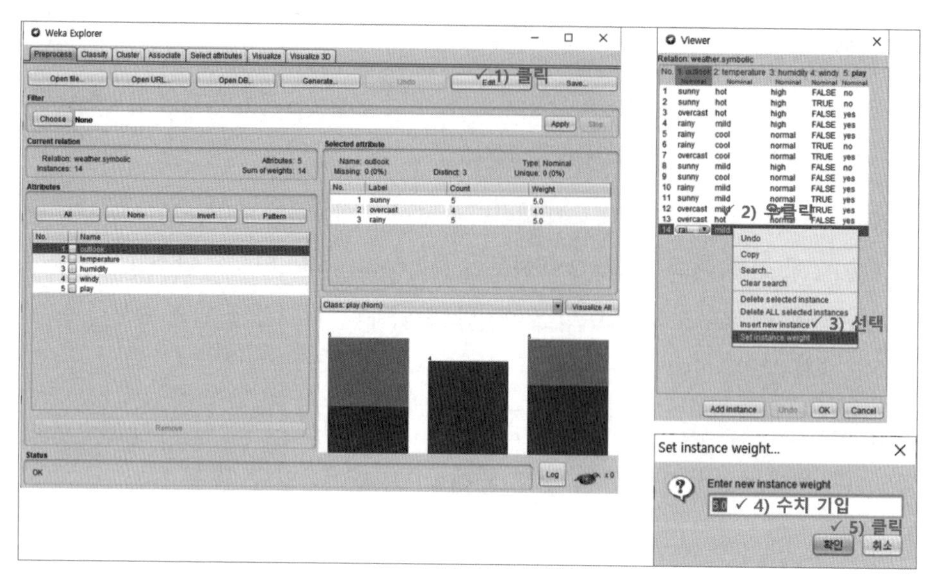

[그림 7-183] Explorer의 edit를 클릭해서 볼 수 있는 Viewer에서 가중치 부여 방법

가중치를 그림 7-183의 4)에서 입력할 수 있으나 1건만 입력한 가중치로 변경될 뿐 나머지는 기본값인 1로 설정된다.

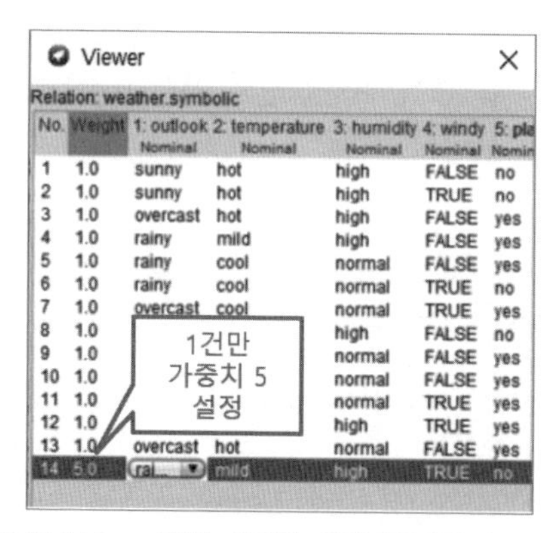

[그림 7-184] Viewer에서는 데이터 1건만 가중치를 변경할 수 있다

일일이 가중치를 변경하거나 가중치가 부여된 arff 파일을 별도로 저장하여 메모장에서 수정하는 방법도 있다. 메모장으로 가중치가 부여된 arff 파일을 열어 보면 맨 마지막 필드에 대괄호 {} 내의 숫자가 가중치이다. yes = 5, no = 0.5 가중치가 부여된다.

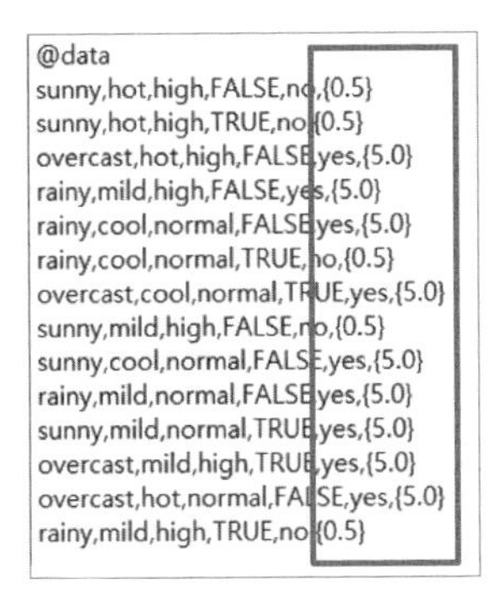

```
@data
sunny,hot,high,FALSE,no,{0.5}
sunny,hot,high,TRUE,no,{0.5}
overcast,hot,high,FALSE,yes,{5.0}
rainy,mild,high,FALSE,yes,{5.0}
rainy,cool,normal,FALSE,yes,{5.0}
rainy,cool,normal,TRUE,no,{0.5}
overcast,cool,normal,TRUE,yes,{5.0}
sunny,mild,high,FALSE,no,{0.5}
sunny,cool,normal,FALSE,yes,{5.0}
rainy,mild,normal,FALSE,yes,{5.0}
sunny,mild,normal,TRUE,yes,{5.0}
overcast,mild,high,TRUE,yes,{5.0}
overcast,hot,normal,FALSE,yes,{5.0}
rainy,mild,high,TRUE,no,{0.5}
```

[그림 7-185] 메모장에서 데이터의 가중치를 일괄적으로 변경할 수 있다

가중치가 부여된 arff 파일을 Weka Explorer로 불러오면 속성이 추가되는 것이 아니어서 부여 여부를 식별하기 어렵다. 그 대신 데이터셋의 목표변수를 클릭하면 가중치가 부여된 만큼 합산된 결괏값을 확인할 수 있다.

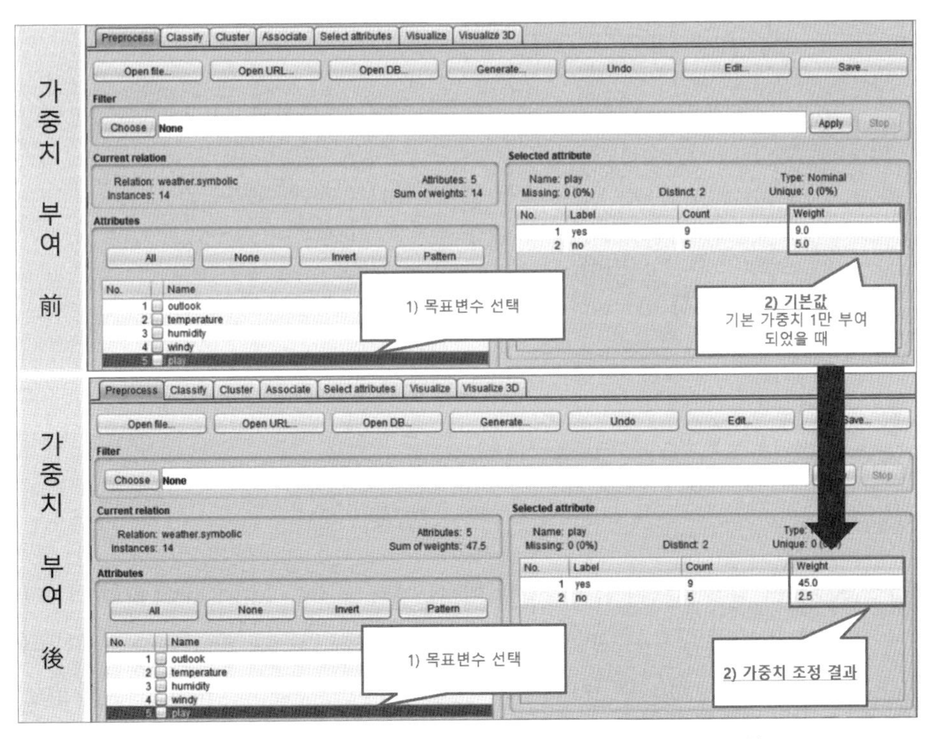

[그림 7-186] Explorer에서 확인 가능한 가중치(Weight) 변화 모습(오른쪽)

가중치가 부여된 arff 파일은 csv 파일로 변환이 안 되며 위에서 Explorer나 메모장에서 가중치를 부여한 과정을 보면 수작업으로 진행하기에 KnowledgeFlow에서 구현되지 않는다. 다만 java code에서 데이터셋을 불러온 후 데이터 1건별로 가중치를 부여하는 setWeight 메소드를 실행할 수 있다.

```
/*******************************************
 * 목표변수 yes=firstWeight, no = secondWeight
 *******************************************/
public void weight(double firstWeight, double secondWeight) throws
Exception{

        for(Instance row: this.data){
                if(row.stringValue(row.numAttributes()-1).
                equals("yes"))
                        row.setWeight(firstWeight);
                else
                        row.setWeight(secondWeight);

                System.out.println(row);
        }
}
```

Sparse 변환

Sparse 형태나 일반 형태의 arff 파일의 헤더는 @relation, @attribute, @data로 이루어진 것은 동일하며 형태를 변경해도 헤더는 변경되지 않는다. Sparse를 변환할 때 @attribute에 정의된 속성값들의 나열이 중요하다. 나열 중에 첫 번째 속성값은 의도적으로 @data 밑에 명시하지 않고 arff 데이터를 불러올 때 @attribute에 정의된 첫 번째 속성값으로 대체한다. 그리고 나열 중에 첫 번째 속성이 아닌 것은 0부터 채번된 속성 자릿수 옆에 기재한다. 예를 들면, 다음과 같은 3단계를 거친다.

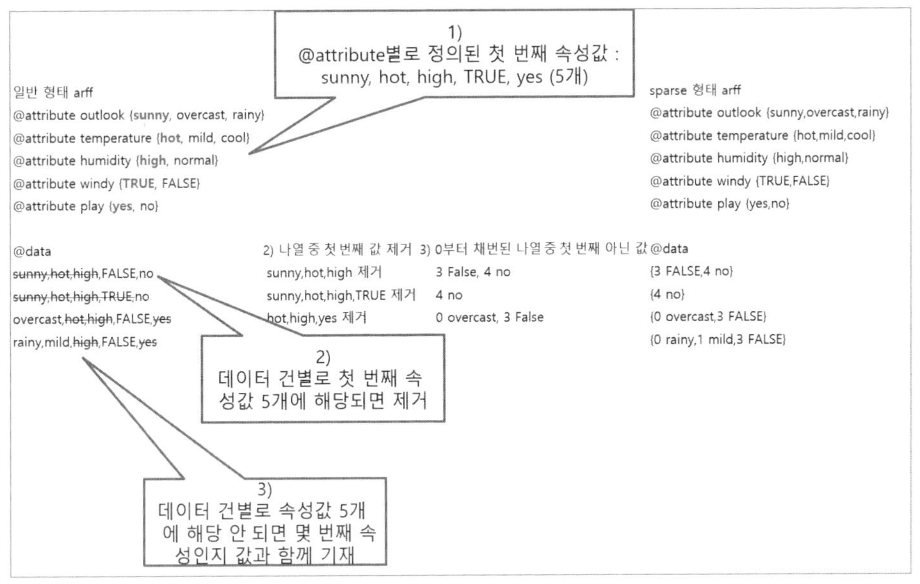

[그림 7-187] Sparse 변환하는 3단계

@data 밑에 sunny, hot, high, False, no를 살펴보자. @attribute에 적용된 첫 번째 속성값은 sunny, hot, high가 해당하므로 제거한다. False, no는 첫 번째 속성값이 아니므로 0부터 채번된 3번째 자릿수와 함께 False, 0부터 채번된 4번째 자릿수와 함께 0을 기재하면 {3 False, 4 no}로만 남는다.

결국 sparse 형태 arff 파일에는 첫 번째 속성값을 모두 제거하므로 실제로 기재되는 내용은 대폭 감소한다. 그리고 제거된 값들은 @attribute에 정의되어 있기 때문에 알고리즘 적용 시 다시 복원되는 원리이다. @attribute에 정의된 첫 번째 속성값이 많으면 많을수록 기재 내용을 최소화하여 arff 파일의 용량을 적게 한다. 그렇다고 무조건 적어지는 것은 아니다. 데이터 건수가 적거나 첫 번째 속성값에 해당하는 값이 없으면 줄지 않는다.

Sparse로 변환하는 방법은 전처리 패널에서 "NonSparseToSparse" 필터링을 사용하는 것이며 반대 필터는 "SparseToNonSparse"이다. 그리고 필터링 후에 데이터를 저장해야만 위의 내용을 명시적으로 확인이 가능하다. 일반적인 형태이거나 sparse 형태일 때 Weka에서 불러온 데이터는 동일하게 보이기 때문이다.

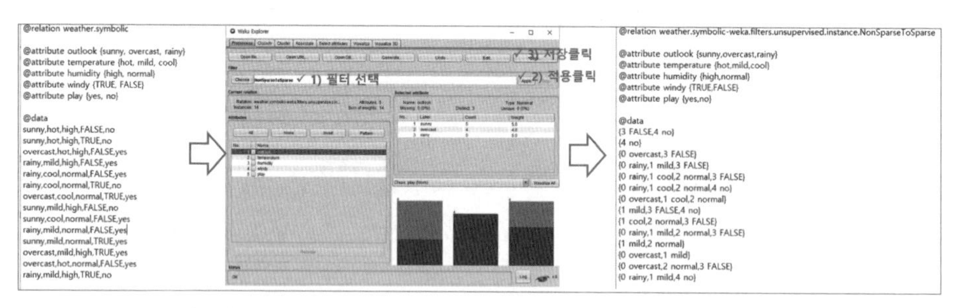

[그림 7-188] NonSparseToSparse 필터링을 통한 Sparse 형태 arff 파일

Java 코드는 여타 필터링 과정과 동일하다.

```
/*******************************************
 * 일반 형태 arff 파일을 sparse arff 파일로 변환
 *******************************************/
public void sparseFilter() throws Exception{
        System.out.println("일반 형태");
        System.out.println(data);

        NonSparseToSparse filter = new NonSparseToSparse();
        filter.setInputFormat(data);
        Instances sparsedata = Filter.useFilter(data, filter);


        System.out.println("\n sparse 형태");
        System.out.println(sparsedata);
}
```

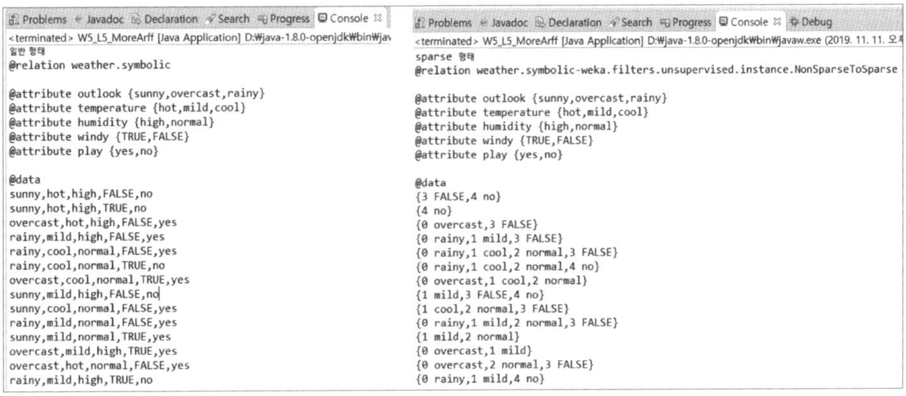

```
Problems  Javadoc  Declaration  Search  Progress  Console
<terminated> W5_L5_MoreArff [Java Application] D:₩java-1.8.0-openjdk₩bin₩jav
일반 형태
@relation weather.symbolic

@attribute outlook {sunny,overcast,rainy}
@attribute temperature {hot,mild,cool}
@attribute humidity {high,normal}
@attribute windy {TRUE,FALSE}
@attribute play {yes,no}

@data
sunny,hot,high,FALSE,no
sunny,hot,high,TRUE,no
overcast,hot,high,FALSE,yes
rainy,mild,high,FALSE,yes
rainy,cool,normal,FALSE,yes
rainy,cool,normal,TRUE,no
overcast,cool,normal,TRUE,yes
sunny,mild,high,FALSE,no
sunny,cool,normal,FALSE,yes
rainy,mild,normal,FALSE,yes
sunny,mild,normal,TRUE,yes
overcast,mild,high,TRUE,yes
overcast,hot,normal,FALSE,yes
rainy,mild,high,TRUE,no
```

```
Problems  Javadoc  Declaration  Search  Progress  Console  Debug
<terminated> W5_L5_MoreArff [Java Application] D:₩java-1.8.0-openjdk₩bin₩javaw.exe (2019. 11. 11. 오
sparse 형태
@relation weather.symbolic-weka.filters.unsupervised.instance.NonSparseToSparse

@attribute outlook {sunny,overcast,rainy}
@attribute temperature {hot,mild,cool}
@attribute humidity {high,normal}
@attribute windy {TRUE,FALSE}
@attribute play {yes,no}

@data
{3 FALSE,4 no}
{4 no}
{0 overcast,3 FALSE}
{0 rainy,1 mild,3 FALSE}
{0 rainy,1 cool,2 normal,3 FALSE}
{0 rainy,1 cool,2 normal,4 no}
{0 overcast,1 cool,2 normal}
{1 mild,3 FALSE,4 no}
{1 cool,2 normal,3 FALSE}
{0 rainy,1 mild,2 normal,3 FALSE}
{1 mild,2 normal}
{0 overcast,1 mild}
{0 overcast,2 normal,3 FALSE}
{0 rainy,1 mild,4 no}
```

[그림 7-189] 콘솔에서 확인 가능한 Sparse 전환 결과

④ 효과

가중치Weight

CostSensitiveClassifier와 동일하게 가중치를 적용하여 결과에 개입하는 것과 유사하다. 다만 차이점은 arff 가중치는 입력값에 대한 가중치라면 CostSensitiveClassifier의 가중치를 결괏값에 대한 가중치라고 한다.

희소 데이터Sparse

그러면 얼마나 학습 속도가 빨라질 것인가? StringToWordVector 필터 또한 sparse 필터링의 하나의 종류이므로 텍스트마이닝을 시범으로 속도를 측정해 보자. 속도를 측정하는 방법은 Experimenter의 UserCPU_Time_training 비교한 결과만 살펴보자.

처리 속도(분)	용량	NB(NaiveBayes)	MultiNomial NaiveBayes	J48	SMO
Sparse 형태	585 KB	1.27	0.01	8.80	0.41
일반 형태	6,840 KB	0.53	0.04	3.95	2.18

[그림 7-190] Sparse 형태로 전환한 후의 arff 파일 용량 및 학습 속도

MultiNomial NaiveBayes의 경우 일반 형태보다 sparse 형태 속도가 4배 빠르며 SMO는 5배 빠르다. 그러나 오히려 J48과 NaiveBayes는 속도가 떨어짐을 알 수 있다.

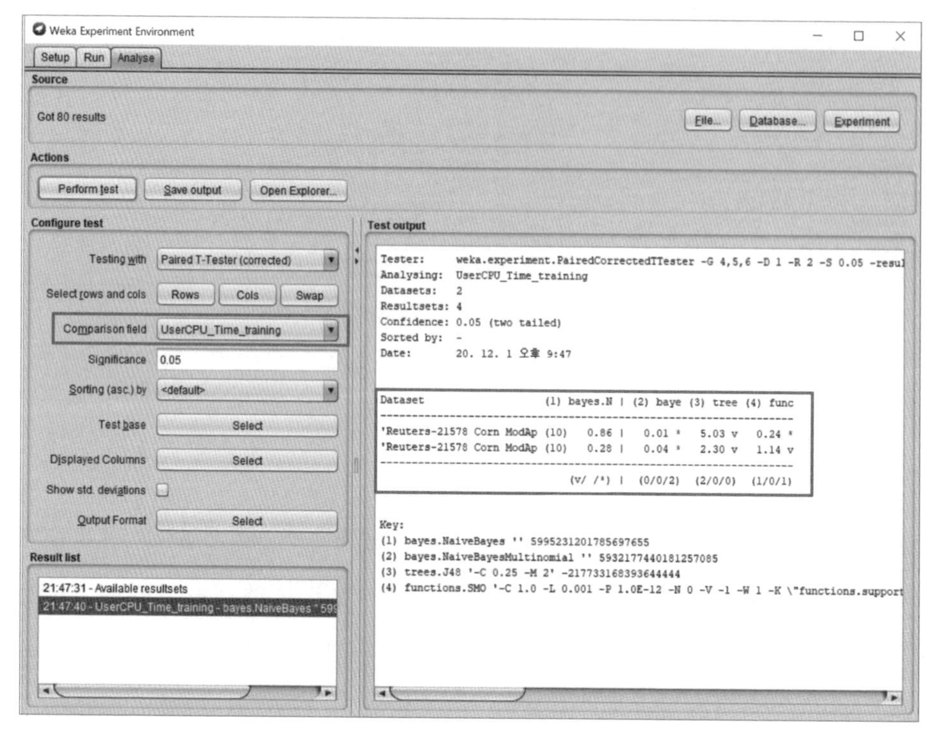

[그림 7-191] Experimenter에서 확인 가능한 학습 속도(more 5.5.exp)

7.7.4 학습 알고리즘(모델) 재사용

알고리즘의 성능은 정분류율과 상관계수로 대표할 수 있다. 제대로 분류하거나 상관계수가 높은 회귀방정식을 만들어 내는 것은 중요하다. 그런데 학습하는 데 오랜 시간이 소요된다면 어떻게 될까? 가뜩이나 민첩함(Agile)을 강조하는 시대에서 속도가 늦다면 구태여 머신러닝이 필요 없다. 학습된 모델로 새로운 데이터의 분류/회귀분석을 신속하게 하는 것 또한 중요한 알고리즘의 성능이라고 볼 수 있다. 모델 생성은 어쩔 수 없이 오래 걸리지만 정분류율 또는 상관계수가 높은 알고리즘은 재사용하는 것만으로도 신속한 의사 결정을 지원할 수 있다.

① Explorer: 저장된 모델 재현 용도

그러면 모델을 저장하는 방법은 Java의 직렬화Serialization를 사용한다. 직렬화를 사용한다는 것은 바이너리 파일로 저장하여 Weka(정확히는 JVM)의 처리 속도를 빠르게 할 수 있다. 단, 사람은 바이너리 파일을 메모장으로 열어 보면 알아볼 수 없다. 다음의 바이너리 모델 파일은 Java 코드에서 생성했다.

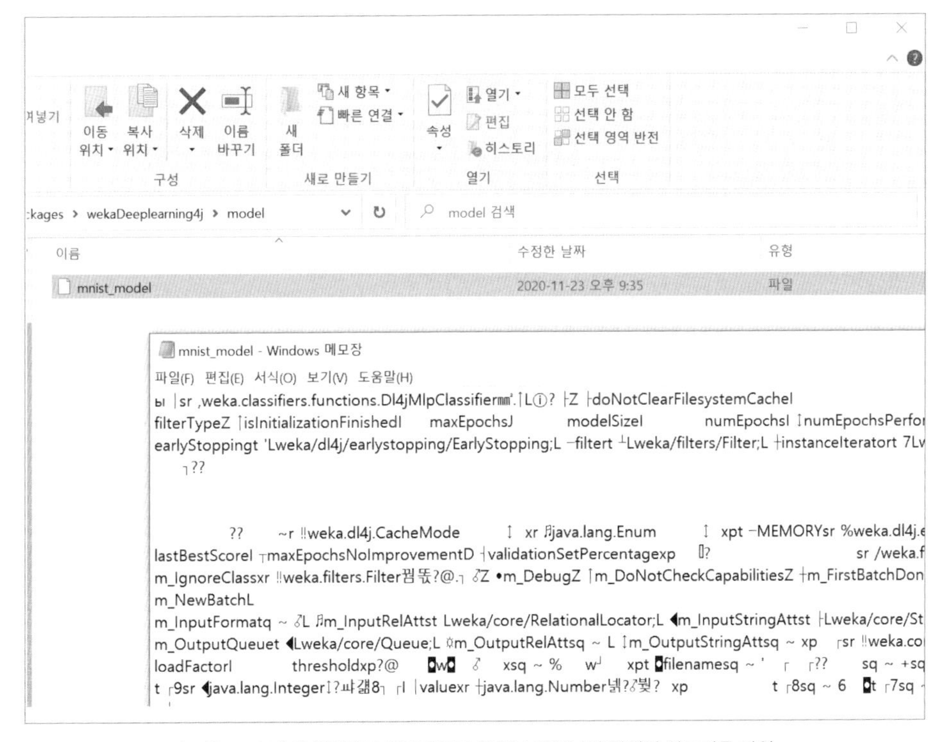

[그림 7-192] 탐색기에서 메모장으로 열어본 바이너리 형태의 알고리즘 파일

이렇게 알아볼 수 없는 바이너리 형태의 모델을 재현하는 방법이 있다. Explorer는 모델을 재사용하기보다는 모델을 생성할 때 어떤 설정값으로 알고리즘을 학습하였는지 재현이 가능하다.

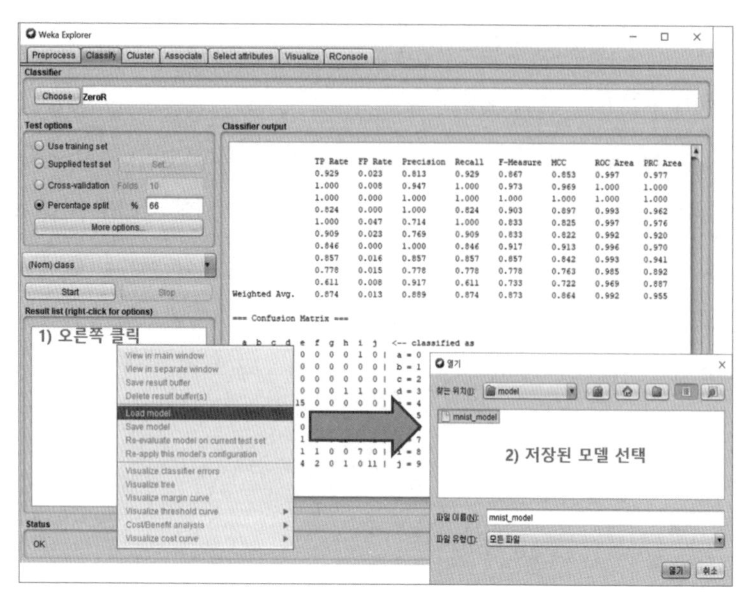

[그림 7-193] Explorer 왼쪽 하단에서 Load Model을 클릭하여 탐색기를 통해 모델을 불러온다

모델을 재현하는 방법은 다음과 같이 "Re-apply this model's configuration"을 클릭하면 된다.

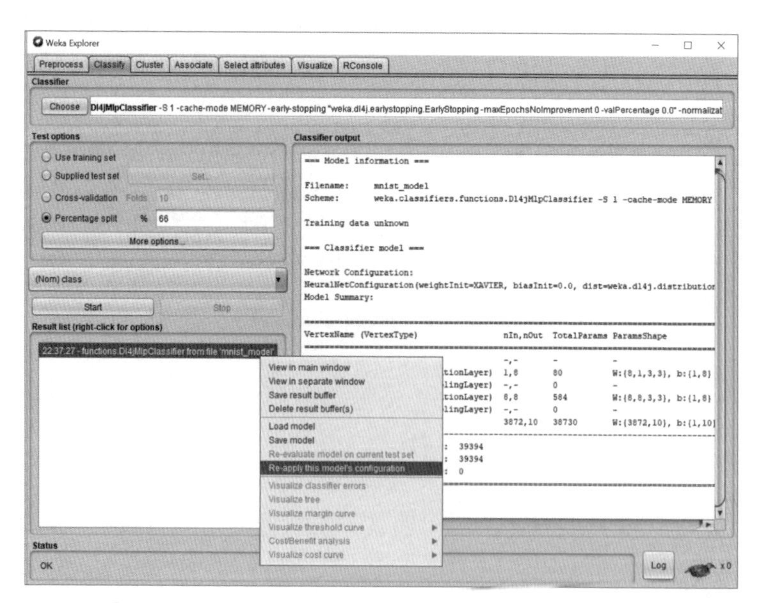
[그림 7-194] Re-apply this model's configuration을 클릭하면 Classifier에서 설정값을 재현한다

Explorer에서 Start를 클릭하면 모델학습을 재사용이 아닌 재실행한다. Explorer에서는 저장된 모델의 재현을 위한 용도로 사용하면 된다. 물론 Save Model을 클릭하면 모델이 저장된다. 자세한 모델 저장은 Java 코드와 KnowledgeFlow에서 설명하겠다.

② KnowledgeFlow: more week 5 class 5 lesson 6_supermaket_Model.kf

KnowledgeFlow에서 모델을 저장하는 컴포넌트는 SerializedModelSaver이고, 모델을 불러오는 컴포넌트는 SerializedClassifier이다.

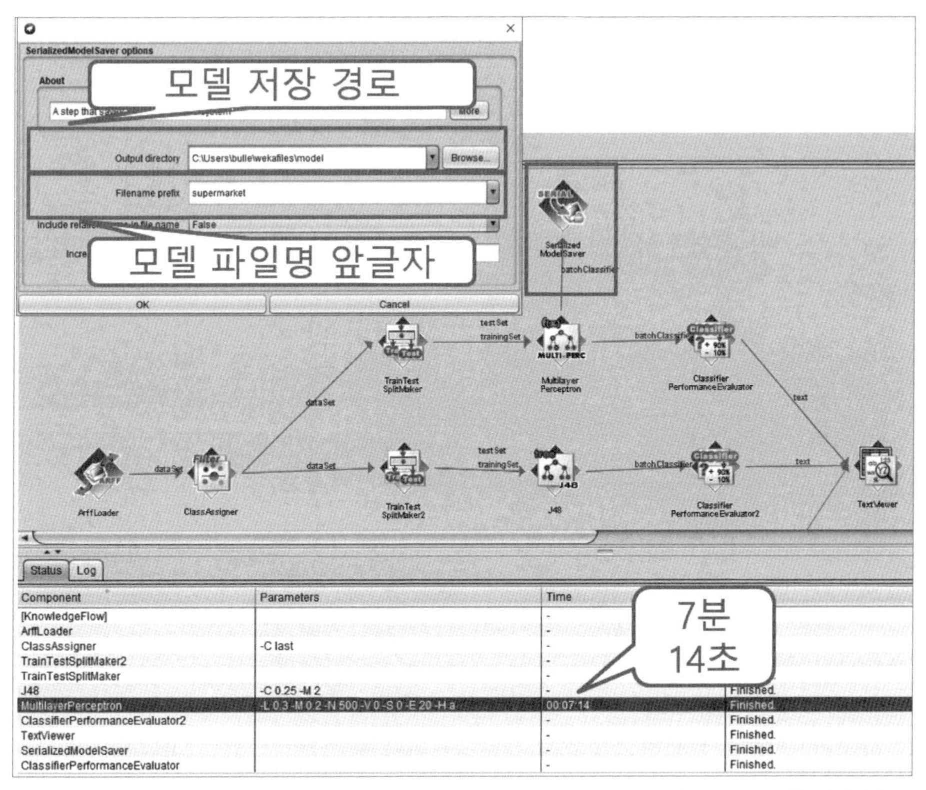

[그림 7-195] KnowledgeFlow에서 인공신경망 학습 후 SerializedModelSaver 컴포넌트로 모델을 저장한다

SerializedModelSaver 컴포넌트는 알고리즘 컴포넌트와 batchClassifier로 연결되며, 설정은 모델을 저장할 경로를 지정하고 필요하면 모델 파일의 앞 글자prefix를 지정한다. 앞의 실행 결과 MultilayerPerceptron 알고리즘을 재사용하지 않고 모델을 새로 학습하고 평가해 7분 넘게 소요되었다. 이렇게 오래 걸려 생성된 모델을 SerializedModelSaver 컴포넌트로, 모델을 바이너리 형태로 저장한다.

› 내 PC › 로컬 디스크 (C:) › 사용자 › bulle › wekafiles › model

이름	수정한 날짜	유형	크기
supermarket_1_1_MultilayerPerceptron.model	2020-11-24 오후 10:59	MODEL 파일	1,112KB
supermarket_J48.model	2020-11-24 오후 9:22	MODEL 파일	28KB
supermarket_Logistic.model	2020-11-24 오후 9:22	MODEL 파일	40KB
supermarket_MultilayerPerceptron.model	2020-11-24 오후 10:28	MODEL 파일	1,112KB

[그림 7-196] 탐색기에서 확인할 수 있는 저장된 바이너리 모델 파일

그러면 이 저장된 모델 바이너리 파일을 불러오는 컴포넌트는 SerializedClassifier이다.

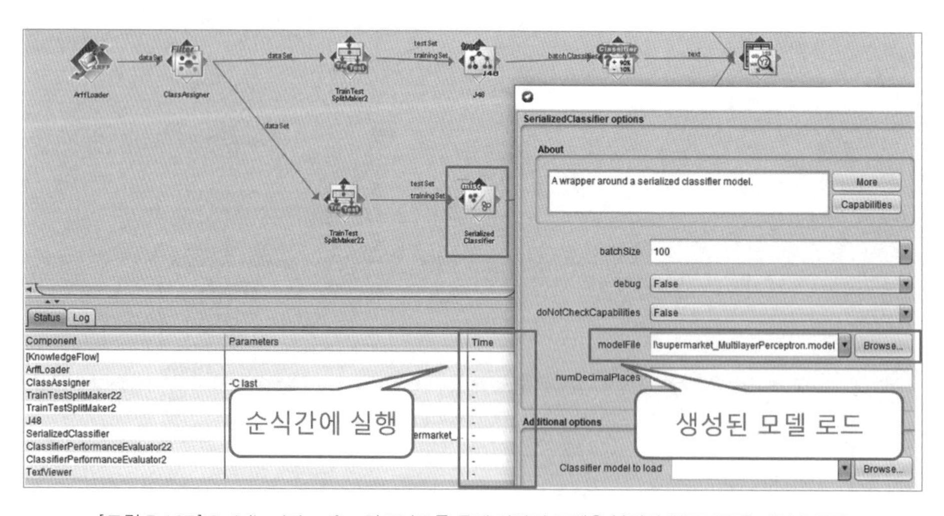

[그림 7-197] SerializedClassifier 컴포넌트를 통해 저장된 모델을 불러와 알고리즘을 재사용하면 실행 속도가 대폭 감소한다

SerializedClassifier 컴포넌트의 설정은 저장된 모델을 modelFile에서 설정하면 된다. 저장된 모델은 Java 프로그램으로 만들어졌든 KnowledgeFlow로 만들었든 모두 불러올 수 있다. 그러면 Time에서처럼 7분 넘게 학습 및 평가된 모델을 재사용하면 순식간에 실행된다. Textviewer에서 다음과 같이 정분류율을 확인할 수 있으면서 모델 파일명도 동시에 확인할 수 있다.

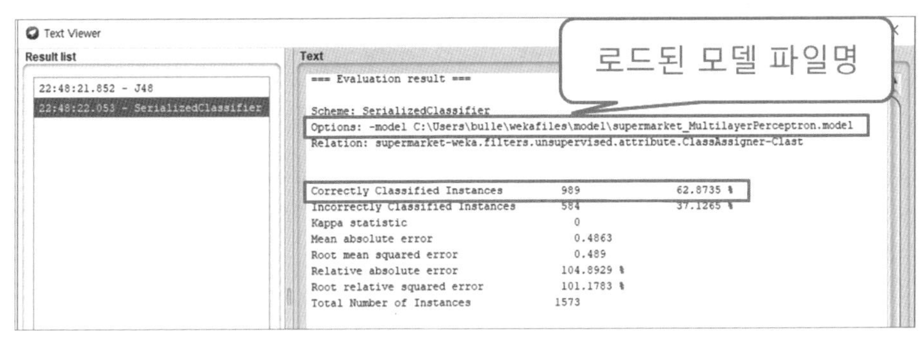

[그림 7-198] 재사용된 모델 파일명과 정분류율

③ Java 프로그램: W5_L6_Model_Save_Load, supermarket 데이터

Java 코드에서 모델을 저장하는 명령어는 SerializationHelper.write이며, 저장된 모델을 불러오는 명령어는 SerializationHelper.read이다. 속도의 변화를 확인하는 좋은 방법은 많은 데이터를 학습하는 것이다. Weka에서 기본적으로 제공하는 supermarket.arff 파일은 독립 속성 개수만 216개이고, 4,627건으로 백화점 내의 여러 매장에서 특정 제품을 구매했으면 "t"로 마킹 된 데이터셋이다. 일단 데이터 건수가 1,000건이 넘고 독립 속성이 10개가 넘으면 설정 변경 없는 인공신경망은 학습 시간이 오래 걸린다. 속성의 개수가 10개가 넘는다는 뜻은 속성 선택을 먼저 해야 한다. 하지만 지금은 모델을 재사용하는 데 얼마나 시간이 절약되는지를 확인하기 위해 학습 시간을 최대한 늘려야 하므로 속성 선택은 진행하지 않는다.

다음 소스코드는 J48(의사결정나무), Logistic(로지스틱 회귀분석), 인공신경망(MultilayerPerceptron) 등 3개 알고리즘의 모델 생성 시간을 비교해 본다.

```
package _2_more;

import java.io.*;
import weka.classifiers.*;
import weka.classifiers.trees.*;
import weka.classifiers.functions.Logistic;
import weka.classifiers.functions.MultilayerPerceptron;
import weka.classifiers.functions.SMO;
import weka.classifiers.functions.VotedPerceptron;
import weka.core.*;

public class W5_L6_Model_Save_Load {

        public static void main(String args[]) throws Exception{
                W5_L6_Model_Save_Load obj = new W5_L6_Model_Save_Load();
                obj.skip();

                System.out.println("================================
                =============");
                System.out.println("\t 1) BasePerceptron에 분류기 대입 정분류 비교");
                System.out.println("==================================
                ==========");

            Classifier[] models = {new J48(), new Logistic(), obj.
            getMultiPerceptron("a")};

            String[] fileNames = {"supermarket"};
            for(String fileName: fileNames) {
                System.out.println("\nfileName: " + fileName);
                    for(Classifier model : models){
                                obj.split(model,fileName, 66);
                        }// end-for-models
                }
```

```
        System.out.println("===================================
        =========");
        System.out.println("\t 1) BasePerceptron");
        System.out.println("===================================
        ========");
}


/*****************************
 * split
 *****************************/
public void split(Classifier model, String fileName, int percent)
throws Exception{
double startTime = System.currentTimeMillis();
        int seed = 1;
        // 1) data loader
        String folderName = "D:\\Weka-3-9\\data\\";
        Instances data=new Instances(
                            new BufferedReader(
                            new FileReader(folderName+fileNa
                            me+".arff")));

        /*******************************************************
         * 1-1) 원본 데이터를 불러온 후 훈련/테스트 데이터로 분리 시작
         *******************************************************/
        int trainSize  = (int)Math.round(data.numInstances() *
        percent / 100);
        int testSize = data.numInstances() - trainSize;
        data.randomize(new java.util.Random(seed));

        Instances train = new Instances(data, 0 ,trainSize);
        Instances test   = new Instances(data, trainSize
        ,testSize);
        /*******************************************************
```

```
     * 1-1) 원본 데이터를 불러온 후 훈련/테스트 데이터로 분리 종료
     *********************************************************/

    // 2) class assigner
    train.setClassIndex(train.numAttributes()-1);
    test.setClassIndex(test.numAttributes()-1);

    // 3) holdout setting
    Evaluation eval=new Evaluation(train);

    // 저장된 모델이 존재하는지 확인
    if(this.loadModel(model) == null){
            // 훈련/테스트 데이터 분리되어 있으므로 교차검증 불필요

            // 4) model run
            model.buildClassifier(train);

            // 모델학습 후 모델 저장
            this.saveModel(model);

            System.out.print(" SAVE MODEL : ");
    }else{
            // 저장된 모델이 있으면 학습하지 않고 모델을 불러옴
            model = (Classifier)this.loadModel(model);
            System.out.print(" LOAD MODEL : ");
    }
    // 5) evaluate
    eval.evaluateModel(model, test);

    // 6) 정분류율, ROC
    this.printClassifiedInfo(model, eval,
       System.currentTimeMillis() - startTime);

}
```

```
// 인공신경망 은닉층 설정
public MultilayerPerceptron getMultiPerceptron(String
hiddenlayers){

        MultilayerPerceptron perceptron = new Multilayer
        Perceptron();
        perceptron.setGUI(false); // true로 변경하면 신경망 GUI가 생성된다.
        perceptron.setHiddenLayers(hiddenlayers);

        return perceptron;
}

private double printClassifiedInfo(Classifier model, Evaluation
eval, double runTime) throws Exception {
        // 6) print Result text
        System.out.print("분류 대상 데이터 건수: " + (int)eval.
        numInstances() +
                        ", 정분류 건수: " + (int)eval.correct() +
                        ", 정분류율: " + String.format("%.1f",eval.
                        pctCorrect()) +" %" +
                        "");
        System.out.print(", ROC : " +
        String.format("%.2f",eval.weightedAreaUnderROC()) +
        ", 실행 시간:" + String.format("%.2f",runTime/1000) +" sec " +
        " ** " + this.getModelName(model) + "\n");
//      System.out.println(eval.toMatrixString());
        return 0;
}

public String getModelName(Classifier Classifier) throws Exception{
        String modelName = "";
        if(Classifier instanceof VotedPerceptron){
                modelName = "VotedPerceptron";
```

```
        }else if(Classifier instanceof SMO){
                modelName = "SMO";
        }else if(Classifier instanceof J48){
                modelName = "J48";
        }else if(Classifier instanceof Logistic){
                modelName = "Logistic";
        }else if(Classifier instanceof MultilayerPerceptron){
                modelName = "MultilayerPerceptron" ;
        }

        return modelName;
}
public void skip(){

        try{
                Classifier model = new J48();
                model.buildClassifier(null);
        }catch(Exception e){
                System.out.println("\n\n\n\n\n\n\n\n\n\n\n\n\n\n\n\n\n");
        }
}

// 모델 저장
public void saveModel(Classifier model) throws Exception{
        String path = "C:\\Users\\bulle\\wekafiles\\model\\";
        weka.core.SerializationHelper.write(path +
              " supermarket_"+this.getModelName(model)+
              ".model", model);
}

// 모델 불러오기
public Object loadModel(Classifier model) throws Exception{
        if(this.getModelName(model).equals("Multilayer
        Perceptron")){
```

```
            // knowledgeFlow에서 생성된 모델이 있는지 확인
            Object o = this.loadModel_from_KF(model);
            if ( o != null ) {
                System.out.println(" FROM KF");
                return o; // knowledgeFlow 모델 반환
            }
        }

        String path = "C:\\Users\\bulle\\wekafiles\\model\\";
        try{
            return weka.core.SerializationHelper.read(path+
                "supermarket_"+
                this.getModelName(model)+".model");
        }catch (Exception e){
            return null;
        }
    }

    // knowledgeFlow에서 생성된 모델 불러오기
    public Object loadModel_from_KF(Classifier model) throws
    Exception{
        String path = "C:\\Users\\bulle\\wekafiles\\model\\";
        try{
            return weka.core.SerializationHelper.read(path +
                "supermarket_1_1_MultilayerPerceptron.
                model");
        }catch (Exception e){
            return null;
        }
    }
}
```

모델을 생성하기 전에 이미 저장된 모델이 있는지 먼저 확인loadModel하고, 모델이 없으면 학습한 후 모델을 저장saveModel하게 된다. 그다음 평가하게 된다.

```
public void split(Classifier model, String fileName, int percent) throws
Exception{
            // 저장된 모델이 존재하는지 확인
            if(this.loadModel(model) == null){
                    // 훈련/테스트 데이터 분리되어 있으므로 교차검증 불필요

                    // 4) model run
                    model.buildClassifier(train);

                    // 모델학습 후 모델 저장
                    this.saveModel(model);

                    System.out.print(" SAVE MODEL : ");
            }else{
                    생략
            }
            // 5) evaluate
            eval.evaluateModel(model, test);
            중략
      }
```

만약 모델이 존재하면 학습하지 않고 모델을 불러와 평가하게 된다.

```
      public void split(Classifier model, String fileName, int percent)
      throws Exception{
```

```
            // 저장된 모델이 존재하는지 확인
            if(this.loadModel(model) == null){
                    생략
            }else{
                    // 저장된 모델이 있으면 학습하지 않고 모델을 불러옴
                    model = (Classifier)this.loadModel(model);
                    System.out.print(" LOAD MODEL : ");
            }
            // 5) evaluate
            eval.evaluateModel(model, test);
            중략
    }
```

모델을 저장하는 메소드는 다음과 같으며 "SerializationHelper.write" 명령어를 사용한다.

단순하게 특정 폴더에 바이너리 파일을 만들어 줄 뿐이다.

```
    // 모델 저장
    public void saveModel(Classifier model) throws Exception{
            String path = "C:\\Users\\bulle\\wekafiles\\model\\";
            weka.core.SerializationHelper.write(path+"supermarket_"
                    + this.getModelName(model) + "model", model);
    }
```

앞의 메소드가 실행되면 다음과 같이 탐색기로 모델 바이너리 파일이 생성된 것을 확인할 수 있다.

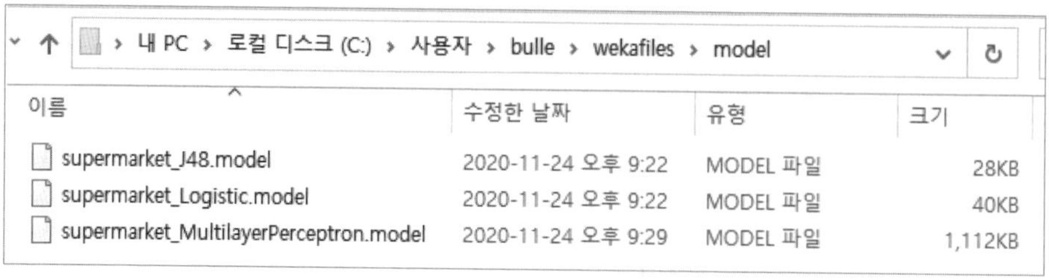

› 내 PC › 로컬 디스크 (C:) › 사용자 › bulle › wekafiles › model

이름	수정한 날짜	유형	크기
supermarket_J48.model	2020-11-24 오후 9:22	MODEL 파일	28KB
supermarket_Logistic.model	2020-11-24 오후 9:22	MODEL 파일	40KB
supermarket_MultilayerPerceptron.model	2020-11-24 오후 9:29	MODEL 파일	1,112KB

[그림 7-199] Java 프로그램의 SerializationHelper.write를 사용하여 저장된 모델 파일들

저장된 모델을 불러오는 메소드는 다음과 같으며 "SerializationHelper.read" 명령어를 사용한다. 여기서 1가지 분기if가 있는데 KnowledgeFlow에서 생성된 모델이 있을 경우 먼저 가져오는 방식이다.

```
// 모델 불러오기
public Object loadModel(Classifier model) throws Exception{
        if(this.getModelName(model).equals("Multilayer
        Perceptron")){
                // knowledgeFlow에서 생성된 모델이 있는지 확인
                Object o = this.loadModel_from_KF(model);
                if(o != null ) {
                        System.out.println(" FROM KF");
                        return o; // knowledgeFlow 모델 반환
                }
        }

        String path = "C:\\Users\\bulle\\wekafiles\\model\\";
        try{
                return weka.core.SerializationHelper.read(path +
                " supermarket_"+this.getModelName(model)+
                ".model");
        }catch (Exception e){
                return null;
```

```
			}
		}

		// knowledgeFlow에서 생성된 모델 불러오기
		public Object loadModel_from_KF(Classifier model) throws
		Exception{
			String path = "C:\\Users\\bulle\\wekafiles\\model\\";
			try{
				return
				   weka.core.SerializationHelper.read(path +
				   "supermarket_1_1_MultilayerPerceptron.model");
			}catch (Exception e){
				return null;
			}
		}
}
```

그러면 저장된 모델이 없어 새로 생성할 때 얼마나 걸리는지 확인해 보자.

```
===========================================================================
        1) BasePerceptron 에 분류기 대입 정분류 비교
===========================================================================

fileName : supermarket
 SAVE MODEL :  분류대상 데이터 건 수 : 1574, 정분류 건수 : 987, 정분류율 : 62.7 %, ROC : 0.50, 실행시간 :0.27 sec  ** J48
 SAVE MODEL :  분류대상 데이터 건 수 : 1574, 정분류 건수 : 987, 정분류율 : 62.7 %, ROC : 0.50, 실행시간 :0.35 sec  ** Logistic
 SAVE MODEL :  분류대상 데이터 건 수 : 1574, 정분류 건수 : 987, 정분류율 : 62.7 %, ROC : 0.50, 실행시간 :443.93 sec  ** MultilayerPerceptron
===========================================================================
        1) BasePerceptron
===========================================================================
```

7.5분

[그림 7-200] 저장된 모델이 없으면 학습과 평가를 병행하여 인공신경망은 장시간 소요된다

역시 인공신경망의 학습 속도가 7분 30초로 시간이 오래 걸린다. 그러나 앞의 탐색기에서처럼 모델이 저장되어 있으면 학습하지 않고 모델을 불러와 재사용하는데 그 결과는 다음과 같다.

```
==========================================================================
        1) BasePerceptron 에 분류기 대입 정분류 비교
==========================================================================

fileName : supermarket
 LOAD MODEL :  분류대상 데이터 건 수 : 1574, 정분류 건수 : 987, 정분류율 : 62.7 %, ROC : 0.50, 실행시간 :0.25 sec  ** J48
 LOAD MODEL :  분류대상 데이터 건 수 : 1574, 정분류 건수 : 987, 정분류율 : 62.7 %, ROC : 0.50, 실행시간 :0.21 sec  ** Logistic
 LOAD MODEL :  분류대상 데이터 건 수 : 1574, 정분류 건수 : 987, 정분류율 : 62.7 %, ROC : 0.50, 실행시간 :0.59 sec  ** MultilayerPerceptron
==========================================================================
        1) BasePerceptron
==========================================================================
```

1초

[그림 7-201] SerializationHelper.read를 통해 저장된 모델 파일을 재사용하면 분류 작업을 신속하게 진행할 수 있다

결과에서 확인되는 것처럼 학습 모델을 재사용하니 학습 시간이 대폭 감소하여 즉시 정분류율을 산출할 수 있다.

› 내 PC › 로컬 디스크 (C:) › 사용자 › bulle › wekafiles › model

이름	수정한 날짜	유형	크기
supermarket_1_1_MultilayerPerceptron.model	2020-11-24 오후 10:59	MODEL 파일	1,112KB
supermarket_J48.model	2020-11-24 오후 9:22	MODEL 파일	28KB
supermarket_Logistic.model	2020-11-24 오후 9:22	MODEL 파일	40KB
supermarket_MultilayerPerceptron.model	2020-11-24 오후 10:28	MODEL 파일	1,112KB

[그림 7-202] Java 프로그램과 KnowledgeFlow에서 생성된 모델 파일들

앞의 탐색기에서 MultilayerPerceptron이 포함된 파일이 2개 있는데 Knowledge-Flow에서 모델이 이미 생성되었으면 그 모델 파일을 생성하는데 파일명 중간에 "_1_1"이라는 문구가 삽입된다.

이런 경우 Java 프로그램에서도 KnowledgeFlow에서 생성된 모델 파일을 재사용할 수 있다. KnowledgeFlow에서 생성된 모델 파일을 우선하여 실행하게 코딩했다. 그 결과는 다음과 같다. 마찬가지로 재사용하였으므로 빠른 속도로 분류를 진행한다.

```
==========================================================================
        1) BasePerceptron 에 분류기 대입 정분류 비교
==========================================================================

fileName : supermarket
 LOAD MODEL :  분류대상 데이터 건 수 : 1574, 정분류 건수 : 987, 정분류율 : 62.7 %, ROC : 0.50, 실행시간 :0.22 sec  ** J48
 LOAD MODEL :  분류대상 데이터 건 수 : 1574, 정분류 건수 : 987, 정분류율 : 62.7 %, ROC : 0.50, 실행시간 :0.19 sec  ** Logistic
 FROM KF
 FROM KF
 LOAD MODEL :  분류대상 데이터 건 수 : 1574, 정분류 건수 : 987, 정분류율 : 62.7 %, ROC : 0.50, 실행시간 :0.58 sec  ** MultilayerPerceptron
==========================================================================
        1) BasePerceptron
==========================================================================
```

1초

[그림 7-203] KnowledgeFlow에서 생성된 모델을 Java 프로그램에서도 재사용 가능하다

CHAPTER 08

IF: 후반부 정리

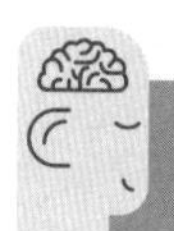

8장. IF: 후반부 정리

후반부는 Weka의 데이터마이닝을 통해 실제 데이터마이닝에 대한 지식과 경험을 확장했다. Weka의 Experimenter에서 실험을 실행하는 방법을 설명했다. CLI(명령행 인터페이스)에서 빅데이터 분석을 위한 무제한 크기의 데이터셋을 처리하는 방법, 텍스트마이닝에 특화된 NaiveBayes Multinomial, 이산화, 속성 선택, 비지도 학습인 연관규칙, 군집분석, 비용에 민감한 평가 및 분류, 인공신경망, ROC 곡선, 학습곡선, arff 파일의 추가 기능(스파스 데이터, 목표변수 가중치 부여, arff의 xml 형태 xrff)에 대해 배웠다.

특히 FilteredClassifier는 교차검증 동안 훈련 데이터와 테스트 데이터의 속성이 개수가 달라도 학습이 가능하며, 한 개의 알고리즘을 대상으로 다양한 필터링을 순서대로 동시에 적용할 수 있다.

찾아보기

B

C

D

E

F

N

O

P

R

S

T

U

V

W

X

Z

숫자

이보다 더 쉬울 수 없는

자바 머신러닝 with Weka

초판 1쇄 발행 | 2021년 1월 29일

지은이 | 자바라머신러닝
펴낸이 | 김범준
기획/책임편집 | 이동원
교정교열 | 이혜원
표지 디자인 | 정지연
편집 디자인 | 이승미

발행처 | 비제이퍼블릭
출판신고 | 2009년 05월 01일 제00-2009-38호
주소 | 서울시 중구 청계천로 100 시그니처타워 서관 10층 1011호
주문/문의 | 02-739-0739 **팩스** | 02-6442-0739
홈페이지 | https://bjpublic.co.kr **이메일** | bjpublic@bjpublic.co.kr

가격 | 31,000원
ISBN | 979-11-6592-043-2
한국어판 ⓒ 2021 비제이퍼블릭

이 책은 저작권법에 따라 보호받는 저작물이므로 무단 전재와 무단 복제를 금지하며,
전부 또는 일부를 이용하려면 반드시 저작권자와 비제이퍼블릭의 서면동의를 받아야 합니다.

잘못된 책은 구입하신 서점에서 교환해드립니다.

소스코드 다운로드 | https://github.com/bjpublic/weka